EDGE OF EMPIRE

LIVES, CULTURE, AND CONQUEST IN THE EAST, 1750—1850

by MAYA JASANOFF

帝國的東方歲月

蒐藏與征服，英法殖民競賽下的印度與埃及

瑪雅・加薩諾夫［著］
朱邦芊［譯］

好評推薦

一般我們會把一次世界大戰視作十九世紀工業革命所帶動之新帝國主義的結束，如今帝國主義已經瓦解一世紀了。百年後，如何藉由歷史書寫來評價帝國主義呢？除了從被殖民的立場，亞非的東方主義視角，再加上耳熟能詳的白種人負擔，一百年後的我們又能多看到些什麼？然而，現在要追憶當時世界霸主大英帝國的歷史，似乎僅能從博物館的收藏品了。作者以收藏作為探究概念，再次檢視帝國主義輝煌歷史下的困境，並將大英帝國放入多方競逐的脈絡下，來看在大英帝國收藏下的殖民地歷史。

——莊德仁／臺灣師範大學歷史所博士、北市建國中學歷史教師

意氣風發，充滿活力……加薩諾夫希望我們重新思考帝國的經驗。

——《紐約時報》

敏銳而動人……既是原創作品，且文筆優美，又能吸引人一直讀下去。

——《紐約太陽報》

在這本想像豐富的書裡，加薩諾夫揭示了生活在大英帝國中的印度和埃及邊疆的收藏家們的非凡故事，追尋了他們的事蹟，講述了帝國主義的祕史。加薩諾夫通過被捲入其中之人的眼睛來觀察大英帝國，探究了權力、開發和阻力的宏大敘事下的真相。本書敘述並研究了四個大陸，進入了一個人們生活、愛恨糾纏並彼此認同的世界，遠比此前的敘述讓我們相信的可能情況更加豐富複雜。並正如本書所展示的那樣，那個世界的痕跡如今依然觸手可及，並且是時下關注的熱門話題。這是一部煥然一新、令人信服、極富爭議的歷史著作。

一部歷史傑作，精采的原創與罕見的素材融合成頗具說服力的新敘事。大英帝國再也不復往日模樣。

——《衛報》（倫敦）

沒有專注於十八世紀和十九世紀的歐洲帝國建造者……加薩諾夫聚焦在野心勃勃、精力充沛、離經叛道的幾個人身上，他們利用東方，將其作為重新自我塑造的手段……一個不為人知的迷人故事。

——《波士頓環球報》

導讀

帝國史研究新取向：蒐藏與征服

蔣竹山

我喜歡讀帝國史，尤其是帶有全球視野的帝國史研究。從早期的《旅人眼中的亞洲千年史》、《帝國何以成為帝國》，到近來的結合物質文化與全球視野取向的《飢餓帝國：食物塑造現代世界》、《帝國城市：成就大英帝國的十座殖民城市》、《奢侈與逸樂：十八世紀英國的物質世界》。最新一本同樣有這樣研究取向的，就是瑪雅・加薩諾夫（Maya Jasanoff）的帝國移民三部曲的第三部《帝國的東方歲月（一七五〇至一八五〇）：蒐藏與征服，英法殖民競賽下的印度與埃及》。

人類歷史的政治發展上，民族國家是常態？還是帝國是常態？事實上，帝國是古今中外最持續不墜的權力形式與政治單位。在新帝國史的研究的浪潮下，過去的中心與邊緣不再是固定的。學者們開始關注近代帝國的發展對國家的日常生活、社會組織與社會運動史的影響。像是日本帝國統治下的臺灣，可從比較的觀點來探討殖民地的統治特色，例如技術、觀光與博覽會。更可以從帝國的框架探討技術與近代東亞發展的關係，像是牛乳的使用、肥皂與農藥製品的出現。

更有學者結合世界史與社會史的角度看十九世紀至二十世紀轉變間的帝國。例如十九世紀末出現一種新觀點，即規訓帝國臣民意味著使大眾文明化，而不僅僅是培養菁英階層。研究者也嘗試將社會史與宏大敘事聯繫起來，所探討的不再是資本主義的擴張，也不是資本主義加上現代國家的構建。這批學者主張研究帝國史不該只是偏向單方面的故事，永遠只有一種聲音，而是該把帝國看成是一個充滿互動的整體。

之所以有這樣的轉向，全球史的功勞很大。傑瑞・本特利（Jerry H. Bentley）指出，有三個因素，促進了民族國家史到全球史的轉向。第一，歷史學家和地區專家累積了歐洲以外地區的人和社會的許多知識。第二，全球帝國、全球戰爭和全球經濟的變動更使人清楚認識到，民族國家和個體社會都不能孤立地決定自身的命運。易言之，所有國家和社會的命運都不可避免地捲入了全球的網路體系中。第三，以往學術領域的專門化帶來知識結構的破碎化，阻礙了尋求更深層的歷史意義的努力。學者、教師、政府官員和大眾開始要求整合歷史知識，以形成看待歷史的新視野。

喬治梅森大學（George Mason）歷史系教授蘿絲瑪麗・札嘎里（Rosemarie Zagarri）更指出：「我們正處於『全球轉向』（global turn）的時代。」這種轉向其實與以下幾點因素息息相關，例如跨國合作的成長、網路的出現、資本的全球交換的重要性日漸增加，以及國際恐怖主義的擴張，這些都促使全球化成為一種無論在大眾或學界都十分普遍的觀念。為了要讓過去與現在對話，史家開始去找尋歷史起源及這種現象的發展。早在二十世紀之前，觀念是流通的，貨物及資本是在全世界流通；動物及細菌經常是在各種社會中移動。國家的邊界不是固定的，而是易變的和可滲透的。生活在過去的個人並非只是面對面的地區性居民；而是一種都市冒險或世界的公民。不僅是有錢菁英，就連貿易者、商人、船員，及一般男女都有許多機會去進行跨越全球的旅行。

《帝國的東方歲月》，就有上述的特點。瑪雅．加薩諾夫（Maya Jasanoff）這本書是她二〇〇五年的早期作品，也是她的成名作，此次在晚近的作品都出版後，作為三部曲的最後一本，格外有特別意義。她所研究的大英帝國，處於一七五〇至一八五〇年帝國形成的世紀。這一百年間，大英帝國從汪洋孤島，一躍成為世界上最大的工業化國家，囊括全球四分之一的土地。在區域上，作者將焦點轉向於東方的地緣政治門戶印度與埃及。所關注的正是傳統觀念中所謂的帝國邊緣，在那，大英帝國遭遇許多複雜的文化差異。在文化相遇的過程中，作者處理的主角不是過去的歷史大人物，也不是社會史研究中常關注的民眾群體，而是現在全球史研究中最夯的文化相遇中間人——收藏家。透過這些收藏家與收藏的故事，加薩諾夫將這些蒐羅文物的故事，揭露出帝國的複雜性，像是權力與文化的糾結，或者是自相矛盾的相會。

這些人物有著名的帝國收藏家羅伯特．克萊武、拿破崙．波拿巴，到無名小卒斯圖爾特。當我們已經熟知各大博物館的展品如何呈現過去帝國時期的殖民地收藏特色時，這些看似不起眼的多重身分收藏家，正因為他們對文物的痴迷與自我塑造，成為我們探索帝國邊疆的重要導覽者，讓我更能理解文物背後的流動歷史。當我們只關注許多博物館的印度及埃及收藏品的背後國家掠奪問題時，作者卻引導我們進行脈絡性的歷史思考，很多時候，其實是源自這些個人的品味與雄心。光是這點顛覆過去看法的視角「蒐藏與征服」，這書就值得推薦給閱聽大眾。

蔣竹山　臺灣桃園人。清華大學歷史所博士。曾任東華大學人社院大眾史學研究中心主任。現任中央大學歷史所副教授兼所長。研究興趣喜歡打破傳統臺灣史、中國史、世界史三塊分立之框架，主要方向為醫療史、新文化史、全球史、公眾史學。歷來除關注全球視野下的物質文化史研究，在學院推動相關社群活動外，也對社會大眾推廣歷史普及與公眾史。

獻給我的父母，他們都是跨界者

帝國的東方歲月（1750-1850）：蒐藏與征服，英法殖民競賽下的印度與埃及　目次

第三部 埃及 1801-1840

前言 帝國的世界，世界的帝國

加爾各答，一個晴朗的秋日清晨，難近母*節過後不久。窄巷的盡頭立起一座巨大的白色十臂女神像，那是溼婆的女性化身，雕像以竹條、製紙漿和大量的鮮豔顏料製成，專供慶典之用。此前不久，我曾路過一個地方，看起來像是加爾各答的中央香蕉倉庫，卡車卸下的成穗香蕉層層疊疊，在一幢山間小屋前堆積如山。再轉個彎就會走進一條油香瀰漫的街道，那裡的男人都坐著揉搓、油炸一種叫作拉杜（laddoos）的亮黃色甜點，炸好後堆成一座座高塔。但在那兒，我眼前最出乎意料的一幕其實是：一座龐大的帕拉底歐式†莊園，裝飾著兩扇鍛鐵大門，宛如手繪的

---

* 難近母（Durga），又譯為「杜爾迦」，印度教勝利女神，性力派的重要崇拜對象。傳統上被認為是溼婆之妻雪山神女的兩個凶相化身之一，是雪山神女的降魔相。——譯者注。除特別說明外，本書腳注均為譯者所注。

† 帕拉底歐式（Palladian），一種歐洲風格的建築。威尼斯建築師安德烈亞·帕拉底歐（Andrea Palladio，一五〇八至一五八〇）為此風格的代表。帕拉底歐式建築的風格主要源自古希臘和古羅馬傳統建築的對稱性、透視法和價值觀。

舞台布景，聳立在重重窄巷之後。

此地人稱大理石宮*，某部分可定義成住宅。屋主是姓穆利克的正統印度教家族，一八三五年建成以來，他們在莊園裡塞滿了來自歐洲各地的藝術品和物品，並向訪客開放，這使得大理石宮成為印度的「首家西方藝術博物館」。我本可擇日再來一探大理石宮的藏品和歷史。但在那個早晨，在我走過前院巴洛克式的奇葩異卉，沿淺階拾級而上，不禁感覺自己徜徉在一個奇妙而未知的平行世界。我在撞球室一張破損的皮製高背長椅上坐下。希臘諸神的石膏塑像和大理石雕像從四周牆壁向下窺探，屋頂的吊扇像二戰轟炸機的螺旋槳一樣在頭頂盤旋。雖然城市的喧囂就在數百公尺之外，這裡唯一的聲音卻是後院一個名副其實的鳥舍裡傳來的宛轉鳥鳴。大理石宮就像是狄更斯般入鄉隨俗了。

要詳論這種地方的文化怪異之處絕非難事，顯然是個人情感創造，與周圍的環境格格不入。但如果試圖從它本身的用語來理解其意義呢？我在研究大英帝國文化史期間參觀了大理石宮。我讀過的有關帝國和文化的大部分內容都為我們詳盡地描繪了一幅或許暗藏殺機的畫面，畫面中的歐洲白人殖民者試圖取代、占有或貶低他們遇見的非歐洲民族和社會。那些內容更多地關注歐洲人如何應付非歐洲人而非相反，討論的重點往往是衝突而非融合。但我在這裡看到了一幅全然不同的畫面：這是一個真正嵌入東西兩方文化的所在，也是依然鮮活生動的帝國遺跡。我想知道，如果穿過這樣一扇大門走進帝國的歷史，又會是怎樣一番場景？從內向外觀察帝國，會是什麼樣子？

我在寫作本書期間多次見證東西方出乎意料並列在一塊，大理石宮只是其中之一。我曾遇過令人心跳暫停的瞬間，當時我在法國阿爾卑斯山一家檔案館的密室中發現了蒙兀兒王朝皇帝的信件，它們都疊成窄長條，塞在一個破舊的金屬箱子裡，彷彿自從薩沃伊†的收信人在二百年前閱畢之後，就再也沒有人碰過它們。某個烈日當空的中午，我在一座埃及神廟的空寂廢墟上發現一位離世已久的英國外交官的名字，它有氣無力地刻在石頭上——徒勞地尋求不朽。後來我竟然在紐約發現了他勁敵的簽名，就刻在大都會藝術博物館玻璃天花板下的丹鐸神廟‡內牆之上。一次我在佛羅倫斯郊外的山坡上參觀一座完美的托斯卡尼莊園，卻發現了一把虎頭刀柄的長刀，這是在一七九九年那場大英帝國最跌宕起伏的戰役中，從印度南方城市塞林伽巴丹繳獲的。

這些散落四方的證據（從歐洲乃至美洲，到英國及前大英帝國各地）沒有一個是大英帝國多

＊大理石宮（Marble Palace），北加爾各答一座宏偉的大廈。它是十九世紀加爾各答保存最完好、最優雅的建築之一，因其大理石牆壁、地板和雕塑而得名。

†薩沃伊（Savoy），法國東南部和義大利西北部歷史地區。從十一世紀起，薩沃伊就是神聖羅馬帝國的領主阿爾勒王國的一部分，後完全獨立。在一九四六年義大利共和國建立前，統治該地的薩沃伊王朝一直是統治義大利的王室。

‡丹鐸神廟（Temple of Dendur），羅馬的埃及總督佩特羅尼烏斯於公元前十五年前後在阿斯旺以南八十公里的丹鐸建的一座神廟。一九六〇年代，埃及將其贈與紐約大都會博物館，成為該館的鎮館之寶，也是埃及領土範圍外世上唯一的一座古埃及神廟。

數書籍所標榜的物證。那種歷史往往不帶個人色彩，時而空談理論，常常脫離歐洲和其他非帝國世界更廣闊的背景。與之相反，本書的核心內容乃是所有這些遺存之物背後的故事。每一件遺物的前主人都曾經在大英帝國最東端的印度或埃及生活過，那是東西方長久的文化、社會和政治邊界開始形成的年代。這些遺物的前主人是以有形的方式接觸異域文化的男男女女：物事的收藏家。他們購買、委託、交易、掠奪、偷盜、俘獲、搜尋；既維護也時有破壞；既感動莫名又垂涎三尺；他們失去了一切，卻把那一切記在心底。這些收藏家用自己的生命和遺產為東西方搭起橋梁，把我們帶入了一段鮮為人知的私密帝國史。他們好比是一面鏡子，映照出英國是如何在印度和其他地區匯集成一個帝國的宏大故事。

對於不列顛和大英帝國來說，從一七五〇年到一八五〇年這一百年是帝國形成的世紀。一七五〇年，不列顛還是一片帝國汪洋中的孤島。這座小島上只有八百萬人口，是宿敵法國的一半，這種失衡引發了巨大的民族焦慮。[1] 相比之下，不列顛的殖民帝國是較為溫和的。在大西洋世界，西班牙和葡萄牙仍是最大的霸主。法國構成了更大的挑戰。儘管英國的北美殖民地讓臨近的新法蘭西*相形見絀（英國在那裡有二百五十萬殖民者，而新法蘭西卻只有微不足道的七萬人），但法國卻威脅要將它在五大湖地區和密西西比河流域的定居點連結起來，遏止十三殖民地，並將令人心動的西部納入囊中。在地中海和中東地區，與法國、西班牙或義大利諸邦相比，英國的存在感很低。在印度，它只是在海岸地區擁有「商館」（或稱貿易前哨）的歐洲諸國（包括葡萄牙、荷蘭、法國和丹麥）之一。西班牙、葡萄牙及荷蘭壟斷了與東亞和東南亞的貿易（荷蘭控制著當今印度尼西亞的幾個頗有價值的香料島）；至於南太平洋這個英法後來激烈對抗的地區，直到一七六八年詹姆斯．庫克†船長首次出海遠航之後，英國才將探索的目光投向那裡。

但截至一八五〇年，全世界以及英國在世界當中的地位，都大不一樣了。英國成為世上第一個也是最大的工業化國家，人口高度城市化，比一七五〇年多了將近兩倍。歐洲各地幾乎都遭遇了入侵、革命或內戰的災難，唯有英國倖免於此。在歐洲，英國享有空前的外交和政治權威，以及工商和財政上的優勢。在海外，英國從前的帝國對手鮮有能與之匹敵者。老牌殖民勢力只有法國可與之一戰，其帝國在一八三〇年重新發動了對阿爾及利亞的侵略。但在這個世紀的中期，英國全球勢力的最大挑戰者尚在形成中：美國和俄羅斯這兩個帝國都在爭先恐後地奔向太平洋。一八五〇年的大英帝國囊括了全球四分之一土地，從渥太華到紐西蘭的奧克蘭，從開普敦到印度的加爾各答，從新加坡到牙買加的西班牙鎮，無遠弗屆。世上五分之一的人口都是維多利亞女王的臣民；還有數百萬人居住在英國投資和間接控制的國度（如阿根廷或葡萄牙）。伴隨這種地理擴

＊新法蘭西（New France），法國的北美殖民地。北起哈德遜灣，南至墨西哥灣，包含聖羅倫斯河及密西西比河流域，劃分成加拿大、阿卡迪亞、紐芬蘭、路易斯安那四個區域。

†詹姆斯．庫克（James Cook，一七二八至一七七九），英國皇家海軍軍官、航海家、探險家、製圖師。他曾三度奉命出海前往太平洋，帶領船員成為首批登陸澳大利亞東岸和夏威夷群島的歐洲人，也創下歐洲船隻環繞紐西蘭航行的首次紀錄。

張而來的，是目標、人員和文化上的統一性，把帝國的眾多互不相干的部分連結起來。大英帝國向來不乏批評者，無論是在國內還是海外；它在名義上（或地圖上）的連貫性也永遠強過實際情況。但到了一八五〇年，很多英國人逐漸把帝國看作是英國本身的基石之一和國家認同的重要組成。帝國的太陽升起了，似乎永無日落之虞。

本書按時間順序記載了英國在印度和埃及這兩個最東端的地區崛起成為世界強權的歷史。那些地區將會成為大英帝國在「東方」的地緣政治門戶，一七五〇年後，英國勢力在那裡的擴張最為顯著。它們也是西方概念中「東方」的柱石，歐洲正是在那裡遭遇了最多樣和複雜的文化差異。在時間和空間兩個維度上，我的敘事都在帝國邊緣展開：時間上是在英國規則的諸多界限確定下來之前，空間上是站在宗主國邊緣人口和地區的立場上。這部大英帝國主義史在很大程度上也是一部法蘭西帝國史，講述了當兩國在東方的利益最終成形的過程中，英法對抗所起的作用。但最重要的是，本書講述的是真實人物身處帝國內部所經歷的帝國擴張。在這個廣袤而不斷變遷的世界裡生活感受如何？從收藏家的視角看去，這個世界又有何不同？

我有意採取了一種非傳統的方法，透過研究一種活動和沉迷其中的人，也就是收藏和收藏家，來考察帝國的擴張。一個主要原因只是為了從過去中還原新的形象和新的經歷。但這些個人的遭遇也在更籠統的層面上，為文化和帝國主義之間的關係提供了一個不同的視角。我並沒有把搜羅文物解讀為帝國強權那顯而易見或順理成章的表達，抑或是「帝國事業」的必然結果。相反，搜羅文物的歷史揭示了帝國的複雜性；它表明權力和文化是如何以糾結、偶然，時而自相矛盾的方式來交會的。我並未將搜羅文物視為帝國強權之表現，而是把大英帝國本身當成一種收藏：拼接連綴，隨著時間的推移而日漸清晰，被一系列的境況、意外和計畫塑造成形。

書中談及的男男女女多半不是通常會出現在史書中的人物。首先，他們絕不囿於傳統上諸如職業、宗教、階層，乃至種族或國籍等社會屬性。相反，他們是一群共有同一種習慣和興趣之人，橫跨整個帝國社會的各個階層，從王孫、軍官、公職人員和商人，直至觀光客、妻子、藝術家和探險家。帝國收藏家中既有羅伯特・克萊武和拿破崙・波拿巴這種家喻戶曉的名人，也有英國小外交官亨利・索爾特，或離經叛道的愛爾蘭裔軍人查爾斯・「印度人」・斯圖爾特這種邊緣化的無名小輩。收藏家的標準多少有些隨意，這一點不可避免——而且雖說本書中寫到的一些人物充滿激情地致力於獲取藏品，還有些人卻更多是在習慣或環境的左右下，在生活中偶遇那些藝術品而出手抓住的。但他們都有另一個關鍵的特點：他們都用藏品來展現、打磨或塑造自己的社會形象。收藏是一種自我塑造之道。[2] 實際上，收藏與自我塑造之間的關聯本身就是一種跨文化現象，從歐洲人延伸到了印度王孫身上，前者把藝術品收藏作為真正紳士的象徵，後者用收藏遙遠國度的物件來增加個人的魅力。

帝國收藏家跨越了文化差異的界線。當文化被提煉到抽象的程度，談論「文明的碰撞」就容易多了。但真實世界裡真實的人卻不必以對抗或單一的方式來體驗其他文化。帝國收藏家們的故事讓我們對於文化遭遇的過程涉及了多少跨越與融合、隔離與分歧一目了然。在如今這個關於帝國的理論和意識形態討論盛行一時，卻沒有多少人願意接觸和理解其他文化的時代，還原帝國生活的多樣性及其同理心顯得格外重要。

這些故事還抵銷了後殖民研究中把歐洲帝國與世界其他地區的碰撞描述成本質上對立的一邊倒事件的傾向：關於西方勢力如何在技術、經濟、軍事和文化等方面在非西方社會強制實行霸權，有太多悽慘而骯髒的故事。從愛德華·薩依德*在他開創性的著作《東方主義》（一九七八）中強調西方話語定義和左右東方「他者」的能力；到頗有影響力的印度期刊《賤民研究》；再到近來有關各種雜糅形式的研究，似乎可以說，大多數學者都把精力花在描摹「西方」如何對「其他地區」施加壓力，展示力量了。[3]誠然，這大體上正是歐洲帝國的企圖。但帝國主義並非單行道，力量和文化也並不總是步調一致的。在試圖理解歐洲勢力如何對他國一意孤行的同時，也該思考一下其他的國家如何改變和挑戰了歐洲勢力。

各檔案館裡都塞滿了生活在帝國東部邊緣的人尚未訴說但很值得研究的經歷，例如隨營人員、口譯員，乃至普通士兵（關於他們的文字描繪竟出奇地少），或是婦孺。收藏家們因為主動而實際地參與其他文化，也因為他們痴迷於地位和自我塑造，而成為我們探索帝國邊疆的出色嚮導。此外，他們把收藏品搬回歐洲，在向西方大眾展示異域文化方面發揮了積極的作用。很多重要博物館裡的印度和埃及收藏品常常被認為是制度性掠奪和侵占的產物，實際上卻源自本書所介紹的這些人物的強烈個人品味和雄心。

因此，本書的核心目標就只是講述他們的故事。但就像古吉拉特†繡花布上縫的小鏡子一樣，這些故事也會反射出它們所處的廣大世界的諸多特徵。如果從小處著眼，全貌看來是怎樣的，又有何不同之處？在敘述完這些個人史之後，我還會透過它們來探討大英帝國在東方更廣泛的軌跡，如何比傳統敘事表現的過程更加複雜和無常。同樣，帝國在本書中的形象也會讓讀者覺得陌生。

大家曾一度把大英帝國的崛起描述成勝利的進程：是「天命」，必然之事，好事一樁。[4]實際上至今仍有人如此講述帝國的故事。雖說政治傾向完全相反，但後殖民時期的民族主義者對帝國的描述也同樣是一邊倒，他們把大英帝國形容成一個陰險的龐然大物。今日任何一位嚴謹學者絕不會無條件地支持以上任何一種態度。然而，關於帝國的討論中仍然存在著些許目的論，認為結局不可避免：白人終將獲勝，重任在肩，殖民地人民被排斥在外。[5]與之相反，本書重點考察了大英帝國成功之路上的種種障礙。英國的擴張既受到內部勢力的非議，也受到歐洲對手的競爭，尤其是法國。由於英國嚴重依賴歐洲大陸，也日益倚仗帝國臣民的勞動力和支持，其擴張的「英國性」也相當靠不住。觀察英國勢力的漏洞和不安全因素，有助於解釋這個帝國為何以及何時採取了這些特殊的形式。[6]

＊愛德華．薩依德（Edward Said，一九三五至二〇〇三），國際著名文學理論家與批評家，後殖民理論的創始人，也是巴勒斯坦建國運動的活躍分子，由此成為美國最具爭議的學院派學者之一。同時，他也是樂評家、歌劇學者和鋼琴家。

†古吉拉特（Gujarat），印度最西部的邦。該邦西部和西南部緊鄰阿拉伯海，北部與巴基斯坦接壤。

大多數關於英國擴張的敘述，都很少談及英國的競爭對手和反對者，而本書的整體敘事關注於更廣泛的全球背景，英國勢力正是在其中勉力前行並屢受挑戰的。首先，要理解大英帝國的歷史，必須與法國及其帝國史（特別是英法戰爭那段歷史）相互聯繫。從一七五六年開始的「七年戰爭」*到一八一五年滑鐵盧戰役這將近六十年裡，英法之間開戰了三次以上。這是現代「全面戰爭」的十八世紀版本。在英國，與法國的戰爭主導了政治、財政和文化。[7]在法國，與英國的戰爭對國家、經濟，以及最終對君主政體本身都產生了災難性的後果。這也是一場全球戰爭。為了維護帝國的利益，這場戰爭在多個大洲展開，對於英法兩國帝國擴張的步伐、動機和方向都產生了決定性的影響。甚至在滑鐵盧戰役之後（當時英國的全球霸權達到了頂峰），法國仍在影響著英國的帝國擴張和帝國欲望。說起來，在兩個大國覬覦之下的鄂圖曼帝國，法國看起來還占了先機。甚至在印度，傳統觀點認為法國的野心在一七六〇年代便式微了，但法國的一些決策者卻仍在旁遮普邦廣結盟友，懷抱著復興的夢想。簡而言之，書寫大英帝國史而不把法國涵蓋在內，就像書寫冷戰時期的美國，卻絕口不提蘇聯一樣。法國對於現代大英帝國的形成有著至關重要的影響。

不同於大多數的書籍，我對大英帝國整體敘述的第二個面向，將重點放在英國勢力「非正式」、尚在形成中的地點，而非英國公然征服、占領並統治之地。「帝國」是個很靈活的詞，而以靈活的方式來詮釋這個詞，可以讓人理解歐洲國家隨著時間的流逝逐步探索並建立帝國的整個機制。埃及在一九一四年成為受保護國之前並未正式加入大英帝國。就連在十九世紀末被認為是大英帝國「皇冠上的寶石」的印度，也從未徹底英國化。一九四七年印度獨立之時，這塊次大陸上還有整整三分之一的國土由名義上獨立的王公所控制。而在一八五七年之前（也就是本書涵蓋的整個時期）印度屬於「英國」的各個地區也並非由英國政府，而是由部分處於國會監督之下的私營東印度公司所統治。

在此期間，埃及全境以及印度很多地區仍是老牌東方帝國統治者（鄂圖曼帝國和蒙兀兒帝國）的保留地。儘管在歐洲帝國看來，蒙兀兒和鄂圖曼政權有時像是花拳繡腿，它們的持久存在卻有著若干原因。一方面，這表明英國本身的帝國合法性有很大一部分是從老牌的非歐洲勢力那裡獲得的，法國在很大程度上也是如此。這還意味著文化融合正是植根於帝國國家的日常運作之中，從法律制度和稅收制度，到宗教儀式、等級和人事管理的各個面向，在印度尤其如此。歐洲國家繼承了（往往還特意呼應了）蒙兀兒和鄂圖曼的統治方式。最後，只要蒙兀兒和鄂圖曼這些傀儡持續存在，歐洲諸國之間的競賽就不會結束，它們仍要為爭奪幕後影響力而打個不停。在所有這些面向，英國在蒙兀兒和鄂圖曼地盤上的統治都形成了某種遠遠不是「英國味」的東西，也沒有後來那些帝國象徵所顯示的那樣正式。

從一七五〇年到一八五〇年的這一個世紀裡，英國在印度和其他地區「收藏」出一個東方帝

＊七年戰爭（Seven Years War），主要衝突集中在一七五六至一七六三年的戰爭。當時世界上的主要強國均參與了這場戰爭，其影響覆蓋歐洲、北美、中美洲、西非海岸、印度及菲律賓。

國，它起步於孟加拉，從那裡不斷添加進其他的區域。這當然不是說帝國的擴張毫無系統，也沒有宏大的敘事。英國並不像維多利亞時代的歷史學家J．R．西利*的著名論斷所說，「心不在焉地」得到了它的帝國。[8]甚至可以說，就連西利也心知肚明，英國在與法國作戰的數十年間，才建立起自己的帝國。但我把英國這段時期的帝國擴張描述成顯而易見的收藏，是希望表明這比「帝國事業」這種熟悉的語言所蘊涵的意義更加零散、偶然和無常，在很多方面還是協力完成的。英國本身在兩個重要的方面就像一個帝國收藏家。和本書描述的諸位收藏家一樣，英國在某種程度上也是人微言輕。與蒙兀兒、鄂圖曼，以及其他本地政權相比，英國微不足道，那些政權的物質和技術資源當然會令英國躊躇不前，勞動力也可以輕而易舉地勝過英國。在其他歐洲對手（主要是法國）看來，它也不值一提，英國自己顯然也如此認為。

和其他收藏家一樣，英國也利用收藏來重塑自身，定義其帝國的使命感。一七五〇年，大英帝國在新教和自由意識形態的支持下，基本上還是個在大西洋地區活動的殖民和貿易國家。[9]這與天主教歐洲的陸上帝國、「東方」，甚至古羅馬都自覺不同，這些地區被廣泛批評為殘暴、專橫和獨裁的。[10]然而到了一八五〇年，大英帝國所擁有的正是這些：透過征服和直接統治顯然是外國人的逾百萬臣民所形成的洲際帝國。此外，很多英國人對此深感自豪，他們在不過數代之前還對那些陸上的帝國抱持懷疑態度。如果說與法國作戰有效地為英國贏得了一個嶄新的帝國，那麼它也鞏固了英國作為國家和帝國勢力所主張的一種新的理解。[11]十九世紀初，英國自由黨開始高揚一種新的政治意識形態，把民族和帝國囊括在同一套話語中。[12]維多利亞女王在一八三七年登基之時，自由主義的改革確保了天主教臣民可以坐在國會裡；貧困臣民的吃住得以滿足（儘管並不滿意），並由國家承擔費用；而中產臣民則可以投票，其中大多數人是第一次擁有這種權利。最重要的是，一八三三年廢除了奴隸制，沒有哪個英國人從此可以合法地擁有奴隸，或成為奴隸。

在惠及所有臣民、無區別的「英國人」權利上，自由理想所衍生出的帝國後果體現出一種新羅馬版本的英國帝權。一八五〇年，帕默斯頓勛爵†就彈出了這個時代最強音，他是英國的英裔愛爾蘭人、在蘇格蘭接受教育、精通多種語言且直言不諱的帝國主義外交大臣；當他在為一個遭到侮辱的大英帝國臣民辯護時，振聾發聵地宣稱：「就像往昔的羅馬人為了免受侮辱，**會說我是羅馬公民**（*Civis Romanus sum*）那樣；英國的臣民，無論身處何方都應該堅信，英國的關注目光

＊約翰・羅伯特・西利（John Robert Seeley，一八三四至一八九五），英國歷史學家、政論家，尤以其著作《英國的擴張》（*The Expansion of England*，一八八三）而聞名。該書對英帝國歷史討論的影響直至二十一世紀。

†帕默斯頓勛爵（Lord Palmerston，一七八四至一八六五），第三代帕默斯頓子爵，英國政治家，綽號「貓鼬」，曾兩度拜相。他的本名是亨利・約翰・坦普爾（Henry John Temple）。坦普爾自一八〇七年起在政府中供職，起初是托利黨成員，後來改入自由黨。他曾多次擔任外交大臣、首相。他的一些激進的外交舉動（在今日被稱為干預主義），無論是當年抑或今日，都極具爭議性。坦普爾是截至目前最後一位在任內去世的英國首相。

和強硬手段會保護他免受不公正和錯誤的對待。」[13]這裡所說的英國臣民是何方神聖？是個出生在直布羅陀（因而是英國人）、生活在希臘的葡萄牙猶太人，名叫唐・大衛・帕西菲科*。

這裡自然有不少政治表演的成分，自以為是就更毋庸多言了。然而，帕默斯頓及其同僚認清了帝國擴張的一個事實，而那正是容易被我們這個時代所忽略的，因為我們總是太過強調大英帝國力圖把各種他者排除在白人、男性、基督徒，擁有權力的基本主流之外。帝國要**包容**人民和各種文化。[14]隨著不斷的開疆拓土，無論帝國變得多僵化，它也必須有更多包容。實際上，十九世紀的英國做為一個帝國、一個民族存續下去，所面臨的最大挑戰就是尋找包容差異的手段，特別是在海外。這當然是自相矛盾的。但帝國的擴張、英國國民性和跨文化包容是生死與共的，不管它們的進程中有多少跌跌撞撞，問題有多棘手，過程有多痛苦，它們依然蹣跚前行。

這並不是說大英（或其他任何）帝國設法避免了種族主義、鎮壓、暴力或各種偏見的影響。但我們不應把十九世紀末期「白人的負擔」†的態度，強加給前期這種密度更大也更為複雜的人類經驗糾葛。[15]沙文主義道德觀常常被拿來與大英帝國相聯繫，但它並沒有**推進**帝國在東方的擴張。相反，歐洲人在東方地盤上積聚了數代的影響之後，這種道德觀才得以鞏固。它是在全球英法戰爭的背景下得到強化的。而且這種帝國道德觀是一種誤導的、不精確的解釋，因為英國的霸權從來不像其支持者（或者當今的很多批評者）所暗示的那樣是鐵板一塊。實際上，「白人的負擔」多少只是一廂情願，是以修辭和道德的目的來為大英帝國規則中的弱點和矛盾辯護與加以補償的一種方式。

我按時間順序，將英國如何把印度至埃及收入其東方帝國的過程歸納成三個部分；它們大致可以依次對應地點、力量和個性。本書的前三分之一詳述了十八世紀末期印度純粹的世界主義，從東印度公司占領孟加拉開始，以及那裡偉大的總司令（和收藏家）羅伯特・克萊武為了要在英國社會謀得一席之地的艱難鬥爭。隨後便造訪充滿生機的北印度城市勒克瑙‡，其正好位在東印度公司的控制範圍之外，蓬勃發展成為各種收藏家和文化變色龍的避風港。中間的三章則關注於大英帝國收藏過程中的一個關鍵時刻：一七九八年法國入侵埃及，以及一七九九年英國占領印度南部的塞林伽巴丹。儘管這些戰役發生在不同的大洲，對戰的是兩個不同的穆斯林敵手，但它們實際上卻把同一場英法戰爭的不同前線聯繫起來。它們共同標誌著大英帝國的政策轉向成主動征服、沿著印度的前線和邊界「收藏」領地。在這些年裡，英法兩國也前所未有地成為了帝國物品收藏家；值得一提的是，這些戰役產生了第一批帝國戰利品，並在英國公開展示。本書的最後一部分記述了十九世紀初在埃及的收藏和帝國，英法兩國為了在那裡擴大政治影響正對抗得如火如荼，引發了一場搜羅文物的公開戰鬥。最後，我會說明在帝國邊疆的收藏（個人收藏和帝國國家

＊唐・大衛・帕西菲科（Don David Pacifico，一七九四？至一八五四），葡萄牙猶太裔商人和外交官。他是一八五〇年英國－希臘爭端的中心人物。

†白人的負擔（white man's burden），出自英國詩人吉卜林的同名作品。吉卜林藉這部作品含蓄地警告英國人擴張將會付出代價。但左派認為他在描述帝國主義的特徵時，將向外擴張稱為高貴的舉措。

‡勒克瑙（Lucknow），印度北方邦首府。

的收藏）如何持續顛覆、操縱和扭曲文化邊界並產生了持久影響，即便在文化分層更加僵化的時代也是如此。

十九世紀末期王冠與號角（或更準確地說是木髓頭盔和風笛）的帝國，棕梠樹掩映之中的教堂白色尖塔，俱樂部走廊上的杜松子酒和奎寧水，一群本地僕人服侍著臉色紅潤的英國人，這一切都是我們如此熟悉的畫面，以至於有時都很難回想起帝國「教化使命」意識形態發生之前的世界。本書正是想努力做到這一點。它回到那個時代，走進眾人生活、熱愛、戰鬥和自我認同的地方，他們真實的狀態比後來的帝國沙文主義，甚或許多當今探討帝國的著述所暗示的狀態都要複雜得多。

最重要的是，本書的訴求是把活生生的人類經驗重新寫入一個往往被史學界抽象探討的話題——要麼就是偉大征服的話題，不然就是冷冰冰的論述話語。這些收藏家和他們的世界都銷聲匿跡了。但他們收藏、遷移並聚集起來的物品仍在鮮活生動地訴說著他們的激情。在英國及其前殖民地（實際上在全世界各地），這些物品都是人類接觸的確鑿證據，正是這些人與人的相互接觸，支撐著難以度量的全球化進程和帝國。我絕無為帝國的過去、現在和未來宣傳或道歉之意。但帝國是世界史上的一樁事實。本書要解決的重要問題不是它們是「好」是「壞」，而是它們都做了些什麼，影響了哪些人，是如何影響的。這裡講述的歷史希望反思一個新的帝國時代，在這個意義上，它呼籲人們記住成功的國際關係中的基本人性：那就是借鑑、學習、適應和給予。為了收藏，也為了回憶。

第一部

印度

1750-1799

第一章　征服

世界戰爭

大多數歷史在敘述英法及其殖民帝國時，不是從東方，而是從西方講起的：在北美，英國的十三殖民地和新法蘭西控制著大西洋沿岸地區，兩國從十七世紀初便開始在那裡爭奪主導地位。十八世紀中葉的「七年戰爭」期間，競爭達到高潮。兩國對抗的焦點是爭奪進入賓夕法尼亞邊疆之外那片誘人的廣闊土地的入口。英法這番爭鬥事實上是在為北美的未來而戰：誰會贏得塑造這片大陸的權利，哪個帝國會蓬勃發展。也許這個故事也應該從西方開始講起，一七五九年夏，在聖羅倫斯河的兩岸，十八世紀英法帝國之戰中最著名的戰役開打了。這就是魁北克戰役，它一錘定音，生動地重演了英法之間不斷反復的衝突模式。

自一七五六年宣戰以來，英國進軍新法蘭西的企圖屢次受挫。但在一七五九年初夏，英國人的一次進攻沿著聖羅倫斯河下游進入加拿大，到達法軍重鎮魁北克城。整個夏天，英國人在河畔安營紮寨，圍攻懸崖之上那座重兵防守的城池。以逸待勞、人數占優勢的法國人毫不留情，擊退了英國人自下而上對城市的數次進攻。九月，英國指揮官制定計畫，從上方襲擊魁北克，並藉此誘敵出城，在北部的亞伯拉罕平原*決一死戰。這是個大膽之舉：法軍城堅崖陡，英軍寡不敵眾。但如今圍城三月，是時候採取這樣的行動了。一七五九年九月十二日晚，一支英國的小艦隊靜悄悄地橫穿危機四伏的聖羅倫斯河，有將近五千人上岸，排成一條細細的紅線，爬上高聳的懸崖。

太陽從一片低低的霧靄中升起，浸水的黑色土壤散發出刺鼻的氣味，溼氣濃重，但雨已經停了：這是個開戰的良辰吉日。魁北克城厚重的石牆之內，法國指揮官蒙特卡姆侯爵†一夜無眠，他夜裡曾聽到砲火聲，知道麻煩就要來了。早上，他集合隊伍列隊出城一探究竟。英國人或許已經逼迫幾百人爬上了懸崖？眼前的景象卻讓他大吃一驚。在他前面不到一．六公里的地方站著一整支英軍，數千人身穿紅衣，就像濃霧中的信號燈。除去進攻，他別無選擇。十點鐘，法軍衝鋒，卻在距離英軍戰線區區四十步的地方被一片槍林彈雨打退了。待硝煙散去，英軍踏過滿地橫陳的屍體開始反擊；因混亂和恐懼而不知所措的法軍當著英國人的面四散而逃。「他們跑啦；看他們逃跑的樣子！」一個英國士兵喊道。「從來沒有哪一次的潰敗像我軍那樣徹底，」一個法國人如此報導。當晚九點，法國人開始撤離魁北克城，把這座城池（以及通向法屬加拿大的鑰匙）拱手讓給他們的英國對手。

歷經數月甚至數年的苦心經營，幾個小時便煙消雲散。法英兩軍指揮官的性命也是如此。蒙特卡姆侯爵在戰役後期軀幹中彈，被人扛回城裡，他血流如注，卻說：「這沒什麼，沒什麼。」他在撤軍的漫漫長夜裡奄奄一息；用歷史學家法蘭西斯．派克曼‡的話說，翌日，他的葬禮「也是新法蘭西的葬禮。」在城外的亞伯拉罕平原上，年輕的英國將軍詹姆斯．沃爾夫[§]想要以一種更加榮耀的方式死去。他在法軍陣前帶頭衝鋒時，手腕被一顆子彈炸得粉碎；但他仍身先士卒，直到又有兩顆子彈擊中了腹部和胸膛，這才倒地。一些軍官說，前一夜渡河之時，沃爾夫背誦了湯瑪斯．格雷[◎]的《墓園挽歌》。倘若果真如此，其中一句詩想必尤其蕩氣迴腸：「榮耀之路只

＊亞伯拉罕平原（Plains of Abraham），北美洲東北部一平原，位於加拿大魁北克省南部魁北克城西部的邊緣，旁為聖羅倫斯河。

†蒙特卡姆侯爵（Marquis de Montcalm，一七一二至一七五九），法國軍人，本名路易－約瑟夫．德．蒙特卡姆（Louis-Joseph de Montcalm），七年戰爭期間任北美法國軍隊的指揮官。軍事史家對蒙特卡姆的看法充滿爭議，一些人強烈批評他在魁北克的決策。但也有很多人懷念他，尤其是在法國、魁北克、紐約州部分地區，以及密西根州南部地區。

‡法蘭西斯．派克曼（Francis Parkman，一八二三至一八九三），美國歷史學家，以其《俄勒岡小徑：大草原和洛基山生活速寫》（*The Oregon Trail: Sketches of Prairie and Rocky-Mountain Life*，一八四九）和紀念碑式的七卷本著作《北美的法國和英國》（*France and England in North America*，一八六五至一八九二）而聞名。他還是哈佛大學的園藝學教授。

§詹姆斯．沃爾夫（James Wolfe，一七二七至一七五九），英國陸軍軍官，因擊敗法國軍隊，贏得亞伯拉罕平原戰役而廣為後世所知。

◎湯瑪斯．格雷（Thomas Gray，一七一六至一七七一），英國詩人、書信體作家、古典文學學者、劍橋大學教授。以其詩作《墓園挽歌》（*Elegy Written in a Country Churchyard*，一七五一）而聞名。他是個極端自我批評的詩人，一生只發表了十三首詩。

班傑明・韋斯特，〈沃爾夫將軍之死〉，一七七一年。

會通向墳墓。」如同暗示一般，正當屬下在他身畔衝向勝利時，沃爾夫卻在戰場附近斷了氣。[1]

沃爾夫將軍在魁北克城的勝利是大英帝國史上的盛大場面之一，單次戰役（看似）便扭轉了局勢，實屬罕見。而且就像很多為人稱道的勝利一樣，它之所以令人興奮，部分原因是此前一系列令人消沉的失敗。如今戰事已屆三載，英國人總算有值得慶祝的功績了：讚美和感恩祈禱之聲四起，教堂響起鐘聲，煙火綻放。沃爾夫賠上性命的英勇表現通過民間歌謠、舞臺劇、出版的第一手資料和畫作等形式被讚揚、被傳頌。[2]然而，迄今最著名的畫作卻出現在整整十年之後。班傑明・韋斯特*出生於賓夕法尼亞，是個嶄露頭角的藝術家，一七七一年春，皇家藝術研究院展出了他創作的〈沃爾夫將軍之死〉。這幅畫被迅速複製成蝕刻畫暢銷全國，也被無情地仿效甚至諷刺，旋即成為英國藝術的代表。它的魅力部分源於攝人魂魄的逼真感：宏大的歷史繪畫所描繪的主人公身穿現代服裝而不是古典式的長袍，此前幾乎從未有過。[3]但更多則源於主題。這是文明的終極碰撞。「七年戰爭」在美國被稱為「法印戰爭」，反派是軟弱的法國貴族、耶穌會會士、殘暴行為令人毛骨悚然的原住民。在韋斯特的畫中，列隊對抗他們的是大英帝國的菁英：身穿紅色軍裝的爽朗的約翰牛‡，裹著格子花呢的蘇格蘭人，來自新英格蘭農場健壯的北美殖民地人，以及剛從安大略森林出來的如同雕塑般思考著的印第安人。（其他的暫且不說，這位印第安人純粹是韋斯特的發明；沒有一個印第安人曾與沃爾夫並肩作戰。）這就是一七六〇年代的大英帝國希望投射給世人的形象。這幅畫由一個殖民地人創作出來，而且還是在英美關係緊張的時刻，絕非偶然。

部分出於討好目的而歪曲事實，韋斯特的畫體現出有關「七年戰爭」的兩個重點：這是一場英法兩國爭奪帝國勢力的戰爭，是一場英國人高奏凱歌的戰爭。然而這幅畫持久的人氣也轉移了注意力，讓世人忘記這場決定性的帝國戰爭中的另一戰，回想起來，那稱得上是決勝一役。因為

---

* 班傑明・韋斯特（Benjamin West，一七三八至一八二〇），英裔美國畫家，以繪製歷史畫和美國獨立戰爭場景知名。曾擔任英國皇家藝術研究院第二任院長。英國皇室曾授予他騎士頭銜，但被韋斯特本人拒絕。

‡ 約翰牛（John Bulls），指英格蘭人。

當沃爾夫在魁北克抓住了同時代人（以及更之後很多人）的想像力的同時，在世界的另一端，一場幾乎同時發生的勝利，最終對於大英帝國的形成具有更大的影響。那是兩年前的普拉西*大捷，發生在孟加拉胡格利河†大霧瀰漫的兩岸。一七五七年，東印度公司的軍隊在羅伯特·克萊武的指揮下，打敗了孟加拉的納瓦卜‡，在比英國本土都大的領土上確立了軍事優勢。

雖然那裡距離「七年戰爭」的歐洲和北美熱點地區都非常遙遠，並且是一場只有代理人參與的英法之戰（據說納瓦卜正在培養法國盟友），普拉西大捷卻開啟了影響英國全球地位的一系列事件，與在魁北克大敗法國一樣意義深遠。英軍打敗了納瓦卜並以東印度公司的傀儡取而代之，一舉瓦解了蒙兀兒帝國在孟加拉的權力結構。一七六五年，皇帝授予東印度公司顧問（diwani）的地位，可以在孟加拉行使寶貴的稅收權，公司鎖定了勝局。從這一刻起，東印度公司在商業機構之外，還承擔了國家的職能。不久以後，宣稱自己是大英帝國核心的正是印度，而不是十三殖民地。

宣布一個時代的開始或結束都是風險十足的事情，但如果必須為現代大英帝國的誕生決定一個時刻和地點，那應該是在「七年戰爭」期間分布廣泛的爭奪之中。「七年戰爭」的很多後果都成為歷史久遠的前因，如大英帝國愛國精神的強化等。而由「七年戰爭」引發的諸多變化，在某種意義上也不過是為即將到來的拿破崙革命戰爭那些劃時代的動盪拉開了序幕。然而，「七年戰爭」仍舊是英法兩個帝國歷史上的分水嶺。

單從領土範圍上來說，這場戰爭也超過了此前的衝突。從一六八九年以來，英法兩國已經打過三場漫長的戰爭，戰火從歐陸逐漸蔓延到海外。但這是英法兩國迄今發動的最兇猛、最昂貴，也最廣泛的戰爭。它們在各地交鋒，從蒙特利爾到法屬馬丁尼克§，從西非的甘比亞河口到南印度陡峭的外露岩層。而英國幾乎在各地都捷報頻傳，英國獲勝的規模甚至自己都感到吃驚。把愛國精神當作口號四處宣揚的首相老威廉·皮特◎稱一七五九年是他的奇蹟之年（annus mirabilis）：單是在那一年裡，沃爾夫確保了英國在加拿大的統治地位；法國海軍被擊敗，英國贏得了進入地中海的通道；而在漢諾威的明登◇，英國軍隊協助取得了最難能可貴的功績，一場得自法國的決定性陸上勝利。不到一年之後，埃爾·庫特爵士&以在南方萬達瓦西⊙的勝利，繼續在印度大敗

---

*普拉西（Plassey），印度西孟加拉邦帕吉勒提河畔的一座村莊。

†胡格利河（River Hooghly），印度恆河下游的一條支流，又名帕吉勒提河（Bhagirathi River）。

‡納瓦卜（nawab），印度蒙兀兒帝國皇帝賜予南亞土邦半自治穆斯林世襲統治者的一種尊稱，相當於省督。也用來指稱在印度發財歸國的歐洲人。

§法屬馬丁尼克（Martinique），位於加勒比海，是法國的一個海外大區，首府法蘭西堡。

◎老威廉·皮特（William Pitt the Elder，一七〇八至一七七八），第一代查塔姆伯爵，英國輝格黨政治家。在政府任職國務大臣期間，曾經憑七年戰爭而聲名大噪，後來更出任大不列顛王國首相一職。

◇明登（Minden），德國北萊茵－威斯特法倫州的城市，在漢諾威以西五十五公里。

&埃爾·庫特爵士（Sir Eyre Coote，一七二六至一七八三），英國軍人和政治家，一七六八至一七八〇年期間任英國下議院的議員。他在萬達瓦西戰役中取得的勝利被認為是在英法爭奪對印度控制權期間決定性的轉折時刻。

⊙萬達瓦西，印度東南部泰米爾納德邦的一個城鎮。Wandewash，是當地 Vandavasi 的英語化發音。

法國。南北美洲、歐陸，以及印度，似乎整個世界都落入英國之手，而法國則因此而蒙羞。

但勝利自有其代價。《一七六三年巴黎條約》*和平簽署之後，英國面臨著一個比以前面積更大、費用更高，也更鞭長莫及的帝國。必須找人手來保衛它，英國定期去邊疆和殖民地尋找這樣的人手，蘇格蘭、愛爾蘭、美洲，並在印度招募愈來愈多人。必須找到支付開銷的資金，英國也指望殖民地來付這筆錢。一七六五年通過了惡名昭彰的《印花稅法案》，在十三殖民地對印刷品徵稅。一七六七年，又針對英國從美洲進口的各種物品徵收湯森關稅†，其中的茶葉迅速成為帝國貿易的大宗商品以及英美人士的必備上品。英國辯解說，這些關稅在部分程度上是要求殖民者為其自身受到的保護而出資，但在某些殖民者看來，稅賦比起東方帝國暴君們的專制手段好不到哪裡去。如果說「七年戰爭」為英國贏得了一個前所未有的龐大帝國，那麼它也觸發了財政和政治危機，導致十三殖民地在不到二十年後便與之決裂。

「七年戰爭」對大英帝國的地理產生了深遠的影響：它為英國贏得了世界各地的重要據點，但也嚴重削弱了它統治十三殖民地的能力。大英帝國所在之處出現這些變化的同時，其具有的帝國屬性也正在改變。史家曾經把美國革命看作是大英帝國史上兩段截然不同的時代之間的分界線：第一階段，大英帝國是在大西洋地區活動的殖民和貿易國家；到了第二階段，帝國根植於亞洲，主要特點是征服和直接統治。不過，這樣的二元對立是種誤讀。因為「七年戰爭」恰恰預示著一個在大西洋和亞洲兩地活動，貿易和征服並重的大英帝國的誕生。它標誌著一個現代大英帝國的開始，它既是全球帝國也是陸上帝國，需要大量資源維持運作，包括人力、經濟和文化資源。4

「七年戰爭」對法蘭西帝國同樣有著重大的意義——但並不像傳統觀念所認為的那樣，只是敲響了它的喪鐘。（幾乎沒有哪位歷史學家著書立說，講述一七六三年到一八三〇年入侵阿爾及利亞這段時期法蘭西海外帝國的情況。）5實際上，儘管法國輸掉了這場戰爭，它卻重新煥發活力，與英國繼續纏鬥。和平條約的墨跡未乾，國王路易十五手下那位精明的首席大臣舒瓦瑟爾公爵‡就開始為復仇戰爭做準備了。法國改造並建設了現代化的軍隊，大幅擴充海軍的規模——

*《一七六三年巴黎條約》（*Treaty of Paris in 1763*），七年戰爭的交戰雙方於一七六三年二月十日在法國巴黎簽訂的和約，標誌著七年戰爭的結束。條約規定，法國將整個法屬加拿大（聖匹島除外）、法屬路易斯安那中密西西比河以東部分割給英國，並從印度撤出，只保留五個市鎮。西班牙割佛羅里達給英國。

†湯森關稅（Townshend Duties），英國政治家查爾斯·湯森（Charles Townshend，一七二五至一七六七）在一七六七年提出，並由國會通過了一系列法案，旨在提高在殖民地的稅收，來支付省長和法官的薪金，以保持他們對大英的忠誠；建立一種更加有效的方法，強制遵守貿易規則；懲治紐約未能遵守一七六五年的地區法；並提供英國國會在殖民地增加稅收權利的先例。

‡舒瓦瑟爾公爵（Duc de Choiseul），本名艾蒂安·弗朗索瓦（Étienne François，一七一九至一七八五），法國軍官，外交官和政治家。他是一七五八至一七七〇年間支配路易十五政府的法國外交大臣，極大地影響了法國的政策。他加入法軍後，在奧地利王位繼承戰爭中立有功勛。為改變法國在七年戰爭之後的頹勢，他急切重整軍備，鼓吹戰爭，終於惹惱了得過且過的國王，被貶職回家。

七八一年，這支海軍在約克敦對英國造成了毀滅性的影響，促成了英國在美國獨立戰爭中投降。它建立了大陸間的聯盟，在加勒比地區的商業也蒸蒸日上。最後，法國將其帝國的目光熱切地轉向東方。舒瓦瑟爾及其繼任者積極研究了入侵埃及的可能性——那是通往印度的墊腳石——並派遣布干維爾元帥*去太平洋地區物色新的殖民地，同時對英國挑釁。因為法國的歷史經常會根據政治體制（舊制度、拿破崙的第一帝國、復辟等等）被劃分開來，各個時期之間的連續性往往被忽略了。[6]但如果考察法國的帝國政策，就會看到更加一致的全貌。值得一提的是，舒瓦瑟爾的某些計畫在一代人之後的拿破崙身上找到了共鳴。法蘭西帝國沒有死於「七年戰爭」：它只是改變了基調。

「七年戰爭」並沒有結束英法兩帝國間的對抗，也沒有讓天平決定性地向英國這邊傾斜，而是為英法兩個帝國的歷史開啟了新的篇章。它標誌著轉向領土收益，並以這種收益來直接統治顯然是異域的臣民。重要的是，它還標誌著帝國開始渴望東方殖民地。從這一刻起，英法兩帝國的競爭史便在此徐徐展開，尤其是在印度。下一個世紀，英國在印度的勢力急劇擴張，並穩步拓展到埃及、中國、阿富汗。法國竭盡全力阻撓英國在印度的擴張，並在中東和北非拓展它自己的影響，到一九〇〇年，已經成為在那些地方占據主導地位的歐洲勢力。簡而言之，「七年戰爭」加速了英法之間對東方帝國的競爭，逾三十年後，這場競爭在印度和埃及逐步升級，如火如荼。

那麼，從普拉西的芒果林，而不是亞伯拉罕平原看去，大英帝國是個什麼樣子？在很多方面都相當不同。和魁北克不同，普拉西之戰既不是為了公開占領地盤，也不是為了直接對抗法國。參戰的主要是東印度公司的私家軍和本地的印度土兵，即「西帕依」，而不是英國的王室軍隊，目的在於捍衛其商業利益。另外，與魁北克年輕勇敢的（同時也是神經質地固執己見的）沃爾夫恰好相反，普拉西鑄造了一個在公眾眼中全然更加複雜，也更加模稜兩可的英雄形象：羅伯特．克萊武，雖說有些英國人認為此人是「天生的將軍」，他自己及他所代表的帝國後來卻成為大眾攻擊的靶子。大英帝國在東方的收藏史就始於普拉西戰役和羅伯特．克萊武。因為英國正是在那裡開始在印度收藏其帝國，也開始了它自己的帝國改造，從一個以大西洋為基地的商業和殖民國家，變成全球領土的統治者，一個帝制民族國家。羅伯特．克萊武也正是在普拉西成為英屬印度的第一位重要的帝國收藏家，獲得了大量的個人財富，他使用這些財富，把自己變成英國在東方的新興帝國最不可一世，同時也最遭人唾罵的統治者。

＊布干維爾元帥（Admiral Bougainville），本名路易．安托萬．德布干維爾（Louis Antoine de Bougainville，一七二九至一八一一），法國探險家、元帥。他參與了對抗英國的法國印第安戰爭。之後，他以前往福克蘭群島的探險和進入太平洋的旅行而知名。

從貿易到征服

實際上，英國在印度的出現早在克萊武、普拉西和「七年戰爭」時代的一百五十年前就正式開始了，日期可以追溯到十六世紀的最後一天。那天，老態龍鍾、臉上敷著厚粉、卷髮緊密的女王伊莉莎白一世向「東印度貿易倫敦商業公司」頒發了皇家特許狀。這是她當政期間最後的幾份決議之一，也是影響最為深遠的決議之一。該特許狀授予所謂東印度公司在印度和東方的香料諸島經營英國貿易的壟斷權。東印度公司在形式上屬於股份公司，由購買貿易企業股份的投資者組成。這樣的公司還有不少，都致力於英國在全球各個角落追逐商業利益：黎凡特公司[*]、俄國公司[†]、皇家非洲公司[‡]、麻塞諸塞灣公司[§]，以及南海公司[◎]——這些公司的「泡沫」於一七二〇年破滅，把無數財富都拖下了水。法國與荷蘭也都通過這種壟斷公司在海外進行貿易。荷蘭東印度公司[◇]（VOC）成立於一六〇二年；由柯爾貝[&]創建的法國東印度公司成立於一六六四年，一七一九年由才華橫溢的蘇格蘭金融家約翰·勞[⊙]把東、西兩個公司改造合併成印度公司（Compagnie des Indes）。

這些都是公司；它們的目標是利潤。但要在遙遠而陌生、可能充滿敵意的地區確保利潤，需要的遠不只具有商業頭腦和意願的投資者，還需要外交官和強大的防禦能力。在故土贏得貿易特許狀只是第一步。實際上，進行那種貿易，意味著獲得合夥人和海外的授權。在蒙兀兒和鄂圖曼這兩個帝國，歐洲人需要獲得地方當局和商人的准許才能建立貿易前哨站，也就是「商館」。並

＊黎凡特公司（Levant Company），一家英格蘭特許公司，一五九二年由威尼斯公司（Venice Company）和突厥公司（Turkey Company）合併而來，伊莉莎白一世頒發其特許狀。成立該公司目的是維持和運營英格蘭與鄂圖曼帝國黎凡特地區的商業業務。該公司於一八二五年解體。

†俄國公司（Muscovy Company），一五五五年獲頒特許狀的英國貿易公司。該公司是第一批重要的特許股份公司之一。一六九八年之前，俄國公司在英國與莫斯科大親王國之間的貿易上具有壟斷地位，一九一七年俄國革命後解體。

‡皇家非洲公司（Royal African Company），斯圖亞特王朝和倫敦市商人在一六六〇年建立的一家英國特許貿易公司，在非洲西岸進行貿易，起初的目的是掠奪甘比亞河上游的金礦，不久便開始從事奴隸和其他貿易。

§麻塞諸塞灣公司（Massachusetts Bay Company），英國王室於一六二九年頒發特許狀的一家股份制貿易公司，在從梅里馬克河以北五公里到查爾斯河以南五公里之間的新英格蘭地區殖民。

◎南海公司（South Sea Company），成立於一七一一年的一家英國股份公司。該公司被特許與南美洲和附近島嶼進行貿易的壟斷地位。

◇荷蘭東印度公司（Dutch East India Company），荷蘭歷史上為向亞洲發展而成立的特許公司，成立於一六〇二年三月二十日，一七九八年解散，是世界第一家跨國公司、股份有限公司（指公開而非特權股份）。

&讓—巴蒂斯特·柯爾貝（Jean-Baptiste Colbert，一六一九至一六八三），法國政治家、國務活動家。他長期擔任財政大臣和海軍國務大臣，是路易十四時代法國最著名的偉大人物之一。

⊙約翰·勞（John Law，一六七一至一七二九），蘇格蘭經濟學家。他認為貨幣純屬交換媒介而不能構成財富本身，國家的財富取決於貿易。因為他認為紙幣是貨幣種類中能夠提供極大的便利，而且有助國家改善貿易逆差的狀況。路易十四去世後，勞被任命為法國的財政大臣。

且，因為所有的歐洲公司都在競爭同一個市場，其代表就不斷利用手段與地方統治者搞好關係，用禮物、承諾、利益和賄賂來買通他們。英國的首任駐印度大使湯瑪斯・羅爵士*就有這樣的經歷，他曾在一六一五年在宮廷覲見過皇帝賈漢吉爾†。羅爵士向皇帝提起了英國的貿易和稅收減免的話題，

> 他問我們給他帶來了何物為禮。我答道……很多都是在我國高價難求的罕見珍品。……他問，我提到的那些珍品都是何物，是不是首飾和寶石。我答說不是：我們認為那些不適合作為回贈的禮物，因為它們起初都是在以他為尊的這些地區購買的……但我們想為陛下找到此地從未見過的罕有之物，比如技巧出眾的繪畫、雕刻、鏤器、釉器，黃銅、紅銅或石像，刺繡、金銀器。他說如此甚好：但他很想要一匹英格蘭馬……

皇帝的願望讓羅爵士猝不及防，卻發現葡萄牙人比自己技高一籌，葡萄牙人給賈漢吉爾帶來了「首飾、金銀件和珍珠，讓我們的英國商品蒙羞。」[7]但一六一八年——在他設法覲見皇帝的整整三年之後——羅爵士的鍥而不捨終獲回報，他得到皇帝的應允，「歡迎我們的到來，並可繼續在他的領土上待下去。」[8]

在接下來的一個多世紀裡，東印度公司逐漸變成英國最有利可圖、穩定和開明的企業之一。它大體上還是以商業為主：和那些在北美洲殖民的公司不同，它所獲得的特許狀並不要求它建立

殖民地，也不允許它建立除了船隊以外的任何武裝力量。[9]到一七五〇年，東印度公司的商館遍布四方，從波斯灣的巴斯拉[‡]到蘇門答臘島的明古連[§]。設在印度的這家公司集中在三個沿海殖民點，這三地後來成為英屬印度的「管轄區」，或稱地區首府。在西部（即馬拉巴爾[◎]區）沿岸的是孟買，英國於一六六一年從葡萄牙手中得到了這座城市，是查理二世的新娘布拉干薩的凱薩琳[◇]的部分嫁妝。當時，東部（即柯洛曼德爾[&]區）沿岸的馬德拉斯[⊙]是個約有四萬人口的繁華殖民點，那裡有一座專門建造的城堡以及（從一六八〇年以來）印度的第一座聖公會教堂，高聳在斜坡上，俯瞰著拍岸的驚濤。最新建成的加爾各答是一六九〇年由公司代理商約伯．查諾克[#]在

＊湯瑪斯．羅爵士（Sir Thomas Roe，約一五八一至一六四四），伊莉莎白和詹姆斯一世時期的英格蘭外交官。羅航行到過中美洲和印度；他還曾在蒙兀兒帝國、鄂圖曼帝國和神聖羅馬帝國等地擔任過英格蘭大使。

†賈漢吉爾（Jehangir，一五六九至一六二七），統治印度次大陸的蒙兀兒帝國的第四任皇帝，一六〇五至一六二七年在位。

‡巴斯拉（Basra），伊拉克的城市，位於底格里斯河和幼發拉底河交匯形成的阿拉伯河西岸，南距波斯灣一百一十公里，是連接波斯灣和內河水系的樞紐，伊拉克第一大港及第二大城。

§明古連（Bencoolen），印尼蘇門答臘島西岸一城市，現名明古魯（Bengkulu）。

◎馬拉巴爾（Malabar），南印度的一個地區，居於西高止山脈與阿拉伯海之間。有時會用「馬拉巴爾」來泛指印度半島的整個西南海岸，稱作馬拉巴爾海岸。

孟加拉灣胡格利河上溯一百二十八公里的一片沼澤地上奠基的，後來成為三座城中最重要的一座。據說是查諾克選中了那個地點，「理由是那裡有一棵成蔭的大樹，」這個選擇讓很多人十分困惑，因為「在整條河上再也找不到更不衛生的地方了。」[10]蚊子嗡嗡不停，空氣中滿是瘴氣，而明渠這種緩慢流動的惡臭水道遍布殖民點，簡直就是疾病的溫床。很多在十八世紀前往加爾各答的人都死在那裡，以至於「有了這樣一種說法：他們像個派頭十足的英國人那樣活著，卻如同腐爛的綿羊那樣死去。」[11]

疾病讓人束手無策，但對於武裝的敵人，抵禦之策卻要實在得多。從一開始，在東方牟利就伴隨著暴力。歐洲貿易商用大門、衛兵和槍砲保衛他們自己和商館。一部分人出於謹慎和偏執，從不接觸當地人。例如在埃及，對歐洲人的偶發攻擊十分常見——至少他們害怕如此——以至於有人建議（甚至要求）歐洲人改穿東方服裝。在黎凡特的所有城鎮裡，歐洲人（比如猶太人、希臘人和東方基督徒）都住在被稱為法蘭克區的封閉區域，部分也是為了自身安全。閱讀早期法英兩國貿易商在埃及的紀錄，就會發現鄂圖曼官員徵收過高的關稅或是索要賄賂的騷擾和嚴重違法（avanias）事件源源不斷。一七六七年，鄂圖曼當局甚至在亞歷山卓港水濱逮捕了首席法語口譯員，並以身為臣民卻背叛素壇[@]之名將他投入大獄。他被拴在一條鄂圖曼奴隸船的深處，將近一年的無情囚禁之後，在劫難逃的譯員「在痛苦和煩惱中崩潰」，死於君士坦丁堡的奴隸監獄之中。[12]

但歐洲人主要的防禦目標是保護自己免受彼此的襲擊。如今的「貿易戰爭」所費不貲，但通常兵不血刃。十七世紀和十八世紀卻非如此。東印度公司的早期歷史充滿了暴力，特別是針對葡萄牙人與荷蘭人。[13] 一六二三年，爪哇發生了一樁極其生動的歐洲人間的海外角力，當時東印度公司在安汶的商館遭到荷蘭東印度公司士兵的襲擊，十名英國人被折磨致死。該事件旋即被定義為「屠殺」，並引發了英國大眾的強烈怒火，安汶事件使得英國貿易商放棄了香料島（那時荷蘭在當地的勢力無人可敵），集中精力經營印度次大陸。到十八世紀中葉，葡萄牙人與荷蘭人對印度的英國人不再構成軍事上的主要威脅。但次大陸上出現了一個危險得多的新對手：法國。

◇布拉干薩的凱薩琳（Catherine of Braganza，一六三八至一七〇五），葡萄牙國王若昂四世（John IV，一六〇四至一六五六）之女，英王查理二世（Charles II，一六三〇至一六八五）之妻，一六六二至一六八五年的英格蘭、蘇格蘭與愛爾蘭王后。她帶給英國的嫁妝是八十萬英鎊和葡萄牙在印度的殖民地孟買，以及維持兩百多年的英葡聯盟。

&柯洛曼德爾（Coromandel），又譯作烏木海岸，是指印度半島的東南部海岸地區。

⊙馬德拉斯（Madras），印度東南部的一座大型城市，地處烏木海岸，緊鄰孟加拉灣，由英國殖民者於十七世紀所建立。現名Chinnai譯作「金奈」或「欽奈」。

#約伯·查諾克（Job Charnock，約一六三〇至一六九三），英國東印度公司雇員和管理者，他首站駐守北印度凱西姆巴紮爾，並以殖民侵略手段大舉經營該區域。一六八〇年代，他成為該公司在北印度胡格利的主政者。一六九〇年，查諾克在加爾各答成立東印度公司交易據點。

@Sudan，伊斯蘭國家的統治者，過去又譯蘇丹。

歐洲諸國之間的結盟和衝突為歐洲貿易的全球擴張投下暗影。十九世紀末，在爭奪非洲的鼎盛時期，德國宰相俾斯麥曾令人難忘地說，他的歐洲地圖上顯示的是非洲。在那以前一百年，他的歐洲地圖上顯示的會是亞洲和中東。歐洲的戰爭觸發了海外歐洲各派系的衝突，而歐洲各個群體之間的海外事件又會引起歐陸的戰爭。與此同時，歐洲人又受到地方統治者的招募和擺布。例如，在西非海岸，歐洲奴隸販子參與了地方勢力之間的鬥爭，很大的原因是，非洲戰俘是奴隸的主要來源。[14]在北美，約翰・史密斯*上尉被處死前被「印第安公主」寶嘉康蒂[†]所救，這段「美人救英雄」的著名傳說，實際上大概是她的父親、波瓦坦[‡]印第安部落強大的酋長所策劃的慣例演出，藉以拉攏這位新來的陌生白人成為臣服的附庸。[15]

結果導致效忠的情況非常複雜，國家、民族，乃至宗教團體都以奇怪的方式彼此重疊。誰能說清是敵是友？就連「法國」或「英國」這樣的國家標籤，充其量也只能便宜行事，再考慮到其他國家的天主教徒和清教徒（教友），就更難分彼此了。英國的東印度公司軍像英國王室軍隊一樣，也極度依賴來自歐陸的志願者，有時從非英國人士中徵兵的數量高達一半。法國東印度公司也是個混血兒，由一個蘇格蘭人領導，並（和法國軍隊一樣）由一批歐洲人管理，其中包括蘇格蘭詹姆斯黨人[§]，還有飛越海峽尋找機會的愛爾蘭天主教「野鵝」[◎]。盟友與敵手之間的界線無法、也不能完全用民族或種族來定義。畢竟，就像〈沃爾夫將軍之死〉所表現的，相較於法國人，北美原住民才是英國真正的朋友。

十八世紀中葉，歐洲人和原住民對手之間發生齟齬，後果最嚴重的恐怕就屬印度了。在湯瑪斯・羅爵士的時代，蒙兀兒皇帝統治著次大陸四分之三的土地，巧妙有效的稅收制度和軍事組織將其緊密聯繫在一起，自那以後，情況發生了很大的變化。如今，蒙兀兒帝國被外侵和內戰弄得焦頭爛額。一七三九年，波斯軍閥納迪爾國王◇洗劫了德里，還把皇帝著名的「孔雀寶座」當成戰利品帶走了。皇帝也逐漸失去了對其封臣的控制。在他曾經有權任免地區總督並防止總督蓄積

---

*約翰・史密斯（John Smith，一五八〇至一六三一），大英帝國軍人、探險家。他在北美洲建立了第一座永久性英屬殖民地詹姆士城。

†寶嘉康蒂（Pocahontas，約一五九五至一六一七），又譯作波卡洪塔斯，美國維吉尼亞州印第安人，因其與詹姆士城早期殖民者的交往而聞名。她是維吉尼亞低窪海岸地區印第安部落聯盟的酋長波瓦坦之女。

‡波瓦坦（Powhatan），傳統上來自維吉尼亞的原住民。據估計，在歐洲殖民時期，波瓦坦的人口有五萬左右。

§詹姆斯黨人（Jacobites），指支持斯圖亞特王朝君主詹姆斯二世及其後代奪回英國王位的一個政治、軍事團體，多為天主教教徒組成。

◎野鵝（wild geese），指的是愛爾蘭歷史上在十六至十八世紀離開故土去歐洲大陸當兵的愛爾蘭士兵。

◇納迪爾國王（Nadir Shah，一六八八至一七四七），伊朗國王，阿夫沙爾王朝的開國君主。一七三七至一七三八年，納迪爾國王在對印度的遠征中蹂躪了印度西北部諸省，並且攻占和洗劫了德里。他利用從遠征中掠奪來的財富，在伊朗大興土木，鼓勵文化，使伊朗又呈現出其在薩珊王朝統治下的黃金時期的繁榮景象。

過多權力之處，如今這些地方很多省分基本上都被獨立的統治者轄制，他們把自己的官職變成了世襲的職位，也不再定期向皇帝繳納稅收了。例如在一七二〇年代，波斯什葉派軍事指揮官薩夫達爾・詹格[*]控制了阿瓦德[†]省，並將那裡實際上變成了其家族的世襲王國。納瓦卜阿里瓦迪汗[‡]在一七四〇至一七五六年間統治著東部的孟加拉，實際上把它變成了一個獨立的主權國家。在南方，海德拉巴[§]和阿爾果德[◎]的繼承之戰分裂了舊的體制，還把臨近的統治者也拖入了戰鬥。馬拉塔帝國[◇]利用蒙兀兒帝國的混亂，從西面進軍後者的地盤。總之，蒙兀兒帝國四分五裂，各方均熱切插手，爭奪帝國的碎片。[16]

印度蒙兀兒帝國末期，英法兩國各自的東印度公司也在爭奪影響力的各股勢力之中，目標都是犧牲對方，提高自己的地位。一七三九年爆發的英法戰爭恰逢印度南部卡那提克[&]地區的繼承權危機，讓兩國都獲得了機會。（兩國也都首次招募了印度士兵西帕依，補充其相對弱小的兵力。）在高瞻遠矚的擴張主義者弗朗索瓦・迪普萊[⊙]的領導下，法國在一七四六年末占領了馬德拉斯。然而，在英國的盟友穆罕默德・阿里・瓦拉加哈[#]成功奪得卡那提克的納瓦卜頭銜之後，最終是英國占了上風。（一七四八年，根據《愛克斯・拉夏貝爾和約》[@]，馬德拉斯重回英國之手。）一個年輕指揮官名叫羅伯特・克萊武，在英國的勝利中起到重要作用，參軍前他曾是東印度公司的職員。他被晉升為上校以示嘉獎。而迪普萊則在一七五四年被凡爾賽宮召回。有些人認為，法國在印度建立領土帝國的野心也隨之而去。但實際上，法國在印度南部的影響又持續了數十年。

*薩夫達爾·詹格（Safdar Jang，約一七〇八至一七五四），一七三九至一七五四年任印度阿瓦德省的統治者。他是黑羊王朝的統治者卡拉·優素福（Qara Yusuf，一三五七至一四二〇）的後裔。

†阿瓦德（Awadh），現代印度北方邦的一個地區，北部與尼泊爾接壤。

‡阿里瓦迪汗（Alivardi Khan，一六七一至一七五六），一七四〇至一七五六年的孟加拉納瓦卜。他推翻了納瓦卜的納西里王朝（Nasiri Dynasty）並接管了權力。他也是以在巴爾達曼戰役中戰勝馬拉塔帝國而知名的少數蒙兀兒時代的領導人之一。

§海德拉巴（Hyderabad），印度第四大城市，位於印度中部。

◎阿爾果德（Arcot），印度南部泰米爾納德邦一城鎮，位於金奈和班加羅爾或賽勒姆的貿易路線上。

◇馬拉塔帝國（Marathas），印度次大陸上的一個近代帝國，也是印度歷史上真正的最後一個印度教帝國。起始於一六七四年，終結於一八一八年，其鼎盛時期的疆域曾覆蓋整個印度北部。

&卡那提克（Carnatic），位於印度南部半島東高止山脈和西高止山脈之間的地區。

⊙弗朗索瓦·迪普萊（François Dupleix，一六九七至一七六三），法屬印度總督，羅伯特·克萊武的一生之敵。

#穆罕默德·阿里·瓦拉加哈（Muhammad Ali Walajah，一七一七至一七九五），印度阿爾果德的納瓦卜，英國東印度公司的盟友。他在與當時蒙兀兒皇帝沙·阿拉姆二世的通信中，經常自稱為「卡那提克的蘇巴達爾」（即省長官）。

@《愛克斯·拉夏貝爾和約》（Treaty of Aix-la-Chapelle），又稱為《第二亞琛和約》，是一八四七年十月十八日由法英荷奧四國在第二次亞琛和談討論後簽訂的合約。合約的條款包括法屬印度的馬德拉斯割予英國的內容。但合約並未解決英國和法國在西印度群島、非洲和印度的貿易糾紛，為英法之間在七年戰爭中發生衝突埋下了導火線。

英法在南印度爭奪支配地位的鬥爭轟轟烈烈之際，在北方的孟加拉，英國的貿易又出現了新的障礙。孟加拉的納瓦卜在其首府莫爾希達巴德*統轄著蒙兀兒帝國最富庶的省分。棉布、生絲、硝石、蔗糖、靛青，以及鴉片，這一地區的物產似乎無窮無盡，所有的歐洲商業公司都在那裡設立了貿易商館。從莫爾希達巴德順河而下，就像是在遊歷歐洲：葡萄牙人在胡格利，荷蘭人在欽蘇拉†，丹麥人在塞蘭坡‡，法國人在昌德納哥§，當然，還有英國人在加爾各答。

一七五六年四月，深受敬重的納瓦卜阿里瓦迪汗過世了，由他的侄子兼養子的西拉傑・烏德－達烏拉◎繼任，時年約二十歲。當時的英國歷史學家形容西拉傑是個「脾性最壞之人」，對東印度公司多疑、頑固而殘暴，總之就是把它當成自己仇恨的目標。[17] 西拉傑・烏德－達烏拉上台後立即要求歐洲貿易公司交納禮金（這是慣例），並命令他們自行解除武裝。荷蘭與法國照辦了。但英國人悍然拒絕付錢，並繼續在加爾各答的威廉堡加固自己的軍事設施。西拉傑確信該公司策劃謀反，決定令其屈服，登基幾個星期後便進軍加爾各答。他在一天之內便攻占了這個小殖民點。攻陷當夜，納瓦卜就把加爾各答的大約一百五十名歐洲居民關進了要塞的地牢，這種軍事監獄通常被稱作「黑洞」。第二天早上，有大約六十人在沒有一絲風的悶熱空間裡窒息而死。這一事件史稱「加爾各答黑洞」◇，很快成為英屬印度史上最駭人聽聞的一頁。公司的鼓吹者對心存疑慮的英國公眾大肆渲染這場悲劇，為其雇主在孟加拉的征服正名。但這次敗於一個印度統治者，也警示了英國人（以及歐洲人）在襲擊面前的脆弱，以及他們在數量上的絕對劣勢。[18]

加爾各答失陷的消息在將近兩個月後傳到馬德拉斯時，公司立即吹起出征的號角，準備反擊。他們任命最近剛從英國短期度假歸來的羅伯特．克萊武上校為指揮。克萊武時年三十一歲，是個久經沙場的剽悍老兵，外表一派自信傲慢；很少有人知道，他還受抑鬱症的影響，曾兩度試圖自殺。一七五六年十二月，克萊武帶著大約一千兩百人的軍隊抵達孟加拉，恰逢英法再次正式開戰的消息傳來。這個盼望已久的消息為克萊武的使命注入了新的力量，也添加了新的目標。他現在不但要重申東印度公司在孟加拉的勢力，把西拉傑．烏德－達烏拉也納入勢力範圍，還要把英國在貿易和影響力上的主要競爭者法國，以及納瓦卜可能的盟友全都清除乾淨。

＊莫爾希達巴德（Murshidabad），印度西孟加拉邦的一座城鎮，坐落在恆河的一條支流帕吉勒提河的東岸。

†欽蘇拉（Chinsura），印度西孟加拉邦胡格利縣的一座城鎮。

‡塞蘭坡（Serampore），印度西孟加拉邦的一座城市，位於胡格利河右岸，現屬加爾各答都會區的一部分。

§昌德納哥（Chandernagore），印度西孟加拉邦胡格利縣的一座城鎮，位於加爾各答以北約三十五公里，過去是法屬印度的一部分。

◎西拉傑．烏德－達烏拉（Siraj ud-Daula，一七三三至一七五七），印度蒙兀兒王朝時期孟加拉的最後一位納瓦卜。由於手下指揮官米爾．賈法爾的叛變，達烏拉兵敗普拉西戰役，後被英國處死。其統治時代的結束，標誌著英國東印度公司殖民統治時代的開始。「烏德－達烏拉」（ud-Daula）在阿拉伯語中的含義是「王朝」或「國家」，伊斯蘭世界的很多敬稱和王公頭銜中均有此詞。

◇編按：今日稱為黑洞的天體，其名稱「黑洞」（black hole）就是以「加爾各達的黑洞事件」為喻。

經過一天的激烈戰鬥後傷亡慘重——這再次表明，力量的天平完全不利於歐洲人——克萊武在二月初奪回了加爾各答。[19]他隨即逆流而上，抵達昌德納哥的法國人據點，並於三月底攻克了那裡。因為城池把守森嚴，克萊武兵力不足，這也是一場惡戰；因為攻城不易，雙方均損失慘重，公司的軍隊兇狠地洗劫了這個鎮。（但有一個軍官怒氣衝衝地說，「荷蘭人（像往常一樣）把他們能得到的一切都搞到手了。」）[20]克萊武的戰鬥進入最後的階段：打算廢黜西拉傑・烏德－達烏拉，用一位親英的新納瓦卜取而代之。克萊武和納瓦卜信件往還了數周，並下了最後通牒；公司的要求包括全面恢復貿易特權，還要把法國人驅逐出境。但到六月初，局勢逐漸明朗，對峙在所難免。納瓦卜與他的軍隊在莫爾希達巴德南邊的普拉西會合，六月十三日，克萊武只有八門小砲的三千人小部隊（其中有兩千一百人是被稱作西帕依的印度土兵）從昌德納哥出發，逆流而上迎戰納瓦卜。

他們在九天之後抵達普拉西。此時距離加爾各答的陷落已近一年，而且就像「黑洞」當夜一樣，一七五七年六月二十三日的酷熱天氣令人筋疲力盡，季風之前正是盛夏，空氣凝滯悶濁。克萊武把指揮部設在一座狩獵小屋裡，這是納瓦卜的「普拉西宮」；他大部分的手下在附近的芒果林中安營紮寨，躲在蠟質的墨綠樹葉和高處的泥灘之下。一・六公里外就是西拉傑・烏德－達烏拉龐大的營地。他帶領著步兵三萬五千人，騎兵一萬五千人——其中很多是精明能幹、全副武裝的帕坦人＊——還有逾四十門重砲，由一隊法國專家負責指揮。[21]東印度公司敵眾我寡，人數對比幾乎達到了二十比一，火力也嚴重不足。放下對地形的熟悉程度不提，單說裝備和人力就毫無可比性。

然而就像英國早期在印度的很多次探險一樣，普拉西一役依靠的是謊言、間諜和叛變。因為西拉傑・烏德－達烏拉在位一年期間，不僅與東印度公司不和，也疏遠了很多自己的臣民，特別是那些與公司做生意的人。一群頗有影響力的銀行家、商人和朝臣與公司代理商合力罷免納瓦卜。孟加拉四下皆是謠言和密謀。密謀的核心人物是名叫米爾・賈法爾†的貴族，他是西拉傑手下的一位高級將領。公司通過一系列密室協商，與米爾・賈法爾簽訂了條約，他在條約中同意，如果公司協助他推翻西拉傑・烏德－達烏拉，並讓他取而代之當孟加拉的納瓦卜，他就保證給公司巨額金錢回報和特權。在這場如今人人期待的戰爭上，米爾・賈法爾同意他即使沒有率軍離開戰場，也會「保持中立」。實際上，普拉西一役在開戰之前便勝負已分。[22]

一大早，納瓦卜的重砲就開始砰砰作響地攻擊公司的部分戰線了。公司的大多數士兵都在泥灘後面擠作一團，希望能堅持到夜幕降臨，到時候就可以反擊了。克萊武站在普拉西宮的房頂

＊帕坦人（Pathans），又稱普什圖人，是居於南亞的一個民族，西方歸入伊朗人（雅利安人）的一個分支。為阿富汗第一大民族和巴基斯坦第二大民族，屬地中海人種。

†米爾・賈法爾（Mir Jafar，約一六九一至一七六五），英國東印度公司支持之下的第一位孟加拉納傑菲王朝的納瓦卜。普遍認為他的統治標誌著大英帝國在印度的開始，也是英國最終占領次大陸大部分地區的關鍵一步。如今，米爾・賈法爾在印度成為陰險之人的象徵。

上，可以看到他面前的一大片軍隊，坐在大象上的指揮官，陣型奪目的列隊，鮮豔的帳篷，旌旗飄舞眼花繚亂。他能聽到宏亮而持久的槍砲開火聲，焦急地注視著他們砲擊自己的小支隊伍。但他看不到米爾·賈法爾的影子。難道克萊武也遭到背叛了嗎？

就在那時，吉兆出人意外地從天而降。開始下雨了。季雨降臨，前來為公司解厄。大雨傾盆，把人打得透溼（克萊武渾身溼透了，不得不退回普拉西宮去換衣服），雨水還從周圍的樹上傾洩而下，浸透了敵人的火砲：火藥一片狼藉，引信變成了沒用的繩索。片刻之前還如此致命的砲火迅速平息。芒果林裡的士兵透過大雨，眼看著敵人雲消霧散。克萊武和手下看到右側的一大隊騎兵順河而下脫離了戰鬥；那是米爾·賈法爾如約離開戰場。前方的田野裡，納瓦卜的人開始四散逃離。公司的士兵追了他們十公里，一路繳獲遺棄的火砲、裝備和糧草。翌日，米爾·賈法爾與克萊武會合，然後直接前往莫爾希達巴德，「悄無聲息地占領了王宮和庫房，並立即被任命為納瓦卜。」[23]西拉傑·烏德－達烏拉逃出城時「穿著一件普通的衣服……當作偽裝，……身邊只有他心愛的侍妾和……太監，」幾天後，他被米爾·賈法爾的人抓住處死了。[24]

普拉西之役是一個圈套，而不是一錘定音。與亞伯拉罕平原戰役頗為不同，它沒有得到多少熱情的傳頌，即使在當時也沒有。然而，在芒果林的陰謀、熱浪和砲火的一片沼澤中，誕生了與英國的南亞勢力性質相結合的新事物。直到一七六五年，克萊武才通過皇帝授予顧問的地位，鞏固了他在孟加拉的勝利，從而使得孟加拉政府的控制權直接落入公司之手。但傳統上把一七五七年作為「英屬印度」史的起始時間自有其原因。正是普拉西一役，才使得東印度公司義無反顧地發出勝利的宣言，明確了自己是蒙兀兒地盤上的一股軍事和統治勢力。

對東印度公司而言，普拉西的核心意義在於把領土征服以及從一七六五年開始的行政管理與貿易結合了起來。但那些歲月裡發生的事件有兩個深層的因素，在未來的數十年裡始終是帝國在印度全貌的一部分。首先，與法國的較量對公司的進攻既是鞭策也是理由。法國對英國利益的威脅是否屬實或是否誇張並不重要。重點在於，仇法情緒和英法戰爭成了公司展開擴張的背景。「七年戰爭」往往被看作是法國爭取在印度建立帝國的終結，但在反對英國的印度各王公朝堂上醞釀的法國復興幽靈，直到十九世紀不論在說辭上或計畫上還一直糾纏和影響著英國。[25]

普拉西相關事件的第二個歷久彌新的特徵，就是結盟與敵意跨越了種族、文化和宗教的界線。公司的勝利應該歸功於和米爾．賈法爾、賈加特．塞特*銀行家族，以及加爾各答的其他商人的合作。[26]同樣，西拉傑．烏德－達烏拉的力量部分取決於法國人的協助。在這樣一片利益集團的汪洋中呼喚「合作」毫無意義。實際上，在孟加拉和印度南部的激烈衝突中，正是英法之間的仇恨（無論這些分類本身有多靈活易變）決定了誰是友邦，誰是仇敵。

短期來看，普拉西塑造了東印度公司的孟加拉。俯首帖耳的米爾．賈法爾如今被立為納瓦

---

*賈加特．塞特（Jagat Seth，?至一七六三），納瓦卜西拉傑．烏德－達烏拉執政期間，塞特家族是孟加拉省莫爾希達巴德最富有的商人及信貸家族。十八世紀上半葉，塞特家族是印度最有權勢的銀行家。東印度公司的官方歷史學家羅本．歐姆形容該家族是「已知世界最偉大的貨幣兌換商和銀行家」。

卜，該地區成了公司投機商唾手可得的獵物。加爾各答迅速發展，很快便取代了馬德拉斯，成為東印度公司的社會與政治首府。坐落在胡格利河東岸的威廉堡以磚石重建，深溝環繞，並散布著六百門火砲。[27]一七五六年，老威廉堡只有兩百名歐洲士兵把守；到了一七六五年，這座要塞的守軍達到了一千五百九十八人之多。[28]堡壘的城牆之外，市民的數量增長得如此迅速，住宅建設都快跟不上了。一個訪客描述新鎮「極不規則，看上去就像所有的房屋都被拋到空中，碰巧落在它們現在的位置上。」[29]那些財力有餘的人（很多人都負擔得起）開始在鎮南的密林中開闢地塊，建造他們夢想中的「花園洋房」。[30]從一七六七年起，很多人在加爾各答的惡劣氣候中死去，也被埋進了公園路公墓中那些蔭涼的圈地裡。

巨大的財富，無盡的機會，新殖民社會的種子生根發芽：普拉西好像在一夜之間為東印度公司帶來了一個帝國。但英國人如何看待這一切呢？很多人在孟加拉有利可圖。然而，在一家未經考驗、無人監督、很大程度上缺乏管理的公司政府手中，也有著巨大而未知的責任。儘管某些英國人欣然接受東印度公司的征服帶給他們的機遇，另有些人卻為其成本、危險，以及更重要的道義而感到擔憂。無論如何，統治孟加拉都是個冒險的事業。說到這個新帝國的回報和風險，沒有人比其征服者羅伯特·克萊武本人的體會更強烈。因為普拉西也成就了羅伯特·克萊武——他決心下一步在英國揚名立萬。在印度，克萊武致力於公司的帝國建設，但在英國，他利用自己的印度財富，開始為自己建造一個龐大的物質帝國。

印度克萊武，英國克萊武

羅伯特・克萊武的生平很適合用來比喻帝國的建立。在英屬印度史乃至大英帝國史上的人物中，他是被寫得最多的傳主。在維多利亞時代早期的歷史學家湯瑪斯・麥考利*看來，克萊武的歷史與東印度公司的統治史實際上是一體兩面的。「從他初訪印度開始，便確定了英國武裝在東方的名聲。」克萊武在卡那提克大勝法國後，麥考利如此寫道，「從克萊武二訪印度（普拉西）開始，便確定了英國在那個國家的政治優勢。」而「從克萊武三訪印度開始，」麥考利繼續寫道，當克萊武獲賜顧問頭銜後，「便確立了我們東方帝國在施政上的純正性。」[31]這就是那個乾脆被稱作「印度克萊武」的人，帝國最優秀的偉人。

但當狂熱的帝國主義者麥考利在一八四〇年寫下這番評價時，克萊武離世已逾六十載。在他自己的時代，克萊武似乎也正是英國全新的印度帝國的代表，但結果相當不受歡迎。同時代的英國人看到愈來愈多的「納勃卜」（納瓦卜的英語化拼法）帶著不義之財從孟加拉滿載而歸，克萊武是他們中間的元兇巨惡。[32]納勃卜們從孟加拉的稅收裡中飽私囊，卻有多達三分之一的孟加拉人

*湯瑪斯・麥考利（Thomas Macaulay，一八〇〇至一八五九），英國詩人，歷史學家，輝格黨政治家。他經常發表散文、評論和有關英國歷史的文章，還曾任陸軍大臣（一八三九至一八四一）和財政部主計長（一八四六至一八四八）。

在一七七〇年的大饑荒中挨餓致死——這種可怕的反差曾令建築師蘭斯洛特・「潛能」・布朗*頗感震驚，他在克萊武家裡看到一箱金子，心想「能在離他臥室這麼近的地方放置這樣一件東西，罪犯〔克萊武〕的良心如何能讓他安然入睡？」[33]最糟的是，納勃卜們的「印度式」腐敗有可能感染到英國本身。用老皮特響亮的話來說，「亞洲的富人像潮水一般湧進國內，隨身帶來的不僅是亞洲的奢侈品，還有亞洲的治理原則。」[34]貪汙、腐敗，甚至還有犯罪：在很多英國人看來，羅伯特・克萊武和他幫助建立的帝國，兩者往最好處想也值得懷疑。如果印度克萊武在海外的開疆拓土可以大致說明英國統治在孟加拉的「崛起」，他在英國的生涯卻給英國建立其亞洲帝國提供了一個相當不同的視角。這另一個克萊武，英國克萊武，雖然鮮有人提及，大概才是他更真實的面目，這副面孔因為早期公司統治的緊張和不安全感而發生了扭曲。

羅伯特・克萊武是英屬印度的第一位帝國收藏家。換個角度來說，他是透過為東印度公司獲取領土和資源而在孟加拉承接了那個位置。他同時也為自己收集了大量財富。克萊武在普拉西戰役之後回到英國，社會名流賀瑞斯・沃波爾†曾嗤之以鼻地說，「到處都是莊園和鑽石。」他在首都所到之處，有關雞蛋大小的寶石和成箱黃金的謠言如影隨形。[35]實際上，被妻子瑪格麗特稱呼為「克萊武先生」的他（「我試著要改掉叫他上校的習慣」）從米爾・賈法爾那裡收到二十三萬四千英鎊作為私人禮物，還有一塊頗有價值的封地（*jagir*），以及兩萬七千英鎊的養老年金。[36]（封地是賜予蒙兀兒官員的土地，官員可將土地的收益作為薪水。）十年後，根據克萊武自己的細緻計算，他的財產價值超過了五十萬英鎊，大約相當於如今的四千萬英鎊。[37]這是大英帝國史上第一個白手起家的故事，可能也是最出眾的一個。

但羅伯特・克萊武是在英國成為帝國收藏家的，是那種橫越數個階層、縱跨幾個世代的收藏家，而東印度公司和英國本身也是如此。他轉向收藏，把這作為重塑自己的一種方式。和大多數在帝國邊疆謀求差事的人，以及大多數的帝國收藏家一樣，克萊武這位什羅普郡‡律師之子是本土權力結構的局外人。他是外省的中產新貴。他以收藏家的身分來彌補這一切。克萊武用他的印度財富，有系統地買下英國貴族的所有標誌：地產、政治勢力、豪宅、藝術品、時尚家具。他的收藏事項包羅萬象，從抽象（權力）到具象（大師的畫作），但每一次購置都是為了同一個閃閃發光的獎品：英國的貴族身分，以及隨之而來的社會與王室保障。一七六一年，獲封區區愛爾蘭普拉西男爵讓克萊武嗤之以鼻，因為它並未給他在上議院謀得一席之地。他希望成為「佩藍綬帶

---

*蘭斯洛特・「潛能」・布朗（Lancelot「Capability」Brown，一七一六至一七八三），英國景觀建築師。他被看作是「英國十八世紀最後一位名副其實的偉大藝術家」以及「英格蘭最偉大的園丁」。他綽號「潛能」，是因為他總會告訴客戶，他們的地產有改善的「潛能」。

†賀瑞斯・沃波爾（Horace Walpole，一七一七至一七九七），英國藝術史學家、文學家、輝格黨政治家。他以倫敦西南部特威克納姆的草莓山莊（Strawberry Hill House）而聞名於世，他把這棟建築作為哥特小說《奧特蘭托堡》（*The Castle of Otranto*，一七六四）的背景。他是英國第一任首相羅伯特・沃波爾的幼子。

‡什羅普郡（Shropshire），英國英格蘭西米德蘭茲的單一管理區，西接威爾斯的邊界。

的英格蘭伯爵，而不是一個愛爾蘭貴族（只是有望佩上紅綬帶而已）。」[38]正如他的一位密友所說，這是「你此生的唯一目標」。[39]贏得社會接納和政治影響力，用英國貴族來取代納勃卜的身分：這些都是克萊武作為收藏家的目標。

克萊武的計畫起自於不擇手段地追求政治權力。在克萊武那個時代，《一八三二年改革法案》*還是很久以後的事，議會裡的席位常常被擁有金錢、地產和關係的人所占據。像克萊武這樣的納勃卜常被人點名批評，說他們靠金錢一路買進議會，但這麼做的絕不止他們。[40]「腐敗的自治市鎮」有時只有區區數位選民，會選舉出基本上由地方顯貴親手挑選的國會議員；選票實際上往往是買來的。克萊武早在一七五四年就第一次嘗試進入政壇，他作為三明治伯爵†的門徒，在腐敗的康沃爾郡米切爾‡自治市參選。[41]普拉西一役之後，克萊武利用自己的財富開始組建一個自己的議會派系，或稱「黨派」。一七六一年，他當選什魯斯伯里§議員，還設法為他父親理查和密友約翰·沃爾什謀得了議席，兩年後，他的堂弟喬治·克萊武回國參加補缺選舉。一七六八年，他又促成了另外三個親友的選舉，從而組成了一個七人的議會黨派，這種情況一直維持到他過世為止。[42]

克萊武為了確保他在印度的總體利益，確切地說就是防止他的仇敵——他樹敵無數——阻攔他從米爾·賈法爾那裡收取封地的歲賦（仇敵認為這屬於回扣），需要在國會插一腳（就此事而言可能是十四隻腳）。但議會這塊領地（可視為一種人類收藏），也與克萊武常年追求英國貴族身分和在上議院謀得一席之地密切相關。例如在一七六一年的選舉之後，他把其政治集團的選票都投給了首相之位的有力競爭者紐卡斯爾公爵◎，希望以他的忠心獲得伯爵身分的回報。讓他大感失望的是，他只獲封為愛爾蘭貴族並被授予巴斯勛章◇。克萊武終其餘生一直堅信，只要花更多的錢，培養更多的關係，他就會得到渴望已久的頭銜。

國會的席位還與克萊武建立帝國的另一部分有關：聚斂土地。土地是當時英國權力和聲望的絕對基礎。克萊武深明此理；世世代代在城市——往往是在帝國貿易中——獲得財富的「紳士資

---

*《一八三二年改革法案》（*1832 Reform Act*），英國在一八三二年通過的關於擴大英國下議院選民基礎的法案。該議案改變了下議院由托利黨獨占的狀態，加入了中產階級的勢力，是英國議會史的一次重大改革。

†三明治伯爵（Earl of Sandwich），指第四代三明治伯爵約翰．蒙塔古（John Montagu，一七一八至一七九二）。他是英國政治家、軍人，曾三任第一海軍大臣，據聞發明了三明治。

‡米切爾（Mitchell），英格蘭最西南端半島上的康沃爾郡（Cornwall）中部一市鎮。

§什魯斯伯里（Shrewsbury），什羅普郡的郡治。

◎紐卡斯爾公爵（Duke of Newcastle），指第一代紐卡斯爾公爵湯瑪斯．佩勒姆－霍利斯（Thomas Pelham-Holles，一六九三至一七六八）。他曾是羅伯特．沃波爾爵士的門徒，後任英國的內閣大臣長達三十年，期間左右了英國的對外政策。晚年曾兩度拜相。

◇巴斯勛章（Order of the Bath），由英王喬治一世在一七二五年五月十八日設立。巴斯一名來自於中世紀時代冊封騎士時的一種儀式——沐浴，象徵著淨化。以這種方式冊封的騎士稱為「沐浴騎士」，音譯為「巴斯騎士」。

本家」也莫不如是，並將財富投入土地。[43]克萊武從一七五〇年代中期就開始沿著他家鄉威爾斯邊界的山脊把地產連綴成一條綠色的長帶，其中包括占地兩千四百公頃的沃爾科特莊園，那裡成為整個家族最喜愛的鄉村度假地，還有他從波伊斯伯爵*那裡買來的奧克利莊園。一七六九年，克萊武又在他邊境地區上萬公頃土地上添加了位於薩里的克雷爾蒙特莊園。[44]很多這種莊園實際上控制了議會的席位：隨沃爾科特莊園一起收入囊中的是附近主教城堡†的兩個席位；奧克利莊園控制著拉德洛‡的席位；另一次在奧克漢普頓的購地，給克萊武帶來了德文郡的席位。[45]但同樣重要的是，土地還可以買來地位。簡·奧斯丁的讀者都知道，用一個男子名下的土地面積來衡量他的社會價值有多準確。克萊武收購土地的一個社交收益便是加強了和波伊斯伯爵的關係，後者是邊界地區貴族中的翹楚，也是政治上的同盟。這位伯爵起初是克萊武的保護人，後來成為他的同事和鄰居，去世後又變成他的親戚。一七八四年，克萊武的長子愛德華娶了伯爵之女海莉耶塔；他們的兒子將會繼承波伊斯的頭銜和地產。因此在這三代人的時間裡，克萊武家族從英國鄉紳變成了王國的著名貴族，將帝國的金錢與貴族的血脈成功地結合在一起。策略奏效了。

當然，如果不能有模有樣地生活在那裡，擁有如此多的土地也沒有什麼意義。在倫敦，克萊武家族為自己在新興的伯克利廣場蓋了一座帕拉底歐式的灰色漂亮宅子。他們聘請英國最著名的建築師威廉·錢伯斯§爵士翻新了倫敦大宅和沃爾科特的鄉間別墅。克萊武經常去社交勝地巴斯取水，治療他消化上的毛病（這是印度不太受人歡迎的禮物之一），他在那裡買下了曾經屬於老皮特的一座大莊園。但與克萊武在薩里那富麗堂皇的克雷爾蒙特莊園相比，所有這些居所都黯然失色。克萊武用兩萬五千英鎊從紐卡斯爾公爵夫人手裡買下那座莊園（從開價的四萬五千英鎊殺下來的價錢）——如今約合兩百萬英鎊——想把那裡作為他主要的鄉間別墅。（如果他得到自己夢寐以求的伯爵身分，他一定會取「克雷爾蒙特的克萊武」這個頭銜。）克雷爾蒙特就像是為貴族量身訂做的，約翰．范布勒◎爵士把一座莊嚴的大宅建在英王喬治一世的領地上，一七三〇年代又由力圖創新的威廉．肯特◇設計了花園。

＊波伊斯伯爵（Earl of Powis），指第一代波伊斯伯爵，英格蘭貴族、政治家亨利．赫伯特（Henry Herbert，一七〇三至一七七二）。

†主教城堡（Bishop's Castle），英格蘭什羅普郡西南部一小鎮。

‡拉德洛（Ludlow），英格蘭什羅普郡的一城市，位於什魯斯伯里以南四十五公里。

§威廉．錢伯斯（William Chambers，一七二三至一七九六），蘇格蘭建築師、造園家。一七四〇年至一七四九年，錢伯斯在瑞典東印度公司工作期間，曾多次往中國旅行，研究中國建築和中國園林藝術。一七四九年，他到法國巴黎學習建築學，隨後又到義大利進修建築學五年。一七五五年，他返回英國創立一家建築師事務所，後被任命為威爾斯親王的建築顧問，為威爾斯王妃奧古思塔在倫敦西南的丘園建造中國式塔、橋等建築物。

◎約翰．范布勒（John Vanbrugh，一六六四至一七二六），英國建築師與劇作家，最有名的成就是身為布萊尼姆和霍華德城堡的設計師。他在一七一四年被封為騎士。

◇威廉．肯特（William Kent，一六八五至一七四八），十八世紀英格蘭著名的建築師、景觀和家具設計師。他透過建造奇西克莊園，把帕拉底歐式建築引入英格蘭，也創造出現代意義上的英格蘭風景園林。

但克萊武成為克雷爾蒙特的業主之後，第一個舉動卻是拆掉一切。他認為建築物溼氣太重。他召來英國最好的景觀建築師「潛能」布朗重建莊園。從一七七二年的一份工程聲明中，我們可以對克萊武追求的輝煌壯麗略知一二：

> 主層樓面……非常簡潔的桃心木門窗，最好的玻璃板，絲質襯簾，護窗板內置拉窗，裝飾線腳……雕花須華麗，額枋、底座和台基上緣的裝飾線腳也須雕花華麗……門扇須用上好的桃心木鑲面板，鑲板處的線腳須雕花，以飾帶和上緣裝飾的家具，每一件都配上最好的榫眼鎖，壁爐以精雕細刻的華麗大理石製成，使用雕像用的石板，以黑色大理石做拱頂和後襯，壁爐爐床用冷拉鋼。

至於「餐廳」，克萊武的規劃尤其宏偉。他委託班傑明．韋斯特畫了一套四幅歷史油畫，每一幅都用來紀念他在印度所建功勛的不同場景。當然，這種榮耀所費不貲。一七七四年「潛能」布朗的一份「克雷爾蒙特建造新宅和完成的其他工作」的帳單，收了克萊武將近三萬七千英鎊，而房子還沒蓋完——克萊武當年晚些時候去世時，房子仍未竣工。[46]

隨著克雷爾蒙特莊園從高高的地基上（藉以防潮）升起，克萊武的注意力轉向了收藏的最後一個領域。他開始收藏藝術品。在克萊武的全部購置中，他的藝術藏品顯然最能證明他渴望培養貴族形象。到十八世紀中葉，大師畫作和經典古物已成為英國紳士的必備道具。年輕的特權階級以「壯遊」當作收藏的開始，在歐洲各文化之都的漫長遊歷可成為英國男性菁英的精修學校。壯遊的重點是古代和文藝復興的相逢之地羅馬。那裡有數十位藝術經銷商向「壯遊者」提供他們希望帶回家的一切東西，從風格主義的繪畫和皮拉奈奇*的版畫，到伊特拉斯坎†的陶器和羅馬半身像。還有數十位藝術家靠給壯遊者畫討喜的肖像畫為生，這是壯遊者「到此一遊」經歷的必不可少的紀錄，他們以廢墟為背景深情作態，手裡還捧著古代的文物。[47]

壯遊是羅伯特・克萊武年輕時遙不可及之事，他當時既沒有錢也沒有遊歷的空閒。他只有在年長以後才開始欣賞歐洲大陸的藝術和文化，不過他特意把兒子愛德華在適當的年紀送去壯遊了。然而，到克萊武開始對藝術感興趣時，在倫敦本地收藏藝術品的機會遠勝以往。從一七六五年到一七七四年這十年裡，英國從歐陸買進了逾一萬幅畫，與此前（誠然是飽受戰爭蹂躪的）十年的進口數量相比，幾乎翻了一倍。[48]英國的大陸繪畫市場拓寬的證據出現在一七六六年，佳士得拍賣行成立了，這也起到了激勵的作用。（蘇富比拍賣行成立於一七四四年，但主要出售書籍。）從一七一〇年到一七六〇年，全倫敦每年大概有五到十次藝術品拍賣。在整個十八世紀後期，單

* 喬凡尼・巴提斯塔・皮拉奈奇（Giovanni Battista Piranesi，一七二〇至一七七八），義大利藝術家，以其關於羅馬和虛構的「監獄」氣氛的蝕刻畫而聞名。

† 伊特拉斯坎（Etruscan），位於今義大利半島及科西嘉島，其文明發展於西元前十二世紀至前一世紀，活動範圍在亞平寧半島中北部。

是佳士得一家，每年就會舉辦六、七次到十餘次大型歐洲繪畫銷售活動。[49]貴族、鑑賞家和中產階級都聚在詹姆斯・克利斯蒂*的「大廳」裡，目瞪口呆地凝視著歐洲最受人崇拜的畫家：尼古拉・普桑†、克勞德・洛蘭‡、塞巴斯蒂安・波登§、圭多・雷尼◎、薩爾瓦托・羅薩◇、彼得・保羅・魯本斯&、大衛・特尼爾斯⊙等人所繪的油畫，爭相出價。

羅伯特・克萊武對油畫一無所知，但他知道自己應該擁有那些東西。他坦承自己「曾經不是內行，無法判斷繪畫的價值或是否優秀……把買畫的機會和價格拱手讓予懂的人。……」如果油畫「適合我的收藏，我並不反對由靠得住的紳士幫我挑選。」[50]一七七一年，克萊武召來幾位專家為他提供建議：班傑明・韋斯特，一個名叫威廉・帕頓的蘇格蘭鑑賞家，可能還有他的堂弟查爾斯，後者本人就是個畫家。[51]隨後，就像他投資在土地、宅邸和個人身上（他曾成批訂做了兩百件襯衫）一樣，克萊武以閃電戰一般的揮霍浪費，幾乎在一夜間便完成了大師畫作的大批收藏。[52]單是克萊武在一七七一年上半年的藝術品購買紀錄就十分驚人。二月和三月，他要麼是本人親自參加拍賣，要麼是派代理人為他代勞，在佳士得花了大約一千五百英鎊購買油畫。[53]五月，他以三千五百英鎊向侍臣及販子詹姆斯・賴特簽約購買了至少六幅油畫。他計畫再花兩千五百英鎊，買下班傑明・韋斯特在布魯塞爾為他挑選的畫作。[54]「你會覺得我為畫痴狂，」克萊武寫信給他的知己亨利・斯特雷奇#如此說道：他在四個月內買下了大約三十幅油畫。[55]

正如這些數字所示，克萊武的購置開銷驚人。在當時，拍賣會上要價超過四十英鎊的繪畫不超過十分之一，一七七一年，克萊武親自在佳士得買下十幅畫作，其中有兩幅大概各四十英鎊，

*詹姆斯．克利斯蒂（James Christie，一七三〇至一八〇三），蘇格蘭拍賣人。他是佳士得拍賣行的創建者。

†尼古拉．普桑（Nicolas Poussin，一五九四至一六六五），十七世紀法國巴洛克時期的重要畫家，但屬於古典主義畫派，代表作是〈阿爾卡迪亞的牧人〉（*Et in Arcadia ego*，一六三〇年代末）。

‡克勞德．洛蘭（Claude Lorraine，約一六〇〇至一六八二），法國巴洛克時期的風景畫家、打樣人和蝕刻版畫家，但主要在義大利活動。

§塞巴斯蒂安．波登（Sebastien Bourdon，一六一六至一六七一），法國畫家、雕刻家。他的代表作是為巴黎聖母院所作的〈聖彼得受難像〉（*Crucifixion de St Pierre*，一六四三）。

◎圭多．雷尼（Guido Reni，一五七五至一六四二），十六至十七世紀時的一位義大利巴洛克畫家，他出生於博洛尼亞，後來也曾長期在此作畫，是當時最著名的畫家之一。

◇薩爾瓦托．羅薩（Salvator Rosa，一六一五至一六七三），義大利的巴洛克風格畫家、詩人和版畫家。作為畫家，他以「離經叛道和鋪張浪費」和「永遠的反抗者」，以及「原始的浪漫主義者」而聞名。

&彼得．保羅．魯本斯（Peter Paul Rubens，一五七七至一六四〇），法蘭德斯畫家，巴洛克畫派早期的代表人物。他的畫有濃厚的巴洛克風格，強調運動、顏色和感官。魯本斯以其反宗教改革的祭壇畫、肖像畫、風景畫以及有關神話及寓言的歷史畫聞名。

⊙大衛．特尼爾斯（David Teniers，一五八二至一六四九），佛蘭德畫家，魯本斯的學生。他是安特衛普畫家公會的成員。

#亨利．斯特雷奇（Henry Strachey，一七三六至一八一〇），英國政府官員、政治家，一七六八至一八〇七年為英國下議院議員。一七六二年，他在印度被任命為克萊武的私人祕書。一八〇一年，他被封為從男爵。

另外三幅就高得多了，特別是薩爾瓦托・羅薩的一幅風景畫，「清澈美觀，蘊含著偉大的精神和自由意志，是世上最坦率、最才華橫溢的作品之一，」為了這幅畫，克萊武花了將近一百英鎊。[56]克萊武最珍視，也最有價值的某些藏品，如克勞德・約瑟夫・韋爾內*的兩幅海景圖，就花費了他四百五十五英鎊兩先令七便士的高價。[57]對於在一七七一年和一七七二年全部財富遠超六十萬英鎊的人來說，這不過是九牛一毛。[58]重點在於他的揮霍無度向外部世界傳達的資訊。作為一種純粹而昂貴的炫耀式消費，克萊武的藝術藏品成為他社交野心的最有力的證據。總是令人難堪的賀瑞斯・沃波爾對於「沒有天生鑑賞力的贊助人、女沙皇、克萊武勛爵，或是某些納勃卜」全然無視藝術的真正價值嗤之以鼻。[59]（沃波爾有段精采評論提到，「女沙皇」葉卡捷琳娜二世不久就會獲得其父羅伯特†的大部分大師藏品，那些是被認為英國最優秀的藏品，將被藏於聖彼得堡的埃爾米塔日博物館‡。）[60]但對於克萊武來說，他本人是否喜歡藝術無關緊要。[61]最重要的是，他的藏品得到了內行的欣賞，並在伯克利廣場或克雷爾蒙特莊園「向賓客展示，〔對他〕極為有利。」[62]

克萊武的大師藏品給他苦心經營的貴族形象添上了點睛之筆。作為一個藝術品收藏家，他通過「收藏」國會勢力、地產和宅邸來表現他為自己定義的角色。囤積無形商品通常不被認為是像購進畫作那樣的「收藏」。（集聚勢力和財產一般被叫作帝國建設。）但克萊武的各種購置背後的動機——和金錢——都是一致的。他的藝術品收藏不過是個縮影，反映出他對英國貴族應該擁有的其他一切東西的系統性收集——從地位的象徵到原始的力量。稱它是收藏也好，是帝國也罷：它實際上兩者皆是，都是在他追求躋身於英國統治菁英的過程之中聚集起來的。

這樣自我塑造出來的英國克萊武是什麼樣子的呢？一幅鮮為人知的肖像畫抓住了克萊武的貴族野心，這幅畫繪於一七六四年，在他第三次、也是最後一次駛向印度之前不久。肖像畫家是他的堂弟查爾斯·克萊武，這位藝術家的名氣遠遠不如克萊武通常惠顧的那些時尚社會畫家（天賦也不夠）。然而，查爾斯創作的畫像處處都像克萊武希望的那樣漂亮。[63]克萊武身著鮮明的猩紅色服裝，從昏暗的畫布上脫穎而出，引人注目。（猩紅色這種軍裝的色調的確是克萊武的本色，他本人曾經延請湯瑪斯·蓋恩斯伯勒§和納撒尼爾·丹斯◎等英國著名藝術家畫過他的戎裝

---

*克勞德·約瑟夫·韋爾內（Claude Joseph Vernet，一七一四至一七八九），法國風景畫畫家，以十五幅民俗組畫〈法國海港〉（*Les Ports de France*）而聞名。

†羅伯特·沃波爾（Robert Walpole，一六七六至一七四五），英國輝格黨政治家，羅伯特·沃波爾爵士（Sir Robert Walpole）是他在一七四二年以前更為人所知的名稱。後人普遍認為他是英國歷史上第一位首相。儘管「首相」一銜在當時並沒有得到法律的官方認可，但他事實上也是內閣的掌權者。

‡埃爾米塔日博物館（the Hermitage），又譯隱士廬博物館，位於聖彼得堡的涅瓦河邊，由冬宮等六座主要建築組成。埃爾米塔日建於一七六四年，一八五二年對公眾開放，其中的主要建築冬宮曾是俄羅斯沙皇的宮邸。埃爾米塔日與大英博物館、美國大都會博物館和法國羅浮宮並稱為世界四大博物館。

§湯瑪斯·蓋恩斯伯勒（Thomas Gainsborough，一七二七至一七八八），英國肖像畫及風景畫家。他是皇家藝術研究院的創始人之一，曾為英國皇室繪製過許多作品，並與競爭對手約書亞·雷諾茲同為十八世紀末期英國著名肖像畫家。

◎納撒尼爾·丹斯（Nathaniel Dance，一七三五至一八一一），重要的英國肖像畫家，後來成為政治家。

羅伯特・克萊武畫像，他的堂弟查爾斯・克萊武繪於一七六四年。

像。）但這套猩紅色服裝並非軍服。這是紅色天鵝絨的男爵禮袍，裝飾著白鼬皮，袖口綴錦，環以金色的穗帶。畫中也沒有一絲克萊武素日那種軍人的趾高氣揚。他擺出一副故作斯文的貴族的優雅姿態。因為他就是貴族，一七六一年，他獲封普拉西的克萊武男爵。爵冠安放在他身邊的桌上。

還有一個古怪的細節也是這幅貴族畫像不可或缺的內容。克萊武肩後的牆上掛著一幅他的孟加拉盟友米爾・賈法爾的側面像。為什麼會有這幅畫中畫的存在呢？我們對於這幅油畫的創作背景一無所知，但克萊武之妻瑪格麗特在一七六四年二月——大約正是繪製這幅作品的時間——所寫的一封信表明，這實際上或許是有意給米爾・賈法爾看的，「作為禮物，象徵著我們一直沒有忘記他的厚愛。」[64]（統治者之間交換肖像是一種羣固聯盟的常用手段。）或許這幅畫就是要讚美一種非凡的合作關係。克萊武成就了他，他也成就了克萊武：納瓦卜和男爵，跨大陸的夥伴。

肖像畫是揭示被畫者的自我形象的有力證據。這是他想讓人們看到的克萊武：氣宇不凡、功高望重、雄健有力、出身高貴。完全沒有軍人的痕跡；他已躋身貴族。但肖像畫也常常帶有欺騙性，這一幅也不例外。克萊武獲得的是愛爾蘭貴族爵位，而非他夢寐以求的英格蘭爵位，他至死都對此抱怨不已。此外，他與米爾·賈法爾的聯盟並沒有給他的成就錦上添花，反而在很多同時代人的心中為他的功績籠上了陰影。因此，如果說這幅畫宣揚的是克萊武渴望的自我形象的話，那麼它也暗暗蘊含著那種不安全感的來源，那正是促使他重塑形象的首要原因。英國克萊武能否抹除另一個帝國建設者印度克萊武的黑暗形象呢？

帝國現形

一七七二年春，乾草劇院*裡的許多觀眾或許從撒姆爾·福特†的諷刺新劇《富豪》中認出

---

*乾草劇院（Theatre Royal Haymarket），位於倫敦西敏市乾草市場的一座劇院，其歷史開始於一七二〇年，是倫敦現在仍在使用的劇院中第三古老的劇院。

†撒姆爾·福特（Samuel Foote，一七二〇至一七七七），英國戲劇家、演員和戲院經理。他以喜劇表演和寫作而知名。

了一個相當不同的克萊武形象。該劇講述的是馬修．麥特爵士的歷險，這位納勃卜是以羅伯特．克萊武及其同輩為原型的。麥特滿載財富從印度歸來，旋即開始追求鄰居男爵的女兒及其地位。在其中一場戲裡，他和親信就策劃在東印度公司的選舉中增加影響力；圖謀強迫一名貴族把祖傳的地產賣給麥特；還計畫為明確命名為「賄賂鎮」的行政區操縱兩個議會席位。在另一場戲裡，麥特入選古董學會，這是個頗具名望的紳士鑑賞家俱樂部，他通過向學會贈送各種荒唐可笑的文物，以及發表了一番有關迪克．惠廷頓的貓*的學術演講而獲得了會員資格。這是個不太討喜的角色。然而無論這樣的誇張描寫讓克萊武有多尷尬，他也不得不以劇中化身的下場白強調：「如今的富人至少有了一種被恰當賦予的魔力，可以對財富的來源祕而不宣。」[65]

克萊武設法「隱瞞」自己財富的可疑來源，並躋身於英國菁英之列的成果如何？從外部看來，他的成就非比尋常。到一七七二年，他已經位列英國最富有的人，還是個大地主。他控制了七個國會席位。他在東印度公司的事務中扮演了主要角色。他被封為貴族，獲頒巴斯勳章，還與國內某些最有錢有勢的人相交甚密。他的日常生活在三座時髦的大宅子裡度過，還在為自己建造一座名副其實的宮殿。他擁有內行欣賞的名貴畫作。他的大名家喻戶曉。

但他同時臭名遠播。正如福特的諷刺劇所表明的那樣，克萊武聚集的權力和財產愈多，他似乎就愈能代表批評家們譴責東印度公司及其孟加拉帝國的一切：貪汙腐敗、毫無原則、無法無天、暴發戶。公眾質疑東印度公司貪婪掠奪的聲浪日益高漲，克萊武成為眾矢之的。這些質疑在一七七二年達到頂峰，當時議會的一個特別委員會受命調查該公司在印度的治理狀況。調查在一個層面上是廣泛（也是首次）評價公司在孟加拉的地位轉變。在另一個層面上，這是對羅伯特・克萊武本人及其在印度的行為和財富合法性的直接挑戰。

調查導致了《一七七三年調節法案》[†]的通過，這是將東印度公司管理置於國會控制之下的初次嘗試。該法案還以印度總督和地方議會的形式，為印度建立了一種總部設於加爾各答的集中管理機制。然而，這並未終結大家認為東印度公司的治理腐敗無德的看法。對公司統治的挑戰就像公司的帝國崛起一樣迅速，在某些方面也像公司本身的存續那樣長久。一七七二至一七七三年的論戰為最終導致《一七八四年印度法案》出線的辯論埋下了伏筆，該法案在國會成立了一個正式監管機構，監督東印度公司的事務。它針對羅伯特・克萊武的人身攻擊為一七八八年對東印度公司帝國的大批判打下頭陣，那場批判是藉由對孟加拉總督華倫・哈斯汀[‡]的彈劾審判而展開的。

＊迪克・惠廷頓的貓（Dick Whittington's cat），典故來自英格蘭民間傳說《迪克・惠廷頓和他的貓》，故事圍繞著一個真實人物、富商和倫敦市長理查・惠廷頓（Richard Whittington，約一三五四至一四二三）展開。傳說惠廷頓幼年時一貧如洗，全靠把貓賣給老鼠肆虐的鄉下來積累財富。

†《一七七三年調節法案》（*Regulating Act of 1773*），英國國會旨在徹查東印度公司管理的一部法案。事實證明，該法案並不能從根本上解決對公司事務的擔憂。因此導致了一七八四年頒布《皮特印度法案》，實施了更加激進的改革。

‡華倫・哈斯汀（Warren Hastings，一七三二至一八一八），英國殖民地官員，長年在印度各地任職，一七七三年至一七八五年為首任印度總督（當時職稱為威廉堡省總督）。他卸任返回英國後，被指控在印度供職期間管治失當，而且捲入貪腐醜聞，面臨被國會彈劾。

克萊武在國會受到其政敵的公開指控，被訴「非法獲得總額二十三萬四千英鎊的錢財，令國家蒙羞，讓國家利益受損，」彷彿他的英國貴族面具突然間被人一把扯下了。他為自己辯護的證詞也是極戲劇性，令人動容：「把我的榮譽留下，拿走我的財富吧，」他的淚水在眼眶裡打轉，在辯論的最後一天如此喊道。[66] 他的辯才奏效了。他從這場煎熬中全身而退，榮譽和財富可以說雙雙完好無損。一七七三年末，他前往義大利長途旅行，像為了彌補他從未有過的壯遊一樣，一路上貪婪地收藏藝術品。但儘管得到了國會的赦免，往事的壓力卻讓他付出了代價。抑鬱的烏雲愈來愈厚。健康每下愈況。很多人認為，國會的調查間接導致了克萊武的死亡。

有些人病態地猜測他是用一把小刀自殺的。還有人懷疑他用的是手槍，早年間在馬德拉斯時，他曾兩次企圖飲彈自盡，但後來覺得命運挽留他開拓更美好的未來。最有可能的真相，或者說最不令人毛骨悚然的情況是鴉片酊藥劑過量，克萊武定期喝這種東西來舒緩胃痛。無論手段如何，一切都結束了。羅伯特・克萊武與抑鬱症搏鬥了一輩子，一七七四年十一月二十二日，他在伯克利廣場的家中自盡。他很快便在什羅普郡的小村子莫爾頓薩下葬，埋在教區教堂的一座無名墓中，悄無聲息，無人知曉。送葬者寥寥無幾。[67]

克萊武的長子愛德華自伊頓公學畢業後在日內瓦學習，並未出現在送葬的隊伍裡。四個月後，「內德」*成年，成為英國首富的繼承者，所得遺產浩瀚無邊。有全部的地產，也有它們帶來的政治勢力。有東印度公司的股份，還有那些股份所掌握的在公司管理上發聲的權利。有幾座大宅（其中的克雷爾蒙特莊園尚在建設之中）以及充斥其間的大量藝術品和精美陳設。當然，還有頭銜。

一七七七年，新任克萊武勛爵從日內瓦回到英格蘭，在等待著他的所有遺產中，有一口箱子是特別為他留下的。愛德華在箱子裡找到了他父親的一些私物和貴重物品：一塊金表和金鈕扣、黃玉鞋扣，以及一隻殘缺的瑪瑙鼻煙盒。箱子裡還有克萊武的兩把禮服佩刀和巴斯騎士的全套裝束，從寶石點綴的衣領一直到鞋上的特製緞帶。難道這些東西——英國紳士的整套道具和裝飾——就是父親特別希望他擁有的嗎？但愛德華隨後就發現了父親紀念箱裡的主要內容：「印度的寶物」。總共有數百件。[68]

這次翻箱倒櫃一定像是開啟了一個寶箱。裡面有頭巾飾品、配以鑲嵌祖母綠和鑽石的尖刺胸針的珠寶條飾。有燦爛琺瑯外殼的漂亮水煙筒，其上裝飾的蛇以金線纏繞製成，煙嘴上塞著寶石。這些只是最顯然可見的寶物。它們可能是財大氣粗的印度盟友送給克萊武的，符合外交饋贈的儀式化傳統。（並非全都像克萊武的政敵所指控的那樣，屬於無恥的賄賂。）除此之外，克萊武還從他在印度的宅邸打包帶走了各種小型物件。掐絲盒子、銀碗、金剪刀、檳榔葉鉗子、象牙梳、釉色明亮的玫瑰水瓶，還有拋光得像硬玻璃一樣的碧玉淺碗：箱子裡塞滿了蒙兀兒特權階層日常所用的珍寶。和那些招搖的華麗物件不同，克萊武很可能用過這些東西，留下來作為私人物品。愛德華甚至還在箱子的某處找到了父親的一副象牙撲克，上面畫著皮膚白皙的公主和騎象射

＊內德（Ned），是愛德華（Edward）的暱稱。

虎的王子。

然後就是武器了。很多歐洲軍官從印度帶回來各種武器，主要是因為他們有很多機會收藏這些武器。此外，但凡參觀過世上任何一處軍械庫就會立刻明白，展示敵人的武器頗有些耀武揚威之意。但歐洲人收藏印度的武器卻並非只是出自帝國的傲慢自大。這些東西優雅而富麗堂皇的裝飾美麗非凡。工藝上也往往十分複雜，因其迷人的做工和非比尋常的設計而極富感染力。它們還充滿了異國風情，或者說當愛德華從箱子裡拿起一把圓月彎刀，看到那殘忍而迷人的刀刃上刻著《古蘭經》上的詩句時，他一定感受到了異國風情。有從閃亮的硬石刀柄上彎曲而出的精鋼匕首。有槍管一碼長的嵌銀火繩槍。有在火砲和滑膛槍時代的歐洲消失已久的戰斧和長矛。[69]在愛德華看來，所有這些東西都非常陌生。但對於收藏家羅伯特．克萊武來說，它們就像他掛在腰間的佩刀一樣熟悉——或許身為軍人，他最了解的就是這部分印度物質文化了。

在這口「印度寶物」箱裡，愛德華發現了父親人生的另一面，深藏不露，卻又始終如一。說它們是寶物屬於用詞不當。因為這些物件不像羅伯特．克萊武曾經從蒙兀兒皇帝那裡轉交給喬治三世*的禮物，那全都是些外交禮品，一朝作為異國的新奇事物受人觀賞和讚美之後，便被扔進庫房，忘在腦後。[70]它們也不是那種塞滿了十八世紀百寶格的各種古董新飾，屬於雲遊四方的留念。這些物件是羅伯特．克萊武印度生涯的紀錄：是環繞在他左右，他選擇當作收藏品而留存至今的東西。愛德華在搜尋父親為他如此精心保存的這些禮物、戰利品、紀念物和飾件時，觸摸到的是印度克萊武最隱私的現存檔案。愛德華從未與羅伯特一同前往印度——他們住在不同的國家長達九年，而在一起的時間卻不超過五年。在這些物件裡，他感受到的是個他幾乎一無所知的父親。

羅伯特．克萊武在英國始終致力於把他可疑的印度生涯掩藏在英國人的外表之下。而他死後留給兒子愛德華的遺產卻凸顯出他的印度和英國兩部分生涯始終彼此糾纏，難解難分。無論是購買政治勢力、地產、宅邸，還是藝術品，克萊武始終利用收藏把自己的英國形象塑造成富豪和鑑賞家。在這個意義上，他從事的是一種絕對英國式的收藏，其中的種種藏品和地位的象徵都是用來為他在英國菁英階層贏得一席之地的。然而這不可避免地也是一種印度式的收藏：從本質上來說，因為它是用印度的錢購買的，但在情感面上也是如此，它本該在英國呼應並補償克萊武已在印度贏得的聲望和權力。印度克萊武和英國克萊武在他的收藏中合二為一，正如在很多其他方面，它們也無法一分為二。

克萊武本人利用其帝國財富來重塑自身的收藏計畫，是一個更宏大的過程的濃縮（他本人也曾在過程中發揮作用）：也就是東印度公司獲取印度資源，並企圖塑造執政形象的過程。羅伯特．克萊武之死恰逢英國的印度帝國第一章的終結。東印度公司在貿易的同時開始執政；實施軍事和財政的雙重控制；種下了英國統治的種子。故土的英國人開始面對一個改頭換面卻在很多方

＊喬治三世（George III，一七三八至一八二〇），全名喬治．威廉．腓特烈（George William Frederick），一七六〇年十月二十五日登基為大不列顛國王及愛爾蘭國王。

面不受歡迎的帝國，並與其和平共處。大英帝國不再是一個主要在大西洋活動、致力於殖民和貿易的海洋帝國了。它如今囊括了征服得來的面積廣大、人口眾多的亞洲領土。它在現存的合法本土力量蒙兀兒帝國名義的保護下逐漸成形，還被捲入了與法國的全球戰爭和敵對狀態之中。

在某種程度上，這些都是海外帝國的建設者羅伯特．克萊武的遺產。克萊武更為私人的遺產也自有其後果。一八〇四年，愛德華．克萊武實現了父親的宏願：他當上了英格蘭伯爵。但愛德華在父親的基礎上以另一種方式達到了這個目標，這也在本書中為克萊武家族留下了另一個位置。一七九八年，愛德華親自前往印度，作為馬德拉斯總督服務了五年。在那裡，他和他自己的家庭都成為印度的收藏家，像羅伯特投資歐洲藏品一樣充滿激情、目標明確地收集印度藝術品和工藝品。愛德華接受遺產時並無此意，更不願追隨羅伯特去往印度。但莫非在他翻查父親的印度寶箱時，印度之行的想法頭一次閃過腦海？莫非一位收藏家夢想的結束，蘊含著另一位收藏家夢想的開始？

第二章 跨越

邊疆之外

一七六八年，一位東印度公司的軍官拿起筆，為加爾各答勾勒了一幅全景畫卷。自普拉西一役以來，時間才過了十一年，公司取得孟加拉的**顧問**地位也才不過三年，但加爾各答已然具備現代商業建制城鎮的繁華。至少軍官的這幅足有兩百四十公分長的畫卷所要表現的正是這些（參下頁）。這種濱水視角非常普遍，部分原因是英國貿易和勢力的最大優勢正是來自水上：碼頭、海關、貨船、兵艦、要塞。畫面左側是吉德布林碼頭，主要裝卸東印度商船，公司的這些大船跨越重洋的航行時間長達六個月。旁邊是加爾各答不斷發展的市中心，緊挨著便是一排帕拉底歐式建築，以及舊堡壘狹長低矮的城牆。畫面中看不到教堂的尖塔（這裡只有一座亞美尼亞教堂），但可以看到舊堡壘後面那個紀念「黑洞」受害者的方尖碑，這是該事件最仗義執言的倖存者約翰·澤弗奈亞·霍爾韋爾*所立的。城市南端首先映入眼簾的是新的威廉堡，石頭稜角突出在胡格利

*約翰·澤弗奈亞·霍爾韋爾（John Zephaniah Holwell，一七一一至一七九八），外科醫生，英國東印度公司雇員，一七六〇年曾任孟加拉臨時總督。他是研究印度文物的第一批歐洲人之一。

安托萬·波利爾的加爾各答全景詳圖，一七六八年。

河之上。這是乘船前往加爾各答的路上能看到的第一座主要建築物，令人印象深刻，「讓我想起了瓦朗謝訥*，」一七七一年，一位訪客寫道，「規整、莊嚴、居高臨下。」[1]划艇和輕舟從水面上掠過；遠洋的大船莊重地停泊在水邊。「聯合傑克」†迎風飄揚。這是商人、軍人和愛國者喜聞樂見的加爾各答。

如此在視覺上極盡恭維是軍人藝術家安托萬·波利爾少校有意為之，他向東印度公司的高層顧客展示了自己的手藝。波利爾有充足的理由讚美公司及其最新的首府。他在普拉西戰役那一年乘船來到馬德拉斯，十六歲便在公司參軍了。他在克萊武麾下對戰南方的法國人，取得了節節勝利，在印度的頭幾年都是在戰場上度過的。期間，波利爾專攻軍事工程。升遷之路平步青雲。一七六一年，他被調往孟加拉，很快便負責重新設計威廉堡，將其升級為最先進的軍事設施。在他的全景圖上，新城堡占據了整個畫面，實際上是一種自我表現，而且還奏效了。正如畫家威廉·霍奇斯‡多年之後所說，這座「規模可觀的城堡……在印度無與倫比……反映出工程師（心靈手巧的波利爾上校）天賦過人。」[2]一七六六年，波利爾年僅二十五歲便成為孟加拉軍隊的首席工程師和少校。

從很多方面來說，安托萬．波利爾的迅速升職都反映了他所服務的公司聲望日隆。但有關他的一個關鍵事實卻不符合新興的「英屬」印度帝國的傳統形象，即使那形象正是他本人所畫。波利爾本人不是英國人，而是瑞士人，他出生在洛桑的一個胡格諾派§流亡者家庭。他是法國人的後裔，母語也是法語。而儘管他迄今為止官運亨通，出生於外國及其海外的血統如今卻成為前所未有的障礙。公司內非英籍軍官的壓力日增。一七六六年，也就是波利爾升任少校的同一年，公司通過一項法令，宣布外籍軍人的升職不可高於少校軍階。波利爾只有二十五、六歲，看來他的職業生涯已經走到了盡頭。他後來抱怨道：「我現在深感絕望，懷疑建功立業或長期服役再也不是晉升的好選擇了。」[3]

但在印度其他地方，機會卻在向他頻頻招手。從南方的邁索爾◎到西部的馬拉塔諸王國，以

---

*瓦朗謝訥（Valenciennes），法國最北端諾爾省的一個市鎮，位於該省東部，同時也是該省的一個副省會。

†聯合傑克（Union Jack），又稱「聯合旗」（Union Flag），是英國皇家海軍的艦首旗，在某些英聯邦國家內部具有官方或準官方地位。

‡威廉．霍奇斯（William Hodges，一七四四至一七九七），英國畫家。他是詹姆斯．庫克第二次遠航太平洋的成員，以其沿途訪問的素描和油畫而聞名。

§胡格諾派（Huguenot），遵循改革宗傳統的法國新教徒的民族宗教群體，他們受到一五三〇年代約翰．加爾文思想的影響，在政治上反對君主專制。

◎邁索爾（Mysore），印度南部卡納塔克邦的一個城市，與喀拉拉邦接壤。

及海德拉巴和阿瓦德等蒙兀兒諸省，本地的各個宮廷都迫切需要歐洲軍官和技術人員：設計堡壘，研發軍械，訓練能夠對抗西方人的軍隊。與在東印度公司服役相比，這類工作薪水可觀，生活輕鬆自由，個人晉升的潛力巨大。如果在英國公司沒有未來，那麼波利爾就會去他處尋找前途。一七七三年，他越過公司控制的孟加拉西部邊疆，進入阿瓦德省，為那裡的納瓦卜舒賈·烏德－達烏拉*工作。在接下來的十五年裡，波利爾在阿瓦德省的首府勒克瑙安了家，融入歐洲僑民的大社區，也參與了繁榮興盛的地方宮廷。他再也不是個英國人了。他在勒克瑙發了一筆小財，交到不少傑出的朋友，也在歐洲人和蒙兀兒的社交圈裡獲得了認可。他還收藏大量手稿，這讓他在兩個圈子裡都站穩了腳跟。在勒克瑙，很多人發現了收藏和跨界的手段和機會，波利爾也是其中之一。他的朋友克勞德·馬丁、伯努瓦·德布瓦涅，甚至阿瓦德的納瓦卜阿薩夫·烏德－達烏拉本人，也是一樣。他們的故事帶出帝國文化中精采而鮮為人知的一面。

安托萬·波利爾搬去阿瓦德時，英國在印度的統治也生根發芽。在孟加拉，公司開始發展藉以統治其廣袤而陌生的新領土與臣民的工具和制度。例如，為了收稅，它需要關於人口、農業生產和貿易的資料，更不用說印度的基本地理知識了。一七六五年，詹姆斯·倫內爾†少校進行了印度的第一次測繪；他出版於一七八二年的印度斯坦‡地圖，第一次把清楚而詳細的「印度」形象作為一個地理單位呈現給歐洲大眾。[4] 為了保衛和控制其領土，公司招募了愈來愈多的印度士兵，這意味著軍官們必須學習當地語言，以及如何適應高種姓印度軍隊（公司所偏愛的選民）的需求和期望。一七七三年至一七八五年的孟加拉總督華倫·哈斯汀把努力「了解」印度做為其統治綱領的核心。羅伯特・克萊武力圖洗清他的印度汙名之時，哈斯汀及其同僚卻把盡情享受印度當成他們的使命，在印度的過去中尋找指引其未來的方向。哈斯汀希望按照印度「自己」的傳統來統治它，他贊助了一系列計畫，從翻譯波斯歷史和梵語的《薄伽梵歌》§，到彙編印度和穆斯林的法律傳統；從支持加爾各答的一所伊斯蘭學校和孟加拉的第一家印刷廠，到宣傳勘探吐蕃的任務等。除了這些公司資助的東方學項目之外，「業餘」東方學也在一七八四年成立於加爾各答的孟加拉亞洲學會中興盛起來。

---

*舒賈・烏德—達烏拉（Shuja ud-Daula，一七三二至一七七五），一七五四年至一七七五年期間阿瓦德省的納瓦卜。儘管只是個小貴族，他卻因為印度史上的兩場決定性戰役中所產生的關鍵作用而知名。他參與了第三次帕尼派特戰役，暫時中止了馬拉塔對蒙兀兒帝國北部地方的統治，使得英國東印度公司在隨後一百年內逐步控制了印度。

†詹姆斯・倫內爾（James Rennell，一七四二至一八三〇），英國地理學家、歷史學家和海洋學先驅。

‡印度斯坦（Hindoostan），又譯為「興都斯坦」，是特指印度次大陸北部以及西北部的一個常用地理名詞，字面意為「興都教徒之地」。在該地區範圍內生活的南亞民族一般被稱為「印度斯坦人」，多以印地語、烏爾都語或其它方言土話（如旁遮普語、喀什米爾語等等）為主要溝通語言，統稱「印度斯坦語」。

§《薄伽梵歌》（*Bhagavad Gita*），印度教重要經典，敘述了印度兩大史詩之一《摩訶婆羅多》中的一段對話，也簡稱為神之歌（Gītā）。《摩訶婆羅多》中敘述的事件導致了現在的喀歷年代的到來。它是唯一一本記錄神而不是神的代言人或者先知的言論的經典，學術界認為它成書於西元前五世紀到西元前二世紀。

與此同時，在英國，心存疑慮的大眾也了解並陸續接受這種與美洲的定居殖民全然不同的新式海外統治。對納勃卜的無端恐懼逐漸消退了。東印度公司的宣傳者致力於建立公司仁慈公正的統治形象。公司的確有批評者，永遠都會有。其中口才最好的當屬艾德蒙·伯克*，一七八八年，他以腐敗和濫用權力為由首先彈劾華倫·哈斯汀。特別在伯克的干預下，與一七七二年至一七七三年的克萊武調查相比，哈斯汀審判（至少在其七年審判的初期）對公司的統治造成影響更大、範圍更廣，同時也要猛烈得多的挑戰。但儘管伯克以及查爾斯·詹姆斯·福克斯†領導之下的輝格黨人從道德上反對帝國濫用職權，他們主要攻擊的卻是公司的「專制統治」；英國統治孟加拉的事實則得到了廣泛的認可和接受。最終，福克斯激進的《一七八三年東印度法案》（把公司置於國會的完全控制之下）未獲通過；威廉·皮特‡更溫和的《一七八四年印度法案》在國會建立了一個管理委員會，與公司董事會聯合監督在印度的統治。（哈斯汀在碼頭上悲傷的高貴形象為他贏得了更多的同情而不是譴責，一七九五年，上議院宣判他無罪。）

因此，這就是羅伯特·克萊武曾經參與建立的「英屬印度」：一個以貪婪與專制來征服與直接統治的**實際**帝國，以及一個逐漸融入英國政府和社會的帝國**觀念**。但在十八世紀末，印度在兩個重要的方面與英國迥異。前一個關乎安托萬·波利爾這樣的人，也就是在東印度公司旗幟下生活和工作的數千名非英籍歐洲人。整個一七五〇年代和一七六〇年代，東印度公司軍（與英國王室軍隊，以及其他很多歐洲國家的軍隊一樣）極度依賴在整個歐洲招募的士兵。例如在一七六六年，也就是公司頒布有關外國人晉升法令的那一年，馬德拉斯軍隊中只有五分之三的白人士兵是真正的英格蘭人或威爾斯人。歐陸士兵占軍隊人數的將近百分之十五，超過了愛爾蘭人（百分之十三）和蘇格蘭人（百分之十一）。一八〇〇年底，這些比率更加顯著：馬德拉斯的軍隊裡有五分之一的士兵來自歐陸，而只有半數的軍人是英格蘭人或威爾斯人。如果公司的白人士兵不全是英國人，那麼他們也絕非清一色的新教教徒。儘管這些歐陸士兵大多來自北部堅定的新教地區，如荷蘭、德國北部各州和斯堪地那維亞，但大量的法國和南歐人，再加上愛爾蘭天主教徒，構成了數量可觀的天主教徒。[5]

就連印度城市中英國色彩最濃的加爾各答，也遠不如圖片上表現的那樣有英國味。湯瑪斯[§]

---

*艾德蒙·伯克（Edmund Burke，一七二九至一七九七），愛爾蘭裔的英國的政治家、作家、演說家、政治理論家和哲學家，他曾在英國下議院擔任了數年輝格黨的議員。他最為後人所知的事蹟包括了他反對英王喬治三世和英國政府、支持美國殖民地以及後來的美國革命的立場，以及他後來對於法國大革命的批判。

†查爾斯·詹姆斯·福克斯（Charles James Fox，一七四九至一八〇六），英國輝格黨資深政治家，自十八世紀後期至十九世紀初年任下議院議員長達三十八年之久，是皮特擔任首相期間的主要對手。

‡威廉·皮特（William Pitt，一七五九至一八〇六），老威廉·皮特之子，活躍在十八世紀末、十九世紀初的英國政治家。一七八三年，他獲任首相，時年二十四歲，時至今日，仍然是英國歷史上最年輕的首相。

§湯瑪斯·丹尼爾（Thomas Daniell，一七四九至一八四〇），英國風景畫畫家，後成為一位紋章畫家的學徒。他在一七九〇年成為英國皇家藝術學院學者。

和威廉・丹尼爾*叔侄在一七八〇年代製作的廣受歡迎的蝕刻凹版畫，表現的是一個禮儀周全且精心管理的城市，輕便的四輪馬車在街道上飛馳經過列隊巡遊的印度土兵。但在市中心寬敞的大街和整潔的柱廊以北，就是加爾各答窄巷纏繞的孟加拉人街區，居住著十到四十萬孟加拉人。[6] 城外還有亞美尼亞人和「葡萄牙人」（這往往是混血或印度天主教徒的同義詞）的住宅區，每一個都是歷史悠久的社區。（一七五六年，西拉傑・烏德－達烏拉進軍加爾各答時，包圍城市的葡萄牙和亞美尼亞民兵比歐洲正規部隊的人數還多。）[7] 根據一七六六年為克萊武起草的一份《加爾各答居民名單》，兩百三十一個歐洲人裡，只有一百二十九人（超過半數）是真正的英國人，也就是英格蘭人、威爾斯人或蘇格蘭人。有二十個愛爾蘭人，還有二十人來自德國諸州，其餘的人實際上來自西歐的各個角落。這些人裡面有退伍的老兵、重新安置下來的法屬金登訥格爾的流亡者，以及像法國糕點師約翰・里夏爾、「克萊武勛爵的德國樂師」約翰・達沃，以及從一七五九年就住在加爾各答「獲准經營一家酒館」的瑞典人勞倫斯・奧爾曼等各種企業家。[8] 遺產認證紀錄表明，社區都是混雜的：孟加拉人、亞美尼亞人、葡萄牙人、英國人和歐陸人不時在地產銷售與拍賣場合碰面。[9]

「英屬印度」遠未英國化的另一個方面，是位於阿瓦德這樣的地區，這些地方充其量不過是在公司正式統治的邊界之外被間接控制。畫作中的英屬印度城鎮都在水邊，一個深層原因正是它們所在的位置：地處蒙兀兒帝國最外緣的沿海立足點。普拉西一役十五年後，公司的領土主要是位於孟加拉、馬德拉斯和孟買這個非常富庶的三角區，但在廣闊而充滿競爭的土地上，這只占極其微小的一部分。次大陸的絕大部分地區仍在蒙兀兒貴族和其他印度統治者手中。阿瓦德的納瓦卜和海德拉巴的尼札姆†統治蒙兀兒帝國最大也最富庶的兩個省份，分別位於孟加拉和馬德拉斯的西面，因而也就在公司領土的邊境上。其他重要的地方統治者包括西部馬拉塔邦聯的統治者，以及南方的各種獨立的拉者‡和素壇，特別是邁索爾的海德爾·阿里§和蒂普素壇◎。在隨後的數

---

*威廉·丹尼爾（William Daniell，一七六九至一八三七），英國園林藝術和海洋藝術派畫家，也是一位雕刻師，他長期遊歷遠東地區，同時也長期在英國的海岸線創作水彩畫。一八二二年成為英國皇家院士。

†尼札姆（nizam），海德拉巴土邦君主的稱呼。尼札姆是尼札姆·穆勒克（*Nizam-ul-Mulk*）的簡稱，意為「領土的管理人」。

‡拉者（raja），南亞、東南亞以及印度等地對於國王或土邦君主、酋長的稱呼。伊斯蘭教傳入印度後，拉者專用作印度教君主、領袖的稱呼，用以區別伊斯蘭教的素壇和納瓦卜。

§海德爾·阿里（Haidar Ali，約一七二〇至一七八二），南印度邁索爾王國的素壇和實際的統治者，一七六一年至一七八二年在位。他在第一次和第二次盎格魯—邁索爾戰爭中與軍事占優的東印度公司軍對抗。他還大大發展了邁索爾的經濟。

◎蒂普素壇（Tipu Sultan，一七五〇至一七九九），本名蒂普·薩希卜（Tipu Sahib，另有蒂普·賽義卜「Tippoo或Tipou Saïb、Saib或Saheb」等不同的拼法），邁索爾王國素壇海德爾·阿里之子，其父去世後成為邁索爾素壇。蒂普以其詩作而聞名。他是虔誠的穆斯林，對其他宗教很寬容。在第二次盎格魯—邁索爾戰爭中，他協助父親打敗了英國，並與之簽訂了《門格洛爾條約》。但第三次和第四次盎格魯—邁索爾戰爭均以失敗告終。

十年裡，這些邦無一落入英國人的直接控制；很多邦始終未被征服。

很多英國人也不希望征服它們。擁有孟加拉顯然讓東印度公司的某些大人物頗感鼓舞，希望擁有更多的領土。有新的商業和戰略利益要保護，新的欲望需要滿足，新的接壤領土需要納入公司的目標。但老規矩仍在。蒙兀兒皇帝還安然在位。推翻他大概超出了公司的能力；也顯然超出了公司的戰略和經濟利益。公司仍然是公司。它需要為其股東謀利，並遵守其特許狀以及國會的管理委員會的規定。擴充花費很高的軍隊，代價昂貴的征服，以及花稍的英勇事蹟全都毫無必要；對於很多人來說，被迫管理孟加拉已經糟糕至極。

這意味著公司在走鋼索，既要力圖鞏固和擴大其影響，又不能招致額外的義務和成本。這個矛盾一直困擾著該公司，直到它一八五八年倒閉。解決這個問題的最佳方式是公司在私下追求其目標：發展出一個施展影響力和操縱的非正式帝國，而不是征服和直接統治的正式帝國。在次大陸的各個本土宮廷中，英國居民、顧問和間諜的網路致力於從內部推動（並往往是塑造）公司的政策。[10]公司還迫使印度統治者們（特別是阿瓦德的納瓦卜和海德拉巴的尼札姆）接收公司的大量軍隊，冠冕堂皇的原因是保衛他們的土邦免受外部的攻擊。做為回報，統治者有幸為軍隊的開銷付帳。透過這種不道德的巧妙制度（所謂附屬聯盟制度），公司得以讓土邦保持名義上的自治，同時把自己嵌入其中，以低廉的成本擴充軍隊的規模。

克萊武離開印度後的三十年裡，毫無疑問，英國的勢力遍及整個次大陸。公司鞏固了在孟加拉的統治，並把影響力擴散到阿瓦德和其他省份。印度公司的社交生活和人員在某種意義上無疑也變得更英國化了，特別是軍隊。公司一七六六年的法令就表達了對軍官隊伍中的歐陸人及其可疑的忠心持謹慎態度。隊伍的編制也發生了變化。美國獨立戰爭期間，公司軍隊前往印度的登船名單顯示，對愛爾蘭人手的依賴程度大大增加。在一七七八年至一七七九年度乘公司船隻前往印度的一千六百八十三名士兵中，足足三分之一是愛爾蘭人；來年乘船的七百七十七名士兵中，愛爾蘭人占了百分之三十八；而到了一七八〇年至一七八一年度，愛爾蘭人在登船名單上達到百分之四十五。[11] 隊伍中當然永遠不會只有「英國人」，但東印度公司的白人士兵再也不會像羅伯特・克萊武時期那樣混雜了。

這仍與王冠與號角統治下的英屬印度有著天壤之別，但任何人也都想不到事情會發展成這樣。對於克萊武的後一代人來說，「英屬印度」更多的是一個概念而非現實。哪些人應該算是英國人，哪些人不算，仍有待討論：安托萬・波利爾這樣的歐陸人該算成哪一類？英國化是什麼，不是什麼（如何描述阿瓦德這樣的非正式帝國區？）這些問題都未能得到解決。這是個隱蔽且正在形成的帝國，需要文化融合與幻想的大雜燴才能維持下去。只要蒙兀兒當局的計謀保持不變，公司代理人學習和遵守其運轉、禮儀和語言的需求就始終存在。（東印度公司直到一八三五年才停止將波斯語做為一種官方語言。）只要大量的歐陸人留在印度，無論是在公司，還是為地方服務，公司都會對那些歐洲人到底忠於何方焦慮不已。他們是對英國效忠嗎？還是對土邦？或者最糟糕的，忠於法國？在公司的領土上，英屬印度帝國的輪廓或許正在逐漸成形。但在疆界之外，歐洲人與非歐洲人之間，以及各種歐洲人彼此之間的交叉與合作卻是一個明確的現實。

在十八世紀末的印度，邊疆之外任何地方所經歷的痛苦和快樂都不如阿瓦德的首府勒克瑙那般強烈。阿瓦德緊鄰孟加拉，富裕廣大，在戰略上意義重大，是公司覬覦的主要目標。華倫・哈斯汀及其繼任者艱苦工作，成功地把這個省變成了一個傀儡國。（實際上，哈斯汀在阿瓦德的所作所為，在彈劾他的指控中名列前茅。）然而，即使阿瓦德的政治重要性逐漸消退了，勒克瑙卻迸發出文化上的耀眼光芒。在納瓦卜阿薩夫・烏德－達烏拉的統治下，這座城變成印度最具世界性、最有活力的中心。邊疆地區有辦法吸引來流浪者、開拓者和無家可歸之人，特別是邊緣人士和野心勃勃之人。勒克瑙到處都是安托萬・波利爾這樣的人物，他們被在別處無法得到的名利前景所誘惑。這裡很快變成了十八世紀某些最不可能成為「帝國主義者」、最出色地塑造自我之人的家園。

波利爾和他的勒克瑙同輩都是跨界者、趨炎附勢之輩、變色龍，也是收藏家。正是因為同屬收藏家和藝術贊助人，在勒克瑙的很多歐洲人才鞏固了他們新近獲得的社會地位。以波利爾來說，蒐集手稿為他東方通紳士和蒙兀兒貴族的雙重身分起了畫龍點睛之效。他的好友克勞德・馬丁的人生再造則更加放肆。他是個出生於法國的軍官，卻自認是個英國人，馬丁在勒克瑙生活工作已有二十五年，是十八世紀印度最富有的人之一，積累的財富和藏品不計其數。馬丁驚人的藏品數量足以匹敵歐洲的收藏大家，在印度的中央重新創造了一個精緻的啟蒙世界。勒克瑙甚至對阿瓦德的納瓦卜阿薩夫・烏德－達烏拉施了變革的魔法。世人普遍認為阿薩夫做為統治者是個笑柄；此言不虛，因為正是在他的統治時期，公司確定了間接的統治。然而，做為收藏家和藝術贊助人（既有歐洲的，也有亞洲的）納瓦卜卻獲得了他除此之外絕無可能的聲望和獨立性。

這些充滿了神奇的私人細節的故事揭示了生活在一個不斷擴張變化的世界的真實情況如何。從加爾各答或倫敦看來，帝國或許有一點像安托萬·波利爾筆下的全景圖：船隻、堡壘和英國旗的沿海前哨。但從勒克瑙這個波利爾在邊界之外的第二故鄉看來，一切看來都相當無序。

變色龍的首府

勒克瑙的現代史始於一七七五年一月，年輕的王子阿薩夫·烏德－達烏拉接替父親舒賈·烏德－達烏拉，繼位阿瓦德的納瓦卜。舒賈曾是個真正的尚武之王，這個波斯貴族戰士之孫在蒙兀兒的軍隊裡一路晉升，最終掌控了該省。舒賈的統治並非易事。他的周圍是陷入混亂的蒙兀兒帝國，飽受阿富汗、馬拉塔的折磨，如今又面臨英國的入侵。做為蒙兀兒皇帝的封臣，皇帝期望舒賈·烏德－達烏拉為保衛德里而戰；他也經常因此率軍出征，他那支軍隊聘請歐洲顧問和技師支援，安托萬·波利爾就是其中的一員。與此同時，舒賈還要應付東側那個貪婪而好鬥的鄰居（孟加拉的東印度公司）的逐步蠶食。一七六四年，在比哈爾邦的布克薩爾的一次攤牌中，舒賈·烏德－達烏拉和皇帝以及孟加拉納瓦卜的軍隊一併被公司擊敗，這是一個危險信號，體現了蒙兀兒力量的局限性。

在蒙兀兒和英國兩個帝國的壓迫下，阿瓦德需要一個像舒賈這樣的強人和戰略家來作領袖。

阿薩夫・烏德－達烏拉兩者皆非。這位王子大腹便便又放蕩不羈，被擁上王位時看上去就像剛從宴會桌旁醒來一樣。阿薩夫做為納瓦卜的第一個行動就是遠離他不喜歡的政治，也遠離他所鄙視的母親。他召來自己的大管家莫爾塔札汗，將他提拔到土邦的最高職位，放手讓他治理。阿薩夫隨後發錢遣散父親的隨從，關閉了法札巴德*的舊宮，遷都向西去了該省的小鎮勒克瑙。他在那裡的一處廢棄的舊宮安置下來，遠離他長袖善舞的母親和令人厭煩的國事。

這很難說是個好的開始。阿薩夫靠著與他財大氣粗的母親巴胡夫人†為敵而成功地疏遠了阿瓦德的大多數貴族，一舉扭轉了政局，並粉碎了其父苦心經營的自主權。東印度公司旋即利用了這位軟弱的新統治者，「很快就給」這位納瓦卜來了個「引君入甕」。[12]阿薩夫・烏德－達烏拉在登基區區數月之後，就簽署了一份毀滅性的條約，被迫向公司割讓領土（隨之而去的還有大約一半的稅收）並向公司的軍隊支付更多的補貼。他還被要求驅逐阿瓦德境內未經公司「許可」的所有歐洲人，特別是其父的歐陸軍事顧問，這進一步表明了公司愈來愈擔心印度的非英籍歐洲人。[13]阿薩夫甫即位頭幾個月就現出端倪的這種趨勢，貫穿他當政的二十二年。接下來的二十年裡，在法札巴德的夫人派系和勒克瑙宮廷之間的激烈爭執下，他的省分被一分為二。公司在邊境、財政和政策上頻頻施壓，阿瓦德陷入癱瘓，而它的統治者卻是個不太想執政的納瓦卜。

但阿薩夫・烏德－達烏拉遷都勒克瑙，以一種實質的方式發出情況好轉的信號。他或許不在乎執政，但他喜愛藝術，有足夠的金錢沉溺其中。儘管他身為統治者，在公司的要求、對皇帝的責任，以及父親遺產的壓力下疲於奔命，但這一次阿薩夫・烏德－達烏拉卻享受到完全控制文化事物的快樂。他為自己建了一個新的首府，把偉大的蒙兀兒皇帝阿克巴‡視為榜樣。做為一個年輕的統治者，阿克巴廢棄了祖先的首都德里，青睞阿格拉§和新城法塔赫布林西格里◎，在那裡聚集了最優秀的藝術、科學、哲學和文學人才。阿薩夫如今也開始在勒克瑙著手此事。紀念性建築的宏大計畫、贊助和宮廷享樂的規模如此奢華，令東方通的想像力都自愧不如，阿薩夫・烏德－達烏拉把勒克瑙變成了北印度新的文化之都。

---

*法札巴德（Faizabad），印度北方邦的一個城鎮，坐落於加格拉河河畔，邦首府勒克瑙以東一百三十公里，曾是阿瓦德省的第一個首府。

†巴胡夫人（Bahu Begum，一七二九至一八一五），阿瓦德第三代納瓦卜舒賈・烏德－達烏拉之妻，一七四三年成婚。她不是阿薩夫・烏德－達烏拉的生母。「夫人」（Begum）是中亞與南亞王室和貴族女性的頭銜，相當於男性的「貝伊」（bey）稱號。

‡阿克巴（Akbar，一五四二至一六〇五），蒙兀兒帝國的第三位統治者（一五五六至一六〇五年在位）。他被認為是蒙兀兒帝國的真正奠基人和最偉大的皇帝。阿克巴是帖木兒的後代。阿克巴最為人稱道之處在於，在其統治時期，他能對所有的信仰給予平等和自由的看待。與他之前的君主相比，帝國的文化和藝術在其統治時期達到頂峰。

§阿格拉（Agra），位於印度北方邦亞穆納河畔的一座古老的城市，一五二六至一六五八年期間一直是蒙兀兒帝國的首都。

◎法塔赫布林西格里（Fatehpur Sikri），印度北方邦的一個小鎮。這個城市於一五六九年由蒙兀兒皇帝阿克巴建立，一五七一年被立為蒙兀兒帝國的首都，至一五八二年被荒廢。

阿薩夫·烏德－達烏拉的勒克瑙：從大悼念宮頂上看到的阿薩菲清真寺。

那裡還是一個大熔爐。阿薩夫．烏德－達烏拉是個波斯什葉派，治下的臣民大多是印度教徒和遜尼派穆斯林，並以重金歡迎歐洲人為他服務。身為波斯後裔，他贊助了什葉派的宗教研究和節日慶典，並建造了勒克瑙最重要的聖地大悼念宮＊。他還積極資助了印度蒙兀兒帝國的藝術和文學。最後，或許也最明顯的是，他與歐洲人廣泛交往，這影響了他生活的各個方面，從他餐桌上的食物到很多宮殿的設計。結果造就了一個充滿生機、多姿多彩的城市，眾人對這座城的描述極盡形容之能事。腐朽頹廢、老於世故、烏煙瘴氣、富麗堂皇、性感撩人、燦爛奪目、邪惡危險、鬱鬱寡歡、破舊不堪、見多識廣、枯萎憔悴、充滿活力、苦樂參半：勒克瑙集這一切之大成，所有的形容詞都難以盡述其魅力；用英國行政官員亨利．勞倫斯†爵士後來的話說，是一座「奇特而壯麗的城市」，崇高與荒謬在這裡合而為一。[14] 一言以蔽之，勒克瑙是一種體驗。眾人對它的態度非愛即恨。

在仇視勒克瑙的很多歐洲人和印度人看來，這座城市墮落、腐敗而奢靡。只需看一看阿薩

＊大悼念宮（Bara Imambara），印度勒克瑙的一個大型建築群，建於一七八四年。目的是在伊斯蘭曆的第一個月，也是全年的第一個聖月穆哈蘭姆月悼念卡爾巴拉戰役和宗教領袖。該建築群除主體的禱告廳外還包括阿薩菲清真寺、迷宮和流水梯井。

†亨利．勞倫斯（Henry Lawrence，一八〇六至一八五七），英屬印度的軍官、測量師、行政官員和政治家。他以在旁遮普領導一群被稱作亨利．勞倫斯「青年軍」的幹練官員，創辦了勞倫斯軍事養育院，以及在印度叛亂期間圍攻勒克瑙時受傷身亡而聞名。

夫・烏德－達烏拉便可證明。這位肥胖的納瓦卜滿身都是顫動的脂肪，渾身上下散發出道德敗壞的氣息。一位法國軍官反感這個「極度肥胖」的年輕人，說「歐洲人絕對無法想像，人會邪惡到這般地步……古今中外，能與此人在每日朝堂之上、首府之內所展現的墮落相匹敵的，沒有哪個國度能找到這樣的人。」[15]據說，阿薩夫從未完婚。他從美酒轉到哈希什*，再到鴉片；從女人到男童，又回到女人（有此一說；另有人說他是性無能）；從用麝香和番紅花餵養的雞，到每一粒米都染成不同的寶石色的油光發亮的抓飯。[16]他可能只是傳統意義上的自我放縱，而不是罪惡的沉溺酒色。（同時代英國好吃貪婪的威爾斯親王、未來的喬治四世，也是個被剝奪權力的王室成員和藝術贊助人。）但對於那些尋找阿瓦德衰亡跡象的人來說，遇上這位道德敗壞的納瓦卜就足以預示一切了。

「『國裡恐怕有些不可告人的壞事』，這種事必然不少，君王所在的首府就顯現出這種跡象，」一位英國外賓如此說道。[17]只要沿街走走，就能看到各種腐敗的跡象：窮人被推下奔湧的排水溝，而權貴卻坐在盛裝大象上隆隆而過。朝堂之上充斥著裙帶關係；吸血蝙蝠一樣的寵臣靠國家機構中飽私囊。「剃頭匠、菜販子、屠夫、牲口販子、趕象人、清道夫及鞣皮工，沒有人是底層或低俗的階層，」另一位批評家、憤憤不平的阿瓦德貴族穆罕默德・法伊茲・巴赫什如此斥責道，「但其中某些人一旦發了財，便坐著流蘇邊的四人大轎，或是騎著大象或者官家的馬，自豪地招搖過市。」[18]更糟的是，對英國而言，大家擔心這種腐敗會傳染。他們的確沒能倖免。就連華倫・哈斯汀（他受到彈劾的部分原因就是在阿瓦德的勒索行為）也大吃一驚：「勒克瑙是罪惡的淵藪……是貪婪的學堂……從納勃卜手裡領取服務的薪水，卻聲稱他無權指揮這座城，你會怎樣看待這樣的人？如果一座城裡擁有各自獨立和絕對主權的人與那裡不受控管的英國人一樣多，又會是怎樣一番景象？」[19]如此一來，歐洲人和亞洲人便聯合聲討這座腐敗的首府，英國公務員被「東方化」了，而印度統治階級卻無恥地仿效西方人。

總之，勒克瑙看來充斥著鋪張與奢靡。至於阿薩夫．烏德－達烏拉的半數收入都被東印度公司的軍隊收走之事，只是讓他的恣意揮霍顯得更糟。他到處扔錢：他養了八百頭大象（當時，一頭上好的大象價值五百英鎊）和上千匹馬（「只為觀賞」，因為他太胖了，騎不了馬）；他出獵時的龐大隊伍有一千頭牲口那麼長，從諸位情婦到飲水用冰塊什麼都要帶著。他在自己的衣櫥、宴會、舞會和鬥雞上耗費金錢，還要花錢養了一支龐大的隊伍，也就是給他修鬍子、滅蠟燭、餵鴿子的僕人。[20]他還購買藝術藏品，有人估計，他在這方面花的錢差不多相當於其他所有花費的總和。為自己的城市他也是一擲千金。納瓦卜是個「建築狂人」，另一位阿瓦德名人阿布．塔利布汗†曾高聲抱怨說他每年要花掉國庫大約十萬英鎊。尤其糟糕的是，每建一座宮殿，就有數百

---

*哈希什（hashish），印度大麻所榨出的樹脂。

†阿布．塔利布汗（Abu Talib Khan，一七五二至一八〇五／六），北印度的收稅官和行政官，有人說他是個波斯學者，以其在英國、歐洲和小亞細亞的遊記《塔利布亞非歐遊記》（*Masir Talib fi Bilad Afranji*，約一七九九至一八〇五）而聞名。

名貧窮的居民被驅逐；而納瓦卜通常只在新宮殿裡住幾天就揚長而去，再也不聞不問了。就連貴族也飽受痴迷於展示性的宮廷文化的折磨，他們被迫「在『有其主必有其臣』的原則下」，展開了一場炫耀性消費的破產競賽。[21]

道德敗壞，貪汙腐敗，窮奢極欲，在同時代的批評家看來，勒克瑙似乎就是「專制統治的真實形象」，是一座堪比聖經所述的罪惡之城。[22]然而除了這個意象之外，這座城卻有著截然不同但同樣生動的另一幅畫面。某些人強烈憎惡勒克瑙，另一些人卻崇拜它。他們所熱愛的城市是一片散發著芳香的橙林和涼爽的大理石宮殿，是在西塔爾琴的彈撥聲中進行的生動對話和精美宴會。他們的勒克瑙優雅、活躍而慷慨。

這座城的收藏野心似乎是一切止於至善。就連平常的消遣也被抬高到純藝術的水準。訓練有素的賽鴿能成群飛翔，一群的數量可以高達九百隻，牠們都被精心拔毛，然後又被煞費苦心地用多彩的長翎「重新羽飾」。風箏被做成人形，為了達到幽靈的效果，內部點上了燈籠。[23]鬥獸是另一個受人喜愛的嗜好，用勒克瑙最偉大的吟游詩人、十九世紀末的作家阿卜杜勒．哈利姆．沙拉爾*的話說，達到了一種「完美的境地」，溫順的細腿牡鹿被迫彼此對峙，讓旁觀者欣賞牠們的優雅搏擊。據說，在勒克瑙，就連日常的烏爾都語會話也被抬高到完美的最高程度。據說「大眾和文盲」的「烏爾都語……都比其他地方的……很多詩人說得好，」而外地人都被嚇得不敢張嘴。在勒克瑙貴婦和交際花的名人沙龍裡，談話優美文雅，「彷彿個個都『能言善道』」。[24]

勒克瑙充滿了喧囂和躁動。阿薩夫．烏德－達烏拉刻意努力重現阿克巴的印度所失去的榮光，他在帝國的範圍內資助作家、音樂家、藝術家、手藝人和學者。米爾．塔基．米爾†等著名的烏爾都語詩人逃離瀕臨崩潰的蒙兀兒首都，來到勒克瑙，在這裡形成了一種獨特的風格和詩派。[25]現代烏爾都語散文文學起源於勒克瑙，而波斯語這種象徵著地位和學識的語言也在此處蓬勃發展。做為什葉派學術研究的重鎮，勒克瑙能與伊朗和東伊拉克的宗教中心相抗衡。[26]它還吸引了歐洲的藝術家：被納瓦卜的豐厚佣金吸引的著名倫敦畫家約翰．佐法尼‡和奧札厄斯．韓弗理§都在那裡待過幾年。各個藝術門類裡都出現了一種「勒克瑙風格」，一種以雜糅為主要特徵的風格。烏爾都語作家把各種傳統完美混合，以至於往往說不清他們的母語是波斯語還是印度斯

＊阿卜杜勒．哈利姆．沙拉爾（Abdul Halim Sharar，一八六〇至一九二六），多產的印度作家、劇作家、散文集和歷史學家。他留下來的作品多達一〇二本。他的筆下多是有關伊斯蘭的歷史，以及對勇氣、果敢、大度和宗教熱情等美德的頌揚。他的著作《過去的勒克瑙》（*Guzishta Lucknow*）至今仍被認為是描寫勒克瑙的起源及其文化的最佳敘述。

†米爾．塔基．米爾（Mir Taqi Mir，一七二三至一八一〇），十八世紀著名的烏爾都語詩人。他是塑造烏爾都語的先驅之一，也是烏爾都語加札勒抒情詩德里詩派的主要詩人之一。

‡約翰．佐法尼（Johan Zoffany，一七三三至一八一〇），德意志新古典主義畫家，主要活躍於英格蘭。倫敦國家美術館、泰特美術館等處以及王室均藏有他的作品。

§奧札厄斯．韓弗理（Ozias Humphry，一七四二至一八一〇），十八世紀英格蘭重要的微型肖像畫家，後改畫油畫和水彩畫。

坦語，他們是穆斯林還是印度教徒。[27]歐洲藝術家影響了本地畫家。勒克瑙的建築大多是由納瓦卜的歐洲雇員設計的，融合了歐洲和印度的元素。[28]

高尚優雅、充滿活力的勒克瑙，它的另一個特點就是納瓦卜的慷慨大方。當然，慷慨或許不過是揮霍浪費的同義詞。但就連阿薩夫・烏德－達烏拉最嚴厲的批評者也承認，他最奢侈的建築項目大悼念宮也有其優點。這個悼念伊瑪目哈珊*和胡笙†的聖地是阿薩夫最重要的建築遺產（順便說一句，這也是他唯一不受歐洲模式影響的建築）。這是一項大工程：一個英國人（儘管是輕率的估計）將造價估算為一百萬英鎊。[29]但它也是一個巨型的公共福利。該項目在一七八三年至一七八四年的嚴重饑荒期間開工，僱用的人數或許高達四萬人，並以食物當作工資。[30]有人甚至說，納瓦卜為了延長工期，每天晚上都會拆毀一部分建築結構。這個故事雖不足為憑，卻只是詩歌和民間傳說中表現阿薩夫・烏德－達烏拉慷慨大方的諸多故事之一。據詩人米爾・塔基・米爾說，「偉大的阿薩夫」「以其慷慨和仁慈……聞名於世。」[31]「他所有的天生缺陷都被慷慨的光芒掩蓋了，」阿卜杜勒・哈利姆・沙拉爾如此寫道。「在大眾看來，他似乎不是個荒淫的統治者，而是個無私而聖潔的守衛者。」[32]在阿薩夫去世一百多年後，勒克瑙的店主們每天早上仍在紀念他的慷慨，商店門口貼著這樣的對句：「上帝沒有給予你的，阿薩夫・烏德－達烏拉會補上。」[33]

道德敗壞，貪汙腐敗，窮奢極欲？還是高尚優雅、充滿活力、慷慨大方？哪一個才是真正的勒克瑙？的確，這座城市的首席歷史學家曾問道，「考量到所有這些外國元素的比重，『真正的』勒克瑙還存在嗎？」[34]是的。它就存在於所有一切的組合之中。無論眾人對它是愛是恨，誰都無法對那個明確的事實視而不見：勒克瑙是印度最國際化的城市。這不僅是因為它的人口組成形形色色；還因為多樣性是一種生活方式。印度教徒和穆斯林享有同等的國家地位，他們慶祝彼此的節日，互相借鑑對方的文學和藝術傳統。歐洲人與納瓦卜一起狂歡和狩獵，與他的臣民交談、交易並通婚。對於來自各種背景的人（同時也是各地的社會邊緣人）來說，勒克瑙以其擁抱世界的態度，堅守了自己再造人生的承諾。

約翰・佐法尼在一七八四年至一七八六年為華倫・哈斯汀而繪的畫作〈莫當特上校的鬥雞比賽〉中，以光彩奪目的「特藝七彩」表現出這種混雜社會的特質，這幅畫後來又為阿薩夫・烏德－達烏拉製作了副本。熙熙攘攘、人物密集、充滿活力，這幅作品在佐法尼的作品中顯得不同尋常，他在英國可是以優雅的情節人物畫和舞臺劇場景而成名的。誠然，如果非要說出佐法尼的風格，那就是它的精微細節和平面透視手法給它帶來了一股蒙兀兒細密畫的感覺，佐法尼顯然很

＊哈珊・伊本・阿里（Hassan ibn Ali，六二四至六七〇），第四位正統哈里發阿里・伊本・阿布・塔利卜與伊斯蘭教創始人穆罕默德（穆聖）之女法蒂瑪的長子，也是穆聖的外長孫。哈珊是什葉派所尊崇的第二位伊瑪目。

†胡笙・伊本・阿里（Hussein ibn Ali，六二五至六八〇），阿拉伯帝國哈里發阿里・伊本・阿布・塔利卜次子，哈珊之弟，伊斯蘭教先知穆罕默德的外孫。哈珊死後，胡笙繼位為阿里家族領袖。他被什葉派穆斯林一致追認為第三位伊瑪目。

約翰·佐法尼，〈莫當特上校的鬥雞比賽〉，一七八四年至一七八六年。

了解這種風格，也就在此處有所表現。

乍看之下，這幅畫似乎描繪了一個奢華、倦怠、快樂和放縱的世界。[35]這畢竟是一個**異域**景象：關於「入境隨俗」的歐洲人和貪圖享樂的亞洲人，關於豪華的誘惑與無恥的自我放縱。但如今看著這幅畫，我們很容易忘記，這一切對畫中人來說有多**熟悉**（其中大多數都是有據可查的歷史人物）。它們並不只是在玩異國情調的花樣而已。實際上，在成畫的那個時代，莫當特上校的鬥雞是幾乎每個星期都會舉行的活動，更不要說宴會、節日、婚禮，以及歐亞人共聚一堂的很多其他場合。這裡當然存在藝術上的發揮，場景中也絕非沒有暴力、分裂或隔閡。然而，這幅畫顯示了勒克瑙真正多元文化的可能性。你是誰，與誰有關係，以及你希望如何生活，都不是非此即彼的選擇。你可以跨越邊界。[36]

畫中的很多人物正是如此。安托萬．波利爾不在場，但他的好友、身穿東印度公司軍裝的克勞德．馬丁正坐在沙發上。馬丁是個法國人，和波利爾一樣，也是公司統治集團的局外人，他是勒克瑙最有名的白手起家之人，在那裡把自己變成了一個英國鄉紳和鑑賞家。再看看兩個核心人物，莫當特身材高瘦，穿著一身潔白無瑕的貼身衣褲，他是彼得伯勒伯爵*的私生子，為了逃避國內的社會輿論而來到印度。至於阿薩夫．烏德－達烏拉，他性無能且沒有子嗣，政治上又被剝奪了權力，因而尤其關心透過文化贊助等其他的手段來尋找後人。有個笑話說這是私生子與陽痿者之間的鬥雞比賽，雖粗俗不堪，卻也算是對兩個為逃避社會邊緣狀況而來到勒克瑙之人的犀利評價。佐法尼來這裡也自有理由。他出生於奧地利，後來被人收養而成為英國人，在失去其贊助人夏洛特王后†的支持後，來勒克瑙尋找財富。他受到英國王室的冷落，在畫中出現在頂部一把綠傘的遮蔽之下：這在印度傳統中象徵著忠誠。

〈莫當特上校的鬥雞比賽〉是花花世界的一張精采快照。但有關阿薩夫的勒克瑙全盛時期最

*彼得伯勒伯爵（Earl of Peterborough），英格蘭貴族頭銜，始於一六二八年的第五代莫當特男爵約翰．莫當特（？至一六四二）。此處指的是國會議員、第四代彼得伯勒伯爵查理斯．莫當特（一七〇八至一七七九）。

†夏洛特王后（Queen Charlotte，一七四四至一八一八），英國國王喬治三世的王后，維多利亞女王的祖母。她是當時較出名的一位藝術贊助人，此外也是業餘的植物學家。

完整的畫面，或許來自一位英格蘭年輕女子日記中潦草的深褐色筆跡。從一七八七年一月一日直到一七八九年十月，伊莉莎白・普洛登的日記簡直是一份罕見而奇妙的文獻：一位年輕母親未經發表的紀錄，記述了她在加爾各答和勒克瑙如何生活、旅行和撫養子女。一七七〇年代末，伊莉莎白・普洛登先是以一位新娘的身分在勒克瑙生活了一段時間，當時她的丈夫理查・奇切利・普洛登與莫當特一起擔任阿薩夫・烏德－達烏拉的警衛。一七八一年，普洛登一家和很多歐洲人一樣，離開勒克瑙，搬去加爾各答，納瓦卜拖欠了他們一大筆錢。理查等著支付薪水，卻落得一場空。生活很拮据。普洛登一家在將近七年的時間裡生了七個孩子，手頭的錢還不夠把最大的孩子送回英國念書，更不用說全家回國了（當然是以他們希望的方式回國）。伊莉莎白甚至還不得不請求她的母親「過得節儉一些」，「不要給家人買東西」，住在朋友那裡，直到他們的生活恢復往日的水準。[37]一七八七年底，普洛登夫婦帶著最小的兩個孩子（只有幾個月大的嬰兒威廉和蹣跚學步的特雷弗・奇切利）回到勒克瑙，為從納瓦卜那裡得到他們的三千英鎊做最後的努力。這一去就是一年。

「布朗小姐與我本人和紳士們一起去了莫當特上校的鬥雞比賽，」一七八八年六月十五日，伊莉莎白在日記裡潦草寫道。「納勃卜（也在）那裡，九點過後不久，我們和他共進了晚餐。他並沒有遵守齋月的禁食，而是吃得十分盡興，」還「問了我一大堆有關孩子的問題，說威廉一定不是血肉做成的，他確信是蠟和棉花做的，」她如此記述道。參加血腥的比賽，享用咖哩大餐，與國王聊天，與此同時還看護嬰兒：大多數英國婦女的夜晚絕非如此度過。但閱讀伊莉莎白的勒克瑙日記，就會發現這種看似非同尋常的文化融合是如此尋常之事。勒克瑙社會所有的棟梁都是她的老友（阿薩夫・烏德－達烏拉、安托萬・波利爾、克勞德・馬丁等等）而她很快也被捲入了一連串跨越東西方邊界的社交活動之中。她經常會帶著孩子一起參加，總是會得到印度人的熱情款待。阿薩夫・烏德－達烏拉溺愛孩子們，還給他們玩具；正在訪問勒克瑙的皇帝之子「給小奇切利斟茶，還詢問他的名字，對他大為關注。」佐法尼則「宣稱自己願意為他們倆畫像，毫不在乎他自己已經被他們迷得神魂顛倒了。」[38]

在加爾各答，伊莉莎白・普洛登的社交生活大多是該城市的西式娛樂：戲劇、化裝舞會、正式舞會、馬車巡遊。在勒克瑙，她走進了一個迥異的世界。她在住在城裡的歐洲朋友的陪伴下度過不少日子，也在朋友們坐落於附近的鄉下大宅消磨了很多時光。有時，她會與納瓦卜及其朝臣共進早餐或晚餐。她或許還忙裡偷閒，跟隨**蒙師**（*munshi*）學習幾個小時的波斯語或印度斯坦語。但她最大的愛好是印度音樂。只要伊莉莎白聽到動人的波斯或印度斯坦音樂，她就一定要設法找到樂譜副本，加進她豐富的樂譜收藏中，這個過程本身就涉及多個層次的跨文化交流。一天早上在納瓦卜那裡，

> 娛樂項目是和往常一樣的舞蹈，我盼著他們唱〈Jo Shamshere Serey Allum Decktey〉這首歌。殿下告訴我們，說這首歌的原詩是他本人的作品。因為我沒有此歌的樂譜，就派米爾札・古拉姆・侯賽因去請求准許我派蒙師去納瓦卜的烏斯塔德「*ustaad*，樂師」處要

一份。納瓦卜說，如果我願意的話，他可以向米爾札複述詞句，讓他逐字記錄下來。[39]

她還學會了唱很多印度斯坦語歌曲，並常常在克勞德·馬丁送給她的撥弦鍵琴的伴奏下，為印度和歐洲朋友們演唱這些歌曲。總之，這是令人愉快放鬆的一年：一邊吃著「葡萄、石榴、柳丁、椰棗、阿月渾子，以及其他各式乾果」，一邊在納瓦卜芬芳的花園裡觀賞象戰和煙花；眼看「金色和銀色花朵的玻璃釉花圈和彩燈」裝飾的宮殿在夜晚為穆哈蘭姆月*而點亮，耳聽身著素衣的哀悼者紀念殉難伊瑪目的吟誦聲；和朋友一起度過一個個下午，篩選印度細密畫和來自英國的最新版畫，或是在安靜的夜晚待在家中，晚餐後欣賞一場納爾屈舞†表演。[40]

顯然，伊莉莎白並沒有全心浸入印度社會，或者說她也不願這樣。但她在一個很小卻很引人注目的方面得到了印度社會的邀請。一七八八年六月，阿薩夫·烏德－達烏拉向她展示了他們友誼的獨特見證：一份她獲封「夫人」稱號的授予狀（*sanad*）。

孤現冊封天賦過人、奉獻非凡、極其忠貞的索菲亞·伊莉莎白·普洛登以崇高的封號和可欽的稱謂：她是這個時代的示巴女王，貴族之中的夫人，在同輩與同代人之中卓爾不群，聲望崇高。[41]

歐洲男子一般都是為軍功表彰而獲得蒙兀兒的封號，此事並非前所未聞，但授予一位歐洲婦女這樣的榮譽（特別是她的丈夫並非身居高位）仍是不尋常的。我們很難了解何以至此，但這份文本卻是這座由文化交融所塑造的城市裡一件有趣的人工製品。

理查・普洛登也很幸運：他要回了自己的錢。（和很多人不同。可憐的奧札厄斯・韓弗理花了幾年的時間糾纏納瓦卜，想要回他的錢，還打擾英國的朋友來幫助他，卻無濟於事。）[42] 一七八八年底，普洛登一家永遠離開了勒克瑙，於一七九〇年回到英國，在倫敦的德文郡廣場體面地安頓下來。他們留下了溫暖的回憶。「在你離開勒克瑙後，我再也沒有過快樂的日子，」克勞德・馬丁在離別八年後寫信給伊莉莎白，用他蹩腳的英語如此寫道：

> 那些快樂的日子，我永遠不能忘懷，雖說此地還有其他很多家庭，你的陪伴卻讓這裡更有生氣，你活潑和藹的態度吸引著每一個人拜訪府上，你的家就像吸引著我的一塊磁石。我再也沒有像以前拜訪府上那樣頻繁作客了，我們這裡有很多可敬的女士，但我見過的沒有一個像你那樣給人帶來如此真實的快樂。[43]

普洛登一家也沒有忘記印度。小威廉與特雷弗和他們的哥哥後來繼續在印度建功立業；普洛登家

---

*穆哈蘭姆月（Mohurram），伊斯蘭曆第一個月，也是全年第一個聖月。

†納爾屈舞（nautch），流行於印度北部的幾種古典舞蹈之一，只能由女性舞者表演，其中最基本的三款分別是孔雀舞、風箏舞和轎夫舞。

族在印度生活了數代之久。

勒克瑙是邊疆之外的一座閃閃發光的國際都市，向歐洲人和亞洲人都提供了發財和散財、跨越文化界線，以及任何意義上的白手起家的絕佳機會。他們實現了勒克瑙的夢想：名望、財富，以及自我塑造。即使對於伊莉莎白．普洛登這樣一位公司中階軍人的中產階級妻子而言，勒克瑙也是個再造之所：她到來的時候是理查．普洛登之妻，離開之時已是蒙兀兒皇帝正式下旨冊封的一位「夫人」。她還擁有了大量音樂收藏，歐亞的朋友們大大擴充了她的藏品。身為勒克瑙大都市上流社會名副其實的一員，伊莉莎白．普洛登跨越文化界線的程度是她此前在加爾各答所無法企及，也無力為之的。她在勒克瑙的那些男性朋友擁有的可能性則更多。而且，特別是因為三個人（安托萬．波利爾、克勞德．馬丁，以及納瓦卜本人）在勒克瑙以最奢華、最始料不及的方式夢想成真。下面要講的就是他們的故事，更多關於收藏和跨文化的故事。

東方通？

只要走訪過勒克瑙的集市，就會發現這座城市文化卓越性的另一個標誌。走進集市廣場的窄巷（那裡到處是端著大盤甜點、芒果和椰子塊的小販，還有裝飾著茉莉花和金盞花花環的花店）隨處可見販售的東方情調。香料市場裡有成堆的神奇彩色粉末，成袋的波斯腰果、東印度丁香、無名的根莖和芳香的樹皮；珠寶店裡有珍珠和戈爾孔達*鑽石，來自新世界礦井的祖母綠，阿富汗雪域的青金岩。那裡有風箏匠和鐵匠、陶工和菸草商；布匹商在出售嵌滿札繡（*zari*）的成匹織品；著名的勒克瑙繡工一群群坐在層層疊疊的平紋細布前，巧手如飛之下，複雜的設計逐漸成形。香料商會賣給客人另一種本地名產提純的玫瑰精油，或是把貨架上排列的神祕香精調合成客人喜歡的任何氣味。

正是在這些熙熙攘攘的集市上，還會有精美的藝術品和罕見的珍本出售。這裡的交易商生意興隆，買賣新舊手稿、書法和繪畫。篩選在此販售的繪畫就像窺視幻想世界一般，青瓷色的天空，藍色的皮膚，月光下的孔雀蹲在欄杆上。交易商會翻到背面去查看價格，價格是用一種叫作拉卡姆†的密碼標記的，只有他和同行們能解讀。四十盧比，一百盧比，兩英鎊，五英鎊。這與最精美的插圖手稿相比不值一提，那些手稿用細如髮絲的毛筆畫在紙上，每一頁都用花鳥紋裝飾邊角，價格可達一千英鎊。[44]在集市上還可以買到勒克瑙著名書法家以流暢的漩渦形和勻形波斯體寫成的作品。但在箇中高手哈菲茲．努爾．烏拉的筆下，**一個字母**就會要價兩先令（一盧比），所以文字還是愈短愈好。[45]

勒克瑙是印度的藝術之都，東方的羅馬。那裡生意興隆的原因說來可悲卻也容易理解。在德里和蒙兀兒核心地帶，舊貴族走上了窮途末路。他們的土地慘遭蹂躪，收入也不再可靠，很多人

---

* 戈爾孔達（Golconda），南印度特倫甘納邦的一座城市，位於海德拉巴以西十一公里處。十九世紀末之前，那裡出產的鑽石是世上最精美的。

† 拉卡姆（*raqam*），原意為刺繡。

落魄到賤賣傳家寶的地步，其中也包括藏書和藝術品收藏。而在勒克瑙卻有一個暴發戶菁英階層，既願意也有能力收購。交易商、書法家和藝術家紛紛離開德里，去勒克瑙尋找更好的買主。印度蒙兀兒帝國的手稿和繪畫的價格，與同時代歐洲藏書、文物和大師畫作的定價大致類似。因此就很容易理解，為何阿薩夫・烏德－達烏拉及其朝臣（其中的很多人和他一樣，都是新近才獲得財富和權力的）希望買進蒙兀兒貴族的標誌了。他們做為收藏家和贊助人在阿瓦德的所作所為，與羅伯特・克萊武在英國的做法一模一樣：買進文化資本，提升社會地位。

勒克瑙的很多歐洲人也群起效尤。安托萬・波利爾大概是最活躍的手稿收藏家了；另外還有一七七七年至一七七九年間的東印度公司駐紮官納旦尼爾・米德爾頓；一七八二年被任命為公司軍隊軍需官的約翰・伍姆韋爾；以及一七八〇年至一七八二年間生活在勒克瑙的駐紮官首席助理理查・詹森。詹森和波利爾一樣熱中於收藏，他的藏品如今幾乎完好無損地保存在大英圖書館，證明了在勒克瑙藝術品市場上流通的藏品範圍及其純粹的美感。他在集市上買了很多書籍；其中有些仍帶著拉卡姆的標價。（實際上，因為物主經常把私印〔相當於印度－波斯的藏書票〕蓋在手稿上，有時可以據此重現一份手稿在幾百年裡的流轉情況。）詹森也是個活躍的贊助人。在勒克瑙的兩年裡，他委託創作了逾兩百五十幅畫作，其中包括圖解印度音樂調式的五幅完整的拉迦瑪拉*系列。詹森委託詩人和作家創作的作品不只用印度最重要的文學語言波斯語，還有些烏爾都語作品，後者很快獲得了文學地位，這在很大程度上得益於阿薩夫及其宮廷的支持。[46]

是什麼把歐洲人吸引到了這個曲高和寡的世界？某種程度上，純粹是好奇心。他們來自啟蒙時代的歐洲，很多人是帶著對人文和自然科學的廣泛興趣來到印度的。他們是傳統意義上的東方通：是印度歷史、語言、宗教、音樂、醫學，或是因才智和偏好而涉足的各種領域的業餘愛好者。當然，自從愛德華．薩依德開拓性的同名著作以來，東方學的含義已經大不相同了。薩依德認為，東方學絕不僅僅是一種消遣，而是與對帝國權力的追求聯繫在一起的。蒐集有關東方的知識是獲得壓倒東方權威地位的先決條件，有時也是權威的一種替代品。法典、地圖、政治情報、史書、宗教文本，所有這些都有助於帝國統治者滲透到與他們對峙的文化中去，並設計出統治它們的手段。通過蒐集知識，東印度公司實際上彙集出一個帝國。

華倫．哈斯汀在當代和後殖民這兩種意義上都是一個東方通的極佳樣本。他出身高貴，受過良好教育，沉湎於經典，傾向於自然神論，並堅信古代文化的內在價值。哈斯汀是執著於東方的優秀學生。他懂烏爾都語和波斯語，對梵語和印度教的教義很感興趣，還收藏了很多手稿，這絕非巧合。他受邀擔任亞洲學會的首位主席也絕非做表面文章；儘管他慷慨地把這一榮譽讓給了威廉．瓊斯[†]爵士，卻欣然接受了贊助者的頭銜。但身為孟加拉總督，哈斯汀還利用學術研究為帝

＊拉迦瑪拉（*ragamala*），中世紀印度的一種說明性的系列繪畫。

† 威廉．瓊斯（William Jones，一七四六至一七九四），英國語言學家、東方學家。一七八三年任孟加拉最高法院法官，後封爵士。他專攻梵語，一七八六年在新成立的孟加拉亞洲學會上的演講指出梵語與拉丁語和希臘語有驚人的相似之處。他也曾將印度的象棋類遊戲「恰圖蘭卡」的規則從梵語譯成英文。

國治理服務。他資助納旦尼爾．哈爾海德，就是一個很好的例子，後者的著作《異教徒法典》（一七七六）後來成為公司統治印度宮廷的基礎。目標是以印度自己的法律來統治印度，但結果卻是對那些法律強加了英國式的解釋，把孟加拉（以及後來印度）的人口分成嚴格的類別，提煉總結了文化差異，並播下了宗教社群分裂的種子。[47]

安托萬．波利爾和其他勒克瑙收藏家也都是兩種意義上的東方通，既是印度文化的忠誠學生，也是帝國擴張運作中的代理人。然而，哈斯汀是紳士出身，後來又貴為總督，但波利爾及其友人卻更接近於社會和政治權力的邊緣。對於他們來說，東方學中包含著一劑強效而明擺著的自身利益。這些人可不是多愁善感的美學家，而是頭腦冷靜、拚命向上爬的野心家。（理查．詹森綽號「盧比」絕非空穴來風，必須要說，與其說是因為他撈金發財天賦過人，倒不如說是因為他頗擅於為他人賺錢。）去一趟集市便隨即可知，嚴肅的收藏是一種代價昂貴的生意，顯然不只是一種愛好而已。但它絕不是工作內容，也不包括在帝國統治的宏大綱領中。收藏是一種個人化的社交投資。對於波利爾來說，它的回報有兩種，都引人注目，卻又迥然不同。

勒克瑙東方學的雙面性在安托萬．波利爾家裡的兩幅肖像上得到了美好的呈現。第一幅是約翰．佐法尼所畫，是對勒克瑙歐洲居民中蓬勃發展起來的學究社會的精細掠影。這幅畫繪於一七八六年，就在波利爾離開勒克瑙之前不久，油畫表現了一個涼爽的早晨，波利爾上校和他的朋友們（克勞德．馬丁、約翰．伍姆韋爾，以及佐法尼本人）在勒克瑙的波利爾家「波利爾街區」休息的場景。馬丁在伍姆韋爾身後熱切地探身指著一幅水彩畫上的一處細節，那是他在數年前為自

約翰・佐法尼，〈波利爾上校和他的朋友們〉，一七八六年。

己設計的勒克瑙宅邸。佐法尼正在旁邊的畫架旁繪畫。而正在桌旁仔細查看心愛的印度手稿的波利爾被園丁們分散了注意力，他們帶來了早上的農產品讓他檢視。波利爾兩腿張開，肚子從軍裝上衣裡凸出來，以主人的姿態檢查了他土地上出產的成果。高麗菜、洋蔥、芒果、木瓜、番茄、香蕉：他的眼睛掃過盤中之物；一隻手放鬆地從長長的蕾絲袖口裡伸出來，優雅地指著他選中的東西。佐法尼像是在說，這才是莊園真正的主人。波利爾脖頸以上是納勃卜裝扮，長髭下垂，下巴鬆弛，戴著一頂裘皮帽子，看起來活像他的雇主納瓦卜。

總體而言，這幅畫很像佐法尼賴以成名的英式情節人物畫（也就是說，如果忽略纏著頭巾的印度僕人、嬉戲的猴子，以及地上的一大串香蕉的話）。和那些常常表現一家人擺出姿勢在他們高高低低、精心照料的廣闊田地前面的油畫一樣，這幅畫也在讚美舒適、友愛和財產。波利爾富庶而健康。在孟加拉被公司拒之門外後，他在阿瓦德找到了軍事工程師的肥缺，先是在舒賈手下，隨後是為阿薩夫．烏德－達烏拉服務。一七八二年，他甚至還被東印度公司禮貌性地任命為名譽上校（雖然規定他不得在任何部隊服役）。他有軍銜，有土地，這是社會地位的關鍵標誌。當然，他還有大量的收藏。

這幅畫還向紳士風度的博學表達了敬意，佐法尼早年間為一流的古文物家查爾斯．湯利*畫過一幅著名的油畫，表達過這一主題。安托萬．波利爾當然是一個東方通。這幅畫完成後不久，伊莉莎白．普洛登「看到一個很奇怪的三位神祇的藏品，波利爾上校購買過那三個神祇的畫作，」還提到「他還了解了他們的歷史，並打算交給某人將其出版。那將會是一本非常奇特而有趣的編著，還會用他收藏的九十幅畫來裝飾。」[48]波利爾在他的老師拉姆．昌德的說明下研究印度教文本，最終委託創作了一本印度教著作。（拉姆．昌德是錫克教徒而非印度教徒，但他「有兩位婆羅門的長期隨員可以隨時請教難解之處。」）[49]波利爾還把吠陀梵語（古老的神聖印度教文本）的第一部完整複製本送回歐洲，對歐洲的「東方文藝復興」功不可沒。[50]

鑑於波利爾的一位叔父是洛桑的著名新教神學家，曾與伏爾泰長期通信，還是法國《百科全書》的撰稿人之一，他對印度宗教的知識性興趣也就不足為奇了；這位叔父至少有兩個女兒，也就是波利爾的堂妹，都跟隨父親進入了文學世界。收藏在一個顯而易見的方面向波利爾敞開了大門。因為外籍（瑞士）出身，波利爾被公司的統治集團拒之門外，他就把收藏和鑑賞能力當作是在印度的歐洲社會向上爬的替代途徑。他和著名的東方學家威廉·瓊斯爵士延請的是同一位教師，瓊斯爵士發現梵語和希臘語、拉丁語（印歐語系）擁有共同的母語，這有助於提高印度研究在西方的名望和地位。波利爾對亞洲手稿珍本的愛好讓他和華倫·哈斯汀逐漸熟悉起來。他與這兩人保持著友好的關係，還討巧地寄給他們「精美的東方著作」的禮物，「做為一個小小的紀念，」他對哈斯汀說，「代表我的感激和尊敬。」[51]他成為佐法尼的朋友和贊助人也有百利而無一害。在孟加拉的亞洲學會成立僅兩周後，波利爾就被選為會員，他當時一定非常高興。[52]

但波利爾的收藏還藉由另一種方式成為一種社交投資和自我塑造。一幅由勒克瑙畫家米爾·昌德繪於一七八〇年的細密畫，畫的是波利爾在家休閒的場景，展現了他極為不同的形象，讓勒克瑙東方學的這第二副面孔鮮活起來。時值夜晚，波利爾坐在陽臺上黃色長椅鬆軟的椅墊上休息。兩名舞者在四個樂師的伴奏下為他表演。玻璃提燈的溫暖微光把舞者的身體變成她們的紫裙和紅裙下輕快的陰影。他們身後的天空充滿了煙花和赭石色的螺旋狀煙塵。波利爾卻不為所動。他吸著水煙筒端詳著舞蹈。他起皺的平紋細布袍邊都綴滿了金色的重繡，猩紅色的頭巾上箍著寶

＊查爾斯·湯利（Charles Townley，一七三七至一八〇五），英國富裕鄉紳、古文物家和收藏家。他曾先後三次「壯遊」義大利，買下很多古代雕塑、花瓶、錢幣、手稿和大師畫作。其中很多重要的藏品如今存放於大英博物館的希臘羅馬文物部。

米爾．昌德，〈安托萬．波利爾的肖像〉，一七八〇年。

石頭帶（*sarpesh*），還豎插著一支黑羽飾物。他的臉就像蒙兀兒貴族一樣豐腴平靜。[53]

米爾．昌德的細密畫與佐法尼的油畫旗鼓相當：都在讚美波利爾的紳士氣派。如果有什麼不同之處的話，那就是它更加準確。波利爾可能研究過印度教的經文和梵語，也曾和他的歐洲友人交易過手稿。但他和他的兩位印度妻子、一個女兒和兩個兒子在勒克瑙過著波斯式的日常生活。皇帝沙．阿拉姆*給他取了個波斯名字叫阿爾薩蘭．詹格：戰場之獅。他的**封地**在阿里格爾†附近。他是個蒙兀兒貴族。

在現存的波利爾的波斯語信件中，可以看到他在阿瓦德生活中非常私密的細節，根據波斯文學的傳統，那些信件被裝訂成冊，名為《阿爾薩蘭的奇蹟》。[54]它們把讀者引入一個奇妙的世界，跨越文化界線的個人關係不但是在印度生活的專業人員的事業追求，甚或（像伊莉莎白·普洛登那樣）是他們下班後交際生活的一部分，而且還融入到個人事務的各個方面。書信集裡收集的很多信件是寫給遍及阿瓦德和孟加拉的眾多印度代理人（印度教徒、穆斯林和基督徒）的。這些人按照波利爾的吩咐為他買賣大大小小一切東西，從槍砲、大象和鋼鐵到鴉片、柳丁、金色飾帶和果乾。一七七四年冬，波利爾隨納瓦卜出征時，他的代理人米爾·穆罕默德·阿齊姆給他送來番茄、紅酒、紙張和墨水等必需品，同時還替他拋光了鏡子，監理一座帳篷和一把象傘的刺繡（「繡工是個混帳東西，」波利爾寫道，「請對他嚴厲些，儘快送來」），尋覓「優質無油，澄清透明的」糖果，還帶著為波利爾府上購買的水煙筒、披肩和鳥籠，以及給他幼子的一袋玩具去法札巴德。[55]

這些代理商還為他供應各種收藏品。「我得知有一條船滿載著書籍和其他文件、一輛省屬（*wilayati*）馬車，還有給我的樂器，誤入歧途去了久納爾，」他向來自加爾各答的兩個代理人抱怨道。「你們一收到這封信，就派信使（*harkara*）把這條船從那裡帶去法札巴德。把我的東

*沙·阿拉姆（Shah Alam，一七二八至一八〇六），蒙兀兒帝國的第十五任皇帝（一七五九至一八〇六年在位）。

†阿里格爾（Aligarh），印度北方邦阿里格爾縣的一個城市，距離北方邦最大城市坎普爾兩百九十一公里，距離首都新德里一百四十公里。

西都卸下來安頓好。」[56]幾個月後，他寫信給另一個代理商，感謝他送來一本著名的波斯詩歌《真境花園》和一批新的繪畫，還有一些酸辣醬和醃芒果。「我很喜歡『酸辣醬和醃菜』，」他說，「還愉快地讀了這本書，瀏覽了畫冊。你寫信來說莫爾希達巴德還有一些好畫。我到達後很想去看看。」想像一下那位在佐法尼的油畫中相當嚴肅的軍官波利爾穿著平紋細布的**長袍**（*jama*），嚼著醃菜和印度小吃，翻閱著他最新到手的波斯書籍是什麼樣子。[57]讀過波利爾致米爾．昌德的幾封信後，還可以想像一下為他工作會是什麼樣子。「我不明白你為什麼要閒坐著，」波利爾在一封信裡批評米爾。「如果你已經完成了迄今所畫的作品，不妨再準備一些類似的肖像。這……是你的工作，閒坐著毫無意義。」還有一次，他命令米爾「準備一幅舞蹈油畫的草圖。我回來後就要看，然後你就可以按照我的指導畫完它。」[58]這會是留存至今的那幅油畫嗎？

這部《奇蹟》也詳細記錄了不少私事。波利爾有兩位穆斯林妻子，我們除了知道她們的名字是賈瓦哈小姐和霍爾德小姐之外，幾乎一無所知。（就連這個也存有異議：克勞德．馬丁稱呼她們為朱格努和濟納特。）但在他寫給她們以及管家拉爾汗的信裡，我們得以窺見一種不常公開的跨文化家庭關係。在這個時期，一個歐洲男人和一個或多個印度情婦或「小姐」（*bibi*）*共同生活毫不出奇。（最廣為人知的親密關係涉及上層社會的男人，時而也有女人牽連在內；但這些只是最顯眼的例子。）這種事也不會被當作是什麼大不了的醜聞。就連伊莉莎白．普洛登（世人或許會以為她這樣的英格蘭白人女性理當被「隱瞞著」不必知曉這種事情）都知道波利爾的半印度家庭，還曾在克勞德・馬丁家裡見過他的孩子們。她在勒克瑙的時候，另一位朋友和他的「小姐」生了一個女兒；伊莉莎白也去看過他們，還說那個嬰兒是「我見過的印度斯坦女人生下的孩子裡最漂亮小巧的。」[59]（不幸的是，嬰兒兩天後死了。）直到十八世紀末，這些親密關係都是印度的歐洲人社會的常態，在勒克瑙和海德拉巴尤其如此，因為它們位於管轄區種族隔離更嚴重的社會之外。[60]

後代人對種族間通婚充滿恐懼，還竭力掩蓋其痕跡，以至於至今仍然很難把這些家庭當作自然、生機蓬勃、富有感情的群體來看待。但波利爾的信件恰如其分地為他自己的家庭生活注入了活力。在得知兩個女人中比較年輕的霍爾德小姐妊娠反應劇烈時，波利爾立即致信拉爾汗，命令要人時刻伺候她，給她乾淨衣服和整潔的房間。賈瓦哈小姐則因為沒有把姐妹的不適告訴他而受到嚴厲的責罵。「你的福祉與她息息相關。因此我提醒你注意，照料她正是你的責任。請你真誠地努力取悅她。如果她身心舒暢，我會感到非常高興，而如果事與願違，我就會給她另找住處。」他在結尾處寫道，「因為我愛你，我很高興你現在『與她』和好如初。你儘管放心，我很喜愛你，忘掉此前的火燒心吧。」[61]兩位妻子之間的矛盾持續了幾個月，但在霍爾德小姐產下一女後煙消雲散。

＊Bibi一詞原是印度語－烏爾都語中「小姐」之意，通常是對南亞女性的尊稱，而在英屬印度地區，bibi一詞卻被視作是情婦的同義詞。

波利爾是個全心全意的父親，始終把孩子們的健康和福祉掛在心上。他們生病時，他沒有去找勒克瑙的歐洲醫生威廉·布蘭就診，而是去找當地的尤那尼*郎中。他出差期間會定期給孩子們寄來小禮物、糖果和父訓。「我親愛的兒子，」他寫給長子安東尼說，

你一定要去騎馬，在花園裡散步，享受青蔥的綠意和美麗的花朵。務必每天去拜訪馬丁上尉兩三次。和他一起坐坐，向每一個來客自我介紹，以便適應人際交往。在房間裡待得時間過長可不好。務必謹記。[62]

這封信顯然表明，波利爾希望其子熟悉歐洲人的社會，並學習如何融入其中；他可能還希望把安東尼送進東印度公司的軍隊，這是軍官們那些半印度血統的兒子們當時常見的職業選擇。不過當然，波利爾父子之間通信用的不是英語，而是他們的家庭語言波斯語。

從整體來看，安托萬·波利爾的兩副面孔融合為一副非凡的混雜體：一個設法同時在歐洲社會和蒙兀兒社會取得成功的男人形象。做為一個印度藝術的收藏家和贊助人（這種做法在兩種文化中都受到重視）他一箭雙雕。有人可能會覺得任何形式的帝國收藏，究其本質都是獲取權力。也許如此。但就波利爾、羅伯特·克萊武，以及波利爾的很多勒克瑙同儕而言，這是一種非常個人化的權力。波利爾是個出生於瑞士、在印度服役的外國人，他不是個華倫·哈斯汀總督那樣的「帝國主義者」。具體來說，正是因為被東印度公司的統治集團**拒之門外**，他才需要另闢蹊徑去

尋求聲望和財富。東方學讓波利爾融進了印度的歐洲菁英集團，並讓他因為財產、學識和天賦而在其中出類拔萃。然而，如果說波利爾是個東方通，那麼他也是個東方人。因為做為一個收藏家和贊助人，他也同時扮演了身為蒙兀兒貴族的角色。從他在一七七三年離開公司控制的孟加拉那一刻起，波利爾就在印度蒙兀兒帝國開始了他的職業生涯，以及對感情、金錢和興趣的追求。他為印度統治者工作，組建了印度－波斯家庭，獲得了封號和**封地**，還採納了蒙兀兒菁英成員的生活方式。在印度蒙兀兒帝國，收藏也是一種王公的消遣，而波利爾沉湎其中，自然也鞏固了他在勒克瑙的地位。

這一切並不意味著他與歐洲友人決裂，放棄了自己的政治立場和對升遷的渴望，或打消了回歐洲的念頭。（他怎樣及為何離開勒克瑙，並產生了何種後果，留待下一章細說。）但只要波利爾在跨文化之都勒克瑙生活，他就會保持這兩種形象。而他絕非唯一一位在勒克瑙重塑自我、跨越文化界線的收藏家，甚至都不是其中最引人注意的。因為就在波利爾等人探究蒙兀兒文化世界時，克勞德．馬丁和阿薩夫．烏德－達烏拉正設法協力將勒克瑙變成歐洲鑑賞的中心。

＊尤那尼（*yunani*），一種在蒙兀兒帝國、南亞穆斯林地區以及中亞廣泛使用的波斯－阿拉伯傳統醫學。尤那尼一詞意為「希臘的」，因為波斯－阿拉伯醫學系統是建立在古希臘醫生希波克拉底和蓋倫的理論上的。

克勞德・馬丁。

鑑賞家？

一七六〇年五月初炎熱的一天，克勞德・馬丁倒戈了。他離開了法國駐印總指揮官德拉利伯爵*的保鏢崗位，騎上馬跑出了本地治里†的法國定居點。此時「七年戰爭」正打得激烈。四周駐紮的都是埃爾・庫特麾下的東印度公司軍，他們包圍了法軍，令其就範。就馬丁而言，時機正好。他越過定居點周圍的刺梨籬笆，向附近的英國分遣隊投降了。[63]

庫特上校對這種叛逃習以為常。（東印度公司軍本身也難免有人叛逃。）因為他在那年一月的萬達瓦西戰役中徹底擊敗了德拉利，法國人在南印度的處境愈來愈絕望。庫特和他的人包圍本地治里的西側時，波科克‡海軍上將也派七條軍艦在東側的海上把整個定居點封鎖了起來。城牆內的情況更糟了。沒有糧食，沒有錢，沒有防禦，沒有船隻，也沒有士氣：飢腸轆轆、垂頭喪氣的全體法國人所共有的，以及把他們聯合起來的，是對德拉利的滿腔仇恨，他後來在法國接受了審判，並因他導致的災難而身首異處。在一七六〇年那可怕的幾個月裡，有很多法國士兵開了小差，以至於庫特決定在（已然是多民族的）馬德拉斯軍隊裡設立一個「自由法國連」來收編他們。庫特給馬丁安排的正是這個軍團，馬丁給自己的新雇主帶來了八年的行伍經驗和一些工程師的技術能力。一七六三年，年輕的法國人正式被任命為東印度公司軍的海軍少尉。開弓沒有回頭箭。從那一天起，生來就是法國人的馬丁選擇當英國人了。

馬丁跌跌撞撞地翻過籬笆，跑進公司軍時，在里昂半島的中世紀街道上出生長大的他，知道自己又前行了一步，遠離家族的造醋生意和舒適的中產階級生活。他明白，這一步不只是離開了法國，還離開了法國人。但就連馬丁也沒想到，和英國人同行能讓他走到勒克瑙來，走到將近五十萬英鎊的財富面前，並走向未來，成為十八世紀最偉大的鑑賞家之一。在波利爾自我塑造成東方通和東方人的地方，馬丁利用了勒克瑙的機遇（發財等等）把自己塑造成一個英國人，一個紳

---

*德拉利伯爵（Comte de Lally，一七〇二至一七六六），本名湯瑪斯·亞瑟（Thomas Arthur），愛爾蘭詹姆斯黨後裔，法國將軍。七年戰爭期間，德拉利伯爵是法國軍隊的總指揮。企圖攻占馬德拉斯失敗之後，他在萬達瓦西戰役中敗於英軍，被迫投降。

†本地治里（Pondicherry），印度東南部沿海的一個城市，本地治里聯邦屬地的四個組成地區之一，亦是該聯邦屬地的首府。

‡喬治·波科克（George Pocock，一七〇六至一七九二），英國皇家海軍軍官。

士，和一位歐洲文物鑑賞家。

在北印度參加戰鬥和在詹姆斯・倫內爾手下擔任勘測員多年之後，一七七六年，克勞德・馬丁來勒克瑙從事一項新的工作：納瓦卜的兵工廠負責人。他的任命是因為公司在阿瓦德的軍事力量愈來愈壯大；兵工廠將為公司自己的軍隊鑄造槍砲。這還暗示了公司對於歐陸人相當矛盾的立場：先是強迫阿薩夫解僱了他父親的「法國」顧問們，現在卻安插進自己那些出生於法國的代理人來取而代之。無論如何，馬丁是一個熱切的機會主義者，他努力遊說得到了這個位置，很高興終於有機會從特許權和阿瓦德比比皆是的非法政治捐款中發財致富。

在獲得納瓦卜的青睞以便趁機牟利上，馬丁並不比旁人更有良心。但他的巨大財富主要得益於做生意的天賦，以及使用這種天賦的無窮力量。他在勒克瑙有十幾處房產出租，其中包括公司的宿舍，以及阿瓦德四下的各處莊園。他還借錢給各種歐洲人賺了一大筆利息收入，更不用說借錢給揮金如土的納瓦卜了。馬丁在公司的股票和債券上投資了一部分錢；但他主要從事的是出口生意，出口的東西從蔗糖、披肩、青金石等小筆風險投資，到布匹和靛青等長久的私人貿易。從一七九一年起，馬丁在他的納傑夫格爾*莊園自己生產和出口藍色染料。[64]

一八〇〇年，馬丁的淨資產超過了四十萬英鎊（合四十拉克†的盧比），足以匹敵一七七〇年代的大納勃卜們，很可能是印度當時最富有的歐洲人。他就像翻版的羅伯特・克萊武，把自己的錢全都用來購買土地、房產和政治影響力了。他的莊園從勒克瑙到坎普爾‡、貝拿勒斯§、金登訥格爾和加爾各答，遍及印度東北部的廣大土地。馬丁在納傑夫格爾（他是在一七八六年從波利爾手裡買來的）是個鄉紳，照料著他的靛青田，還種了做精油的玫瑰。在勒克瑙，他住在自己設計、耗費巨資的費爾哈特．巴克什宮裡，這座宅邸巧妙地從戈默蒂河◎引來河水給房間降溫。這座宅邸只是馬丁在勒克瑙及其附近地區設計的諸多建築之一。在生命的最後幾年，他建造了自己的莊園，可與克雷爾蒙特相媲美，那就是城市郊外的大豪宅康斯坦蒂亞宮。和克萊武一樣，馬丁也認為自己需要與身居高位者為友，以保護自己的財富。一方面，他特意培養和華倫．哈斯汀與一群東印度公司高級官員的關係。另一方面，他和納瓦卜阿薩夫．烏德－達烏拉聯繫密切，後者有權授予他有利可圖的特許權，做為回報，馬丁有足夠的現金，會隨時提供給納瓦卜。他們之間像是一種利益婚姻：彼此並不特別喜歡對方，但他們清楚，分則兩害。

和克萊武不同，馬丁似乎並不單純為了謀求權力而對權力感興趣。但他幾乎對於所有的一切都興致盎然。軍人、貿易商、銀行家、企業家、農場主、發明家、建築師，克勞德．馬丁實在像個啟蒙時代的萬事通，沒有什麼因為太無聊或太困難而不值得嘗試。他渾身上下都是好奇心。他

*納傑夫格爾（Najafgarh），印度德里國家首都轄區西南德里地區一小鎮。

†拉克（lakh），印度、巴基斯坦等國獨特的貨幣計量單位。一拉克等於十萬。

‡坎普爾（Cawnpore），印度北部北方邦的一個城市。坎普爾是印度大城市之一，為公路和鐵路運輸中心，也是主要的商業和工業中心。

§貝拿勒斯（Benares），印度北方邦城市瓦拉納西（Varanasi）的原名，位於恆河河畔，是印度教的一座聖城。

◎戈默蒂河（River Gomti），恆河的一條支流，位於印度北方邦境內，是北印度最神聖的河流之一。

的每一種興趣，都有需要達成的目標。最重要的是，克勞德・馬丁是個滿懷激情的收藏家。收購讓他上癮。關於馬丁的執念，留存至今的最佳證據是他的一份財物清單，是在他死時編纂的。一個在印度的普通歐洲人只需要五六頁紙就足夠列出所有財產了，而馬丁的這份清單有八十頁之長。手拿那份連綿不絕的列表，會強烈地感覺到這是個一生都生活在物品當中的人。馬丁的每一種興趣都反映在他的物品中，其中最明顯的就是他對歐式精緻品味的追求。[65]

把克勞德・馬丁的一些藏品放在羅伯特・克萊武的印度寶箱裡也絲毫不顯突兀：執勤時獲得的行伍生涯紀念品。比方說，一七七三年在不丹參戰時，他以相當積極主動的方式挑揀了一些「不丹書籍繪畫文物等等」。據一位法國軍官說，他後來看到「〔馬丁上尉〕占為己有的很多珍奇物件是從不丹人的幾座神廟裡掠奪而來的。他甚至還給了我幾部他從神像的空洞裡拽出來的手稿……」[66]和他的朋友伍姆韋爾和波利爾一樣，馬丁在勒克瑙時也收藏印度手稿，大概總共收藏了五百部。實際上，甚至有人說（一位批評家曾指責馬丁的所作所為的目的，全是為了找到東西賄賂旁人）馬丁利用「天主教傳教士、印度教商人、穆斯林商隊」做為代理人，「把喀什米爾、尼泊爾、坎達哈*等地最偏僻的地方，以及從奧德†邊疆到韃靼利亞‡邊界的所有其他地區」的藏品都「搜刮一空」。[67]

但馬丁的收藏中真正不同尋常的藏品來自一個更加遙遠的地方，只不過那裡的異國情調稍遜。因為馬丁不只收購很多歐洲人在印度收集的那種武器、手稿、繪畫和裝飾品。他還努力去收藏一位歐洲紳士文物鑑賞家可能會想在歐洲擁有的一切事物。這是一個驚人的積累。畫作多到足以塞滿兩座宅子，更不用提那一千餘幅時尚版畫和漫畫，還有大量的各種錢幣和徽章了。馬丁用韋奇伍德§大徽章，（路易十六和瑪麗·安東尼等人的）大理石半身像，以及一排閃閃發光的鏡子、時鐘和枝形吊燈妝點他的房間。他擁有最先進的科學裝置和一大櫃子的自然史標本。除了印度手稿藏品之外，馬丁還建立了大概是印度最大的歐洲圖書館，有大約三千五百卷英文和法文書籍。總之，克勞德·馬丁具備了一個歐洲文物鑑賞家和時尚人士的一切元素。只是這些都在勒克瑙。

代理人威廉和湯瑪斯·雷克斯◎在布盧姆斯伯里◇一條小街的辦公室裡，每年會有四五次打開馬丁「努力與堅持（LABORE ET CONSTANTIA）」的火漆印，破譯其古怪的語法，動手滿

＊坎達哈（Candahar），阿富汗第二大城市，位於該國南部，是阿富汗南部的經濟、文化、交通中心，也是普什圖族聚居的中心城市。

†奧德（Oude），阿瓦德的原英文名稱。

‡韃靼利亞（Tartary），中世紀至二十世紀初歐洲人對於中亞的裏海至東北亞韃靼海峽一帶的稱呼，尤指蒙古帝國沒落後泛突厥人和蒙古人等遊牧民族散居的區域，在當時的語境下包括中亞諸汗國、天山南北路、突厥諸部、蒙古諸部、滿洲等。「韃靼利亞」是歐洲探險家繪製的地圖裡常用的地理用詞。

§韋奇伍德（Wedgwood），英國陶藝家喬賽亞·韋奇伍德（Josiah Wedgwood，一七三〇至一七九五）於一七五九年創立的工業化陶瓷廠。

◎威廉·雷克斯（William Raikes，一七三七至一八〇八）和湯瑪斯·雷克斯（Thomas Raikes，一七四一至一八一三）兄弟是印刷商及報社老闆羅伯特·雷克斯之子。二人是主要從事與俄國貿易的倫敦商人。威廉曾任南海公司董事，湯瑪斯在一七九七年至一七九九年間任英格蘭銀行行長。

◇布盧姆斯伯里（Bloomsbury），倫敦市區內的一個地區，位於內倫敦的西北角。

足這位客戶的最新願望。雷克斯公司出售馬丁的靛青，為他購買東印度公司的股票，處理他的匯票，並管理他的現金帳戶。他們還會滿足他對收藏品貪得無厭的需求，給他運去從「價值約高達十英鎊的漫畫印刷品並附上發票。還有一些最好的彩色印刷品……」；到玻璃燈罩：「給我寄來大約四十打，」馬丁命令道。「我的僕人們打碎了一個又一個，每個月大概會打碎三十到四十個，一年就需要那個數字的量了。」[68]收到馬丁的訂單後，雷克斯往往會給約翰・佐法尼（他在一七八九年從勒克瑙回到了英國）二十或三十英鎊去挑選「任何他覺得有趣而買給我的新奇東西。」佐法尼還為他的老贊助人檢查科學儀器，這些始終是他的願望清單上最麻煩的物品。一副赫舍爾望遠鏡抵達勒克瑙，卻缺了「地面設備……沒有這個，它根本沒法用。」一台「製氧的物理儀器」卻「沒有附上說明書；也就是說，我必須了解如何使用它。」至於馬丁訂購的蒸汽機，「我完全無法讓你們寄過來的兩台機器運轉起來。」身為阿瓦德唯一擁有這種設備之人有個嚴重的缺陷：身邊無人能向馬丁演示如何使用它。（但在一七八五年，馬丁確實設法在勒克瑙升起了熱氣球，僅比蒙戈爾菲耶兄弟*在巴黎升起第一個氣球晚了兩年。）

佐法尼和從勒克瑙返歐的其他朋友並不只是給馬丁郵寄收藏品。他們邀請他加入了一個文物鑑賞家的國際網路。藉由他們、信件和藏品橫跨大海的持續往返，馬丁即使身處千里之外，也能加入收藏家菁英兄弟會。著名的古文物家查爾斯・湯利就是馬丁的通信人和供貨者之一，可見他接觸的人物層次之高。（湯利本人有幾件中世紀印度雕塑，這讓他成為收藏印度藏品的少數幾個英國鑑賞家之一，儘管瓊斯發現印歐語系提高了古文物家對古印度的興趣。）馬丁的傳記作者設想，如果馬丁把他的收藏帶回歐洲，他就會是另一個約翰．索恩†爵士，索恩爵士是十九世紀初的一位建築師和收藏家，如今仍可在他位於倫敦林肯律師學院的家中看到他多種多樣的壯觀收藏。[69]

但馬丁留在了勒克瑙。做為啟蒙時代遠赴帝國邊疆的一個典型人物，大家不由得不把克勞德．馬丁與另一位資深收藏家和博學多聞的紳士湯瑪斯．傑弗遜相比較，後者在維吉尼亞的藍嶺山脈邊緣開闢了他自己的啟蒙之路。純粹因為生活環境反常，才使得克勞德．馬丁的收藏如此引人注目，那裡可是位於印度核心地帶的歐洲鑑賞孤島。在他生活的年代，加爾各答和倫敦之間的信件往返平均要六個月，在深入大陸數百公里，既不位於恆河之上，也不在「大幹道」‡上的勒

＊蒙戈爾菲耶兄弟（Montgolfier brothers），指法國造紙商和發明家約瑟夫－蜜雪兒．蒙戈爾菲耶（Joseph-Michel Montgolfier，一七四〇至一八一〇）和雅克－艾蒂安．蒙戈爾菲耶（Jacques-Étienne Montgolfier，一七四五至一七九九）兄弟。一七八二年，約瑟夫發明了熱氣球；一七八三年，兄弟二人做了第一次公開實驗。同年，二人被推薦為法國科學院院士。

†約翰．索恩（John Soane，一七五三至一八三七），英國建築師，以新古典主義建築聞名。英格蘭銀行是他的經典作品，對後來的商業建築產生了廣泛影響。他主要的遺產是倫敦規模最小的國立美術館約翰．索恩博物館，主要展出他一生收藏的油畫和古董。

‡大幹道（Grand Trunk Road），亞洲最古老也最長的幹道之一。它從孟加拉的吉大港向西連到西孟加拉的豪拉，穿過印度北部的德里、阿姆利則，再到巴基斯坦的拉合爾、白沙瓦，最終到達阿富汗的喀布爾。大幹道全長約兩千七百公里，兩千年來一直是南亞與中亞的連接紐帶。

克瑙，收發信件的時間就更長了。當然，信件可能根本送不到。船隻可能會沉沒。（勞合社＊以及整個現代保險業正是為了這個緣故而創建的。）它們可能會被瘋狂地吹離航線，貨物可能會在風暴中投棄入海。老鼠和象鼻蟲沒有做到的事情，或許海水可以完成。就算你有幸收到了箱子，打開後也許只會看到裡頭被海水汙染得一團糟。但跨洲越海的遠洋船隊克服了所有這些危險和延誤，還是定期航行，全力以赴，也獲利頗豐。克勞德．馬丁的收藏提供了精采的物證，表明在「全球化」這個詞被發明出來的幾百年前，它就以某種形式存在於世了。

克勞德．馬丁是個在英國和印度服役的法國人，他是發家致富的新手，也是處於邊緣的人群之一員，對他們來說，收藏提供了一種自我塑造和公開聲明的手段。馬丁的收藏方式與安托萬．波利爾名聞遐邇的手段迥然不同，他實際上活得像個蒙兀兒貴族。他自己的野心更接近於羅伯特．克萊武，追求的是歐洲貴族的生活方式和社會地位。然而，馬丁也有一個很直覺的初衷，就是讓自己的收藏為他在印度和印度以外的歐洲人中間對自己有用。「我現在可是一個大人物，」一七八〇年，他向孟加拉的顧問菲力浦．法蘭西斯†吹牛說：一七六〇年曾把這位變節的年輕法國士兵的命運捏在手中的將軍埃爾．庫特爵士，如今卻成了馬丁的座上賓。[70]收藏既幫助馬丁從同輩中脫穎而出，也把他與隔壁的國王阿薩夫．烏德－達烏拉更緊密地聯繫起來。

克勞德．馬丁的收藏就算在歐洲也十分可觀；一些訪客在勒克瑙看到它們時，不由得揉著眼睛不敢相信。但馬丁的藏品不甚協調，根本無法與同城最偉大的博物館，阿薩夫．烏德－達烏拉自己的收藏相媲美。走進納瓦卜宮殿的「鏡廳」，就會迎面遇上勒克瑙式文化融合的另一個絕佳示範。這個地方從地板到天花堆滿了「各種英國事物：時鐘、手槍、長槍、料器、家具、物理機械，全都擠在一處，亂得像一間雜物房。」[71]一面面巨大的鏡子放大了頭頂枝形吊燈的每一次閃爍。幾十座鐘錶的旋轉聲、滴答聲和報時聲讓這個空間充滿了生機。

這確實令人震驚，大多數西方訪客震驚的是收藏品味差得不可思議。沒有人質疑某些藏品的品質。但是合在一處，整個收藏「精美高雅與華而不實共聚一堂的荒謬集合」著實引人注目。[72]「他喜歡大肆揮霍錢財……尤其是購買精美的歐洲槍砲、燈架、鏡子，以及各種歐洲產品，特別是英國的，」一個英國人解釋說，

從價值兩便士的打水漂松木板畫，到洛蘭或佐法尼的精美油畫；從又小又髒的紙燈籠，到各自價值兩千或三千英鎊的鏡子和燈架。……阿薩夫．烏德－達烏拉奢侈得十分荒謬，也好奇得實在離譜；他毫無品味，更缺乏判斷力。……但他卻極端渴望擁有一切雅致與稀有之物；他有每一種藝術和科學的每一樣工具和機器；但他卻一竅不通。[73]

*勞合社（Lloyd's of London），又譯作勞埃德保險社，是英國倫敦市一個保險交易場而非公司。它實際上是按照一八七一年《勞埃德法令》（*Lloyd's Act*）而形成的法人團體，為其經濟支持者提供了一個分攤風險並進行聯營的市場。

†菲力浦．法蘭西斯（Philip Francis，一七四〇至一八一八），出生於愛爾蘭的英國輝格黨政治家和小冊子作家。有人認為他是指責國王違法違憲的《朱尼厄斯來信》（*Letters of Junius*）的作者。他還是華倫．哈斯汀的主要反對者。

這位評論者估計，阿薩夫．烏德－達烏拉**每年**在收藏上的開銷約為二十萬英鎊。（這位評論者自己從納瓦卜那裡領取的一筆可觀年薪為一千八百英鎊，「整日無事可做，只是頻繁出入射擊、打獵、跳舞、鬥雞和晚宴等各種娛樂場所。」）總之，鏡廳成為納瓦卜揮霍無度的另一個標誌，當然本來已無須什麼標誌了。

但大多數歐洲訪客不知道的是，鏡廳並不像他們以為的那樣，只是表達了阿薩夫．烏德－達烏拉不可救藥的幼稚念頭。這是印度王位文化不可或缺的組成部分。國王必須收藏，而收藏也造就了國王。擁有罕見、寶貴、神聖，或者只是大量物品，實際上是普世的皇權象徵。[74]在穆斯林世界的很多地區，收藏有意義、有價值的物事讓君主的個人魅力（或曰**祝福**，*barakat*）大增，在其護佑之下，君主博得臣民忠心和仰慕的能力也隨之大漲。與歐洲王公聚集成櫃的珍品一樣，蒙兀兒皇帝也擁有稱為**寶庫**（*toshkhana*）的圖書館和珍寶館。在印度其他地區，地方統治者紛紛仿效；例如海德拉巴的尼札姆在十八世紀創建的**寶庫**，日後發展成印度最精美的珠寶收藏。

當莽撞放肆大行其道之時，沒有人會謙遜克制，阿薩夫．烏德－達烏拉以標誌性的鋪張浪費大肆購買這類收藏品。精心製作的武器塞滿了他的軍械庫，珠寶館裡的寶石閃閃發光。在他的圖書館裡，一冊冊細密畫證明了他高貴的素養。「其中大多是古物，」一個英國訪客寫到，他慷慨地承認「儘管與歐洲物事的風格大不相同，這些作品卻不乏品味或雅致。」[75]納瓦卜以一千五百英鎊（當時倫敦一幅昂貴的大師畫作價格的大約二十倍）的價格，直接從德里的皇家圖書館買到了有史以來最精美的蒙兀兒插圖手稿之一：為皇帝沙賈漢*本人製作的沙賈漢統治史：《帝王紀》。一七九七年，阿薩夫·烏德－達烏拉向新任印度總督約翰·索爾[†]爵士展示了這部華貴的手稿。「它適合放在皇家的圖書館裡，」索爾說，謝絕了將它做為禮物送給他本人收藏；他把這部手稿轉交國王喬治三世在溫莎的圖書館，如今它仍保存在那裡。[76]

阿薩夫·烏德－達烏拉顯然不是唯一一位收藏歐洲物件的印度統治者。例如，早在一七五〇年代，古吉拉突邦普杰[‡]的大君[§]為了安放其歐洲藝術藏品，就建造了一座非常「歐洲」的宮殿（實際上，其歐化程度堪比對中國風格的笨拙模仿）。他的部分收藏來自他的首席工匠，後者曾在荷蘭學習繪畫，並數次回到那裡為其國王採購藝術品。[77] 邁索爾的蒂普素壇也追求**祝福**，他的**寶庫**中同樣藏有歐洲物品。但阿薩夫顯然是唯一一位近距離觀賞過大型歐洲收藏的印度統治者，觀賞的當然就是克勞德·馬丁的藏品了。從宮殿牆壁上覆滿佐法尼的油畫，到熱情採購各種鐘錶

---

*沙賈漢（Shah Jahan，一五九二至一六六六），統治印度次大陸的蒙兀兒帝國的皇帝，他於一六二八年到一六五八年在位。「沙賈漢」在波斯語中的意思是「世界的統治者」。

†約翰·索爾（John Shore，一七五一至一八三四），第一代泰格茅斯男爵。東印度公司軍官，一七九三年至一七九七年任孟加拉總督。

‡普杰（Bhuj），印度西部古吉拉突邦喀奇縣的一個行政區。

§Maharaja，是一個梵語頭銜，中文意譯為大君、或者簡單直譯為印度王公，意為「偉大的統治者」、「偉大的君主」，或者「高級王」。一般在中文使用的習慣中，未被英國殖民統治之前的獨立君主翻譯為「大君」、接受英國殖民統治的半傀儡君主為「印度王公」。

機械，克勞德．馬丁就是阿薩夫．烏德－達烏拉最親密的榜樣，也是納瓦卜主要的供貨人。他還是阿薩夫．烏德－達烏拉最大的對手。收藏似乎變成了這位納瓦卜和這位納勃卜之間的一種競賽。據說，納瓦卜

> 無法忍受聽說有人擁有的東西比他的更好。他有一個很大的房間，裡面裝滿了鏡子，其中兩面最大的鏡子只有英國能造。……〔馬丁〕上校看到那兩面鏡子後，立即寫信給法國，那裡能造尺寸更大的平板玻璃……採購了兩面最大的，並以高得離譜的價格賣給了大臣＊。[78]

阿薩夫．烏德－達烏拉與克勞德．馬丁一爭高下自有其充分的理由，他是個有權鑄造錢幣的國王。他必須向世界證明，誰才是**真正的**國王。

所以說，納瓦卜或許終究並不傻。大多數國王的收藏是為了宣示他們的權力。阿薩夫．烏德－達烏拉的收藏是為了補償他缺失的權力。東印度公司在其他幾乎一切事項上都束縛了他的手腳，他只有在藝術文化領域是自由的。收藏也是讓阿瓦德聞名世界的一種手段。聽到納瓦卜大方買進的傳說，「印度各地的大富商」蜂擁而至，帶著待售的古董雲集勒克瑙。[79]就連在遙遠的歐洲，阿薩夫的欲望也都得到了滿足：雷克斯兄弟在馬丁的要求下給他寄來各種物品；波利爾給他訂購了一台製作精美的風琴，「在印度算是寶貴而罕見的禮物，如果在沒有見識的人手中就是浪

費。」[80]大臣們批評他揮金如土時，阿薩夫・烏德－達烏拉無精打采地笑著說，「誰能拒絕一個久仰他的慷慨之名而甘冒旅行的麻煩，一路來到阿瓦德之人呢！」畢竟，他還要維護自己的名聲。[81]

在某些外人看來，馬丁和阿薩夫是勒克瑙的一切罪惡的典型代表。他們及其收藏就像這座城市本身一樣：道德敗壞，貪汙腐敗，窮奢極欲。一位政府公務員（一個非常浮誇的十九歲青年）認為「看到這樣的證據真讓人無法不感到痛苦和恥辱，單是鏡廳就體現了大臣的虛弱和奢侈，也體現了這種有害的揮霍帶著何等可恥的貪婪和欺騙，而這樣揮霍竟是在英國臣民的鼓勵下進行的……」[82]阿薩夫・烏德－達烏拉不可能是個鑑賞家，因為他對歐洲的品味、價值觀和藝術一無所知，簡而言之，因為他是個印度人。克勞德・馬丁甚至連這個藉口都沒有。他受到指責不光是因為不道德地利用「納瓦卜白痴般的癖性」，以重利盤剝的價格賣給他東西。對馬丁發起最猛烈攻擊的是貴族旅行家瓦倫西亞子爵†，他在馬丁死後三年走訪了勒克瑙，用他的話來說，

＊大臣（Vizier），或直譯「維齊爾」，指高級的行政顧問及大臣（有時涉及宗教），他們為穆斯林君主如哈里發及素壇服務，有時可指波斯國王的大臣。字面上，Vizier 解作「負責者」或「助手」。此處指的是阿薩夫・烏德－達烏拉。

†瓦倫西亞子爵（Viscount Valentia），即喬治・安斯利（George Annesley，一七七〇至一八四四），英國貴族和政治家。他是瓦倫西亞勛爵亞瑟・安斯利之子，第二代蒙特諾伊斯伯爵。一七九三年至一八一六年間被稱作瓦倫西亞子爵。

他的成長環境絕非富裕，對此自然也不知該如何享受，他從未有過慷慨之舉，也從未有過一個朋友。……如果他的後代子孫說他是個白手起家之人……那也該加上一句，他的財富被獲取它們所採用的手段汙染了，他的品味也被幾乎每一種令人性蒙羞的惡行玷汙了。[83]

馬丁也不是個鑑賞家，因為他毫無道德原則、充滿投機，還是個騙子，並且最重要的是，因為他是個暴發戶。（瓦倫西亞碰巧也是個暴發戶，他在後文中會再次出現。）

然而，馬丁和阿薩夫也體現了勒克瑙的合宜之處。因為在其驕奢淫逸、離經叛道的外表之下，也有相當令人驚喜的東西悄然展開。帝國的陰謀已在醞釀，公司步步緊逼。但還是有一些弱者成功了。儘管他們之間存在著明顯的差別，克勞德．馬丁、阿薩夫．烏德－達烏拉，以及安托萬．波利爾都是帝國勢力主流的局外人，離鄉背井、喪失權力。然而身處帝國的邊緣卻開啟了絕佳的機會。在勒克瑙，每一個收藏家都以奢侈浪費的方式重塑自己。就像波利爾以蒙兀兒貴族的方式收藏手稿一樣，馬丁和阿薩夫也如法炮製，以收藏歐洲事物來展現他們自己的勒克瑙形象：白手起家，集權力、財富和地位於一身。誠然，他們當中沒有一個人是其自身鄉土文化的代表。但也沒有一個人完全採納了另一種文化的方式。他們是某種第三世界的合夥人，在那裡，印度的環境吸收了歐洲的影響，歐洲人同化了印度人。勒克瑙的合宜之處就在於它兩者同時兼而有之。

唯一的問題是：它能堅持多久？

第三章　妥協

去國

一七八六年，季風雨在勒克瑙滂沱而下時，安托萬．波利爾致信他的贊助人華倫．哈斯汀，講到一個令人驚喜的好消息。阿薩夫．烏德－達烏拉拖欠波利爾的債務已有十年了，欠他的借款和利息總額達到了二十七拉克，這驚人的數字，當時約合二十七萬英鎊，如今至少值兩千萬英鎊。[1]波利爾等了太久，一定不相信自己還有望收回這筆錢。但是現在，他告知自己的贊助人，「由於您上次和我們在一起時所做的安排，以及您有利於我的推薦，我已經從大臣那裡收回了相當一部分債務，如果沒有不幸的意外干擾，將很有希望在來年的十一月前完成一切。」這筆錢是波利爾回國的船票。「由於此事，我如今可以按照自己長期以來的意願去英格蘭，這是絕對必要之事；我因此希望，上帝保佑，搭本季最早的船班離開這個國家……」這意味著要在短短數月後匆匆離去，「但如今我有能力退休了，」他在信件結尾處寫道，「我不得不這麼想，如果繼續待在這裡，那麼曾經以及仍在蒙受的這些苦難就都是罪有應得。」[2]因此，安托萬．波利爾，也就是阿爾薩蘭．詹格，在離家三十年後準備回歐洲了。他還不知道自己很快便會體驗到帝國最殘酷的真相：再也回不了家了。

國際大都市勒克瑙還能倖存多久？差不多就是波利爾這一代跨界者和收藏家留在那裡的時間。如果說歐洲創業者在勒克瑙發現了掙錢、跨越文化界線、收藏和重新塑造自我的機會，離開勒克瑙就有可能讓這種融合災難性地四分五裂。就連波利爾也一定知道，他出發前往歐洲，會對他的跨文化家庭產生嚴重的後果。他不知道的是，這也會以一種劇烈而相當不可預測的方式試探他歐洲人身分的極限。而這樣的經歷並非他一人所獨有的。波利爾和克勞德．馬丁的密友之一伯努瓦．德布瓦涅就反映出波利爾的困境。身為法國薩伏依人的德布瓦涅也是個在英國和印度服務的操法語的歐洲人，一度也是勒克瑙的居民。做為一個活躍的軍人，他在戰場上花了過多的時間，無法像波利爾和馬丁那樣完全融入勒克瑙；但他也在印度安了家，和他親愛的穆斯林妻子及孩子們生活在一起。與波利爾和馬丁一樣，他也是個收藏家，用物品記錄他在印度的生活。對他和波利爾兩人來說，何時何地，攜帶何物，以及與誰一起離開勒克瑙的選擇，撼動了忠於歐洲和投身印度這一脆弱組合的基礎。

當然，鑑於他們與印度的糾葛之深，顯而易見的問題在於這樣的人物為何最終會選擇離去。實際上，波利爾曾有幾次為了留在勒克瑙，甘冒失業和公司反對的風險。但回國的夢想通常是最初引誘軍官和政府官員來到印度的原因：比離開故土時更有錢、更自信，也更有地位的衣錦還鄉之夢。誠然，克萊武時代的瘋狂斂財愈來愈罕見了。到一七八〇年代末，在康沃利斯＊勛爵治下，公司雇員既不允許收受「禮物」，也不允許從事私人貿易。（阿瓦德和海德拉巴之所以是如此誘人的崗位，部分原因就是在那裡可以輕易繞過那些規定。）然而，就連理查．普洛登這樣的中階軍人，回英國時的身家也比他離開時多了三萬三千英鎊（以今天的價值計算，他的財產數倍於百萬富翁）他買下了一座時髦的倫敦宅子，經常出入於名人圈子，還給四個兒子全都安排了東印度公司文書的職位。[3]「東方」正在變成一個終生的事業。

當然，很少有人如此幸運。一八〇〇年在印度大約四萬名歐洲人中，絕大多數都是行伍軍人，回到歐洲的機會很有限：四分之一的人死於印度。[4]沿著加爾各答公園路公墓走過去，看看那些長滿青苔的方尖碑和陵墓，會驚異於居然有這麼多平民死亡。這些紀念碑極其巨大，彷彿只需把磚石與灰漿弄得很大，便可補償那些過早夭折的生命一樣，「在遠離親人的海岸邊纖塵不染。」他們也堅持不懈。「此處是勞倫斯．高爾之墓，」一塊墓碑上寫道：「這就是你的命運，哦，高爾，有生之年親眼看到自己被那些本應為你竭誠效勞的朋友所忘卻。而你和你的命運都受到了無情的對待。」另一篇碑文總結了理查．比徹的一生，他實際上曾在一七七一年活著離開過孟加拉，以一個成功的納勃卜的身分回到英國；但他在倫敦破產了，再次來到加爾各答，「在失

＊查爾斯．康沃利斯（Charles Cornwallis，一七三八至一八〇五），第一代康沃利斯侯爵，英國軍人、殖民地官員及政治家。美國獨立戰爭期間，一七七八年至一七八一年出任北美英軍副總司令，任內於一七八一年十月約克敦圍城戰役大敗後率大軍投降。戰後他於一七八六年至一七九三年出任印度總督，一七九八年至一八〇一年任愛爾蘭總督，一八〇五年再任印度總督，但同年因病客死當地。

望的劇痛和氣候的壓迫下，疲憊的身心終於安息」：他死於一七八二年。同樣悲慘的事實是，有很多人回到英國時已經歷了情感上的巨痛，把至愛親人留在印度的土壤下。比徹把自己的妻子夏洛特下葬在聖約翰教堂的墓地，她「在獨女死後悲痛致病，受苦多年後終於過世。」可憐的菲力浦·亨特有三塊墓地需要照料：一八〇一年，他痛失二十一歲的愛妻哈里特，又在短短三年之後再次喪偶，這次死去的除了他續弦的妻子之外，還有尚在繈褓中的兒子。「她的道是安樂，她的路全是平安。」[5]

因此，能回國就是走運了。但這有時也要面對痛苦的錯位感。歐洲人來印度時大多只有十幾歲；他們離開時通常已人到中年。無論他們如何祈禱、計畫和等待，都無法克服這樣的事實：他們歸去的家園已物是人非。「無法設想這個國度在想像中與現實的差距如此之天差地別，而這種想像是你我這樣在印度生活了二十年的海外人士不知不覺在腦海中建立起來的，」一七九八年，蘇格蘭的一個印度老手寫信給正在考慮回國的表弟，告誡他說，「請你牢記，需要懂得不少的哲理才能適應，到目前為止，大多數人覺得無法融入，因而他們雖然很有錢，生活仍然很痛苦。」而最糟糕的甚至還不是在普拉西戰役四十年後，這些「印度人」（世人如此稱呼生活在印度的英國人）仍被英國大眾看成是「不法分子」，而是他們在自己曾經稱之為故國的土地上，卻「發現自己格格不入」。據說，一些歸國者忘記了母語，或是膚色永久變深了。另一些人則不可救藥地接受了「亞洲的」生活方式，朝思暮想他們度過青蔥歲月的那些炎熱而明媚的熱帶地區。故土時過境遷，他們也不復往日模樣，兩者不再契合。

離開便意味著身心兩方面的失去。你要帶走什麼？留下什麼？在一個層面上，這些都是現實的問題，但它們也和眾人回憶和表述其海外生涯的方式有直接的關係。特別是對收藏家來說，藏品是他們記錄和重鑄過往經歷的方式，要帶走什麼這個問題直戳他們的痛處。一方面，出於個人、審美和相當特殊的原因，這至關重要。另一方面，正如很多收藏家都深切地意識到，這還事關公共形象，更不用說羅伯特·克萊武那一類野心十足的帝國主義者了。例如，一七八四年底，華倫·哈斯汀在離開印度前收拾行李時，就權衡了個人想法和公共形象。「我不會攜帶任何我擔心會失去，或羞於示人的東西去英格蘭，」他在給妻子瑪麗安的信中寫道。[6]「擔心失去」暴露了一個相當私人的擔憂。船隻沉沒（每三十條船裡大約就有一條會沉沒）時，可能會造成災難性的財務損失；但如果貨物中還包含著個人的投資（如果擔心失去它）損失也會對人的情感帶來重大打擊。「羞於示人」暗示著更偏於公共形象的考慮。哈斯汀上次待在英國是一七六〇年代末，當時適值納勃卜恐慌的高潮，因而他擔心自己的藏品會影響他的公共形象不無道理。

華倫·哈斯汀出身於破落戶，雖非赤貧卻也相差無幾，他之所以遠走印度，部分原因就是想掙到足夠的錢來贖回家族的祖產——烏斯特郡的戴爾斯福德莊園。他算是有明確的家可回。但對於波利爾、德布瓦涅，以及其他在英軍服役的歐陸人來說，回到哪裡的選擇就沒那麼明確，也沒那麼安全了。波利爾在法國大革命前夕回到歐洲。一七八九年六月，「第三階級」在凡爾賽宮的三級會議上粉碎了國王的權威，自行組成了國民議會。三周後，巴黎人攻占巴士底獄，表達了他們對變革的支持；十月底，君主立憲制就位。直到此時為止，大革命還因為結束了專制制度而得到海外的一致支持，其中也包括英國。但事態很快朝著更為激進的方向發生了轉變；伴隨著激進主義而來的就是戰爭。一七九三年初，法國對荷蘭共和國、西班牙和英國宣戰，開始了一場實際上一直激烈地持續到一八一五年的英法衝突。

隨著英法戰爭的陰影再次蔓延到歐陸和全世界，此前立場不明的歐洲人都被迫作出選擇，波利爾、德布瓦涅和馬丁就是如此。波利爾和德布瓦涅立即被痛苦地捲入歐洲革命的洪流之中。在烽火連天的歐洲，他們的命運反過來影響了朋友克勞德·馬丁做出或許是最出人意料的選擇。馬丁的大半生都在試圖逃離勒克瑙的種種限制。然而到了最後，在得知朋友們離開此地的不幸遭遇之後，他決定再也不離開勒克瑙，而是留在那裡，直到離世。

總之，這三位友人和收藏家彼此糾纏的結局成為英國、歐洲、印度，以及帝國之間關係的宏大敘事的縮影。融合的時代結束了。在印度的下一代歐洲人將會發現，無論在政治上和社會生活上，跨越東西方之間的界線變得更困難，也沒什麼人有興趣那麼做了。他們還會發現，像昔日的波利爾、德布瓦涅和馬丁那樣，把對英國和歐洲的忠誠如此出色地融為一體幾乎是不可能的。在一個因為戰爭而兩極分化、動盪不安的世界，曾經靈活多變、複雜融合的關係將以新的方式被割裂和分類。這些人之中的每一位都以一種終局性的、意味深長的方式，體現了他們所在世界的更大轉變。他們個人所遭遇的一切都將反映和記錄在他們的收藏上。就連在收藏中，此前渾然合一的整體也會瓦解和變形。

安托萬·波利爾是第一個品嘗到離開勒克瑙帶來的苦樂參半的現實，他的經歷也讓我們透視

安托萬·波利爾藏書中的一頁。

到這種宏大世界的裂隙和變化。他從瑞士來印度時只有十六歲，除了機智的頭腦和遠大抱負之外，一無所有。如今他四十六歲了，在阿瓦德住了十五年，他說自己「和本國原居民相處的時間要比和歐洲人更多。」[7]無論是以歐洲還是印度的標準來衡量，他都過著極其富足優越的生活：他有兩位妻子，三個孩子，遍布整個地區的地產，兩處莊園，生意往來，朋友如雲，還有龐大的手稿收藏。這一切有多少能隨身帶回歐洲？他是否會做此選擇？

首先，他會帶走如今數目巨大的手稿收藏，主要是梵語、波斯語和阿拉伯語手稿。這些不是大家想像的那種意義上的「手稿」：散頁的薄紙。這些手稿多是敦實厚重、皮革裝訂的華麗書籍，波利爾至少有六百冊，如今不得不收拾進箱子裡。每個箱子大概都要用牛車運出勒克瑙，拉到恆河最近的港口，然後裝進江輪運往加爾各答。到了加爾各答後，它們要被裝上一艘東印度商船，走上繞好望角前往歐洲的六個月航程。在那裡，波利爾的全部箱子將再次被拖回內陸，越過阿爾卑斯山來到洛桑。搬運手稿耗資巨大，緩慢累贅，時間冗長。波利爾帶手稿回國的這個事實就強有力地證明了它們對他有多重要。在勒克瑙，手稿收藏體現並延續了他的雙重角色，蒙兀兒貴族和開明紳士合二為一。波利爾把它們帶出勒克瑙，似乎期待著它們在歐洲仍將保有社會和個人（或許還有財務？）價值。

除了手稿之外，波利爾還帶走了他跨文化生活的另一個部分：一個兒子（大概是年約十五歲的長子）和唯一的女兒；但他把「一個大胖小子」留在勒克瑙，由克勞德·馬丁悉心照料。他的妻子們也留給馬丁照料，她們住進費爾哈特·巴克什宮寬敞的閨房，從此在歷史的視野中消失了。[8]

當然，他還帶著自己那個「亞洲的」自我。一七八八年，波利爾回到洛桑後，很多家人都完全不認識他了，其中包括一個堂妹瑪麗·伊莉莎白·德波利爾，她是改革派聖墓騎士團的女牧師會會員，也是薩克森–邁寧根*宮廷的女官。[9]對於瑪麗而言，這位難以想像的親戚給她局限在阿爾卑斯的虔誠世界帶來了奇妙的異國氣息。她為之神魂顛倒。她在波利爾身上看到活生生的亞洲式的揮霍不羈，令人興奮異常。她在他柔和的棕色面龐上，在他看似印度式慵懶垂下的長髭上看到了那種不羈。他的一舉一動都帶著那種氣質。「和東方的奢華一起，」她評論道，「他在印度生活了那麼久之後，還帶回了亞洲的那種懶散，而他已經無法再用法語和英語正確地表達自己了。」尤其是，在他帶回的物品中可以看得出來。在瑪麗的陪伴下，波利爾帶著對勒克瑙的熱帶回憶瑟瑟發抖，痛惜他留在那裡的朋友們，翻閱著他收藏的紙上微觀世界。她熱切地催促安托萬講解、翻譯和出版這些藏品。不，他坦率答道，「我太懶了，也完全不是作家的料。」他把這項工作留給了她。

瑪麗用波利爾的手稿以及他在勒克瑙所做的筆記，以波利爾和他的教師拉姆·昌德對話的形式，編纂了一部題為《印度教神話》的兩卷本著作。這是以法語寫成的最早的印度教專著之一，很可能是第一部由女性所著的東方學學術著作。（不過這不是瑪麗寫的第一本書，她的小說和譯作包括一七九二年的專著《雅各賓俱樂部：對祖國的愛》等。）透過瑪麗的書，波利爾的手稿成為日益擴大關於印度的東方學知識檔案的一部分。但這實際上只是碰巧屬於東方學的範疇；如果任他自行其是，波利爾才不會關心這個。他在印度的時候，東方學給了他進入歐洲菁英社會的機會，以及與華倫·哈斯汀和威廉·瓊斯爵士之流的友誼。但回到歐洲後，波利爾似乎認為這些努力並不值得。如果他想在那裡表現得像個貴族，就必須另尋他路。

的確如此，就連在波利爾的勒克瑙生涯中占這麼大比重的手稿本身，似乎在洛桑也失去了對他的價值。在女牧師埋頭整理手稿時，波利爾的注意力卻轉移到他處去了。他交了新朋友，是一個叫做馮·貝爾尚男爵的木地貴族。他還找到了新的追求目標，那就是馮·貝爾尚那位迷人的小

＊薩克森－邁寧根（Saxe-Meiningen），韋廷家族在圖林根的一個邦國。一六八〇年由薩克森－哥達分裂產生。一八七一年加入德意志帝國。

女兒安妮，大家都叫她羅塞特。老軍人為她神魂顛倒，但又畏首畏尾，沒有採取進一步的行動。她會不會覺得他太老了？她是否會「討厭當他『半印度血統』子女的繼母」？瑪麗駁倒了他的反對意見，親身充任他的媒人。一七九一年，波利爾娶了羅塞特，在洛桑安了家。

但波利爾很不安分，對寒冷的阿爾卑斯故鄉也不甚滿意。於是和馮．貝爾尚一起找到了新的熱中之事。國境那邊的法國正發生驚天動地的大事。法國大革命如今正如火如荼：路易十六的統治受制於新的憲法；《人權和公民權宣言》已經公布；廢除了封建統治；教會和貴族的特權也被取消了。波利爾和他岳父都支持大革命的原則，那似乎呈現了一派美好的烏托邦前景。而烏托邦就在隔壁。兩人決定搬去法國，還在阿維尼翁*附近為自己買了兩塊相鄰的地產。

波利爾祖上是法國人（一六八五年後，他的胡格諾派祖先移民去了瑞士）但這最後一次跨越邊界至少可以說意義非凡。波利爾的整個印度生涯都與法國為敵，告發法國人，並不斷試圖證明「我對公司和大不列顛的忠心」。[10]儘管英國和其他地方的很多人將大革命的早期階段看作是對專制暴政的挑戰，當波利爾搬去法國之時，局勢已然明朗，這場運動迅速變得激進。對於一個最近十五年都在積極培養貴族形象的人來說，主張平等的雅各賓派領導下的法國很難說是最適宜的存身之地。波利爾或許是受到了很大的誤導；或許他只是天真而已。無論如何，他渴望再次搬家，特別是搬去法國的想法，有力地證明了他自始至終都在尋找家園。這一次，他把手稿抛在了身後。

土地便宜，陽光炙熱。波利爾又回到他熟悉的環境。他安坐在普羅旺斯的新宅子裡大擺筵席，肆意遊樂，廣納賓客。「波利爾先生雖然接受了當時流行於法國的愚蠢的平等觀念，卻無法放棄他亞洲式的奢華，」瑪麗評論道。令人欣慰的是，他在阿維尼翁的生活如同在勒克瑙的生活一樣多元。在勒克瑙，他把自己的瑞士小鎮生活方式調整成阿瓦德宮廷般的豐裕富饒。而在阿維尼翁，他又把豪華的印度生活方式帶進了法國外省。在勒克瑙，他在「波利爾街區」左擁右抱的飛地上享受著印度風格的家庭生活。而在阿維尼翁，他珍愛自己年輕的新娘，專心照顧岳父母，還很快當上了父親，有了一個繼承人。無論是在阿維尼翁還是勒克瑙，波利爾都像是個安家落戶的外國人。

但時間已到一七九二年，此刻買進法國鄉間別墅，時機糟糕透頂。雅各賓派在巴黎奪取了政權，法國鄉間也麻煩不斷。被飢餓和狂熱意識形態煽動的匪幫在諾曼第實行恐怖統治，他們的勢力遍及法國中部，沿著羅納河南下，一路來到普羅旺斯。惡名昭彰的「奧熱爾幫」就是這些團夥之一，它有逾一百名成員，在一七九八年被抓起來之前，其名下共有七十五起謀殺案。他們也靠近了波利爾所在的地區。南方針對雅各賓派的反革命暴力愈演愈烈，再加上該地區長期以來對新教徒少數族群的敵對，更是雪上加霜。[11]而波利爾這位自詡為雅各賓派的新教徒卻滿是「慷慨、善意和已經融入血液中的亞洲式的漫不經心」，他繼續大宴賓客，在當時的局勢下，這麼做實在有些太明目張膽了。

＊阿維尼翁（Avignon），法國南部的一個城市，位於隆河左岸。

一七九五年三月的一天晚上，入夜之後，土匪來搶奪波利爾的印度財寶了。他們知道那天波利爾會出門，門沒有閂，輕輕一推就開了。他們立即動手把僕人關在一處以免礙事。他們在廚房把麵糊塗在臉上，藏在食屍鬼一般的白色面具之下。然後就開始了行動。波利爾的亞洲珍寶遠近聞名；宅子裡一定藏著大筆財物。他們舉著火把一路衝撞撕扯，不放過任何一處有可能埋著金銀珠寶的地方。但這夥盜賊翻遍整個宅子，動作愈來愈暴烈，卻沒有發現財寶。他們闖進樓上的一間臥室，發現了嚇得瑟瑟發抖的羅塞特的母親和妹妹。女人們交出了她們的首飾。但這點東西可算不上寶藏，不是盜賊們熱切期待的印度的瑰麗堂皇。

路邊放哨的一群人攔下正打算回家的波利爾的馬車。「羅伯斯比*派！」土匪們一邊喊著，一邊把波利爾拽出車廂，把他推倒在地。他們聲稱是來逮捕他的，並以法律的名義搶走了他所有的錢和貴重物品。波利爾不知所措又深感恐懼，他跌跌撞撞地穿過家裡的一片狼藉，把能找到的不管什麼東西都交出去了。但還是沒有寶庫。盜賊們隨後把他推下地窖的樓梯，來到了這座宅子裡最後一個沒有搜過的角落。這裡最終會出現鑽石和黃金嗎？還是沒有。他們找到的一切都在面前。這位印度式社會的典型代表，飽受虐待後正在啜泣，腦滿腸肥，穿著講究，像個兩手空空的乞丐一樣央求他們。他們用軍刀把他砍翻在地，直到他躺在石板上痛苦翻滾。然後，他們用火槍射他，直到他一動也不動。波利爾死了。一直到死，他都是個貴族和外國人。

事情原本會更糟。那些被留在洛桑、由瑪麗．德波利爾專門保管的手稿倖存了下來。年輕的羅塞特也活了下來，連同她四個月後出生的兒子。[12]在審判時，德波利爾夫人透過她黑色的面紗認出，一些被控者曾經是她丈夫的座上賓。

勒克瑙的克勞德·馬丁在年底聽說了好友的噩耗，大感震驚。他在給老友伊莉莎白·普洛登的一封信中寫道：「我對波利爾的命運感到非常悲痛，他太不幸了，他是個出色的好人，給他所在的社交圈帶來了活力……失去他對我的打擊很大，我還擔心他的孩子們（原文如此）。」[13]來自歐洲的消息讓馬丁心情沉重。因為他也曾希望在歐洲養老，如果不回他的家鄉法國，那就去他的歸化國英國，那是他從沒去過的家園。然而，歐洲革命的騷動和波利爾被謀殺的消息最終打消了馬丁回國的念頭。他加緊建設自己盤算好的最後的隱居之地，位於勒克瑙郊外的鄉間大宅康斯坦蒂亞宮。它的中央筒形結構和圓形大廳，就建在馬丁在地窖裡為自己制定的未來墓地的空間正上方。

安家

一七九七年暮春，一個褐色皮膚、深色頭髮的十三、四歲男孩第一次闖進倫敦。和遊蕩到這個擁擠首都的很多少年一樣，他一定也不知所措，大概還很興奮，也許有些害怕，因為他是從祖

＊編按：馬克西米連·羅伯斯比（Maximilien François Marie Isidore de Robespierre，一七五八至一七九四），被稱為「民粹先驅」，法國大革命時期政治家，雅各賓派的實際最高領導人。

伯努瓦·德布瓦涅。

國印度長途旅行來到此地的，而未來在英國的新生活，在最好的情況下也是不可預測的。但「波利爾上校之子也安全抵達，身體健康，」當年七月，伯努瓦·德布瓦涅請他的加爾各答代理人儘管放心。「他現在和我自己的孩子一樣，去上學了。」[14]這個小夥子不是旁人，正是安托萬·波利爾的「大胖小子」，他當時被留在勒克瑙與克勞德·馬丁一起生活。「我會盡力送〔他〕去……〔波利爾的〕妻子那裡，」馬丁在前一年夏天如此承諾，「印度的教育太差了，我從不建議任何人讓孩子在這樣一個國家接受教育，黑僕人會教他們各種邪惡之事。」[15]現在以及未來的幾年裡，「波利爾少爺」，或者說「喬治」，將在伯努瓦·德布瓦涅的監護下在英格蘭上學。

喬治·波利爾（想必就是安托萬的小兒子巴巴·賈恩）出現在薩伏依將軍伯努瓦·德布瓦涅的文件中絕非巧合。這是把印度歐洲人聯繫在一起的緊密網路，也是他們所維繫的深切情誼的有力證明，這種情誼不只存在於彼此之間，還惠及他們各自組建的家庭。德布瓦涅和波利爾的親密關係突出了這兩個人，還有他們共同的朋友克勞德・馬丁所共有的很多特點。和波利爾及馬丁一樣，德布瓦涅也是個野心勃勃的歐洲投機者，他橫跨印度、歐洲和英國文化，既出於職業要求，也是個人的興趣。他關於在哪裡退休和隨行帶上什麼東西的決定，與安托萬・波利爾的悲劇截然不同，關於個人在一個動盪不安的帝國世界所面對的痛苦和壓力，他的經歷向我們講述了另一種私密故事。

一七九七年春，德布瓦涅幾經周折，頭一次親身抵達英格蘭。他於一七五一年出生於薩伏依的尚貝里*，當時名叫伯努瓦・萊沃爾涅，是皮貨商的第三個兒子。[16]但與他的勒克瑙友人一樣（兩人均是來自同一個阿爾卑斯法語區）德布瓦涅也憧憬著大山之外的生活。一七六八年，他參加了法軍愛爾蘭旅的克雷爾團。在此期間，他把名字從萊沃爾涅改成了假裝貴族的「德布瓦涅」；他還頭一次去東方旅行，在模里西斯過了一年，熟練掌握了英語。然後他心生厭倦。一七七二年至一七七三年的整個冬季，德布瓦涅都駐紮在法國北部陰冷潮溼的低地，他決定辭職，去地中海東部的俄國軍隊冒險。他帶著一封給傳奇人物俄國指揮官阿列克謝・奧爾洛夫†伯爵的介

---

*尚貝里（Chambéry），法國中東部的一個城市，現為法國薩沃伊省的省會，歷史上曾是薩沃伊地區的首府。

†阿列克謝・奧爾洛夫（Alexis Orlov，一七三七至一八〇八），俄羅斯軍人、政治家，他在凱薩琳二世統治期間崛起而成名。奧爾洛夫是俄羅斯帝國陸軍的軍官，他是推翻彼得三世、擁立其妻凱薩琳當政的主要策劃者之一，並成為當時的權臣。

紹信，在與俄國結盟的一個希臘軍團裡謀得了上尉的職位。然而，他頭一次參加軍事行動，就被鄂圖曼人俘虜了，這難說是個好兆頭。但正是在一七七四年被鄂圖曼人監禁的那幾個月裡，德布瓦涅做了一個重要決定：「眾人為他描繪了印度的燦爛圖景，還保證說在英軍服役升職很快，他受到誘惑，」決定繼續前進去印度。[17]

一七七七年，在亞歷山卓港東印度公司人員喬治．鮑德溫*的幫助下，德布瓦涅啟航前往馬德拉斯。[18]他在那裡加入了馬德拉斯步兵團，一七八〇年在伯利魯爾戰役†中，和他們一起勉強躲開邁索爾的海德爾．阿里以及海德爾的薩伏依指揮官拉勒的痛擊。但德布瓦涅其人極不安分。一七八二年，他再次辭職，滿腦子天馬行空的計畫：他應該找到一條通向歐洲的陸路，還是為某個印度王公服務？一七八六年，一個誘人的機遇出現在他面前，他獲得了為公司的盟友馬拉塔人徵兵的機會。正是在這一次，伯努瓦．德布瓦涅幾乎偶然地闖進了他最後也是最偉大的軍事任命：為印度斯坦最強大的人之一，馬拉塔軍閥馬哈傑．辛蒂亞‡招募、訓練並領導一支軍隊。[19]

辛蒂亞麾下的德布瓦涅軍隊在一開始只有為數不多的兩個營的兵力，每營八百五十人。一七八八年，他率領這支軍隊在阿格拉和德里與穆斯林軍閥伊斯梅爾．貝格作戰，建立了奇功。一七九〇年，他又徵募了十一個營（大約有六千六百人）；翌年，他的軍隊擴張到一萬八千人。這群印度土兵的指揮官們組成了一個名副其實的國家聯盟。德布瓦涅的軍官團裡有來自奧爾良地區的鄉下人佩龍上尉，他後來接替了德布瓦涅的指揮職位；還有薩伏依同鄉德呂容上尉；蘇格蘭人薩瑟蘭中尉；名叫加德納的英格蘭上尉；漢諾威的波爾曼中尉；「葡萄牙」軍人恩賽因．曼努埃爾和砲手法蘭西斯科；甚至還有一個美國人約翰．派克．博伊德，「後來在美國軍隊成為中尉，」他在一八一二年戰爭期間與英國作戰，表現出色。[20]總之，這是個如此「虛假混雜的法蘭克人組合」，德布瓦涅的一個朋友（半）開玩笑地說，連「你最好的朋友都擔心，即使以凱撒或色諾芬§之天才，也指望不上，或重用」他們。[21]不過把這些人籠絡在一起可不需要什麼天才。定期支付工資就行，德布瓦涅靠的就是這個。[22]他還給他們提供了紀律嚴明、秩序井然的軍營，傷兵的良好護理，光鮮的紅色軍裝，以及一支衛兵樂隊。[23]就像未來的威靈頓公爵、一七九七年做為

＊喬治．鮑德溫（George Baldwin，一七四四至一八二六），十八世紀末十九世紀初的英國商人、作家和外交官。他的職業生涯主要在埃及，他在那裡為東印度公司建立了重要的貿易聯繫，並直接與鄂圖曼的總督談判。

†伯利魯爾戰役（battle of Pollilur），指一七八〇年九月十日發生在甘吉布勒姆附近的伯利魯爾的一場戰役，這場戰役是第二次英－邁戰爭的一部分。東印度公司軍投降並傷亡慘重。一年後在同一地區，從加爾各答馳援的英軍在埃爾．庫特的指揮下進行了第二次伯利魯爾戰役，打敗了海德爾．阿里的軍隊。

‡馬哈傑．辛蒂亞（Mahadji Scindia，一七三〇至一七九四），印度中部瓜廖爾土邦的馬拉塔領袖。

§色諾芬（Zenophon，約前四三〇至前三五四），雅典人。軍事家、文史學家。他以記錄當時的希臘歷史、蘇格拉底語錄而著稱。前四〇一年，色諾芬加入攻打波斯帝國的僱傭軍。軍隊首領被波斯人誘殺後，色諾芬被推舉出來領導軍隊。在以後的一年裡，色諾芬帶領這支僱傭軍歷經千難萬險，穿越大半個波斯帝國，終於回到希臘本土。晚年的色諾芬自己著書《長征記》詳盡記述了這個傳奇經歷。亞歷山大大帝進軍波斯時，將此書視為戰地手冊。

一名年輕上校來到印度的亞瑟・威爾斯利＊一樣，德布瓦涅意識到，這些正是造就一個出色的「西帕依將軍」（拿破崙的輕蔑說法）所必需的。他或許是個天生的軍人，卻還是沒有跳出中產階級文書的出身。

在四支軍隊裡當過兵；遊歷過三大洲；做過鄂圖曼人的階下囚；可能是個俄國間諜；印度國王們的僱傭兵，德布瓦涅聽起來更像是出自G・A・亨蒂†或H・賴德・哈格德‡傳奇小說，而不是個從故紙堆中爬出來的人物：一個專幹殺人放火勾當的「待僱殺手」的冒險生活。[24]從這個意義上來說，他的氣質與波利爾和馬丁等同在印度的友人和歐洲冒險家們大不相同，對他來說，職場晉升也意味著原地不動。德布瓦涅顯然很享受不確定的未來所帶來的興奮感，他尋求冒險，迴避承諾，轉投新主就像換軍裝一樣容易。他唯一留存下來的效忠聲明是一七八二年致馬戛爾尼§勛爵的一封微妙的信，在信中他請求辭去東印度公司的職務，堅稱「這並不像某些心懷歹意的人所猜測的那樣，是為了給法國人效勞。我不是那個國家的人，也不準備投靠他們。我一直以來完全依附於英國政府，並將永遠持有同樣的立場。」[25]這聽來坦承直率，令人釋然，但顯然居心叵測，因為德布瓦涅當然是在法國軍隊裡開始行伍生涯的；並且他準備組建的馬拉塔軍隊很快就被認為是英國的主要威脅。德布瓦涅「完全依附於英國」的誠意最多也只能算是一心圖謀私利而已。[26]

然而，不管政治忠心有多轉瞬即逝，把德布瓦涅貶低成一個只知道發財的軍人似乎也不太公平。首先，這麼做就是無視他領導一支強大的馬拉塔軍隊所取得的巨大成就。[27]這些歐洲軍官或許是待僱的殺手，但他們鋒利無匹，咄咄逼人，一刀致命。少量的歐洲僱傭軍通過訓練印度士兵，引進歐洲技術，便可顯著提升當地軍隊的軍事能力。對於步步推進的英國人來說，歐洲人訓練的這些軍隊形成了相當大的挑戰，一種英國人甚至可能傾向於高估的挑戰。

這麼做也是無視德布瓦涅個人的整體生活，還有跟他的個人生活有關的一個跨文化聯繫的精采故事，或許讀到此處，讀者們已經熟悉了這樣的故事。因為正是在這裡，這位本來無拘無束的軍人做出了他最持久的承諾。一七八八年他三十七歲時遇到了一位「波斯騎兵指揮官」的女兒努爾・貝古姆，當時她還是個十五歲上下的女孩。據說她美麗動人，儀態萬方。她的姊姊法伊茲・

---

*亞瑟・威爾斯利（Arthur Wellesley，一七六九至一八五二），第一代威靈頓公爵。英國軍事家、政治家，十九世紀軍事、政治領導人物之一。他參加了第四次英邁戰爭，後任塞林伽巴丹和邁索爾總督。在半島戰爭中晉升將軍；後在維多利亞戰役中擊敗法軍，晉升陸軍元帥。一八一四年任駐法大使並獲封公爵。一八一五年滑鐵盧戰役中擊敗拿破崙。從政後加入托利黨，曾兩任首相。

†喬治・阿爾弗雷德・亨蒂（George Alfred Henty，一八三二至一九〇二），英格蘭的高產小說家和戰地記者。他以十九世紀末廣為流行的歷史冒險小說而聞名，著有《龍與鴉》（*The Dragon & The Raven*，一八八六）等。

‡亨利・賴德・哈格德（Henry Rider Haggard，一八五六至一九二五），英國維多利亞時代受歡迎的小說家。他以浪漫的愛情與驚險的冒險故事為題材，代表作為《所羅門王的寶藏》。

§喬治・馬戛爾尼（George Macartney，一七三七至一八〇六），第一代馬戛爾尼伯爵。英國政治家、外交官。一七八〇年，他出任印度馬德拉斯總督，駐今金奈。一七八六年，他拒絕出任印度總督，返回英國。一七九三年，英王喬治三世派遣他為正使，率使團出訪清朝，覲見乾隆皇帝。

恩尼薩是德布瓦涅在勒克瑙的朋友（也是知己）威廉·帕爾默的「小姐」，他們顯然是透過帕爾默相識的。德布瓦涅墜入情網。他（再次）辭職，和努爾在勒克瑙安頓下來，人生頭一次享受舒適安心的平民家庭生活。德布瓦涅曾在一七八三年來過勒克瑙，很快就與安托萬·波利爾和克勞德·馬丁結下了友誼。後來，波利爾曾幫助德布瓦涅學習烏爾都語和波斯語；如今，克勞德·馬丁把他帶進了印度的生意圈，幫助他把封地的收入投資到靛青中去。正是透過馬丁，德布瓦涅才開始建起一張供其餘生所需的財務大網。[28]他還開始組建家庭：一七八九年底，努爾和德布瓦涅有了一個名叫巴努·詹的女兒；一七九二年冬，又有了一個名叫阿里·巴克什的兒子。

德布瓦涅脫下軍裝的時間出奇地短。一七九〇年，他再次為辛蒂亞服務，在帕坦*和梅爾達†與叛徒蒙兀兒指揮官伊斯梅爾·貝格和拉傑普特人‡打了幾場大仗。但他沒有忘記家庭責任。他在前線時透過克勞德·馬丁那位忠誠的西班牙管家約瑟夫·凱羅斯照管自己勒克瑙家庭成員的安康，德布瓦涅委託凱羅斯照料努爾和孩子們。「你給夫人留下了一大筆財產啊，我的好朋友，」凱羅斯笑容滿面地說道：

> 她毫無個人的願望，〔我〕從來沒聽說過有哪個女人如此容易滿足，她告訴〔我〕說房租只有不到二十盧比，真的讓我大吃一驚。這也許適合她，畢竟她現在孤身一人（她還特別害怕花錢）不過我把你的意圖轉告了她，讓她現在不必如此節省，她生下了你們的兩個孩子，不必為了省錢之故而甘冒居住在如此狹小之地的危險。[29]

當然，努爾自我克制的奉獻也許只是讓德布瓦涅帶她一起走的一種方式；就此而言，她最終如願以償。

一七九四年底，一個名叫湯瑪斯．特文寧的十九歲文官在阿里格爾的軍營裡拜訪了德布瓦涅。年輕的特文寧一下子就被這位飽經風霜的高大軍官迷住了，德布瓦涅用一頓有菜肉飯和咖哩的豪華晚宴招待他，帶他去騎大象，給他講激動人心的戰爭故事。第二天早餐後，德布瓦涅叫他一起來吸水煙，還「說他必須把他的兒子介紹給我。」小阿里．巴克什當時還不到三歲，得意洋洋地跑了出來，「打扮很像這個國家王公的孩子，包著頭的帽子，跟他父親的一樣，腳上還穿著金線裝飾的涼鞋。」和很多印度王公一樣，德布瓦涅和在他身邊的長子繼承人（*Sahibzada*）舉行了一次聚會（*darbar*）。訪客魚貫而入，把金幣做為常規貢品呈獻給德布瓦涅，另一枚給了小男孩，很快，「孩子面前就出現了一小堆金莫霍爾§和盧比，他從小就輕而易舉地熟悉了東方的禮儀。」[30]

---

*帕坦（Patan），尼泊爾中部的一個歷史文化名城，現名拉利特普爾（Lalitpur）。

†梅爾達（Merta），印度北部拉賈斯坦邦的一個城鎮。

‡拉傑普特人（Rajputs），意為「拉者之子」。他們傳統上是印度的戰士民族，宣稱自己是刹帝利，但其種族文化背景多種多樣。他們多次抵抗突厥的伊斯蘭教徒入侵，被視為婆羅門教文化的捍衛者，也是英國人所謂的尚武種族。

§莫霍爾（mohur），印度舊金幣名，其名來自波斯語「印璽」。一莫霍爾合十五盧比。

這幅畫面裡的德布瓦涅是開心的，他欣然希望此情此景可以持續下去，雖然他的馬拉塔雇主馬哈傑·辛蒂亞在一七九四年便已去世了。遺憾的是，德布瓦涅的健康狀況並不允許。一七九五年底，發燒和「狀態起伏」讓他痛苦不堪。他病魔纏身，命不久長。似乎只有一劑救命良方：如果還想活命，就必須回歐洲去。這帖苦藥違背了他所有的愛好和願望。「回歐洲去試試看，我也正打算這麼做呢，」他的朋友，勒克瑙的布蘭醫生此前就曾建議過，「而且如果我們都不喜歡歐洲，這是非常有可能的，我們可以再一起出來，但不要把自己的全部希望都寄託在印度，也不要像馬拉塔人那樣終日無所事事，萎縮殆盡。」[31]德布瓦涅與馬丁和波利爾一樣，自己的個人生活和職業生涯都在印度扎根了。但如今離開這個國家，就會異常清晰地凸顯出跨文化生活的代價和後果。

一七九五年的耶誕節當天，德布瓦涅在阿格拉舉行過最後一次閱兵後便出發了，「四頭大象，一百五十四駱駝和牛車馱著他的財產」跟隨他前往勒克瑙。[32]那些財產中有很多被裝進十口駱駝皮的大箱子，抬上了丹麥船克龍貝格號，都是德布瓦涅要隨身帶著的。其中三口箱子裝的是他的個人財產：「波斯〔和〕印度衣物，男女均有」，「床墊，印度菸草箱」，「八隻中國金屬痰盂，一把紫銅茶壺，一隻熨斗，一支大象用的吐蕃產牛角鑲銀杆趕蠅拂子，一隻紫銅火藥瓶，一隻水罐的銀把手，一盒珍珠母的籌碼和代幣，如此等等。」[33]這些都是德布瓦涅的日用之物，他不想在離開印度時把它們留在身後。[34]另一口箱子裡是「書籍、檔案、地圖等等」。其中可能包括他的**封地**和封號的授予狀，他被稱為伊蒂馬德·烏德－達烏拉（帝國之柱）與尚希里·詹格

（戰場之劍），還有波斯語和馬拉塔語的往來信件，其中有馬拉塔首腦們的頌揚之辭，也有皇帝沙・阿拉姆本人的求助信。[35]還有印度手稿的小型收藏和泰姬瑪哈陵的對開本圖畫。泰姬陵如今已經是印度的典型象徵，但德布瓦涅是對它產生特殊興趣的首批歐洲人之一，他在一七八八年就要求確保這座建築免受砲擊的茶毒，並在若干年後支持了泰姬陵的重建工作。[36]

還有兩口箱子裡是德布瓦涅印度生涯的另類紀錄：八十六件長刀、火槍、匕首、盾牌和弓弩的收藏。這個重要收藏的清單在德布瓦涅的檔案中留存至今，閱讀這份清單就像在讀德布瓦涅的工作履歷一樣。他的印度軍事生涯的每一個階段都有代表物品，例如，一把紫銅刀柄的英式長刀，很可能就是年輕的他在馬德拉斯步兵團當兵時揮舞過的第一把「印度」武器。其他武器大多都是他在馬拉塔服役時獲得的。有來自印度北部和德干地區的蒙兀兒武器庫的波斯長刀，鑲金嵌銀，沿刀刃雕著古蘭經的經文。有來自印度教各王國的武器（不如這一時期的印度－波斯武器收藏品那般常見，但德布瓦涅大概更熟悉它們）其中包括「刀柄和刀刃上刻有他們神話中的眾神」的長刀，和一把有「鍍金神話標誌」的彎刀。[37]在他軍事生涯的全部紀念品中，最寶貴的或許就是屬於德布瓦涅最危險的兩個敵人（伊斯梅爾・貝格和羅希拉*首腦吳拉姆・卡迪爾）的長刀了，如今永遠存放在它們黑紅絲絨的刀鞘裡。最後是德布瓦涅獲得的軍階的象徵：「兩柄**印度風格**的銀質雕刻官杖」。從東印度公司的少尉到蒙兀兒指揮官，只用了十五年，這種驚人的登頂歷

---

*羅希拉（Rohilla），帕坦人的一支說烏爾都語的族群，生活在印度北部的北方邦，是帕坦人最大的僑民社區。

程以收藏品的形式被一一記錄下來。[38]

駱駝皮的箱子被裝進克龍貝格號的貨艙裡，但德布瓦涅把他最重要的財產隨身帶上了船。在他的客艙裡，有「一口帶鎖的正方形木箱，用繩索捆得結結實實……裡面是一支黃金水煙筒及其所有的設備，一件銀器，還有其他很多貴重物品。」[39]而在他自己的客艙裡或附近的某處是他在這世上最珍愛的寶物：他心愛的妻子努爾，她不久就會被人稱呼英語名字海倫了。他們的兩個孩子也在克龍貝格號上隨父母同行，也都臨時起了歐洲的名字：巴努．詹將會隨母親叫作海倫娜；而阿里．巴克什將會叫作約翰．巴蒂斯特，與德布瓦涅的父親同名。

當時，把混血子女送到歐洲並不罕見，但努爾親自陪著德布瓦涅去歐洲則很不尋常。大多數的「小姐」們，尤其是地位相當高的女子，都會留在印度，通常還會有某種財務上的讓渡。（波利爾就為他的兩位「小姐」做了這樣的安排。）按照當時的慣例，德布瓦涅本可為努爾提供一處宅子和一筆豐厚的生活津貼後離她而去，不必感到良心不安。實際上，一七九六年，他對於住在德里的另外兩位小姐，「已故的納瓦卜穆罕默德．貝格汗．斯塔芒達里之女塞內特夫人……和已故的納瓦卜納傑夫．庫利汗之養女梅羅．尼桑夫人」，就是那樣做的。[40]他不怎麼喜歡住在德里的那兩個女人；他說，其中的一個：

> 女孩我連碰都沒碰過……這個女孩是她母親法蒂瑪夫人送來的，這位夫人曾兩次准許我從遠處看看她的女兒，當時她濃妝豔抹，到處塗著白色、紅色和黑色，娶過門後我才看

清了她的本色和體態，結果遠非想像的那樣美麗。[41]

但他的文件裡無一處提到他曾考慮過拋棄努爾或孩子們。努爾在德布瓦涅的感情世界裡占了一個全然不同的位置：在他那僱傭兵漂泊的心中，她就是定海神針。

克龍貝格號一月啟航，一七九七年五月三十一日，德布瓦涅和他的家人在迪爾*離船登岸。將軍情況不佳。他在航程中「久病不起」，「上岸時（仍是）面帶病容，（以至於）最後海關官員也沒有找麻煩，我什麼都沒帶；隨身的只有幾件換洗的舊衣服和亞麻襯衫。」[42]箱子隨著坦南特船長和克龍貝格號繼續前往哥本哈根，德布瓦涅希望把他的貨物存在那裡，直到他本人可以回歐陸去。在此期間，德布瓦涅一家直接前往倫敦，「感謝上帝！」德布瓦涅在那裡寫道。「（我）一到倫敦就立即去看有本事的醫生，我覺得自己已經好多了；甚至很有希望完全康復；但病了這麼長時間，我的康復過程一定會慢一些；但沒關係，好得慢總好過好不了。」[43]

但健康將是德布瓦涅唯一開心的事情。因為他剛剛收到一條駭人的消息。克龍貝格號剛剛離開埃爾西諾†，就在波羅的海的一場風暴中沉沒了，船上帶著德布瓦涅的全部物品。

這個消息給他帶來了「最悲痛哀傷」的打擊。隨著船隻的沉沒，他失去了一切。「我的大量

＊迪爾（Deal），英格蘭肯特郡一城市，臨英吉利海峽。
† 埃爾西諾（Elsinore），丹麥西蘭島東部城市赫爾辛格（Helsingør）的舊稱。

財產都在上述的船上，」他報告說（特別是四十五匹布料）他為這些東西「只投保了八萬印度盧比的總額，」只是其實際價值的一小部分。[44]「自從我離開孟加拉以來，經歷了怎樣的大起大落啊，我離開的時候有一大筆財富，無論從哪種意義上都是一個富翁，而自從那以後禁受了如此重大的損失，我陷入了這般困境，乃至我不知道此事會如何收場，而我的巨大財富還會剩下多少。」[45]但金錢只是這場災難中最小的部分，真正的打擊是損失了其他的一切。「在我的行李中有我在印度居住二十年來所能收藏的最罕見、奇特和貴重的物品，沒有任何金錢或財富可以取代這種藏品……所以，此時我失去了所有的印度物件，就像我從來沒有去過印度一樣。」

裝著「黃金水煙筒及其所有設備，一件銀器。三塊黃金手錶，還有其他很多銀製器具」的木箱一去不返，「這口箱子大約價值六百至七百英鎊。」「八口駱駝皮箱子」一去不返。裡面「所有的銀盤子」一去不返。「八隻中國白銅痰盂」一去不返。「裝著波斯長刀、火繩槍、弓箭、短劍等武器的大箱子」一去不返。一言以蔽之，德布瓦涅的人生一去不復返了。他笨拙地尋找寬心的話，卻不足以慰籍：「這說到底也是好事，我們的運氣已經很好了，只要人安全，什麼都可以再來，世事無常，人類的智慧怎能預見。」但空虛依舊；他唯有再說一遍：「此時我本人失去了所有的印度物件，就像我從來沒有去過印度一樣。如果沒有發生這種可悲的事故，我就會擁有世上從未有人擁有過的最精美的收藏，既奇特罕見，又貴重無比。」[46]

「失去了所有的印度物件，就像我從來沒有去過印度一樣。」這是關於收藏的情感意義的痛徹心扉、感人肺腑的證詞。同時也略有誤導性。他的家人，努爾、巴努．詹和阿里．巴克什呢？

他們和德布瓦涅一起，以班奈特之名（德布瓦涅的名字伯努瓦的英語化讀音）住在倫敦。三個人都受洗成為天主教徒，改名為海倫、安・伊莉莎白和查爾斯・亞歷山大。安去漢默史密斯*上學了，而查爾斯去了西敏市；波利爾的兒子喬治也得到了德布瓦涅的全力資助。儘管他的船隻損失慘重，德布瓦涅仍是難以置信的富有，準確地說，他計算自己的身家值二十五萬五千四百一十五英鎊二先令六便士。按照他在一七九七年八月中旬起草的一份遺囑（請他在勒克瑙的老友和收藏同好納旦尼爾・米德爾頓和理查・詹森當執行人），他計畫給兒子留十萬英鎊，給女兒六萬英鎊，這筆財富可以讓他們奢侈一生。而且雖說他提議留給「我兩個孩子的『夫人』母親，無論她留在歐洲還是回到印度，除了她的路費和珠寶首飾之外」的遺產要少得多，只有二千五百英鎊，但這也是一筆體面的供養金了（比他留給姊妹們的多），尤其是考慮到他本期望查爾斯和安幫著照顧他們的母親呢。他還特別規定，「允許母親見她的孩子們；但不可託付給她（像是由她照料）。」這種半妥協的說法有點難以解釋，因為以德布瓦涅這樣的聲望，把印度妻子帶回來實屬罕見，而像努爾這樣的女子，真的願意來就更罕見了。不過他顯然沒打算忽略她的撫養費用。[47]

事實上，雖然德布瓦涅感覺健康狀況好轉，他卻與英格蘭格格不入。失去財產就像刀子的最後一絞。他回來以後剛過五個月，就寫道：

---

*漢默史密斯（Hammersmith），大倫敦地區的一個自治市，位於泰晤士河北岸。

我並非不想再次去東方，歐洲對我不感興趣，我對它也深感失望。實際上，必須要說，可恨的法國大革命已經徹底改變了歐洲的面貌與人心，這種情形讓我非常懷念印度，恐怕除了終老於彼處之外，我此生都不會快樂了。[48]

一七九八年一月，「已對歐洲頗感厭煩」的他「堅信，沒有哪個在印度住過二十年的人不能（他的意思是：能）適應這裡（即歐洲），適應這裡的生活方式、禮節、人情世故和毫無吸引力的氣候，我堅信，單是航行一事便可讓大多數來訪歐洲的人卻步。」[49]

他的歸屬感甚至還不如波利爾。法國毫無魅力。但英國也不是他的容身之地：寒冷、陰暗、沉悶，彼此都互感陌生。德布瓦涅不是法國人，也不是法國人的朋友。但任何人只要與他談話或一看到他名字就知道，法語是他的母語。英國再次與法國交戰，那一年的戰況愈演愈烈。德布瓦涅甚至有被羈押的風險。[50]因此為何不回印度去？「你的軍隊狀況極佳，每一個人都非常希望再次見到你，」克勞德．馬丁鼓力地彙報說，「所有的馬拉塔首腦和所有的辛蒂亞邦主，甚至德里的宮廷……你無須擔心自己不受人歡迎，大家都狂熱地期待你的回歸，我也一直希望你能回來，我以前跟你就是這樣說的……」[51]為何不減少損失，把班奈特一家人聚集起來再次向東，向著太陽，向著朋友們，向著他的軍隊，向著名望和財富重新前進呢？

因為他人生的新篇章，說到底也是最悲痛的一章，正在徐徐展開。一七九八年的一個春夜，他的勒克瑙老友理查．詹森帶德布瓦涅參加了一次聚會，那是在法國移民奧斯蒙侯爵及侯爵夫人家裡舉辦的音樂社交晚會，他們還有個十六歲的可愛女兒名叫愛黛兒。奧斯蒙曾是凡爾賽宮的侍臣，侯爵夫人也深受路易十六的姑姑阿代拉伊德的寵信。他們如今在倫敦難以為繼，靠著朋友和遠親的接濟餬口。（正如他的名字所示，奧斯蒙的祖上是愛爾蘭天主教徒。）德布瓦涅從來都偏好頭銜，也愛慕擁有頭銜的年輕女子。愛黛兒演唱了義大利二重唱曲，他被迷住了。他彷彿在她的聲音裡聽到另一種選擇的呼喚，一種越過他印度生涯的廢墟，在歐洲重新開始的機會。短短數周之內，他就求婚了；十二天後，他和愛黛兒在一七九八年六月成婚。[52]

將軍認為自己墜入了情網。「第一次戀愛」（他後來對她說）「我全身心地投入了這種感情……如果我還有一個願望的話，那就是心胸更寬廣些，以便愛得更投入一些。」[53] 他送給她印度的珠寶：「一件名叫『卡爾庫伊和舍佩思』的寶石枝飾，是蒙兀兒皇帝賜予我的一枚高級軍銜徽章，」「一顆巨大的綠寶石，是傑伊普爾*的邦主送給我的紀念品，」以及「一條絎縫的綠披肩，是我收藏的珍品。」他還送給她一塊可以鋪在王座上的刺繡毯子。[54]

但愛黛兒是海妖的魅惑。於她而言，這場婚事不過是一份財務合約；她在德布瓦涅同意給她父母一筆慷慨的年金後，才答應嫁給他。他發現這個女郎遠非他想像中那樣溫柔，而是倨傲、冷酷、刻薄；她根本不想讓他碰自己一下。愛黛兒不是印度的公主。而德布瓦涅雖有個充滿貴族氣息的名字，本人卻並非法國貴族，他的妻子在婚後沮喪地得知了這一點。「他的姓名、家庭、過

---

*傑伊普爾（Jeypore），印度奧里薩邦一城鎮，原為奧利薩土邦的首府。

往的生活，」她說，「一切身世背景都瞞著我。」她知道了班奈特一家；但也沒為此煩惱。[55]德布瓦涅的性格才讓她心煩。他吝嗇、控制欲強，充滿了「東方式的妒忌」；「毫無節制地吸食鴉片」已經「麻痹了他的道德，也讓他的體力陷入癱瘓」（她說此話可能是在暗示他性無能）。[56]總之，這對夫妻彼此看不上眼。不到一年，他就讓她打道回府了。

但損失已無法挽回。德布瓦涅和愛黛兒搬去波特蘭坊*的一幢亞當†風格的奢華宅子時，班奈特一家卻躲藏在蘇活區。到一七九八年十月，德布瓦涅改了主意，大幅降低了他們的財務資助，如今只給努爾／海倫區區二百英鎊的年金，還有二百英鎊由安、查爾斯和喬治．波利爾這三個孩子平分。[57]即使如此，他還是以某些方式與他們保持著密切的聯繫。他從一疊疊帳單裡監視和記錄著他們日常生活的每一個細節。他知道查爾斯什麼時候去理髮，什麼時候去俯瞰城景；他給兒子買了課本、一塊寫字石板，還有「在學校裡喝水用的杯子」。他在遠處溺愛著安，女兒經常去劇院看戲，上舞蹈課，還有一台租來的鋼琴；還有，因為她還只是個十一、二歲的女孩，所以給她買了玩具娃娃、跳繩，還有一個跳棋棋盤。除了「貝谷姆太太」的補貼之外，她去牙醫那裡「拔牙」，或是去藥劑師那裡買「藥粉」的費用，都是由他支付的。全家似乎都飽受慢性感冒之苦，他持續為他們購買「黑醋栗止咳糖」和「治療咳嗽的各種罐裝麥芽糖滴劑」。[58]

一七九八年，德布瓦涅歸化為英國臣民，這可以保護他在正進行中的英法戰爭期間免受可能的羈押。與愛黛兒之間可能有過幾次和解。一八〇一年，在其中的一次和解期間，德布瓦涅計畫買下一處與他的財富和地位相稱的鄉間莊園。他在英格蘭四下物色合適的地產，遇到一處極好的選擇：羅伯特・克萊武的克雷爾蒙特莊園，在四分之一個世紀之前克萊武過世時，此處尚未完工，但如今已在其高高的地基上建築完畢，只等它的納勃卜了。但德布瓦涅和愛黛兒很快就又分居了，克雷爾蒙特的交易落空。[59]一八〇二年英法和談（結果卻很短命）期間，德布瓦涅獨自一人離開英國，去薩伏依安頓下來。

他在英國的五年裡，只有一件事情的結局真的不錯：克龍貝格號上的損失最終不算太糟。德布瓦涅的很多珍品都被從海上打撈了上來，其中包括他船艙裡的木箱，裡面裝的是貴重的金銀水煙筒以及他大部分的寶貴武器。他請求哥本哈根的代理商「命人清洗所有的武器，擔心鐵鏽會毀了它們，以至於無法使用，或是看起來不太有價值了，它們的價值更在於罕見和奇特，而不在其本身的用途上。」「用雞油」擦過之後，它們都煥然一新。[60]

堅守

「我的好友，聽說你在一位年輕迷人、和藹可親的伴侶身上發現了寶藏，我簡直再高興不過

＊波特蘭坊（Portland Place），倫敦中區的一條街道，沿街有很多外交機構和各類協會的大樓。

†羅伯特・亞當（Robert Adam，一七二八至一七九二），蘇格蘭新古典主義建築師、室內設計師、家具設計師。一七五四年，他前往羅馬學藝，回國之後在倫敦和其弟詹姆斯一起工作，併發展出「亞當風格」。

了，如你所說，她擁有最佳的素質，也如你所說，她出自如此體面的家族，你很高興，我的好友，我打從心底祝賀你……」一七九九年夏末，克勞德．馬丁致信伯努瓦．德布瓦涅恭喜他結婚。但馬丁一定也心情沉重。就在一年前，他還那麼自信地認為他的朋友很快便會回到印度，還吩咐德布瓦涅給他帶來「大約一兩千件精巧有趣的歐洲物事，不必太值錢，但量一定要大，」並得意地建起一座「共濟會小屋」，「等你來了，可以在我的新城堡招待尊貴的大人物。」[61]如今，雖然馬丁仍試圖勸說德布瓦涅回來，「你永遠都會得到我張開雙臂的歡迎，無疑還會榮任印度斯坦的司令，這裡的盧比會像雨點一樣落入你的手中」，但他知道德布瓦涅的婚姻實際上表明他不可能再回來了。[62]德布瓦涅走了。波利爾死了。而馬丁卻獨自一人堅守在勒克瑙。

一七八〇年代那個生氣勃勃的國際大都市勒克瑙消失了。多年來，馬丁一直說要離開這個他現在整日牢騷滿腹的地方：曾經充滿友誼和報償之地，如今似乎是偏僻的鄉下，既不舒適，也不時髦，相伴的只有「黑人」和一度繁榮的歐洲社交圈的殘餘。（雖然「我身邊總有一位女主人作伴」，他的「小姐」布洛內，他暱稱她為利斯，「我和我的女人度過了一些宜人的時光。」）[63]到一七九〇年代中期，隨著馬丁年屆七十，他的密友紛紛離去，健康狀況也急轉直下。一七九七年，阿薩夫．烏德－達烏拉去世了，這再次提醒他生命有涯，大概也是馬丁所熟悉的勒克瑙世界發生的最大轉變。然而，正是在那些孤獨和變化的歲月裡，馬丁開始了他最後、最大，也是最矛盾的自我塑造之舉。他決定死後也要像他活著的時候一樣：是勒克瑙的一位英國紳士。克勞德．馬丁就像現代翻版的法老一般，開始建造自己的陵墓。

或許是波利爾遭受暴力的驟逝，才使得馬丁以如此科學的精準來為自己準備後事。「當我死後，」他在一封無微不至的詳細遺囑中如此寫道，

我認為我會死在勒克瑙……我的要求如下，我的屍體可以用鹽、烈酒，或防腐藥處理，然後置於用我倉庫裡的鉛板製作的鉛質棺材裡，再把這口棺材放進五公分厚的木板製做的黃檀木外槨中，把整副棺槨埋在我的紀念館墓穴裡，或是在萊克帕拉那稱作康斯坦蒂亞宮的宅邸墓穴裡，在東北角的圓形小房間裡建一墳塚，離地面六十一公分高，將棺槨埋於其內，墓上覆蓋一塊有銘文的大理石碑……

自然，如何措辭他也自己擬好了：「少將克勞德·馬丁，一七三五年一月（五日）出生於里昂，做為一名普通士兵來到印度。他於某年某月死於某地，葬於此墓。為他的靈魂祈禱。」[64]但馬丁的這一行簡短自傳在好幾個方面都有誤導性。首先，他也許的確「出生於里昂」，但他在一七六〇年背棄了對法國的忠誠，從那時起一直自認為是英國人。一七八五年，他要求歸化為英國臣民。當他談起回歐洲時，腦海裡想到的是英國而非法國。「歐洲當然是享受生活之地，」一七八九年他寫信給奧札厄斯·韓弗理說，「對於我來說尤其是英國，除了在英國，我沒有其他的朋友和熟人，而且，」（這是個意義重大的聲明）「我在英國人中間度過了如此漫長的時光，完全可以說自己是個英國人了……」[65]其次，如果馬丁「做為一名普通士兵來到印度，」

他後來在那裡獲得了一個王公的金錢和地位。馬丁聚斂了超過四十拉克盧比的財富，將近五十萬英鎊，不僅成為印度最富有的歐洲人之一，而且很可能也恭列於英國富豪榜。讀到他這篇簡短碑文的人，眼前即是他的財富和白手起家的社會地位的鐵證。因為他自己設計的「此墓」簡直就是一座宮殿：位於勒克瑙東南鄉間的康斯坦蒂亞宮，「我起初建造這座宅邸的理由是想把它建成我的墳墓或紀念館。」這才是克勞德·馬丁想讓世界看待他的方式。

康斯坦蒂亞宮像它的建造者一樣：毫無謙遜之處。這座宅子在規模、概念和風格上均可輕易與英國同時代的宏偉莊園相媲美。在個性上則將那些莊園遠遠拋在身後。庭院裡裝飾著雕像：斯芬克斯、搖頭的滿洲官員，還有張著嘴的獅子（這是對馬丁的出生地里昂所開的玩笑*），它那燈飾的雙眼在夜晚閃爍著紅光。延伸而去的柱廊環抱著一大片開闊的綠地，緩緩而下，直至戈默蒂河畔。宅邸後面是馬丁自己的工廠鑄造的一排加農砲，其中包括康沃利斯勛爵號，氣勢洶洶地直指蒂普素壇於一七九二年在塞林伽巴丹建造的要塞。如今它面對著觀賞池上升起的一根高大的凹槽柱。站在康斯坦蒂亞宮四樓穹頂的拱門下，或許能看到遠處的一絲印度風情，低矮的橙色薄霧中的棕櫚樹或細高的宣禮塔。但你必須要仔細去找。[66]

馬丁也許孤獨，但他絕沒閒著。每天早晨，他騎馬出城督查建築的進度。每天傍晚，他在飽餐之後會乘坐馬車再去工地查看一遍。「我認為那座建築改善了我的健康，讓我得到了大量鍛鍊，」他開玩笑說。[67]他把自己的油畫掛在宅邸的畫廊裡，總算有個合適的地方來掛出他大約七十幅歐洲油畫，和至少同樣數量的印度藝術家創作的歐式風格作品了。他從自己充棟盈車的市內

康斯坦蒂亞宮，克勞德・馬丁最後的隱居之地。

宅邸費爾哈特・巴克什宮裡，把大約五千冊圖書搬進他優雅的新圖書室。他在康斯坦蒂亞宮裡還為他的科學儀器，以及多年來積攢的所有古董都預留了房間。客廳裝配了韋奇伍德式的簷板、巨大的垂直推拉窗和大理石地板；他還用枝形吊燈、鏡子、精美的地毯，以及戈布蘭壁毯來進行裝飾。在房外的地面上，馬丁最終把他的蒸汽機投入運行，為舞蹈噴泉提供動力。[68]他還規劃了一個歐式花園，請德布瓦涅給他寄來各類種子，「覆盆子、各種草莓、大醋栗、小紅白醋栗……洋蔥，……鬱金香、風信子、毛茛，……杏、桃、歐洲栗……刺苞菜薊、蒜葉婆羅門參，以及本地沒有的其他種子。」[69]康斯坦蒂亞宮「會讓我長期逗留，也許直至生命盡頭……」馬丁高興地說道，「或許我能高興地看到它的完工，聽到眾人對它的讚美，就像他們讚美我現在的宅邸一樣。」[70]

毫無疑問，康斯坦蒂亞宮是馬丁的白手起家故事的壯麗宣傳。它之於馬丁，正如克雷爾蒙特莊園之於羅伯特·克萊武：是建造者浩瀚的財富、品味、地位和天賦的持久證明。一位文物行家、收藏家和建築師，一位英國紳士，啟蒙時代的人物：克勞德·馬丁不但自己做到了這一切，還更上一層樓，他的宅邸正盛氣凌人地向世人公布了這一點。但這一切建立在一個悖論之上。因為如果馬丁如此執著於活得像個歐洲紳士，還急於讓大家都知道這點，那他為何不去歐洲，做個名副其實的歐洲紳士？他有足夠的養老金；他沒有子嗣；在那裡還有很多朋友和關係。

某些答案一目了然。對於馬丁來說，在一七九〇年代回法國已經絕無可能了。一七九五年的波利爾之死，把大革命的危險和破壞性變成了令人痛苦的關注焦點，馬丁也「深受其影響」。[71]英國就是唯一實際的可能了，然而那裡也存在著明顯的障礙。一方面，和所有的納勃卜一樣，馬丁擔心如何把錢匯回家，這在情況最好的時候也是件難事，如今因為歐洲的戰爭和阿薩夫·烏德－達烏拉死後阿瓦德的分裂，而變得難上加難了。再說誰也無法保證英國不受那些年逐漸蔓延的激進主義的影響，或者能夠抵擋住法國的全面入侵，一七九八年，眾人普遍擔心法國入侵（某種程度上並非沒有道理）。鑑於「這個時代的野性……（以及）歐洲各地的動盪不安，」馬丁的朋友們建議他留在勒克瑙，這無論是在財務上還是個人安全上，顯然更可靠。[72]此外同樣，儘管馬丁自稱是生活在勒克瑙的英國人，在倫敦生活就難得多了。他有個法國名字（雖說很容易英語化），他的血統眾所周知，他的英語支離破碎，口音極重。德布瓦涅或許已經告訴過他，法國人想要融入英國的社會，現在絕非最佳的時機。就連勒克瑙的一些英國人也尖刻地暗示要在他們中間「拋棄法國人」。[73]

所有這些因素（混亂、戰爭、波利爾之死、德布瓦涅的失望）顯然都會鼓勵馬丁留在勒克瑙。馬丁必然在這些因素上又加上了一個，那是能解釋他為何早在一七九二年便開始規劃其陵墓的唯一原因。因為克勞德．馬丁了解他的朋友所不知道的事：身外之物是帶不走的。他自詡為勒克瑙的英國紳士，就像安托萬．波利爾成為蒙兀兒貴族，或伯努瓦．德布瓦涅成為馬拉塔軍閥一樣，牢牢地扎根於印度。馬丁在勒克瑙獲得了社會和經濟上的自由，這才得以仿效他羨慕已久的歐洲生活方式。然而他不過是個仿製品而已。基於白手起家的財富、法國血統，以及印度的機遇，這種複製品根本無法與道地的身分相媲美。總之，儘管他的理想抱負直指歐洲，他在勒克瑙所取得的巨大成功卻根本無法移植到那裡去。甚至在波利爾和德布瓦涅的例子證實這一切之前，克勞德．馬丁的內心深處一定明白，帶走他的勒克瑙身分是不可能的。

對於馬丁來說，留在勒克瑙是個艱難的決定，沒什麼值得高興的。但他還是安慰自己說這是個正確的決定。至於大家嫉妒他的財富，或是敵人在他背後嘟囔那些詆毀人格的謠言，「這都沒有什麼，」他對德布瓦涅說：

＊里昂（Lyon），即法文的「獅子」。

「我死後就是世界的末日」。無論如何，我都會盡量留下足夠的財產，讓我在大地母親的懷抱裡有一席之地，我們都要回到那裡去的，因為我們都不過是世上的過客，盡力住在最好的房子裡，過上力所能及的最好生活，做我們能想到的最好的事，同時心安理得。[74]

他就這樣寬慰著自己，並繼續建造他的宅邸。

但他處於極大的不適中。他是個備受折磨的將死之人，忍受著性病、前列腺腫大和膀胱潰瘍的三重痛苦。疼痛時而發作，他每個小時都會在痛苦中醒來，疼得幾乎要發瘋了。他是個聲名狼藉的不虔誠之人，卻在最後的時刻喚來神父，或許正是這個原因。不過，這個老罪人過去曾回避和侮辱過邦東神父，如今神父以牙還牙，拒絕來到馬丁的臨終床前。一八〇〇年九月十三日晚上，克勞德．馬丁做為一個未經懺悔的天主教徒，回到了「大地母親的懷抱」，和他生前一樣，他到死都身分不明。

按照他的指示，他被葬在自己宅邸的深處，遺體上覆蓋的銘文也正如他起草的那樣。最終，那就是他的回報。堅守勒克瑙給馬丁帶來了一種罕見而無價的奢華享受：自撰碑文，自建墳墓。在人性與傲慢，法國性和英國性這些孿生訊息中，在印度的核心地帶盛氣凌人地再造歐洲的舉動裡，克勞德．馬丁向世界展示了他所成就的一切。

遺產

「我死後就是世界的末日」：馬丁的話恰如其分。他所熟悉的那個繁榮混居的勒克瑙完蛋了。一七九八年初，阿薩夫・烏德－達烏拉去世六個月後，公司粗暴無禮地驅逐了充滿敵意、據說精神失常的納瓦卜繼承人瓦齊爾・阿里*，任命了他們偏愛的候選人，阿薩夫同父異母的兄弟薩達特・阿里汗†。阿薩夫把歐洲元素混入了基本上屬於印度－波斯的宮廷文化，而在加爾各答受到英國人撫養與教育的薩達特・阿里卻希望以直接的同化取而代之。新的納瓦卜穿著本色布的馬褲和天鵝絨的騎手上衣，會說一些英語，「任何人拿他與威爾斯親王‡相比都會讓他心花怒放，」還養了一群印度最好的獵狐犬。一八〇三年，瓦倫西亞子爵和他在勒克瑙共進晚餐，吃的是薩達特・阿里的法國廚子準備的法式大餐，用最精美的歐洲盤子和水晶杯端上來，還有一支英國軍樂隊奏樂助興，「場景非凡，與我想像的亞洲禮儀全然不同，」子爵說，「以至於我幾乎無

---

*瓦齊爾・阿里（Wazir Ali，一七八〇至一八一七），阿瓦德的第四位納瓦卜大臣，阿薩夫・烏德－達烏拉的養子。他被英國人趕下王位後企圖叛亂。英國人平叛後，他在鐵籠裡度過了十七年的餘生。

†薩達特・阿里汗（Saadat Ali Khan，一七五二至一八一四），舒賈・烏德－達烏拉的次子。一七九八年，約翰・索爾爵士為他加冕。

‡當時的威爾斯親王是喬治・奧古斯塔斯・弗雷德里克（George Augustus Frederick，一七六二至一八三〇），一八二〇年加冕為英王喬治四世。

法說服自己這一切不是一場化裝舞會。」[75]

當然，那**就是**一場化裝舞會：公司對阿瓦德的經濟、軍事和政策控制都更勝以往，起初只是幕後操縱，後來愈來愈肆無忌憚。回想起來，似乎是從薩達特・阿里開始，公司就和納瓦卜攜手踏上了他們自己的毀滅之路。一八〇一年，公司徹底強占了半個省。十八年後，又慫恿納瓦卜加齊・烏德丁・海德爾*自我加冕為至高國王（padshah），與蒙兀兒皇帝徹底決裂，實際上是公開與英國人結盟。[76]一八五六年，公司吞併了阿瓦德的其餘部分，這是誘發一八五七至一八五八年印度譁變叛亂的關鍵一舉。譁變的最初、也是最野蠻的行動正是發生在勒克瑙，在這個東西方融合程度一度比亞洲任何角落都更高的地方；勒克瑙的英國人定居點的廢墟如今仍然矗立在那裡，像昔日的一副殘骸，讓人想起那暴力的一年。譁變之後，公司被英屬印度的直接統治所取代。納瓦卜首府的大部分建築都消失了，因為英國規劃者將這座城市騷亂頻發、疾病盛行、腐敗而墮落的街巷全都夷為平地。[77]

當然，那一切發生在遙遠的未來。但一八〇〇年馬丁的死恰好發生在一個臨界點上。他死在英國、歐洲和印度之間的文化、社會和政治邊界相對來說還可以相互滲透的一個時代的尾巴。他自己的多層次形象（自稱英格蘭人的法國人，生活在半獨立的蒙兀兒省分裡）是下一代人很難做到或容忍的。（回想一下，瓦倫西亞子爵曾尖酸刻薄地指責他是個暴發戶。）馬丁之死也與一個英國帝國擴張的重要過渡時刻不謀而合：大革命－拿破崙戰爭的爆發，以及埃及和印度等帝國舞臺上上演的英法衝突。就像波利爾和德布瓦涅親身經歷過的那樣，這種新的帝國和全球戰爭讓某些形式的跨界變得更難，也更罕見。回到歐洲後，他們發現自己在印度拼湊出來的形象，並不能工整地映射回歐洲社會和國界之內。他們本是「歸」國還鄉，卻成了陌生國度的異鄉客。

這三個人所經歷的損失和妥協，對於他們身處其中的宏大歷史場景有何啟示？他們的故事只是滄海一粟，卻有助於理解普通人被捲入遠比他們宏大得多的事件之中無力脫身。然而，這裡的每一個人也都在他們的世界留下了痕跡。他們留有物質遺存。他們留下了收藏。在他們的遺產中可以追蹤到英國、歐洲、印度和帝國之間在接下來的幾十年裡如何相互影響的某些變化。

第一個要考察的遺產極其實在，通過安托萬．波利爾的命運來探討最合適不過了。藏品運到歐洲後發生了什麼？主人死後，它們的下落如何？

在某種意義上，和波利爾本人一樣，回到歐洲對波利爾的手稿藏品而言也是一場災難。手稿被帶出印度蒙兀兒帝國後，就失去了起初刺激波利爾買下它們的社會價值；這肯定是他本人對它們失去興趣的部分原因。波利爾的不同尋常之處在於，他有一個親戚，也就是他的堂妹瑪麗，對他那些奇怪的印度檔案視若珍寶。即使如此，他的收藏也像很多其他人的收藏一樣，在他死後散佚四方。[78]大多數時候，收藏家的繼承人會因為無法解讀手稿所用的語言而認為它們「無用」，因而藏品存在「被忽視的危險，無論是在歐洲還是在印度，最終絕大部分都消失了。」「這一文

＊加齊．烏德丁．海德爾（Ghazi ud-Din Haidar，約一七六九至一八二七），阿瓦德的最後一任納瓦卜，也是阿瓦德第一位國王。他是薩達特．阿里汗的三子。

化損失」如此常見，以至於東印度公司本身在一七九八年決定介入，成立了一個「『英國』東方檔案公共倉庫」。[79]

一八〇一年，後來改稱印度博物館的「東方庫」在公司的倫敦總部利德賀街對公眾開放。這是帝國收藏史上的里程碑：是英國（大概也是全歐洲）第一家專門致力於非歐洲藏品的機構。在一個層面上，博物館是正在死去的一代收藏家的機構繼承者；例如在成立的頭十年裡，它就得到了極大的充實，收入約翰・伍姆韋爾、理查・詹森和華倫・哈斯汀收藏於勒克瑙的大量手稿。[80]但它又不止於此。公司希望「通過這樣的收藏，」印度文學「仍可以在這個國家保存下去，哪怕因為時過境遷或者大家對它失去了興趣，它會部分喪失原有的地位。」[81]如今，世人普遍呼籲保護，但這種說法在當時還很新奇。公司任命自己為印度文學傳統的監護人，把自己用蒙兀兒的斗篷包裹起來，以不同的化身假裝成贊助人和保護者，直至大英帝國在印度的末日來臨。

十八世紀幾乎所有的印度手稿收藏家都曾親身在印度生活過。這種情況也在變化。在佳士得，自一七六六年公司成立以來，直到一八〇〇年為止，沒有賣出一件「東方」手稿的藏品。但是單在十九世紀的頭十年，該拍賣行就賣出了三個重要的印度手稿藏品。這種市場活動的突然爆發，既表明有新的供應源（去世收藏家的遺產）也表明有新的需求。那時，歐洲正在形成一個「東方通」的圈子。[82]其核心人物是東印度公司的前官員，比如梵語學者查爾斯・威爾金斯*，或親波斯人士威廉・烏斯利†爵士和戈爾・烏斯利‡爵士兄弟。但它也包括與印度沒有個人聯繫的審美家和年輕的浪漫派，比如作家和狂熱的收藏家威廉・貝克福德§，他鋪張浪費的新哥德風格宅邸豐特山修道院，是有史以來最精采的自我塑造聲明。貝克福德實際上買下了安托萬・波利爾的一些畫集，此舉相當合適，因為他也在進行一種世界主義的融合：把家族在西印度群島的糖業財富變成東方古董的收藏。[83]貝克福德是一種新式帝國收藏家，他使用帝國的金錢購買帝國的物件，卻無須離開帝國的首都倫敦。

武器、金屬製品、珠寶、紡織品、雕刻品，諸如此類等實際物品和手稿之間的距離不斷擴

＊查爾斯・威爾金斯（Charles Wilkins，一七四九至一八三六），英格蘭印刷商和東方通，也是亞洲學會的創辦人之一。他以《薄伽梵歌》的第一位英語譯者而聞名。

†威廉・烏斯利（William Ouseley，一七六七至一八四二），英國東方學家。早年間曾在龍騎兵軍團任初級旗手，離開軍隊後去荷蘭萊頓學習波斯語。他出版了《波斯雜記》（*Persian Miscellanies*，一七九七至一七九九）等一系列有關東方的著作。一八〇〇年，印度總督查爾斯・康沃里斯提議冊封他為爵士，以表彰他在促進東方研究方面的貢獻。

‡戈爾・烏斯利（Gore Ouseley，一七七〇至一八四四），英國企業家、語言學家和外交官。他曾在勒克瑙的英國政府工作，並成為薩達特・阿里汗的朋友。他在戈默蒂河畔為後者建造了一座巴洛克風格的「心悅別墅」（Dilkusha Kothi），後毀於勒克瑙圍城戰役。一八〇八年，他在威爾斯利爵士的推薦下獲封從男爵。一八一三年，他與俄羅斯和波斯交涉，簽訂了重新劃定兩國邊界的《戈勒斯坦條約》。

§威廉・貝克福德（William Beckford，一七六〇至一八四四），英格蘭小說家，揮霍無度、知識淵博的藝術收藏家，裝飾藝術作品的贊助人，批評家，遊記作家。他以曾是英格蘭最富有的平民而聞名。著有法語哥特體小說《瓦希格》（*Vathek*，一七八六）等。

利德賀街上的東印度大樓。一八〇一年，印度博物館在此地開放。

大，將兩者區分開來。前者往往是做為個人紀念品帶回來的，一般仍舊保存在私人家族手中。（例如羅伯特．克萊武的收藏，如今在其繼承者的家：波伊斯城堡裡展覽；而德布瓦涅的家族擁有伯努瓦的很多武器。）但手稿大概都進了圖書館或印度博物館等「公共」領域。因為那些收藏分散的範圍很廣，也被以全新的方式分類。波利爾本人收藏了各種語言的手稿，在「印度教」和「穆斯林」手稿之間未做明顯的區分，在他死後，他的大部分梵語手稿都留在歐陸，而波斯語和阿拉伯語手稿則被送入了伊頓公學和劍橋大學國王學院，供未來若干代印度政府官員研究之用。一旦分開，特別是按照宗教和語言劃分，那波利爾建立的收藏（他在阿薩夫治下的勒克瑙通過自己社交圈子蒐集統一起來的收藏），就永遠消失了。

勒克瑙一代的第二項遺產與人性有關，德布瓦涅的命運以令人心碎的細節透露出這一點。忠心駁雜之人一旦回到歐洲會有怎樣的下場？而陪伴他們的人又會怎樣？

一八〇二年，英法締結《亞眠和約》*後，伯努瓦．德布瓦涅設法回到了他鍾愛的「薩伏依雪山地區」。[84]他在逾三十年後回到尚貝里，此時他不是離開時的萊沃爾涅了，而是名利雙收的德布瓦涅將軍，還在俯瞰比松龍小鎮的山上給自己買了一座芒薩爾式屋頂†的宏偉灰色宅邸。然而他與那裡的一切都格格不入。四個世紀以來，薩伏依一直是個獨立的公國，如今卻實際上淪為法國的殖民地，一七九二年被革命軍入侵、占領和吞併。一八〇三年，英法恢復敵對後，德布瓦涅再次被搞得措手不及。「英格蘭的博伊恩將軍」（法國報紙如此稱呼他）用英國護照來到巴黎，很可能會遭到羈押。

我們不知道他究竟如何逃過了逮捕。但自由的代價是與薩伏依的法國首腦們互相勾結，或者至少謠言有此一說。一八〇三年，據說拿破崙．波拿巴寫信給這位老兵，請求他協助領導一支法

*《亞眠和約》（Peace of Amiens），拿破崙戰爭發生期間的一八〇二年三月，由當時法蘭西第一共和國第一執政拿破崙．波拿巴的兄長約瑟夫．波拿巴及英國的康沃利斯侯爵代表法英雙方所締結的休戰條約。和約規定，英國從馬爾他、直布羅陀、埃及等占領地撤軍，把管治權交回馬爾他的聖約翰騎士團、直布羅陀殖民地的荷蘭。與此同時，法國從拿玻里王國、羅馬教宗領地等地撤軍。

†芒薩爾式屋頂（mansarded），又稱法式屋頂或緣飾屋頂，是一種四面複斜式的廡殿屋頂，下部斜頂開有老虎窗。

俄聯軍入侵英屬印度。消息很快傳到了印度總督理查·威爾斯利*那裡，說「德布瓦涅先生……如今是波拿巴的頭號親信。他經常出入聖克盧宮†。原因和理由留待閣下判斷。」倫敦的報紙連篇累牘地誹謗攻擊「法國人」德布瓦涅。[85]德布瓦涅從未見過拿破崙，但此事的寓意昭然若揭。被戰爭分裂的歐洲無法忍受效忠於多方。在英法開戰時，顯然不可能既是英國人又是法國人。只有到一八一五年重新建立了薩伏依王朝‡後，德布瓦涅才再次以薩伏依人的身分（一八一六年後又以維克托·伊曼紐爾§授予他的伯爵身分）遊走於兩國之間。

在國內，德布瓦涅一八〇二年回到尚貝里也並非圓滿無憾。愛黛兒沒有隨行，這對雙方都很合適。但他在比松龍倍感孤獨，思緒常常會回到他留在英國的第一個家庭。他透過共同的朋友時時了解他們的行蹤，還不定期地和努爾通信。「海倫·班奈特」，她有時被稱為「貝谷姆·班奈特夫人」（一個以數種語言書寫的奇妙頭銜◎），或乾脆被稱為「貝谷姆太太」，如今靠一筆二百五十英鎊的年金生活，住在德布瓦涅在薩里郡為她買下的一幢房子裡。本地社交圈子認為她是德布瓦涅的正妻。[86]又名巴努·詹的安是個漂亮女孩，「雖然是印度母親所生，但眼睛的顏色非常美麗」，她在漢默史密斯的巴克夫人的學校念書。查爾斯，也就是阿里·巴克什，是個高瘦的少年，在赫特福德郡的聖艾德蒙公學勤奮學習。[87]一八〇四年，安十五歲時，德布瓦涅決定把她帶出國和他一起生活，讓她理家。那年九月，她乘船前往荷蘭，又向南穿過比利時，和父親在巴黎會面。他們分離至少兩年了，也許長達六年。他再次看到女兒，喜出望外。

但安從布魯塞爾便一路生病，儘管父親立刻帶她回到他在巴黎郊外的博勒加爾莊園，「她總算到了……卻只能上床休息，直到十二天後死在我懷裡。」德布瓦涅痛不欲生。他詛咒自己的自私：「如果我考慮到她的幸福而不是我自己的話，她現在就還會活著。……她很快樂，但我再也不會幸福了。」海倫也遭到了重大的打擊。「我不知道該如何寫下我的不幸，」她說。「我想你的確是像我一樣地愛她……她很快樂，是個天使，在天堂裡為我們祈禱。」這對父母跨過將他們隔開的多重障礙，分享著無法言說的悲痛。[88]

---

*理查．威爾斯利（Richard Wellesley，一七六〇至一八四二），第二代莫甯頓伯爵（愛爾蘭貴族頭銜），愛爾蘭和英國政治家和殖民地官員。一七九九年，他被授予威爾斯利侯爵（愛爾蘭貴族頭銜）。他曾先後任職印度總督、英國內閣外交大臣，以及愛爾蘭總督。

†聖克盧宮（St. Cloud），法國的一座宮殿，位於巴黎以西五公里的郊區聖克盧。

‡薩沃伊王朝（House of Savoy），該王朝創建於一〇〇三年，起初擁有薩沃伊、萊茵河以東和日內瓦湖南部地區。一四一六年，該家族被提升為神聖羅馬帝國的公爵，但此後一直處於衰敗的狀態。十七世紀時歸義大利統治。薩沃伊王室在復興運動時期很強盛，曾於一八六一年至一九四六年統治義大利。一九四六年的公投廢黜了王室。

§維克托．伊曼紐爾（Victor Emmanuel，一七五九至一八二四），薩伏伊公爵和撒丁尼亞國王（一八〇二至一八二一）。

◎貝谷姆．班奈特夫人被寫作 Mde. Begum Bennet，其中夫人（Mde.）為法語，貝谷姆（Begum）為印度語轉寫，而班奈特為德布瓦涅的名字伯努瓦轉寫為英語的人名。

德布瓦涅又過了十年才終於再次越過海峽。在這些年裡，查爾斯長成了一個既有能力又有目標的年輕人，他在林肯律師學院學習法律。他常去薩塞克斯郡看望搬到那裡去的母親；有時還寫信給父親，只是常常會因為很長時間收不到回信而頗感不安。但一八一四年和平再度降臨英法兩國時，德布瓦涅叫查爾斯來與他共同生活。一八一五年夏初（就在拿破崙準備在滑鐵盧迎戰英國人的時候），二十二歲的查爾斯．班奈特在布洛涅*上岸了。德布瓦涅上次見他的時候，他還是個不到十歲的男孩。這個上前來跟他打招呼的年輕人看上去極像他的父親：高大，一樣的長鼻子，瘦得像一道裂縫，還有瘦削高聳的顴骨。但父親的頭髮銀灰稀疏，兒子卻是滿頭黑髮。他的膚色是明顯的褐色，言談舉止就像一位年輕的英國紳士。[89]

一八一六年，德布瓦涅正式賦予查爾斯合法權利，讓他成為不斷增長的德布瓦涅龐大財產以及新的家族伯爵頭銜的繼承人。同年稍晚，查爾斯與薩伏依最有名望的一個家族聯姻了。一八三〇年，八十歲的德布瓦涅入土時，對其子在財富、社交和宮廷中的前途充滿信心。他留下來的金融帝國從義大利到丹麥，一直延伸到美國，在多個國家擁有地產，在薩伏依的地位極具影響力，還有一個世襲的頭銜。如此，他本人的混合身分合而為一，與他的繼承人一起，總算獲得了一個單一的身分：薩伏依貴族。

同樣也是透過查爾斯，德布瓦涅生活的另一面才無意間變得明朗起來。愛黛兒對丈夫的鄙視與日俱增，卻意外地對只比自己小七、八歲的繼子很有好感，在查爾斯的一生裡，他們兩人之間一直保持著友好的關係。（她本人在復辟時期的巴黎主持過一個星光閃耀的沙龍，並留下了她自己的遺作《德布瓦涅伯爵夫人回憶錄》，在這部觀察敏銳的兩卷著作中，她鮮少提及她所憎惡的丈夫，也完全沒有談到她半印度血統的繼子。）[90]然而，查爾斯與他的親生母親卻漸行漸遠。海倫·班奈特留在英格蘭，住在聖倫納德森林一條林間小路盡頭的鄉間小屋裡。她被人稱為「黑女人」，抽水煙筒，定期參加彌撒，比她的兒子還多活了幾個月。一八五三年，她享壽八十一歲，像一個好天主教徒一樣埋在教堂的墓地裡。但與眾人不同的是，她的墓地向著南方。她的本意是面向東南，朝著麥加的方向，暗示她穆斯林和印度人的出身嗎？還是聲明放棄那些出身，像她生前那樣，死後也回避東方？[91]

不禁要把伯努瓦·德布瓦涅的鼎盛時期，看作是波利爾悲劇收場的「要是如何又會怎樣」的重寫版。波利爾試圖以貴族和法國人的身分生活，卻遭到謀殺；德布瓦涅熬過了革命和戰爭，最終取得了成功，既獲得了頭銜，也獲得了其祖國薩伏依的國籍。但更真實的比較或許不在他們的生活，而在於他們的遺產：德布瓦涅的家庭和波利爾的手稿收藏。德布瓦涅的家庭在很多方面和收藏一樣，在歐洲流離失所，四分五裂：海倫在英國離世，安死於法國；伯努瓦和查爾斯最終的歸宿在薩伏依。每一個人也都被歸進了新的類別。至於德布瓦涅本人，回到歐洲意味著要面對他的野心，以及對英國、法國、薩伏依、印度的忠誠之間的衝突。這意味著可能會失去自由和幸

*布洛涅（Boulogne），法國北部英吉利海峽沿岸的一個港口城市，現名濱海布洛涅（Boulogne-sur-Mer）。

福；最重要的是，這意味著不得不一再妥協。如果他是成功的典範，那麼說到底，和波利爾的故事一樣，這也是一個失敗的故事。

這些人物和他們的世界主義時代所引發的第三個、也是最後一個問題，可以透過克勞德・馬丁的遺產來加以考察。在印度又留下些什麼？

在馬丁死後那幾個月裡，在忠實的約瑟夫・凱羅斯的監督下，一隊職員在馬丁的兩座大宅費爾哈特・巴克什宮和康斯坦蒂亞宮的房間裡四下搜尋。他們的任務是為所有東西開列清單，這真是個冗長而耗時的任務。他們檢查了每一口箱子，打開了每一個抽屜，查看了每一層架子，以斜體墨跡計數、描述並記錄，那一長串物品名稱簡直看不到盡頭。他們在大約六個月後結束了這項工作，所列的清單長達七十六頁。這份清單如今仍保留在檔案館裡，像是馬丁一生的資產負債表，也像是各種物品的傳記。我們對他鋪張浪費、兼收並蓄的巨大收藏的命運知之甚少，除了常見的散佚故事之外，一無所知。大多數的收藏都包裝起來送去加爾各答，在那裡由城市的一流拍賣師威廉・塔洛負責賣掉了。總督理查・威爾斯利為他的新總督府買下了馬丁的枝形吊燈和鏡子，馬丁的很多財產也可能最後流入了非歐洲的家庭。[92]在勒克瑙，納瓦卜薩達特・阿里汗因為費爾哈特・巴克什宮「非常寬敞的閨房」而買下了它。[93]克勞德・馬丁的物質世界就這樣消失在加爾各答和其他地方的沙龍中。

當然，康斯坦蒂亞宮保留了下來。這座宅邸按照他的設計完成了，他的遺體也葬於其中；墓地由「兩位毛拉（每月二十盧比）或一位神父（每月五十盧比）」和四座印度士兵的石膏像負責管理（這也是文化交流的一個絕佳的例子）。而他對這座宅子還另有規劃。馬丁從未有過子嗣，但他卻希望能有個繼承人，或者說繼承人愈多愈好。[94]他決定把康斯坦蒂亞宮變成「有志於學習英語語言和基督教的年輕人的一座學校或公學」。他在遺囑裡捐錢建立三所中學：一所在勒克瑙的大宅裡，另一所在加爾各答，第三所在里昂，三所學校都以他的名字命名為馬蒂尼埃中學。加爾各答和勒克瑙兩所馬蒂尼埃中學的學生們都學習英語和波斯語，並由穆斯林毛拉和天主教神父負責照料（就像馬丁的墳墓一樣）。每年的九月十三日，學生們舉杯紀念馬丁。[95]他的遺產是一個重要的提示，說明並非所有的融合都隨十九世紀而去。就連他這樣一個移居國外並歸化英國之人，在遺囑中也沒有忘記寫下出生的城市和法國的親屬。他奢華的歐式大樓依然矗立在勒克瑙郊外，那裡的印度學生和加爾各答的學生仍在繼續接受以他的名義進行的英語教育。

然而，如果說像數代歸國者發現的那樣，身為「印度人」在歐洲處境艱難，那麼像克勞德·馬丁那樣（法國血統，選擇做英國人，採取歐洲人的生活方式）身為「歐洲人」生活在印度，也變得愈來愈不可能了。馬丁的勒克瑙形象部分取決於這位舉止優雅的紳士寬泛的歐洲背景，英國人與法國人之間的差別無甚意義可言，也無關緊要。但印度和歐洲一樣，一七八九年之後，英法的敵對和戰爭把歐洲人分成了對立的陣營，對峙的勢頭有增無減。馬丁堅守印度，逃過了德布瓦涅被困在倫敦的法國公民和巴黎的英國臣民之間的荒唐境地。他設法始終保持在兩者之間。他的很多說法語的同輩卻無法做到。

在馬丁死時，遍布整個次大陸的歐陸人都像他一樣，在為印度諸王公服務。英國人也是一樣，仔細研讀德布瓦涅的軍官名單便可發現：愛爾蘭人，如著名的冒險家喬治·湯瑪斯*；以及海德·揚·赫西†和詹姆斯·斯金納‡等英裔印度人。[96]但公司在英法戰爭背景之下的擴張，對歐洲人和印度土邦之間的關係施加了壓力。公司邀請英裔印度人和英國「變節者」回到它的軍隊裡來之後，它愈來愈懷疑軍隊以外的歐陸人，常常給他們貼上「法國人」的標籤。[97]在海德拉巴，尼札姆的步兵在法國人雷蒙揮舞的三色旗的率領下前進。在北印度斯坦，德布瓦涅的馬拉塔軍隊繼續在法國將軍佩龍及其歐洲人下屬的指揮下訓練和戰鬥。最顯眼的是在邁索爾，薩伏依人訓練的軍隊為蒂普素壇而戰，蒂普素壇成功地適應了歐洲人的軍事和立法技巧，使他成為英國在南印度擴張中最危險的對手。

十八世紀末，焦慮的英國當局認為所有這些勢力都是親法的，特別是蒂普素壇。但在英國人和法國人、朋友和敵人之間劃清界限的絕不止公司一家。來自法國的戰鬥口號也震耳欲聾：印度軍隊的法國軍官和老兵都受邀用他們的經驗和資源來與公司為敵，有些人還是自願前來。無論拿破崙是否遊說德布瓦涅協助一八〇三年入侵印度，法國人的確制定了這樣的計畫：在印度現役或退伍的法國士兵都是現成的，其中很多人都準備幫忙。[98]總之，在克勞德·馬丁和他的朋友們的那個時代之後，留在印度的歐洲人社會在未來的幾十年裡都會以國家和文化的界線被徹底改造，更廣泛的歐洲人與印度人的關係也是一樣。

貫穿所有這些生命和遺產的是一個單一的主題。每一個故事都表明，形成於十八世紀末的混雜、融合與協作，是如何在十九世紀分解成新的類別。藏品如此。當跨文化的收藏被取代或散佚，它們就會以新的主題重新組合，落入新人的手中。人也一樣。當集各種效忠於一身的人繼續前進，進入新的背景時，他們就會被迫做出選擇，拋棄或改變其混雜的身分。不妨說，這同樣適用於國家。英法兩國間的戰爭以新的強度延伸到亞洲時，本土勢力和其中的歐洲人圍繞著戰鬥人員，以前所未有的鮮明和清晰立場締結了同盟。這些關係的排列組合發生在十八世紀末，其爆發的地點在印度洋的兩側：埃及以及南印度的邁索爾王國。

---

*喬治．湯瑪斯（George Thomas，約一七五六至一八〇二），愛爾蘭僱傭兵，後來成為活躍於十八世紀印度的一位拉者。一七九八年至一八〇二年，他統治著印度的一個小王國，此地是他從哈里亞納邦的希薩爾縣和羅塔克縣分割而來的。

†海德．揚．赫西（Hyder Jung Hearsey，一七八二至一八四〇），英格蘭僱傭兵，曾在馬拉塔服役，後來成為喬治．湯瑪斯的手下。一八〇三年第二次英國—馬拉塔戰役爆發時，他決定加入英王的軍隊。

‡詹姆斯．斯金納（James Skinner，一七七八至一八四一），英裔印度軍事冒險家。他以為英國培養的兩支騎兵團而聞名，這兩支騎兵團如今仍存在於印度軍隊中。

第二部

帝國的碰撞

1798-1801

第四章 入侵埃及

新的戰爭，新的帝國

英法帝國戰爭的新篇章始於巴黎，那裡殺死了一位國王，開啟了另一場戰爭。一七九三年一月二十一日黎明前的幾個小時，被判死刑的國王路易十六準備赴死。他向愛爾蘭神父懺悔；摘下了婚戒，這將與裝著幾綹家人髮絲的小包一起交給他悲慟欲絕的妻子，她將在幾個月後步其後塵；爬進一輛有篷馬車，馬車慢慢地載著他穿過寂靜的街巷，從聖殿塔*監獄駛向革命廣場†。十點鐘，公民路易・卡佩‡將在那裡一步步地登上斷頭臺（面對他祖父的騎馬雕像曾經豎立的位

---

*聖殿塔（Temple），巴黎歷史上的一座中世紀堡壘，位於今天的巴黎第三區。十二世紀，聖殿騎士團在瑪萊區興建舊聖殿塔，作為其歐洲總部。堡壘的一部分後來用作監獄。

†革命廣場（Place de la Révolution），巴黎市中心塞納河右岸的一個大廣場。原名路易十五廣場，法國大革命期間改名革命廣場。十九世紀曾數次更名，最終定名為協和廣場。

‡路易・卡佩（Louis Capet），路易十六的本名。

置，如今只有空蕩蕩的基座），在兩萬人面前維護自己的清白，並在吉約坦醫生的**國家剃刀***下失去了頭顱。[1]

處決路易十六，標誌著自一七八九年攻占巴士底獄以後展開的後續事件走上了一條不歸路。只要國王還在位，法國大革命看起來像是實施了受法律約束的英國式君主制，只不過摧毀了舊制度貴族和神職人員的很多陳腐特權而已。因此，法國大革命起初受到了拉法葉侯爵†等自由派法國貴族和很多英國人的歡迎。但在一七九二年八月，一夥暴徒攻占了杜樂麗宮‡之後，事態顯然即將發展為一場翻天覆地的革命。國民議會被共和制政府「國民公會」取代，雅各賓派很快便在其中接管了權力；君主制被徹底廢除；國王和王后遭到審判和處決。再也沒有國王，再也沒有權勢集團，人人平等：路易十六的處決，標誌著一種全然不同的秩序的開始。它還為英法之間由來已久的敵對開啟了新的篇章。

弒君的消息震驚了英國。用當時一位編年史家的話來說，「聽到不幸的路易被定罪和公開處決的消息，對於法國共和國的每一種厭惡的情緒都變成了熊熊怒焰……」[2]倫敦的法國大使被解職了，這是理所當然之事；一七九三年二月一日，經過數月的爭辯和挑釁，法國對英國及荷蘭共和國宣戰。就連在十年前承受了失去十三殖民地的災難性損失、從此強烈反對戰爭的英王喬治三世，也有感於路易的命運而產生了好鬥的情緒。「的確，」他在法國宣戰的次日寫信給首相小威廉·皮特說，「我天性愛好和平，只要形勢不似當前這般危急事，都不會讓我斷然採行這種想法，即責任和利益在召喚我們團結起來，反對這個最野蠻、最不道德的國家。」[3]

當時，他和任何人一樣沒有料到，這時開始的反法戰爭將會綿延不絕，直到一八一五年的滑鐵盧戰役才會平息。而如果說法國大革命標誌著「現代」政治的發軔（這一點至今仍是廣泛共識），與之相伴的戰爭同樣標誌著一種新型衝突的開始。這個開始之所以令人震驚，只是因為在各方面來看，大革命－拿破崙戰爭不同於一六八九年以來五次漫長的英法戰爭，它甚至與同是分水嶺的「七年戰爭」也不相同。這場戰爭的結果不僅是龐大的人員損失，巨大的政治變化，以及色彩濃重的民族認同感，還帶來了世界強國的新布局，造就了一個新式帝國。

首先，處決國王一事就清楚地表明，這個衝突的意識形態比例大大超過了英國此前對戰法國波旁王朝的那些戰爭。早先的衝突是英國的自由、英國的新教，以及英國式的君主制與法國的專制制度和天主教信條的暴政相抗衡。然而，從一七九三年起，戰爭不再是兩種不同模式的王權、

＊約瑟夫．伊尼亞斯．吉約坦（Joseph-Ignace Guillotin，一七三八至一八一四），法國醫生。他是廢除殘酷死刑的主要宣導者之一。他推動了一項法律，要求所有的死刑都應由一個簡單高效的裝置來執行，盡可能地減少痛苦。在西方語言中，斷頭臺（Guillotine），又被稱為「國家剃刀」（rasoir national）即是以他的姓氏來命名的。

†拉法葉侯爵（Marquis de Lafayette，一七五七至一八三四），法國將軍、政治家，同時參與過美國革命與法國革命，被譽為「兩個世界的英雄」。他一生致力於各國的自由與民族奮鬥事業，晚年還成為一八三〇年法國七月革命的要角，親手把大革命的三色旗披在新國王路易腓力身上。

‡杜樂麗宮（Tuileries Palace），曾是法國的王宮，位於巴黎塞納河右岸。

教會和國家之間的交鋒；而是兩種截然相反的社會願景之間的衝突。在英國人看來，這是保衛他們熟悉的社會秩序，反對沒有國王、沒有上帝、平等共和的「恐怖統治」＊的戰鬥。在法國革命者看來，這場衝突是理性、平等和自由對抗宗教、特權和苛政之戰。這些意識形態的信念的力量，使得大革命－拿破崙戰爭與「七年戰爭」的關係，有如後來的第二次世界大戰之於第一次世界大戰。「七年戰爭」是為權力、土地和安全而戰；如今，英法兩國則是為了保衛和擴大其各自的生活方式而戰。

戰爭的人員和資本規模也浩大得多。這正是大革命－拿破崙戰爭不同於此前的英法衝突的第二個方面。法國大革命的「人民軍隊」有五十萬到七十五萬人，其規模將近「七年戰爭」戰鬥力的兩倍；其中單是在一七九三年三月到八月間就緊急徵募了三十萬人。[4]在拿破崙軍隊的鼎盛時期，兵力逼近整整一百萬人，其中有三分之二在一八一二年與他一起向俄國進軍。英國長期以來一直擔心與法國相比，自己的軍隊規模太小，因而對這些大軍相當恐懼。第一次英國國家人口普查在戰火正熾的一八〇〇年進行，絕非巧合。然而，很多法國人是違背自己的意願參戰的，在拿破崙統治時期，每年有大約一萬六千到二萬四千個二十多歲的青年被徵召入伍，其中最多只有三分之一的人能活著回家，英國的軍隊規模雖然小得多，但可以說更加果敢。對法國入侵的普遍（且完全合理的）恐懼，促使大約二十分之一的英國男子加入志願軍和民兵保家衛國：一七九八年有十一萬六千人，到一八〇四年便劇增到至少三十八萬人。正規軍的人數也大致相當，巔峰時期達到約五十萬人。[5]這些數字不僅表明如今在戰場上對峙的龐大軍隊；還表明每一個國家都有很高比例的青年男子人口被戰爭直接拉去為國效力。

蔚為壯觀的大革命－拿破崙戰爭是一場激烈的意識形態之戰，標誌著某種全新的開始。這些戰爭顯然屬於帝國戰爭，在規模和帝國目標的清晰度上遠超此前的殖民衝突。誠然，自一六八九年以來的所有英法戰爭都在海外殖民地進行，戰爭的焦點也日益關乎殖民地。在「七年戰爭」打響第一槍的美洲顯然如此，蒙特卡姆和沃爾夫在那裡攜手赴死，而英國最近一場與法國的戰爭（美國獨立戰爭）也是在那裡打響並失敗的。在帝國層級的英法戰爭，也清楚表現在印度的爭奪，整個一七四〇年代和一七五〇年代，英國和法國東印度公司一直在那裡爭奪控制權。但從一七九三年起，不論歐陸內外，公然由國家主導的領土競爭就成為法英戰事的核心。

史學界關於大革命－拿破崙戰爭的討論過於關注歐洲，而戰爭的全球維度極易被忽略，其海外事件也被徹底掩蓋了。但對於英法兩國來說，戰爭對帝國有著深遠意義。於法國革命者而言，征服是帝國**文明使命**（*mission civilisatrice*）的一部分，其目的是在整個歐洲傳播共和及啟蒙思想。[6]拿破崙是在法國大革命的三色旗下開始其帝國生涯的，他率領著共和「自由軍」打進義大利（一七九六年）和埃及（一七九八年）。英國並未以同樣清晰的意識形態立場參戰，但衝突讓這個國家的帝國政策明朗起來。過去，英國不願進行先發制人的侵略性征服，如今卻在南亞、加勒比、非洲和地中海積極開戰（更不用說在一八〇一年根據《聯合法案》[†]與愛爾蘭合併了）以

＊恐怖統治（Reign of Terror），指雅各賓專政。

詹姆斯·吉爾雷[‡]，《岌岌可危的葡萄乾布丁》，一八〇五年。英國首相威廉·皮特和拿破崙瓜分世界。注意拿破崙貪婪地切下了一部分歐洲，而皮特切開了大西洋，表明英國的海上優勢。

此作為其全球活動的一部分，防止和抵銷法國所取得的成功。困住軍力的軍事僵局也構成了帝國擴張的推動力。單憑英國的制海權無法消滅法國；而單憑法國占上風的陸軍力量也無法擊敗英國。雙方的制勝關鍵或許都在海外，在於取得海外的商業和戰略優勢。[7]與法國的戰爭不止是英國營造帝國的一個方便藉口（有時會有人指出這一點）。帝國的鞏固和擴張被認為對英國的安全至關重要。[8]

十八世紀的大英帝國還未像倫敦的計畫者們設想的那樣形成單一的「工程」；也沒有被同質的文化、種族或民族認同連為一體。這種情況被戰爭改變了多少？簡明的答案是：非常大。[9]首先，大革命－拿破崙戰爭刺激了積極的領土擴張，加速了國家發動的帝國時間表，這點迄今仍舊明確。戰爭還明顯改變了帝國的範圍、目的和公眾認知。滑鐵盧一役後，大英帝國的疆土遠勝從前，並毫無疑問地在亞洲和非洲，而不是北美展開擴張。由「七年戰爭」領頭的發展如今得到了更完整的表達。與以往任何時候相比，如今的帝國不僅擴大殖民，也注重征服和直接統治，是個安全和商業並重的帝國。這個帝國看上去愈來愈像過去很多英國人警惕且往往反對的那種領土統治。與此同時，戰爭還有助於鞏固對帝國的更廣泛意義上的支持和認同，以及旨在實現怎樣的帝國統治有更清晰的願景。全新的大英帝國將會把對非白人、非基督徒各族群的統治變成它的使命和藉口，它會以前所未有的自信、自豪和主見來實現「英國化」。

事實證明，這些年對英國民族認同和帝國認同的形成至關重要。[10]這並不是說大英帝國在一夜間突然固若金湯，在某些重要和決定性的層面，它仍然維持著對外界的開放和對外界的依賴。不同國籍的**歐洲人**之間的邊界固化了，其中最明顯的便是英國人和法國人，就像克勞德・馬丁、

---

†《聯合法案》（*Act of Union*），該法案於一八〇〇年八月一日經王室同意通過，於一八〇一年一月一日聯合愛爾蘭王國和大不列顛王國，成立了大不列顛和愛爾蘭聯合王國。在此項法案施行之前，愛爾蘭王國與英格蘭王國自一五四一年起一直是共主邦聯。

‡詹姆斯・吉爾雷（James Gillray，一七五六至一八一五），英國諷刺漫畫家、版畫家，以其政治和社會諷刺蝕刻版畫而聞名，作品主要發表於一七九二年至一八一〇年間。他的很多作品都存於倫敦的國家肖像館內。

安托萬．波利爾和伯努瓦．德布瓦涅等人親身經歷的那樣。但同時發生的帝國擴張又仰賴於一種關乎何種身分和行為會被認為是英國人或法國人的包容性理解。

從各自龐大軍隊的佇列中，也可以看出那些國家標籤下事實上存在的多樣化。英國軍隊仍然高度依賴愛爾蘭的徵兵：在拿破崙戰爭期間，逾三分之一的士兵是愛爾蘭人；東印度公司軍的愛爾蘭人更多。無論是天主教徒還是新教徒，愛爾蘭人既是大英帝國的建設者，也是它的受益者；既反抗帝國，也是帝國的犧牲品。[11] 一八一五年，東印度公司軍有二十萬名印度士兵，其歐洲軍官團有三萬人。[12] 拿破崙軍隊也同樣依賴帝國的臣民，有整整三分之一的兵力來自新近吞併的薩沃伊、北法蘭德斯*和萊茵蘭†的領土；還有三分之一的士兵由僱傭兵和帝國的新臣民組成，這些新臣民大都來自中歐和東歐。[13] 法軍甚至還有一個埃及馬木路克人軍團，法蘭西斯科．哥雅‡在反映抵抗拿破崙的代表作〈五月二日〉§中，生動描述了西班牙愛國者們衝殺反抗的畫面。

軍隊不一定是國家的縮影，但帝國臣民應徵召入伍保衛和擴張帝國，卻指出了一條道路，即國家乃至帝國為了存續，就必須跨越國界。帝國目標日益堅定，顯然就要想方設法地證明英國人優於外國臣民；基於種族、宗教、民族或文化對文明的感知程度等，對「他者」的排斥性定義逐漸成形。但與此同時，帝國的擴張也導致極大數量的新增外國臣民被納入英國統治。一直以來還沒有人仔細地考察過，他們是如何被**納入**帝國的話語和體制中的。十八世紀以來為世人所熟悉的協作與四海一家的組合並未消失；只是重新布局。

因此，正是在這一劃時代的戰爭中，英國和法國的帝國興趣發生了轉移、擴展和修正。很多出現在這一時期的最新民族主義（因為沒有更合適的詞）帝國意識形態都是在歐洲大陸，也就是拿破崙的法蘭西帝國的核心地區形成和實行的，鑑於大家傾向於把帝國想像成海外現象，只涉及白人統治非白人，這頗值得一提。在西半球，數十年的戰爭導致西班牙和葡萄牙兩個帝國大幅收縮，而英國和法國卻玩弄花招，支持拉丁美洲宣布獨立，夢想著能維持或發展非正式的帝國統治。然而，若論這些包容與排斥、新帝國與老帝國、正式與非正式的緊張關係所產生的明顯和持久的意義，哪裡都比不上歐洲東部的帝國邊緣，以及鄂圖曼、蒙兀兒、英國和法國勢力的重疊地帶。這場非正式的世界大戰裡有兩個相關事件讓跨文化征服和糾纏備受關注。它們發生在埃及和印度。

一七九八年夏，拿破崙·波拿巴入侵埃及，開始了法國為期三年的占領。與歐洲人在印度或

---

*法蘭德斯（Flanders），比利時西部的一個地區，人口主要是佛萊明人，說荷蘭語（又稱「佛萊明語」）。傳統意義的「法蘭德斯」亦包括法國北部和荷蘭南部的一部分。

†萊茵蘭（Rhineland），指德國西部萊茵河兩岸的土地。

‡法蘭西斯科·哥雅（Francisco Goya，一七四六至一八二八），西班牙浪漫主義畫派畫家。哥雅是西班牙皇室的宮廷畫家，他在半島戰爭時留在馬德里，繪製了西班牙王位覬覦者約瑟夫·波拿巴的畫像，也用畫作記錄了戰爭，也就是在研究上仍有很多歧見的〈戰爭的災難〉。

§〈五月二日〉（*The Second of May*），全稱為〈一八〇八年五月二日〉，又稱〈馬木路克人的衝鋒〉，反映的是在後來引發了半島戰爭的法國占領西班牙時期，反抗法國人的一次人民起義。

印尼的擴張（這些起源於處在東方勢力邊緣的歐洲貿易公司之間的內部衝突）頗有不同的是，法國入侵埃及是赤裸裸的搶占領土，此前沒有哪個歐洲國家在美洲之外的地方進行過如此規模的侵略。因此，這成為現代史上最早也最公開進行的「帝國」征服之一。按照愛德華．薩依德把這次入侵看作是第一個「東方主義」計畫的著名看法，它還開創了一種歐洲外征服的新**形式**，將西方優越性的修辭予以合法化，並利用知識和文化制度為國家服務。最重要的是，它是英法戰爭全球化（以及帝國化）的絕佳範例：拿破崙的既定目標就是挑戰英國在印度的統治權。

在印度洋的另一側，另一系列事件正在上演。一七九九年，東印度公司對印度南方邁索爾王國的統治者蒂普素壇開戰，並攻占了他的首府塞林伽巴丹。三十年來，蒂普素壇和他的父親海德爾．阿里一直在印度南部對英國勢力發出挑戰；一七九九年是公司與邁索爾之間一系列武裝衝突的第四次。新的印度總督理查．威爾斯利打頭陣，一七九九年戰役證明英國本身也轉向了積極擴張，東印度公司早期不願追求代價昂貴，並有可能陷入麻煩的征服，這場戰役也標誌了其政策發生了根本轉變。威爾斯利攻擊型的軍國主義，將在與馬拉塔人的激烈戰爭中繼續發揮威力，這場戰爭由威爾斯利更出名的弟弟、未來的威靈頓公爵亞瑟指揮，據亞瑟後來回憶，馬拉塔人是他作戰的對手中最頑強的。這也導致了一系列非正式的占領和吞併，以及由東印度公司發起的當時最大（也是整個公司史上第二大）的海外戰役：一八〇一年的埃及反入侵戰爭。

法國入侵埃及和英國攻占塞林伽巴丹發動於不同的大洲，表面上看來是與毫不相干的本土勢力作戰，實際上卻是同一場英法戰爭的兩個前線。因為英法在歷史上常常被割裂開來討論，也因為大革命－拿破崙戰爭的海外衝突往往被歐洲大陸發生的那些戰爭所掩蓋，極少有歷史學家會留意埃及和塞林伽巴丹之間的聯繫。但這些戰役對於英國和法國在東方的野心意義重大。它們共同代表了帝國擴張與英法戰爭之間的突然碰撞，也是一個「假如當初」的時刻，即今天的印度人本來有可能把法語而不是英語當作他們的第一西方語言。世紀之交那幾年，標誌著法國為在印度站穩腳跟進行了最後一次協同努力，也見證了英國首次試圖保衛印度免受海外的入侵，以及英國首次由陸上進入鄂圖曼的地盤。它們還開啟了英國透過幕後的影響和控制，在中東建立非正式帝國的一片新天地。

在全球地緣政治和歐洲擴張做法發生這些變化的背景下，埃及和塞林伽巴丹的戰役也反映了當地的帝國文化政治的長期特徵。英法兩國都依賴且建構了溝通東西方的朋友和敵人的定義。在埃及，法國的成敗取決於它能否贏得埃及人某種程度的默許和支持；如果不能，在人數上處於嚴重劣勢並且孤立無援的法軍很快就會被戰勝。拿破崙以一系列非同尋常的文化序曲，試圖透過大量渲染他與伊斯蘭的親近關係以爭取埃及人的支持。與此同時，印度的英法戰爭也陷入了有關印度人、特別是海德爾·阿里和蒂普素壇的「他者」的長期話語中。然而，蒂普素壇在很多方面都非常西方化了，正是因為這個原因，加上他與法國之間的文化和軍事關聯，變得非常危險。這些跨文化關係儘管很少得到認真的對待，卻對十九世紀大英帝國和法蘭西帝國的形成和性質產生了重要的影響。

最後，這場戰役隸屬於一種持久的帝國收藏和再造模式，不論是字面上或言外之意，均是如此。一個國家強行獲得土地、人員和資源（帝國主義），是在規模上不同於收藏家個人獲取物品的「收藏」。它收藏的是人，這會產生深刻的文化和道德後果。然而，英國和法國在這些年裡的擴張本身就能夠讓人聯想到收藏。這些戰役都源自於日益集中化的新興征服圈地計畫。如果收藏是一種再造的話，那麼這些征服也融入了英法帝國主義國家的再造日程。對於法國來說，入侵埃及是首次在歐洲以外表達革命性的文明使命。對於英國，特別是東印度公司來說，攻占塞林伽巴丹有助於鞏固大英帝國既是一個征服帝國，也是一個貿易帝國的新形象。

這些入侵同樣涉及有形資產的收藏。兩場戰役都收穫了大量的東方**物品**（戰利品、紀念品、掠奪的財物、古董）透過攻城拔寨而帶到歐洲。正是在埃及的拿破崙大張旗鼓地把國家資助的收藏藝術推高到一個新的水準，他隨身帶來了逾百人的一隊學者（savants），在軍隊獲勝後研究埃及。學者們在法國占領的三年裡完成了收藏的任務。古董、工藝品、天然標本、規劃圖、平面圖、音樂：他們的資訊寶庫涵蓋了古代和現代埃及，自然與文化，後來形成了十九世紀最偉大的出版項目之一——《埃及記述》的基礎。在戰爭的另一個前線印度，藏品也出現在國家的征服事業中。理查·威爾斯利利用一系列來自陷落的邁索爾王國的戰利品，向英國大眾和英國官員展示了東印度公司身為帝國統治者出色的自信形象。與學者們在埃及的研究極其相似，東印度公司在蒂普素壇的被占領土上進行了第一次土地測繪。雖然塞林伽巴丹的某些物品凸顯了公司的力量，其他私人手中的藏品則會揭示出英國與印度交涉和接觸的範圍將會繼續擴大。

收藏領土和收藏物品，入侵和再造：埃及和塞林伽巴丹共同標誌著法英兩國在東方進行帝國擴張的一個轉捩點。法英兩國帶著明顯的帝國目標感，透過這些戰役來收藏領土。這些帝國同時以文物收藏家的面目出現，使用和操縱它們來培養統治者的自我形象。總之，英國正是在這些戰爭歲月裡為在印度和中東建立一個更大、更自信（同時也更多樣和散亂）的大英帝國打下了基礎。為了理解那個東方帝國是如何建立的，是時候從印度轉頭向西，看看埃及這個新前線了。

西行

沒有什麼偉大的預兆或悠久的歷史可以為大英帝國介入埃及埋下伏筆。實際上，那就是一連串的災難。一七七九年六月的一天，開羅郊外的一群村民看到一個白人緩緩走近。他行屍走肉般地從沙漠走來：渾身赤裸、瘦骨嶙峋，乾硬的皮膚上遍布潰瘍，半瞎的眼睛呆滯無神，雙唇黏在一起。後來得知他叫聖日耳曼，而他可怕的故事裡就包含著未來埃及的歐洲帝國主義者們所面臨的麻煩和誘惑。

聖日耳曼是法國東印度公司達卡*商館的指揮官；他的兄弟駐紮在附近凱西姆巴札爾†的商館。一七七八年英法戰爭爆發時，兩兄弟都是英國人的階下囚，但在通常給予軍官的特許之下，

---

*達卡（Dhaka），孟加拉首都，達卡專區的首府。

†凱西姆巴札爾（Kasimbazar），印度西孟加拉邦的一個城鎮。

他們獲准釋放並得以返回法國。他們從孟加拉出發，乘坐掛著丹麥旗的商船納塞利亞號前往蘇伊士。納塞利亞號在那裡卸下「印花布、胡椒和其他藥品」的貨物和乘客，他們將隨車隊穿過蘇伊士地峽*，在亞歷山卓港換乘另一艘船前往歐洲。[14]

一八六九年，蘇伊士運河開通後，幾乎每一個往來於歐洲和印度的人都會取道埃及，但在一七七八年，這卻是一條極不尋常的路線。紅海的航行艱險重重，風向也不適宜，一年有六個月刮北風，其餘六個月刮西北風。另一個嚴重的障礙是鄂圖曼當局，他們對歐洲船隻在他們的水域航行，特別是如此靠近阿拉伯世界的聖城抱有戒心。實際上，就在納塞利亞號出發前幾個星期，素壇剛剛下令給統治埃及的貝伊（鄂圖曼任命的總督），堅稱：「我們完全無法忍受法蘭克船隻來到蘇伊士。……蘇伊士海注定只屬於尊貴的麥加朝聖者。容忍法蘭克船隻在其間航行，或是對其不加理睬，就背叛了君主、宗教和穆罕默德的每一個追隨者……」[15]

然而對於歐洲人，特別是英國人來說，蘇伊士路線充滿了無限的誘惑。如果天氣允許的話，這條路線可以把印度與歐洲之間的平均行程從六個月減少到區區兩個月。商業利益也不言自明。一七七五年，華倫·哈斯汀與貝伊談判制定了一個條約，准許東印度公司以低於吉達†的關稅在蘇伊士開展貿易。這條路線也有戰略上的優勢，一七七八年四月，自稱英國駐埃及代表的企業家喬治·鮑德溫剛剛證明了這一點。鮑德溫得知英法之間戰火重開之後，把衝突的快訊發給印度，才使得東印度公司與法國人的對抗中取得了重要的先馳得點，起碼他自己是這麼認為的。[16]

最終，納塞利亞號沒有打破速度紀錄；在「單調而危險地航行了近五個月」後，它在一七七九年五月底抵達蘇伊士。[17]貨物和在海上受盡磨難的乘客都適時下船，兩星期後隨車隊進入沙漠前往開羅。他們在涼爽的夜間騎馬行進，途中蜷縮在駱駝背上的籃子裡小憩片刻。但在出發第一天的黎明，一隊阿拉伯襲擊者騎著馬從沙漠上朝他們衝過來，把他們驚醒了。阿拉伯人是來掠奪和懲罰他們的：如果歐洲人違抗素壇的命令，就要為此付出代價。襲擊者旋即把車隊洗劫一空，帶著船上所有的貨物消失在沙漠中，納塞利亞號的一船人被留在那裡，身上寸縷皆無。有些人設法在混戰期間早早逃走，回到了蘇伊士。他們很走運。還有八個人（聖日耳曼兄弟也在其中）決定徒步去開羅。

第一天，納塞利亞號的一個主要投資者巴林頓上尉倒下了，同伴們被迫離開他繼續前行，讓他陷入了脫水而死的悲慘命運。第二天，又有兩個人力竭而倒，也被拋棄了。第三天，聖日耳曼的兄弟病倒了，聖日耳曼給他留下兩個將死的黑人僕從後，也離開了他，和剩下的一個名叫保羅的美國譯員繼續前進。譯員是最後一個死的。聖日耳曼獨自一人踉蹌著走出沙漠，一路蚊蟲叮咬，皮膚被沙粒劃破，飽受發燒之苦，還落魄到自己能尿出來多少就喝多少的地步。發現他的埃及人把他扛到開羅的一個法國商人家裡，在苦心的護理和一位歐洲醫生的照料下，他慢慢活了過

＊蘇伊士地峽（Isthmus of Suez），地中海與紅海之間的一條一百二十五公里寬的狹長地帶，也是非洲與亞洲的分界線，其下為蘇伊士裂谷。

†吉達（Jeddah），沙烏地阿拉伯麥加省一港口城市，位於紅海東岸，麥加以西六十四公里處。

來。他的痛苦經歷像噩夢一樣困擾著他，「始終感嘆他不幸兄弟的殘酷命運，他總是以最熱切的情感愛著他的兄弟。」後來他才得知，蘇伊士（那個安全的所在）距離他們開始步行的地方只有區區四十八公里遠。[18]

這顯然是個警世寓言。「當然，這個淒涼的例子讓印度的英格蘭人再也不敢頻繁出入這些國家了，」一開羅的一個歐洲居民向駐君士坦丁堡的英國大使羅伯特．安斯利*爵士報告這個悲劇時，得出了這個結論。[19]安斯利本人憤怒難平：納塞利亞號的商人公然違反素壇的命令（更不用提東印度公司發布的禁止在紅海進行私人貿易的命令）讓他面對鄂圖曼當局處於一個非常尷尬的境地。對於安斯利和英國外交部而言，素壇的青睞無疑要比幾個「在印度的……惹人生氣的人」桀驁不馴的欲望重要得多。[20]

然而，儘管納塞利亞號的災難阻止了很多人前往紅海和埃及，卻也給持相反觀點的人提供了理由。如果埃及對於英國的貿易和與印度打交道都至關重要，那麼，英國也應該征服埃及。這是喬治．鮑德溫不知疲倦地大力宣導的立場，正是這個人在一七七八年把戰爭的快訊傳給孟買，證明了蘇伊士通道的便利。鮑德溫多年來一直在黎凡特經營絲綢生意，積極宣稱埃及－印度聯合後的商業和戰略潛力，為了發展和宣導其計畫，他從一七七五年起便定居在開羅。[21]（期間，他還扮起了非官方英國領事的角色，負責照料旅行者和商人。他正是以此身分在一七七七年幫助了另一個在埃及和印度過境的歐洲人伯努瓦．德布瓦涅，並與其結為好友。）鮑德溫的論證建立在一個重要的外交發展上。一七七四年，鄂圖曼帝國輸掉了與俄國一場為期六年的戰爭；在《庫楚克開納吉和約》†裡，素壇在鄂圖曼帝國史上頭一次向敵國割讓了帝國的一部分心臟地帶。鄂圖曼的很多省分已是半自治的性質，包括由一群馬木路克人貝伊統治的埃及在內。（馬木路克人並非阿拉伯人；他們是童年時被俘、皈依伊斯蘭教的東歐基督徒或其後裔，受訓在鄂圖曼軍隊參加戰鬥。）如今在一七七四年鄂圖曼帝國的讓步之下，素壇曾經牢不可破的領土似乎完全分崩離析了。奧地利、俄國和法國毫不掩飾其瓜分鄂圖曼的野心。鮑德溫敦促英國也見機行事。

他說，征服埃及既有利可圖又可速戰速決。掌握紅海通道不但能大大加速印度和埃及之間的交通（會帶來各種積極的後果）而且會給東印度公司帶來咖啡貿易和其他營利生意的無盡財富。如今恰逢其時。埃及政府被貝伊之間的派系內鬥搞得四分五裂，而推翻他們與鄂圖曼帝國的大致穩定無甚關係，因為這個「九頭蛇般的政府」，鮑德溫說，「既不是一個附庸國，也不是個獨立國，然而在名義上受制於鄂圖曼的掌控，實際上卻是獨立的。」[22]現在正是快速採取行動的時刻。如果英國不能快速行動征服埃及，法國就會搶先動手。「法國在採納任何計畫時，向來把惹

＊羅伯特．安斯利（Robert Ainslie，約一七三〇至一八一二），派駐鄂圖曼帝國莊嚴樸特的蘇格蘭大使、東方通和錢幣學家。

†《庫楚克開納吉和約》（*Peace treaty of Küçük Kaynarca*），是第五次俄土戰爭結束之後俄羅斯帝國和鄂圖曼帝國簽訂的和約，於一七七四年七月簽訂於保加利亞北部的凱納爾賈。該條約規定鄂圖曼割讓給俄羅斯大片土地，並且俄羅斯獲得了在黑海創建艦隊和在伊斯坦堡海峽、達達尼爾海峽自由通航商船的權力。

惱英格蘭作為它的一個主要出發點，」他警告道：

> 法國擁有埃及，就擁有了通向世上所有貿易國家的萬能鑰匙。在這個時代的航海和商業等通用技術的啟發下，她會把那裡變成世界的商業中心。她會以自己的能力突然行動，把任何數量的軍隊在任何時間運到那裡，把那裡變成東方世界的敬畏之地；而到那時，英國想繼續持有在印度的一切，就得仰仗法國的慈悲了。

「無論是採取公平的手段，還是透過武力，」鮑德溫宣稱，「掌握那條通道都是印度公司的義務，哪怕這會讓他們與整個鄂圖曼帝國開戰。」[23]

當然，一七七九年美國獨立戰爭正打得如火如荼，對政府中的很多英國人來說，陷入另一個戰場絕非他們所願，特別是像鄂圖曼帝國這樣龐大和複雜的國家。一七七四年後，其他歐洲國家都在尋找突襲鄂圖曼弱點的手段，英國的外交官卻贊成支持素壇的權威，一個重要原因，就是想阻止歐陸的對手在鄂圖曼的徹底崩潰之際獲得最大一份利益。（還值得一提的是，羅伯特．安斯利爵士尤其鄙視喬治．鮑德溫，並將迫使鮑德溫不得不逃離埃及的納塞利亞號事件看成是這個麻煩人物應得的報應。）何況，其他人不一定像鮑德溫那樣清楚，在埃及擁有一個英國立足點大有回報。雖然從歐洲向東看去，大家或許會把埃及看作是穿越進入印度洋的天然地點，但從印度向西看去，又會看到其他路線，尤其是波斯灣。長期以來的印度洋貿易網路將馬拉巴爾海岸與巴斯拉和（比方說）阿巴斯港*等地聯繫起來，一六二三年，東印度公司就曾在阿巴斯港開設了一個商館；到一七二〇年代，公司控制了海灣地區的歐洲貿易。[24]鑑於納塞利亞號災難等事件，紅海航行的危險，以及英國外交政策在鄂圖曼世界的更大目標，英國政府和東印度公司諸位董事不太在意在埃及建立殖民地的前景，也就不足為奇了。

但無論白廳或西敏市†當局是否願意採取行動，納塞利亞號事件和鮑德溫堅持不懈的計畫，都讓眾人清楚地意識到，埃及不可避免地與帝國的地緣政治聯繫在一起。關於這一時期英國致力於中東與地中海擴張的著述很少，而帝國歷史上的白日夢和未遂之事（一七七九年英國征服埃及似乎正是如此）也很少得到關注。不過，英國在埃及的帝國利益系譜，不僅是英國在印度及其周邊建立帝國宏大歷史的一個關鍵部分，也很像標誌著英國起初在印度擴張的很多事態發展：干預的目標同樣從貿易全面轉向征服；同樣的私人動機與公共政策之間時而尷尬的關係；同樣的原居民當局與幕後的歐洲統治之間出於利害關係的聯手。最重要的是，英國在埃及的干預史是一個教科書級的案例，顯示了英法對抗如何催化了商業利益，並將其轉化成公開競爭的推動力。

鮑德溫關於法國人的警告有點聳人聽聞，但那些警告也是先見之明。一七七〇年代末，埃及開始在法國擴張主義者的想像中變得突出起來。一七八五年，一支法國代表團與鄂圖曼帝國成功

---

*阿巴斯港（Bandar Abbas），伊朗南部波斯灣霍爾木茲海峽沿岸的一個城市。

†白廳（Whitehall），英國倫敦西敏市內的一條大道，是英國政府中樞的所在地，此指英國政府。西敏市是國會所在地，代指國會。

達成一個條約，法國獲得了在紅海貿易前所未有的權利。一些英國高級官員這才開始警覺埃及路線的商業和戰略意義，最值得一提的就是亨利．鄧達斯*，他是國會新成立的管理委員會主席，負責監督東印度公司事務。一七八六年，喬治．鮑德溫在鄧達斯的資助下返回埃及，這一次他被正式任命為英國領事和東印度公司的代理人。「鮑德溫先生的開羅府邸的偉大目標就是開啟從埃及去印度的交通，」鄧達斯說。除了為東印度公司商定貿易條約之外，鮑德溫還受命「持續留意發現法國人的行動。」[25]

鮑德溫密切關注他討厭的對手。「我會像威廉．漢密爾頓†爵士觀測維蘇威火山一樣密切關注」埃及的政治局勢，他說，「傾聽它地下的抱怨，並了解它的症狀。我一點也不怕它。」[26]「他們知道埃及的價值，」一七八七年，鮑德溫在給鄧達斯的信中把法國人寫得很陰險，「如果在他們看來什麼都無法阻止鄂圖曼帝國的毀滅，難道他們的敏感觸覺，他們的民族信仰會阻止他們參與其中嗎？我強烈懷疑，閣下，他們可不會只看看熱鬧。……我相信他們決心已定。」[27]他大概也想到自己已經無限接近事實真相了。征服埃及的計畫早在一六七二年便已在法國曝光，當時的哲學家萊布尼茲‡給路易十四寫了一份建議書，敦促他採取行動。當然，法國是一個地中海國家，一直都被束縛在那片海岸地區的貿易和文化逆流之中。一七七〇年代，鮑德溫在開羅定居時，是出現在埃及的為數不多的英國人之一，也是那裡有史以來第一位被任命的英國領事。另一方面，法國人自從十七世紀以來一直與埃及維持著穩定的外交關係；在亞歷山卓港、開羅和羅塞塔§經營著商館；還在這個國家歷史悠久的小社區裡生活，社區配有一個法國麵包師以及幾位耶穌會會士和方濟各會行乞修士。[28]與多少有些業餘的鮑德溫相反，法國社區的領袖人物是一個名叫查爾斯・馬加隆的普羅旺斯商人，他從一七六〇年代便在埃及生活，說得一口流利的阿拉伯語，還與很多高官交好；他的妻子本人就是個惹人注意的人物，還是穆拉德貝伊◎之妻的密友。[29]

鮑德溫幾乎是這一時期唯一一個公開鼓吹英國入侵埃及的人，但從一七七四年到拿破崙一七九八年的遠征這段時間，至少有十幾個人向法國政府正式提議征服埃及，歷史學家在幾乎長達一個世紀的時間裡都沒有嚴肅地調查過這些計畫。[30]這些計畫是由軍官、領事、商人和獨立企業家

＊亨利・鄧達斯（Henry Dundas，一七四二至一八一一），蘇格蘭辯護律師，托利黨人，第一代梅爾維爾子爵。他是英國首任戰務大臣，也是最後一個因挪用公款而遭彈劾之人。儘管獲得了赦免，他卻從此再也沒有擔任公職。

†威廉・理查・漢密爾頓（William Richard Hamilton，一七三〇至一八〇三），英國外交官、古文物家、考古學家和火山學家。一七六四年至一八〇〇年間任英國駐那不勒斯王國的大使。他研究維蘇威和埃特納的火山，成為皇家學會的會員並榮獲科普利獎章。

‡戈特弗里德・威廉・萊布尼茲（Gottfried Wilhelm Leibniz，一六四六至一七一六），德意志哲學家、數學家，歷史上少見的通才，被譽為十七世紀的亞里斯多德。

§羅塞塔（Rosetta），亦稱拉希德（Rashid），埃及的港口都市，位於尼羅河三角洲西北部，是地中海地區與印度貿易的重要中繼站。

◎穆拉德貝伊（Murad Bey，約一七五〇至一八〇一），埃及馬木路克人首領（貝伊）、騎兵指揮官，並與易卜拉欣貝伊聯合統治埃及。他經常被視為殘酷而莊嚴的統治者，同時也是個精力充沛的勇猛鬥士。

起草的（其中有些人受到了法國國家的公開資助）如今可以在法國海軍、陸軍和外交部的檔案館查閱到它們，這本身就表明它們的官方讀者人數眾多。最詳細的計畫是由出生於匈牙利的弗朗索瓦．德托特男爵擬就的，他是素壇穆斯塔法三世*的前軍事顧問。一七七七年，德托特受法國政府派遣，正式巡察地中海東部的各家商館。他還受命為將來的法國入侵埃及祕密蒐集情報。（他後來被告知要掩藏真正的使命，告訴別人他是「為科學院做天文觀測，研究自然史、珊瑚和石珊瑚，以及你能想到的隨便什麼可信的藉口。」）[31]他和他的助手德拉洛納騎士畫了地圖和海岸輪廓，在亞歷山卓港的港灣測了水深，還評估了埃及的防禦工事。和很多計畫者一樣，德托特也主張在蘇伊士挖一條運河。[32]

在法國殖民戰略家看來，做為他們在「七年戰爭」後失去的北美殖民地的替代品，埃及具有特殊的吸引力；一七六九年，舒瓦瑟爾公爵就向路易十五明確概述了這個理由。他們認為，埃及農業潛力巨大，適合種植大米和小麥以及寶貴的甘蔗和木藍等經濟作物。[33]然後就是它的地理位置。「只需看一眼埃及的地圖，看看它的位置與歐洲、亞洲、非洲和印度的關係，（就會發現這是）全世界貿易的貨物集散地，」德托特指出。[34]他和其他人都認為，如果法國擁有了埃及，那麼英國在印度占上風就不再重要了，因為透過埃及，「法國可以獨家獲得印度的所有貿易……我們無須使用武力，就可以給予印度致命的一擊。」[35]這是和平時期討論的內容。英法戰爭爆發後，埃及則被視作是襲擊英屬印度的跳板。

然而在法國規劃之時，英國卻在熟睡。不但鮑德溫的敦促被大多數有影響力的英國人聽而不聞；就在一七九三年英法開戰的幾天後（正當埃及的戰略重要性應該給英國留下深刻印象之時）外交部卻致信鮑德溫，關閉了領事館。[36]撇開英國的東方政策、埃及的地理和文化距離等問題不談，英國官方從未聚焦關注在埃及的帝國價值上，或許還有另一個原因。那個原因便是喬治・鮑德溫本人。鮑德溫一方面送回了關於法國部署的準確資訊，另一方面他卻偏愛提出一連串愈來愈荒謬離奇的話題。比方說在一七九一年七月，他致信鄧達斯，說他奇蹟般地治癒了腺鼠疫。他保證道，用橄欖油給鼠疫患者按摩，他們立刻便會精神煥發。[37]（鮑德溫顯然篤信橄欖油的療效，他後來建議自己的朋友伯努瓦・德布瓦涅「不時喝上滿滿一勺上好的橄欖油」就可以治癒氣喘病。）[38]他還給腸胃脹氣、耳聾、感冒和「跛足」開出了療法。從一七九五年到一七九七年，他花了大量時間在他亞歷山卓港的大宅邸裡記錄一個名叫切薩雷・阿韋納・德瓦爾迪耶里的義大利催眠術師「富有吸引力的夢境」，並在後來予以出版。[39]（德瓦爾迪耶里顯然是個騙子：一個十九世紀的讀者在大英圖書館的一本鮑德溫著作的邊緣用鉛筆寫下：「大家應該知道，他把鮑德溫口袋裡所有的錢都吸到自己口袋裡了。」[40]）

---

*穆斯塔法三世（Mustafa III，一七一七至一七七四），鄂圖曼帝國素壇，在位時期為從一七五七年至一七七四年。穆斯塔法三世是一位相當有所作為和明智的素壇，他試圖改革鄂圖曼帝國的軍隊和國家管理體系，來使得鄂圖曼帝國能夠與西方歐洲國家相抗爭。為此他聘用外國軍官來改革步兵和砲兵，並開設了數學、導航和科學院。

鮑德溫根本沒有收到一七九三年外交部通知他關閉領事館的信。實際上，他在四年之後才通過一份副本得知，他的辦事處早已結束了。（這是當時通信不可靠和緩慢的另一個證明：雖然他已經注意到自己沒能拿到薪水，但他顯然沒有多想，大概也完全可以通過貿易或其他手段來維持生計。）那時，也就是一七九七年末，鮑德溫生病了，打從心底對這一切產生了極大的厭惡。「被迫放棄自己的職位、財產，以及大部分的關係往來，離開這個國家，去他處尋找活命的機會，」一七九八年冬，他離開埃及前往義大利。[41] 但這是個最糟糕的時機，鮑德溫所有的預言都很快便以最肆意的方式得到了證實。法國在埃及不再僅僅是探討、研究和計畫了。策畫時期已過，入侵的時間到了。

刻意規劃的帝國

一七九八年二月，法國外交部長夏爾－莫里斯・德塔列朗*收到開羅商人查爾斯・馬加隆的一份報告，後者五年來一直擔任法國駐埃及的領事。每個密切關注法國在該地區政策的人，都很熟悉馬加隆《埃及備忘錄》的主題：法國為何要征服埃及，以及怎樣做效率最高。馬加隆的論證清晰到位，並有詳實的親身觀察來支持（他甚至對於法國艦隊的出海日期提出了建議），這是一個在埃及生活了差不多四十年的老手理當做出的那種報告，他精通阿拉伯語，也「在各行各業結交廣泛」，他自信地斷言，那些朋友們會「興高采烈地」接待法國人。這次征服的大目標（特別是在英法戰火正熾的這一時期）如今日趨明朗。「一旦我們的政府擁有了埃及，」馬加隆總結道，「就可以將其看作是從英國手中奪來的征服。」軍隊可以從埃及進軍印度，在那裡與「敵人（英國人）……最懼怕的……一直與他們交戰的海德爾・阿里之子蒂普・賽義卜（Saïb）」取得聯繫，法國就可以把英國趕出這塊次大陸。[42]馬加隆的備忘錄有力、具體，又令人信服，絕不僅僅是一般性的建議書。這是一份入侵的藍圖，它是由德塔列朗親自委託撰寫的，後者決定立即將其付諸行動。[43]

近來的戰況對法國非常有利。上一年在義大利，天才的年輕將軍拿破崙・波拿巴率領革命軍在奧地利獲得大勝後揮軍羅馬。義大利戰役的戰利品很快便在巴黎的大街小巷凱旋出示，後來又被安置在羅浮宮裡。[44]法國與歐陸的敵人一個個達成了和平協議。與此同時，英國在加勒比受到法國人的持續騷擾，而一七九六年英國在那裡的一次重大進攻卻遭遇了黃熱病和瘧疾，大約有一萬四千人因此死亡。[45]儘管小威廉・皮特的領導堅定不移，英國卻有很多人脆弱無助、過度緊張，對他們自己的能力深感焦慮；法國若占得天時地利，再有一次打擊就會讓他們走向談判桌。一支「英格蘭軍」集結於法國北部，準備在可能的情況下入侵英國。在德塔列朗收到馬加隆報告

＊夏爾－莫里斯・德塔列朗（Charles-Maurice de Talleyrand，一七五四至一八三八），出身於古老貴族家庭的法國主教、政治家和外交官。他曾歷經數屆法國政府擔任高等職務，通常是外交部長或一些其他外交要職。德塔列朗的上級通常都不信任他，但是拿破崙本人認為他十分能幹。「德塔列朗式」成為一種玩世不恭、狡猾的外交態度的代名詞。

的同一個月，（如今已是總司令的）拿破崙和他的高級將領們走馬看花地訪問了英吉利海峽的各個港口，調查準備情況並啟動入侵。

主要是因為海軍運輸的問題，拿破崙決定將直接入侵英格蘭一事暫且擱置。[46] 但「英格蘭軍」可以在另一個領域對陣英國：可以把它派遣到東方，在埃及挑戰印度的英國勢力。德塔列朗向法國的最高執行機構五人督政府提出了埃及計畫，這份計畫直接轉述馬加隆的報告文本，只是用大量革命的修辭做了修改。他們對這個想法大加讚賞。拿破崙本人對該計畫表示歡迎，即因為其明顯的戰略價值，他對此深信不疑，又因為它喚起了他的雄心壯志：亞歷山大大帝曾經在同樣的二十九歲年紀征服過埃及。和亞歷山大大帝一樣，拿破崙也有志於成為一個有文化的征服者，他最近剛剛當選為最負盛名的國立學院*院士，覺得尤其滿意。計畫一旦準備就緒，拿破崙就開始招募學者，一邊征服，一邊研究埃及。

在巴黎計畫者看來，入侵埃及似乎十拿九穩。這個國家的防禦和軍事能力都被預先偵察過了；戰役和建立新政體的每一個步驟都經過深思熟慮；馬加隆和鄂圖曼帝國的資深譯員旺蒂爾．德帕拉迪這樣知識淵博的顧問也在現場協助。實際上，這個計畫絕不是不太可能實現的幻想，而是數十年來不斷制定和改進的一個成熟外交政策。它沿襲了從舊制度到革命時代的法國在政策上重要的延續性。它的戰略和目標極其清晰明確，一七九八年四月十二日頒布的政府法令概括了那些戰略目標：獲得地中海東部的控制權，切斷英國與亞洲的聯繫，並為法國進攻印度做好準備。這個計畫也絕非不合情理。埃及似乎已引頸待戮；印度的盟友也已整裝待發，特別是蒂普素壇。

現在只等時機成熟了。

逾三十萬人的法軍在五月中從地中海的港口土倫†出海。「你們是『英格蘭軍』的雙翼之一，」拿破崙告訴他們，這並非欺騙，因為他們實際上就是去打英國的，只不過不是直接攻打本土。六月九日，他們抵達地中海中央的馬爾他島，數個世紀以來，這裡一直是聖約翰騎士團‡十字軍修會的要塞。馬爾他占據了一個重要的戰略位置，並自恃有地中海最好的港口之一，因而是航路上的一個值得攻占的寶貴要地。騎士們只打了一個回合便投降了。（五百五十名騎士裡有逾兩百人是法國人，還有幾十人老病得無法參戰，這當然也幫了大忙。）[47]大軍在馬爾他停留了一個星期（在此期間，拿破崙解散了這個中世紀的修會，並著手將這個島變成法國的殖民地）隨後再次揚帆遠航。到了這時，大多數士兵才得知他們的終極目標。「戰士們！」拿破崙向他此後被稱作「東方軍」的將士們宣布：「你們將要進行一場征服，這對文明和世界貿易的影響將不可計量。你們將給予英格蘭最不容置疑、最痛苦的打擊，並等待時機，將其一擊致命。」[48]

＊國立學院（Institut National），即後來的法蘭西學會。

†土倫（Toulon），法國瓦爾省南部地中海海岸的一個城市，是法國南部的重要港口。

‡聖約翰騎士團（Knights of St. John），亦名醫院騎士團，最後演變成馬爾他騎士團，成為聯合國觀察員的「准國家」組織持續至今，是最古老的天主教修道騎士會之一，也是歷史上著名的三大騎士團之一。聖約翰騎士團成立於第一次十字軍東征之後，本為本篤會在耶路撒冷為保護其醫護設施而設立的軍事組織，後來演變成為天主教在聖地的主要軍事力量之一，其影響一直持續至今日。

安托萬—讓·格羅，〈一七九八年七月二十一日，波拿巴在金字塔戰役前向軍隊作長篇演說〉，一八一〇年。

七月一日到二日的夜裡，第一支法國軍隊衝過拍岸的巨浪，搶灘亞歷山卓港。兩天的戰鬥後，城中的領袖與法國人締結了和平協定。拿破崙疾速前進，橫掃尼羅河三角洲，進軍開羅，不可避免地對陣馬木路克大軍的主力。將近三個星期後的一七九八年七月二十一日，法國和埃及兩軍在開羅對面的尼羅河西岸對壘。法國人組成方陣面對穆拉德貝伊的攻擊，後者率領著一萬二千名馬木路克騎兵和四萬名步兵。地平線上，吉薩*的金字塔群依稀可見。「衝鋒！」拿破崙對軍隊高喊道，「想想看，在這些紀念碑的頂上，有四十個世紀的歷史在看著我們！」[49]戰鬥在兩個小時之內就打勝了。穆拉德貝伊帶著他訓練有素的三千騎兵消失在南方的沙漠裡，留下了恐怕多達兩千具死屍，散落在團團的揚塵與拍岸的河波中。[50]翌日，「東方軍」帶著拿破崙的一份公告，開始挺進開羅城：「我來毀滅馬木路克人，保衛這個國家的貿易和本地人。……不用為你的家庭、住宅、財產擔心，更不用為我所熱愛的先知的宗教擔心。」[51]拿破崙搬進馬木路克領袖阿勒菲貝伊在埃茲貝基亞†奢侈的新宅邸，這座宅子剛剛完工，還未有人進住；開羅的名人和歷史學家阿布德．拉赫曼．賈巴爾蒂‡評論道：「彷彿這座房子就是特意給法國將軍造的一樣。」[52]

---

*吉薩（Giza），尼羅河西的一個城市，在開羅西南約二十公里外，現為開羅都會區的一部分。

†埃茲貝基亞（Ezbekiyya），開羅市中心的一個區。

‡阿布德．拉赫曼．賈巴爾蒂（Abd al-Rahman al-Jabarti，一七五三至一八二五），埃及學者、編年史家。他的大部分時間都生活在開羅。著有《法國占領埃及史》（*The History of the Period of the French Occupation in Egypt*，一七九八）等。

拿破崙用整整三周時間便占領了亞歷山卓港和開羅：無論怎麼看都是令人驚歎地驗證了入侵計畫的精妙。然而這顯然是閃電戰，成功不過是鏡花水月。首先，儘管傷亡人數表明金字塔戰役是法國的一場決定性勝利（只有三百名法國士兵陣亡），穆拉德貝伊帶著最好的騎兵逃走了，卻稱得上是嚴重的失敗。戰略撤退是馬木路克人的重要戰術，只要穆拉德仍然在逃，法軍的征服就遠遠沒有完成。後來，拿破崙在八月派遣德塞將軍率九千人（藝術家維旺．德農[*]也在其中，他在一本暢銷書裡記錄了這次遠征）追趕馬木路克人進入上埃及[†]。在將近六個月的時間裡，法軍四面楚歌，我疲敵擾，我進敵退，苦不堪言，雖然在兵力上占據三：一的優勢，卻始終沒有抓到穆拉德。

然而，北方還有一個更加迫在眉睫的威脅，那就是海軍上將霍拉肖．納爾遜[‡]率領的地中海英國艦隊。儘管英國的決策者在和平時期很少關注地中海東部的局勢，那裡的戰爭卻改變了他們的看法。自從法國人在五月中旬離開土倫，納爾遜就一直在地中海巡遊，試圖追蹤他們。他們是去馬爾他嗎？伯羅奔尼撒？還是科孚島[§]？他蒐集來自加的斯[◎]、那不勒斯、西西里島、士麥那[◇]的情報；觀察風向；一邊等待一邊計算。六月十七日，拿破崙的將軍們都要在幾天後才知道他們的最終目的地呢，納爾遜就算出他們一定是在前往埃及的途中：「因此，我決定……去亞歷山卓港，如果那裡或埃及的其他任何地區是他們的目的地，我希望抵達後有足夠的時間挫敗他們的計畫……」[53]他指示先鋒隊從那不勒斯向南進發，並在六月二十日，也就是法國人駛出瓦勒他[&]的第二天，率領艦隊通過了墨西拿海峽[⊙]。翌日（這是個非凡的船隻夜航的例子）兩支艦隊相隔六十六海里擦身而過，在望遠鏡的觀察範圍之外。納爾遜在一個星期後抵達亞歷山卓港，他派一名軍官上岸去與喬治・鮑德溫交談，問問是否有人看到了法國人。（那名軍官發現鮑德溫早在兩個月前就離開了。）[54]納爾遜沒有聽到法國人的消息，便於六月二十九日起航前往賽普勒斯。他怎麼也

*維旺・德農（Vivant Denon，一七四七至一八二五），法國藝術家、抄寫員、外交官、作家和考古學家。在一七九八年至一八〇一年的埃及戰役後，他被拿破崙任命為羅浮宮的首位負責人。他的兩卷本《上下埃及遊記》（*Voyage dans la basse et la haute Egypte*，一八〇二）是現代埃及學的基礎。

†上埃及（Upper Egypt），指尼羅河兩岸在努比亞和尼羅河下游（北向）之間的狹長地帶。

‡霍拉肖・納爾遜（Horatio Nelson，一七五八至一八〇五），海軍中將，第一代納爾遜子爵，英國十八世紀末及十九世紀初的著名海軍將領及軍事家。在一七九八年尼羅河戰役及一八〇一年哥本哈根戰役等重大戰役中，他帶領皇家海軍勝出。他在一八〇五年的特拉法加戰役擊潰法國及西班牙組成的聯合艦隊，但自己在戰事進行期間中彈陣亡。

§科孚島（Corfu），希臘稱科孚島（Kerkyra），愛奧尼亞海的一個島嶼。

◎加的斯（Cadiz），西班牙南部的一個濱海城市。

◇士麥那（Smyrna），現名伊茲密爾（İzmir），土耳其的一個濱海城市，位於愛琴海伊茲密爾灣東南角。

&瓦勒他（Valletta），地中海島國馬爾他共和國的首都，位於馬爾他本島東部沿岸。

⊙墨西拿海峽（Straits of Messina），義大利西西里島和卡拉布里亞之間的海峽。它連接了伊奧尼亞海和第勒尼安海。

沒想到，就在那一天，法國艦隊距離亞歷山卓港只有十五海里的距離，這是藝術家維旺·德農的素描中的距離，他在朱儂號的甲板上精準地描摹出海岸的輪廓。[55]

就這樣法國人暢通無阻地登陸了，但英國海軍遲早會回來的。果然，八月一日，納爾遜在阿布基爾灣*發現了法國艦隊，那是亞歷山卓港東部海岸的一個不蔽風雨的淺灣。拿破崙未能指揮艦隊進入更安全的位置，艦隊像一大群靶子一樣漂進那裡的開闊水域。[56]納爾遜抓住了機會。他巧妙地調遣半數軍艦開進敵人與海岸之間，包圍了法軍戰線的頭段和中段，在傍晚六點後不久便開火了。從表面上看來，法軍的軍艦數量略占優勢：戰線上有十三艘法國軍艦和四艘護衛艦，而英國戰線上有十四艘軍艦；一千一百八十二門法國砲對一千零一十二門英國砲。[57]結果卻對法軍大為不利。當晚十點左右，法軍戰線中段發生了巨大的爆炸，拿破崙的旗艦同時也是艦隊中最大的軍艦東方號爆炸了，法軍司令海軍上將布呂埃斯也隨之殞命。整整半個小時裡砲火齊喑，雙方的水兵都「目瞪口呆」地看著大船突然爆炸，燃燒著沉入大海，碎片像瀑布一樣傾瀉到有幸及時跳船的大約一百名船員身上。[58]到第二天下午戰鬥結束時，砲火終於再次停止，場面同樣戲劇化。只有四艘法國戰艦逃過了擊毀或被俘；指揮官海軍上將維爾納夫活了下來，後來在特拉法爾加†被納爾遜再次擊敗。逾三千名法國水手或死或傷，還有三千人成了戰俘。[59]這場戰役被英國人得意洋洋地稱為尼羅河河口海戰，是一次徹底的勝利。納爾遜因此獲得了貴族的爵位和終生的榮耀。

拿破崙則吞下苦果。登陸埃及的一個月後，「東方軍」便遭到了圍困。所有那些舊制度的入侵計畫對快速獲勝充滿信心，如今都毫無用處。沒有人預料到結局如此悲慘。八月十五日，消息傳到開羅，士兵們大感震驚：「我們被拋棄在這個野蠻的國家裡，毫無通訊的手段，也沒有回家的希望！」拿破崙立即保證：「如果我們必須成就豐功偉業，」他說，「我們就會去成就；必須建立一個帝國，我們就會去建國。我們無法稱雄的這片海將我們與故土分離；但沒有哪片海洋能把我們與非洲或亞洲分開。我們人數眾多，也不會缺人應徵入伍。」[60]但他知道，他的計畫需要修正了，大幅修正。

這些話不光是寬慰人心之語。海軍覆滅，士氣低落，軍隊持續受到威脅和壓迫，被困在一個非常陌生的炎熱國家，還受到不明敵人的包圍。叛變是個非常現實的風險。為了穩定軍心，他必須和埃及人民達成某種權宜的妥協（modus vivendi）。他還需要制定一個新的撤軍戰略。艦隊的覆滅意味著軍隊離開埃及的唯一直接途徑是繼續前進，要不是由陸路穿過巴勒斯坦，就是向東駛進紅海，「儘管乍看有些奇怪，」納爾遜本人指出，「一個積極進取的敵人，如果他們力所能及，或是徵得了埃及帕夏[‡]的同意，就可以非常輕鬆地派軍前往紅海，而如果他們與蒂普・賽義

＊阿布基爾灣（Aboukir Bay），位於地中海埃及北部沿海，處於阿布基爾和尼羅河口的羅塞塔之間。
†特拉法爾加（Trafalgar），西班牙西南部大西洋沿岸一海角，在直布羅陀海峽的西北方向。
‡帕夏（Pacha），鄂圖曼帝國行政系統裡的高級官員，通常是總督、將軍及高官。帕夏是敬語，相當於英國的「勛爵」，是埃及殖民時期地位最高的官銜。

卜制定了計畫，在蘇伊士備好船隻，在這個季節裡，一般只要三個星期就可以抵達馬拉巴爾海岸，那時我們在印度的財產就難保了。」[61]的確，法國人繼續朝印度進軍的計畫遠沒有敲響喪鐘，在某種程度上，尼羅河河口海戰給他們帶來了新的緊迫感。

某些英國人或許以為，法國人在埃及造成的威脅結束了。然而事實上直到現在，這場戰役最驚人、並且在很多方面也最駭人的部分才將拉開序幕。因為拿破崙要做的不止是占領埃及。他要迷惑這個國度。因此，他就在這幾周的困境中臨時想出了一個大膽的前進計畫。他用愈來愈激進的話語闡述了自己對伊斯蘭教義的摯愛。拿破崙擺出一連串驚人得近乎異想天開的姿態，力圖說服埃及人，證明自己是個親穆斯林的解放者，從而獲得埃及人支持他繼續進軍印度，他甚至說服他們說他自己就是個穆斯林。他的策略有兩個部分。一方面，他透過爭取埃及人的認同來加倍努力贏得埃及：他發起了親伊斯蘭、反鄂圖曼的一番說辭，在埃及阿拉伯人（也就是非鄂圖曼人）菁英人士和宗教領袖**烏理瑪***中間尋找盟友。與此同時，他還公然以摻雜了不切實際的目標的帝國主義修辭，大肆推銷他的東征想法，老實說，這才是他如今最明朗的出路。

當然，原計畫中本無這些內容。拿破崙啟用這種泛阿拉伯主義和民族主義的語言，以及他對鄂圖曼素壇（同時也是伊斯蘭世界的最高領袖哈里發）權威的挑戰，都將對該地區的政治格局產生相當長遠的影響。[62]在短期內，他的跨文化提議與他遭受的軍事挫折如此緊密相連，乃至這兩者實際上可以逐日一一對照。由於這次入侵埃及偏離了事先制定的腳本，拿破崙發起了一次大膽的世界大融合的實驗，這次東西方合併的嘗試不僅是為了實現宣傳效果，眼下簡直是生死攸關。

阿卜杜拉・波拿巴

但政治宣傳是革命時代的很多法國領袖都擅長的一種藝術形式，在這方面，無人能與拿破崙一爭高下。一七九八年六月的最後幾天裡，譯員旺蒂爾・德帕拉迪坐在駛向亞歷山卓港的旗艦東方號上，起草了一份《告埃及人宣言》，這篇文章在船上被印出，用的是不久將成為埃及的第一台阿拉伯語印刷機。[63]拿破崙一登陸便派遣使者（其中有很多人是他在馬爾他釋放的穆斯林囚犯）攜帶著這篇文字進入三角洲地區的村鎮。[64]眾人聚集起來，傾聽他們的穆夫提†和謝赫‡大聲朗讀拿破崙的話。「哦，埃及人！」宣言如此開篇：

你們被告知，我來此地的唯一目的是消滅你們的宗教。但那顯然是一個謊言；不要相信它。請告訴誹謗者，我來到貴寶地只是為了從壓迫者手中拯救出你們的權利。我比任何

＊烏理瑪（ulama），阿拉伯語原義為學者，是伊斯蘭教學者的總稱。任何一位了解古蘭經注學、聖訓學、教義學、教法學，與有系統的宗教知識的學者，都可被稱為烏理瑪。它被用來泛指伊斯蘭教中所有的知識分子，包括阿訇、毛拉、伊瑪目等。

†穆夫提（mufti），是負責解釋伊斯蘭教法的學者，他們也是烏理瑪和教法官，有權發布伊斯蘭教令。

‡謝赫（sheikh），阿拉伯語中的一個常見尊稱，意指「部落長老」、「伊斯蘭教教長」、「智者」等。在阿拉伯半島，謝赫是部落首領的頭銜之一。

一個馬木路克人都更崇拜真主，願榮耀歸於祂，並且尊敬祂的先知和偉大的《古蘭經》……哦，你們這些謝赫、法官、伊瑪目、楚爾巴義*（騎兵指揮官）和國家的各位領袖，請告訴你們的國民，法國人也是誠實的穆斯林。他們進入羅馬並摧毀了教宗的寶座就可以證明，教宗始終在慫恿基督徒與伊斯蘭戰鬥。他們後來進軍馬爾他，在那裡驅逐了那些聲稱是尊貴的上帝希望他們來對抗穆斯林的騎士們。此外，法國仍然是鄂圖曼素壇陛下真誠的朋友，也是他仇敵的仇敵……所有的埃及人一定會……因為馬木路克王朝的結束而感謝真主的，他們會大聲訴說「願真主賜予鄂圖曼素壇永久的榮耀，願真主賜予法國軍隊永久的榮耀，願真主讓馬木路克人遭到天罰，並願祂改善埃及人民的福祉。」[65]

這是一個解放者的話語，並且顯然是穆斯林的解放者所說的話。他發誓效忠於素壇和先知。根據一位法國軍官在羅塞塔所做的紀錄，他在演講的開頭和結束都「引用了《古蘭經》上那句恭維和誘惑大批穆斯林的非凡之語：真主至大，穆罕默德是主的先知」。[66]我們是否有任何具體的理由認為，拿破崙透過當地領袖的聲音傳遞給埃及人的承諾是完全不可信的呢？根據同一位軍官所言，羅塞塔的鎮民顯然並不認為如此：「他們剛一聽說法國軍隊沒有其他的意圖，只是來與馬木路克人作戰，並把所有的埃及人從他們可憎的枷鎖中解放出來；這群野蠻又愚昧的民眾的狂暴憤怒就突然變成了瘋狂的喜悅，最喧鬧的興高采烈的呼喊代替了最可怕的怒火。」[67]就連這位法國軍官也對阿拉伯人的大起大落驚奇不已，並「無限懊悔沒能拿到這份宣言的副本。」他看到三色旗在尼羅河的熱風裡劈啪作響；他想起了萊茵河、台伯河†、羅馬人和迦太基；他還充滿了愛國情懷、崇拜和決心。拿破崙已然是一個革命英雄。如果羅塞塔人民認為他的武裝號召不可抗拒，他難道不也是穆斯林的救世主，一位馬赫迪‡嗎？看上去正是如此。

當然，並非每一個人都被說服了。一個星期後，開羅對此猛烈抨擊，整個城市都充斥著有關亞歷山卓港陷落的新聞，引發了熱烈的響應。埃及歷史學家阿布德·拉赫曼·賈巴爾蒂關於這個發生在他所在地區歷史上的插曲，留下了一部生動的目擊歷史。他過於激動，以至於立即把這篇文本抄在日記裡。賈巴爾蒂曾在埃及親眼見過革命，特別是在一七八六年，鄂圖曼人企圖對不聽話的貝伊們展示他們的權威時。隨後他們發表了類似的宣言，承諾讓埃及人民擺脫馬木路克人的暴政。[68]但**這一次**，賈巴爾蒂瀏覽完拿破崙的阿拉伯語演講後，發現了新鮮的東西，顯然是不受歡迎的東西。至少他應該有使用正確語法的雅量！「以下是對不連貫的用語和粗俗句法的解釋」：「他的宣言中寫 *fahadara*（因此到了），這裡沒有理由用這個 *fa*。好的文風應該是 *wa-*

*楚爾巴義（jurbajiyya），更常見的英文轉寫是Chorbaji，原義為「羹人」，即為素壇掌御膳之人。後來這個詞成為官職名，職司軍費度支，其軍階大致相當於上尉。

†台伯河（Tiber），位於義大利中部，是該國第三長的河流，因其為羅馬提供水源而聞名於世。

‡馬赫迪（Mahdi），意為「導師」，是伊斯蘭教教典中記載的將於最後審判日之前七年、九年或者十九年降臨世間的救世主。

بسم الله الرحمن الرحيم لا اله الا الله لا ولد له ولا شريك في ملكه

裝飾著革命徽章的拿破崙〈告埃及人宣言〉。

qad hadara（時機已至）。」「不合語法的證明」：「他的宣言中寫 *wa-bayn almamalik*，*bayn* 這個詞的位置不對，讓語言的訛誤更大了。」以及「基本的無知」：「他的宣言中寫 *fa'l-yuwarruna*（然後讓他們產生），這是違背阿拉伯語風格的口語表達。」在賈巴爾蒂看來，語用不佳等同於撒謊。「他隨後表達的內容更糟……願真主讓他永劫不復，他說：『我比馬木路克人還會侍奉真主……。』這無疑證明他精神錯亂了……」[69]

但這篇演講，是致埃及人民的一系列類似演講中的第一篇，其實十分理智，如今被認為是一種「心理戰」，是贏得民心的一種嘗試。[70]實際上，在一七八七年的一個入侵計畫中，法國領事米爾就曾特別建議，登陸後，一支法國軍隊「應在他們經過的城市和所有村莊宣布，他們此行的唯一目的是把這個國家從貝伊們和強行讓他們供養的外國人的暴政中解救出來。」[71]在接下來那艱難的幾個月裡，拿破崙訴諸埃及阿拉伯人的情感和伊斯蘭教的修辭，呈現出了令人始料未及的意義和深度。但既然對「宣言」的回應是在某些地區發揮了促進的作用，卻徹頭徹尾地得罪了其他地區，如其所示，拿破崙只取得了部分的成功。

阿布基爾灣災難後，一連串三個節日接踵而至，讓拿破崙有了培養法國占領者和埃及民眾之間感情的重要機會。第一個是一七九八年八月十八日的尼羅河節，以開羅運河的破壩儀式來慶祝這條河一年一度的洪水。這些儀式自古已有，拿破崙和將軍們，以及城市首腦和宗教領袖一同來到水位計旁，泰然自若地扮起了法老的角色。他把硬幣一把把地拋向下面的人群，然後給開羅的顯要穿上皮大衣和阿拉伯長袍，遊行穿過城市去聽一支法國樂隊的演奏。據新的法語報紙《埃及信使報》說，埃及人在埃茲貝基亞廣場「一邊吟唱致先知和法軍的讚歌，一邊詛咒貝伊及其暴政。他們說，是的，您就是萬能的真主派來解救我們的。」他們把這次的洪水稱為是百年來最好的洪水。[72]

三天後，先知穆罕默德的誕辰慶祝開始了。法國人得知，開羅的謝赫和烏理瑪持消極抵抗的態度，不打算在這個時刻出現在任何公共場合。拿破崙為了堅稱自己是伊斯蘭真正的朋友，立即對此關注有加，資助慶祝典禮。大街小巷活躍起來，歌手、玩雜耍的人、猴子，還有跳舞的熊紛紛走上街頭；夜晚油燈閃爍，照亮了清真寺、露天集市和住宅的牆壁。拿破崙拜訪了開羅的愛資哈爾大清真寺（這是埃及最重要的宗教中心，也是穆斯林世界最著名的清真寺之一）在那裡聆聽古蘭經朗誦。隨後，一位大謝赫設宴向拿破崙致敬，在宴會上，法國軍官們大模大樣地棄餐具不用，勇敢地面對一盤接著一盤的重口味大菜。後來他們還觀賞了煙火，慶祝自己與穆斯林結下了情誼。[73]

情誼是當季第三個節日的主題：九月二十一日的法蘭西共和國節。這是一七九二年廢除波旁君主政體的紀念日，實際上是革命時代法國的國慶日，要在全國舉辦精心設計的儀式來慶祝，宣揚愛國情懷，對於形塑世俗共和的法國國民性上發揮了重要的作用。如今在法國最新的殖民地也舉行了類似的儀式，這對法國士兵與對埃及民眾有著同樣的教化和啟迪。[74]法國革命很多主題起初都是有關埃及的，埃茲貝基亞廣場上設置的裝飾品就反映了這一點，這當然純屬巧合。廣場正中心赫然聳現一座由圓柱和凱旋門環繞的木質方尖碑，裝飾著金色的法語和阿拉伯語字母「致法蘭西共和國，第七年」和「驅逐馬木路克人，第六年」的字樣。在艾特菲赫*那不太大的省府，耶尼切里†和議會（diwan）‡成員以發誓「忠於友誼和對法蘭西共和國以及偉大的主的忠誠」來紀念這個時刻。在羅塞塔，革命時代法國的三色旗飄揚在城市最高的宣禮塔上。[75]

共和國日的慶祝典禮為整齊有序的三聯公共節日畫上了圓滿的句號：一個埃及的，一個穆斯林的，還有一個法蘭西共和國的。它也別具政治意義，因為就在兩個星期前，鄂圖曼的素壇剛剛宣布對法國發動聖戰。這給法國的事業造成進一步的沉重打擊。自從〈告埃及人宣言〉以來，拿破崙曾試圖打造法國與鄂圖曼結盟的形象，致力於驅逐不聽話的馬木路克人。素壇宣布聖戰，加之鄂圖曼鋪天蓋地的宣傳，表明拿破崙所聲稱的全都是謊言。他再也無法維繫法奧聯盟的幻象了，也不能指望鄂圖曼會被動接受法國占領埃及。呼喚聖戰迫使法國的政策和說辭發生了又一次明顯的轉變，另闢蹊徑安撫埃及民眾。[76]

拿破崙不再訴諸共同的敵人，而開始積極鼓吹法埃團結的新願景。共和國日是以象徵的方式融合法國和埃及政治認同的好機會；如今正是將其付諸實踐的好時機。一個星期後，拿破崙請埃及的首席謝赫致信素壇和麥加的謝里夫§這兩位穆斯林世界最重要的領袖。這封信的文字（賈巴爾蒂以他特有的懷疑態度將其記述下來）表明法國人盡其所能地展示了他們對伊斯蘭的尊重，並迅速印刷，在全國各地大肆張貼。[77]十月七日，拿破崙召集埃及財政和市政的最高當局全民議會，轉向建立完全的殖民政府。「法國人民，」他告訴他們，「在他們的靈魂深處渴望『埃及』擺脫當前的局勢，並把埃及人民從這個極端無知愚蠢的『鄂圖曼』王朝的統治中解放出來。」[78]議會依命從事，高效率地執行了法國人的命令。它消滅了舊的稅收制度，根據基於財產的固

＊艾特菲赫（Atfyeh），中埃及的一個城鎮。

†耶尼切里（Janissaries），鄂圖曼帝國的常備軍隊與素壇侍衛的統稱。耶尼切里軍團是繼羅馬帝國滅亡後在該地區建立的第一支正式常備軍。

‡伊斯蘭國家的高級行政體系，原文意思是「亞洲的國家議會」。

§謝里夫（sharif），一個傳統的阿拉伯頭銜，原義是「貴族的」、「出身高貴的」。阿拉伯世界的遜尼派稱先知穆罕默德的外孫哈珊．伊本．阿里的子孫為「謝里夫」，而稱其弟胡笙．伊本．阿里的子孫為「賽義德」。

定稅率重組了稅務，並下令普查評估個人的稅款。所有這些似乎都是在法軍的財政需要，和埃及有影響力的農場主的既得利益之間進行相當大的妥協。但這觸怒了一般的埃及人。在鄂圖曼帝國，只有非穆斯林才需要繳納人頭稅（稱之為吉茲亞*），而新的法國制度似乎把他們穆斯林埃及人與下等的少數群體一樣對待了。普查得罪的人更多。法國士兵侵犯了私人住宅的神聖性，他們穿堂入室，把私人財物一一過手，可能甚至還偷窺沒帶面紗的女人，而她們本是不該被家族以外的人看到的。誰知道下一步會是什麼？鄂圖曼宣傳中警告的大屠殺是否就要發生了？[79]

因此，開羅民眾率先罷工。一七九八年十月二十一日，集市停業：這是個明確信號，表示麻煩就要來了。一群匪徒很快便聚集在首席卡迪†（法官）家門前，要求停止普查。卡迪猶豫不決，群眾就襲擊他。暴力迅速升級：法國軍官被私刑處死，住宅被掠奪一空，到處火光四起。叛亂者在街巷與軍隊展開衝突，第二天，逾七千個抗議者攻擊了法國的主砲臺。穆安津‡（宣禮員）登上宣禮塔，號召根除異教徒，在整個城市發布了戰爭宣言。[80]「願真主讓伊斯蘭獲勝！」[81]開羅起義（即阿拉伯語所說的菲特納§）是一次真正的民眾抗議活動，是對法國人及其在埃及菁英階層裡的盟友的攻擊。（因此，舉例而言，身為菁英階層一員的賈巴爾蒂雖然自始至終憎恨法國人，卻只對叛亂者提供了有限的支援。）它也明顯有宗教色彩，主要是由中層神職人員組織的，由來已久的教派矛盾也推波助瀾。（特別是仍舊「忠誠於」法國人的敘利亞基督徒和科普特◎教徒。）實際上，這就是一場以聖戰為名的暴動。

但對於剛從革命巴黎的動盪街巷裡出來的拿破崙而言，暴動卻是駕輕就熟的東西。（正如學者若弗魯瓦・聖伊萊爾◇三天後冷淡評論的那樣，「可憐的開羅居民忘記了，若論打擊叛亂分子上……法國人可是全世界的老師。」）[82]拿破崙下令對所有的暴動街區施行無情的轟炸，直到十月二十二日晚叛軍領袖前來求和為止。第二天上午，街道上一片寂靜。多達三千具埃及人的屍體被聚在一處，沐浴裹體下葬。大約有三百名法國士兵陣亡。拿破崙試圖讓埃及人自治的嘗試又一次失敗了。整個法國占領期間最惡名昭彰的行動是，他命令邦將軍去破壞愛資哈爾的房舍和清真寺，作為對暴力的報復；法國騎兵衝進埃及最神聖的清真寺的庭院，把馬拴在禮拜方向（qibla）

---

*吉茲亞（jizya），一種曾經在伊斯蘭國家向非穆斯林人民實施的人頭稅，徵稅對象是有體力當兵及有財力繳稅的成年男子，不包括奴隸。

†卡迪（qadi），沙利亞（伊斯蘭教法）的裁判官或宗教法官。

‡穆安津（Muezzin），清真寺的一個重要職位，負責呼喚信徒禮拜。

§菲特納（fitna），一個內涵豐富的阿拉伯語詞彙，有考驗、折磨、悲傷、煽動叛亂，以及國內衝突等多重含義。

◎科普特（Copt），指埃及的基督徒，是當代埃及的少數民族之一，他們是在西元一世紀時信奉基督教的古埃及人後裔。

◇若弗魯瓦・聖伊萊爾（Geoffroy Saint-Hilaire，一七七二至一八四四），法國博物學家。他是讓－巴蒂斯特・拉馬克的同事，擴展並捍衛了拉馬克的演化理論。一七九八年，聖伊萊爾被選為拿破崙的埃及科學考察大隊成員。有一百五十一位科學家和藝術家參加了這次探險，其中包括藝術家維旺・德農、化學家克勞德・路易・貝托萊和數學家暨物理學家約瑟夫・傅立葉等。一八〇二年一月初返回巴黎。

上。[83]「東方軍」現在乾脆住在敵人家裡，軍需不足，士氣低落，脆弱不堪，沒有任何增援的可能，拿破崙顯然無法一勞永逸地擊退他的敵人。他急需另一番全新的說辭。

一七九八年十二月，開羅的小巷裡慢慢散播出一個傳說。據說一位聖人見到了穆罕默德的異象。這位先知站在埃及的北岸，望向平靜的海面。天際線上點綴著一行小小的黑點，在他觀看時不斷延長膨脹。他很快就看清了那是飄揚著三色旗的一排戰艦：那是一支入侵埃及的法國艦隊。穆罕默德憤怒不已，他怒氣衝衝地去找命運之神，對其大加撻伐。「忘恩負義的無賴！」他怒斥道，「我讓你成為世上君主的公斷人，而你卻把遵守我法律的最美麗的土地拱手讓給了法國人！」但命運之神平靜答道：「穆罕默德，注定的事情就一定會發生。法國人會踏上埃及的土地，他們還會征服它。我不再有力量阻止這一切。但聽好了，」命運之神繼續道，「並且放寬心。我已決定，這些征服者會變成穆斯林的。」這番話讓穆罕默德大感欣慰，滿意地離開了。[84]

這個故事不知道最初始於誰人之口，所謂聖人的異象也似乎絕無可能。然而它捕捉到那個十二月的風向，因為一定是在那個時候，一個由拿破崙自己對後代講述的故事，也徐徐展開了。拿破崙後來在自己的回憶錄中報告說，他去愛資哈爾清真寺會晤謝赫們了。他直截了當地對他們說：「一定要平息這場騷亂。我需要一個教令（fatwa）……命令〔埃及〕民眾發誓效忠。」神職人員立即滿足了他的要求。「〔如果〕您希望阿拉伯穆斯林跟著您的旗幟衝鋒……」他們建議道，那「您自己就必須成為穆斯林！十萬個埃及人和十萬個阿拉伯人會從阿拉伯半島，從麥迪那和麥加，趕來追隨您。按照您的方式來接受指揮和訓練，您會征服東方，讓先知的故土再恢復往日的榮光。」軍隊皈依伊斯蘭，在當地的支持下征服中東？對於拿破崙來說，這的確是個誘人的前景。但有一個，或者不如說是兩個障礙。他的士兵既不願戒酒，也不願割包皮：這是皈依伊斯蘭的兩個關鍵要求。即使他能說服他們這樣做，能夠發揮的作用也是有限的。六十位謝赫在愛資哈爾開會討論此事；而拿破崙則與將領們一起開始接受宗教訓誡。

有關法國人集體皈依的謠言傳遍了全城：「普天同慶。紛紛傳說法國人敬仰穆罕默德，他們的指揮官對《古蘭經》爛熟於心。……他們已不再是異教徒了。」經過四十天的慎重考慮之後，四位大穆夫提帶著他們長期討論的教令現身愛資哈爾清真寺。他們給法國人的包皮帶來了好消息：他們最後決定，割禮是一種「圓滿……只是建議」穆斯林的，而不是一種基本戒律。至於酒嘛，士兵可以隨意飲用；他們只是因而不能進天堂。拿破崙要求的教令在全城大肆張貼，民眾開始為這個奇蹟般的事件（入侵法軍的皈依）認真準備。但拿破崙對死後的世界憂心忡忡。他怎樣才可以說服士兵們接受一種宗教，說如果他們喝酒就會受到詛咒呢？穆夫提們又回去協商。在與麥加的宗教權威通信往來之後，他們又帶著一個新的教令出現了。新的教令是，法國皈依者可以繼續喝酒，同時**仍然可以**去天堂。只要他們捐出百分之二十的財富來做慈善，而不是按慣例繳納什一稅，來彌補這種罪惡。這就更容易接受了。拿破崙認為自己能在一年內說服手下，並起草了建造一個「足以容納整支軍隊的大清真寺」的計畫。

修訂版教令的發布本身似乎實現了拿破崙的全部願望，緩和了法國占領者和他們未來的埃及盟友之間的關係：

所有地方的謝赫都宣講說，拿破崙不再是異教徒，他熱愛《古蘭經》，受到先知的派遣，是神聖天房的真正僕人。這種態度上的巨變導致了行政管理上的革命。一切的難事都迎刃而解；從前只能以手中的武器獲得的一切，如今都順利地以善意拱手相讓。從此，朝聖者都向克比爾素壇（拿破崙）致以與穆斯林王公一樣的敬意，就連狂熱的宗教分子也不例外；而且……這位總司令每次進城也都會受到眾人忠誠的敬拜；他們對待他就像對待素壇的態度一樣。

偉大的東征，偉大的遁逃，終於可以開始了。[85]

多年後，拿破崙流放聖赫勒拿時，講述了他的大軍有可能皈依的這個非比尋常的故事，在那裡，他唯一的自由就只有馳騁想像力了。但儘管這個故事聽來顯然很難讓人相信，對整個故事嗤之以鼻似乎也不對。首先不可否認的是，拿破崙的這種示好愈來愈充滿激情。（關於拿破崙變色龍般的手段，現存最有趣的證據之一，就是存於法國圖書館的一張來源不明的素描，表現了拿破崙撲克牌式的兩面性：一個頭上戴著法式雙角帽，另一個則裹著頭巾。）其次，拿破崙對伊斯蘭的接受態度（比方說像他的宣言所表現的那樣）是與某些法國革命意識形態的自然神論的理性傾向相一致的，它想像有一種普遍而簡樸的信仰可以把所有人類都涵括在內。法國高級將領雅克·梅努*正是以這種精神在一八〇〇年皈依了伊斯蘭教，以便迎娶一位埃及的女子；其他很多法國軍人也如法炮製。[86]第三，這種姿態與拿破崙在埃及和其他地方的政治策略完全一致。正如他多年後在法國最高行政法院所說的那樣，在與梵蒂岡簽訂政教條約時：「我的政策是以大多數人希望（被統治）的方式來統治。……我正是透過把自己變成天主教徒才贏得了旺代省†的戰爭，也是透過把自己變成穆斯林才在埃及站穩了腳跟，讓自己成為一個教宗至上主義者，才在義大利贏得了人心（心靈）。如果我統治猶太人，就會重建所羅門王的聖殿。」[87]

總之，關於皈依的傳言完全符合拿破崙在埃及每次軍事和政治失敗後所做的一長串文化上的示好。他每一次面臨最嚴重的危險時，都會擺出這種最極端的自我重塑的姿態。這不是空洞的傲慢表現，而是絕望之舉。

毫無疑問，這位自稱馬赫迪的人開始採用一種救世主的腔調。一七九八年十二月底，拿破崙再次召集議會。他對他們說，真主

> 降下永恆的天命，我從西方來到（埃及的）土地，消滅這裡的那些壓迫者……偉大的《古蘭經》在很多經文中都表明了所發生的事情……還知道我能夠揭示你們每個人的心

＊雅克·梅努（Jacques Menou，一七五〇至一八一〇），布賽男爵，法國大革命時期的政治家和將軍。一八〇〇年，克萊貝爾將軍遇刺後，梅努繼任埃及司令部的總司令。他在同一年皈依伊斯蘭教，改名阿卜杜拉，以便迎娶一位埃及富人的女兒。

†旺代省（Vendée），法國西臨大西洋的一個省分。

拿破崙的雙重形象。

中所想，因為我看人一眼就會知道他的一切……終有一天，你們就會明白，我所做的一切和下的命令都是無法改變的神旨。[88]

當然，歷史學家賈巴爾蒂連一個字都不信，他抄寫下拿破崙的聲明，對這位將軍「將自己置於人類菁英之列的自命不凡」深感震驚。[89]拿破崙相信他自己說的話嗎？這很難說。但這位自封的伊斯蘭解放者馬赫迪顯然做好了領導世界的準備。整個一七九九年一月，拿破崙都在為繼續進軍巴勒斯坦做準備，他安排了尼羅河三角洲的補給線，重組了指揮系統，集中了火砲和兵力。他收拾出一台便攜的阿拉伯語印刷機，以便在戰役途中發表公告。二月一開始，他手下的一支一萬三千名老兵組成的精兵就在西奈半島的地中海沿岸集合，準備北進聖地。二月十一日，拿破崙離開開羅與他們會合。[90]

和在埃及的戰役相比，法國進軍敘利亞和巴勒斯坦稍稍成功一些，這可以被視為是陷入困境之軍的背水一戰。拿破崙本人已在打算他自己回巴黎之事了，他的朋友們正在那裡策畫對督政府發動一場政變，然而，拿破崙的個人野心和他軍隊的命運在很大程度上仍然與東方連在一起。如何擴大和維持法國在埃及的統治，或是如何讓軍隊從中全身而退，都是難題。還有那個如今仍未實現的更大的戰略目標：如何打擊英國；如何按理想情況抵達印度；如何在東方建立一個法蘭西帝國。

隨著進軍巴勒斯坦，繼續占領埃及，以及拿破崙繼續堅持不懈地嘗試讓法國人和埃及人在政治和文化上結盟，東方的法蘭西帝國的願景歷久彌新，愈演愈烈。拿破崙在後來的蘇伊士運河（多個大洲和帝國的結合點）的邊上安營紮寨，他的思緒還是轉向了帝國世界的樞軸：印度。他致信麥加的謝里夫，請他代為轉交一封重要的信件，後者積極回應了法國人的示好。[91]隨信所附的短信是寫給印度南部邁索爾的國王蒂普素壇的，此人是法國的長期盟友，也是英國的頑固對手。拿破崙和蒂普素壇的願望一致，都想讓印度擺脫英國，兩人有很多共同點，也有很多事情需要討論。這個故事的下一部分就發生在蒂普素壇的王國。

第五章 攻占塞林伽巴丹

公民蒂普

夏日天氣升溫很快，因此，一七九七年五月的一天，早上剛到六點鐘，慶祝活動就已經開始了。[1] 一大群人聚集在印度南方邁索爾王國首都塞林伽巴丹的閱兵場上。邁索爾的統治者蒂普素壇也在人群中，大概穿得像往常一樣簡單樸素，白色平紋細布袍子，頭戴綠色的纏頭巾。在蒂普的示意下，一連串的砲火聲撕裂了清晨黯淡的天空：要塞的城牆上有五百門火砲；五百枝火箭槍；還有逾一千枝毛瑟槍齊射。就算這些數字（按照當時的計算）有所誇大，顯然也沒有幾個印度國王有能力集結展示如此龐大的火力，蒂普素壇也知道這一點。蒂普在邁索爾即位十五年來，在其父海德爾．阿里遺產的基礎上建立了一支印度次大陸上技術和戰術最先進的武裝力量。這天清晨如此悍然的火力就證實了這一點；他希望這可以確保王國的安全和進一步的發展，如果還能損害死敵英國人的利益，就再好不過了。

施放煙火還有另一個目的。它們是在向蒂普夢寐以求的盟友法國人致敬。清晨的儀式是為了

同時期的一幅印度肖像畫中的蒂普素壇。

紀念帝國歷史記載中的一個最離奇的跨文化共生體：塞林伽巴丹的雅各賓俱樂部。這個俱樂部是遍及法國本土和海外領土的數百個革命黨雅各賓組織之一，一七九七年初由法國私掠船主弗朗索瓦・里波*所建立，並從在塞林伽巴丹生活工作的法國士兵、工匠和技師的龐大人口中吸收了大約六十名會員。俱樂部致力於學習、宣傳和慶祝共和價值觀，還籌畫了在法國全國、甚至在法國占領的埃及普遍慶祝的那種節日慶典。那一天，在可能是有史以來地處最遠的革命節慶中，塞林伽巴丹的雅各賓黨人聚在一處，高舉三色旗，聆聽演講，並向他們團結起來一起捍衛的原則致敬。

蒂普素壇利用這個機會大肆宣揚並肯定他與法國的長期友誼。「看吧，我向貴國的旗幟表示感謝，」槍砲聲沉寂下來後，蒂普如此說道，「那對我彌足珍貴，你們是我的盟友，這個同盟將永遠受到我的國家的支持，如同我的姊妹國法蘭西共和國一樣！」俱樂部成員隨後種下一棵自由之樹（一個五月柱一般的樁子，是很多革命節日的核心內容）並傾聽他們的主席里波充滿激情地宣講崇高的共和價值觀，不可信任的英格蘭人的「野蠻和暴行」，以及反革命叛徒的背信棄義。「公民們！」他熱情激蕩地莊重說道。「請你們發誓，仇恨除了法蘭西共和國的盟友、百戰百勝的蒂普素壇之外的一切國王，與一切暴君戰鬥到底，並熱愛祖國和公民蒂普的國度。」「我發誓！」歐洲人和印度人充滿熱情地齊聲應道：「我們發誓，不自由，毋寧死！」又一輪禮砲（這次是規模較小的八四門砲開火）宣告正式慶典結束，自由之樹周圍的舞蹈一直持續到深夜。

在印度南方一個小小的角落，法國雅各賓黨人一本正經地慶祝大革命的這番場景，在某個層面上看來近乎荒謬。然而這幅古怪的東西方融合的小插圖，卻非比尋常地證實了整個帝國正在發生的豐富文化的交匯。除了在這個法國共和文化的偏遠前哨所證明法國大革命的國際化程度（比方說它的價值觀如何感染了在海外生活工作的法國男男女女）之外，塞林伽巴丹的雅各賓俱樂部還敦促人們重新審視一下這個普遍的臆說，也就是法國在當時的印度毫無重要影響力。[2] 顯而易見，就人員數量和領土權力而言，在一七五〇年代英國收穫甚豐的數次戰役之後，法國的影響力

＊弗朗索瓦．里波（Françcis Ripaud，一七五五至一八一四），法國私掠船主，以其率領法蘭西島（模里西斯）的一群志願者協助蒂普素壇抵抗英國人而聞名。

明顯下降。然而，和其他歐陸人一樣，法國人也繼續在這個次大陸上的各個宮廷裡服務，並形成了一個經久不衰的聯繫網路，如果拿破崙和法國的其他擴張主義者需要，便可隨時取用。

那麼「公民蒂普」這位顯然是世上唯一的雅各賓派國王呢？這個俱樂部的存在本身就證明了法國和邁索爾之間已近四十年的不解之緣，更不用說蒂普對它的公開支持了。要說蒂普與其提攜之人分享了什麼政治資訊，或是對他們的政治綱領有多少理解，我們實在難以了解。但毫無疑問，他與雅各賓黨人的結盟加強了他本人在一個重要面向的野心。他們鼓勵他寄望於法國繼續支持邁索爾與英國長期的艱苦鬥爭。

法國重新介入次大陸的可能性有多真實？真實性當然毋庸置疑，拿破崙入侵埃及，在當時英國人的心中就引發了真正的恐懼。在某些印度人眼中也非常真實，足夠讓蒂普這樣的統治者繼續轉向其他的歐洲國家和個人，以獲得軍事或技術支持。這正是東印度公司在獲得對阿瓦德等領土的非正式控制後，如此迅速地驅逐歐陸顧問的原因。在公司的勢力範圍之外，這種關係非常活躍。伯努瓦·德布瓦涅的雇主馬哈傑·辛蒂亞等馬拉塔領袖利用歐洲人，特別是法國人的幫助，徵募了一支足以對英國人造成傷害的歐式大軍。一七九〇年代，海德拉巴的尼札姆軍隊的指揮官就是一位親印度的法國人雷蒙，他的軍旗上既有革命軍的徽章，也有伊斯蘭的新月。直到一八三〇年代，錫克人為了維持他們在旁遮普的統治並擴張領土，仍依靠法國顧問的支持，並期待法國的援助。[3]英國的東印度公司或許無須害怕任何一個印度統治者，或就此而言的一小股法國軍隊，但兩者合力卻可能是致命的。正是在塞林伽巴丹（在公司最危險的印度敵人蒂普素壇和從埃及來的法軍建立聯盟的陰霾籠罩之下），英國將面對這個組合最具威脅的型態。

這種跨文化聯盟的重要性和後果絕不只是軍事上的。「公民」蒂普在很多方面都像皈依穆斯林的拿破崙一樣，是個不可信的人物。但兩人都不僅僅是在演戲。兩位領袖都敏銳地意識到，為了爭取並維持大眾的支持，就必須溝通文化，融合利益群體。蒂普是個新近登上王位的穆斯林（他父親海德爾·阿里是從印度教統治者手中得到邁索爾的控制權的），力圖讓自己融入當地印度的王權傳統，並努力培養與西方的親密關係，雅各賓俱樂部就引人注目地證明了這一點。拿破崙在埃及時追求並仰仗於各種形式的同化，正如幾年後他當上了法國皇帝之後將君主制與革命影響合而為一，做法極為相似。對於兩位領袖來說，跨越東西方的界線對他們在政治、個人以及帝國目標（至少對拿破崙來說如此）上取得成功至關重要。總之，世界主義是擴張和生存的基本功。難怪這種跨文化聯盟會讓英國人躊躇不前。畢竟，英國的海外勢力也要依賴同樣的達成方式。

到一七九〇年代，邁索爾一地在英國的帝國野心和焦慮中占據重要的位置。海德爾·阿里和蒂普素壇與英國人打了四場仗（一七六七年至一七六九年，一七八〇年至一七九四年，一七九〇年至一七九二年，以及一七九九年），都屬於東印度公司與任何印度勢力之間所展開的最激烈的戰鬥，這進一步表明印度遠未「英國化」。邁索爾統治者的成功在英國啟迪了一種激烈昂揚的文學，將他們描寫為帝國統治的典型對手，大致相當於拿破崙之於英國後方民眾。（然而特別是在一七九〇年代之前，英國人也仰慕他們中的一些人，那些東印度公司的批評者尤其如此。）[4]在小冊子、戲劇、漫畫、老兵的激動回憶，以及（或許也是其中最扣人心弦的）海德爾和蒂普的英國戰犯那些丟人現眼的敘述中，邁索爾的統治者被描述成典型的穆斯林「他者」：暴君、篡位者、野蠻人。據說，蒂普「無情的、怯懦的、前所未有的殘酷想法……全都宣洩在……對歐洲人根深柢固的反感和仇恨中。」[5]一位英國軍官說他是個「宗教偏執狂」，甚至「敦促鄰國將結盟對抗穆罕默德信仰的敵人，也就是**所有的基督徒**，當成是必盡的義務。」[6]但對蒂普和海德爾最糟糕的指控或許是由那些被他們俘虜的歐洲男女提出的，在一七八〇年至一七九九年期間，被俘的超過了一千人，這是邁索爾軍力的一個很有說服力的象徵。很多英國男子聲稱他們被迫行了割禮；還有人形容自己被迫羞恥地穿上女人的衣服，為蒂普充當舞男。[7]

鑑於英美西方與穆斯林東方之間近年來的戰爭，這個帝國製造反面人物的歷史案例有著特殊的現實意義。英國人對邁索爾的痴迷（這顯然是痴迷）明顯來自當時對帝國的各種普遍焦慮，具體而言就是對伊斯蘭和文化交鋒的焦慮。然而，海德爾和蒂普顯得如此危險的原因，不僅僅是因為他們是與自己不同的外國人。而是因為他們是自己可怕的翻版。他們發展火箭槍等技術創新，使得他們的軍隊與東印度公司軍同樣「現代」。他們採用歐洲的軍事戰術、武器、制服，以及最關鍵的人員。他們以一套軍事財政制度來為其戰爭機器提供資金，就像推動著英國擴張的制度一樣。最令人恐懼的是，他們與法國締結了深厚而持久的聯盟。

邁索爾與法國的長期聯繫遭到了帝國歷史學家不公正的邊緣化，這種不公正的部分原因是，正是因為與西方、與法國的這種親密關係，才使得海德爾和蒂普成為如此有力的邪惡人物，也正是因為這種法－印聯盟，才使得英國在印度的帝國政策轉向了公然的領土征服。貶低法蘭西－邁索爾紐帶的力量，也忽視了挑戰英國擴張實力的印度代表，從而使英國的成功看上去遠比實際情況要必然和簡單得多。對邁索爾的征服是一場惡鬥；說到底也正是法國人導致了蒂普的滅亡。一七九九年，拿破崙入侵埃及後，在與法國不共戴天的總督理查·威爾斯利的命令下，英國軍隊遠征邁索爾，為這場始於尼羅河兩岸的戰爭開啟了第二條前線。

一七九九年五月攻占塞林伽巴丹，至今仍是大英帝國史上場面最宏大的戰役之一。它還標誌了東印度公司政策的一個轉捩點。克萊武出兵普拉西等早期戰役，或是公司自己與邁索爾的早期戰爭，都至少在表面上是報復性或防禦性的。東印度公司在與蒂普素壇的最終一戰中，施行了積極擴張的軍事國家的新立場。儘管這預示著帝國前線轉向了軍國主義，在塞林伽巴丹的勝利也標誌著公司自身在後方民眾眼中的形象發生了變化。在英國本土，陷落之城的戰利品（和第一批在英國公開展示的印度物品一起）被用來推廣公司做為統治者的新形象。

塞林伽巴丹之後，東印度公司的政治宣傳盛氣凌人而無孔不入，讓人很容易以為英國人憑藉捏造的指控發起了這次進攻。但在華而不實的修辭之下，邁索爾與法國之間則的確有著深厚、非凡，並且相當真實的接觸史。它們的關係讓我們得以一窺印度的究竟，如果依著那些主要人物的想法，英國或許根本別想維持它的帝國，也絕對無法靠其自身的力量做到這一點。

塞林伽巴丹的風景。

法國同盟

邁索爾與法國的致命浪漫始於蒂普素壇出生前後的一七五〇年，那是個充滿暴力、陰謀和機遇的世界。蒙兀兒帝國飽受阿富汗入侵的折磨，再也無力對其各大屬國發號施令。海德拉巴和阿爾果德諸王國的一連串危機最終爆發，變成一場混戰，交戰方包括蒙兀兒帝國各個派別、不同的地區統治者、馬拉塔諸邦，當然還有英國和法國東印度公司，他們在自己位於柯洛曼德爾海岸的商館裡覬覦著這些富饒的內陸領土。

一七五〇年代的戰爭為羅伯特・克萊武之流野心勃勃的歐洲人帶來了爭取金錢、名望和權力的前所未有的機會。在印度南部班加羅爾*城附近的邁索爾王國，另一個野心勃勃、足智多謀的軍官抓住了戰爭的機會來提升他個人的地位。海德爾・阿里當時是邁索爾的印度教瓦迪亞爾†國王麾下的一個騎兵指揮官。邁索爾也被捲入了繼位的複雜戰爭，海德爾・阿里正是因這個有利位置得以在戰場上觀察法國軍隊。所見所聞「給他留下了深刻的印象，」一個法國軍官後來寫道，「使他堅信法國人有能力開拓最艱難的事業。」[8]海德爾悉心仔細研究歐洲的軍事手段。他探索了本地治理的防禦工事，觀看了法軍的演習和訓練，為自己的手下購買歐洲的燧發槍，並招募法國槍手。一七五二年，他安排自己的軍隊緊挨著同盟的法國部隊，從而在實戰中直接學習法國的戰術，「以便從他們那裡學習兵法。實際上，」這位軍官繼續說道，

他非常細心，特別留意法國軍營裡發生的一切；並在自己的軍隊和軍營裡重演了幾次。這種重複成為法國軍官和士兵的某種消遣，他很注意用自己的禮貌和良好的禮儀取悅他們。[9]

海德爾顯然還學會了「完全理解法語所有的賭咒發誓」；據說，他與歐洲人的交往也讓他學會了欣賞紅酒和火腿的品味，只不過他對在頭髮上敷粉的歐洲時尚有種說不出的厭惡。[10]

＊班加羅爾（Bangalore），印度卡納塔克邦的首府，全國第三大城市。

†瓦迪亞爾（Wodeyar），三九九年至一九五〇年間統治印度次大陸邁索爾王國的一個印度王朝，一七〇〇年代末曾短暫中斷。

法國人並沒有把海德爾成功招募「最活躍、最聰明的法國士兵為他服役」當成是有趣的消遣。但一七六一年東印度公司攻占並摧毀了本地治理後（大約是在克勞德・馬丁和其他很多人叛變為英國人服務的同時），法國軍械師、木匠、砲兵專家，以及建築師紛紛轉而任由海德爾調遣。一七六〇年代初期，海德爾廢黜了在位的拉者，自己掌握了邁索爾的控制權。他將都城建於塞林伽巴丹，這個位於高韋里河*河心的岩石小島，距離邁索爾城不遠，是個防禦要塞的絕佳地點。法國工程師用城牆、防守陣地、棱堡和砲在塞林伽巴丹周圍層層封鎖。[11]薩沃伊人傭兵拉勒等歐洲軍官訓練了海德爾的印度指揮官，並領導一支至少有四百人的歐洲（大部分是法國人）軍隊，駐紮在城北數公里遠的「法國山」上。海德爾散布謠言，說用這些「殘忍的人吃人肉」，以此來恐嚇他的印度敵人。[12]

歐洲顧問、技師和軍官出現在邁索爾，只是一個實例而已，這樣模式在整個次大陸到處重複，並且在穆斯林世界愈演愈烈。[13]特別是像安托萬・波利爾這樣的非英裔歐洲人發現，他們為本地王公服務的回報更高，而在東印度公司軍，他們的選擇總有些受限。很多印度王公也樂於利用這些歐洲人的技能，而不怎麼想與歐洲勢力建立正式的聯盟。

然而，邁索爾與法國關係特殊。首先，它非常持久：由於蒂普素壇不斷貫徹和加深，這種聯繫維持了將近四十年，直至一七九九年塞林伽巴丹陷落。另外，它還非常成功。海德爾和蒂普採用歐洲人、特別是法國人的技術之後，可以說變成了英國在南印度擴張道路上最顯眼的軍事障礙。在英國人看來，印度各邦的歐洲顧問所構成的危險不言而喻。法國顧問與印度統治者分享了歐洲的方法，使得公司軍相對於其印度對手本來就極其微小的戰術優勢更加無足輕重。甚至「增加那一點點法國士兵，」一位英國軍官後來評論道，「都會非常實質性地增加蒂普的軍力。」[14]他和同僚們顯然對這一切都很了解，因為公司也正是以同樣的原則來管理他們的印度軍隊。

但讓法國與邁索爾之間的紐帶尤為重要的，是它有少數的變節顧問。這個紐帶大概可以算是一個多國聯盟。在遙遠的法國，政府部長們致力於培養與邁索爾的聯繫，他們把聯盟看作是法國在南印度收復領土和權力的最佳機會。一七六九年，法國在「七年戰爭」遭遇大敗後不久，舒瓦瑟爾公爵就派遣一小群軍官去海德爾的宮廷，與這位嶄露頭角的反英頭目發展更加緊密的聯繫。（同年，舒瓦瑟爾還向路易十五提議入侵埃及。）整整三十年後，德塔列朗和拿破崙仍然熱烈地討論與邁索爾達成正式聯盟的前景。兩國關係的遺產也是如此。在動身前往埃及的一個月前，拿破崙為了與邁索爾聯絡，召來曾在蒂普素壇手下服役的一個法國顧問加入他的遠征軍。[15]儘管強迫歐洲僱傭兵效忠可能是一門危險的生意，某些僱傭兵無疑將他們為邁索爾服務看成是一種愛國的行為。在邁索爾服役「激起了我向法國證明我不可侵犯的忠誠的欲望，」海德爾的僱傭兵指揮官拉勒寫道，「而絕不是讓我放棄了法蘭西民族的利益……」，因為拉勒其實（和伯努瓦．德布瓦涅一樣）是薩沃伊人而並非正式的法國人，這樣的聲明尤其發人深省。[16]

＊高韋里河（Kaveri River），是印度南部的一條河流，發源自卡納塔克邦西部的西高止山脈，流向東南，穿越德干高原，在泰米爾納德邦中部海岸注入孟加拉灣。它在印度教中被認為是一條聖河。

沒有哪一個事件像一七八〇年九月的伯利魯爾戰役那樣，迫使英國人痛苦地面對法蘭西－邁索爾聯盟的力量。這場戰役是東印度公司與邁索爾的第二次戰爭的初期衝突之一，它本身也是始於一七七八年的英法戰爭的一個分支。海德爾・阿里自稱是馬拉巴爾的法國財產守護神，一七八〇年七月，他在蒂普和拉勒將軍的陪伴下進軍英國人保護的阿爾果德省。在佛都坎奇普蘭*數公里之外的伯利魯爾，邁索爾人包圍了由貝利†上校指揮的東印度公司軍的一支分遣隊。公司軍人一邊抵抗蒂普的攻擊，一邊焦急地等待赫克托・芒羅‡將軍的援兵。當「身穿猩紅色（軍裝）……奏著英國擲彈兵進行曲的」生力軍在他們後方出現時，貝利的手下發出了喜悅的歡呼，卻驚恐地發現那些印度士兵根本不是芒羅的手下，而是海德爾・阿里的人。[17]貝利的軍隊四面受圍，退守成一個方陣，抵禦邁索爾騎兵的衝鋒。拉勒隨後發起了致命一擊（coup de grace）。他命令火砲朝著英國人的兩輪彈藥車開砲，炸毀了三輛彈藥車，戲劇性地粉碎了英國人的希望。

赫克托・芒羅爵士未能抵達現場是這場災難的主要原因，他稱伯利魯爾一役是「英格蘭人在印度遭遇過的最沉重的打擊。」[18]大約有三千名公司軍人陣亡，貝利和二百名歐洲人，其中有五十個軍官，都鐐銬加身地被帶到塞林伽巴丹。俘虜們的苦難成為英國描寫邁索爾的一個情感主題，一七九九年，一位名叫大衛・貝爾德§的伯利魯爾戰俘率兵向塞林伽巴丹衝鋒，開啟了個人的復仇之戰。

「你的勝利全靠我們的災難（即失誤），而不是打敗了我們，」貝利充滿蘇格蘭人的自豪，對海德爾・阿里自誇道。[19]但不那麼樂觀的評論家對此看法不同：英國之所以能繼續贏得戰爭並保

留其在印度的地位，完全仰仗對手的混亂。「如果法國人及時向敵人增援，」一個分析者總結道，

因為有充分的理由期待這一點，並且如果馬拉塔各邦以及印度斯坦的其他原住民不再安靜地旁觀……而是加入聯軍一致行動，英格蘭人無疑必會失去半島上幾乎所有的定居點。如果海德爾在打敗貝利後乘勝追擊，考慮到剩餘的軍隊四分五裂，士氣低落，它完全有可能隨著聖喬治堡這個幾乎毫無防禦的獵物一同落入敵手。[20]

總之，如果邁索爾加強了尤其是與法國的聯盟，那麼結果可能對英國人更糟。

＊坎奇普蘭（Kanchipuram），又稱香至，位於印度泰米爾納德邦，曾是帕拉瓦（Pallava，舊譯跋羅婆）王朝的首都，是重要的梵文研究中心之一。

†威廉·貝利（William Baillie，？至一七八二），英屬東印度公司軍上校。一七八〇年，他在伯利魯爾戰役中被海德爾·阿里俘虜，最終死在塞林伽巴丹的獄中。

‡赫克托·芒羅（Hector Munro，一七二六至一八〇五），第八代諾瓦領主，英國軍人，巴斯騎士，第九任駐印度總司令（一七六四至一七六五）。

§大衛·貝爾德（David Baird，一七五七至一八二九），英國將軍，巴斯騎士，第一代從男爵。他參加過第二、三、四次邁索爾戰爭，法國大革命戰爭和半島戰爭。

印度藝術家在塞林伽巴丹達麗婭・道拉特・巴格宮的牆壁上所畫的伯利魯爾戰役（局部）。

這場戰役同樣讓塞林伽巴丹士氣高漲，蒂普素壇以非比尋常的方式在那裡慶祝了他的勝利。他命人把這場戰役畫在他的夏宮達麗婭・道拉特・巴格宮*的牆上。這座寬簷的宮殿坐落在城牆外大約一・六公里處，一處柏樹林蔭環繞的涼爽園場裡，是蒂普追求個人寧靜的避難所。在這裡的這所「幸福花園」中，有一處用深紅色和金色油彩描繪的戰爭紀念。伯利魯爾戰役的壁畫蓋滿了宮殿西側的外牆，驕傲地呈現了磅礴的場面。行進於整面牆上的邁索爾軍隊由手執長槍的騎兵和馬背上的弓兵、頂盔擐甲的重騎兵、頭頂鮮豔頭巾的步兵的壯麗隊伍，以及在藍幽幽重砲後面的歐洲砲手組成。面對這種巨大衝擊的英國軍隊只有兩排無力叉開的白腿和僵直的紅色脊背。很多英國兵被長槍刺翻在地，垂死掙扎，或是被蒂普揮舞著軍刀的手下斬首。拉勒在右上角的制高點用望遠鏡俯瞰著戰況，他已下令炸毀了一輛英國的兩輪彈藥車，正讓他的砲兵直接瞄準公司軍的隊伍。[21]

這是一幅熱烈、暴力、壯觀的場景，並且毫無疑問是勝利的場面。畫面左側英軍方陣中央的一小塊空地上，貝利上校躲在一頂轎子裡。他負傷了，藏在木頭的陰暗狹小空間裡幾乎不見身影，焦慮地啃著手指。轎子四面封閉，他實際上已經是個俘虜了。而在畫面的右側與之形成對照的，是開闊的空地上整裝待發的邁索爾指揮官。蒂普和海德爾騎著盛裝大象盤旋於戰場之上，莊嚴地衝向戰場，他們手持玫瑰湊近細聞，堅定不移，毫不留情。無論意圖和目的如何，他們都已經獲勝了。

難怪英國人看到這幅壁畫時表示非常厭惡（儘管一七九九年亞瑟・威爾斯利以一種病態的迷戀將其修復，一八五四年達爾豪斯†勛爵又命人重畫了這幅壁畫）。[22]「這是他們品味幼稚的證

---

*達麗婭・道拉特・巴格宮（Daria Daulat Bagh），位於南印度邁索爾附近的斯赫里朗格阿派特塔納（Srirangapatna），其意為「財富之海花園」，主要以柚木構景。

†詹姆斯・安德魯・布朗－拉姆齊（James Andrew Broun-Ramsay，一八一二至一八六〇），第一代達爾豪斯侯爵，蘇格蘭政治家、英屬印度官員。拉姆齊曾在一八四八年至一八五六年間擔任印度總督。支持者認為他是一個極具遠見的出色官員，鞏固了東印度公司的統治，為日後的管理體制立下了基石。反對者則認為他是令東印度公司財務、軍事狀況惡化的魯莽官員，為一八五七年的叛亂埋下了種子，使得公司轉盈為虧。

明……，」一位英國軍官厲聲說道，「無論是想像力還是畫工都不怎麼樣，跟蹩腳的猴子一樣的男人在卡那提克隨意塗抹的那種最普通的佛塔沒什麼兩樣。」[23]在活潑歡快的少女夏洛特·克萊武（羅伯特·克萊武的孫女）看來，這幅壁畫「非常滑稽……當地人毫無距離或透視感」，她和母親及姊姊在塞林伽巴丹剛陷落的一年後住進了這座宮殿的後宮。[24]

但蘇格蘭貴族胡德夫人*在一八一二年優閒的素描之旅中曾在塞林伽巴丹短暫停留，「忍不住評論本土藝術家在法英兩國士兵的面容上所表現的民族性格的明顯差別。」[25]在如今的觀者看來，這兩群不同的紅衣白褲軍隊之間的對比或許並不明顯，但與胡德夫人同時代的人會立即明白她的意思：鬍鬚（捲曲、柔和、印度氣派的鬍鬚），每一個法國士兵都是這樣，像他們的邁索爾盟友一樣，與一絲不苟地把臉刮得乾乾淨淨的英國人形成了強烈的對比。另一方面，印度評論者也許會在法國人身上注意到一個不同的特徵：帽子，在一個以頭巾為王的國度，這是歐洲人的專屬物。這就是在原本會讓人注意到差異的場面裡的一種融合。透過故意展示印度人的落腮鬍子和歐洲人的頂戴，邁索爾的法國人兩者皆非，又同時都是。

海德爾·阿里死於這場戰爭結束前的一七八二年。據法國史家米肖†說，他「在彌留之際」告訴蒂普，「可以讓歐洲國家彼此敵對來征服他們；而縱觀印度斯坦，卻只有搖搖欲墜的土邦，優柔寡斷的君主，以及不知該如何像他一樣仇恨英格蘭人的王公，他再一次把目光轉向了法國。」[26]蒂普憑著忠誠和決心與法國結成了聯盟。一七八七年，他決定直接派遣使節前往凡爾賽宮。（兩年前，他曾冒險涉足海外外交，派使團前往君士坦丁堡，請求鄂圖曼素壇以其哈里發的身分正式承認他是邁索爾的國王。）[27]這是十八世紀印度的統治者派去歐洲的第一個使團，也是一個明顯的標誌，證明蒂普素壇的野心遠遠不止在軍隊中招募法國傭兵。他希望路易十六同意攻守同盟，並在塞林伽巴丹永久駐紮一支法國的萬人軍隊，遵守邁索爾的法律並由蒂普個人指揮，以此來加強兩國的同盟。[28]蒂普還請求法國國王為他派來各類職業人士和工匠，在塞林伽巴丹工作：園丁、吹玻璃工、織布工、鐘錶匠、瓷器匠，以及在當時很引人注意的「東方語言的印刷工」。蒂普的另一份非常有前瞻性的提議是，派他的一個兒子去法國接受教育。[29]

一七八七年七月，三位大使及其隨員從本地治理乘坐一艘掛著蒂普旗幟的法國船出海了。[30]整整一年之後，他們抵達巴黎，一七八八年八月十日，國王在凡爾賽宮的海格立斯廳‡接見了他們。路易十六收下了他們送來的黃金、鑽石和珍珠等禮物，並傾聽了一段長篇演講，歷數英國在

＊瑪麗．麥肯齊（Mary Mackenzie，一七八三至一八六二），第一代錫福斯男爵法蘭西斯．麥肯齊的長女和繼承人。因為嫁給了海軍中將撒母耳．胡德爵士，她也被稱作「胡德．麥肯齊夫人」。她是沃爾特．司各特的敘事詩《湖上夫人》（*The Lady of the Lake*，一八一〇）中埃倫的原型。

†約瑟夫－弗朗索瓦．米肖（Joseph-François Michaud，一七六七至一八三九），法國歷史學家和宣傳家，著有《希臘和伊茲密爾遊記》（*Viaggio in Grecia ed a Smirne*，一八三四）和《十字軍東征史》（*Histoire des croisades*，一八四〇）等。

‡海格立斯廳（Salon d'Hercule），位於凡爾賽宮二樓，連接小堂和城堡的北翼和國王套房。

印度的不義行為。但法國當時正處於經濟危機之中，那場危機最終推翻了君主制。勸說國王延長他的承諾，花上一大筆錢，並發動另一次與英國的全球戰爭，可說是沒多大希望。路易的大臣們禮貌地推諉了蒂普所有的實質性要求。大使們是來請求繼續軍事援助的，但在舊制度最後的拮据日子裡，「法國政府能給他們的只有表演和節慶。」[31]

不過表演倒是神氣十足。單從表現力上來說，使團取得了巨大的成功，大使們多彩的突出表現一定大大加深了法國人對印度的興趣，想要保持與邁索爾的聯盟。夾道的人群目瞪口呆地看著來訪者一路走訪了馬賽、格勒諾布爾*和里昂；當他們走進聖克盧的公園時，侍者不得不在團團轉的女士們的真絲長裙中間為他們清理出一條走道來。[32]巴黎熱愛這些大使們：「他們是所有談話的主題，所有的人都盯著他們，而蒂普·賽義卜這個名字一時之間在無憂無慮的民眾間家喻戶曉，亞洲服飾的創意給他們帶來的震驚遠遠多於他們對自己在印度的財產的重視。」[33]「他們的皮膚是古銅色的，但（他們）卻有著最出色的容貌，」藝術家伊莉莎白·維熱·勒布倫†滔滔不絕地說道，她為其中的一位大使穆罕默德·達爾韋什汗畫了一幅威嚴的肖像，那是一個身穿長袍的嚴厲人物，拳頭緊緊握住彎刀的刀首圓頭。另一個同行者的形象被做成了陶像；所有三位大使的形象出現在各種商品上，從塞夫爾‡的咖啡杯到女士的扇子，甚至上衣鈕扣。[34]或許最不同尋常的還是他們出現在當時哲士的小冊子裡，他們在書中作為代言人參與了關於專制統治和君主制的討論，在革命前的巴黎各個沙龍裡，到處都是對那些討論的呼應。[35]

而大使們也熱愛巴黎。實際上，大家頗費了一番功夫，才最終說服他們在一七八八年十月離開那裡。他們在首都逗留的三個月裡，比蒂普給他們的津貼超支了五萬里弗爾[§]；算上（乘法國船）航行的費用，招待蒂普使團的開銷花了法國王室逾八十萬里弗爾（當時大致相當於同樣金額的英鎊）。[36]然而，邁索爾人回到塞林伽巴丹時，卻只給蒂普帶回了路易十六為他準備的九十八名工匠，一些法國的種子，以及一大套塞夫爾瓷器。這套瓷器價值逾三萬里弗爾，是特別為蒂普設計的，沒有動物圖案（因而不致冒犯他伊斯蘭教的感情），包括臉盆、水煙筒、痰盂，以及國王和王后的幾座半身像。蒂普勃然大怒。[37]瓷器無法取代軍隊。但儘管如此，他還是頗有風度地致信路易十六，感謝他送來的工匠和瓷器。「儘管共同的破壞者英國一直蠢蠢欲動，」他說，「但皇帝陛下和我們之間良好的諒解和友誼的基礎源遠流長，牢不可破……」[38]

路易的不願承諾之後，緊跟著就是法國大革命，這意味著蒂普不得不在沒有法國援助的情況下進行第三次邁索爾戰爭（一七九〇年至一七九二年）。在他與東印度公司的所有戰爭中，蒂普

---

*格勒諾布爾（Grenoble），法國東南部的一個城市，伊澤爾省省會，也是法國阿爾卑斯地區的首府。

†伊莉莎白・維熱・勒布倫（Elisabeth Vigée-Lebrun，一七五五至一八四二），法國女畫家。因給皇后瑪麗・安東尼繪畫肖像而出名，法國大革命後離開法國在歐洲各國作畫，一生作有約六百幅肖像畫及兩百幅風景畫。

‡塞夫爾（Sèvres），法國法蘭西島大區上塞納省的一個市鎮。

§里弗爾（livre），法國的舊貨幣單位，一里弗爾的價值相當於一磅白銀。

頭一次遭到了可恥的失敗。[39]康沃利斯勛爵率領英軍攻占了塞林伽巴丹島的東側部分，並向蒂普提出了懲罰性的條約，迫使他放棄了半數領土，交納了一大筆賠款，還把兩個小兒子送去當人質，算是彌補了勛爵早年間在約克敦戰敗的難堪。

此刻，蒂普比以往任何時候都更需要法國的援助。就像拿破崙對埃及民眾的呼籲在戰敗後更上一層，緊迫性也隨之增加，蒂普在一七九二年戰敗後也對法國持續示好。他與本地治理和模里西斯的法國官員定期通信，並對巴黎的制度更迭了然於胸。（他手寫的一張便條顯示他得知了「法國瑟達爾（Sirdar，或稱長官）的名字。選出的五位瑟達爾在法國擁有至高無上的權威……」（也就是督政府）「議會五百名瑟達爾的正式任命，組成了法國的評議機構，並服從於上述的五位瑟達爾所組成的元老院。」他「給這五位法國長官及其夫人們」送去了槍砲、珠寶和「卡拉特」（印度宮廷之間作為儀式禮物相互交換的禮袍）。[40]

整個一七九〇年代，蒂普一直夢想著邁索爾能有一萬名法國人，夢想著他們一起把英國人趕出印度的那一天。一七九七年的一個夜晚，他還真地夢到了這種情況。「有人告訴我，說一個有地位的法國人來了，」他把這些記錄在他的夢境書裡：

> 我請他坐下並問候了他的健康。基督徒隨後說：「我帶來了一萬名法蘭克人為真主賜予的統治效勞，我讓他們都在岸邊離船登岸了。他們都是體格健美結實的年輕人。」我隨即對他說，「很好。這裡為戰爭所做的準備也都一切就緒，伊斯蘭的大量追隨者們都熱

切地等待著參加聖戰。」[41]

然後他就醒來了。

但蒂普醒來所面對的現實與他的夢境並非全然不同。一七九七年冬，確實曾有一個說自己是重要人物的法國人抵達塞林伽巴丹。他就是雅各賓黨人弗朗索瓦．里波，他的船在門格洛爾*附近的海岸失事，被海浪沖上了岸邊。里波說他是一名海軍軍官，是模里西斯法國殖民地的代表，並告訴蒂普，說一萬名法國士兵正在那裡等著跟隨他來邁索爾。[42]這當然正是蒂普希望聽到的東西。儘管某些大臣不相信這個法國「無賴」，但蒂普卻在一七九七年秋派兩名大使隨里波前往模里西斯。[43]和往常一樣，他的主要訴求是人（包括一個「能替我處理法國通信的人，公民里波自己表達不清，他不是個文書」）。[44]這座島嶼的法國總督馬拉蒂克熱情地接待了邁索爾人，但像十年前的路易十六一樣，馬拉蒂克能給蒂普的也不過是植物和種子而已。[45]總督能做的最多是張貼告示，請志願者去塞林伽巴丹服役。只有不到一百人報名，馬拉蒂克又增加了十五名軍官，在陸軍准將沙皮伊的指揮下出發了。[46]「這一支海陸混雜的克利奧爾人†和歐洲人的援軍」於一七九八年六月到達，又一次讓蒂普失望了。[47]

*門格洛爾（Mangalore），印度西南方卡納塔克邦南部海港城市。

†克利奧爾人（creole），一般指的是歐洲白種人在殖民地移民的後裔。

但更多的消息（鼓舞人心的消息）很快就要來了，因為在一七九八年九月，蒂普得知法國入侵了埃及。現在，那一萬個法國人就只隔著一片海！此外，他還聽說他們計畫跨海過來與他會合。同樣讓蒂普感到高興的是，東印度公司顯然因為事態的發展而陷入了窘迫。新任總督理查・威爾斯利致信蒂普，「傲慢而詳細地敘述了」（沙皮伊的原話）尼羅河河口海戰，並警告他離法國人遠一點。[48]蒂普虛情假意地回信說英國人的勝利「給他帶來了無法用語言表達的喜悅」，但隨後立即開始籌畫他與拿破崙的會面。[49]陸軍准將沙皮伊幫助他準備派人前往埃及。

與英國的另一次對峙顯然就在眼前，蒂普素壇有充分的理由期待它的來臨。在法國軍隊的支持下，他有理由地希望能逆轉一七九二年的失敗並取得實質性的進一步收益。幾十年來精心維護的與法國的聯盟看來很快就有結果了。蒂普預見到戰爭即將來臨。「里波那條破船的桅杆斷裂，將會導致一個帝國的覆滅，」據說他曾如此期待。[50]但這話相當隱晦，因為他並不知道，注定滅亡的帝國不是別國，正是他自己的國家。

危險的關係

閱讀他人的信件總是令人浮想聯翩。至少在這位英國軍官讀到「東方軍」一個士兵的這封情書（billet doux）時，就有過這樣的感受：「我再也不認識我自己了，哦，我的（尤斯蒂尼亞娜）！與你遠隔的我會變成什麼樣子？這裡灼人的氣候似乎引來了吞噬我的熱火，還讓它愈燒愈旺。」[51]以下的內容或許同樣讓它的英國讀者心急難耐：

〔我給你寫了〕一封像書一樣長的信……〔但〕我不知道那封信是否能到你手裡。該死的英格蘭人！如果那封信落入他們的手裡……我就會盡我所能地報復他們。至於其他的，不必擔心，我最親愛的，他們會知道我們的一部分過去，但他們永遠不會知道我們是誰。我唯一感到不安的是你會不知道我在這裡遭遇的一切。……你的肖像丟了，然後又在突厥婦女手裡重新找了回來，一連串的事情既有趣又痛苦。可愛的畫像呀！我向你保證過，永遠不會和你分離。……[52]

但這封信顯然是所有信件中最有趣的：

你已經知道，我隨著龐大的無敵大軍到了紅海的邊緣，滿心希望能在英格蘭的鐵軛下把信寄給你。

在得知你途經馬斯喀特和摩卡傳來的政治形勢後，我熱切盼望能抓住這次機會，向你證明我的願望。我甚至希望你能派遣情報人員帶著密信來蘇伊士或開羅與我商討。願萬能的真主給你力量，毀滅你的敵人。[53]

這不是一封寄錯地方的情書：而是拿破崙．波拿巴寫給蒂普素壇的信。與戰時由間諜、士兵和特務攔截的大部分通信不同，這封信似乎傳達了一種重要而有用的真正戰略情報。

信寫於一七九九年一月二十六日拿破崙準備向北進軍巴勒斯坦之時，打著寫給麥加的謝里夫的幌子，表達了拿破崙最深切的希望：與蒂普合兵一處，在印度對英國人開戰。（麥加的謝里夫在一七九九年四月底回覆了拿破崙，說他已經把那封信交給「可靠的人手」送達蒂普了。）[54]當然，對於在塞林伽巴丹焦急地等待那一萬法國人的蒂普素壇來說，這封信也像是美夢成真。但蒂普根本沒有收到這封信。因為它落到了東印度公司手裡，讓後者喜出望外。二月十七日，英國人在吉達截獲此信，很多人長期懷疑拿破崙與蒂普之間有危險的關係，這封信讓英國領導人掌握了鐵證。這下進軍邁索爾總算有了正式的藉口，大軍很快便出發了。

這至少是理查．威爾斯利的看法，他在一七九七年被任命為東印度公司的總督。威爾斯利是個英裔愛爾蘭新教徒貴族和政治家，曾在國會的管理委員會花了五年時間監督印度事務。威爾斯利雖然娶了一位富有魅力的法國天主教女人亞森特，並用法語與妻子鴻雁傳書，但他卻是個徹頭徹尾討厭法國的人，他的政治盟友小威廉．皮特在某種程度上也有同樣的傾向。[55]正是厭法情緒主導了威爾斯利在印度的政策。他把印度看作是英法戰爭的另一個戰場，奉行與無數「親法」印度王公作對的積極擴張政策，第一個要對付的就是蒂普素壇。正是在威爾斯利擔任印度總督期間，英國在印度的政策轉向主動擴張，英國的海外文化愈來愈拘謹，對東西方跨界的寬容度也低於華倫．哈斯汀那個時代。

對於威爾斯利來說，拿破崙致蒂普的信是個令人高興的發現，卻毫無驚人之處。威爾斯利在一七九七年晚秋來到印度時，已事先知道了法國人的陰謀。一七九八年五月抵達加爾各答時，他迅速掃除了法國在次大陸的一些影響力。第一個目標是海德拉巴，他說雷蒙的人在那裡組建了「一個常駐印度的法國小集團的基地」。他迫使海德拉巴的尼札姆與東印度公司締結了附屬聯盟，尼札姆承諾放棄他那支由法國人指揮的軍隊，轉而自掏腰包維持一支六千人的東印度公司軍隊。[56]（威爾斯利還准許一支軍隊繼續由愛爾蘭僱傭兵邁克爾・芬格拉斯指揮，認為「在政策的一般原則上，我知道准許各國建立這種軍隊的危險，就算由英國臣民指揮也是如此；但法國冒險家為印度各個土邦所建的大量軍事機構表明，有必要對他們的危險影響和不斷成長的力量有所抗衡。」）[57]

然而，在威爾斯利看來，法國在邁索爾的影響要危險得多，並且不易化解。得知蒂普想在模里西斯招募法國人後，威爾斯利判斷「策劃敵對的證據完整了。」[58]蒂普與法國通信的證據在手，並有進一步的報告指出，蒂普還向公司的另外兩個最積極的亞洲對手阿富汗和馬拉塔示好，威爾斯利給東印度公司的祕密委員會起草了一份備忘錄，概述了「為達到挫敗蒂普素壇和法國的共同努力這一目的，最為可取的……手段。」[59]這是他的戰爭藍圖，他打算儘快付諸行動。一七九九年二月初，正當拿破崙準備進軍巴勒斯坦之時，二萬一千人的東印度公司軍聚集在韋洛爾*，準

*韋洛爾（Vellore），印度南部半島泰米爾納德邦的一座城市。

備攻打蒂普。三月五日，在哈里斯*將軍的指揮下，他們入侵了邁索爾。

單看理查・威爾斯利的論點，顯然是英法戰爭加速了英國人轉向採取進攻行動。問題在於威爾斯利就希望他的解讀者這麼認為，他是個老練的宣傳家。他對法國－邁索爾相互勾結深信不疑，實際上在一七九八年八月十二日就完成了這個戰爭計畫，也就是在印度的公司官員聽說拿破崙入侵埃及整整兩個月**之前**。[60]的確，在每一個階段，威爾斯利的行動都要早於他的證據，以至於必須要懷疑他的證據到底有多少意義。[61]威爾斯利特別強調與法國的聯繫，因為他面臨著倫敦上級的反對。對於東印度公司的董事會來說，發動戰爭、公開征服非其所願，他們一直小心提防著那種昂貴、混亂而血腥的戰役。入侵邁索爾後，威爾斯利立即開始撰寫發回倫敦的長篇快信，為自己的決定以及因此而「為你們的財政帶來的高昂費用」辯解。「法國以及素壇的計畫，」他向董事會爭辯道，「比印度的大英帝國自最初創立以來面對的一切顛覆它的企圖都更加宏大可怕。」[62]

威爾斯利對蒂普素壇的這場聖戰，其偏執、先入為主，並且坦白說是操控他人的性質（他的好戰成性），被普遍認為更多源自他個人的偏執狂和對權力的渴望。但把這個插曲放到同時代的事件和世界觀的背景中來看，就會得到不同的解讀。在一七九九年，革命中法國對英國所造成的危險再明顯不過了。在威爾斯利作戰與謀劃的同時，英國本身也面臨著自西班牙無敵艦隊以來最嚴重的入侵恐懼。一七九八年，一支法國軍隊竟然在愛爾蘭登陸，聯合愛爾蘭人會‡計畫在那裡進行一場反對英國統治的叛亂，全英國成千上萬的平民紛紛加入志願國民軍保家衛國。與此同時，英國在印度的力量十分脆弱，主要依靠印度土兵軍隊以及和幾十個有武裝的強大鄰邦簽訂的脆弱條款。一七九九年，沒有誰能從英法全球戰爭的隧道望下去，看到英國及其帝國在滑鐵盧戰役後的相對安全性。在威爾斯利那一代人成長的年代，英國受到與法國交戰及帝國擴張的雙重影響。無論是否「合乎情理」，他與其他很多人都相信，進攻之舉（以及它們引發的政策變化）都是十分必要的。這種規模、風險、史詩般的衝突感（這種英國本身，而不僅僅是英國在印度的力量，命懸一線的感覺）將會讓第四次邁索爾戰爭觸動後方廣大英國人的心弦。[63]

英國、法國和邁索爾最終的致命碰撞，也是三個勢均力敵之人的個體生命的碰撞。拿破崙、蒂普和威爾斯利都各自繼承了早先的政治關係。拿破崙繼承了舊制度入侵埃及的計畫，寄望於法蘭西帝國的復興。蒂普素壇繼承了父親對英國人的敵意和與法國人的友誼；他還繼承了最近獲得

＊喬治・哈里斯（George Harris，一七四六至一八二九），英國軍人，第一代哈里斯男爵。他參加過第三次邁索爾戰爭，並在第四次邁索爾戰爭時指揮陸軍擊敗邁索爾王國，攻克了塞林伽巴丹。他的成功為他建立了指揮幹練的聲望，其政治重要性給他帶來了愛爾蘭貴族的封號。一八一五年，他獲封英格蘭貴族頭銜，被稱為塞林伽巴丹和邁索爾以及肯特郡貝爾蒙特的哈里斯男爵。

†聯合愛爾蘭人會（United Irishmen），成立於十八世紀的政治組織。最初是一個自由主義組織，尋求英國國會的改革。不過由於受到美國獨立戰爭和法國大革命的影響，該組織很快變為一個愛爾蘭共和主義的組織。

的王位，他幾乎終年征戰，就是為了保衛它。理查．威爾斯利則繼承了英國與法國激戰幾十年來的傷痛。他還繼承了許多英國人長期懷疑的印度政府，以及對邁索爾的看法，就算是在最好的狀況下，對於英國統治希望代表的一切，邁索爾也是其不共戴天的仇敵。

此三人都是權力掮客，還共有著另一個決定性的特徵：他們都感覺自己是邊緣人物。法語帶有口音的腼腆科西嘉島人拿破崙，把埃及看作是通向法國權力頂層的階梯上的另一級踏板。「篡位者」的繼承人蒂普，其深切憂慮的就是申明自己身為一個印度教省分的穆斯林統治者的合法性。威爾斯利是個愛爾蘭貴族，像前輩人羅伯特．克萊武一樣，渴望公正地躋身於英格蘭貴族的中心，在上議院擁有一席之地。

與克萊武相似並非偶然，因為和他的對手與同為邊緣人的拿破崙和蒂普一樣，他也是一位收藏家。這三位作為比喻意義上的收藏家，都是領土和權力的征服者。嚴格來說，他們也真的是收藏家。蒂普素壇與他近乎同時代的阿薩夫．烏德－達烏拉一樣，建立了大型圖書室和塞滿了歐洲物事的**寶庫**。拿破崙和威爾斯利兩人除了共享對權力的個人愛好之外，還把國家資助的收藏提高到一個新的水準，他們在征服之後，系統性的獲取藝術品、工藝品和標本。入侵埃及和邁索爾使得這三個人的帝國和個人目標實現了徹底的融合，也迫使兩種帝國收藏合而為一：占領土地與侵吞物件。

陷落及其後果

毋庸置疑，塞林伽巴丹是個美麗的目標。一七九一年五月，一位年輕的上校隨康沃利斯大軍逼近蒂普的首府，用他的話來說，「鄉間的土地……襯托著這座島嶼，島上當時覆滿了最美麗的翠綠植被，城池也盡顯其最輝煌的光彩；明亮的陽光照在城牆上，以及城內很多華麗的建築，太陽的光線在素壇宮殿的鍍金穹頂上閃閃發光。」[64]「在暴君的閨房破門而入，」他幻想道，「讓他憂鬱的小鹿們重獲自由，是個多麼榮耀的消遣啊，帶著我成袋的佛塔重返加爾各答，又是多麼滿足！」[65]

八年後的現在，在高韋里河的北岸挖壕溝的人看來，河中這座光輝之城的場景一定更迷人了。這一次，英軍與邁索爾第四次開戰，塞林伽巴丹已成為傳奇之城。城堡裡的某處潛伏著魔鬼蒂普素壇本人，他們從俘虜和老兵那裡聽說了這個惡棍的故事，對他又怕又恨。那裡還有寶物，有他們做夢也想不到的金銀珠寶；有女人，美麗的小姐和「憂鬱的小鹿們」等待自由地跳躍。還有食物！他們的食物迅速耗盡，可能沒幾天就要鬧饑荒了。在等待了將近四個星期後，他們餓得幾乎要因為虛弱和病態的飢餓感而倒下，城牆後面的隱祕王國似乎就是應許之地。

一七九九年五月四日攻打塞林伽巴丹，從頭開始製造神話的時機已經成熟。有數十年關於邁索爾的戰爭和著述打頭陣，這場衝突帶有史詩般的性質。（規模也是如此：理查・威爾斯利自誇說，這支軍隊是「印度這片土地上有史以來最出色的，」有逾兩萬名東印度公司士兵，並增補了王室的軍隊，其中包括理查的弟弟，三十三步兵團的上校亞瑟．威爾斯利，以及成千上萬名海德拉巴的印度士兵。）[66]個人恩怨也給當天的事件增添了戲劇性，下午一點鐘領導衝鋒的是健壯而深受愛戴的蘇格蘭將軍大衛．貝爾德，他本人就曾在塞林伽巴丹被俘。一天多以來，英國人的火砲一直對著塞林伽巴丹的城牆猛轟，炸開了一個至關重要的突破口。貝爾德率領手下頂著毛瑟槍和火箭槍的火力網，嘩啦嘩啦的穿過嶙峋的河床，但只用了幾分鐘，他們就奮力衝過缺口，在城堡的牆頭升起英國的旗幟。數千名公司軍和海德拉巴士兵按照事先制定的周密計畫攻擊了防禦工事，並湧進城市的街巷。

當夜稍晚，經過幾個小時的戰鬥後，有人報告貝爾德說蒂普素壇已經被殺，他便主持了塞林伽巴丹陷落傳奇的另一個插曲。貝爾德一路穿過成堆的屍體（有些已經死了，還有的血流不止，還差最後一口氣）來到據說躺著蒂普屍體的大門口。在那個穹拱低垂的通道裡，「場面令人震驚，屍體的數量太多了，這個地方又過於昏暗，分不清那些都是誰的屍體。」[67]但儘管如此，「因為此事政治意義重大，」必須要一一查驗。他們逐一翻查每一具屍體，在燭光下仔細檢查面孔。最後，他們找到了他，他身上既有刀傷又有槍傷，珠寶也被搶個精光。用亞歷山大．比特森*少校類似於墓誌銘的話來說，「他早上離開宮殿時還是個強大專橫的素壇，滿是野心勃勃的宏大計畫，被帶回來時卻成了一抔黃土，被整個世界拋棄，王國被推翻，首府被攻克，宮殿被曾經……手銬腳鐐，身陷囹圄的……少將貝爾德所占領，而少將曾經被關的監獄距離素壇屍體如今躺著的位置只有區區三百碼的距離。」[68]

英國人一定傾向於把奪取塞林伽巴丹看成是命中注定，才使得他們如此痴迷於蒂普素壇最後一天的細節。根據他們的資料，對他而言，命運也是循環往復，徒勞無功。在襲擊前最後的日子裡，蒂普曾考慮離開塞林伽巴丹，拋棄這座首府，由它自生自滅。但他決定不能如此，他不願逃避必然發生之事。他「仰頭望天，長嘆一口氣說，『我完全順從真主的意願，無論那會是什麼。』」[69]五月四日上午，蒂普拜訪了印度教的上師（儘管他是個虔誠的穆斯林，卻習慣於這麼做），並得知了對他不利的徵兆。雖然他向神廟奉獻了一頭大象，做了布施並與上師們一同禱告，但除了面對現實之外別無選擇。[70]他與入侵者交戰時「勇敢得像一頭獅子，」並「以身殉難。」蒂普的波斯文墓誌銘有一種悲惻的淒美：

「啊！這位王公及其王國毀滅之際，
世界流下了血淚。」
「日月為之同悲，
天堂為之顛倒，大地為之陰鬱。」
「當我看到為他的悲痛彌漫天地，

＊亞歷山大．比特森（Alexander Beatson，一七五八至一八三〇），東印度公司軍官，聖赫勒拿總督，也是一位實驗農學家。

大衛．威爾基*爵士，〈一七九九年五月四日，大衛．貝爾德將軍占領塞林伽巴丹後發現了素壇蒂普賽義卜的屍體〉，一八三九年。這幅創作於戰役結束四十年後的油畫描繪了在大英帝國的傳奇火砲下，塞林伽巴丹的戲劇性場面。

我問苦難的他在哪一年去世。
一位守護神答道，讓我們以悲歎和眼淚來悼念他的逝世吧——
伊斯蘭教之光離開了這個世界，
伊斯蘭教之光離開了這個世界†。」[71]

那法國人呢？蒂普的大臣曾建議他不要依靠法國人來保衛塞林伽巴丹，「因為這兩國人（英格蘭人和法國人），」他們說，「都認為他們出自同一個部落，在思想和語言上也是同類。」[72]但英國人衝進塞林伽巴丹的缺口時，迎面遭遇的正是法國軍人：邁索爾指揮官被英國人用賄賂掃清了道路。（這也是英國人贏得相對輕鬆的一個原因。）據沙皮伊說，蒂普的最後一天是和一個愛妾在帳篷裡度過的，而沙皮伊本人盡忠職守苦戰到底，持續戰鬥直至被俘。[73]（就連一個輕視蒂普的法國「無賴雜牌軍」的英國軍官也勉強承認，這個「老傢伙……的確有老兵的風範。」）[74]沙皮伊在朴次茅斯入獄兩年後回到法國，向拿破崙彙報了五月四日的情況，從而履行了「我向蒂普素壇的四個兒子做出的正式承諾」，請求忠實可靠的法國人解救他們。因此，事實

＊大衛・威爾基（David Wilkie，一七八五至一八四一），英國畫家，尤以其風俗畫而聞名。他擅長歷史場景、肖像畫等廣泛的主題。

†此處原詩句為 nuru'l islam din az dunya raft，是印度斯坦語的英文轉寫。

上拿破崙和蒂普素壇最終還是以某種方式聯繫上了，儘管對兩者來說都為時已晚。

大體說來，或許法國歷史學家米肖為蒂普寫的墓誌銘最為公正：

如果邁索爾政府像歐洲人那樣，有歷史學家公開他們的委屈並替他們申訴的話，他們就不會不譴責英格蘭人，任由他們入侵與他們毫無罅隙的國家、違反最神聖的條約，以及藐視自然第一法則賦予每個國家一塊神聖不可侵犯的故土。我發表這番評論不是為了替蒂普．賽義卜的野蠻行徑辯護；但最公正的作家總不免對一位憂鬱的王公抱有一份隱祕的同情，他的記錄者卻只有那些入侵他的帝國並毀了他的生活的人。[75]

米肖強烈批評英國人對蒂普和邁索爾耀武揚威，說得的確沒錯。英國人早先關於邁索爾和整個印度帝國的討論，強調的都是交戰的危險和陷阱，戰勝蒂普素壇則激勵了朝著公然讚美公司和英國統治轉變，蒂普與法國合作如今已是公開的證據，也大大促進了這種轉變。攻陷塞林伽巴丹後，威爾斯利及其僚屬迅速沒收了在蒂普王宮裡發現的檔案，諸如雅各賓俱樂部壯觀的控告訴訟等，為他們的行為開脫。威爾斯利的助手威廉．柯克派翠克檢查了蒂普的波斯語文件，稱心如意地回來報告，說那些文件「清楚明白地證明了蒂普素壇從他執行《門格洛爾條約》*（一七八四年）之時直到他死前那一刻，從來沒有停止策劃顛覆印度的英國勢力。」[76]柯克派翠克繼而翻譯了二十份有關蒂普和法國的文件，據說「只是卷帙浩繁的通信往來的一小部分……證明了對英國懷有同樣的不解之仇」，這些立即成為邁索爾官方歷史的基礎。[77]如果歷史是勝利者書寫的，在這個例子中，歷史簡直就是威爾斯利本人坐下來編寫的。

伴隨勝利而來的，便是一種特別的、新近充滿愛國情懷的改寫。但蒂普素壇的聲音，以及與之相伴的對英國擴張的另類解讀，就全然靜寂無聲了嗎？沒有。在各種物件（戰利品、獎品、紀念品）中，蒂普的邁索爾將會以各種方式，有時甚至是相互矛盾的形式抵達英國。因為五月四日攻占塞林伽巴丹只是一種帝國現象的開始，透過傳說，最重要的是透過物品，這種帝國現象會不斷擴大，令人始料未及。

一七九九年五月五日上午，大衛・普萊斯†上尉蹣跚著走進塞林伽巴丹要塞。這座首府陷落一天後，他所面對的場景幾乎無法用語言描述。一個軍官寫道，屍體「在城牆上、水溝裡，在城鎮的各個部分都堆積如山，無法以平常視之。」[78]英國人估計邁索爾的陣亡人數在六千到一萬

＊《門格洛爾條約》（*Treaty of Mangalore*），一七八四年三月十一日蒂普素壇和英屬東印度公司在門格洛爾簽署的條約。該條約結束了第二次英國－邁索爾戰爭。

†大衛・普萊斯（David Price，一七六二至一八三五），東印度公司威爾斯裔軍官，東方通。他初到印度便參加了納格伯蒂訥姆和錫蘭特亭可馬利的兩次攻城戰，後指揮孟買印度土兵第二營，參加過第二、三、四次邁索爾戰爭。著有《印度軍隊退役名單上的一位陸軍校官的早期和戎馬生涯回憶錄》（*Memoirs of the Early Life and Service of a Field Officer on the Retired List of the Indian Army*，一八三九）等。

人。[79]無論數字是多少，這場殺戮給普萊斯留下了深刻的印象：「語言簡直不可能描述這種恐怖的景象，這種呈現在眼前的可怕場面，到處都是各種姿勢的被殺害的屍體，每一個方向上都是；（他們）躺在大街兩側的遊廊裡。」[80]儘管普萊斯五月四日當天一直安全地留在英國戰線後面，這幅景象卻讓他感到特別痛苦：第三次邁索爾戰爭期間，他企圖攻占蒂普的一座山上堡壘時，曾在邁索爾人的砲火下失去了一條腿。[81]

英國人無法統計死亡人數，但顯然能夠清點財寶。普萊斯是軍隊任命的七名「獎品事務官」之一，負責合計蒂普的財富，如今這些都是他們的了，按照英國的戰爭傳統，將會根據軍階分發給軍人們。他艱難地穿過滿是屍體的塞林伽巴丹街巷，來到蒂普的王宮，走進堆放著財寶的庭院。這就像是從噩夢走進了美夢一樣：「哪怕在那些我們更習慣見到如山寶藏的很多人看來，王宮的財富也足夠讓他們眼花繚亂了，此刻在我們看來，錢幣、首飾、金條，以及大包的昂貴物品讓所有的人目不暇接。」[82]單是第一天結束時，普萊斯和同事們就清算出價值將近五十萬英鎊的現金，而寶庫仍是充實盈滿。幾天後，清點終於結束時，戰利品的總額達到了一百一十四萬三千兩百一十六英鎊（大約合現在的九千萬英鎊）無疑是英國武裝力量有史以來獲得的最大一筆財產。要知道這支軍隊數天之前還像蒂普的朝臣基爾馬尼所寫的那樣，「被物資匱乏和高價食品所迫，在死神的門口徘徊，被迫付……兩個盧比來換一小把草根」，事態的轉變竟劇烈如斯。[83]

對於熬過五月四日那個可怕之夜的那些人來說，時運的逆轉就像整個夜晚一樣暴烈而明顯。英國軍官習慣於睜一眼閉一眼，允許手下進行一段時間的掠奪，隨後再強調紀律並派遣獎品事務官。在塞林伽巴丹，攻城的士兵帶著復仇之心大肆掠奪。「屠殺邁索爾人之後，便是掠奪他們的財產，而侵犯他們女人的事情最好還是略過不談了，」基爾馬尼如此悲嘆道。[84]堅忍克己的亞瑟．威爾斯利上校被任命負責這座陷落要塞的紀律。「指望經歷過如此艱難的軍隊……不掠奪此地是不可能的，」他向兄長理查報告說。「因此應以四日夜晚所做之事為限。城裡幾乎沒有哪座房子沒被搶過。……我在五日上午前來接管指揮，並以最大的努力，用絞刑、鞭笞，如此等等，終於在那天恢復了軍隊的秩序。」[85]在半島戰爭*的猛烈戰火延續了四年之後的一八一二年，威爾斯利將會在艱苦圍攻葡萄牙邊界的巴達霍斯†一個月後，再次看到類似的情況，得勝的英國士兵在那座西班牙城市胡作非為，用了整整三天（以及主廣場上的絞刑臺）才控制住他們。

沒有人知道五月四日當夜有多少財富易手，但好運和奢侈浪費的傳說迅速成為塞林伽巴丹傳奇歷久彌新、引人遐思的一部分。據說在幾天以後「還可以……看見士兵在街上用手中的佛塔當

---

*半島戰爭（Peninsular Wars），拿破崙戰爭的主要部分之一，一八〇八至一八一四年發生在伊比利亞半島，交戰方分別是西班牙帝國、葡萄牙王國、大英帝國和拿破崙統治下的法蘭西第一帝國。西班牙稱其為「獨立戰爭」，葡萄牙稱其為「法國入侵」，而加泰羅尼亞地區的人則稱之為「法國戰爭」。這場戰役被稱作「鐵錘與鐵砧」戰役，「鐵錘」代表的是數量為四萬到八萬的英－葡聯軍，指揮官是威靈頓公爵；同另一支「鐵砧」力量——即西班牙軍隊、遊擊隊及葡萄牙民兵相配合，痛擊法國軍隊。戰爭從一八〇八年由法國軍隊占領西班牙開始，至一八一四年第六次反法同盟打敗拿破崙軍隊終告結束。

†巴達霍斯（Badajoz），西班牙的一個城市，是巴達霍斯省的省會，緊鄰葡萄牙。

賭注來鬥雞。」[86]「在集市上，用一瓶烈酒就可以從士兵手裡買來一批最有價值的珍珠，此等醜事眾所周知。」[87]一個人的魯莽就是另一個人的財富。那個時代最有名的逸事就是，一位蘇格蘭軍醫用一百盧比從一個士兵手裡買來一對珠寶手鐲，後來發現其價值超過了三萬英鎊。[88]這是威爾基・柯林斯*在英語文學的第一部偵探小說《月亮寶石》（一八六八年）的開篇想像出來的震撼場景，全書就是圍繞著從塞林伽巴丹掠奪來的一顆受到詛咒的鑽石展開的。

這類迅速致富故事自有其吸引力，但它們的流行一定另有原因。「掠奪」實際上就是窮人的獎品，是一名普通士兵可以希望從勝利中致富的唯一途徑。在這筆一百一十四萬三千兩百一十六英鎊的戰利品鉅款中，一名普通列兵，如果他運氣好是白人的話，可以分得大約七英鎊四先令，而如果是印度人的話，就只能分得五英鎊。這是平常工資的一筆可觀的補充，儘管絕對算不上是一輩子享用不盡的財富。[89]但軍官們在離開塞林伽巴丹時，都帶走了從數百到數千英鎊不等的金錢。例如亞瑟・威爾斯利收到了他那一份四千三百英鎊，足夠他償還給他哥哥理查任命他當軍官的價格。[90]理查・威爾斯利明智地拒絕了公司給他的十萬英鎊，「免得有人說（他）做為印度總督……因為一己私利而對土邦王公開戰。」[91]但總司令哈里斯將軍一個人就毫不猶豫地撈走了總數的八分之一（逾十四萬英鎊）。[92]一八〇一年，他買下了肯特郡貝爾蒙特莊園，退役時的身分是貝爾蒙特和塞林伽巴丹的哈里斯男爵。如今，**掠奪**一詞被不加區分地用於表示各種形式的據為己有，卻往往失去了它在戰爭背景下的特別意義。不過我們有必要思考一下，它的貶義中有多少可以歸因於那種深層的等級制度，它把普通士兵造就成「掠奪者」，卻向其軍官（有時極其貪婪的一群人）發放合法的「獎金」。

五月四日之後的世界可說是搞得天翻地覆，如此規模的財富轉移也只是其中一例而已，更不用說圍繞著它的種種混亂了。如果說塞林伽巴丹的失守預示了巴達霍斯的暴力與浩劫，那麼蒂普的整個王國與它一起陷落，則預見了一八一五年滑鐵盧戰役來之不易的終結。正如滑鐵盧戰役一樣，占領塞林伽巴丹結束了一段漫長而不確定的戰亂期。英國對邁索爾的最終勝利，付出了逾三十二年、四場戰爭的代價；就連一七九九年的戰役，雖然速度很快且相對流血較少，也因為嚴重的供應短缺而瀕臨被迫撤退。誠然，蒂普的王國、資源和聲望因他在一七九二年敗於康沃利斯而嚴重受限。但與法國展開世界戰爭的危險，為與邁索爾為敵注入了新的緊迫感，多少有點像在一九九一年海灣戰爭十年之後，「反恐戰爭」使得美國人對薩達姆・海珊的敵意復活。在此之前的幾十年裡，歷史、戰爭回憶，以及俘虜的敘述，讓英國民眾對海德爾和蒂普的大名聞之顫慄。直到一七九九年五月四日前，蒂普依然逍遙法外，邁索爾再度復興，而法國還在對英屬印度的大門施加壓力。隨後在五月五日，蒂普死了，塞林伽巴丹失守，而整個邁索爾帝國也落入英國人之手。恐怖之地響起了勝利的號角。

＊威爾基・柯林斯（Wilkie Collins，一八二四至一八八九），英國的著名小說家、劇作家、短篇故事作者。其代表作為《白衣女人》（*The Woman in White*，一八五九）與《月亮寶石》（*The Moonstone*，一八六八），他的作品在維多利亞時代取得很大成功，很受市民的歡迎，後來被認為是推理小說的先驅者之一。

攻打塞林伽巴丹，根據羅伯特·克爾·波特所繪*的全景畫而作。

綜上所述，因為事件本身的強烈戲劇性；因為它遲遲未到；因為敵人如此遭人唾罵；並且尤其因為它是英法戰爭的一段插曲，占領塞林伽巴丹立即在英國民眾中產生了巨大反響，沒有哪一場印度的勝利，甚至可以說沒有哪一次在陸上的帝國勝利曾經取得這樣的影響。[93]（軍隊取得這場勝利之時，適逢英國人特別擔心其陸上的戰鬥能力，也起了推波助瀾的作用。）攻打這座城市至少啟發了六出戲劇、一幅全景畫、無數的版畫、小冊子和目擊者的回憶錄。從J·M·W·特納†到羅伯特·克爾·波特，英國藝術家們都看到了現場軍官所畫的素描，並深受其影響，後者畫了這場戰役的一幅全景畫，取得了巨大的成功，一八〇〇年，這幅畫在萊塞姆劇院‡的大廳展覽。[94]各種言過其實並充滿戲劇性的第一手證詞都拼湊在一本題為《占領邁索爾概述》的譁眾取寵的小冊子裡。《概述》一書一炮而紅，在一八〇一年重印了三版。它在全景畫的展覽中當場銷售，並隨著這幅畫一起在英國巡迴展售；它的第三、四和五版分別印刷於愛丁堡、巴斯和赫爾[§]。[95]

這場勝利也在整個帝國引起了反響。一七九九年底在都柏林，印度－波斯旅行家阿布·塔利布汗（他是土生土長的勒克瑙人）看到了「舞臺上《占領塞林伽巴丹》的主要事蹟，並大為感動。」[96]在西印度群島，克利奧爾孩子們圍繞著同一主題表演了童話劇。[97]一八〇一年與愛爾蘭聯合時，英國人沾沾自喜地發現了他們最近打敗的親法派敵人「公民」沃爾夫·托恩[◎]與「公民蒂普」之間的相似之處，托恩是一七九八年聯合愛爾蘭人會叛變的一個領導人。[98]

---

*羅伯特·克爾·波特（Robert Ker Porter，一七七七至一八四二），蘇格蘭藝術家、作家、外交官和旅行家。

†約瑟夫·瑪羅德·威廉·特納（Joseph Mallord William Turner，一七七五至一八五一），英國浪漫主義風景畫家，水彩畫家和版畫家，他的作品對後期的印象派繪畫發展有相當大的影響。在一八世紀歷史畫為主流的畫壇上，其作品並不受重視，但在現代則公認他是非常偉大的風景畫家。

‡萊塞姆劇院（Lyceum），倫敦威斯敏斯特市的一座劇院。萊塞姆劇院建成於一七六五年，一八一六年至一八三〇年間曾名為英格蘭歌劇院。

§赫爾（Hull），全名為赫爾河畔金斯頓（Kingston upon Hull），英格蘭約克郡－亨伯區域東約克郡的單一管理區。

◎沃爾夫·托恩（Wolfe Tone，一七六三至一七九八），愛爾蘭革命的領導人物，聯合愛爾蘭人會的創始人之一。

總之，占領塞林伽巴丹標誌著東印度公司（以及大英帝國）史上的一個轉捩點，原因有二。首先是因為它實際的本質：一種因為與法國的戰爭而正當化的帝國征服行為。邁索爾本身被「收藏」進公司的帝國。蒂普的全部財產都被英國以戰利品據為己有。公司自命不凡地把他的王位交還給據說合法的繼任者：年僅五歲、「性格怯懦」的傀儡國王克里希納拉賈・瓦迪亞爾*。[99]公司瓜分吞併了蒂普的部分領土。就連他的二十五萬頭役用牛也被英國人迅速徵為軍用，為公司後續針對馬拉塔人的擴張戰爭中提升了機動性。一八〇〇年，彷彿模仿拿破崙的專家在埃及的研究，公司任命了兩位代理人法蘭西斯・布坎南†和科林・麥肯齊‡，對其近來征服的領土進行全面的測繪。和麥肯齊後來領導的印度土地測繪一樣，邁索爾的測繪蒐集了國家權力所需的資訊。做為一個蒐集和分類的制度，測繪後來成為十九世紀殖民地國家的一種重要的統治工具。[100]

占領塞林伽巴丹還標誌著如何表現帝國勝利的一個轉捩點。勝利之後對蒂普的描述，顯然有很多方面符合世代傳承的穆斯林或東方「他者」的形象。然而，對於蒂普的感性認識同樣受到了與法國交戰的（或許有所誇大的）真實背景的影響。關於占領塞林伽巴丹的連鎖反應，以及表現這場勝利的範圍和種類，或許沒有哪個方面比來自這座失守之城的物品流通更為明顯的了。五月四日和五日的瘋狂劫掠期間，邁索爾也透過來自這座失守之城的偷竊、交換、購買、尋獲、拍賣以及獎賞的數百件物品，被實質地收藏起來。軍人、平民和公司本身均以前所未有的渴望收入塞林伽巴丹的物品。就像歷史事件的有形碎片一樣，它們一舉完成了那些小冊子和繪畫用一個世代的時間才能做到的事情：它們把帝國征服的直接見證放到英國平民的手中。它們所觸及的英國民眾群體的廣泛度，也遠勝此前任一印度工藝品所能達到的範圍。

用更加隱喻的話來說，正是透過這種有形物品的收藏，才能最為精準地衡量帝國對塞林伽巴丹的收藏。從在倫敦公開展示的戰利品，到蒂普本人精緻的個人財物，來自塞林伽巴丹的物品為占領邁索爾賦予了物質的形態。它們的收藏家同樣各不相同。一個極端是東印度公司國家，它將塞林伽巴丹的戰利品擺放在它於倫敦新建的博物館裡，專門用來自我宣傳。另一個極端則是以種種個人理由撈走塞林伽巴丹物事的眾人。這些私人收藏家裡最熱中此道的就是海莉耶塔・克萊武[§]夫人及其丈夫：馬德拉斯總督、羅伯特・克萊武之子和繼承人愛德華了。關於在這個變化的時代，大英帝國的形象、人員和對手的情況，我們能從塞林伽巴丹的收藏品中獲知些什麼呢？

---

*克里希納拉賈・瓦迪亞爾（Krishnaraja Wodeyar，一七九四至一八六八），又稱為克里希納拉賈・瓦迪亞爾三世（Krishnaraja Wodeyar III）。

†法蘭西斯・布坎南（Francis Buchanan，一七六二至一八二九），蘇格蘭地理學家、動物學家及植物學家。後來被稱作法蘭西斯・漢密爾頓（Francis Hamilton），但人們通常稱他為法蘭西斯・布坎南－漢密爾頓。

‡科林・麥肯齊（Colin Mackenzie，一七五四至一八二一），英屬東印度公司的蘇格蘭裔軍官

§海莉耶塔・克萊武（Henrietta Clive，一七五八至一八三〇），英國作家、礦石收藏家、植物學家。她出生於奧克利莊園，是第一代波伊斯伯爵亨利・赫伯特之女。因為其父將其出生地賣給了羅伯特・克萊武，所以她是在祖產波伊斯城堡裡度過了少女時期。一七八四年，海莉耶塔嫁給了克萊武勛爵的長子和繼承人愛德華・克萊武。

第六章　勝利的收藏品

戰利品

這件於一八〇八年在倫敦展覽的物品，時至今日仍是大英帝國最引人注目的博物館展品之一。展品本身是一套真實尺寸的木製模型，躺臥在地的歐洲士兵（想必是英國人，因為上衣是紅色的）正被一隻老虎撕咬，大概是印度虎，因為這件展品就來自印度。老虎的脅腹內部是一個機關，當時的展品說明寫道，它的「聲音」「旨在模擬遇難之人的喊叫，混以老虎可怕的咆哮聲。」機關發動後，「歐洲遇難者的手時常會舉起來，頭也會痙攣後仰，以表現他無助的極端痛苦和悲慘處境。」[1]這件奇異的展品被稱作「蒂普之虎」，是英國士兵在蒂普素壇王宮的音樂室裡找到的。其意象極其誘人。年底之前，這隻老虎被運來英國，以饗倫敦的廣大觀眾。（它實際上是第一件記錄在案、特地運往英國以供展示的印度珍品）。[2]公司在印度大樓最新開放的「東方庫」裡展覽了老虎，這隻野獸很快就得到了關注，成為導遊指南中的一個倫敦觀光景點。大量訪客前來觀看，開動它聒噪的機關，吵得隔壁圖書館的讀者們抱怨不已。有個人對這隻老虎留下

「蒂普之虎」。此物出處不明，但機關是歐洲製造的。

深刻印象，那就是青年詩人約翰・濟慈，他後來在詩裡描述了專制的東方統治者的玩物「人－虎－機關」。[3]

毋庸置疑，「蒂普之虎」是做為一件帝國宣傳工具而展示的。「這件紀念品表現了蒂普素壇特有的傲慢而野蠻的殘酷，」隨它一起來到英國的小冊子對這隻虎如此描述，一舉加強了英國人對邁索爾的穆斯林惡人所有的既定印象。（據說）蒂普「經常看著這件象徵真主創造的國家打敗英屬薩爾薩卡*的玩物自娛自樂」。[4]這個物件是蒂普的「象徵品」，因為他認為老虎就象徵著他的本人。蒂普自誇「寧願像虎一樣活兩天，也不願像羊一樣活二百年，」他有個著名的綽號就是「邁索爾之虎」。[5]他的周遭都是虎形裝飾圖案，簡直到了痴迷的程度：他的王座上環繞著黃金和水晶的虎，他的書法暗文像一張虎臉，而從他士兵的軍裝到他陵墓石膏內飾的一切物品上都裝飾著抽象的虎形條紋。[6]如今，這隻老虎被搬進了印度大樓，卻成為英國成功的「象徵品」：惡虎已屠，歐洲人獲勝。一八〇八年，也就是「蒂普之虎」展出的同一年，公司分發給老兵的塞林伽巴丹獎章直接呼應並反轉了老虎的形象，大概絕非偶然。獎章上有一隻健壯的英國獅子在撕咬匍匐於地的老虎。其上飄動著一條橫幅，用阿拉伯字母寫著「上帝之獅」（ASAD ALLAH AL-GHALIB）：征服者是獅子而不是老虎。[7]

今天，「蒂普之虎」在維多利亞和阿爾伯特博物館[†]裡吸引了大量遊客，它所代表的東西如今被認為是過時且令人反感的帝國式傲慢。對於那些想對帝國的偏見和掠奪指手畫腳的人來說，這不啻是一個頭號目標。當然，在某種程度上，那樣的反應也合乎情理：偏見和掠奪正是其掠奪者希望表現的態度。所以，這隻老虎（第一件以這種方式展示的印度戰利品）強調了塞林伽巴丹戰役在更普遍的意義上代表了帝國擴張的轉捩點：它吸引了民眾的廣泛注意，一方面提供了有關東方人野蠻成性的說辭，另一方面又宣傳了與公司和英國軍隊緊密相連的愛國情懷。

但和所有的政治宣傳一樣，「蒂普之虎」也有幾分欺詐。公司透過老虎來強調蒂普的施虐癖、偏執狂，以及他十足的「他者」性質，還掩蓋了一個事實，那就是蒂普事實上在很多方面與

＊薩爾薩卡（Circar），主要在蒙兀兒帝國使用的一個歷史行政區域，是蘇巴或省的下轄級別，相當於專區。

†維多利亞和阿爾伯特博物館（Victoria and Albert Museum），位於英國倫敦的工藝美術、裝置及應用藝術的博物館，成立於一八五二年。一八九九年，維多利亞女王為博物館的側廳舉行奠基禮時，將博物館正式更名為V＆A，以紀念她的丈夫阿爾伯特親王。館藏以歐洲展品居多，但也有中國、日本、印度和伊斯蘭藝術和設計的收藏。

克萊武家族的家庭女教師安娜·托內利想像中寶座上的蒂普素壇。

歐洲人有著驚人的相似，而不止是在軍事技術或對技術的熱愛上。這隻老虎或多或少是在英國的塞林伽巴丹物品中唯一一件明確揭露了蒂普素壇「野蠻」的一面。而塞林伽巴丹的絕大多數物品則與之相反，證明了蒂普其人的貴族品味和教養。此外，這隻老虎在印度大樓，也就是東印度公司自己的地盤上展出，而沒有像某些軍官起初提議的那樣，在倫敦塔的皇家專用區域展出。這隻虎的宣傳價值中有不小的部分在於它推動了公司的力量，而不是普遍意義上的英國的實力。它改善了公司武裝征服的形象，這一形象，正如崇拜威爾斯利的瓦倫西亞子爵所說，是「一位王公的思想，而不是那些販賣平紋細布和靛青的零售商的想法」塑造的。[8]

儘管這隻老虎或許強化了蒂普素壇殘忍的形象，但理查．威爾斯利選擇送回英國的其他戰利品，主要的功用卻是提升了公司作為統治者的形象，並拉近了公司與王室之間的距離。其中可以說是最動人的一件戰利品，就是蒂普素壇光彩奪目的黃金寶座。奪取被擊敗之敵的寶座別具象徵意義（例如，波斯統治者納迪爾國王就曾證明了這一點，一七三九年，他奪走了蒙兀兒帝國著名的「孔雀寶座」；英王愛德華一世*也曾如此，一二九六年，他從蘇格蘭搶走了斯昆石†，並將其安放在西敏寺的加冕椅下）。威爾斯利旋即產生了一個想法：把蒂普的寶座獻給英王喬治三世，它可是件「如此壯觀的戰利品，彰顯了英國在印度的武力之光」。可惜，當威爾斯利得知它的存在時，獎品事務官已將其上的裝飾物拍賣了，還把包覆的黃金剝下來分發給部下作為獎品。因此，公司的處境多少有些難堪，不得不儘可能從自己的軍官手裡一片片買回這些碎片。[9]但儘管代價不菲，威爾斯利的願望還是占了上風：管理委員會和國王每人都收到了一隻黃金的虎頭；

*愛德華一世（Edward I，一二三九至一三〇七），英格蘭國王，一二七二年至一三〇七年在位。他人稱「長腿愛德華」、又稱「蘇格蘭人之錘」，因征服威爾斯和幾乎征服蘇格蘭而聞名。然而死後其子愛德華二世即位，最終並未能征服蘇格蘭。

†斯昆石（Stone of Scone），通稱「命運石」或「加冕石」，是蘇格蘭歷代國王加冕時使用的一塊砂岩。斯昆石色淡黃，呈長方形，重三百三十六磅。據凱爾特人傳說，雅各看見天使時正是頭枕此石，因此又名「雅各的枕頭」、「雅格的支柱」或者「酋長石」。該石曾被保存在現已廢棄的珀斯郡的斯昆修道院中，並因此得名。

寶座上瑰麗的胡瑪鳥*華蓋獻給了國王，後來被威廉四世†用作國宴上的中央裝飾；而在加爾各答的新總督府裡，威爾斯利把自己的椅子放在「緋紅色和金色的地毯上，這塊地毯曾是蒂普素壇寶座裝飾品的一部分。」[10]

總之，只從沙文主義文化訊息的角度來看待「蒂普之虎」，或是導致它被收藏的一系列事件，就等於接受了實際上精心編造、並多少帶些欺騙性的表面文章。亞洲的「他者性」只是一整套說辭中的一部分，這套說辭既醜化了蒂普的形象，也著重提升公司的形象。理查．威爾斯利運用這些物品的方式確立了一個先例，公司在未來也如法炮製；到十九世紀中期，「邁索爾之虎」的著名遺物中又加進了被打敗的錫克教統治者「旁遮普之獅」蘭吉特．辛格‡的黃金寶座和其他財物。如果收藏事關再造，那麼在邁索爾收集的物品則讓東印度公司炫耀了它全新的統治風貌。很多人傾向於認為它的樣貌莊嚴而帶有羅馬的氣息：驕傲、尚武、崇高，以及最重要的，大獲全勝。（威爾斯利在自我再造方面不太成功。這位被某個友人開玩笑地稱作「塞林伽巴丹的皇帝」的人，曾經希望得到的獎賞是獲封英格蘭貴族並在上議院獲得一個席位。他得知自己獲封了令人垂涎的侯爵頭銜，卻發現這個頭銜仍是愛爾蘭的！「鍍兩層金的馬鈴薯啊，」§他冷笑道，然後因蕁麻疹身體不適而臥床十日。）[11]就像攻占塞林伽巴丹標誌著公司進入帝國征服者時代一樣，那些戰利品也大膽地宣示了公司的帝國收藏家身分。從現在起，公司就是印度之王了，至少它開始以這樣的形象示人及自我認可。

塞林伽巴丹物品在軍人和平民之間的流通極其廣泛，那些戰利品的官方公開展覽只是其中的一部分。正是在陷落之後那個混亂的搶劫之夜，數百名普通士兵才得以收集他們自己的塞林伽巴丹私人藏品。無處不在的掠奪讓負責城市紀律的亞瑟·威爾斯利非常緊張。他擔心所有這些物件如果落入不法之徒的手中可能非常危險。「獎品事務官們，」一七九九年八月，他致信兄長理查說，

> 得到了一大批屬於已故素壇並由他穿過的衣物，如果不加以阻止，他們就會在公共拍賣會上出售這些，而不滿的本地摩爾人則會將它們作為遺物購入。這不但丟臉，還可能引發令人不快的後果；因此，我建議政府買下整批衣物，或是交給王公，或是按照你認為合適的任何方式來處理它們。[12]

亞瑟·威爾斯利的擔心絕非毫無道理。七年後，在韋洛爾，也就是蒂普家族在英國人羈押下的居

＊胡瑪鳥（*huma* bird），伊朗神話寓言中的一種神鳥。

†威廉四世（William IV，一七六五至一八三七），大不列顛及北愛爾蘭聯合王國國王和漢諾威國王，一八三〇年至一八三七年在位。他十三歲加入海軍，曾參加過美國獨立戰爭，人稱「水手國王」。

‡蘭吉特·辛格（Ranjit Singh，一七八〇至一八三九），十九世紀上半葉統治了西北印度次大陸的錫克帝國開國君主。一八〇一年，他自稱旁遮普國王，開創了稱雄印度的錫克王朝。他是十八世紀前半期印度最傑出封建統治者，他以蕞爾小邦之地建立起強大的錫克王國，並與英印帝國並駕齊驅，稱雄一時。

§理查·威爾斯利已在一七八一年繼承了其父莫甯頓伯爵的頭銜（也是愛爾蘭貴族頭銜），故此稱這次獲封愛爾蘭的侯爵只是再鍍一層金而已。

住地，公司的印度士兵譁變了，他們用蒂普之名為戰鬥口號，還用在塞林伽巴丹繳獲的一面蒂普旗幟當成軍旗。[13]按照蒂普本人遵守的蘇菲派傳統，與某位受尊敬的人有關的一切物品都可以作為他的**祝福**或個人魅力的寶庫而受到尊崇。這時印度的某些穆斯林仍然認為，蒂普的個人財物充滿了極其偉大的精神力量，尤其是他的衣物。

但亞瑟・威爾斯利不必擔心太久，因為他的英國同胞們無須鼓勵便自行獲取了蒂普充滿個人魅力的物品。由於害怕邁索爾人突然動念搜尋遺物，在這種古怪的反射下，英國人自己貪婪地收集了與蒂普有關的一切。頭一個患上「蒂普狂」的不是旁人，正是印度總督本人，他請求自己的兄長「試著給我找一找蒂普的小印或戒指，並為威爾斯親王和約克公爵*找一些刀劍和漂亮的火槍：蒂普用過的任何刀劍都好。」[14]

英國人的迷戀始於蒂普的屍體。這具屍體被放在宮殿外，直到五月五日傍晚才下葬。與貝爾德一起發現屍體的班傑明・西德納姆中尉詳細記錄了屍體的情況，像是一份清單：右耳上方有一道刀傷，左頰嵌進了一顆子彈，軀幹和四肢有三處砍傷。中等個頭，深色皮膚，整體「肥胖、短頸、高肩，但腕踝纖細精巧。雙眼大而微凸，兩眉短小拱起，連鬢鬍非常少。」蒂普身穿「上好的白亞麻布衣」和緋紅色的寬腰帶，都是簡單得體的日常服裝，「頭巾丟了，身上也沒有防身的武器。」讓他在死後還顯得與眾不同的是他臉上現出一種不可言喻的優雅：「他的容貌表明他絕非常人，而他的表情則有一種傲慢與決絕的複雜情感。」[15]一整天裡都有英國人前來看這位王公的屍體。獎品事務官大衛・普萊斯也在其中。普萊斯用一條好腿站著仔細觀察這位死去的素壇時，他身邊的軍官探身過來「問我是否可以把小刀借給他；我照做了。」隨後，他的動作快似閃電，「我還沒回過神，」普萊斯說，「他就割下了素壇的一側髭鬚；說這是他答應為他的朋友、我們軍團的克盧梭醫生這樣做的。」[16]

髫鬚是蒂普屍體上最後一件，也是最私人的戰利品，但它絕非唯一的一件。據說，蒂普實際上死於抵禦掠奪的自衛：他是被一個企圖搶走他珠寶裝飾劍帶的士兵一槍斃命的。[17] 從如今收藏的據說是來自蒂普屍體上的所有物件來判斷，這位國王裹著頭巾，身穿棉外套，頂著頭盔，腰纏飾帶，踉踉蹌蹌地進入戰鬥；身上到處掛著手槍、火槍、匕首和軍刀；還令人費解地揣著各種小件飾品和玩意兒，從折疊的木製望遠鏡到歐洲產的金懷錶。毋庸多言，這些說法大都毫無事實根據。它們顯然是編造出來的。與蒂普有直接的聯繫，為這些珍品注入了一種特殊的紀念價值，在某種意義上，堪比英俊王子查理[†]的幾綹頭髮，或是喬治・華盛頓睡過的床。

---

*約克公爵（Duke of York），英國貴族的頭銜，除非已由一名前任君主的兒子所擁有，否則此頭銜通常授予英國君主的次子。時任約克公爵是英王喬治四世的弟弟弗雷德里克王子（一七六三至一八二七）。

†英俊王子查理（Bonnie Prince Charlie），本名查爾斯・愛德華・斯圖亞特（Charles Edward Stuart，一七二〇至一七八八），是詹姆斯・法蘭西斯・愛德華・斯圖亞特的長子、英格蘭國王詹姆斯二世（蘇格蘭國王詹姆斯七世）之孫，一七六六年以後是大不列顛的斯圖亞特王位宣稱者。他在生前又被稱為「小王位覬覦者」、「小僭王」和「小騎士」。他在一七四五年起事，一七四六年四月卡洛登戰役失敗，隨後如一七五九年的法國入侵等嘗試也都無果。後來人對他事敗後逃離蘇格蘭的經歷進行的一些描述賦予他失敗英雄的浪漫形象。

儘管無法量化攻占塞林伽巴丹之後又搜羅了多少物品（就像無法準確估算五月四日到五日這一夜發生過多少起搶劫一樣），但有一點很明確。此前從未發生過類似的事件。一七九九年五月和六月，獎品事務官們舉辦了一系列拍賣，散發了大量物品來為支付獎金籌資。「在塞林伽巴丹『綠帳篷』」發生的所有交易都沒有任何紀錄，但留存至今的收據表明，幾十位軍官購買了諸如銀質檳榔盒、絲質地毯，或是飾品武器等「收藏品」。[18]軍人的這種自覺的收藏本身就不同尋常。但更引人注目的是英國平民對塞林伽巴丹物品的渴望程度，其中很多人與印度根本沒有任何直接的聯繫。

塞林伽巴丹的碎片很快就透過英國菁英的沙龍分散開去。審美家、作家和怪人威廉·貝克福德（他還擁有安托萬·波利爾的一些畫冊）把蒂普的翡翠水煙筒加進他哥德風格的夢幻宮殿，即豐特山修道院那些奢華而凌亂的收藏之中。著名的建築師和文物鑑賞家約翰·索恩爵士在他林肯律師學院宅邸的客廳裡擺放了蒂普的象牙桌椅，如今仍可在那裡看到它們。小說家沃爾特·司各特爵士得意地把蒂普的一把軍刀收入他的阿伯茲福德莊園蔚為可觀的軍械庫中。還有一位收藏家巧妙地把來自蒂普寶座基座上的一隻金虎爪放進鼻煙盒裡；而第十代琳賽伯爵則享受了獨一無二的特權，他在蒂普的一個塞夫爾帶蓋陶瓷湯盆裡受洗，那是路易十六送給蒂普的禮物。[19]

這些物品中表現的蒂普是個怎樣的人物？與「蒂普之虎」形成鮮明對照的是，這些物品在展出時是豐富多彩的王公財產；表現的是財富、教養和等級。就連蒂普的武器也因為其工藝複雜、製作精美、材料寶貴而受到收藏家的仰慕（至今仍是如此）。塞林伽巴丹物品迅速融入了英國客廳，也表明消費者的品味可以超越表面看來巨大的文化差異。與蒂普狂熱相得益彰的另一次事件發生在一八六〇年，在中國的第二次鴉片戰爭後，因一些英國特使被殺而採取「鄭重的報復行動」，英國高級專員下令劫掠中國皇帝的圓明園並將其付之一炬。搶劫規模浩大；那些物品在英國（以及同樣參與行動的法國）的散布也十分驚人。在這兩次事件中，大英帝國的敵人都尤其因為亞洲式的殘暴而被妖魔化了，然而，皇帝的財產卻被歐洲平民熱切收藏，既因其美學的吸引力，也因其新奇的價值。王公的物品讓英國和亞洲的消費文化跨越了天南地北的距離。[20]

儘管某些英國人認為蒂普素壇是個「野蠻人」，但和他的英國同輩人貝克福德、索恩和司各特一樣，此人也是個文物鑑賞家。蒂普整齊標注並收納在王宮一翼的收藏是他的避難所。據說，「他大部分的閒暇時光都在觀賞這個五花八門、燦爛奪目的寶藏。」[21]蒂普與他同輩的阿薩夫．烏德－達烏拉遵循同樣的皇家收藏傳統，那種文化認為物件是權力的寶庫和象徵。[22]阿薩夫．烏德－達烏拉曾利用收藏加強他在面對若干挑戰時的權威，畢竟他受到蒙兀兒和公司統治的壓迫，以波斯什葉的少數派身分統治阿瓦德，還是統治時間相對較短的王朝的一員。蒂普素壇也有同樣充分的理由捍衛自己的正統性。英國人常常給海德爾．阿里和蒂普扣上「篡位者」的帽子（這當然不公平，因為「正統」的印度教瓦迪亞爾王朝建立時間也不長。不過，海德爾和蒂普都是新即位的統治者），在一個絕大多數人都信奉印度教的地區，他們是外人、穆斯林，且四面受敵。

因為蒂普素壇並非生而富貴，他就不得不自力更生。他把印度－波斯與本地的印度傳統綜合起來，並創造出諸如獨特的邁索爾曆法（這是他與法國革命友人的另一個共同之處）等全新的象徵和制度，以各種創新的方式來表現自己的權力。但正如其收藏所表明的那樣，他依循蒙兀兒王公的權力風格並取得了出色的效果。在看到他的收藏後，就連英國人都驚歎於他的影響力無遠弗屆：「這個了不起的收藏裡有權力可以控制的，或是金錢可以買到的一切：配有鏡子的望遠鏡以及各種規格和度數的光學眼鏡、無數的畫作；而瓷器和玻璃器皿則足以塞滿一本大型的商業雜誌。」[23]他身為收藏家，可以同時既展現其對各個偏門領域的精通，又表明自己與本地傳統的緊密聯繫，還能宣傳他的現代性。

如果說蒂普的收藏在某種程度上與英國人宣傳的他那好戰野蠻人形象有所出入的話，那麼攻占塞林伽巴丹的人在發現他的圖書室時就更加震驚了。那裡有兩千多冊數種文字的書籍，有充分的理由相信蒂普讀過這些書。「畢竟，」一位軍官承認，「這個可怕而兇猛的存在，這頭兇殘的老虎據說是個有些學識的人。」所有的手稿都被妥善保存；很多都有著「舊時修道院裡羅馬天主教禱告書那種風格非常華麗的裝飾和插圖。」[24]它們包含了廣泛的主題，從《古蘭經》和先知的語錄（**聖訓**），到蒙兀兒古代史；從蘇菲派禁欲神祕主義和宇宙學，到醫學、烹飪和禮儀。這是個讓蒙兀兒王公為之自豪的圖書室，也是東印度公司的東方通們渴望運回英國、在那裡成為「迄今為止介紹到歐洲的最奇特、最有價值的東方知識與歷史收藏」的圖書室。[25]獎品事務官大衛·普萊斯本人就是個波斯手稿的收藏家和學徒，他的同事和手稿收藏同好撒姆爾·奧格受命評估蒂普圖書室的價值，並為公司選擇一些書目。當他們開始工作，從存放圖書的箱子裡拿出卷冊時，注意到蒂普的一個兒子正在看著他們。年輕的王子「被人偷聽到用剛剛能聽見的耳語對他的侍從

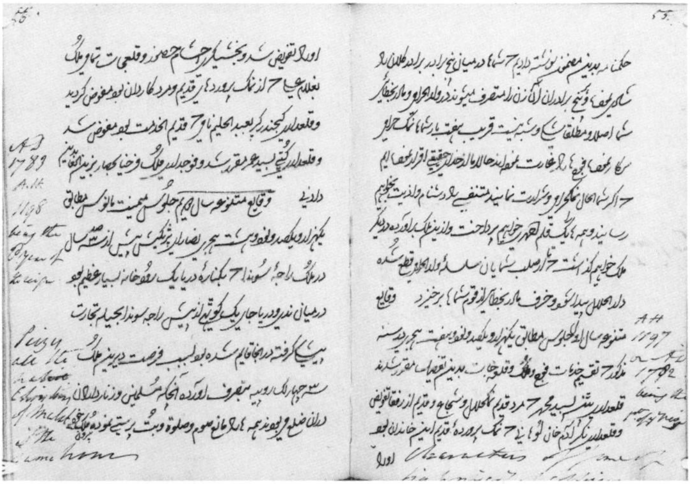

蒂普素壇回憶錄中的一頁，威廉·柯克派翠克在頁邊批註道，「是他本人所書」。

說，『只是想看看這群豬玀怎樣玷汙我父親的圖書。』」[26]結果只有大約三百冊書籍被送往倫敦，在那裡成為大英圖書館東方手稿收藏的核心藏書。[27]蒂普其餘的大約三千五百冊華麗手稿都散佚了。

正如王子的話所暗示的那樣，跨文化收藏並不一定等同於跨文化和解。但塞林伽巴丹物品在英國的種類和流通表明，東西方彼此相遇曾經有多真實，其形式又是如何的多樣。塞林伽巴丹的戰利品給公司的領土收集者形象提供了直觀的證據，同樣，那些搶來的物品也讓成千上百個英國人實實在在地觸摸到了原本只存在於頭腦中的印度帝國。要理解這一切實際上是如何發生的，不妨仔細考察一下或許是最貪婪的塞林伽巴丹收藏家：海莉耶塔·克萊武及其丈夫、羅伯特·克萊武的長子愛德華的生活細節。他們的故事是印度克萊武家族故事的延續，為帝國如何在這一轉型期間觸及個人生活開啟了一扇窗。

熱帶的壯遊

總督的妻子懷著「最不可名狀的願望」想去看看塞林伽巴丹，而且只要那樣就足夠了。因此，一八〇〇年三月初，馬德拉斯總督克萊武勛爵愛德華的妻子海莉耶塔·克萊武夫人，從馬德拉斯出發前往蒂普的首府。她帶上兩個女兒海莉耶塔和夏洛特同行，兩人的年齡分別是十四歲和十三歲，隨行的還有她們的義大利家庭女教師安娜·托內利，一個有繪畫天賦的神經質女子。[28]愛德華無法和她們一起出遊，但女人們並不缺乏同伴：她們隨行的有大象、閹牛、駱駝、四人大轎、護衛、馬夫、洗衣工、廚師、克萊武夫人的蒙師、男僕、男僕的男僕，還有負責抬女孩們的鋼琴的人，林林總總合計七百五十人，「這在印度還不算特別多的，考慮到一切因素後，也沒什麼可奇怪的，」夏洛特評論道，「因為在印度旅行和在歐洲可不一樣。」[29]

夏洛特·克萊武記錄了這次的旅行日誌，這本日誌以十九世紀中期手稿本的形式保留了下來，其中還複製了安娜·托內利的水彩畫。這是一本動人的天真紀錄，也是非常罕見的日誌，大概是前維多利亞時代的印度唯一一本後來存入主要檔案館的兒童日記。夏洛特對於這次旅行的敘述，與她致父親的信件以及她母親與姊姊寫的信件一起，為我們提供了一個罕見的機會，對十八世紀末印度的英國家庭生活一窺究竟。克萊武一家的旅行之所以引人注目，不止是因為她們花了整整七個月進行總計一千八百五十六點三公里的環遊（夏洛特的計算），從馬德拉斯出發朝西南方向抵達坦焦爾*，再途經班加羅爾和邁索爾，然後沿海岸線北上回到馬德拉斯，比她們在一七九八年從朴次茅斯到馬德拉斯五個月的穿行時間，或是她們將在一八〇一年乘船返回英國的六個月時間還要長。這次旅行引人注目，就是因為她們最終成行了。克萊武一家都是純粹的旅遊者（並且是女性旅遊者），當時鮮有歐洲人在印度旅行只是為了觀光的。在印度旅行或許與在歐洲不同。不過，克萊武一家優雅從容地穿過南印度，實際上就是一次熱帶的壯遊：為了追求愉悅和自我提升的貴族式漫步。

她們旅程的重點（可以說是她們的羅馬）是塞林伽巴丹。她們是有史以來第一批到訪的歐洲旅遊者，並且穿越了蒂普的影響仍無處不在的國土抵達那裡。在韋洛爾，她們遇到了蒂普的成年兒子們（他們從一七九二年蒂普戰敗後便被公司羈押在此），並查看了公司為蒂普的女性親屬準備的宿舍。在班加羅爾，她們瞻仰了已故統治者「壯麗非凡」的宮殿。她們在八月抵達了旅程的中間點塞林伽巴丹，還借住在達麗婭·道拉特·巴格宮的閨房裡，亞瑟·威爾斯利如今把這裡當成他的府邸。她們在島上短暫停留期間，遇見了蒂普其他的兒子和他的部分妻妾。戰敗者的家庭遇上勝利者的家庭想必是個淒美的情景，蒂普的妻妾們「給媽媽很多很多祈求信，其中一兩封還

*坦焦爾（Tanjore），現名坦賈武爾（Thanjavur），印度泰米爾納德邦的一個城市，位於高韋里河南岸，曾是朱羅王朝的國都。

是用英語寫的，其中一封信的抬頭寫著『克萊武勛爵夫人閣下』。」夏洛特非常喜歡鄉下，「像什羅普郡一樣……這裡是我們到目前為止看到最可愛的地方。」[30]在邁索爾的鄉下看到故鄉的影子，愛德華．克萊武的女兒既不是頭一個，也不是最後一個。但克萊武家的女士們卻是頭一批試圖有組織地把它帶走的人。[31]像壯遊一樣，她們的旅行重在收藏。

所有四個女人都在痴迷地收藏，尤其是石頭和植物。在「安娜女士」的鼓勵和指導下，女孩們無論去哪裡就會撿選樣本和標本：「我們忍不住要收集，我們的馬身上裝滿了這些收集品，」年輕的海莉耶塔如此說道。[32]克萊武夫人是她女兒最好的榜樣，因為與同時代的很多英國貴族婦女一樣，她也是個自然史標本的狂熱收集者。這種廣泛開展的「適合女人」的追求，在十八世紀英國的收藏界和科學界看來，都顯然是邊緣化的，這絕非巧合。（「以牛頓的能力，顯然不適合在散步時找些貝殼和花朵，」撒姆爾．詹森*不以為然地說道。）[33]自然科學（natural science）被認為是女人和外行的專屬，以至於當著名的博物學家和皇家學會主席約瑟夫．班克斯†爵士在一七六〇年代開始他本人的植物學研究時（在母親臥室裡找到的一種草藥啟發了他），他能找到的最合適的老師，就是為藥劑師收集野生植物的本地婦女了。[34]班克斯為提高自然科學在英國的地位發揮了決定性的作用，但波特蘭公爵夫人‡擁有僅次於班克斯的英國第二大自然標本收藏，而邱園§也從植物學學生夏洛特王后的贊助中受益良多。[35]

克萊武夫人離開印度時帶走了大量的貝殼、岩石、植物、鳥類標本和活的動物，其中有很多都得自她的南印之旅。（事實證明，把它們從印度運去英國要比從船上搬運到她家裡容易得多。

因為財政部的官僚糾紛，她的箱子被扣在印度大樓，「鳥啊貝殼啊這些，」她憤恨地向愛德華報告，「都……為了估價而公開出售。去那裡的猶太人往往會偷走其中最好的，真氣人啊。」[36]「我全部的貝殼都很安全，我現在正要開箱所有其他的財寶，這真讓我高興，」一八〇二年，她在他們的什羅普郡莊園寫信給愛德華說。她把印度的種子種在溫室裡，把坦焦爾公牛養在莊園的院子裡，還把天堂鳥的標本安放在起居室裡。「置身於自己的財寶中間」讓她感到「像一位東方的公主一樣偉大。」[37]她有充分的理由洋洋得意：她個人的印度標本收藏比東印度公司本身的收藏還要早，或許規模也更大。[38]

＊撒姆爾·詹森（Samuel Johnson，一七〇九至一七八四），英國文評家、詩人、散文家、傳記家，英國史上最有名的文人之一。前半生名聲不顯，直到他花了九年時間獨力編出《詹森字典》（*A Dictionary of the English Language*），為他贏得了聲譽及「博士」的稱呼。英國傳記作家詹姆斯·博斯韋爾的《詹森傳》記錄了他後半生的言行，使他成為家喻戶曉的人物。

†約瑟夫·班克斯（Joseph Banks，一七四三至一八二〇），英國探險家和博物學家，曾長期擔任皇家學會會長。他曾參與澳大利亞的發現和開發，還資助了當時很多年輕的植物學家。

‡波特蘭公爵夫人（Duchess of Portland），本名瑪格麗特·卡文迪什·本廷克（Margaret Cavendish Bentinck，一七一五至一七八五），英國貴族。公爵夫人當時是大不列顛最富有的女人，擁有曾經是國內最大的自然歷史收藏。她是知識女性的「藍襪會」成員。

§邱園（Kew Gardens），位於英國倫敦西南郊的泰晤士河畔，原是英國王家園林。那裡收集了約五萬種植物，約占已知植物的七分之一。現在是聯合國認定的世界文化遺產。

印度旅行的一幅小插圖，出自夏洛特·克萊武的日記。

然後就是那些動物了！克萊武一家從馬德拉斯出發時只有一隻可愛的鳥「科卡卡托」*相伴。（他們把自己的狗蒂普留在故鄉了。）但現在無論他們去哪裡，大家都會強迫他們接受寵物做為禮物。女孩們很開心，但她們的母親有時不願接受。她讓海莉耶塔拒絕了一隻小狗，「因為她說家裡就像諾亞方舟一樣」；而夏洛特期盼已久的猴子（她母親覺得它們是「可惡的魔鬼們」）則被委託給一個僕人照管。但總的來說，克萊武夫人還是很願意接受這些新伴侶進入家庭的。「我們的動物收藏增加了很多，」海莉耶塔在十月向父親報告說。那時她們已經收到了一頭梅花鹿、兩頭羚羊、一隻綠鸚鵡、一隻雲雀、兩隻吸蜜鸚鵡（「可憐的科卡卡托一生的困擾」），送給克萊武夫人的一隻獴，還有給夏洛特的一隻小瞪羚，這隻小瞪羚馴良得可以隨她一起坐轎子，睡在她的床邊，還「像一條狗一樣」跟著她到處去，直到她們回到馬德拉斯後的一天早上，牠四處閒逛，失足落下屋頂摔死了。「這是件讓人難過的傷心事」，夏洛特寫道。[39]同樣令她難過的是，她們離開印度時，她看到母親婉拒了一頭「還沒斷奶的美麗小象……我們渴望能留下牠，牠那麼年幼那麼小，身上還穿著漂亮的衣服和長長的流蘇，但有人認為牠要喝很多水，帶著牠走很不合適。」[40]

這群野生動物跟著牠們的新主人四處閒蕩，緩緩經過印度東南部青蔥的甘蔗田和岩坡的場景，在我們的頭腦中留下了一個美好的意象。夏洛特一定認為她們遇見的人都非常友好慷慨，或許的確如此。但就如當時印度的象徵經濟中的任何禮物一樣，所有這些動物也都承載了其贈予者的希望和名譽。克萊武一家人脈深遠，收到的禮物源源不斷，因為東印度公司職員被禁止接受個人禮物。因此，克萊武家的女人就被看成是打通公司官員的中間人。兩年後，年輕的貴族瓦倫西亞子爵不落俗套地選擇在印度進行壯遊時，那些把他（正確地）看作是理查．威爾斯利的後門之人送來的禮物壓得他喘不過氣來，他決定一件也不接受。（他的決定被認為是「非常光榮的英國品格」；不過這也意味著公司承擔了他應該負擔的回禮費用，這對他個人的開支來說非常重要。）[41]送給克萊武家女眷的禮物，其驚人之處在於，它們揭示了這種禮儀文化中帶有性別色彩

*應是一隻鳳頭鸚鵡（Cockatoo）。

的一面。瓦倫西亞與所有男性（無論是歐洲人還是印度人），會被贈予和收到「卡拉特」禮袍、武器，有時還有珠寶。[42]但克萊武一家收到的是動物而不是刀劍，特別是可愛的雌性動物。我們並不清楚她們的回禮是什麼，但不太可能是大多數英國官員贈予印度統治者的精美歐洲手槍。

標本和動物特別證明了克萊武夫人收藏的兩個獨特的方面，並證實了這一時期更普遍意義上的收藏文化。她收集植物和礦物標本時所憑藉的，正好就是同一階層的「壯遊」男子收集希臘花瓶或大師油畫作品時所使用的直覺。收集自然歷史藏品是淑女的成就之一，而克萊武夫人培養女兒們用和她一樣的方式來從事收集。同時，身為要人之妻（「克萊武勛爵夫人閣下」），克萊武夫人接受禮品幾乎是外交義務。她和隨從形成了一種使團，為半皇家的印度總督打頭陣，後者在維多利亞時代會乘坐裝飾著金流蘇的象轎，笨重地穿行於印度的各個土邦。（一個較早的例子是艾蜜莉．伊登*和她哥哥、印度總督奧克蘭勛爵†在一八三〇年代後期的北部印度之旅。）理查．威爾斯利打算建立地方總督轄下的貴族帝國政府，她們華麗的行進是朝著這個目標邁進的一大步。

克萊武夫人收藏最為突出的第三個面向是她的印度工藝品收藏。儘管她喜歡動物，但她也收集武器，特別是與蒂普素壇有關的那些武器。蒂普對克萊武夫人有一種磁鐵般的吸引力，她充分利用自己的地理和社交位置投入其中。「至於備受關注的蒂普素壇這個人物，」她在馬德拉斯寫道，「我如今聽說了大量有關他的事情，」她甚至「為了娛樂英格蘭的眾人和我自己」，開始記錄蒂普的軼事。[43]克萊武夫人對蒂普遺物的熱情收集使得她不僅是第一位、同時也是最著名的塞林伽巴丹物品收藏家，而且還是當時收集印度工藝品的少數英國女性之一。[44]克萊武豐富的蒂普藏品證明了各個文化中貴族品味的相似性。

武器是出自塞林伽巴丹流傳最廣泛的收藏品，克萊武一家擁有蒂普的三把長刀和一枝火槍。[45]（這些武器幾乎落入他人之手，詹姆斯・柯克派翠克‡「給薩克雷家的孩子們（這位小說家的外甥們）寄去一箱玩具」時，「與裝著克萊武勛爵的武器盔甲的箱子弄混了，後者打開箱子後發現裡面全是玩具時大感驚奇。」）[46]所有的藏品上都有優雅的雕花，銘刻著阿拉伯書法，並覆有虎紋。部分的吸引力顯然來自審美；但還有一部分來自逸聞趣事，據說其中的一把長刀曾被死去的國王本人使用過。類似關於個人魅力的聯想可以解釋看起來更不可能出現在克萊武收藏中的素壇的卷趾涼鞋、「為蒂普訂製的『旅行』床」，以及一頂精心製作的印花棉布大帳篷，據猜

＊艾蜜莉・伊登（Emily Eden，一七九七至一八六九），英格蘭詩人和小說家。她對十九世紀初的英國生活有很多詼諧的敘述。著有《國家的北方：在印度北部省份寫給姊姊的信》（*Up The Country: Letters Written to Her Sister from the Upper Provinces of India*，一八六七）等。

†喬治・伊登（George Eden，一七八四至一八四九），第一代奧克蘭伯爵，英國輝格黨政治家、殖民地官員。他曾在一八三六年至一八四二年間出任印度總督。

‡詹姆斯・柯克派翠克（James Kirkpatrick，一七六四至一八〇五），威廉・柯克派翠克的弟弟，一七九八年至一八〇五年期間是海德拉巴的英國居民。他在海德拉巴建造了科蒂府（Koti Residency），如今是那裡的觀光景點。

蒂普素壇的塞夫爾陶瓷茶杯，如今保存於波伊斯城堡的克萊武收藏中。

測，他打仗時的司令部就設在這頂帳篷裡。和眾多的塞林伽巴丹物品一樣，某些藏品與蒂普的實際聯繫無從考證。但有這種想法就已足夠。擁有國王的財產就像是與歷史擦肩而過。

而這正是克萊武一家因曾參與其中而為之自豪的歷史。與眾多的帝國收藏品一樣，這件藏品映照出了它的收藏者。愛德華．克萊武和蒂普素壇兩人（和他們同時代的威爾斯利與拿破崙一樣）都是新興貴族和文物行家；兩人都是第二代統治者以及白手起家父輩的繼承人。克萊武一家收藏的最有價值的蒂普宮廷工藝品，是後者寶座上的一個翡翠虎頭裝飾，這件物品象徵著統治者王者風範的個人魅力。擁有了它就讓克萊武一家躋身於擁有王座碎片的菁英收藏家群體之中，國王喬治三世也在此列。但克萊武收藏中最打動人心的藏品倒也沒有那麼浮華：路易十六贈予蒂普的餐具中的一套塞夫爾咖啡杯。這套精美的瓷器在漫漫旅途中倖存下來：從法國經波斯灣抵達印度；又從印度繞過開普敦來到英國。它們橫越的歷史距離更長久。從法國大革命前夕點燃的窯爐，經過塞林伽巴丹的狂暴劫掠，這些杯子經歷了它們的給予者和擁有者都未曾體驗過的劫難而倖存下來。如今，這些杯子平靜地退隱於威爾斯邊境上的波伊斯城堡，頗為精采地證明了物品能夠跨越文化、地理和時間的鴻溝，始終被掌握在菁英消費者的手中。

克萊武一家如何獲得那些藏品的細節不得而知。儘管某些藏品是克萊武夫人在旅途中得到的，更多的或許是朋友們在塞林伽巴丹的獎品出售時為她和她丈夫買下來的。[47]至於她對蒂普「最不可名狀的」痴迷的深層原因，如今我們也不比她自己當時清楚多少。但數十年後另一位貴族女性，錫福斯伯爵的長女瑪莉亞・胡德夫人，她的丈夫被任命為東印度艦隊司令。她在塞林伽巴丹的旅行，卻讓我們得以一窺克萊武夫人的收藏習慣，或許能讓我們得出結論。

一八一二年，胡德夫人在此地旅行了七個星期，她的丈夫沒有隨行，但她卻攜帶了素描裝備和一雙敏銳的眼睛。她的到訪（和克萊武家的女士們一樣是娛樂性質的）表明了塞林伽巴丹是如何走進浪漫遊客的想像的，就像多年後的滑鐵盧戰場一樣。[48]七月二十三日，隨著傍晚漸趨涼爽，她「抵達前，從八公里外的一座小山上第一次見到這座名城，雖然我長途跋涉就是為了來到這裡，真正看到這個如此有名的地方時，卻禁不住滿心驚喜。」她在達麗婭・道拉特・巴格宮盤桓了幾日，「在已故帝王空寂無人的宮殿裡走來走去，」因為這種「人世間的滄桑變遷的可怕實例」而心事重重。「一個偉大王公如此愉悅和壯麗的場景，如今落入一家貿易公司之手，這家公司位於遠在天邊的島上，印度居民對島的存在難以理解，早在半個世紀前，他和他的父親便曾威脅要毀滅那座島嶼。」[49]

胡德夫人大致是追隨克萊武一家的足跡亦步亦趨的，她也知道這一點。正是在訪問蒂普素壇的陵墓時，她最直接地感受到了前輩的影子：

> 陵墓的穆夫提或曰大祭司告訴我們，一位英格蘭的大夫人（Burra Bibi）曾經非常想要一本他們的《古蘭經》，而他當時不能照辦。她似乎非常尊敬這位老穆夫提，給他留下了深刻的印象，但他記不起她的名字了。我覺得這一定是波伊斯夫人，並提到了克萊武這個姓氏，他立即報以最美妙的頌詞。波伊斯夫人似乎是唯一一位讓這些地區的人們感受到先天優越感的旅行家。[50]

「**先天**優越感」：這是個奇怪的措辭，也是個發人深省的說法。（胡德夫人明白什麼是先天的優越感：一八一五年父親過世後，她就是麥肯齊家族的女族長了，並被沃爾特·史考特爵士形容為「每一滴血都包含著女族長的靈魂。」）[51]的確，當時已是波伊斯伯爵夫人的克萊武夫人是個貴族女性，或許單憑這個便已讓有些人感受到她的「優越」了。但她絕非普通的女貴族。她是克萊武家的人，並為此深感自豪。

對於那些地區的印度人和歐洲人來說，克萊武家族成員意義非凡。夏洛特·克萊武（她出生時，祖父羅伯特早已過世了）快樂地寫到了在大約五十年前「擔任過祖父勤雜兵之人的拜訪，」

她繼續寫道，「他見到我們高興極了，提到了『大人思考問題的時候，總是把手帕咬在嘴裡』這個他們家全都熟悉的習慣，來證明他對克萊武勛爵有多了解。」[52]塞林伽巴丹陷落當日的一個月後，愛德華和海莉耶塔．克萊武在馬德拉斯主持了一天的勝利慶祝活動。慶典從早上四點在聖喬治堡升起被俘獲的蒂普旗幟開始，繼之以直至深夜的勝利舞會。「那是我平生最快樂和勞累的日子之一，」克萊武夫人寫信給她哥哥說。她由衷地彙報說，高潮是在晚宴上，「莫甯頓勛爵（理查．威爾斯利）說了一些讓我非常開心的話。他說這個國家似乎沒有一場偉大的勝利是與克萊武家族無關的。」[53]

總之，海莉耶塔之所以成為塞林伽巴丹物品的收藏家，正是因為她是克萊武家族的成員。她在自己所在階層所受的教育和遠見影響之下，以一位女貴族的身分收藏岩石和植物。身為總督的妻子，她也發揮了社交和半政治的作用，參與了和她地位相符的贈禮禮節。但海莉耶塔是克萊武家族的一員，她自己也意識到了這一點，在收集與塞林伽巴丹及蒂普素壇有關的物品時，她更加意識到對印度更為具體的所有權。這些工藝品屬於與她的家族有密切聯繫的一個地方、一段歷史，以及一個社會階層。它們是她和她丈夫都熱中於加強的紐帶。

而愛德華正是做為一個收藏家和貴族，才最像是克萊武家族的成員。愛德華接手了始於羅伯特的社會地位上升，最終有條不紊地光榮完成了階級躍遷。一七七四年，他繼承了父親的財產、莊園和頭銜。一七八四年，他娶了海莉耶塔，岳父波伊斯伯爵是因為莊園相鄰和政治利益而與羅伯特．克萊武成為密友。透過愛德華和海莉耶塔的通信來判斷，他們婚姻幸福，並因收藏、園藝和家居裝修的共同愛好而歷久彌新。一七九四年，主要出於對羅伯特・克萊武的成就和財富遲來的認可，愛德華被授予了他父親垂涎已久的英國貴族頭銜。而在一八〇四年，海莉耶塔唯一的哥哥去世三年後，愛德華自己也成為了波伊斯伯爵。

羅伯特・克萊武是個白手起家的人，為獲取貴族身分投入了大量的時間和金錢。但愛德華雖然並非生來就是貴族，卻最終被教養成為貴族的一員。他在伊頓公學接受紳士教育，並以一七七三年至一七七七年在瑞士的四年學習和一次「壯遊」完成了紳士的訓練。藝術欣賞和收藏當然是這種貴族教養的核心內容。一七八八年，愛德華和他的家人去義大利旅行後寄回家的裝箱清單可以讓人對他們的藝術品味有一些了解。[54]兩箱畫作：包括在羅馬由愛爾蘭畫家休・道格拉斯・漢密爾頓*和安傑莉卡・考夫曼†所畫的家庭肖像畫，以及按照當時的標準最有價值的大量油畫：「坦佩斯蒂亞‡的四幅風景畫。阿爾貝托・杜雷爾§所畫的一幅降下十字架的耶穌像。薩爾瓦托・羅薩的兩幅風景畫。曼佩爾◎的一幅風景畫。漢密爾頓的阿波羅梳洗頭髮的素描。席德因的一幅神聖家庭的畫像。吉莫・博爾戈尼奧內◇的兩幅戰爭畫，以及羅薩・迪蒂沃利&的一幅

---

*休・道格拉斯・漢密爾頓（Hugh Douglas Hamilton，約一七四〇至一八〇八），愛爾蘭肖像畫家。在一七九〇年代初期回到都柏林之前，他大部分時間都在倫敦和羅馬度過。一七七〇年代中期之前，他的大部分作品都是粉彩畫。他的風格影響了英國畫家路易士・瓦萊（Lewis Vaslet，一七四二至一八〇八）。

†安傑莉卡・考夫曼（Angelica Kauffman，一七四一至一八〇七），瑞士新古典主義畫家。她在倫敦和羅馬取得了成功的職業生涯。她主要是以歷史油畫家而為人們所熟悉的，但她的肖像畫、風景畫和裝飾畫也同樣技巧熟練。她是一七六八年創建於倫敦的皇家藝術研究院的兩位女性創始成員之一。

‡坦佩斯蒂亞（Tempestia），即安東尼奧・坦佩斯塔（Antonio Tempesta，一五五五至一六三〇），義大利畫家、雕刻家，他的藝術在羅馬巴洛克風格與安特衛普文化之間起了連接的作用。

§阿爾貝托・杜雷爾（Alberto Durer），即阿爾布雷希特・丟勒（Albrecht Dürer，一四七一至一五二八），德國中世紀末期、文藝復興時期著名的油畫家、版畫家、雕塑家及藝術理論家。他在二十多歲時高水準的木刻版畫就已經使他稱譽歐洲，一般也認為他是北方文藝復興中最好的藝術家。

◎曼佩爾（Memper），即約斯・德蒙佩爾（Joos de Momper，一五六四至一六三五），老彼得・布呂格爾（Pieter Brueghel the Elder）與彼得・保羅・魯本斯之間最著名的佛蘭德風景畫家。在德蒙佩爾的很多作品中可以清晰地看到布呂格爾的影響。

◇紀堯姆・庫爾圖瓦（Guillaume Courtois，一六二八至一六七九），吉莫（Gie.mo）是他的名字紀堯姆的義大利化寫法古列爾莫（Guglielmo）的簡寫，而博爾戈尼奧內（Borgognone）則是他的外號，意為「勃艮第人」。紀堯姆・庫爾圖瓦出生於法國東部勃艮第–弗朗什–孔泰大區的聖伊波利特，是個法國–義大利畫家、打樣師、蝕刻師。他作為歷史題材和風景畫人物點景的畫家，主要活躍於羅馬，並得到了大量的贊助。

&羅薩・迪蒂沃利（Rosa di Tivoli），本名菲力浦・彼得・羅斯（Philipp Peter Roos，一六五五至一七〇六），羅薩・迪蒂沃利為其後用名。羅薩・迪蒂沃利是一個德國巴洛克畫家，從一六七七年之後活躍於羅馬及其周邊地區。

畫。」克萊武一家還購買了提香*、委羅內塞†、羅薩的畫，以及佛羅倫斯的布蘭卡契小堂‡的壁畫；皮拉內西的〈羅馬風景〉；「克萊武夫人的五箱素描」；還有三個古董花瓶，以及「一個標著I．P．字樣的小箱子，裡面安放著克萊武夫人的伊特魯里亞花瓶」，這是威廉．漢密爾頓爵士送給她的禮物。

這個清單裡的每一件東西都同樣可以在任何一位從歐陸回國的喬治王朝時代紳士的行李裡找到。這些藝術作品都是上乘之作而不晦澀難懂，是教養之作卻沒有學究氣質，富有個性但絕非不通情理。更確切地說，它們正是補全了愛德華從父親那裡繼承的遺產：羅伯特在外部顧問的大力幫助下，在晚年接連不斷的收購活動中購買和收藏了大量繪畫大師作品和歐洲工藝品。身為羅伯特曾經如此渴望的貴族，愛德華真是有其父必有其子。

諷刺的是，身為帝國的建設者，愛德華斷然不像他的父親。愛德華．克萊武幾乎沒有任何行政管理或印度事務的經驗，卻在一七九八年被任命為馬德拉斯總督，這大半是他姓氏的力量。從那時直到一八〇三年，他一直是理查．威爾斯利的直接下屬，在那裡度過了東印度公司統治史上最具決定意義的時期之一。但他職業生涯的主要特點就是無足輕重。東印度公司或許不再是他父親所熟悉的那個冒險家的狩獵場了。然而，就算是在理查．威爾斯利（如此致力於建立秩序和提倡貴族特權）的公司，愛德華．克萊武似乎也明顯格格不入。亞瑟．威爾斯利對於這個「溫和、謙虛……相當矜持的」新總督顯然沒什麼好印象，這位新總督「糟透了，明顯理解力不佳。他肯定不適應如今面臨的重大問題，但我懷疑他是否真的像他表現的那麼遲鈍，還是這裡的人認為他就是如此。」[55]殘酷的真相是，至少是在國務方面，他確實就是這樣。理查．威爾斯利立刻親自南下去馬德拉斯，在整個邁索爾戰爭期間都留在那裡。「如果不是我到了那裡，親手接管了軍隊的全盤指揮的話，」他說，「邁索爾大概沒有一個人或一門砲。」[56]克萊武夫人顯然比她的丈夫機敏得多，她對威爾斯利的到來憤憤不平，說「**最高領導人**前來接替我們，這全然是件尷尬之事。」[57]但愛德華卻如釋重負。

愛德華在印度就像在英國一樣，閒暇時間都在玩那些紳士的消遣。理查．威爾斯利的觀察十分正確，他作為政治家明顯「不夠格」，「因為他的全部心思一直以來都僅限於退休管道與公職之外的私人生活。」[58]威爾斯利忙於拓展東印度公司的帝國時，克萊武任職總督期間主要關心三件事：裝修總督府和花園；收集植物和工藝品；以及儘快回英國去。（他的妻女在一八〇一年春

---

*提香（Titian），本名蒂齊亞諾．韋切利（Tiziano Vecelli，一四八八／一四九〇至一五七六），英語國家常稱呼他為提香。他是義大利文藝復興後期威尼斯畫派的代表畫家。在提香所處的時代，他被稱為「群星中的太陽」，是義大利最有才能的畫家之一，兼工肖像畫、風景畫及神話、宗教主題的歷史畫。他對色彩的運用不僅影響了文藝復興時代的義大利畫家，更對西方藝術產生了深遠的影響。

†保羅．委羅內塞（Paolo Veronese，一五二八至一五八八），義大利文藝復興時代的畫家。他因為出生地而獲得「委羅內塞」的綽號，並以此而聞名。他和提香、丁托列托組成了文藝復興晚期威尼斯畫派中的「三傑」。

‡布蘭卡契小堂（Brancacci Chapel），佛羅倫斯卡爾米內聖母大殿內的一座天主教小教堂，由於其繪畫的時代，有時被稱為「文藝復興初期的西斯廷小堂」。

回國了，而他極度想念她們。他寫信給海莉耶塔說：「你知道，我們從來沒有太珍視東方的奢華享受，這些奢華可以輕易用與妻子家人團聚而被充分替代。」）[59]如果有人問他做為總督的最大成就是什麼，他的答案之一必定會是總督府大會議廳的翻新工程，他告訴妻子說，那裡的**石灰膏**裝飾「風格高雅，你一定會喜歡的。」[60]另一個答案會是成功嫁接了一棵芒果樹，他後來把這棵樹運去邱園了。「如果它們能成功」在英國茁壯成長，他告訴海莉耶塔說，「而你又不介意被稱為我的芒果夫人的話，我也許會為此造一間（溫）室。」[61]

當然，愛德華仍在繼續收藏。羅伯特・克萊武的印度收藏主要是他的印度職業生涯期間的紀念品。但愛德華和海莉耶塔卻積極搜尋印度的工藝品。我們很難找出實證來證明人們對當時歐洲收藏中的印度藝術有任何審美眼光。但克萊武一家的品味卻可以在他們於馬德拉斯獲得（也許是委託購買）的二十尊印度神銅像上得到證明，那些神像大多是毗溼奴的造像。[62]克萊武一家從印度帶走的很多東西都相當傳統，諸如編織繁複的織品、象牙盒子之類，但歐洲人收藏印度的塑像在當時仍然極其罕見。少數幾個收藏這類珍品的人（如波利爾、哈斯汀、查爾斯・威爾金斯，以及威廉・瓊斯爵士）都毫無例外地對印度教有著某種學術或古文物研究的興趣；印度塑像的第一個重要的私人收藏將會在稍後由一位鮮為人知的跨界者、少將查爾斯・「印度人」・斯圖爾特建立起來。與之相反，克萊武一家可能並非英國東方通收藏印度雕塑的第一個記錄在案的例子。他們像貴族和「壯遊者」一樣，發自內心地欣賞在南印度看見的建築和雕塑。（「希望你不要因為我向神靈奉獻了一件珠寶和一塊金線織錦而覺得我是個異教徒，」愛德華在參觀完甘吉布勒姆的大神廟後，和妻子開玩笑說。）[63]

夏洛特．克萊武旅行日誌則是她父親對印度藝術感興趣更加私密的證明。一八〇〇年十月，克萊武家的女性到達馬德拉斯附近，她們的旅程行將結束。自從她們啟程後，愛德華有將近七個月沒有見過她們了，他出發去馬德拉斯南面沿海的馬哈巴厘普拉姆*與她們團聚。那是個平和美麗的所在，是跋羅婆†的國王在西元七世紀和八世紀建造的，以其在自然狀態的岩石上雕鑿的浮雕和神廟，還有矗立在海浪洶湧的岸邊的海岸神廟‡而聞名。全家人看到此景都很高興。夏洛特寫道，「爸爸看到那些雕刻圖案非常開心，他希望能買下一個雕著神氣活現的兩隻猴子的雕刻，但本地人捨不得與它們分離。」[64]克萊武沒有成功（與他同時代的埃爾金勛爵§不同，後者的代

---

*馬哈巴厘普拉姆（Mahabalipuram），印度泰米爾納德邦的一個城鎮。

†跋羅婆（Pallava），古代南印度的一個王朝，首都是建志補羅（今甘吉布勒姆），統治泰盧固地區和北部泰米爾地區長達約六百年。

‡海岸神廟（Shore Temple），七〇〇年至七二八年間建造的一座神廟，以其俯瞰孟加拉灣而得名。在神廟建成之時，當地是帕拉瓦王朝那拉辛哈瓦曼二世統治時期一個繁忙的港口。

§湯瑪斯．布魯斯（Thomas Bruce，一七六六至一八四一），第七代埃爾金伯爵（Earl of Elgin），英國貴族與外交官，以掠奪雅典帕德嫩神廟的大理石雕（埃爾金大理石雕）聞名。詩人拜倫對他的譴責最為嚴厲。一八一〇年，他發表了一份《備忘錄》，為自己的行動進行辯護。一八一六年，在一個議會委員會的推薦下，英國以三萬五千英鎊（大大低於埃爾金所花的錢）買下這批大理石雕刻品，保存在大英博物館，至今仍在展出。

理人正打算動手切下帕德嫩神廟的長幅石雕呢），文物保護者應該對此感激涕零。

愛德華收拾自己的印度物品（象牙雕刻、一套黃金檳榔器具、各式武器，以及精細的織品）時，他的思緒是否飄向了父親留給他的那口印度物品箱？父子各自收集的物品顯然有相似之處。但也有一個重大的差別。和羅伯特不一樣的是，愛德華．克萊武的社會地位穩定：他是個在印度的英國貴族，而不是在英國的「印度」納勃卜。羅伯特急於把他在印度的大部分過去掩蓋在貴族的公共形象背後，他把印度珍品作為個人紀念品保存起來，遠離大眾的視線。但對於愛德華來說，與印度的聯繫毫無可恥之處，實際上，情況正好相反。在塞林伽巴丹之後，在普拉西戰役的一整個世代之後，參與迅速發展的英屬印度歷史的締造，是件值得讚美和廣而告之的事情。例如，克萊武勛爵和夫人就把蒂普的帳篷當成舉辦遊園會的大帳。[65]

並沒有什麼為之欽佩不已的傳記、發表的論文，或是大理石的紀念碑來紀念愛德華這位被人遺忘的克萊武家族成員。但他卻是羅伯特希望他成為的克萊武：一個成功的貴族。此外，他的貴族形象中也為印度帝國、為他家族在帝國建設中的特殊貢獻留有一席之地。羅伯特．克萊武力圖成為「克雷爾蒙特的克萊武」並抹去與印度的聯繫，而愛德華（這位他父親從來沒能當上的英格蘭伯爵）卻委託約翰．瑪律科姆*爵士為其父寫了一部不朽的傳記，促成了對「印度克萊武」的神化。（此書就是麥考利在其〈論克萊武〉一文中所評論的那部著作，麥考利的文章也有助於回顧羅伯特．克萊武的一生。）愛德華還力圖保證克萊武、印度和貴族地位的結合能長盛不衰。愛德華的兒子繼續繼承了赫伯特家族的大本營波伊斯城堡，如今那裡是展示印度物品的「克萊武博物館」，羅伯特、愛德華和海莉耶塔的遺產在那裡集結。它跨越了性別和世代，把大英帝國在印度的定義變遷，以及在定義那個帝國的形象中，印度所起的作用都囊括其中。

從高韋里河到尼羅河

隨著數百名遊客魚貫而入，在印度博物館啟動「蒂普之虎」的開關，隨著克萊武一家把他們的印度珍品安頓在波伊斯城堡，塞林伽巴丹的物品凸顯了一八〇〇年後印度民眾對英國統治的看法及回應與前一個世代有多大的不同。不到五十年之前，華倫・哈斯汀因其身為印度總督明目張膽的貪婪行為而受到引人注目的彈劾；再往前推十五年，克萊武及其「印度」同僚還都是社會的賤民。如今，印度珍品和印度的金錢都已經被英國大眾所接受，甚至在某種程度上頗受歡迎。用軍國主義的手段獲得的印度領土也是如此，在拿破崙戰爭中培養的愛國風氣支持了這種手段。如果有訪客參觀理查・威爾斯利在加爾各答的新總督府，就會發現，英國在印度的帝國統治雄偉壯

＊約翰・瑪律科姆（John Malcolm，一七六九至一八三三），蘇格蘭軍人、東印度公司行政官員、政治家、歷史學家。他是英國海外統治的早期三原則的設計人之一，也是多位英屬印度政治家的導師。著有《印度政治史概論》（一八一一年）、《印度中部回憶錄》（一八二三年）、《印度政府》（一八三三年）等書。

麗、閃閃發光。總督府以德比郡的凱德爾斯頓會堂*（這是寇松家族在一七六〇年代初建造的，後來這個家族的一個後裔成為印度最有名的總督）為範本，把一座英式豪華宅邸移植到熱帶芬芳的綠地上：那是一棟閃閃發亮的帕拉底歐式的白色宮殿，火砲和石獅列於兩翼，裡面滿是華麗的拋光大理石和新古典風格的大英帝國重要人物的半身像。各個大廳裡安放著從克勞德・馬丁的勒克瑙莊園買來的鏡子和多枝燭臺。[66]

當然，大革命—拿破崙戰爭或征服印度的浪潮，絕不意味著帝國的直接統治得到了英國人的一致擁護。東印度公司的董事們自身就是不信任的根源，他們在一八〇五年因為威爾斯利的戰役耗資巨大（以及奢侈浪費的總督府）而召回了他，更別提他的飛揚跋扈了。但就連他們也知道，大英印度帝國的性質正發生根本的變化。最簡單的事實就是其領土的擴張。一八〇一年，東印度公司將邁索爾、海德拉巴和阿瓦德納入其正式或非正式的控制之下。一八〇三年至一八〇五年對馬拉塔人來之不易的勝利，在另一個「親法」的本土對手面前宣揚了英國的武力。在一八一七年至一八一八年的馬拉塔戰爭中，聯盟軍落敗，英國的統治擴展到旁遮普邦的邊界。另一個變化的標誌是民眾對這種征服的態度。國會對克萊武和哈斯汀的質疑，曾讓東印度公司的統治本身受到審判，如今（在部分程度上也是那些辯論的結果）英國政府對管理印度的領土有愈來愈多的參與。國會透過管理委員會來監督公司的事務，常駐印度的王室軍隊逾兩萬人，此外還有東印度公司逾二十萬的軍隊。[67]威爾斯利被召回，與其說是由於英國人對統治印度小心翼翼，倒不如說是公司擔心其財務收支。在帝國之中沒有任何個人利益的英國人，或許要比公司股東們更熱中於領土的擴張。

攻占塞林伽巴丹及其對英國文化的實質性影響造成了兩個明顯的轉變：轉向公開的征服，以及提高了公眾的參與程度。但要完全理解該事件的全部意義以及它對大英東方帝國的性質所造成的影響，則還要考察塞林伽巴丹戰役的最後一幕，以及公司國家對帝國收藏的進一步行動。塞林伽巴丹的完整故事將會在它開始的地方收尾：埃及。

邁索爾戰爭是由拿破崙入侵埃及所引起，並由於擔心法國進一步侵略印度而發生的，在某種程度上也可以算是與法國的一場代理戰爭。在印度前線，英國取得了決定性的勝利：蒂普被殺，邁索爾被部分吞併，英國在印度次大陸上的力量得到了擴展和鞏固。但在埃及，「東方軍」仍然在逃，如果說法國的侵略教會了英國戰略家一件事情的話，那就是法國人在那裡的影響事關重大。英屬印度的安全部分取決於埃及的安全。因此，一八〇一年三月（正是海莉耶塔・克萊武和她的女兒們帶著她們的物品和標本乘船離開印度的時候），東印度公司和英國政府準備直接對抗埃及的法國人來保衛印度。英國在三條不同的前線對埃及反向侵略，旨在將埃及交回給鄂圖曼控制，並確保這個地區在英國的影響範圍之內。埃及將會是英國自己的塞林伽巴丹領土收藏中最後

＊凱德爾斯頓會堂（Kedleston Hall），英格蘭德比郡的一處鄉村別墅，在德比西北。凱德爾斯頓會堂是寇松家的宅邸，現在則是國家名勝古蹟信託的財產。建築為新古典主義風格。凱德爾斯頓會堂是英國鄉村別墅中的代表作，建築和庭園都有很高的藝術價值。

也是最大的一塊。

一八〇一年英國入侵埃及，是大英帝國史上鮮為人知的一段插曲，但這樣並不公平。就英國與法國的全球戰爭而言，這場成功的戰役終結了自一七九三年以來，讓英國及其盟友深感威脅、在歐陸和其他地方的一長串陸戰敗績。它還代表了大英帝國的擴張在目的和位置上的重要轉變。這是英國在埃及的第一次帝國干預，該地區將從一八八二年開始由大英帝國以軍事占領將其納入版圖，並在一九一四年被賦予保護國地位。瘋狂而有洞見的喬治・鮑德溫直接感受到了時代變遷的微小標記。他早先提出全面干預埃及的呼聲大多都被置若罔聞，如今他被英國指揮官召至馬爾他，來為反向入侵的努力獻計獻策。[68]

繼塞林伽巴丹之後的埃及戰役，成為英國在東方整體轉向領土擴張的一部分，這也在印度境外的錫蘭（一七九五年）、模里西斯（一八一〇年）和爪哇（一八一一年）等其他戰役中得到了證明。它與邁索爾戰爭的關係更加密切。王室的軍團曾在塞林伽巴丹的城牆下與公司的軍人合兵一處，如今東印度公司派遣八千名士兵前往埃及，與那裡的英國王室軍隊會師。站在這支印度分遣隊前列的不是旁人，正是塞林伽巴丹的英雄大衛・貝爾德將軍。「在攻打塞林伽巴丹之後，找不到比這更能與閣下的天才和勇氣相配的後續戰事了，」理查・威爾斯利以他特有的氣勢宣稱道。「願保護著你衝向蒂普素壇王宮大門的天意能引導你去開羅；願你能愉快地一舉把法國人驅逐出印度；當前的任務，其高貴的源頭就在邁索爾。」[69]

自從拿破崙在一七九八年至一七九九年的冬季進軍巴勒斯坦以來，情況發生了變化，一切變得更糟糕了。巴勒斯坦攻勢在阿卡*的城牆下以失敗告終，從一七九九年三月到五月，法國人發動了血腥的圍攻卻未能取得成功；戰鬥造成的損失重大，瘟疫這種新的威脅也迫在眉睫；士氣降到非常危險的程度，特別是在一七九九年六月途經西奈的撤退過程中。與此同時，埃及的「東方軍」面臨本地人的廣泛反對，反對者中既有法國任命的埃米爾哈吉†，他是負責領導朝聖隊伍去麥加的，也有發生在三角洲地區的千禧年運動。在上埃及，馬木路克人繼續與德塞及其部下作戰，而在地中海地區，英國海軍也繼續封鎖和轟炸亞歷山卓港。這可不是個鼓舞人心的場面。[70]

拿破崙也不想長期身陷這個泥淖。一七九九年八月二十三日，拿破崙在黎明時分離開了埃及，就像他當時在曙光中抵達這裡一樣。他在英國封鎖的短暫休止期間溜出了阿布基爾，揚帆直奔法國而去。他只給自己拋在身後的軍隊留了一封信，聲稱他是為了「祖國（la patrie）的利益、光榮，（以及）服從」而離去的。[71]十月九日，拿破崙在弗雷於斯‡登陸，維旺．德農（陪同他從埃及返回的幾個支持者之一）形容蜂擁而來見他的人群的「強大熱忱」時說：「似乎是整

＊阿卡（Acre），以色列北區加利利以西的一座城市，距離耶路撒冷約一百五十二公里。阿卡是持續有人類居住的最古老的城市之一。在一九四八年被以色列占領之前，大多數阿卡居民是阿拉伯人。

†埃米爾哈吉（emir al-Hajji），意為「朝聖指揮官」，是從七世紀直至二十世紀的歷任穆斯林皇帝任命的一年一度前來麥加朝覲的朝聖者車隊指揮官。在阿拔斯王朝時期，每年主要有兩支車隊分別從大馬士革和開羅出發前往麥加。

‡弗雷於斯（Fréjus），法國南部普羅旺斯－阿爾卑斯－藍色海岸大區瓦爾省的一個沿海鎮子。

個法國在朝著恢復她的榮光之人奔去；而她四面八方的疆界已經在呼籲霧月十八日*了。」[72]拿破崙不加掩飾地無視對他的隔離限制，直接衝向巴黎，與住在勝利街的約瑟芬重聚，並參與了進展順利的陰謀，推翻督政府。十一月九日（即法蘭西革命日曆上的霧月十八日）在他從埃及歸來一個月後，拿破崙坐鎮指揮巴黎的軍隊封鎖了這座城市。第二天，他的軍隊聚集在聖克盧宮外的花園裡，而他卻走進聖克盧宮的元老院會議上，強迫元老院投票選舉他與兩個合作者當選三執政。大革命結束，拿破崙的時代開始了。

對於拿破崙來說，埃及是他獲取法國執政權的墊腳石，也是他個人的一種勝利。[73]但對於被他留在身後的「東方軍」來說，在讓－巴蒂斯特・克萊貝爾†的指揮下，形勢委實黯淡。破產、憤怒、士氣低落、四面受敵，敵人包括巴勒斯坦的鄂圖曼帝國、地中海的英國、上埃及的馬木路克人，以及開羅的起義，法國人或許完全可以把自己看成是古代瘟疫之地的當代受害者。一八〇〇年六月，克萊貝爾被一名「穆斯林狂熱信徒」刺殺，並由大家一致厭惡的梅努（自從他皈依伊斯蘭教後，便被眾人稱為阿卜杜拉）繼任後，他們仍舊麻煩不斷。英國指揮官約翰・希利－哈欽森‡在一八〇一年法軍撤退後主政，他評論道，「整個法國軍隊對於與埃及有關的一切都有著巨大的反感，對這個國家有著最根深柢固的厭惡……」[74]就連拿破崙最熱情的支持者，那些學者們，也都幻想破滅，日益消沉。才華洋溢的年輕博物學家若弗魯瓦・聖伊萊爾來埃及的第一年曾對一切都讚賞不已，從與他為伴的傑出人士（「我覺得自己身處巴黎」）到他留的「東方式的」鬍鬚都連連稱許，如今卻覺得埃及「難以忍受……我一想到為了當前的職位所放棄的一切，就不由得悲從中來，我離開了真正的好友，投身於這樣的一個社會……這裡就像是個外省小鎮。我一直染病……我怕自己再也沒有機會見到我最心愛的親朋好友了。」[75]「每個人都想再次回到法國，我們甚至連那裡的音信都收不到，」愛德華・德維利耶・杜特雷奇§寫道，他十七歲時激情燃燒地來到埃及。「我們的形勢……愈來愈危險了。」[76]天堂變成了煉獄。

這不是符合拿破崙本意的那種征服；就連他也對此不抱什麼幻想了。而在拿破崙的對手英國看來，法國的入侵絕非完全失敗了。只要法軍仍在埃及，哪怕只是一小支軍隊，拿破崙也保留了一個重要的戰略立足點，只要時機成熟，他就可以派兵增援。一八〇〇年夏，拿破崙確立了在法國的個人威望後，他的軍隊橫越歐陸，而他的目光也從未遠離入侵英國，法國對印度的威脅是否

＊霧月十八日（Eighteenth Brumaire），即西耶斯連同拿破崙、富歇和佩里戈爾謀畫奪權的霧月政變。

†讓－巴蒂斯特・克萊貝爾（Jean-Baptiste Kléber，一七五三至一八〇〇），法國大革命戰爭時期的法國將軍、建築師。克萊貝爾在第一次反法同盟戰爭期間在萊茵蘭服役，曾鎮壓過旺代叛亂。《坎波福爾米奧條約》後的和平間歇期回歸私人生活，在此期間設計了不少建築。一七九八年再啟戎馬生涯，隨拿破崙出征埃及。拿破崙返回巴黎時，任命克萊貝爾為法軍總指揮。一八〇〇年，克萊貝爾在開羅被一名旅居埃及的敘利亞學生刺殺。

‡約翰・希利－哈欽森（John Hely-Hutchinson，一七五七至一八三二），第二代多諾莫爾伯爵，英裔愛爾蘭政治家、世襲貴族和軍人。

§愛德華・德維利耶・杜特雷奇（Édouard de Villiers du Terrage，一七八〇至一八五五），法國工程師。

拿破崙的學者們在黃金時代，測量斯芬克斯像。

即將發生是個尚在爭議中的問題。重要的是那種威脅始終存在。「就我們而言，消滅他們才是萬全之策，」一位英國軍官捕捉到當下的情緒，在日記裡寫道，「而坐等他們來到印度半島這開放、富足、不設防的一側，實在荒謬至極。」[77]

那該如何行事呢？按照英國地中海艦隊指揮官悉尼．史密斯*爵士的意見，「在**非洲**徹底根除這支穆罕默德的法國人追隨者，唯有同時在四面八方發起一次聯合的總攻才可實現。」[78]一面是巴勒斯坦，從一七九八年末以來，英國的鄂圖曼盟友便在那裡與法國作戰。一個英國的顧問使團來到那個地區敦促鄂圖曼人前進，並幫助他們訓練軍隊。但當其領導人在一八〇〇年七月與雅法†的鄂圖曼指揮官們會合時，看到「軍隊竟如此混亂」，毫無紀律，沒有組織，而且一派死氣沉沉，把他嚇壞了。「自從他們上一次受到衝擊以來，」（他們曾於那年三月在赫里奧波里斯‡慘敗在克萊貝爾之手）「鄂圖曼人的冷漠就無法克服了，」他總結道。「我們如今的希望完全仰仗於英國援軍能夠火速到達。」[79]

這些令人沮喪的報告有助於表明，英國也不得不開拓與法國作戰的第二條戰線：在埃及的地中海沿岸的全面登陸。這個行動危險、代價高昂而且沒有把握，要不是一舉獲勝，就是滿盤皆輸，可見英國把擁有埃及看得有多重要，為此不顧一切。一八〇一年三月八日，拉爾夫·阿伯克龍比§爵士率領一支逾一萬五千人的英國遠征軍，冒著法國人砲火的威脅，開始在阿布基爾登陸。阿伯克龍比的軍隊向西進軍，與「東方軍」在馬雷奧提斯湖◎的鹽鹼地與大海之間開戰。兩個星期後，上午在亞歷山卓港以東沙丘的一場惡戰之後，英國人終於打敗了法國人，確保了對這

*悉尼·史密斯（Sidney Smith，一七六四至一八四〇），英國海軍軍官。他曾參加了美國和法國革命戰爭，後來升任元帥。

†雅法（Jaffa），現為以色列的一個城市，也是世界上最古老的港口城市之一。

‡赫里奧波里斯（Heliopolis），古希臘人對古埃及城市「昂」的稱呼，意為「赫利俄斯城」。現為開羅的一個郊區。

§拉爾夫·阿伯克龍比（Ralph Abercromby，一七三四至一八〇一），蘇格蘭軍人、政治家。他在英國軍隊任職中將。

◎馬雷奧提斯湖（Lake Mareotis），埃及北部的一個鹹水湖。

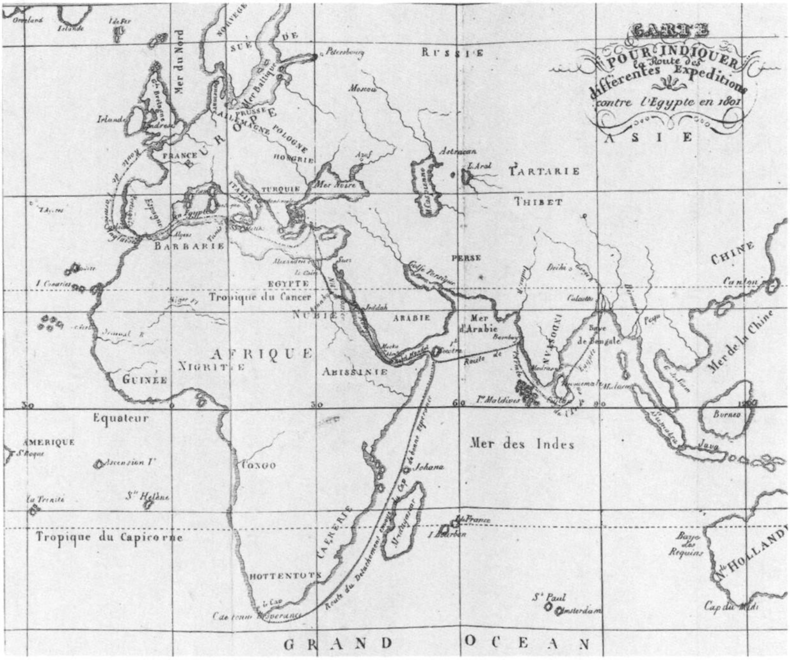

英國入侵埃及的地圖，由陪同軍隊從印度出兵的一位法國流亡貴族所繪。

座城市的控制。在一千四百名傷亡人員中也有阿伯克龍比本人，他在一個星期後因傷勢過重而死。（他的遺體被帶去他心愛的馬爾他，葬在聖埃爾莫要塞*，俯瞰著大海。）阿伯克龍比的繼任者希利－哈欽森將軍沿著尼羅河向南繼續與法國人戰鬥，一直打到開羅。兩個星期的圍城之後，希利－哈欽森在六月底進入開羅並開啟了和平談判。梅努在亞歷山卓港做最後的垂死抵抗，八月底終於落敗；九月二日，法國簽署了投降條約。

英國在埃及的勝利，在振奮士氣和培養公眾對英國軍隊的信心方面發揮了重要的作用，長期以來，一般都認為英軍比起法國人來大為遜色。這場勝利表明陸軍完全可以支援英國的海上力量，從而打破兩個國家之間的僵局，一個擁有強大的海上力量，而另一個卻稱霸陸地，並可以預期英國將在未來的戰爭裡連連獲勝。[80]但從帝國史的視角來看，英國的埃及戰役最持久的後果形成於紅海之濱。貝爾德將軍及其印度士兵（其中的一些人和他一樣，都是打過塞林伽巴丹戰役的老兵）正是在那裡開啟了與「東方軍」作戰的第三條戰線，同時也打通了印度與埃及之間的連接，其存續的時間與大英帝國一樣長久。

一八〇一年六月中旬，貝爾德與他的手下抵達紅海小鎮庫賽爾†。[81]他們受命向西方進軍，穿過沙漠，直抵尼羅河，然後順河而下，從南方進攻開羅，而希利－哈欽森的人則從北方行動。計畫聽起來大體上很簡單，但事實上極其莽撞：沙漠路線危險而艱難；淡水供應不定，大部分地區的水井位置也不得而知。第十六兵團的查爾斯·希爾上尉在日記裡記述了每天的痛苦行軍：「儘管現在的氣候如此炎熱，我的筆在書寫時都裂開了，我還經常把它浸在水裡，要是我不這樣做的話，裡面的墨水很快就會乾涸。」風刮了一整天，在風中盤旋的沙子磨掉了他們的嘴皮。乾燥的空氣讓他們流鼻血；至於喉嚨，他們只能喝積水，「那（遠不能解渴！）只會愈喝愈

＊聖埃爾莫要塞（Fort St. Elmo），馬爾他首都瓦勒他的一座要塞。要塞始建於一四一七年，現在是一個觀光景點。

†庫賽爾（Quseir），埃及東部紅海沿岸的一個城市。其北邊的不遠處是羅馬時代出口印度的港口米尤斯霍爾默斯（Myos Hormos）。

渴！」，還會讓他們腹瀉不止。[82]四面八方到處都閃爍著銀色的海市蜃樓。有一次，他們還看到沙子裡露出了人類的乾屍。[83]

當他們抵達時，尼羅河看起來一定像一場美夢成真。七月初，他們從基納*走出沙漠，大口吞下河裡那如花蜜一般的淡水。但他們到達時喜憂參半。事實證明，這支印度軍的隊伍一步一步穿過沙漠時，希利－哈欽森早已攻進開羅。梅努將軍已同意撤離埃及；有關和平的討論正在進行之中。在印度軍還沒機會開戰前，英國就已經贏了。七月九日正午，軍隊鳴禮砲二十一響來慶祝勝利，但他們儘管高興，很多人嘴裡卻咕噥著**倒楣**。[84]就像一個不滿的陸軍中尉抱怨的那樣，「我們跨越了遙遠的距離來到此地，卻連一槍也沒開，這對於為了這個目的跋山涉水的志願軍來說相當難以接受。」[85]

印度軍在法國的投降上沒有發揮任何作用，它在埃及的出現也基本上被遺忘了。但印度人參與戰役，標誌了當時開始成形的十九世紀大英帝國的重要特徵。此前，東印度公司和王室軍隊只在海外合作過一次，那就是一七六二年遠征馬尼拉。現在，就像王室軍隊在印度次大陸上發揮了更加明顯的作用一樣，公司軍隊在南亞以外參加的戰鬥也愈來愈多，如緬甸、阿富汗和中國等地。同樣，埃及戰役也是印度西帕依軍隊第一次以如此眾多的人數在海外參戰。對於他們中間的印度人來說，這意味著要克服一種廣泛的看法，也就是**禁忌**[†]，據說如果一個人漂洋過海，就會失去原有的種姓。對於他們的英國軍官來說，這意味著要保持人文關懷的極高標準，不考慮這些，印度人為英國服役就無從談起。沒有人比貝爾德更了解這一點了，他堅決反對把手下的印度士兵與王室正規兵混合編隊的建議。「由於長期關注他們的習俗和偏見，」他說，「我們已經讓他們達到目前的紀律狀態，並信任我們，還使得他們長期為外國服役。」但他提醒希利－哈欽森，「如果讓對他們完全陌生，不懂他們的語言和習慣的指揮官來領導他們，他們必然會感到厭惡，回到印度後，他們就會在軍中散播這種厭惡感，那時我們將不得不永遠放棄已經說服他們的說辭，再也無法讓他們出海遠征了。」[86]把印度士兵派遣到海外，直到二十世紀都是大英帝國防務的支柱，但它有一定的譁變風險，有時也會變成現實。

這是塞林伽巴丹戰役和埃及戰役成為大英東方帝國形成過程的焦點時刻裡最後一個面向。帝國邊界的拓展，拓寬了帝國內部可以容納的人事及條件。印度和埃及結合成為單一的地緣政治視野，把國家安全與商業合在一處，創立了當地各民族的聯合體。儘管英國入侵埃及為帝國干預開闢了新的領域，並反映了帝國使命的迫切感，它也以驚人並持久的新方式把大英帝國的臣民、野心和主人們融為一體。一個關於文化碰撞的小插曲就傳神地描述了這個過程。

貝爾德的軍隊駐紮在基納，隔著尼羅河的對岸就是黃色的石頭建築群丹德拉神廟‡。這座哈

---

*基納（Qena），尼羅河東岸的一個城市，是埃及基納省的首府。

†禁忌（kala pani），在印度文化中，kala pani意為「黑水」，指的是禁止漂洋過海。

‡丹德拉神廟（Temple of Dendera），埃及保存最完善的神廟建築群之一。丹德拉神廟群是古埃及初期的禮拜堂和祭台所在之地，可能是法老佩皮一世（約西元前二二五〇年）建造的。

索爾*的大神廟是埃及最壯觀的古代遺跡之一，也是文物保護上的奇蹟，赫然聳現的天花板和淺短的樓梯都幾乎完好地保存下來了，藍、綠、紅色的顏料條紋仍然依稀可見。一七九八年的聖誕前夜，法國藝術家維旺．德農走進這座神廟空洞多柱的大殿後張口結舌：「我覺得自己……身處藝術與科學的聖殿。……在丹德拉的廢墟裡，古埃及人在我看來就是巨人。」[87]這裡是天神與凡人相會之地：牆壁上雕刻著比真人還大的國王和天神的形象；天花板上，婀娜多姿的女神努特†在星座間盤旋；樓梯上的眾神列隊緩緩走上神廟屋頂的神龕。站在房頂上，沐浴在鮮亮的陽光中，郊野看上去像一幅徐徐展開的地圖，而尼羅河就像荒漠中一個綠色的巨大切口。維旺．德農正是在那裡，在丹德拉最高處的牆上，刻下了自己的名字，就像是在對這塊土地宣稱主權。

一八〇一年七月的一天清晨，貝爾德的一個隨從武官約翰．巴奇恩上尉和兩個英國朋友以及「兩名婆羅門種姓的印度士兵」一起過河去參觀廢墟。就算「房間內部幾乎塞滿了垃圾，多到什麼都看不清，」巴奇恩和朋友們還是花了好幾個小時研究雕刻和彼時仍未破譯而讓人急不可耐的象形文字。他們發現了希臘語的銘文；「在天花板上」，他們「可以分辨出黃道十二宮的幾種符號；而射手座的樣子和如今所知的一模一樣。」兩名印度士兵也在忙著研究。巴奇恩說，印度士兵在神廟外「發現了他們的毗溼奴神像，神像殘缺不全，他們評論說，刻在牆壁和柱子上的形象在他們印度的神廟裡幾乎都有。」[88]印度士兵與眾神的交流被一個埃及人打斷了，他大概是住在神廟周圍的小屋和偏房裡的人。阿拉伯人「評論說這座神廟不怎麼樣。」印度士兵被此人的不敬言論激怒了。「一個印度士兵說，他們有紀律約束，不能與當地人爭吵，但如果他們是在孟加拉的話，那個人就會因為他的話而被痛打一頓。」[89]後來在開羅傳播的版本裡，據說印度士兵「被軍官們費力地控制住，才沒有襲擊那些阿拉伯人，襲擊的理由是**他們覺得，祂的**（毗溼奴的）神廟沒有人照管，破破爛爛地留在那裡。」[90]

尼羅河上的毗溼奴？這似乎是一幅不大可能的景象，卻又是可以理解的：隼頭人身的神祇荷魯斯‡以及胡狼頭阿努比斯§與象頭人身的印度神祇甘尼許◎或猴子哈奴曼◇相去甚遠嗎？十八世紀的古文物研究者曾猜想過古印度與埃及的聯繫，以及各自的神祇與神話的相似性。這些理論恰

---

* 哈索爾（Hathor），古埃及女神，她是愛神、美神、富裕之神、舞蹈之神、音樂之神。哈索爾關懷蒼生，同情死者，同時也是母親和兒童的保護神。在不同的傳說中，她是太陽神拉的女兒，王權守護神荷魯斯的妻子，或者是拉的妻子。對哈索爾的崇拜早在西元前二十七世紀便已開始，她的形象是奶牛、牛頭人身女子或長有牛耳的女人。傳說哈索爾女神曾化身為無花果樹，並把果實送給地獄的死者。

† 努特（Nut），埃及神話中的天空之神。相對於其他神話中常以男性形象出現的天神，努特是一位女神。新王國時期的墓室壁畫內，天空女神努特被描繪成母牛形象。努特是舒與泰芙努特的女兒，也是九柱神之一。

‡ 荷魯斯（Horus），古代埃及神話中法老的守護神，是王權的象徵。

§ 阿努比斯（Anubis），埃及神話中一位和木乃伊製作與死後生活有關的胡狼頭神。

◎ 甘尼許（Ganesh），印度教中的智慧之神，主神溼婆與雪山神女之子。他的外形為斷去一邊象牙，並有四條手臂的象頭人身，體色或紅或黃。

◇ 哈奴曼（Hanuman），印度史詩《羅摩衍那》中的神猴，擁有四張臉和八隻手。

與當今的偽科學合拍。然而在這樣一個非凡的時刻，當現代印度人與古代埃及人（記錄在案的頭一次）突然迎面相遇時，現存文化曾經接受過消亡文化的看法似乎更有道理一些。當眾神依舊活靈活現時，古代與現代之間的鴻溝就沒有什麼意義了：侮辱他們的形象或任其領地腐朽都是最直接的褻瀆。

這個關於埃及轉瞬即逝的印度視角如此生動地表明，與帝國擴張相伴而來的是各類人的聲音和視野。儘管在當地、在政治政策中，也在英國公眾的心目中，東方大英帝國的輪廓日趨明朗，帝國的擴張也顯然涉及新的混合與融合。幾個月後，印度、英國和埃及的另一次明顯跨越，就凸顯了大英帝國擴張的多元文化後果。一八〇一年八月，希利－哈欽森將軍在開羅宴請軍官們，慶祝初步的和平。他們在尼羅河中林蔭茂密、涼爽僻靜的羅達島上進餐。要不是一場沙塵暴即將來臨，他們就會看到西面沙漠中聳立的金字塔了。在東面，點綴著宣禮塔的開羅天際線一直延伸到沿河航行的那些三桅小帆船的新月形船帆之後。

宴會是個鋪張的活動，軍官們身著猩紅色的禮服、白色的褲子，還掛著金色的飾帶；桃花心木的桌子上，瓷器和銀器叮噹作響地閃著亮光。席上的一位賓客是年輕的劍橋礦物學家愛德華．丹尼爾．克拉克*，他在斯堪地那維亞、俄羅斯和黎凡特等歐洲周邊地區的兩年期旅行已到了尾聲。[91]克拉克愉快地回憶道，與會賓客「痛飲英格蘭波特黑啤酒，吃了烤豬肉和其他英式飯菜，還佐以波爾圖、波爾多和馬德拉的紅酒。」這在某種程度上非常熟習，而在另一些方面又多少有些奇怪，克拉克繼續道，因為「晚餐是印度僕人煮的……餐後，軍官們抽起了水煙筒……在旁伺候的僕人主要是黑奴，他們戴著白色的頭巾，身穿平紋細布的上衣，但沒穿鞋襪。」總而言之，克拉克判定，這個「來自印度和英格蘭的人在此聚餐」的背景「發生在一望無際的沙漠邊緣，置身於……尼羅河……的中間，與這個國家那種自然的野蠻……如此不協調……以至於或許在這個宜居的星球上沒有一處會再次出現類似的貿易和征服的成果。」[92]

當然，克拉克大錯特錯了。這種會合（大英帝國的軍官和大英帝國的臣民在雙方都很陌生的海外領土上的會合），這種「貿易和征服」的結合將在未來的一個世紀裡反覆重現，不止是在埃及這個從一八八二年起就被印度軍隊駐守的地方。英國的敵人拿破崙和蒂普素壇都曾利用其他文化來支持其勢力；如今大英帝國的安全，取決於想辦法讓外國的「他者」加入更廣泛的英國政體。在某種程度上，英國統治在東方的擴張強化並強加了文化的界限。但如果只把帝國擴張看作是一個排斥的過程，或是與文化融合格格不入，那就大錯特錯了。隨著帝國的發展，它們會包容更多的人，更多的文化，更多的地區，還有更多的交換。在英國相容並蓄的收藏世界觀裡，印度與埃及，帝國與文化將會攜手並進，一同踏入新的世紀。

＊愛德華·丹尼爾·克拉克（Edward Daniel Clarke，一七六九至一八二二），英格蘭神職人員、博物學家、礦物學家和旅行家。

第三部

埃及

1801-1840

第七章 對手

隱蔽下的擴張

每年都有逾五百萬雙腳踏上它寬闊的石階，逡巡於凹槽柱間，穿過它厚重的大門。大英博物館前面有咄咄逼人的三角楣飾，雕的是身穿羅馬長袍的要人，進去後是諾曼・福斯特*所設計鋪滿石材的明亮大中庭，頭上是玻璃和鋼鐵的穹頂。大英博物館半是帕德嫩神廟，半是通往古典世界的萬神殿。但向左轉穿過人群，就會進入一個大不相同的古代王國。在這裡，沿著博物館的西翼站著一支巨人的軍隊。法老阿蒙霍特普三世†的頭顱是從一塊拋光的紅色花崗岩切鑿而來的，

*諾曼・福斯特（Norman Foster，一九三五至），英國建築師。福斯特是高科技建築師的代表人物，也是建築業界的聖手。他以設計金融證券類商業建築和機場建築而聞名。

†阿蒙霍特普三世（Amenhotep III，？至前一三五三／一三五一），也被稱為「華麗的阿蒙霍特普」，是古埃及第十八王朝的第九任法老。他在父親圖特摩斯四世死後繼承了王位。在他治下，埃及達到了藝術和國際力量的巔峰。

大約有兩百七十公分高，他頭戴上下埃及的雙冠，三千多年來一直洋洋得意地凝視前方。他的前臂和緊握的拳頭放在一旁，單是這條手臂就等同成人的身高。阿蒙霍特普身後赫然是他之後更偉大的繼任者拉美西斯二世*，他大概是最有名的埃及法老了。雕像是用一塊重逾七噸的雙色石塊雕成的，體積過於龐大，以至於試圖移動它的第一批現代收藏家（拿破崙的學者們）只能在它的胸口留下一個鑽開的大洞。埃及雕塑走廊兩側站著一樣驚人卻又不可思議地能夠理解的其他物件：蝕刻著象形文字的文書和官員雕像；裝殮過染色紙匣裡的木乃伊的整塊花崗岩石棺；公羊、獅子、狒狒，還有用拋光的石頭做的巨大聖甲蟲金龜子。一個壁龕裡安放著世上最有名的埃及文物之一：羅塞塔石碑，一塊雕刻著希臘文、埃及世俗體和埃及象形文字的黑色花崗岩石板，這塊石碑成為一八二二年破解未知的埃及字元的關鍵。對於很多的訪客來說，大英博物館就是一座**埃及**博物館，他們對這些不可思議、神祕莫測、保存相當完好來自遙遠過去的遺物難以忘懷。

每年越過英吉利海峽來參觀巴黎羅浮宮的六百萬人會更直接地與埃及相遇。羅浮宮莊嚴從容的文藝復興館坐落在中世紀城堡的基座上，拿破崙及其後的法國統治者紛紛擴建，羅浮宮首先是一座宮殿，其次才是博物館，是對文化和王權的頌揚。就連穿過鵝卵石道路，直奔羅浮宮最有名的展品〈蒙娜麗莎〉而去的那些遊客，也免不了在拐彎抹角處瞥一眼埃及。如今的遊客不是通過宮殿的那些大門，而是從最新擴建的入口走進博物館的——貝聿銘完成於一九八九年、備受爭議的金字塔。這座金字塔也是玻璃和鋼鐵的混合結構，將埃及實實在在地放在了羅浮宮正面中心的位置上。這個參考了埃及風格的建築位於協和廣場上的方尖紀念碑正東大約一．六公里處，真是經過深思熟慮的妥貼之舉。（羅浮宮三個側翼中有一個以維旺．德農命名，他從埃及回來後，主理博物館達十二年。）羅浮宮有三層的展覽空間，展出的埃及文物是世上最全面的收藏之一。訪客一眼就能認出杏眼的法老阿肯那頓†的面龐，他臉上顴骨傾斜，心形的嘴唇豐厚；還可以與立在地上的一排石棺蓋比一比高低。沿著卡雷庭院一側嘎吱作響的鑲木地板走過一連串的華麗畫廊，一路上可以看到彩色的石灰岩浮雕，寫滿微小象形文字的莎草紙，黃金琺瑯珠寶，還有代替死者躺在墳墓裡的巫沙布提俑（ushabti）。這是個館中館：其中的四個房間在一八二七年留作埃及博物館之用，裝飾著定制設計的壁畫，慶祝法國與埃及兩國之間的聯繫。

埃及是如何移形換影，搬到倫敦和巴黎的美術館，又為何如此？在某種程度上，這個問題的答案幾乎與這些物件一樣古老。從古代開始，埃及的文物就被帝國統治者視若珍寶。奧古斯都以

＊拉美西斯二世（Ramses II，約西元前一三〇三至前一二一三），古埃及第十九王朝法老（約西元前一二七九至前一二一三年在位），其執政時期是埃及新王國最後的強盛年代。拉美西斯二世無疑是古埃及歷史上最為重要的法老之一。然而他統治的時代已是埃及衰落的前夜，國家巨大的開銷加快了國力的下滑。

†阿肯那頓（Akhenaton，？至西元前一三三六／前一三三四年），古埃及第十八王朝法老，阿蒙霍特普三世之子，其父去世後繼承王位為阿蒙霍特普四世，在位十七年。阿蒙霍特普四世在位的第一年引入了對太陽神阿頓的崇拜，從而宣告了埃及歷史上一場意義非常的宗教改革的開始。改革的第五年，他把名字也正式改為阿肯那頓。

降的羅馬皇帝至少把十幾座方尖碑運過地中海，豎立在自己的首都。十六世紀後期，野心勃勃的教宗西斯都五世*就曾把一座方尖碑立在聖伯多祿大殿†前面；古羅馬廢墟上發現的方尖碑很快就再次出現在教宗的羅馬：在納沃納廣場‡上貝尼尼§的四河噴泉◎中央；在彌涅耳瓦廣場◇一頭暗笑的大象身後；在拉特朗聖若望大殿&的前庭上。四世紀的羅馬皇帝狄奧多西大帝⊙在君士坦丁堡的競技場裡立起一座來自卡納克神廟#的粉紅色花崗岩方尖碑；如今它的頂部仍在那裡，被藍色清真寺@細如鉛筆般的宣禮塔之陰影所籠罩。

埃及文物在現代世界的流散更是遠至四海。單是方尖碑：如今它們聳立在協和廣場曾經安放斷頭臺的位置上；在倫敦的泰晤士河河堤上；紐約的中央公園也有。十九世紀從埃及運走的文物過多，以至於這被稱作是「收割眾神」或更聳人聽聞的「強姦埃及」。[1]就像曾經的羅馬一樣，英國和法國在埃及的收藏與帝國脫不了關係。但羅馬人是作為埃及的主宰而收藏文物的，而英法兩國則以收藏取代了帝國統治。法國入侵之後的幾十年裡，文物變成了真實權力的替代品，而英法兩國的收藏家則為了各自國家的光榮，也為了他們自己，而爭相獲取它們。

---

*西斯都五世（Sixtus V，一五二一至一五九〇），原名費利切．皮耶爾真蒂萊（Felice Piergentile），一五八五至一五九〇年間出任教宗。他在位期間恢復了教宗國的治安，致力恢復羅馬教廷的財政，並慷慨投資公共事業，使羅馬的面貌接近現在的樣子。

†聖伯多祿大殿（St. Peter's），位於梵蒂岡的天主教宗座聖殿，建於一五〇六年至一六二六年，為天主教會重要的象徵之一。聖伯多祿大殿是最傑出的文藝復興建築和世界上最大的教堂。

‡‡納沃納廣場（Piazza Navona），義大利羅馬的一個廣場。此處原是西元一世紀古羅馬圖密善競技場，十五世紀末闢為市場。納沃納廣場以巴洛克藝術著稱。吉安・貝尼尼設計了廣場中間著名的四河噴泉（一六五一年）；伯羅米尼和拉依納爾迪設計了聖阿格尼斯蒙難堂（Sant'Agnese in Agone）；科爾托納的彼得羅設計了潘菲利宮（Palazzo Pamphilj）的畫廊。

§吉安・洛倫佐・貝尼尼（Gian Lorenzo Bernini，一五九八至一六八〇），義大利雕塑家、建築家、畫家。早期傑出的巴洛克藝術家。貝尼尼主要的成就在於雕塑和建築設計，另外他也是畫家、繪圖師、舞臺設計師、煙花製造者和葬禮設計師。

◎四河噴泉（Fountain of the Four Winds），坐落於義大利羅馬納沃納廣場中心。噴泉由吉安・貝尼尼設計，建於一六五一年，是巴洛克藝術高峰期的代表作。四河噴泉代表文藝復興時代地理學者心目中四大洲的四條大河：非洲的尼羅河，亞洲的恆河，歐洲的多瑙河，以及美洲的拉普拉塔河。

◇彌涅耳瓦廣場（Piazza della Minerva），羅馬市中心萬神殿附近的一個廣場，得名於龐培建造的彌涅耳瓦神廟遺址，神像現在收藏在梵蒂岡博物館。

&拉特朗聖若望大殿（San Giovanni in Laterano），天主教羅馬教區的主教座堂，羅馬主教（教宗）的正式駐地（教座），也是位於羅馬的四座特級宗座聖殿（拉特朗聖若望大殿、聖伯多祿大殿、聖母大殿和城外聖保祿大殿）中最古老、排名第一的一座，享有全世界天主教會母堂的稱號。

⊙狄奧多西大帝（Theodosius the Great，三四七至三九五），三七九年至三九五年在位的羅馬帝國皇帝，三九二年起統治整個羅馬帝國。他是晚期古典至中世紀這段過渡時期羅馬帝國的君主，並將基督教定為國教。

#卡納克神廟（Karnak），底比斯最古老的廟宇，在尼羅河東岸的盧克索鎮北四公里處。

@藍色清真寺（Blue Mosque），指伊斯坦布爾的素壇艾哈邁德清真寺（Sultanahmet Camii），是土耳其的國家清真寺，因室內磚塊所用的顏色而被稱為藍色清真寺。

而延續了十二年的英法戰爭以及滑鐵盧戰役後的和平結果，大大改變了帝國背景下的埃及文物之爭。一八〇一年九月二日，堅守被圍的亞歷山卓港的「東方軍」雅克．「阿卜杜拉」．梅努將軍與英國和鄂圖曼的指揮官們簽署了投降條約。旅行家兼劍橋地質學家愛德華．丹尼爾．克拉克在法軍投降後不久便騎馬進城，他描述了一幅可怕的場景：

在外城城門與內城要塞間的砂礫和廢墟的荒涼景象裡，一隊可憐的鄂圖曼人正竭力爬向他們的軍營。他們當天上午被放出地牢。這些可憐人的腿腫脹到極為可怕的地步，上面滿是巨大的潰瘍；他們的眼睛也因為發炎而異常猙獰。

在鬧饑荒的城裡，克拉克發現「一個父親被他的孩子們圍在中間，得知英國人還沒進城的消息後哭了起來。他們全靠發黑的腐爛大米維生，這種東西非常不適合當成食物……」對於亞歷山卓港的人來說，英國人的到來就意味著食物和水，差不多相當於重返和平。[2]對於法國人來說也是如此，投降不啻是一種解脫。埃及還有逾一萬名法國軍人以及七百個平民（其中包括被困在那裡的學者們）都得到了回家的許可。按照協定的條款，英軍也從此撤軍，埃及回到了鄂圖曼的完全控制之下。

一八〇一年的停戰協定成為正在進行之中的談判的一部分，而談判很快便給整個歐洲帶來了和平。一八〇二年三月，英國、法國、西班牙，以及荷蘭簽署了《亞眠和約》，正式結束了將近十年的衝突。條款對法國有利，允許它保留（甚至在某些情況下收復）其在海外的大部分殖民地，並在義大利、荷蘭以及瑞士參與執政。馬爾他被交還聖約翰騎士團；埃及被交還鄂圖曼素壇。儘管合約遷就了法國，但英國人卻為和平而歡欣鼓舞。激進的輝格黨人查理斯・詹姆斯・福克斯等抓緊這個機會，第一次走訪了拿破崙的法國。藝術家們爭先恐後地跨過英吉利海峽，去觀賞因為戰爭而無緣一見的歐陸大師作品，並對拿破崙得意洋洋地安放在羅浮宮的所有義大利藝術作品讚賞不已。畫家約瑟夫・法靈頓[*]在日記裡記錄了他和朋友及藝術家同行亨利・富澤利[†]、班傑明・韋斯特、約翰・弗拉克斯曼[‡]、羅伯特・斯默克[§]、約翰・霍普納[◎]，以及約瑟夫・馬婁

＊約瑟夫・法靈頓（Joseph Farington，一七四七至一八二一），英格蘭風景畫家和日記作者。他曾編輯過六卷本的《約書亞・雷諾茲爵士回憶錄》（一八一九），出版的十六卷本《法靈頓日記》是歷史學家的無價之寶。

†亨利・富澤利（Henry Fuseli，一七四一至一八二五），德國－瑞士裔的英國畫家、製圖員及藝術家。他是英國皇家藝術研究院的油畫教授和保管人，其風格對後輩英國藝術家有相當的影響。

‡約翰・弗拉克斯曼（John Flaxman，一七五五至一八二六），英國著名雕塑家和插圖畫家。讓他取得最大聲名的不是他的雕塑作品，而是他為古代史詩所做的插圖，充分顯示了他對古代風格的理解，包括為《伊利亞特》和《奧德賽》，以及為但丁和埃斯庫羅斯作品所做的插圖，都充分保留了他的繪畫風格。

§羅伯特・斯默克（Robert Smirke，一七五三至一八四五），英國畫家、插圖師，擅長表現出自文學的物品的小型油畫。他是皇家藝術研究院的成員。

◎約翰・霍普納（Johann Hoppner，一七五八至一八一〇），英國畫家，作品以肖像畫為主。他受到約書亞・雷諾茲的很大影響，以其出色的色彩而聞名。一七八二年，他獲得皇家藝術研究院的最高獎——金質獎章。

德．威廉．特納在巴黎的六個星期裡觀賞藝術的美妙經歷；還從雷卡米耶夫人*聲名遠揚的沙龍，到拿破崙本人的餐桌，到處品味了巴黎人的社交（和美食）。[3]

很多人希望《亞眠和約》會讓歐洲（以及整個世界）重歸寧靜。例如，在伯努瓦．德布瓦涅這個背井離鄉留在英國的歐陸人看來，和平對他個人而言就是個悲壯的機會：總算可以回家了。但歐洲和其他地方的平靜只是曇花一現。一八〇二年成為終生「第一執政」的拿破崙．波拿巴（並且從此刻起，他就像個君主那樣自稱「拿破崙」了）行使權力，吞併了皮埃蒙特[†]，把英國的貿易排除在歐陸之外，並密謀在中東實行進一步的掠奪和戰爭，對大英帝國的利益形成了特別的威脅。鑑於法國的這些花招，英國拒絕按照合約的規定，從馬爾他撤軍。（作為重要的地中海基地，馬爾他直到一九六四年仍是英國的殖民地。）雙方實際上都在故意挑釁。一八〇三年五月，英法兩國又回到了戰場上，戰爭一直（只有拿破崙在厄爾巴島[‡]時曾短暫停歇過一段時間）持續到一八一五年六月的滑鐵盧一役。

就像過去一樣，英法重新為敵，對不列顛和大英帝國都有著廣泛的影響。（這也深刻影響了另一個現代帝國的形成：在與英國重新開戰的前夕，拿破崙決定放棄法國對密西西比的主權要求，並把路易斯安那領地賣給了美國。）在戰爭的第一階段，英國在陸戰中慘敗，結盟無效，領導層也不團結，朝令夕改。如今，英國的目標（特別是在一八〇四年至一八〇六年威廉．皮特的最後一任政府期間）顯然是一舉剿滅拿破崙的帝國。鑑於法國在歐陸壓倒性的軍力，海外的勝利（並且依舊是英國海軍力量至高無上的海上勝利）對於英國人的成敗至關重要。在加勒比地區，一七九〇年代的大規模攻勢以死傷慘烈告終，英國現在採納的是零星戰役，希望能獲取大量法國與荷蘭殖民地，並導向海地獨立。一八〇八年，隨著西班牙半島戰爭的開始，英法的較量延伸到了拉丁美洲。儘管英國未能在南美洲贏得新的殖民地（沒有實現它的企圖），卻有助於確保新一代後殖民時期的美洲國家的獨立，並最終把它們整合進它的非正式帝國之中。帝國的戰爭範圍最明顯的正是在東方。印度的理查．威爾斯利在馬拉塔戰爭中追求他的帝國願景；繼任者印度總督明托勛爵§延續了主攻擴張的原則，並接連戰勝了法屬模里西斯及荷屬爪哇。這些年也見證了大英帝國的政策在地中海東部的初次成形。[4] 實際上，微小的馬爾他（及其富有戰略意義的港口）

＊雷卡米耶夫人（Madame Récamier，一七七七至一八四九），是繼喬芙蘭夫人傳統沙龍模式的又一位法國著名沙龍主辦人，托克維爾就曾是她沙龍裡的座上賓。她的一生經歷了法國大革命，目睹了法蘭西第一共和國、法蘭西第一帝國的興起和覆滅，又親歷了波旁王朝的復辟和七月王朝的建立，最後在法蘭西第二共和國建立的第二年死去。

†皮埃蒙特（Piedmont），義大利西北的一個三面環山的大區。大區首府是杜林。

‡厄爾巴島（Elba），托斯卡納群島的主島，位於義大利托斯卡納地區海岸線外，第勒尼安海和利古里亞海之間，是僅次於薩丁島和西西里島的義大利第三大島。根據一八一四年簽訂的〈楓丹白露條約〉，法國皇帝拿破崙一世被流放至此，當時此島為法國領地。

§明托勛爵（Lord Minto），指第一代明托伯爵吉伯特．伊里亞德－默里－基甯蒙德（Gilbert Elliot－Murray－Kynynmound，一七五一至一八一四），蘇格蘭政治家和外交官。一八〇六至一八一三年擔任印度總督，一八一三年被授予伯爵之爵位。

成為破壞《亞眠和約》和平的戰爭藉口這一事實表明，該地區對於英國（以及法國）的國際安全感來說有多重要。

滑鐵盧一役之後的幾十年見證了大英帝國霸權的巔峰時期。沒有哪股力量可以在全球軍事、經濟，或政治及外交力量上與英國相抗衡。然而儘管英國表面上占據了從大西洋到太平洋的主導地位，但中東（特別是埃及）仍是紛爭之地，在某些方面限制了歐洲的擴張。從阿爾及利亞延展到保加利亞、再到波斯邊境的鄂圖曼帝國內憂外困，似乎時時都有崩潰的危險。但它的存在對歐洲的力量平衡至關重要，這種力量的平衡是滑鐵盧戰役後在維也納談判桌上苦心達成的。大家擔心的是，一旦素壇帝國的某個部分落入外國之手，歐洲就會再次爆發危險的戰爭，各國都要在這個四分五裂的帝國分一杯羹。這個所謂的「近東問題」（如何保護鄂圖曼的完整並維護歐洲的和平）是貫穿十九世紀歐洲的主要外交問題。

埃及在這些外交考量中占據了核心的位置。一方面，一七九八年至一八〇一年的系列事件促進了大英帝國在該地區的利益，並開啟了熱火朝天的英法競爭的另一個戰場。另一方面，兩國都認識到，徹底征服埃及（哪怕這在軍事上是可能的）會顛覆鄂圖曼的權威並有可能釋放出危險的連鎖反應。埃及在理論上應該回到戰前的狀態，幾乎就像英法的入侵從未發生過那樣。但現實情況看來並非如此。埃及並沒有當一個聽話的鄂圖曼屬國，而是在五年之內落入了一位名叫穆罕默德．阿里*的新帕夏之手，他在一八〇五年到他去世的一八四九年期間，把這個鄂圖曼帝國的省分變成了一個具有自己帝國野心的現代工業化自治國家。英法兩國並沒有從該地區撤兵，而是在十九世紀的大部分時間裡彼此爭奪對埃及的戰略、貿易和文化的影響。實際上，埃及在一八八二年被英國占領之前，一直正式獨立於歐洲的控制之外；它直到一九一四年才以受保護國的身分加入大英帝國。

就英法干預的性質而言，埃及名義上的自治有兩個重要的結果。它意味著英法兩國間的競賽從未結束。拿破崙或許失敗了，但法國並未放棄它對這個地區的渴望，也沒有放棄在這個地區的利益。實際上，儘管大英帝國之星在東方冉冉升起，成為阿拉伯世界主要的歐洲力量的卻是法國，其正式的統治始於一八三〇年入侵阿爾及利亞。埃及的獨立還意味著英法對抗被掩藏了起來。英法兩國不再有能力征服埃及，至少無法公開征服，轉而爭奪一種更具象徵意義的影響。他們開始爭奪文化優勢。這場新的戰爭將會為聲望和影響力而發動，文物就是它們的戰場。在其前線上有三位邊緣人士和收藏家：入籍英國的詹巴蒂斯塔·貝爾佐尼[†]，以及英法兩國的領事亨利·索爾特和貝爾納迪諾·德羅韋蒂[§]。英法兩國在中東唯一公開的戰爭結束了，在這表面的和

＊穆罕默德·阿里（Muhammad Ali Pacha，一七六九至一八四九），鄂圖曼帝國在埃及的一名帕夏（總督），穆罕默德·阿里王朝的創立者。他常被稱為是現代埃及的奠基人。

†詹巴蒂斯塔·貝爾佐尼（Giambattista Belzoni，一七七八至一八二三），高產的義大利探險家和埃及古文物的考古學先驅。他把重達七噸的拉美西斯二世半身像搬到英格蘭，清除了阿布辛貝勒神廟大門口的沙子，發現並記錄了塞提一世的陵墓，並第一個深入了吉薩的第二座金字塔。

平之外，帝國競爭和欲望的一個全新的競技場即將出現。

戰爭與珍品

如果說一七九八年拿破崙在亞歷山卓港登陸，開啟了歐洲人企圖殖民埃及的新階段，那麼法軍的撤退就標誌著爭相收藏埃及的開始。文化戰爭始於投降條約本身，始於乍看之下相當無害的一個點：學者們建立的收藏將會如何？根據投降條約的第十六條，法國學者可以「隨身帶走他們從法國帶來的全部藝術和科學器械，但阿拉伯手稿、雕像，以及為法蘭西共和國收藏的物品將被認為屬於公共財產，並由聯軍的將軍們處置。」[5]學者研究所有得之不易的成果（理應讓法國人的征服不同於其他所有征服的全部學術成就）全都無聲無息地落入勝利的英國人之手；用博物學家艾蒂安．若弗魯瓦．聖伊萊爾的話說，它們就要被「搖身一變成為報關代理的一群軍人」給沒收了。[6]

英國人這種竊取勝利果實（本質如此）的做法，說出去要比攻陷塞林伽巴丹之後自由放任的掠奪得體多了。但對於法國學者來說，被搶劫的感受刻骨銘心。「我們都反感這個條款，」青年工程師愛德華．德維利耶．杜特雷奇回憶道，「並提請梅努將軍注意，如果他有權處理關涉政府和軍隊的一切，那麼我們的收藏和手稿都是私人財產，除了我們之外，誰也沒有權力處置這些。」[7]收藏屬於他們，並且只屬於他們。他們把這些收藏幾乎看成是一種智慧財產。用若弗魯瓦．聖伊萊爾激動的言辭來說，那份產權是他們：

> 不顧阿拉伯人的阻撓，不顧烈日直射，不顧黃沙蝕骨，不顧自己的軍人常常取笑這種毫不妥協的熱情，他們用自己的辛勤勞動，光明正大「贏來的」（財產）。所有這些都是他們的，或者說實際上，這些屬於法國和全世界；但如果被人拿走，全世界和法國就都失去了這些，因為只有他們擁有鑰匙。[8]

聖伊萊爾堅稱，如果這些收藏要去英國，那麼他也會陪同前往。他們的抗議被置若罔聞。對暴躁易怒的梅努而言，如果學者們願意跟著他們的箱子一起去英格蘭，那就太好了。的確，他煩躁地建議說，「如果他們吃飽撐著的想要達到這個目的，我絕不阻攔。」[9]因此，他一定是帶著某種乖戾的幽默感，才讓代表團直接向希利－哈欽森將軍請願的。帶頭的若弗魯瓦．聖伊萊爾以相當生動的方式施加壓力：

---

§貝爾納迪諾．德羅韋蒂（Bernardino Drovetti，一七七六至一八五二），義大利文物收藏家、外交官、政治家。他以取得了「杜林王表」（列舉前王朝時期至新王國時期拉美西斯二世時代各法老名字和在位年數的史料）以及在收藏古埃及文物時的有待商榷的行為而聞名。

詹姆斯·吉爾雷所作的一幅諷刺法國學者的漫畫〈兩棲動物研究所的起義〉。

> 我們花了三年的時間，一個個征服了這些寶藏，花了三年的時間在到埃及的每一個角落收集它們，從菲萊*到羅塞塔；每一件的收藏，都會連結到一段危險的克服、一個印象鮮明的時刻，這些都深植於我們的心中……我們寧願毀掉自己的財產，也不願發生這種蓄意破壞的不公平搶劫：我們要把它扔進利比亞沙漠，或是扔進大海……[10]

但哈欽森也不為所動。他派愛德華·丹尼爾·克拉克和後者的旅伴威廉·理查·漢密爾頓（英國駐君士坦丁堡大使埃爾金勛爵的私人祕書）去「調查有哪些國家財產……落入法國人之手，」並威脅學者們，如果不交出來，就把他們作為戰犯逮捕。[11]「不，不，我們不會屈服的！」聖伊萊爾滿懷「愛國的義憤」高喊道。「我們會自己燒掉我們的財產。這就是你們想要得到的名聲嗎？那麼好吧！歷史會記住你們：你們也將在亞歷山卓港燒毀一座圖書館！」[12]不過，對嚴肅的收藏家和文物研究者克拉克和漢密爾頓來說，學者們的訴求最終還是奏效了。漢密爾頓勸說將軍讓受到威脅的學者們保留了五十五箱標本和科學論文。聖伊萊爾把自己的收藏帶回巴黎的自然歷史博物館，在那裡，他透過研究自己製作和保存的標本，開始形成關於脊椎動物生理結構的理論，至今仍聞名遐邇。

但最適合展覽的大型文物戰利品仍被送到了英國。學者及數學家讓－巴蒂斯特·傅立葉後來為《埃及記述》撰寫序言，開列了亞歷山卓港的法國財產清單，共有十五項重要物品。[13]超過一半的物品來自遙遠的底比斯†和上埃及，其中有兩座小型的方尖碑和幾尊獸頭雕像的碎片。這份清單裡還包括三口巨大的覆滿象形文字的石棺，其中一口是在亞歷山卓港的阿塔林清真寺‡發現

＊菲萊（Philae），位於尼羅河中的一座島嶼，也是埃及南部一個有古埃及神廟建築群的地方。

†底比斯（Thebes），上埃及古城，瀕臨尼羅河，位於今埃及中部，即今天的盧克索附近。作為皇室居地和宗教膜拜的宗教中心，它從西元前二十二世紀中期到西元前十八世紀曾繁榮一時。它的建築遺跡包括許多輝煌的廟宇和帝王谷附近的法老陵墓。

‡阿塔林清真寺（Attarine Mosque），又名聖亞他那修清真寺（Mosque of St. Athanasius）或千柱清真寺（Mosque of a Thousand Columns），是亞歷山卓港的一座由天主教教堂改造的清真寺。原來的建於西元三七〇年的教堂是獻給亞歷山大的聖亞他那修的。伊斯蘭教進入埃及後，教堂被改造成一間小清真寺。

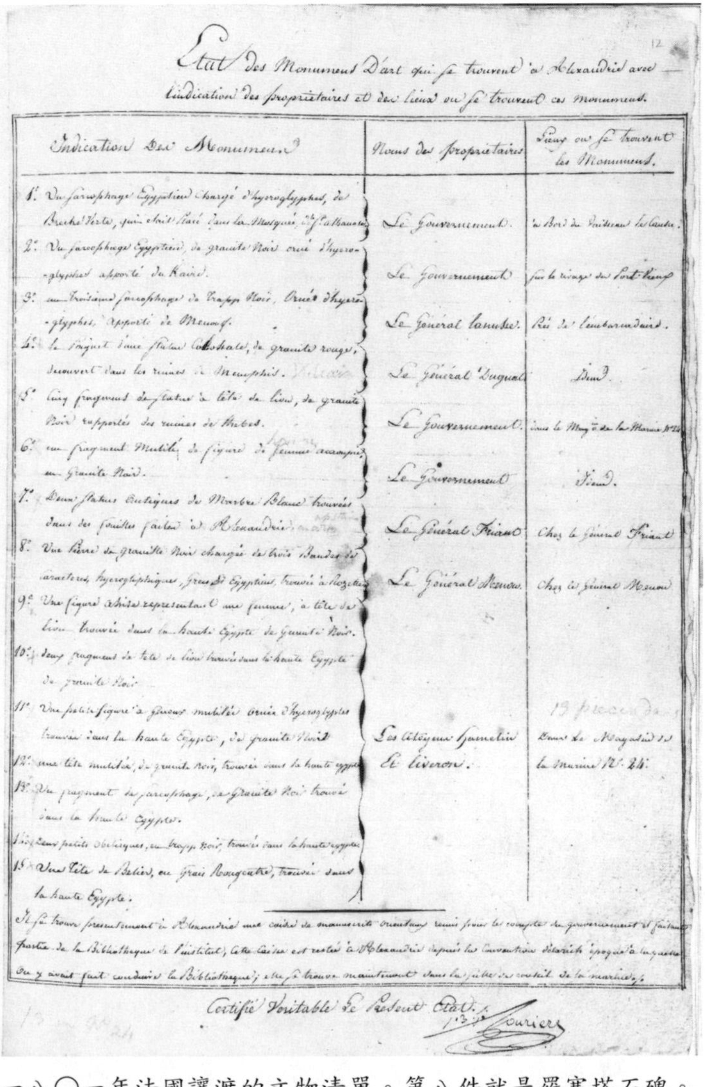

Etat des Monumens D'art qui se trouvent à Alexandrie avec l'indication des propriétaires et des lieux où se trouvent ces monumens.

Indication des Monumens	Noms des propriétaires	Lieux où se trouvent les Monumens.
1°. Un sarcophage Egyptien chargé d'hyeroglyphes, de Breche Verte, qui était placé dans la Mosquée dite St. Athanase	Le Gouvernement.	à Bord du Vaisseau les Lunes.
2°. Un sarcophage Egyptien, de granite Noir orné d'hyeroglyphes apporté du Kaire.	Le Gouvernement	sur le rivage du Port Vieux
3°. un troisième sarcophage de Trapp Noir, Orné d'hyeroglyphes, apporté de Menouf.	Le Général Lanusse.	Près de l'embarcadaire.
4°. le Poignet d'une statue Colossale, de granite rouge, decouvert dans les ruines de Memphis.	Le Général Duguat	Idem.
5°. Cinq fragmens de statue à tête de lion, de granite Noir rapportés des ruines de Thebes.	Le Gouvernement.	dans le Mag.in de la Marine N°24
6°. un fragment Mutilé de figure de femme accroupie en Granite Noir.	Le Gouvernement	Idem.
7°. Deux statues Antiques de Marbre Blanc trouvées dans des fouilles faites à Alexandrie.	Le Général Friant	Chez le Général Friant
8°. Une Pierre de granitte Noir chargée de trois Bandes de caracteres, hyeroglyphiques, Grecs et Egyptiens, trouvée à Rozette	Le Général Menou.	Chez le Général Menou
9°. Une figure Assise representant une femme, à tête de lion trouvée dans la haute Egypte de Granite Noir.		
10°. deux fragmens de tête de lion trouvés dans la haute Egypte de granite Noir		
11°. Une petite figure à genoux mutilée Ornée d'hyeroglyphes trouvée dans la haute Egypte, de granite Noir	Les Citoyens Hamelin Et Liveron.	13 pieces dans Dans le Magasin de la Marine N°. 24.
12°. une tête mutilée, de granite Noir, trouvée dans la haute egypte		
13°. Un fragment de sarcophage, de Granite Noir trouvé dans la haute Egypte.		
14°. Deux petits Obelisques, en trapp Noir, trouvés dans la haute egypte		
15°. Une Tête de Belier, en Grais Rougeatre, trouvée dans la haute Egypte.		

Il se trouve présentement à Alexandrie une caisse de manuscrits Orientaux remis pour le compte du gouvernement et faisant partie de la Bibliothèque de l'institut; cette caisse est restée à Alexandrie depuis la Convention d'el Arich époque à laquelle on y avait fait conduire la Bibliothèque; elle se trouve maintenant dans la salle du conseil de la marine.

Certifié Véritable le Présent Etat.

Fourier

一八〇一年法國讓渡的文物清單。第八件就是羅塞塔石碑。

的，（包括克拉克在內的）某些人認為，那就是「亞歷山大（大帝）之墓」。[14]

然而，最珍貴的物品無疑是「發現於羅塞塔，刻著三列希臘和埃及象形文字的黑色花崗岩石板」：著名的羅塞塔石碑。當時，埃及象形文字還無人能懂：近古以來，沒有人知道該如何解讀它們。因為羅塞塔石碑將無法解讀的埃及文字與清晰可讀的希臘文對應文字一起展示出來，人們普遍認為它可能是解讀象形文字密碼的鑰匙。就連梅努將軍也了解它的價值，並聲稱羅塞塔石碑是他的個人財產，以免它落入英國人之手。「我要求你們交出阿拉伯手稿、雕像、各種收藏和文物，不過是遵循你給歐洲留下的好榜樣，」希利．哈欽森反駁道。「你是在與觀景殿的阿波羅*、拉奧孔†，以及你們從羅馬帶回去的其他幾件精美物品為敵嗎？」[15]克拉克和漢密爾頓在掩藏處找到並沒收了羅塞塔石碑，並將其迅速帶回倫敦，「以免法軍一氣之下將其毀掉。」[16]就這樣，這塊石碑去了大英博物館，至今仍在那裡，大概是英國戰勝法國的最著名的象徵。

在英法兩國，沒收學者們的文物為此後數十年戲劇性的埃及收藏史奠定了舞臺。一七九八至

---

*觀景殿的阿波羅（Apollo Belvedere），一尊高二百二十四公分的白色大理石雕塑，製作於古羅馬時代，現藏於梵蒂岡。該雕塑以希臘雕塑家萊奧卡雷斯完成於西元前三五〇年到三二五年的銅雕為藍本複製而成，複製時對殘缺的右臂和左手進行了修補。最早的銅雕在十五世紀文藝復興時期出土，十八世紀中葉的新古典主義者認為其是最偉大的古代雕塑，乃完美的典範。

†拉奧孔（Laocoön），一尊描繪拉奧孔之死的著名大理石雕刻，現存梵蒂岡博物館。特洛伊人拉奧孔是海神波塞頓的祭司，因違反神的旨意而死。

一七四三年，理查．波科克[*]錯畫的斯芬克斯像，鼻子完好無損。

一八〇一年的入侵從根本上轉變了歐洲人對古埃及的態度，也讓他們對古埃及的認識大為改觀。在那之前，歐洲人對古埃及的了解主要局限於古典作家的筆下的希臘和羅馬時期，例如安東尼和克麗奧佩特拉的那個時代。對於古典時期之前的法老時代埃及，除了希羅多德的《歷史》和《聖經．舊約》等少數幾個關鍵文獻所談到的之外，幾乎一無所知。歐洲人對於埃及地形的了解也同樣偏頗。亞歷山大大帝的首都亞歷山卓港位於面對歐洲的地中海沿岸，而法老們的偉大紀念碑卻躺在遙遠南方的中埃及和上埃及的尼羅河谷。一七九八年之前，只有寥寥數位膽大的歐洲人曾去開羅以南探險，描述並畫下了這些地點，像熱情的聖公會主教理查．波科克和丹麥海軍軍官弗雷德里克．諾登[†]，兩人均在一七三七年到過埃及。另一位曾經一睹法老時期的埃及建築物的是著名的遊記作家、蘇格蘭地主詹姆斯．布魯斯[‡]，一七六八年，他在趕往阿比西尼亞[§]的途中匆匆路過此地。但在拿破崙入侵埃及之前造訪過那裡的最有名的遊記作家們（法國思想家康斯坦丁．沃爾內[◎]和艾蒂安．薩瓦里[◇]）都沒有去過上埃及。關於法老時期埃及的現有資料也不十分可靠：諾登是第一個正確地說出斯芬克斯沒有鼻子的人。[17]

歐洲人對於法老時期的埃及普遍缺乏認識，這在收藏中也顯而易見。一個體面的近代百寶格裡一般都會有埃及的小物件，如護身符、聖甲蟲、木製和銅製的雕像等。十六世紀和十七世紀有一種普遍看法，認為吃木乃伊具有非凡的藥效，木乃伊因而成了特別流行的一種收藏品。（歐洲藥劑師的「木乃伊」提取物的生意很好；盜墓人和文物販子令人毛骨悚然地用被處決犯人的屍體來偽造木乃伊。[18]）但在一七九八年以前的歐洲，那些不朽的石像、雕板、石棺、繪畫，以及與古埃及人的日常生活有關的陪葬品（如今的博物館愛好者耳熟能詳的關於埃及的一切）幾乎無人知曉。

---

* 理查·波科克（Richard Pococke，一七〇四至一七六五），英格蘭高級教士和人類學家，以其遊記和日記而聞名。

† 弗雷德里克·諾登（Frederick Norden，一七〇八至一七四二），丹麥海軍上尉和探險家，以其《埃及和努比亞遊記》（*Voyage d'Egypte et de Nubie*，一七五五）而聞名。

‡ 詹姆斯·布魯斯（James Bruce，一七三〇至一七九四），蘇格蘭旅行家和遊記作家。他花了十幾年的時間在北非和衣索比亞追尋青尼羅河的源頭。

§ 阿比西尼亞（Abyssinia），衣索比亞帝國的舊稱。

◎ 康斯坦丁·沃爾內（Constantin Volney，一七五七至一八二〇），法國哲學家、廢奴主義者、歷史學家、東方學家、政治家。著有《廢墟：帝國革命調查》（*The Ruins: Or a Survey of the Revolutions of Empires*，一七九六）等。

◇ 艾蒂安·薩瓦里（Étienne Savary，一七五〇至一七八八），東方學家、埃及學先驅，以及《古蘭經》的譯者。

因此，維旺・德農在一八〇二年出版他關於埃及戰役的插圖版記述《上下埃及遊記》時，該書對全歐洲的讀者都如同天啟。這本書頭一次配有上埃及那些驚人神廟相當準確的詳細圖像，並加上熱情而動人的描述。此書一炮打響，旋即被翻譯成英語和德語，被認為引發了「埃及熱」，歐洲人對埃及的一切如痴如醉，鐘錶、燭臺、墨水瓶、壁紙，以及家具腿等各式東西的設計都受到了這種影響。德農個人鼓勵塞夫爾瓷器工廠生產一種精美的「埃及」風格成套餐具，之後獻給了沙皇亞歷山大一世。拿破崙為他的皇后約瑟芬訂購了另一套餐具，算是他們離婚的分手禮；但前皇后（她本人也是個埃及物品的狂熱愛好者）發現最終成品「過於樸素」而退貨了。後來事情出現了轉折，這套餐具又由路易十八送給了威靈頓公爵，也算恰如其分。[19]這種對於古埃及的普遍熱情明顯提升了當時的現代埃及在英法兩國的形象。同時也加深了古埃及與現代埃及之間的分裂，前者日益被擁戴為西方傳統的一部分，後者則被歐洲列強認為是可以進行政治和帝國干涉之地。

對法國人來說，一八〇一年失去文物就意味著要面對戰敗這個令人不安（在當時也相當陌生）的現實，更不用說失去埃及本身了。回到巴黎後，學者們的注意力轉向了被搶救回來的五十五箱筆記和論文，力圖挽回他們的損失。從一八〇二年二月起，他們開始把自己的埃及研究成果彙編成大型文庫，旨在覆蓋從文物到動物學的每一個領域，囊括古代、現代和自然世界的一切。結果就是二十三卷本的《埃及記述》，在一八〇九年至一八二八年期間陸續面世。單以耗費的金錢、人力、紙張和油墨來算，它都可稱作是十九世紀最宏大的出版物了。直至今日，還有人讚美

《記述》和學者們的苦心經營證明了法國式入侵的積極意義。[20]為該出版專案提供資助的拿破崙及其繼任者，當然積極支援智識上的勝利能夠補償軍事失敗這種看法。[21]從這種意義上來說，《記述》是一項徹頭徹尾的政治的、帝國的東方主義事業。

然而，《埃及記述》的主要觀念與其說是籠統地將東方置於西方的從屬地位，不如說是為了頌揚法國，特別是拿破崙，這一點在讓－巴蒂斯特・傅立葉言過其實的歷史序言中尤其明顯。[22]此外，《記述》實際上幾乎與現代的「東方」埃及沒什麼關係：與專門講述古埃及的高達九卷的文字和圖像相比，關注現代埃及的只有四卷，剩下的十卷都是討論自然歷史的。[23]這部彙編特別著重於建立法國與古埃及之間的聯繫。關於這一點，沒有什麼比這部出版物的卷首插圖更能說明問題所在。在這幅畫的前景裡，很容易就能辨認出學者們被沒收的全部文物，包括羅塞塔石碑。整幅圖被框在一個充滿了愛國象徵的厚重畫框裡：寫著「東方軍」勝利名稱的徽章，一個頂著皇冠的字母N，以及畫著星星和蜜蜂的渦卷花飾，那是拿破崙的私人紋章。這幅插圖反映的不僅是東方主義，而是波拿巴主義，法國的民族和帝國野心合為一體。整體而言，《記述》是補償損失的重要嘗試，是一種替代的收藏，也是一次智識上的收藏。

拿破崙和學者們忙著把他們的戰敗轉化成政治宣傳的勝利時，在英吉利海峽的另一側，埃及珍品的到來也有著同樣影響深遠的後果。正如塞林伽巴丹的戰利品將東印度公司的博物館變成了帝國力量的陳列櫃一樣，埃及的戰利品也有助於把大英博物館變成一個真正平民的、國家的，也確實是帝國的機構。一八〇二年，一箱箱文物抵達倫敦時，大英博物館還很像它一七五三年初次

《埃及記述》的卷首插圖。

面世時的樣子，不過是個珍品陳列室。[24] 該博物館始自外科醫生和博物學家漢斯·斯隆*爵士的大量私人收藏。（斯隆甚至也算是個帝國收藏家，他曾在牙買加待了一年，收集各種植物標本。）斯隆在遺囑裡把他龐大的陳列室（當時有大約七萬件「珍品」）捐贈給國家。值得注意的是，大英博物館並非皇家機構，而是個國家機構。然而，博物館被安置在實際上屬於貴族宅邸的蒙塔古公府†裡，只對某些獲得司書主管‡批准的訪客開放，事實上更像是一座豪華大宅，而不是如今的公共博物館。

一八〇一年的戰利品在兩個主要的方面轉變了大英博物館的收藏。與十八世紀的很多收藏家一樣，漢斯·斯隆在他的職業生涯中也得過幾件埃及的珍品，但都是小物件（青銅製品、陶俑，以及護身符）

大多出自希臘羅馬時期。大英博物館還有四具木乃伊，展示在其他自然史的標本旁，符合收納百寶格的慣例做法。[25]法國戰利品的到來，標誌著埃及重要雕像在英國的首次露面。它們不僅在規模上與歐洲的其他大多數埃及物件全然不同（也要古老得多）而且與歐洲觀眾熟悉（並喜歡）的希臘羅馬物件也大相迴異。它們對當時的訪客與未來的收藏家產生了巨大的審美衝擊。

這批戰利品標誌著大英博物館整個收藏的一個新方向。除了庫克船長航海時期從太平洋收藏的工藝品外，博物館在一八〇一年之前的全部館藏都來自私人提供。埃及文物實際上是第一批到達大英博物館的公共藏品，它們是由國家獲取的，也向全國展覽。十年後，這種博物館作為「國家」收藏寶庫的全新意義，在惡名昭彰的「埃爾金石雕」[§]案中大出風頭。埃爾金伯爵在出任駐

*漢斯．斯隆（Hans Sloane，一六六〇至一七五三），愛爾蘭醫生、博物學家和收藏家，以其遺贈英國的七萬一千件藏品而聞名。他捐獻的藏品成為大英博物館、大英圖書館和自然歷史博物館的基礎。

†蒙塔古公府（Montagu House），十七世紀第一代蒙塔古公爵拉爾夫．蒙塔古建於倫敦布盧姆斯伯里區的一幢大廈。火災焚毀後重建，一七五九年售予大英博物館。

‡司書主管（principal librarian），大英博物館館長的頭銜。

§埃爾金石雕（Elgin Marbles），古希臘時期雕塑家菲狄亞斯及其助手創作的一組大理石雕，原藏於帕德嫩神廟和雅典衛城的其他建築中。一八〇一年，第七代埃爾金伯爵湯瑪斯．布魯斯從當時統治希臘的鄂圖曼帝國高門那裡獲得許可，將這些浮雕從希臘陸續運往英國。拜倫稱這種行為簡直就是搶劫。英國國會在一番爭辯之後，決定不追訴埃爾金的行為，而埃爾金則在一八一六年將這些石雕賣給了英國政府，最後藏於大英博物館。

湯利美術館裡的埃及文物，約一八一九年。注意那兩位「東方」訪客。

君士坦丁堡大使期間得到了鄂圖曼素壇的敕令（firman），批准他拿走雅典帕德嫩神廟的長幅石雕。（當時希臘還是鄂圖曼帝國的一個行省。）一八一一年，埃爾金聯繫英國政府，希望出售這些雕刻。埃爾金用上一代人絕不可能說出的語言表示，他以大使的官方身分收集的藏品是代表英國而進行的，因而理應屬於大英博物館。這在當時是個充滿爭議的觀點和收購，至今在很大程度上仍然如此，對「國家」收藏的局限和定義發起了一個強有力的挑戰。[26]值得一提的是，埃及戰利品作為大英博物館的首批國家收藏，在當時激烈的「埃爾金石雕」辯論中有助於確定條款。

但轉變鮮有在一夜之間完成的，至少大型機構做不到。一八〇二年夏，埃及文物到達倫敦時，博物館無處存放。「它們被放在大英博物館的露天空地上，並被認為是有趣但無足輕重的埃及藝術紀念品，對國家而言是彰顯其英勇的光榮獎盃，但現代人無法對它們黑暗神祕的傳說一探究竟，激發起解讀者的絕望而不是希望。」因此，愛德華·丹尼爾·克拉克悲歎著指出，如果像亞歷山大大帝（所謂的）石棺這樣的物件改而「被運到法國的大都會，」「巴黎的市中心就會立起一座宏偉的神廟，以完成波拿巴對腓力二世之子*的仿效，曾經裝殮過那位英雄屍體的墳塚將會留作存放其模仿者的屍骨。」[27]拋開諷刺不談，克拉克的話確鑿無疑：埃及文物在法國的確比在英國更受歡迎，在英國，單是它們的異域美學特質便足以讓它們被排除在鑑賞主流之外。就連克拉克為埃及雕像的辯護，也是著眼於它們的歷史和紀念意義，而不是藝術表現力。對於習慣把希臘和羅馬的雕塑看作是藝術理想的歷代觀眾來說，這些東西即使令人印象深刻，也最多不過是奇怪的罕見之物而已。埃及文物在隨後的幾十年裡一直處在英國古董界的邊緣。

然而，正是為了給這些物件提供空間，大英博物館才在一八〇三年破天荒頭一次專門建造了廂房，並以將收藏捐給博物館的著名古文物家查爾斯·湯利之名，將其命名為湯利美術館。直到此時之前，大英博物館一直是位紳士的市內府邸；如今它變成了真正的博物館，一座與其收藏相呼應的建築。一八〇八年六月，湯利美術館向公眾開放，埃及的物品占據了它的中央大廳。在印度大樓展出「蒂普之虎」的同一年，湯利美術館最重要的內容同樣是戰利品，也同樣是來自與法

*指亞歷山大大帝。

國在東方的戰爭，訪客們顯然不會看不出這一點。

如此說來，一八〇一年的投降條約構成了古代和現代埃及與西方之間關係的框架，這種關係將在整個十九世紀發展成熟。對於法國而言，一八〇一年失去的這些物品就像失去埃及本身一樣，並沒有終結法國在這一地區的野心。法國再次表達出它的抱負。在《埃及記述》中，法國咄咄逼人地向埃及發出了民族主義主張，這種主張立足於古代，在一定程度上彌補了它征服這塊現代土地所經歷的失敗。希臘和羅馬早已被熟悉、研究、模仿、批評、收藏過了。在埃及，《記述》一書像是在說，法國向西方展示了它另一部分的遺產，另一種值得研究和收藏的古代文明。埃及的符號以其共濟會的意象和方尖碑與金字塔的喜慶組合，也有助於把拿破崙的帝國與法國大革命聯繫起來。與此同時，法國聲稱古埃及屬於他們，也確定了古代與現代、古典與東方的斷層線，這條斷層線至今仍然活躍，也仍舊令人擔憂。

在英國，贏得這些獎品就像贏得在埃及的非正式影響力，擴展了帝國的公眾形象，也有助於這種形象的重塑。與一七九八年法國的入侵將埃及置於大英帝國的版圖上極為相似，一八〇一年的戰利品也將埃及固定在英國的珍品世界裡，對於文物鑑賞家和廣大觀眾來說皆是如此。這些物品給英國帶來了一個全新的埃及：一個法老、巨石和象形文字的埃及，遠比希臘或羅馬更加古老。隨之而來還有老式大英博物館的百寶格風格日漸動搖，慢慢地重新界定，成為一家公眾機構，比從前更能包容各種珍品和訪客。博物館功能的這種轉變，伴隨著帝國比以往更加多元和包容的重新定義，也塑造了英國的特徵。

但埃及本身又如何呢？當然，一八〇一年的效果在那裡是最明顯的。不管英法兩國的希望如何，三年的戰爭與法國的占領都讓該地區回復到從前的樣子了。隨著埃及的新帕夏穆罕默德・阿里鞏固了自己的勢力並把埃及變成實質上自治和擴張主義的國家，埃及在鄂圖曼帝國和世界上的地位也都發生了變化。而法國和英國在埃及的地位也將發生變化，它們各自的代表貝爾納迪諾・德羅韋蒂和亨利・索爾特不久將會發現這一點。

個人與政治

一八〇三年五月，英法在《亞眠和約》的短暫和平之後重返戰場的同一個月，兩個年輕的法國人在亞歷山卓港登岸，就職駐埃及的正副領事。兩人中較年長的馬蒂厄・德萊塞普*也不到三十歲；作為領事，他將以開羅作為總部，並試圖在這個仍因戰爭而滿目瘡痍的國家擴大法國的政治利益。德萊塞普的大名後來與埃及長久地聯繫在一起，這多虧了他的兒子費迪南，後者追隨其父在埃及從事外交，並在開建蘇伊士運河時發揮了主要的作用。但那位比較年輕的貝爾納迪諾・德羅韋蒂將會實現他自己不朽的功勛。德羅韋蒂在埃及持續待了將近三十年，在那裡逐漸成為法

*馬蒂厄・德萊塞普（Mathieu de Lesseps，一七七一至一八三二），法國外交官和高級公務員，從一七九七年至去世前擔任過數個國內外的職務。

國的代表，並因為密友穆罕默德・阿里帕夏的青睞，為法國確保了一席之地。他還藉由來自尼羅河谷的文物所組成的第一個重要的收藏，保證了法國在古埃及領域的主導地位。[28]

正如他的名字所示，德羅韋蒂並不是生而為法國人。一七七六年，他出生在杜林北部的一個皮埃蒙特村莊，（和伯努瓦・德布瓦涅一樣）是薩沃伊王朝的臣民，而他的母語是義大利語。十八歲時，他在杜林大學取得學位，並準備隨其父兄進入法律界。但德羅韋蒂、皮埃蒙特，以及整個歐洲的未來都將發生劇烈的變化。一七九六年初，拿破崙率領「義大利軍」穿過山區橫掃而下，迅速征服了皮埃蒙特並奪走了薩沃伊國王搖搖欲墜的王位。德羅韋蒂加入法國的軍隊。他在來年被任命為軍官，並很快又被任命為參謀。一七九九年法國吞併皮埃蒙特時，德羅韋蒂及其同胞一夜間成為法國公民。兩星期後，對法國「堅定愛國精神的證明」為德羅韋蒂在法國臨時政府贏得了一個小職務。他成為一個能幹而稱職的管理者，在官僚階層中穩步升遷，一八〇二年，他被提拔進外交部。他在接受了這個工作後，才得知自己的目的地是埃及。

後來某些人認為德羅韋蒂起初是以「東方軍」軍官的身分去埃及的。事實並非如此，但他的身分的確是拿破崙的手下。他成年後的生涯全奉獻給在皮埃蒙特的法國政府了。他的家族是親法的，而他是個法國公民並為此自豪。我們有時很難想像當時整個世代的年輕人崇拜拿破崙的那種巨大熱情。德羅韋蒂像司湯達小說《帕爾馬修道院》裡的主人公一樣，大概是被那位青年軍人給吸引住了，他既是革命理想主義者又是個守紀高效的領袖。德羅韋蒂的平穩升遷，就代表了拿破崙宣導的「事業的大門為才能而開」，代表了一個不受世襲特權的束縛、只等能人來運作、充滿

貝爾納迪諾・德羅韋蒂。

機會的世界。

德羅韋蒂和德萊塞普到來的時機是個多事之秋。就在兩個月前，最後一批英軍撤離了，只留下了一位軍官歐尼斯特・米塞特上校作為英國的現場負責人。撤離結束後，或許在英法兩國的官員看來，法國入侵的所有痕跡都消失了。但戰爭和占領的歲月讓埃及的政府混亂不堪，更不要說經濟和社會情況了。馬木路克人的敵對派系為了權力彼此紛爭，而鄂圖曼則尋求維護素壇任命的帕夏（總督）的權威。一支鄂圖曼的萬人大軍駐守在埃及，把飽受戰爭蹂躪之國的資源推到了崩潰的邊緣。

鄂圖曼的軍隊由穆罕默德・阿里領導，他是個阿拉伯裔的軍官，於一八〇一年率領著盎格魯－鄂圖曼遠征聯軍首次到達埃及。穆罕默德・阿里後來喜歡說他出生於一七六九年，與拿破崙和威靈頓公爵同年。這是個詩意的描述，但穆罕默德・阿里幻想自己與同時代的兩位偉大的歐洲指揮官有共同之處卻並非毫無根據。他極為聰明有天分，同時也滿懷雄心壯志，很快便擴大了埃及的權力真空，並玩弄手段自行填補了這個空間。在短短兩年內，他就升任了鄂圖曼駐埃及軍隊的司令，還在分裂的馬木路克陣營裡締結了重要的聯盟。穆罕默德．阿里藉由一系列合作、對抗、背叛（甚至還曾被懷疑下毒）成功地消滅了他在爭奪權力道路上的主要對手。一八〇五年，鄂圖曼素壇一道敕令，他被任命為埃及的帕夏。[29]

德羅韋蒂從他在亞歷山卓港的高位上觀察著這些事件的展開，並將其寫成富有洞見的報告，送交巴黎的外交部。他堅信穆罕默德．阿里是唯一能在埃及維持權威之人；並不顧巴黎有關不要插手地方政治的指示，努力地盡可能鞏固新任總督的地位。在德羅韋蒂看來，埃及的未來和法國的利益顯然都取決於穆罕默德．阿里。但米塞特領事和英國人的看法正好相反。

儘管如今距離英法在埃及簽署停戰協定已有五年了，英法在支配地位上的競爭卻遠未結束。實際上，旅行家瓦倫西亞子爵報告說，他在一八〇六年春從印度返回途中造訪埃及時，「兩國間的對立在亞歷山卓港全面肆虐。」[30]法國公開鼓勵穆罕默德．阿里，而英國則支持其長期對手，馬木路克軍閥阿勒菲貝伊。阿勒菲甚至在一八〇三年與最後一批占領軍一同前往英國，並在那裡逗留了幾個月，試圖獲得支持。（「他是個很有教養的人，會說義大利語，」畫家約瑟夫．法靈頓在日記裡寫道。）[31]米塞特的想法不無道理，只要有一點點機會，拿破崙便會再次入侵埃及；如今穆罕默德．阿里帕夏坐鎮，「完全在法國的影響之下，」這幾乎就像是對法國發出了請柬。米塞特認為，防止法國又一次入侵的唯一做法便是英國介入其中，並以阿勒菲貝伊取代穆罕默德．阿里

德．阿里。（後來因為阿勒菲在一八〇七年一月過世了，所以改用他的支持者來取而代之。）「除去這些優勢之外，」米塞特補充道，「因為我在這個不幸省分竭力恢復安寧，英國之名愈來愈受歡迎，未來會讓人更看好國王陛下的政府對埃及的影響。」[32]

米塞特得到了他希望的任務。一八〇七年三月，由蘇格蘭將軍亞歷山大．麥肯齊．弗雷澤率領的一支六千六百人的中型軍隊在亞歷山卓港登陸，展開了英國軍事和帝國史上很少有人敘述的片段。城市立即投降；當天晚上，德羅韋蒂戲劇性地逃出亞歷山卓港。「因此我們沒費什麼工夫就控制了亞歷山卓港，」來自蘇格蘭高地的軍官派翠克．麥克勞德中校如此吹噓道，「並且有充分的理由認為，大家很想衝鋒陷陣，與鄂圖曼人敵對的馬木路克人會加入我們，我們的勢力很快就會統治整個國家。」[33]看上去就像是埃及很快便會突然滿足英國人的一切願望一樣。

但一個月後，麥克勞德就死了。弗雷澤將軍試圖向羅塞塔推進，但兩次都被埃及人血淋淋地擊退了。一八〇七年四月二十一日，軍隊被發生「在哈米德*的災難性事件」「完全催毀」：麥克勞德及三百五十名英國士兵全部陣亡，還有逾四百人被當作俘虜押往開羅。[34]不是別人，正是德羅韋蒂向他的朋友帕夏建議「獎賞給捉來活口的士兵兩倍於此前（割下）頭顱的賞賜，這樣更人道，也更慎重，」顯然救下了這些英國囚犯的性命。[35]德羅韋蒂自掏腰包，幫助贖下「被賣作奴隸」的英國士兵。[36]總之，英國遠征軍就是一場災難。十月，英國從亞歷山卓港撤軍，帶著米

＊哈米德（El Hamed），羅塞塔附近的一個城鎮。

塞特悄悄駛向西西里，他被革職流放，在那裡過了四年。

這場規劃拙劣的英國入侵埃及在帝國史書上幾乎總是被略過不提：原因很明顯，大英帝國的史家並不希望強調這種難堪，在大多數情況下，他們有的是勝利場面來讚頌。然而這樣的插曲（另一次是兩年後發生的英國入侵布宜諾斯艾利斯未遂）證明了大英帝國的野心志在全球，及其始終存在失敗的可能性。失敗也有嚴重的後果。英法兩國在埃及的代理人將會在未來的幾十年裡體會到一八〇七年戰役的影響。

隨著穆罕默德·阿里從一八〇七年事件的勝利中脫穎而出，法國（特別是德羅韋蒂）和他一起節節勝利。在穆罕默德·阿里對抗英國入侵結果難以預料的初期，德羅韋蒂的建議、情報和支持居功厥偉；可以說，如果沒有德羅韋蒂的幫助，帕夏或許就敗了。據說，「帕夏從來沒有忘記他的效勞。帕夏就他希望引入該地區的管理形式徵詢德羅韋蒂的意見，正是因為有了他（德羅韋蒂）的建議，帕夏才把一切都處理得井井有條。」[37]這種私交有時會在歷史記載中消失，但它們會對政治和國際事務產生深遠而不可預測的影響。帕夏和外交官之間（也就是埃及和法國之間）的關係十分密切、牢固、歷久彌新。這是英國及其代表從來未能複製的關係。

德羅韋蒂初到埃及時，對此地還十分陌生，也是個國際外交上的新手。四年之後，他已是帕夏的密友，老練的政治操縱者，並且從一八〇六年德萊塞普因健康原因被調到利弗諾*後，他是法國在埃及的唯一代表。德羅韋蒂也開始以兩種方式在埃及扎下了個人的根基，這對他自己的職業生涯以及他入籍之國的事務都將產生影響。他娶妻生子，也產生了對文物的熱情。

德羅韋蒂來埃及後，幾個月內就為一個名叫羅西納・雷伊・巴爾塔隆的法國已婚女人所傾倒。羅西納是在埃及長大的（很可能也是在此地出生的），她父親最晚從一七七五年以來就是開羅法國社區的麵包師。[38]德羅韋蒂在亞歷山卓港安頓下來時，羅西納已與一個名叫約瑟夫・巴爾塔隆的馬賽商人結婚十年有餘，脾氣暴躁的丈夫經常虐待她。這場愛情戲始於一八〇四年初，羅西納告訴丈夫說她懷孕了，這個通知似乎來的很不是時候。巴爾塔隆暴跳如雷，說德羅韋蒂才是孩子的父親，並暴打妻子致其流產。羅西納收拾細軟逃進了領事的官邸（也就是德羅韋蒂的家）尋求保護。關於這個醜聞的報告很快便湧進了巴黎的外交部。巴爾塔隆寫了若干封恐嚇信，指控德羅韋蒂「誘姦我的妻子，……開始迫害我」並「剝奪了我絕大部分的財產。」[39]德羅韋蒂堅稱自己向羅西納提供的是她理應得到的安全，而馬蒂厄・德萊塞普則竭誠為他作了擔保。與此同時，領事館的兩名怨氣沖天的譯員卻肆意汙衊德羅韋蒂和德萊塞普。這是一個醜聞，而它或許能夠解釋德羅韋蒂為何在德萊塞普走後，從來無法從副領事正式升任領事的原因。[40]

約瑟夫・巴爾塔隆顯然是個魔鬼，但德羅韋蒂也並非無辜的受害者。巴爾塔隆夫婦在一八〇四年末正式分居，德羅韋蒂和羅西納也開始公開同居。一八〇七年，弗雷澤將軍稱她為「德羅韋蒂夫人」，但實際上巴爾塔隆直到一八一七年才同意離婚，到一八一八年四月十二日（他們的風流韻事開始了大約十五年後）貝爾納迪諾和羅西納才在亞歷山卓港領事館喜結連理。[41]此事發生

＊利弗諾（Livorno），義大利托斯卡納西部第勒尼安海的一個港口城市。

得如此之晚，也意味著如果德羅韋蒂想在一八一八年前回歐洲去，他就不得不拋家離子，或是帶著情婦和私生子（出生於一八一二年的喬治）一起回去。外交史很少把外交官的私人生活考慮進去，但這個陰暗的家族故事一定在很大程度上促使德羅韋蒂獻身工作並立志留在埃及。羅西納是個有錢的女人也發揮了一定的作用：她擁有亞歷山卓港領事館的租約，後來，德羅韋蒂一家也有幸以高昂的價格把房子租給了法國政府。[42]

浪漫主義作家、旅行家和貴族弗朗索瓦・勒內・德・夏多布里昂曾在一八〇六年底之前與德羅韋蒂一起待過一段日子，他為這時期的德羅韋蒂，這個被派駐海外，過著跨國僑居生活的人，寫過一篇很美的人物概述。[43]夏多布里昂非常仰慕這位軍人外交官，兩人總是在德羅韋蒂家屋頂上他養的鵪鶉和松雞籠子之間大談特談「我們的祖國」法蘭西。夏多布里昂說，「我們全部談話內容的結論」就是德羅韋蒂夢想尋求「作一些小範圍的讓步」，好在法蘭西退休，他顯然認為那是他的祖國。夏多布里昂還提到了這位副領事的另一個興趣，大概是最近剛剛發展起來的：德羅韋蒂開始收藏文物了。夏多布里昂見過那些小件物品的收藏，德羅韋蒂最有可能是從埃及農夫那裡買來的，那些人會在當地搜羅工藝品賣給歐洲人。[44]法國入侵後，這種毫無條理的文物交易愈來愈引人注目：例如，一八〇六年的早些時候，瓦倫西亞子爵就曾經從吉薩和三角洲地區的「貝都因阿拉伯人」手裡買過很多文物。[45]

德羅韋蒂已經在政治與個人兩方面在埃及投入了大量的時間和精力，很快就藉由他對文物的熱情與埃及形成了最緊密的聯合。貝爾納迪諾・德羅韋蒂真正發現古埃及是在一八一一年的秋天。他的頓悟是由樊尚·布坦上校到訪所引發的，上校是拿破崙派來的間諜，負責偵查法國是否有可能再次入侵。布坦和德羅韋蒂以「為科孚島獲得小麥供應」和滿足考古好奇心的雙重藉口，前往上埃及旅行。[46]這對布坦來說可不是單純的觀光之旅（他祕密記錄了馬木路克人和穆罕默德·阿里帕夏的軍事實力）但對於德羅韋蒂這位老於此道的本地外交官而言，就是一次單純的觀光而已。兩人在兩個月的時間裡沿著尼羅河一路向南，一直走到阿斯旺*；如今在盧克索神廟†的牆上仍能見到布坦豪爽的簽名，那是他們行程中一份凍結的紀錄。我們只能想像這次旅行一定給了德羅韋蒂極大的啟發。他在埃及住了八年，收藏文物也至少有五年了。但上埃及法老時期的驚人遺址卻屬於與亞歷山卓港和開羅截然不同的世界。丹德拉和菲萊的壯麗神廟，卡納克神廟散亂的廢墟，古底比斯的陵墓：這是一個他從未見過，或許也從未夢見過的埃及。而這也是他永生難忘的景象。[47]

因為在上埃及的陵墓和神廟之間，德羅韋蒂似乎感受到了那曾經誘惑過他的學者前輩們同樣榮耀的異象：擁有了這一切就等於宣告了對歷史、文明、對帝國過去和現在的主權。這裡仍在拿破崙的統治之下；埃及文物所擁有的聲望在法國浩瀚無邊。它們也蘊含著個人的回報（職業發展

*阿斯旺（Aswan），埃及南部城市，位於尼羅河東岸，是著名古城、旅遊景點和貿易中心。

†盧克索神廟（Luxor Temple），位於埃及盧克索的尼羅河東岸。盧克索即古埃及新王國時期的首都底比斯，大約建於西元前十四世紀。

有望更進一步，社會紅利，或許還有金錢的回報）對於這個白手起家、全靠自我推銷的皮埃蒙特人來說，這一切充滿了顯而易見的吸引力。出於任何一個或所有的這些原因，上埃及之旅都讓德羅韋蒂大受啟發，從此認真收藏，不再像此前的那樣到處亂買，而是為自己挖掘埃及的寶藏。

夏多布里昂是第一個提到德羅韋蒂的收藏的人，但他絕不是最後一個。[48]德羅韋蒂新發現的熱情在十年之內便為歐洲各大博物館產生了大量的文物收藏。這將給他帶來巨大的財產和名望，也將帶來英國同行亨利．索爾特的敵意和競爭。

海外玩家

在夏多布里昂造訪埃及並與德羅韋蒂在鳥籠之間愉快閒聊的同一年，另一位歐洲貴族在休閒之旅中途經埃及。瓦倫西亞子爵喬治．安斯利，即最近獲封的愛爾蘭貴族蒙特諾伊斯伯爵*的長子，將結束他在印度和紅海為期三年的愉快旅行。瓦倫西亞已快速參訪過這些地區了，因為他是十八世紀初就曾探訪並寫到過這些地區的少數幾個旅行家之一。他非常滿足地在印度花了一年時間遊遍整個次大陸，還受到他大為欣賞的理查．威爾斯利的資助，以及阿薩夫．烏德－達烏拉的繼任者薩達特．阿里汗等幾位印度統治者的關心。如今，瓦倫西亞在埃及受到了穆罕默德．阿里帕夏的熱情歡迎。歐尼斯特．米塞特領事自豪地在一份急件中報告說「沒有哪位歐洲人，也沒有哪個軍隊指揮官在這個國家受到過像那位貴族那樣引人注目的關照或恭維。我提到這種情況的唯一動機，」他補充道，「是想……證明，我一直竭力讓埃及總督擺脫對法國的興趣，看來總算有了一定的效果。」[49]

作為繪圖員和助手陪同瓦倫西亞的是一個叫亨利・索爾特的年輕人。我們不知道索爾特和德羅韋蒂是否在一八〇六年見過面，但他們後來有大量的機會來彌補任何可能錯失的機會。那時他大概怎麼也不會想到，十年後，索爾特將會作為英國的領事回到埃及，開始他的政治和收藏事業，並在這兩個方面同時成為德羅韋蒂的對手。

這兩位競爭對手看起來是迥然不同的兩個人。德羅韋蒂有一種與眾不同的調皮氣質，彈性十足的黑色卷髮，蜷曲的小鬍子，下巴中間有一道溝，鼻孔開闊，目露凶光。他的右手終身殘疾，據說是在馬倫戈†的戰場上遭受的刀傷所致。索爾特的形象更優雅一些。他身材高瘦，神態倦怠（他自幼多病，經常健康不佳），他有個漂亮的橢圓形臉蛋，嘴唇豐滿，眼睛又大又圓。外表並

*蒙特諾伊斯伯爵（Earl of Mountnorris），指愛爾蘭貴族、第一代蒙特諾伊斯伯爵亞瑟・安斯利（Arthur Annesley，一七四四至一八一六）。一七六一年，他在父親過世後繼承了第六代奧爾瑟姆男爵和第八代瓦倫西亞子爵的頭銜。但在十年後，上議院決定他對其父英格蘭頭銜的要求無效。一七九三年，他被封為愛爾蘭的第一代蒙特諾伊斯伯爵。

†馬倫戈戰役（Battle of Marengo），法蘭西第一共和國與神聖羅馬帝國於第二次反法同盟時期的一場戰役。戰役發生在皮埃蒙特大區的亞力山德里亞附近。拿破崙在此役中擊潰了米夏埃爾・馮・梅拉斯將軍的攻擊，並將奧地利軍隊逐出義大利。

亨利・索爾特。

不完全是騙人的。但這兩個人有一個共同的明確特徵：兩人都意識到自己是熱切希望重塑自我的邊緣人物，也都把收藏作為實現這個目標的主要方式。對於亨利・索爾特來說，收藏文物是在英國社會出風頭的一種方式。而對於德羅韋蒂來說，這是在他從未見過的法國贏得金錢、權力和影響力的手段。

德羅韋蒂的職業生涯是拿破崙式能人統治的典範，而索爾特從外省中產階級背景一路升遷到駐埃及總領事職位，則說明了在十九世紀初，一個人在關係和保護人的有力支持下能夠走多遠。一七八〇年，索爾特出生在利奇菲爾德*一個成功的醫生家庭，是八個孩子裡最小的那一個。索爾特醫生為家人提供了良好的生活條件：一八一七年他去世時，給亨利留下了五千英鎊，對於最小的兒子來說，這可是一筆非常豐厚的遺產。但令他失望的是，亨利・索爾特不是一位紳士，他並不富裕，也沒有念過大學，最糟糕的是，他還不得不自謀生路。

年輕的亨利被迫自尋生計，他決定當藝術家，幻想自己或許能成為上流社會的肖像畫家。（索爾特的父親支持兒子的選擇，他認為兒子或許能成為製圖師，後來證明他的看法更加現實一些。）一七九七年，索爾特去了倫敦，先是跟隨約瑟夫·法靈頓，後來又跟肖像畫家約翰·霍普納學畫。他的表現最多也只能說是平庸。他的朋友、傳記作家和畫家同行約翰·詹姆斯·霍爾斯對他的坦率評價是，索爾特既非天才，品行也不端正（「他總是言行失檢」），又不夠勤奮：「就像野蠻的印度人一樣，他任意消磨時光，直到危急時刻或聽到野心的呼喚，他才會從昏睡中醒來。……」[50]然而，他野心勃勃。這個年輕人在倫敦凝視著他渴望加入其中的那個富裕、奢華、時尚和氣派的世界。「好友們不難發現……對聲名的渴望和根深柢固的野心是他的主要行為動機，」霍爾斯回憶道：

> 為了滿足對卓越的熱切追求，他絕不放過任何有可能保證最後成功的機會，也不惜採取任何不體面的手段來獲得關注。……在危急時刻，他總會對我說，如果在他生命結束前沒能被奉在先賢祠的話，那就太痛苦了。[51]

＊利奇菲爾德（Lichfield），英格蘭的一個城市，位於伯明罕以北約二十五公里處。

索爾特毫不懷疑自己注定會出人頭地。關鍵在於如何實現。

一七九九年六月的一天，一次偶然的邂逅給索爾特帶來了巨大的轉機。他在參觀瑞士裔畫家亨利．富澤利的畫展時，碰巧遇到一個舅舅，他是陪同雇主之子瓦倫西亞勛爵一起來的。索爾特立即與這位比他大十歲的子爵培養友誼。在得知瓦倫西亞計畫要去東方長期考察後，索爾特懇求帶他同去，他可以作為藝術家和負責一切事宜的隨員。令人吃驚的是，子爵居然同意了。索爾特突然間「看到通往名望的道路在他面前徐徐開啟」；這次遠航將會改變他人生的軌跡。[52] 一八〇三年一月，瓦倫西亞一行人到達加爾各答，接下來的三年裡在南亞、阿拉伯和非洲的紅海沿岸蜿蜒而下，最終到達埃及。瓦倫西亞全程都記錄日誌，而索爾特則努力用畫筆把遠行記錄下來。一八〇六年回到英國後，瓦倫西亞以《印度、錫蘭、紅海、阿比西尼亞和埃及等地航遊記》（一八〇九年）為名，出版了洋洋灑灑的三卷本故事體筆記，並配以索爾特所繪、獨立發行的二十四幅整頁彩色插圖畫冊。索爾特的畫作算不上才華橫溢，卻盡職盡責並大受歡迎，為他贏得了相當的知名度。

在歐洲人很少去海外旅行的時代，瓦倫西亞沿印度洋的漫長旅程至少可以說極不尋常。那就像是一次「壯遊」，歐陸因戰事而被封鎖，因此被東方取而代之。但把瓦倫西亞看作是大英帝國的首批遊客之一或許更加準確。（他已遊歷過歐陸，至少在一七九三年去過一次。）首先，他的環遊證明了首先把如此不同的地點連在一起的帝國地理。瓦倫西亞也想像自己的旅行是一次帝國之旅。他把自己當成是一個紳士探險家和非官方的外交官，貢獻出自己的財富和閒暇時間來為國家服務。他的個人計畫是刺激英國人在阿拉伯和阿比西尼亞的貿易。為此目的，他繪製了紅海沿岸的地圖；儘管這些圖表從未完成，厄利垂亞沿岸馬薩瓦*附近有一個安斯利灣†，是向子爵的虛榮心致以持久的敬意。他還希望與衣索比亞的地區統治者們建立公開關係，其中最強大的統治者，提格雷‡的拉斯§，邀請瓦倫西亞去那裡訪問。考慮到自己「太重要了，不能用自己的生命來冒險，」瓦倫西亞派「相對不太重要」的索爾特去阿比西尼亞。這是索爾特的第一個外交使命，幫助他開啟了未來的職業生涯。[53]

瓦倫西亞的遊記被廣泛引用，稱它表現了大英帝國在十九世紀初出現的愛國主義和占道德制高點的態度。瓦倫西亞痴迷於種族純潔性和社會等級制度，堅信白人優於非白人，基督徒優於異教徒，英國人優於其他一切人等，並像《航遊記》一書所體現出來的那樣，顯然是個維多利亞時代末期帝國主義的「白人的負擔」派的先驅者。他的大部分觀點都顯示在他對克勞德·馬丁一人的人格毀損，他在一八〇三年走訪勒克瑙時便開始動筆，同時攻擊了法國、暴發戶、文化融合，以及放蕩的性習慣。瓦倫西亞的這些態度，仿效了他的偶像理查·威爾斯利，很像一八二〇年代

*馬薩瓦（Massawa），厄立特里亞北紅海區的一個港口城市，位於紅海沿岸。

†安斯利灣（Annesley Bay），又名祖拉海灣（Gulf of Zula），以子爵之名喬治·安斯利命名。

‡提格雷（Tigray），衣索比亞的一個歷史地區和省份的名稱，位於該國北部，與厄利垂亞接壤。

§拉斯（Ras），意為「頭目」，強大的非帝國領袖的稱號之一。有歷史學家認為它等同於公爵。

印度的「英國主義者」帝國行政官員的手段，後者力圖將西方文明強加於娑提（sati）等「野蠻的」印度做法之上，娑提這種印度風俗是指寡婦會在丈夫葬禮的火葬柴堆上自焚殉夫。

但在愛道德說教的子爵看來，事情遠比外表上見到的更加複雜。一七九六年，在索爾特遇見他之前不久，瓦倫西亞對妻子安妮提出了「通姦」的訴訟，他們成婚已有六年了。這種訴訟難免丟臉，這一樁尤其令人不悅。瓦倫西亞聲稱他的妻子曾與他的酒友，一個名叫約翰·貝倫登·高勒的著名浪子關係曖昧。安妮聲稱她丈夫的行為更加荒唐。她的律師們抗議說，高貴的子爵「極其厭惡」自己的妻子，卻與男僕喬治「親密無間」。「他們經常在一起互相戲耍玩弄，」瓦倫西亞夫人作證說，她「看到上述子爵掐住上述喬治，並用最下流的愛撫對待上述喬治。」[54]與此同時，因為瓦倫西亞「曾反覆聲明希望有繼承人……並說只要有子嗣，他才不在乎是誰的，」他邀請高勒來為他代勞。總之，根據這份辯護詞，爵爺是個同性戀，夫人出賣貞操，而繼承人卻是個私生子。

情況屬實嗎？法庭對此否決，並判給瓦倫西亞二千英鎊的損害賠償金。但此事委實驚人。離婚判決過去了整整十五年後，詩人拜倫勛爵（他本人也實在不是個行為規範的榜樣）頗為尷尬地發現「由於人人都和他（瓦倫西亞）說話，難免有人會提及此事。」[55]顯然這個醜聞給了子爵很大的刺激，讓他去東方避避風頭。這或許也解釋了簡明扼要的《國家人物傳記大辭典》為何沒有他的詞條（但其中有索爾特）。[56]挖掘瓦倫西亞不光彩的過去，讓我們可以用一個新的角度去看待他的「帝國」態度：鑒於他此前聲名狼藉，他有強烈的個人理由高聲公開堅持他的道義公正，並譴責缺乏道德之人。

我們不清楚亨利・索爾特對他贊助人的過去了解多少，但他顯然知道該如何最大限度地利用關係。索爾特滿懷著野心和夢想與瓦倫西亞一同旅行歸來。他開始在倫敦的知名人士圈子裡發展贊助網路，其中包括頗有影響力的皇家學會主席、非洲協會（建於一七八八年，專門資助非洲探險）主席、大英博物館理事，以及英國科學與自然收藏界的萬能中樞約瑟夫・班克斯爵士。多虧瓦倫西亞對外交部的敦促以及非洲協會的財政支持，一八〇九年，索爾特接受委託回到了阿比西尼亞，再次力圖實現瓦倫西亞荒誕不經的紅海貿易計畫。這會是又一次沒有結果的使命，但對索爾特卻很有幫助。（當時的英國人主要是透過詹姆斯・布魯斯的作品來了解阿比西尼亞的，布魯斯是一位名譽掃地的蘇格蘭旅行家，雖然有些誹謗對他可能並不公平。）索爾特利用數次旅行的異域魅力，當選非洲協會和皇家學會的會員，並出版了一本小書介紹他的冒險經歷。

這些成功為索爾特在他渴望加入的社交圈子裡贏得了認可。但上流社會代價高昂：他不得不從父親那裡借錢才能收支平衡，他還需要一份有償的工作。因此，索爾特在一八一五年四月初聽說米塞特辭去了埃及總領事的職務後，抓住了這個機遇。這正是吸引他的那種職位：給了他官銜、聲望、重要地位，以及最關鍵的，體面的收入。他立刻發動熟人為他遊說這個崗位。約瑟夫・班克斯爵士致信外交大臣卡斯爾雷勛爵，熱情推薦「我的朋友索爾特先生……他曾在阿比西尼亞之旅為自己贏得很多聲望，也積極投身公共服務。」[57]三個星期內，這個位子就是他的了，還有一千七百英鎊的年薪（儘管這筆錢還得用於支付領事館的運營開銷，索爾特後來估算高達一千九百五十英鎊），並很有可能獲得一筆終生養老金。[58]

從藝術世界的邊緣，到倫敦菁英層的邊緣，再到外交界的邊緣，亨利·索爾特的早期生涯讓我們得以一窺下層視角中的攝政時期*上流社會。顯然，他並不缺乏天資或個人魅力，但無論從哪一點來看，索爾特都是個職業的玩家，幾乎沒有資格從事任何一個特定的職業。他成功贏得埃及領事的職務，得益於當時英國非正式的贊助人網路的影響和力量。它也凸顯出英國領事人員一貫的臨時性質，與海峽對岸官僚體制的正規結構截然不同。[59]

埃及不再像一七九八年以前喬治·鮑德溫時期那樣，處於英國政策的邊緣地帶。比方說，約瑟夫·班克斯爵士認為埃及領事的職位是「埃及自從法國入侵以來，成為歐洲政治高度關注的國家，因此這個職位具有……很高的政治重要性。」[60]這個直到最近還讓英國人難以理解的地中海東部鮮為人知的角落，這個英國或多或少地樂於見到其貿易被法國和地中海其他國家所控制的國家，如今被認為對英國的貿易和戰略利益至關重要。

自一七九八年以來，埃及另一個方面的聲望也在英國迅速飆升。如今在大英博物館的湯利美術館昂然展示的埃及文物，在大眾的眼中贏得了一席之地。索爾特動身前往埃及前不久，與約瑟夫·班克斯爵士會晤了一次。班克斯以其大英博物館理事的身分鼓勵索爾特為博物館搜羅文物。[61]（但他們討論的具體細節未能記錄下來；這個失誤在索爾特後來的職業生涯中一直困擾著他。）索爾特在接受外交指令後旋即收到外交部轉來的古文物學會的請求，要他尋找「據傳落在聖朱利安堡†廢墟上的羅塞塔石碑的其餘碎片。」索爾特被告知，「無論成功還是失敗，工作的費用……均由一個開明的國度給予最愉快的支持，這個國家急於領先對手，履行對文學和科學的最大利益。」[62]

索爾特很快就準備動身了。一八一五年七月，他前往伯明罕（在那裡向一位「T小姐」求愛，但以失敗告終），並花了外交部一百五十英鎊為埃及官員購買外交禮物：「兩對鄂圖曼手槍」，各種寶石，「四一六一號銀質咖啡罐」，還有一個鍍銀的麵包籃子。[63]他隨後去斯塔福德郡‡與瓦倫西亞勛爵道別，後者是特地從愛爾蘭趕來給他送行的。「一想到我們可能要分別多長時間，以及此生或許再也不會相見，」瓦倫西亞悲哀地寫道。「我們結交多年，我無法想像你臨走前不會來看我……」[64]會晤也讓索爾特有機會得知瓦倫西亞所有「關於文物等等你希望我在埃及為你購買之物品的願望。」[65]「如果有任何阿比西尼亞珍品，你現在不想要了，」瓦倫西亞補充道，「我會考慮將它們作為珍貴的物品補充進我的家族博物館，」那座博物館位在他阿利莊園

*編按：攝政時代（Regency）指一八一一至一八二〇年間，英國國王喬治三世因精神狀態不適於統治，由長子，當時的威爾斯親王當仁攝政王代理政務。

†聖朱利安堡（Fort St. Julian），一七九九年法軍占領的尼羅河左岸羅塞塔附近一座年久失修的十五世紀堡壘，並以拿破崙的一位副官托馬．普羅斯珀．朱利安的姓氏將其命名為聖朱利安堡。羅塞塔石碑正是在這次改建中發現的。

‡斯塔福德郡（Staffordshire），英格蘭西米德蘭地區的一個郡名。

的家裡。66

就這樣，一八一五年八月，亨利・索爾特帶著雙重任務從布里奇頓*出航了。作為領事，他要在埃及謀求英國的政治利益，對抗法國任何從未間斷的陰謀。他還受委託要搜羅文物，既要豐富大英博物館的國家收藏，也要代表他自己的贊助人，那些訓練有素、懂得欣賞這些物件的富裕貴族們。這個官方與私人之間、政治與文化之間的灰色地帶，在他以前曾由埃爾金勛爵占據；並且和埃爾金一樣，索爾特也會與這種模稜兩可發生衝突。他也會發現，與他身為領事的政治角色相比，他的文化使命會讓他陷入與德羅韋蒂和法國人更殘酷的衝突。

但此時他還沉湎於自己的新職位。索爾特途經法國前往埃及，正好趕上目睹一八〇一年英法投降條約第十六條以某種方式重演：再次沒收法國所掠奪的財物，而這次的規模更大。滑鐵盧戰役剛過去三個月，英國人在他們最可怕的敵人的土地上洋洋得意、明目張膽地出盡風頭。索爾特心滿意足地想到，作為一個英國人，作為一個要人，並且身處法國，這是個多麼美好的時刻啊！部分歸功於他的新職位，他才得以與海軍上將悉尼・史密斯爵士等顯貴並肩同行，甚至還曾短暫地與威靈頓公爵本人會面。但他在巴黎的短暫逗留中最值得記憶的一刻，或許是參觀羅浮宮。

索爾特在藝術界的很多師友都在一八〇二年湧向巴黎，去欣賞拿破崙搶來的歐陸藝術作品。如今，根據英國及其盟友給法國規定的和平條款，全部戰利品都要歸還原國。索爾特在一封給瓦倫西亞的信中幸災樂禍地寫道，沒有什麼能像從羅浮宮把油畫和雕像拿走更讓法國人悲痛欲絕的了。這種極為合理和明智的舉措讓部分邪惡的民眾勃然大怒，因為它立刻就在世人面前貶低了他們的自尊，還會成為他們落敗的永久證明。

觀景殿的阿波羅、拉奧孔、梅迪奇的維納斯†、佛蘭德人的油畫、來自普魯士和維也納的成百上千件藝術作品、聖瑪律谷之馬‡，（「從放置它們的那座拙劣的凱旋門上把它們拿下來，真是一種仁慈」）都歸還給了原來的主人。[67]這實際上就是收藏帝國的反向做法：羅浮宮收藏的解體強化了拿破崙帝國的崩潰，正如納粹掠奪的藝術作品在二戰後紛紛被送回本國一樣。「我離開巴黎時，破壞的工作即將結束，」索爾特總結道，但「法國（以及英國）幸運的是，正如我相當惡意

＊布里奇頓（Brighton），英格蘭東南部東薩塞克斯郡的一個海濱市鎮。

†梅迪奇的維納斯（Venus de Medici），希臘愛神愛芙蘿黛蒂的一尊希臘風格大理石雕塑。現存雕塑是原希臘青銅塑像的大理石複製品，大約在西元前一世紀製作於雅典。

‡聖瑪律谷之馬（horses of San Marco），一組古希臘鎏金銅駟馬雕像，原是駟馬雙輪戰車雕塑的一部分，從十三世紀起一直放在威尼斯聖瑪律谷聖殿的立面。一七九七年，拿破崙強行將馬從威尼斯搬到巴黎，放在卡盧梭凱旋門。一八一五年，駿馬回到威尼斯聖瑪律谷聖殿。直到一九八〇年代初由於空氣汙染而改用複製品代替，原件在聖殿內部展出。

地對一位法國畫家所說的那樣，他們依然擁有大衛*的**宏偉**作品來撫慰他們的損失。」[68]

身為前藝術家，索爾特當然對這些作品的命運特別感興趣。但他不可能猜到，騰空羅浮宮與他自己的人生會有多密切的關係。因為正是為了填補這些空虛的美術館，法國才會再次轉向埃及，轉向如同國家復興一般帶來榮譽與喝采的文物收藏。數周之內，亨利・索爾特就會就哪個國家應該擁有更好的收藏，以及由誰來提供，與貝爾納迪諾・德羅韋蒂交戰了。

*指雅克—路易・大衛（Jacques—Louis David，一七四八至一八二五），法國畫家，新古典主義畫派的奠基人和傑出代表，他在一七八〇年代繪成的一系列歷史畫標誌著當代藝術由洛可可風格向古典主義的轉變。他除了在藝術領域的建樹之外，還是羅伯斯比的朋友、雅各賓派的一員，活躍於法國大革命之中。羅伯斯比失勢之後，他又投靠了拿破崙。

第八章　搬運

同黨

亨利・索爾特在一八一六年三月抵達亞歷山卓港。對歷經磨難的米塞特上校來說，他的到來是一種真正的解脫，上校在不宜居住的氣候裡長期工作，「健康受到了很大損耗，以至於四肢都無法動彈。」[1]即將卸任的領事近乎完全癱瘓，只能縮在輪椅上忍受著可怕的痛苦。與此同時，新任領事索爾特精力旺盛地南下開羅，在六月初首次正式會晤了穆罕默德・阿里。索爾特上一次見帕夏是在一八〇六年局勢動盪的日子裡，當時內戰肆虐埃及，英法兩國都懷疑對方正在計畫入侵。如今兩人再次相見，世界已經變了。

穆罕默德・阿里帕夏起初因為馬木路克人（比如阿勒菲貝伊所領導的）激烈內訌而情勢危急，如今已是埃及的最高統治者。一八一一年，他一舉鞏固了自己的權力，做法既決絕果斷又相當卑鄙：他貌似出於善意，要求所有的馬木路克領袖（與他爭權的對手們，有時又是公開的敵人）來開羅要塞參加他一個兒子的婚禮。這座要塞與大多數的宏大堡壘一樣位於安全的山頂，只有少數幾個可以輕易封鎖的入口，當然出口也一樣。婚禮結束後，貝伊和卡謝夫（即省級行政官員）們開始迂迴走出要塞，帕夏卻封鎖了出口，把他們困在院子裡。重重包圍的軍隊將他們殺得一個不剩。（德羅韋蒂和其他人一樣，對這種背信棄義大感震驚；但曾經面對過強大的耶尼切里軍團*反對的素壇馬哈茂德二世†，卻對穆罕默德．阿里面對內亂的這種果敢而權威的回應表達了道賀之意。）[2]

穆罕默德．阿里以這種方式消滅了埃及境內的對手後，開始向外擴張影響力。他的第一次海外冒險是在鄂圖曼治下阿拉伯半島的漢志‡省。一八〇三年，「清教徒式的」穆斯林神職人員穆罕默德．伊本．阿布德．瓦哈卜§的信徒們占領了麥加和麥地那兩座聖城，他們趕走鄂圖曼當局，建立自己的政權，並打出「原教旨主義」宗教解釋的旗號。（一個世紀後，瓦哈比派◎在此地復活，並成為今日沙烏地阿拉伯的國教教義。）素壇命令穆罕默德．阿里帕夏作為其附庸國，鎮壓叛亂的瓦哈比派並為哈里發帝國收復聖城。穆罕默德．阿里起初遲疑不前，但隨後認定這是擴大勢力的機會。入侵漢志是穆罕默德．阿里及其兒子們第一次在中東各地征戰。儘管起初表面上是代表素壇作戰的，實際上，穆罕默德．阿里卻力求建立帝國內的帝國，而讓鄂圖曼負責大部分的開銷。一八三一年，他的兒子易卜拉欣大舉入侵敘利亞，並繼而進軍穿過安納托利亞◇，幾乎打到君士坦丁堡的郊外。從一八二二年起，穆罕默德．阿里便占領了蘇丹，並曾短暫地企圖組建與東印度公司的印度土兵軍隊類似的蘇丹黑人民兵軍隊。他還希望在紅海開啟自己與印度的貿易，並在與索爾特領事首次正式會晤時提起了這個話題。[3]

一八一六年索爾特回到埃及時，穆罕默德・阿里也開始了一系列的國內專案，計畫在埃及實現類似於歐洲的「現代化」。他積極致力於開發埃及的農業潛力、工業生產，並發展教育、醫療和軍事制度。主要的措施包括建造連接地中海和尼羅河的馬赫穆迪亞運河&；開設大量學校、醫

---

*耶尼切里軍團（Janissary corps），又稱鄂圖曼新軍或素壇親兵，是鄂圖曼帝國的常備軍隊與素壇侍衛的統稱。

†馬哈茂德二世（Mahmud II，一七八五至一八三九），鄂圖曼帝國第三十任素壇，一八〇八至一八三九年在位。因北方強鄰俄羅斯帝國屢次的軍事威脅，令他統治期間致力於大規模的法制及軍事改革，馬哈茂德二世因此被稱為鄂圖曼改革的始祖，有開明專制君主之稱。

‡漢志（Hijaz），伊斯蘭教的發祥地，位於沙烏地阿拉伯西部北至約旦邊境南至亞西爾地區的沿海地帶。得名自境內的漢志山脈。

§穆罕默德・伊本・阿布德・瓦哈卜（Muhammad ibn 'abd al-Wahhab，一七〇三至一七九二），中阿拉伯半島內志的宗教領袖、神學家，是如今被稱作瓦哈卜派的伊斯蘭宗教創始人。

◎瓦哈比派（Wahhabism），又稱瓦哈比運動，是興起於十八世紀中期的原教旨主義伊斯蘭教遜尼派的一脈，以首倡者穆罕默德・伊本・阿布德・瓦哈卜而得名。但其信徒一般自稱為「認主獨一者」，意即稱自己為唯一真神的信徒。該派在教義上極端保守，可以說屬於極右派。

◇安納托利亞（Anatolia），又名小亞細亞，是亞洲西南部的一個半島，位於黑海與地中海之間。

&馬赫穆迪亞運河（Mahmudiyya Canal），由尼羅河支流所開鑿而成的運河，經由亞歷山卓港通往地中海。建立於一八〇七年。

院，以及第一份阿拉伯語報紙；以及（一八二〇年）在埃及引進並廣泛種植了長纖維的朱梅爾*棉，到一八二三年，該作物便年產逾一千六百萬磅。[4]為了達到這些目的，帕夏急需各類歐洲顧問，特別是法國人。（但他絕對更偏好義大利的醫生。）就像索爾特在一八一六年報告的那樣，「每天都有新的歐洲冒險家湧進這個國度。」[5]與上一代的阿薩夫．烏德－達烏拉一樣，穆罕默德．阿里治下的埃及像磁鐵一樣吸引著尋找工作和新生活的歐洲人。

在贏得最高權威和埃及的自治，為建立埃及帝國而在中東征戰，埃及及其軍隊的「現代化」的這三個方面，穆罕默德．阿里帕夏無疑是他那個時代最具創新和能力的領袖之一。索爾特在一八一六年與帕夏再次會面後不久，便傲慢地判斷他是個「聰明人，並且作為一個鄂圖曼人，他品格非凡，如果不是被他周圍的偏見所阻礙的話，我們很快就會看到埃及的樣貌會大為改觀。」[6]在某個層面上來說，這個評價屬於東方通經典的屈尊俯就；但在另一個層面上，它表明索爾特和很多歐洲人一樣欣賞穆罕默德．阿里，承認他是個極其不落俗套的統治者，幾乎不像是個東方人。帕夏絕非歐洲政府或其代表所期待庇護的那種卑微小國的平庸之輩。他（至少在此時）是個需要結交和尊重的人物。此外，在相當缺乏彈性的鄂圖曼帝國之內，埃及崛起擴張成為一個近乎自治的國家，這讓相關的歐洲外交官愈發擔心，覺得它的力量有可能會打破帝國的穩定。歐洲外交官們既要支持埃及及其西化的統治者，又要以保持鄂圖曼的完整性為目標，他們始終必須在這兩者間確保平衡。一八四〇年，英國和其他歐洲列強採取行動維護鄂圖曼帝國，剝奪了穆罕默德．阿里的大部分占領地，並削減了他的軍隊規模時，他不幸淪為自身成功的受害者。但此時他還是歐洲（特別是英法兩國）關照的受益者，兩國都熱中於支持他的現代化計畫，並渴望在滑鐵盧戰役之後的世界裡贏得這個盟友。

自從一八〇六年索爾特首次到訪埃及以來，英法兩國在該處的相對地位也發生了變化。儘管法國的影響力一度明顯占了優勢（特別是在一八〇七年英國戰敗後），但索爾特如今驚喜地報告說，「法國的影響處於低潮，而英國人驕傲地處於主導地位。」[7]誠然，在索爾特寫報告時，他的話或許在世上的每一個角落都適用。滑鐵盧戰役六個星期後，拿破崙被流放到東印度公司在聖赫勒拿島的殖民地。在法國，波旁王朝復辟了，國王路易十八（被砍頭的路易十六的弟弟）被安排登基。國際上，對於泛歐乃至囊括全世界的法蘭西帝國的恐懼在短短幾年前還那般明顯，如今卻煙消雲散。當然，迫在眉睫的法國入侵埃及也一樣灰飛煙滅了。德羅韋蒂和法國人社區也把革命時期的三色旗換成了如今成為國家象徵的波旁白旗，盡職盡責地標示了波旁復辟。但（據米塞特上校說）他們在內心深處「曾經深情地希望看到這個國家被交由法國統治，但某個事件毀掉了這些希望，（他們）對此深感遺憾。」[8]

拿破崙的落敗對貝爾納迪諾·德羅韋蒂個人產生了特別的影響。與每一次政權更迭一樣，波旁復辟也牽涉到行政人員的重大變更。在包括領事人員在內的整個政府裡，波拿巴派都被清除一

＊路易·亞歷克西斯·朱梅爾（Louis Alexis Jumel，一七八五至一八二三），法國實業家，他以自己的姓氏命名了一種在一八一七年面世的長纖維棉花。

空，代之以同情（至少是願意容忍）新國王之人。德羅韋蒂的整個職業生涯都是在拿破崙的官僚體制下度過的，他被立即解僱並勒令到巴黎去。他咬牙接受了自己被免職的事實，並承諾：「我要在最後這段日子裡盡職盡責，以此來證明自己無罪……並以我為法國服務時始終如一的熱情和忠誠來自勉……」[9]他堅守崗位直到接替者，即職業外交官魯塞爾和泰德納赴職後，才按照指示交接了領事館的管理。[10]但德羅韋蒂拒絕受命離開埃及，亨利・索爾特很快就明白這將造成怎樣的影響。

法國的新領事們住在亞歷山卓港，索爾特自誇道：「這讓在開羅的我成了此領域無可爭議的大師。」[11]就贏得英國對帕夏的影響而言或許的確如此，這是索爾特受命的第一部分。（穆罕默德・阿里就在開羅，索爾特可以隨時求見他。）但至於他的第二部分使命，即搜羅文物，索爾特很快就發現天平完全倒向了另一邊。他幾乎在甫一上任時便開始尋找文物了，但可選擇的嚴重不足。原來是因為「前任法國領事德羅韋蒂先生在上埃及買進了全部的文物，完成了他在幾年前便已籌畫好了的收藏。」談到文物，貝爾納迪諾・德羅韋蒂才是該領域無可爭議的大師。

自從一八一一年和布坦一起對上埃及進行首次重要訪問之後，德羅韋蒂每年都去尼羅河旅行，還僱用歐洲代理人代表他去挖掘。他是第一個在那裡不斷挖掘的人，儘管在埃及的挖掘仍然遠遠算不上「科學」的工作，但那裡的發現卻十分驚人。德羅韋蒂的發現被帶去開羅，一八一六年索爾特到來之時，他的藏品數量已經十分龐大了。他從未明確表示過自己為何開始挖掘和收藏，但我們可以舉出兩個動機。他顯然知道在一七九八年之後的世界裡，埃及文物的文化和社會價值，並且身為一個波拿巴黨人，大概還對此特別欣賞。文物可以為他贏得聲望，還可能獲得升遷。此外，代表法國搜羅文物或許可以讓他（因皮埃蒙特人身分而被當作法國的外人）強調自己對法國的忠誠。第二個動機顯然是有利可圖。《埃及記述》或德農的《遊記》這樣的書，大英博物館裡的埃及文物，以及裝飾藝術一類的埃及圖案都在整個歐洲掀起了對埃及文物的興趣（美國在某種程度上也是如此，不過認真投入的美國收藏在一八四〇年代才開始）。博物館和私人收藏家愈來愈渴望獲得這種物件，這意味著搜羅文物是個極佳的現金來源。

在德羅韋蒂擔任領事期間，收藏只會消耗他的部分精力。如今他失業了，那就變成了他存在的理由。十幾年來，他和羅西納以及他們的兒子都在埃及生活。他有時會說要收拾起藏品搬回法國，卻總是改變主意。德羅韋蒂顯然不信任波旁王朝的法國，那個解僱了他的國家。但「他從不懷疑自己與帕夏的友誼，」他們長期以來一直親密無間。德羅韋蒂還擁有穆罕默德．阿里最親近的顧問博戈．貝*的堅定支持，後者顯然認為當初德羅韋蒂把他介紹給帕夏，有著知遇之恩。「沒有誰比他更了解埃及了，」德羅韋蒂的繼任者魯塞爾（整體而言，他對德羅韋蒂這個在埃及顯然最有影響力的「法國人」相當顧忌）評論道：「他簡直就是這個國家的活字典……」[12]

*博戈．貝．優素菲安（Boghos Bey Yousefian，一七七五至一八四四），埃及商務部長、外交部長，穆罕默德．阿里帕夏的祕書。

德羅韋蒂和助手們。

一八一六年底，索爾特去參觀德羅韋蒂在開羅的收藏。他發現那個收藏「包羅各種新奇的物事，其中一些價值連城。」「全部藏品都有意出售……（並且）我猜總價不會低於三四千英鎊。」[13]（根據零售商品的通貨膨脹率，該金額相當於今月的約二十萬英鎊。）儘管價格昂貴，但這批收藏卻對索爾特有著強烈的吸引力。他急於實現約瑟夫·班克斯爵士的希望，並為英國採購文物，因而「試圖勸說（德羅韋蒂）向大英博物館開價。」（雖然他「不清楚」博物館「是否有足夠的錢買下它們。」）[14]如果德羅韋蒂的文物能去倫敦，它們就會讓大英博物館的埃及藏品成為迄今歐洲最龐大的收藏。當然，這屬於最高級別的**投機鑽營**了：一八〇一年之前，英國在埃及及其文物上幾乎沒花什麼心思，如今卻想一舉得到法國代理人苦心經營多年的事業（就像此前沒收學者們的文物一樣）。但這對於德羅韋蒂和索爾特個人來說也會是個盡善盡美的安排：索爾特完成了他的社交和文化使命，而德羅韋蒂也收到了錢。

有那麼一瞬間，兩個人以及他們各自服務的兩個敵對國家之間似乎情投意合。但那正是問題所在。這不僅事關金錢，也關乎個人與國家的聲望。德羅韋蒂無意讓他的文物像以前的羅塞塔石碑那樣，落入大英博物館之手。據曾在一八一七年訪問過埃及的羅浮宮負責人福爾班伯爵*說，德羅韋蒂「最熱切的願望……就是（用他的藏品來）布置巴黎的博物館。」正是「因為這個願望，他才不斷拒絕出售那些藏品，不理睬向他提出的那些極高的報價。」[15]德羅韋蒂直截了當地拒絕了索爾特請求他把收藏賣給英國的提議。如果英國想要埃及的文物，那麼索爾特就該自己去挖掘。

因此，在索爾特抵達埃及後的短短數月之內，兩人之間延續十年的競賽舞臺便已準備就緒了。在某個層面上來說，索爾特和德羅韋蒂兩人不和似乎是個很奇怪的事。畢竟，正像魯塞爾領

---

*福爾班伯爵（Comte de Forbin），即福爾班—讓松伯爵，夏爾·奧古斯特·馬里·約瑟夫（Charles Auguste Marie Joseph，一七八五至一八四四），法國貴族和高級教士，「仁慈神父」的創辦人之一。一八一七年，福爾班—讓松伯爵曾被派往敘利亞傳教。

事所說，德羅韋蒂的「文物品味似乎與索爾特先生十分一致……，後者也有同樣的愛好，被倫敦的文物收藏家賦予全權，要他不惜任何代價收購埃及的古文物。」但他以明顯驚訝的口吻說，兩人並未因文物而結緣，「德羅韋蒂先生想打擊他。結果便是相互敵視與仇恨。」[16] 德羅韋蒂如何負擔得起「與索爾特先生之間為了文物而進行的耗資巨大的戰鬥」，對於魯塞爾來說是一個謎。[17]

然而，一定正是兩人的一致愛好，才讓他們的爭鬥如此激烈。和很多帝國收藏家一樣，索爾特和德羅韋蒂都是急於求成的邊緣人物。他們對新出現的國家利益的執著追求，演變成在一個更廣闊的領域裡追求自我提升的過程。德羅韋蒂並非生而為法國人；由於波旁復辟，他如今又是個政治上的外人了。如果他想重返政府工作，就不得不竭力巴結新政權，更不用說獲得更多的榮耀和更高的地位了。至於索爾特，自從他少時第一次到倫敦開始，就一路奮力掙扎，從平凡的外省中產階級往上爬，渴望加入貴族和行家的迷人世界。擔任領事的職務後，他達到了迄今為止的最高點，並為利用新的職位繼續爬到頂端做好了充分的準備。就算歐陸的局勢已進入和平時期，埃及卻聚集了另一種英法戰爭的各種元素：英法在一個嶄露頭角的東方國家建立非正式帝國的競爭，以及兩個邊緣人物為了地位、認可和金錢的較量。

事態愈發緊張。一八一六年夏，新的代理人捲入了國家與個人野心的漩渦。他名叫詹巴蒂斯塔・貝爾佐尼，是另一個想要再造自我的邊緣人物。貝爾佐尼將把挖掘和運出埃及的文物提升到一個新的水準。他還會把英法之間的緊張關係變成不加掩飾的公開衝突。

愛國者

馬爾他島如此渺小，在歐洲地圖上幾乎都看不清楚，這裡似乎是個神祕僻靜之地。島上的瓦勒他天然港口被高聳的石牆將其與大海隔開。但這座島也是個天然的通道，就連馬爾他語這種受義大利語嚴重影響的阿拉伯語，也能證明這一點。馬爾他島位於北非與歐洲之間，是旅客和候鳥的中轉站。一八一四年晚秋，有不少流浪漢在瓦勒他街頭閒逛，其中就有出生於帕多瓦*、現年三十六歲的詹巴蒂斯塔·貝爾佐尼。他無所事事，前途茫茫。[18]

貝爾佐尼鶴立雞群，因為他有一個明顯的特徵：他是個巨人。他身高約莫有兩公尺，就算按照今天的標準也格外高大，加之胸膛開闊，體格魁梧，強壯到足以舉起十個人。埃及海軍上將伊斯梅爾·直布羅陀的目光，想必首先被貝爾佐尼碩大的身形所吸引。伊斯梅爾是來馬爾他為穆罕默德·阿里帕夏招募歐洲技工。四海為家的無業遊民貝爾佐尼很高興能被招募。他告訴伊斯梅爾，說他精通水力學，可以為帕夏設計水車，改善農業灌溉。伊斯梅爾正式承諾給予貝爾佐尼一份工作，一八一五年五月（就在亨利·索爾特為了領事的職位而四處遊說之時），貝爾佐尼和他的妻子出發前往亞歷山卓港。[19]

---

*帕多瓦（Padua），義大利北部的一個城市，與威尼斯時常共同被視為帕多瓦－威尼斯大都會區的一部分。

身著東方服飾的詹巴蒂斯塔·貝爾佐尼。

貝爾佐尼介紹自己是個「水力工程師」，這最多不過是他想像出來的說法。實際上，剃頭匠之子貝爾佐尼十八歲以後就在歐洲四處打零工。一七九六年法國入侵他的祖國義大利後，他有七年時間在歐陸到處遊蕩，後來又在一八〇三年《亞眠合約》期間越過海峽去了英國。他仗著自己的魁偉體格，在那裡嘗試了另一種新的職業：默劇演員和流動露天遊樂場的表演者。人稱「巴塔哥尼亞的參孫」，貝爾佐尼表演了各種力量技藝，比如用特製的鐵馬具扛著十一個人在舞臺上走上走下。[20]他跟著遊樂場劇團走遍了大半個英國，也在倫敦的薩德勒之井劇院*定期參演。他正是在那裡透過幫助劇院管理層創造了「真水」的舞臺效果，再現了美國革命期間西班牙人的直布羅陀圍城大戰，才獲得所謂的「水力工程」經驗的。

貝爾佐尼的早期生涯，為一窺戰時歐洲普

通百姓的生活提供了難得的機會：很多平民跨越國界去尋找工作，逃離戰爭。轉往英國對貝爾佐尼未來的旅行和身分產生了決定性的影響。從那時起，他在英格蘭妻子莎拉的陪伴下，主要在可以被稱作是英國的影響範圍內周旋。[21]（他們沒有孩子，「也不想有，」貝爾佐尼後來寫道，「因為孩子會徹底阻礙我的旅行」；不過從一八一〇年開始，一個名叫詹姆斯·柯廷的「愛爾蘭小夥子」以打雜僕人的身分跟隨他們一同旅行。）[22]一八一二年，貝爾佐尼前往英國的盟國葡萄牙；一八一三年，貝爾佐尼夫婦來到剛剛被英國人解放了的馬德里；當他們在一八一四年抵達馬爾他時，那裡已經根據《巴黎條約》被正式確立為英國的殖民地。但說到底正是在埃及，貝爾佐尼才明確地對他的入籍國有了歸屬感。

貝爾佐尼夫婦是在一八一五年的瘟疫季節到達埃及的，他們留在法國人聚居區（okel）裡，一直等到疫情結束才前往開羅，博戈·貝把他們安排在布拉克†一幢快散架了的木頭房子裡。整整一年以後，貝爾佐尼才有機會為穆罕默德·阿里帕夏展示他的牛拉水車。設計看來是成功的，但展示卻不盡如人意。「如同兒戲，」帕夏希望看到的是人力驅動的水車，而不是用牛；在嘗試時，年輕的詹姆斯·柯廷被拋到地上，摔斷了髖骨。貝爾佐尼企圖進入水力工程領域的嘗試就這

＊薩德勒之井劇院（Sadler's Wells Theatre），倫敦克勒肯維爾區（義大利裔聚居區）的一個劇院，始建於一六八三年，當年是斯圖亞特王朝復辟後的第二家大眾劇院，如今已五度重建。

†布拉克（Bulaq），埃及開羅的一個區，毗鄰開羅市中心、埃茲貝基亞區和尼羅河。

樣遭遇了不幸，「所有這一切都是因為我被帕夏拋諸腦後了……」[23]貝爾佐尼突然間發覺自己身處一個陌生的國度，一文不名，也沒有工作，儘管他不是第一次面對這樣的窘境了。他將以全新的形象擺脫這種困境：假裝成來自英國的冒險家。

最終，另一位歸化的英國人、出生於瑞士的探險家讓・路易（或「約翰－路易斯」）・布爾克哈特*向貝爾佐尼伸出了援手。雖然布爾克哈特年僅三十一歲，卻早已躋身無畏的東方旅行家的名流中了。他偽裝成名叫「謝赫・易卜拉欣」的穆斯林，是在如今的約旦南部邂逅古城佩特拉†的第一個歐洲人，那座城像魔法王國一樣出現在粉紅色岩石狹谷的盡頭。一八一六年六月，布爾克哈特在逾兩年的旅行後剛剛回到開羅，那次旅行中，他向南行至努比亞‡，在那裡發現了阿布辛拜勒神廟§；然後又橫穿紅海到達阿拉伯半島，成功完成了麥加朝聖。布爾克哈特在沿尼羅河北上的途中，曾在盧克索的拉美西姆祭廟◎（拉美西斯二世停屍之處）被他看到的一個陷在沙子裡的巨石半身像迷住了。這個雕像被稱作「年輕的門農」，也深受法國學者們的欣賞，他們企圖搬走它但失敗了，只在它的胸膛上留下一個大洞。布爾克哈特想，如果英國人能宣稱擁有這座雕像，那該是怎樣的光彩啊！貝爾佐尼本人幾乎也是塊巨石，有著無窮的精力，顯然還足智多謀，這一切讓布爾克哈特認為貝爾佐尼正是嘗試這項工作的不二人選。[24]

布爾克哈特和貝爾佐尼在制定計畫時，亨利・索爾特來到了開羅。布爾克哈特和索爾特在倫敦時便已相識，他們倆都是非洲協會的會員，也有很多共同的朋友。（索爾特實際上對比他小四歲卻更有名也更受人崇拜的「謝赫・易卜拉欣」相當嫉妒。）布爾克哈特建議大家把資源合在一處，僱用貝爾佐尼來搬運「年輕的門農」，把這座半身像送給大英博物館。索爾特立即同意了。「這真是天賜的好事啊！」布爾克哈特把他介紹給貝爾佐尼時，他歡呼道。一八一六年六月二十八日，兩人交給貝爾佐尼一份搬運頭像的書面指示。[25]索爾特還給了他「大約一千阿斯特（約合二十五英鎊），讓他挖掘並單獨為他（索爾特先生）購買文物。」[26]

這份協議開啟了兩人在埃及文物收藏的生涯。索爾特為大英博物館獲得了一件珍貴的藏品，還得到了一位以他的名義挖掘和採購的代理人。貝爾佐尼不僅得到一份急需的工作，還得到了更

＊讓－路易・布爾克哈特（Jean-Louis Burckhardt，一七八四至一八一七），又名約翰・路德維希・布爾克哈特（Johann Ludwig Burckhardt），瑞士旅行家、地理學家和東方通，以其重新發現了約旦的納巴泰王國古城佩特拉而聞名。

†佩特拉（Petra），約旦的一座古城，位於首都安曼南兩百五十公里處，隱藏在阿拉伯谷東側的一條狹窄的峽谷內。佩特拉通常被認為是納巴泰王國的首都。

‡努比亞（Nubia），埃及南部與蘇丹北部之間沿著尼羅河沿岸的地區，今日位於阿斯旺與凱里邁之間。

§阿布辛拜勒神廟（Temple of Abu Simbel），一處位於埃及阿斯旺西南兩百九十公里的遠古文化遺址，據說名字來源於最早帶西方人去到現場的嚮導（一個小男孩）的名字。阿布辛拜勒神廟由兩個由岩石雕刻而成的巨型神廟組成，和它下游至菲萊島的許多遺跡一起作為努比亞遺址，被聯合國教科文組織指定為世界遺產。

◎拉美西姆祭廟（Ramesseum），埃及法老拉美西斯二世的祭廟，位於上埃及的底比斯大墓地，在今日的盧克索橫跨尼羅河。

多的東西。對於貝爾佐尼來說，與索爾特的協議標誌著愛國任務和個人使命的開始。「我正在做文物研究，那些文物將會安置在大英博物館，」他自豪地說道。[27]兩人都不知道的是，他們看來和諧的業務關係後來卻以爭吵和公開指責結束。

貝爾佐尼後來寫道，在接下來的三年裡，「我的例行工作就是尋找文物。」他被文物迷住了，渾身充滿了「熱情……這種熱情可以追溯到我年輕時在羅馬的時候。」[28]他在尋找和搬運文物方面也格外走運。布爾克哈特對貝爾佐尼的天分估計得沒錯。一八一六年至一八一九年間，貝爾佐尼成功地設法打開了黃沙淤塞的阿布辛拜勒神廟；發現了帝王谷中法老塞提一世*裝飾華麗的陵墓；還找到了吉薩第二座金字塔入口的準確位置。除了把「年輕的門農」海運到倫敦之外，貝爾佐尼還負責搬移和運出了如今英國的某些最大也最有名的埃及文物，其中包括塞提一世的雪花石膏石棺，這具石棺如今安放在倫敦的約翰．索恩爵士博物館的地下室裡，還有阿蒙霍特普三世巨大的紅色花崗岩頭像和手臂，與「年輕的門農」一起陳列在大英博物館內。

貝爾佐尼在《埃及與努比亞的金字塔、神廟、陵墓與挖掘行動及近期發現大事記》（一八二〇年）一書中描述了他的冒險經歷，該書在三年裡再版三次。他的功業如今讀來仍像首次出版時一樣攝人心魄，當時的英國民眾非常喜歡冒險和考察的故事。但正如貝爾佐尼所述，在埃及搜羅文物的故事絕非普通的異國遊記。這是一部戰爭紀事：與德羅韋蒂和法國的戰爭。

從他在一八一六年沿著尼羅河北上旅行的最初那些日子起（當時有人威脅他說「不要染指這樁生意，因為我會遇上很多煩心事，還會碰到很多障礙」），直到一八一九年他在埃及的最後幾周與德羅韋蒂的兩個親信打一場毫無結果的法律訴訟為止，貝爾佐尼動輒便會感受到法國妨礙他的黑暗勢力。在挖掘現場，法國代理人企圖奪走他的最佳挖掘地點，干擾他的補給和運輸，甚至破壞他的發現，打傷他的手下。埃及政府官員收受了法國代理人的賄賂，拒絕向他發放許可證。這個卑鄙圈子的頭目就是貝爾納迪諾·德羅韋蒂，貝爾佐尼初到埃及時曾向他請求資助，但在四年後離開埃及時對此人卻只剩下了詛咒。[29]實際上，貝爾佐尼在整本書裡的反法論調如此執著，讓讀者不得不懷疑他是在愛國情懷或偏執狂的心態下採取行動的。他在多大程度上有意斷章取義地敘述「法國的」邪惡行為，來迎合英國的讀者，也是一個懸而未決的問題。[30]但他的意思本身已足夠清楚。他搜羅的每一件文物都是一個勝利的獎盃：戰勝了時間，戰勝了陽光與黃沙，戰勝了埃及人，尤其是戰勝了法國。

「年輕的門農」就是一個很好的例子。貝爾佐尼就像布爾克哈特描述過的那般，在拉美西姆祭廟的廢墟上找到了這座半身像，斜插在它破碎的「身體和椅子的殘餘物」旁邊的黃沙裡，「它的臉朝上，顯然在對我微笑，想到自己就要被帶去英格蘭了。」[31]花崗岩頭像有大約兩百七十公

＊塞提一世（Seti I，約西元前一二九四至約前一二七九），拉美西斯一世之子，拉美西斯二世之父。塞提一世於即位後重振埃及軍隊，以圖收復阿蒙霍特普四世時期埃及在敘利亞和巴勒斯坦喪失的領土。曾攻陷推羅城，與赫梯人交戰，後訂立和約。在位時大興土木，修建包括卡納克神廟的伊波斯蒂爾大廳在內的許多宏偉建築。

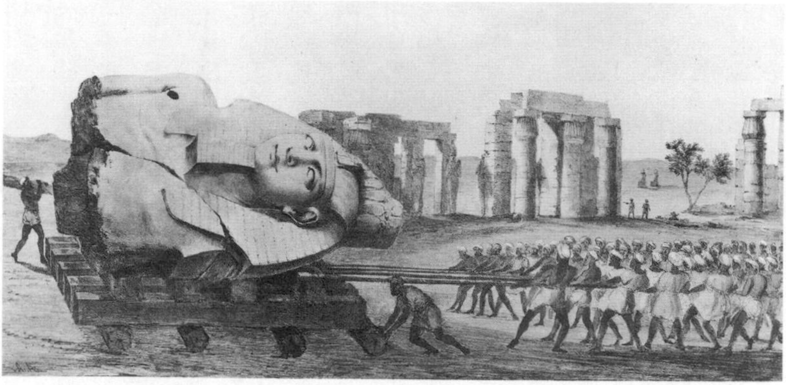

搬運「年輕的門農」。

分高，重達十一噸，想出搬運它的辦法就絕非易事。貝爾佐尼成功地把這塊巨石抬高到一個滾動的平臺上，並由一隊工人艱難地以每天數百碼的速度將其拖向河邊。一八一六年十月，正好利用上尼羅河的季節性漲落，半身像被安置在河岸上，隨時可以出發前往開羅了。貝爾佐尼因為如此快速地完成了這項工作而暗自慶幸。

但「德（羅韋蒂）先生的兩個法國代理人」，也就是德羅韋蒂的主要代理人，馬賽人讓－雅克．里福*，以及一個名叫弗雷德里克．卡約†的礦物學家，卻很不高興。「一看到那座頭像，」貝爾佐尼說，「他們就明確表示……法國入侵者之所以沒有拿走它，是因為他們認為這不值得拿！」貝爾佐尼說他們的尼斯人嚮導約瑟夫．羅西尼亞納是「一個法國叛徒，他對我說，如果我還堅持自己的研究，就割喉自盡算了……」法國人顯然還跟村民們說，「如果他們把任何一件文物賣給英格蘭人，」法國人就會讓卡謝夫（地方官員）「把他們痛揍一頓。」[32]儘管他們詭計多端，貝爾佐尼還是通過「兩小瓶鳳尾魚和兩小瓶橄欖」的禮物，得到了卡謝夫的許可，在十一月中旬把這座半身像裝船。[33]

一個月後，「年輕的門農」與貝爾佐尼一家一同抵達開羅，歷史學家賈巴爾蒂隨布爾克哈特（「西迪・易卜拉欣・邁赫迪・因克利齊」）一同前往索爾特家去看它。貝爾佐尼隨後陪伴著它繼續前往亞歷山卓港，從那裡裝船運往英國。[34]「在埃及的英格蘭人對於……把這座頭像從盧克索運到亞歷山卓港來非常重視，」法國領事魯塞爾發牢騷說。「他們說，法國軍隊做不到的事情，我們（自誇的英國人）資助的人單槍匹馬便可達成。」[35]英國在亞歷山卓港的商業領袖撒姆爾・布里格斯「看到埃及藝術最精美的紀念物之一隨時可以裝船運往他的祖國時，感受到了作為一個真正的英格蘭人的快樂。」[36]索爾特同樣欣喜非常。貝爾佐尼的「偉大天賦和在力學上非同尋常的天才，」他寫道，「使得他在底比斯和其他地方都獲得了非凡的成功，發現了古蹟中最珍稀的物件……並運用微不足道的手段搬運了龐大的碎片，而它們看來不證自明就讓法軍能幹的隨軍工程師之努力付諸東流。」[37]「年輕的門農」在一八一七年底裝船，翌年在大英博物館展

＊讓－雅克・里福（Jean-Jacques Rifaud，一七八六至一八五二），法國雕塑家，尋找埃及文物的先驅。他曾代表貝爾納迪諾・德羅韋蒂進行挖掘的工作。

†弗雷德里克・卡約（Frédéric Cailliaud，一七八七至一八六九），法國博物學家、礦物學家和貝類學家。他曾在埃及、努比亞和衣索比亞旅行，沿途收集礦物、進行觀察。還曾被贊助人穆罕默德・阿里派遣去南方征服豐吉蘇丹國。著有兩部關於埃及的不朽著作《底比斯綠洲遊記》和《麥羅埃遊記》。

出。[38]

這在任何方面都算得上是一場大勝利，卻只是貝爾佐尼在尋找文物方面屢屢戰勝法國人的頭一次而已。索爾特對貝爾佐尼的成功非常高興，以至於「看到了『打鐵趁熱』（引用一句俗話）的必要性，全世界都開始尋找文物了，而德羅韋蒂已經僱傭了好幾位代理人，我成功地挽留貝爾佐尼再待上一年。」[39]一八一七年冬，貝爾佐尼再次出發前往盧克索。和以前一樣，法國人還是緊追著他不放，他們「急行前往底比斯……到得比我們還早，並買下了阿拉伯人在上一季度積攢下來的全部東西；因此我們到來之時已無物可買。」[40]就像淘金熱時的申請人一樣，雙方都衝向卡納克和盧克索的廢墟，打樁標出最「明顯藏有值得冒險挖掘的物品」的小塊土地。爭奪空間的競賽如此劇烈，以至於法國人和英國人在後期都會預先安排鋪設草皮，「以便明白地指出」誰可以在哪裡挖掘。[41]

這將是貝爾佐尼業績最好和發現最多的一季。一八一七年十月十六日，「大概是我人生中最美好的（日子）之一，」他在帝王谷發現了塞提一世陵墓的入口。這座裝飾華麗的陵墓已經有三千年了，但看上去「就像我們進去那天剛剛完工一樣。」貝爾佐尼因為「發現了長期以來一直尋找卻沒找到的地方所帶來的快樂，還向世界展示了一個全新而完美的埃及文物豐碑……」而興奮不已。在陵墓深處，他們發現了一口光滑細膩、晶瑩剔透的雪花石膏石棺，「世上獨一無二，讓我們簡直不知道該怎樣把它運出去。……我對這件美麗的無價之寶一無所知，只能說迄今為止從埃及運到歐洲的一切都無法與之媲美。」[42]這座陵墓如今仍被稱作是「貝爾佐尼之陵」，這一發現讓貝爾佐尼不無公正地躋身於早期文物獵人之列，在某種意義上，他們也被認為是埃及學家。（德羅韋蒂的代理人里福也是如此，他挖掘了十二年，並對那些文物進行了詳細的繪圖記錄。）[43]

總的來說，這是英國人挖掘文物的一段美好時光。索爾特一直「力圖從帕夏那裡取得購買和出口古代雕像的獨家權利，」一八一七年底，帕夏授予他挖掘文物的「全權委託」。[44]英國人以「大量金錢和禮物」贏得了「阿拉伯人的喜愛」。（索爾特還向穆罕默德・阿里充足供應據說是他最喜愛的歐洲產品波爾多葡萄酒。）[45]但衝突從未遠離，因為「與此同時，德羅韋蒂先生堅持不懈地與埃及的這些新主人鬥爭，」羅浮宮負責人福爾班如此評論道，貝爾佐尼很快也會感受到其後果。[46]

一八一六年夏，貝爾佐尼沿尼羅河南下至第一瀑布，來到阿斯旺附近菲萊島上迷人的托勒密神廟。在那裡，他「以英王陛下駐開羅總領事的名義」，「占有」了十六個浮雕石墩和一座六・七公尺高的花崗岩方尖碑。他付錢給阿斯旺的阿迦*，派駐了一名衛兵看守那些文物，直到他帶著一條足夠大的船回來把它們運走。來年春，貝爾佐尼適時回到菲萊，準備帶走那些石頭。但等待著他的卻是一個沉重的打擊。石刻被「毀了，上以法語寫著『行動失敗』。」幕後的黑手確鑿

*阿迦（Aga），又寫作Agha，意為「主人」、「兄長」、「首領」，是對鄂圖曼帝國文武百官長官的敬稱。

無疑：貝爾佐尼譴責了他們的破壞行為，在他搬運「年輕的門農」時，攔住去路的正是這法國三惡人。[47]

更糟的還在後面。索爾特曾答應過多塞特郡的紳士旅行家威廉．約翰．班克斯*，後者請求貝爾佐尼為他把菲萊方尖碑運到亞歷山卓港去。貝爾佐尼「高興地接受了」這個工作，「我很高興能有機會看到另一件文物被送往英格蘭……，」並在一八一八年十一月第三次，也是最後一次回到菲萊去搬運方尖碑。但他剛一到場，一個老人就貿然上前搭訕，把一張紙塞到他臉前。那是德羅韋蒂的另一位代理人萊博洛寫的一張來意不善的便條，他聲稱這座方尖碑屬於法國，絕不允許任何人搬走。萊博洛看來「耍花招」說服了當地人，讓他們相信這件東西屬於他：「他假裝自己能讀懂方尖碑上的象形文字，說上面寫的是這座方尖碑屬於德羅韋蒂先生的祖先；所以他有權擁有它。」隨後，他賄賂當地的法官頒布了相關法令。[48]幸運的是，貝爾佐尼也有現成的「禮物」：給阿斯旺的阿迦的一塊金錶，阿迦支持貝爾佐尼的主張。貝爾佐尼無視德羅韋蒂陣營的反對，把方尖碑裝上船運回盧克索，在那裡熱火朝天的挖掘現場旁，就在法國人的「鼻子底下」把方尖碑給打包了。[49]

貝爾佐尼在一八一八年的節禮日†回到卡納克的挖掘現場，騎著驢走進神廟。「我們的對手和他們的指揮官德羅韋蒂先生都暫住在卡納克廢墟附近的一些泥坯房裡，」貝爾佐尼說；他發現「德羅韋蒂先生的工人」正在他自己標記的幾塊空地上工作呢。貝爾佐尼感到事情不妙，卻悄悄地騎驢穿過了廢墟。萊博洛和羅西尼亞納突然帶著三十幾個埃及人向他衝來。萊博洛抓住貝爾佐尼的驢轡繩，揮舞著一根大棍子，質問貝爾佐尼為何帶走了菲萊方尖碑。貝爾佐尼的僕人被打翻在地；而「叛徒羅西尼亞納離我不到四碼遠，像個暴徒一樣憤怒地舉著一枝雙管獵槍衝著我的胸膛，用惡棍能想得出的所有詛咒來罵我……羅西尼亞納用槍指著我的胸膛說，是時候要我償還對他們做過的一切了。」此時，德羅韋蒂本人率著另一隊埃及人出現了，他「以不亞於其下屬的惡劣語氣，強烈要求我道出讓他的手下停止工作的理由或授權……」僕人被打得倒在地上，幾十個懷有敵意的人圍著他，還有一枝槍指著他的胸膛，就連貝爾佐尼這個巨人也為之戰慄。[50]

最後，貝爾佐尼從這場混戰中全身而退。他是被（「誰能想得到！」）卡納克的埃及人救出來的：「那些野蠻的阿拉伯人（我們就是這樣稱呼他們的）厭惡歐洲人的所作所為而代我干預。他們包圍了叛徒羅西尼亞納，他們認為他的行為非常蠻橫卑鄙，別說歐洲人，就連最糟糕的阿拉伯人都幹不出來。」但這次摩擦讓貝爾佐尼也有些心灰意冷。他決定，文物不再值得他為之拚命了。他收集起最近的發現，與堅定的莎拉、惹麻煩的方尖碑，以及舊恨新仇一起順河而下。他在亞歷山卓港起訴了萊博洛和羅西尼亞納，但「法國領事……只是說這兩個被告不是法國人，而是皮埃蒙特人，便結了案；如果我們想要賠償，就得去杜林索賠。」[51]這簡直是莫大的侮辱。

---

*威廉・約翰・班克斯（William John Bankes，一七八六至一八五五），英國政治家亨利・班克斯之子，重要的勘探者、埃及古物學家和冒險家。

†節禮日（Boxing Day），英國與大多英聯邦國家在十二月二十六日（耶誕節翌日）慶祝的公眾假期。

事已至此，詹巴蒂斯塔．貝爾佐尼在一八一九年謝天謝地地離開了埃及，「並不是我不喜歡那個我生活過的國家，恰恰相反，我理應對此心懷感恩；我對一般的鄂圖曼人或埃及人也沒什麼抱怨，而是那個國家裡的某些歐洲人，他們的所作所為和思維方式都讓人性蒙羞。」[52]兩年後，他還對那次受襲記憶猶新。「儘管自從企圖殺死我以來，時間已經過去兩年了，」他給埃及的一位朋友（用他極其罕見的未經編輯加工的英語）寫信說道，

我在回顧往事時仍然忍不住恐懼，也鄙視那些導致其發生之人，德羅韋蒂先生與我為敵並沒有止於埃及，（他的支持者）甚至在巴黎也曾企圖殺了我，雖然那本應取得成功，但他發現在巴黎，法律和正義的權利不像在亞歷山卓港那樣容易被嚇退。[53]

當然，法國領事堅稱萊博洛和羅西尼亞納「不是法國人」，凸顯出這場戲劇性事件的核心悖論。貝爾佐尼和德羅韋蒂兩人的血管裡也沒有一滴英國或法國的血。就像貝爾佐尼在他的著作第一頁裡所說的，「我不是英國人」；而他也從沒有切斷自己與帕多瓦的家族和家庭的聯繫。然而他卻以英國之名自豪地收集文物，一八一九年他帶著文物返回的目的地也是英國。他對法國的敵意在在皆是，又因為與對德羅韋蒂及其代理人的私仇而有所加強。但貝爾佐尼對英國宣誓效忠，也使得他在意想不到的地方與敵人陷入衝突。貝爾佐尼的人生中還有一個對手，那個對手不是旁人，正是亨利．索爾特。

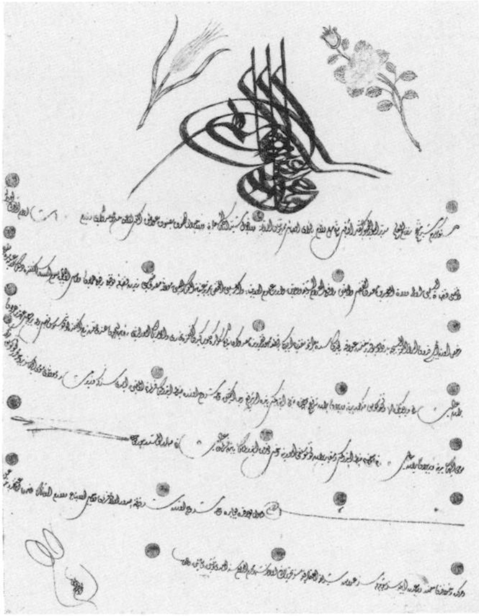

亨利·索爾特的敕令准許他挖掘和搜羅文物。

再造自我的碰撞

毋庸置疑，亨利·索爾特早就開始裝腔作勢了。身為英王陛下駐埃及領事，索爾特變成了一個有頭有臉的人。一八一七年春，他從父親那裡繼承了五千英鎊的遺產（如今相當於數十萬英鎊）這也讓他成了一個有錢人。有什麼比收藏文物更能炫耀他新得到的財富和他受人尊敬的職位呢？兩位傑出的外交界紳士收藏家的榜樣人物立即出現在腦海中：英國駐那不勒斯特使威廉·漢密爾頓爵士如饑似渴地收藏（並出售）了伊特拉斯坎花瓶和其他文物；當然還有臭名昭著的埃爾金勛爵，他利用與鄂圖曼當局的外交籌碼，獲得了從帕德嫩神廟運走帶飾雕刻「埃爾金石雕」的敕令。

一八一六年底，索爾特「非常成功地」為瓦倫西亞勛爵收購了各種文物，「因此，我開春就要給您寄去一船我相信您從來沒見過的這類物事。」（瓦倫西亞近來繼承了其父的頭銜蒙特諾伊斯伯爵，並從此被稱作蒙特諾伊斯。）不過索爾特繼續寫道，

然而我必須通知您，我十分痴迷於應該還能在上埃及做些什麼，以至於我覺得避免不了要自行收藏文物；但您可以來分得一大杯羹，並且，雖然我的收藏或許會讓您的顯得不那麼獨一無二，但如果我不要了，您可以擁有優先購買權，如果我死了，也會把它留給您。54

這是一份輕快的聲明，實際上也的確表達了一種相當輕快的情緒：索爾特人在埃及，既有錢，又能找到文物，還有極大的社會抱負。他來埃及的本意是為國家和贊助人搜羅文物，如今卻也開始為自己打算了。

但正如索爾特在一封信裡暗示的那樣，這份漫不經心的聲明顯然讓蒙特諾伊斯伯爵大吃一驚。「您在信裡說，我們談到這個話題時，我沒有通知您有關我意欲收藏之事，而您對此感到遺憾，並對此事大感失望，」索爾特戒備地脫口而出道，「但事實上我並無此意。自我到來之後所發生的事情讓我覺得大有可為，我因此而試圖做一個大膽的嘗試，趁著德羅韋蒂還沒有防備。」「我之所以會產生收藏的想法，」他在信末附言中補充道，「是因為我發現這是在此地生存的唯一慰藉，這個社會著實令人不適。」此外，索爾特得知「領事們從來都沒有養老金，」而他希望

「能收藏一些有價值的東西，如果我因為健康原因或有意歸國而被迫離開埃及，這些收藏或許可以供我……在歐洲的某些僻靜之處或角落裡生活下去……」「如果我在（收藏）這方面走運的話，」他總結道，「您就會認可，哪怕和我最好的朋友相比，我也應該更有優勢，這才合乎情理。」[55]

蒙特諾伊斯顯然並不這麼想。在他們第一輪不友善的通信過了數月之後，索爾特仍在為自己的行動辯解：「您來信的內容讓我很受傷害，因為（根據我的記憶）我從未作過任何承諾，只為您一個人搜羅文物，而僅僅是將此作為為您效勞的一個手段而已。」[56]的確，他堅稱自己把最好的一切都寄給了蒙特諾伊斯，自己只保留了一些二流貨色：

我認為這些東西的價值足以支付我當年的全部費用。我自忖完全有權這樣做，您在上一批信件中的一封裡也完全承認這一點……（我）相信您隨後會聲明放棄「您相信自己收到的只是些垃圾（糟粕？），那些值得收藏的落入我的收藏」的這種看法，否則「我們就必須拔劍較量，分道揚鑣了。」[57]

聽聞索爾特為自己收藏的想法，為何會讓蒙特諾伊斯如此不快地坐立不安呢？部分的答案大概就是貪婪。索爾特熱情洋溢地報告他（或是他的代理人）在底比斯的偉大發現，讓伯爵耿耿於懷，後者希望自己的收藏在英國是獨一無二、無可匹敵的。還有部分原因無疑是出自勢利眼。在蒙特諾伊斯看來，索爾特是他的助手，社會地位顯然低於他，卻有可能在收藏這個重要的文化競技場上超過他，屬實令人擔憂。這個此前不過是他的受保護人的暴發戶正打算加入紳士的行列。

蒙特諾伊斯並非唯一一個對索爾特僭越的有趣想法提出批評的人。住在那不勒斯的威廉・蓋爾*爵士（偶爾擔任外交官和信使的一位著名的古文物家）在一八二〇年寫了一首打油詩，巧妙而又不失殘酷地諷刺了索爾特在社交上的矯揉造作。蓋爾給他的詩取名為〈鹽水詩篇〉：

如果你去埃及旅行，在尼羅河上被人看到
卻沒有帶上給索爾特的信，那可大錯特錯。
但一定要拿出憑據來說，你前幾天剛在旅客俱樂部碰上密友
鼎鼎大名的密友卡斯爾雷托你帶話。
他一想到好傢伙索爾特，替過去的法老統治開羅，
就面露寬慰之色……
至於蒙特諾伊斯，最好一字不提，那種興趣不可能
得到好感，也不太可能持續。
還要注意不要提及，一個字也不要提及繪畫
除非你能讓偉大的領事昏倒
如果你想逃過他的偷竊和搜刮

最好還是鎖起你的畫紙，藏好所有的素描
無論你做什麼，都要趾高氣揚地昂著頭
不然就會著了索爾特的道。[58]

蓋爾刻薄的歪詩就是含沙射影表明，索爾特幻想自己是體面的英國外交官和學者圈子的一員，而那個圈子的人又是如何看待他的。蓋爾本人從未去過埃及（不過他認識索爾特，也和他通過信），但他把自己的嘲諷傳給了曾在一八二〇年代到訪過埃及的一些年輕的英國紳士旅行家，以便這冷嘲熱諷早日傳到領事的耳朵裡。（這些人裡比較出名的詹姆斯・伯頓†把〈鹽水詩篇〉抄錄在筆記本裡。）

蒙特諾伊斯和蓋爾等高高在上、對索爾特嗤之以鼻的人，顯然都對他滲透進菁英收藏界感到坐立不安（特別是因為他們本人所處的地位，更接近於那個圈子的邊緣而非中心）。但誰都沒有

*威廉・蓋爾（William Gell，一七七七至一八三六），英國古典考古學家和插圖畫家。一八〇一年，他首次隨外交使團前往希臘。從一八二〇年直至去世，他一直住在羅馬和那不勒斯，並在那裡接待了很多友人。

†詹姆斯・伯頓（James Burton，一七八六至一八六二），英國早期的埃及學家，以其對帝王谷的先驅性調查和繪製地圖而聞名。

他自己的助手、社會地位更低的詹巴蒂斯塔·貝爾佐尼更有理由抱怨索爾特。兩人之間的問題始於一八一七年，當時索爾特與一位貴族貝爾莫爾伯爵薩默塞特·勞里·寇里*一起，首次造訪南方傳說中的神廟。（和蒙特諾伊斯一樣，貝爾莫爾也是個愛爾蘭貴族，屬於貴族中的邊緣人物。）伯爵當時在其夫人、同父異母的兄弟、子女（既有婚生子，也有私生子）、牧師，以及自大的私人醫生羅伯特·理查森的陪伴下，在地中海東部地區旅行，那位醫生是為伯爵治療痛風的，緩解痛風症狀正是此行表面上的目的。[59]這是第一次有英國家族單純作為遊客前來埃及，更不用說是如此一群上層人士了。照料他們讓索爾特得到了一個炫耀自己作為外交官和紳士文物行家天賦的絕好機會。在開羅略作停留（索爾特在那裡把貝爾莫爾引介給穆罕默德·阿里，還帶這一家人去金字塔露營）之後，領事陪同貝爾莫爾一家前往上埃及進行了一次豪華之旅。[60]

他們五條船的小船隊在十一月中旬停泊在底比斯，在那裡，索爾特看到貝爾佐尼正在一個月前剛剛發現的塞提一世陵奮力工作呢。每個人都被這座陵墓震懾住了：德羅韋蒂顯然毫不吝惜溢美之詞，以至於「當他來到真正值得喝采和羨慕的東西面前時，他頭腦中的語言都用光了，唯有驚立當場，無言以對……」[61]至於索爾特，他對於這個發現高興得飄飄欲仙，說這是「在我的主持之下」完成的。「在這座新陵墓裡，我發現了一口白色雪花石膏的石棺，上面滿是象形文字，」他得意地寫信給蒙特諾伊斯說（注意代詞是「我」），並開列了「他」的其他發現。[62]的確，看到那一切讓他「欣喜若狂」，以至於他在底比斯待了四個月，親自監督挖掘工作。[63]

但索爾特對底比斯發現的獨占態度讓貝爾佐尼非常不高興，索爾特對待他不比對他日日吹捧的男僕好多少，也讓他深感受辱。貝爾佐尼可不是為這個臉色蒼白、自命不凡的官員挖掘；他是為英國而挖的！他渾身上下充滿了正義的憤怒。貝爾莫爾一家離開盧克索不久後的一天，貝爾佐尼無意中聽到索爾特對另一隊英國遊客說這個帕多瓦人「在我手下」幹了有多久。「到此為止吧！」貝爾佐尼厲聲說道。「突然間，」他「以最暴力的方式爆發了。」他「讓我非常驚訝地宣稱，」索爾特後來回憶道，「『他從來沒有受僱於我，而是為英國這個國家工作的，（這可是他頭一次開始有這種想法，）而且……他是個完全獨立的人，』如此等等。」索爾特被徹底驚呆了。從那時起，他說，「貝爾佐尼先生的行為發生了奇怪的變化：反覆發生非常令人不快的口角，他在爭吵中表現出自命不凡，我告訴他我對此絕不認可，而他對於我把所有這些發現都歸功於自己，始終表現出一種毫無來由的嫉妒。」[64]

貝爾佐尼的爆發當然充滿了戲劇色彩；但他的擔心果真像索爾特認為的那樣，是「毫無來由的」嗎？[65]「我對他的天賦和發現一貫給予公平對待……，」索爾特堅稱。「總之，我發現他身陷困境，幾近絕望，就為他提供了出人頭地的方法；透過我，他的人生際遇完全變了，他也因為

＊薩默塞特·勞里－寇里（Somerset Lowry-Corry，一七七四至一八四一），第二代貝爾莫爾伯爵（Earl of Belmore），愛爾蘭貴族和政治家。一八一七年，他駕駛著自己有私掠許可證的魚鷹號，攜帶家人走訪了馬爾他、西西里、義大利、愛奧尼亞群島、希臘、羅馬和亞歷山卓港，並乘坐三艘當地船隻，溯尼羅河而上遠至盧克索。

自己的發現而成為公眾崇拜的對象。」然而，就連這個派頭十足的解釋也清楚地表明，索爾特這個自稱紳士收藏家的人也無疑把貝爾佐尼看作是他的跟班：「我自視對待他正如一位紳士對待自己僱來蓋房子的建築師一般，除此之外別無其他。」[66]沒有什麼比這更讓貝爾佐尼不舒服的了。他與德羅韋蒂和「法國人」展開全面競爭，實在是為了**英國**，而不是為亨利．索爾特搜羅文物。貝爾佐尼後來不怕麻煩地指出，「說我長期受僱於索爾特先生的說法大錯特錯……我堅決否認自己曾以任何形式受聘於他，既無口頭承諾也無書面聘書。」在貝爾佐尼看來，他從未服侍過哪位主子，而是為英國和大英博物館工作的，「並且……如果我此前意識到自己的所有發現都是為了某個紳士的利益，還是個我此前從未有幸見過的人，我絕不會不顧千辛萬苦（來到上埃及）。」[67]

和處於帝國邊緣的其他很多人一樣，索爾特和貝爾佐尼在尋求社會地位和財富時，也都轉向收藏，將其做為一種再造自我的方式。問題在於，他們的再造自我是相互排斥的。索爾特終其一生都渴望成為紳士。在埃及的收藏給他帶來了最好的機會：如今，他可以擁有他的貴族朋友們垂涎和重視的那些藏品了；他可以向貝爾佐尼這樣的小嘍囉施恩了。而貝爾佐尼尋求的是一種更傾向於公益的聲望和保障。他堅持認為自己是為大英博物館以及英國的大眾搜羅文物，這表明了他渴望受到大眾的歡迎和讚揚，渴望被他歸化的族群接受。兩人都仰仗對方來完成自己的自我塑造：索爾特需要有自己的雇員和奴才，而貝爾佐尼需要英國領事的蓋章批准。然而，兩人各自的野心也都在妨礙著對方。這是兩人想像的身分之間的衝突。

兩人最終在一八一八年四月以一紙安排薪酬並分配文物的協議，解決了彼此的糾紛。貝爾佐尼承認，他「關於在亨利．索爾特閣下主持和資助下，在上埃及搜羅的物件……曾產生了一些錯誤的看法，認為那是為大英博物館搜羅的；並且……這些看法完全是因為一個錯誤。」索爾特也因貝爾佐尼到那時為止所進行的挖掘工作，向其支付了五百英鎊，並將發現之物中很大一部分分給他。唯一由兩人共同持有的物品就是塞提一世的雪花石膏石棺，索爾特承諾在三年之內將其賣給大英博物館，並將部分所得分與貝爾佐尼。

最後，他們親切友好地分手了（「我希望可以繼續我們的友誼，」貝爾佐尼在兩人簽署文件時說道）兩人也都各按規定回到了自己的挖掘現場。[68]貝爾佐尼（經由索爾特）致信約瑟夫．班克斯爵士，提議「與大英博物館理事會簽約，僱用我本人在埃及挖掘和搜羅文物，」為期兩年，預算為一千五百英鎊，外加「他們認為與我本人在這些場合的努力相當的任何報酬。」[69]索爾特則繼續靠自己的資金，並按照自己的興趣來搜羅文物，他畢竟已經獨立開創了自己的收藏事業。就這樣，兩人分道揚鑣，各自回到了文物收藏領域：貝爾佐尼致力於大眾接受和有利可圖的工作；索爾特則意圖在上等紳士圈子裡提高個人的社會地位。他們會取得怎樣的成功？

紳士與資本家

西元前十三世紀皇權巔峰時期的埃及法老拉美西斯二世認為，豎起巨大的紀念碑是尋求不朽的好辦法。他的很多建築都歷經三千年仍屹立不倒，其中的拉美西姆祭廟位於底比斯的法老下葬地。這座祭廟應該是他最持久也最神聖的建築，是在他死後數個世紀後受人禮拜並經宗教儀式而重生之地。與他的各種大型建築物一樣，這座祭廟也是頌揚他本人的。他帶軍凱旋的場景畫滿了牆壁。第一塔門處排列著他的巨大雕像，擺著歐西里斯*神的姿態，兩臂在胸前交叉，被緊緊地裹在裹屍布裡。拉美西斯的一座巨大的雕像橫亙在祭廟前面，像是對所有進入之人的警告和挑戰。這座祭廟是為了追求永恆。

但祭廟的建造之地距離尼羅河過近，古代時洪水便曾湧進廟裡。今天的拉美西姆祭廟是個空蕩蕩的傷心之地。歐西里斯廟柱的頭顱都被砍落在地。落石與破碎的雕塑就像一個年輕巨人的玩具一樣四處丟棄。詹巴蒂斯塔·貝爾佐尼正是在這裡發現了「年輕的門農」頭像的，它躺在黃沙裡，彷彿對他自鳴得意地笑著。曾經守衛著廟門的另一座拉美西斯雕像，其更加龐大的頭肩部分至今仍躺在那裡。它仰面朝天，被水、風和黃沙刷洗得面目全非。「門農」是拉美西斯二世的一個名字。他的另一個名字是「奧西曼德斯」，浪漫派詩人珀西·比希·雪萊正是以此名，在同名的十四行詩裡指代這些殘破雕像中的一尊。[70] 雪萊描寫了一位不可一世的古代皇帝為後世建造的一尊巨石像：

在那石座上，還有這樣的銘記：

「我是奧西曼德斯，眾王之王。

強悍者呵，誰能和我的業績相比！」
這就是一切了，再也沒有其他。
在這巨大的荒墟四周，無邊無際，
只見一片荒涼而寂寥的平沙。†

這是一個消失的王國的傲慢自誇，雪萊對破碎巨像的描述之辭，道出了帝國和其他人造物事的脆弱與無常。

此詩寫於一八一八年，當時英國的全球霸權遠勝以往，〈奧西曼德斯〉表達了對帝國的一種適時而動人的控訴。英國在拿破崙戰爭中取得了勝利。但戰爭也留下了巨額債務、廣泛失業、大量復員軍人、工業界牢騷滿腹，以及明顯缺乏代表性的國會有待改革。一八一九年發生了「彼得盧屠殺」，士兵們對曼徹斯特聖彼得廣場上顯然沒有任何武裝的和平工人集會開槍，預示著和平也會呈現出醜陋的面目。在某些人看來，這就像是英國或許也要走上專制、黷武、反對自由主義

---

*歐西里斯（Osiris），埃及神話中的冥王，九柱神之一，也是古埃及最重要的神祇之一。歐西里斯反覆重生，身上的綠色皮膚即有此意。他最後被埋在阿拜多斯（Abydos），是那裡的守護神。

†譯文選自查良錚譯：《奧西曼德斯》，《穆旦譯文集》第四卷第五四頁，人民文學出版社，二〇〇五年。

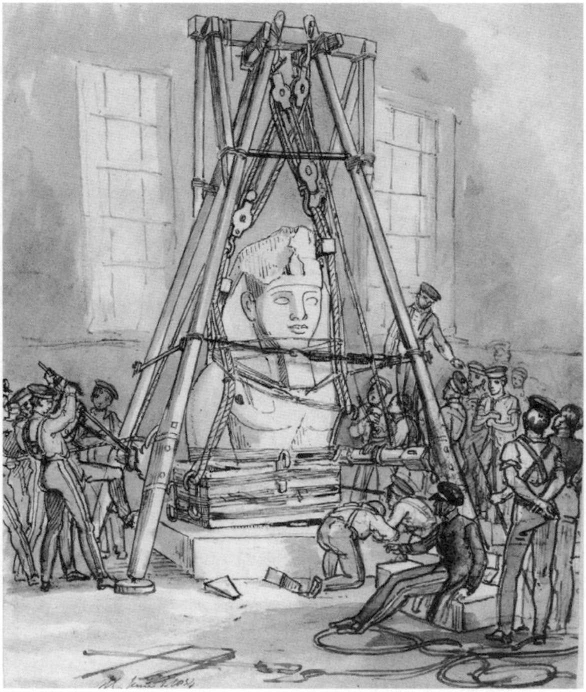

在大英博物館湯利美術館安置「年輕的門農」。

的道路，這些正是拿破崙所代表的一切。在這樣的一刻援引古埃及因而別具意義。〈奧西曼德斯〉為英國舉起了一面鏡子，映照出一幅可怕的景象：法老們在專制帝國的無情暴政，就體現在這些用成千上萬個奴工的血汗建造而成的紀念物中。這樣的帝國是不會持久的。

「年輕的門農」在〈奧西曼德斯〉創作的同一年抵達大英博物館。這是自一八〇一年的戰利品之後抵達英國的頭一件重要的埃及文物；至少對貝爾佐尼和索爾特來說，這也算是一種標誌著英國戰勝法國的戰利品。然而，正如雪萊的十四行詩本身所示，這種收購絕不會受到清一色愛國主義的歡迎。博物館剛剛在一八一六年採購「埃爾金石雕」時遭到一片責罵。那次收購遭到希臘文化愛好者的強烈反對，他們支持剛剛起步的希臘主張從鄂圖曼帝國獨立，認為埃爾金的「收藏」無異於盜竊。其中最著名的有雪萊的朋友拜倫爵士，他無情地嘲弄那位不走運的伯爵，據說後者的鼻子因為梅毒而爛掉了：「沒有鼻子的他本人帶來了沒有鼻子的石像／來展示哪些是時間造成的，哪些是梅毒的結果。」[71]希臘文化愛好者的反對聲在現代人聽來是再熟悉不過了：只要大英博物館保留「埃爾金石雕」，關於它們歸屬何方的論戰就不會停息。然而當時鮮有人知的一個反對之聲，卻是原本應該最為熱情地支持收購的人發出的：古文物收藏者和鑑定行家。當時的很多古文物收藏者都受過欣賞羅馬和古希臘藝術的教育，他們覺得這些更加古老的古希臘雕塑既原始又難以欣賞。例如，德高望重的鑑賞家理查·佩恩·奈特*認為「石雕」既粗俗又醜陋，幾乎導致無法銷售。

如果連「埃爾金石雕」都不入鑑賞家的法眼，那麼埃及文物又如何呢？如果它們符合鑑賞家的高雅情趣，它們又如何順應在帝國甚乃至更大範圍的東方世界裡，不斷擴大的英國公共投資和參與？這些都是在索爾特和貝爾佐尼試圖把他們的收藏帶進英國時，等待著他們的問題。索爾特

---

*理查·佩恩·奈特（Richard Payne Knight，一七五一至一八二四），古典學者、文物鑑賞家、考古學家，錢幣學家，以其對風景畫的美學理論以及對古代陽物崇拜意象的興趣而聞名。

將在英國收藏文化的既有堡壘面前遭遇出其不意的失敗，而與此同時，貝爾佐尼卻在新的領域發現了巨大的成功。

一八一八年，亨利．索爾特與貝爾佐尼分道揚鑣後，曾希望自己在收藏上的社會和財務投資能很快得到充分的回報。他已在挖掘工作上投入了逾二千英鎊，「但取得的成功已經超出了我的期待，」他說，「我一點也不擔心最終的回報。」[72]他寫信給曾經擔任過一屆外交大臣的舊識威廉．理查．漢密爾頓（就是陪同愛德華．丹尼爾．克拉克向法國學者們索取羅塞塔石碑的那個人），附上了藏品描述和目錄。其中的重要藏品有紅色拋光花崗岩的阿蒙霍特普三世頭部和臂膀；「著名的法國石頭」，即《埃及記述》中提過的一塊雕刻石板；獅頭女神塞赫邁特*的幾尊精良的雕像；一尊黑色玄武岩坐像，「實物大小，與『門農像』的姿態相同，因為精雕細琢而風格獨特」；以及「這些雕像非常精美的木製樣品（我認為相當獨特）。」最可貴的寶物自然就是塞提一世的石棺了，「其精緻的工藝**無與倫比**」，價值也相當「令人難以估算」。

目錄中總共列出了二十三件藏品，索爾特在其中十件旁邊標記了一個X，這是埃及文物被明確歸類為「藝術」的一個罕見的早期例子。「擁有這種標記的雕像都是可以給皇家藝術研究院增光的藝術珍品，」他解釋道。「其他的都是適合博物館的罕見物品。」[73]「現在，」索爾特繼續對漢密爾頓說，

> 如果政府能以公平的估價……收購這些，我將會很樂意在亞歷山卓港做出安排……至於

價格，我非常願意把那個問題留待您來處置……福爾班伯爵（羅浮宮的負責人，他曾在一八一七年至一八一八年造訪過埃及）在這裡的時候，曾向我施加壓力，讓他為法國的國王獲得一部分藏品，而我知道他們有意付一大筆錢；但如果我看到這樣的藏品流落到英格蘭之外，會倍感遺憾。[74]

索爾特毫不掩飾他對法國人的興趣。他在另一個細節上就更肆無忌憚了。他自己就可以輕鬆地為文物定下價錢，何必還等著英國的古文物家去為他的藏品諮詢定價呢？索爾特在每件文物的旁邊都寫下了建議的價格：石棺三千五百英鎊，拉美西斯坐像四百英鎊，阿蒙霍特普三世的頭像五百英鎊，如此等等。除去送往英國的運輸費用後，總價達到八千兩百一十英鎊，是他後來計算收集這些藏品所花費用的兩倍。

這顯得太直截了當，商業氣息也太濃厚了。然而，沒有什麼能比索爾特在致漢密爾頓的信中寫下那些數字更為失策的行為了。價目單違反了紳士間交易的基本規則：**永遠**不要提錢。例如，與蒙特諾伊斯對文物的價值泛泛而談是一回事，因為他實際上僱用了索爾特作為他的代理人來處理人工和運輸等可以度量的費用。索爾特與貝爾佐尼談論金額也可以接受，因為後者一度是他的

＊塞赫邁特（Sekhmet），最初是戰爭女神及上埃及的醫療女神。她被描繪成一頭母獅，埃及人公認的最兇猛的獵手。

雇員與合作者。但接洽倫敦的古文物界（更不用說英國政府本身了）時，難道把他們當成肉鋪子裡的一群顧客了嗎？此舉著實荒唐。紳士絕不遵辦。

索爾特的清單在漢密爾頓及其友人之間激起了共同的憤慨。領事立刻便被打上了「文物販子、猶太人、第二個**埃爾金勛爵**」的標籤。這最後一個是特別恰當的侮辱，因為埃爾金剛剛被認為不該得到豐厚的酬勞，並以身為（用索爾特的朋友、藝術家同行和傳記作者霍爾斯的話來說）「希臘神聖領土上的石棺掠奪者」而名譽掃地。[75] 針對領事的粗鄙提議，做出「冷靜而相當諷刺」的答覆的這項工作，就交給起初曾經鼓勵索爾特搜羅文物的約瑟夫·班克斯爵士了。「雖說我們這裡對於門農相當滿意，」他表態道，

> 並認為它是埃及雕塑中的**傑作**（chef-d'œuvre）；但我們並沒有將其置入**藝術品**之列。它立在埃及廳裡。在埃及發現的任何雕像是否可以與湯利美術館的偉大作品一爭高下仍有待證實；然而，除非它們確實如此，否則閣下在物品旁所標的價格就不大可能在歐洲實現。[76]

誠然，班克斯本人遠非「藝術品」的專家：儘管這位博物學家曾跟隨庫克船長的首次航行去過南太平洋，他卻從未去過歐陸，而他收集種子和葉子的興趣也強過收藏油畫和雕塑。儘管如此，身為皇家學會的主席、大英博物館的理事，以及英國科學界的關鍵人物，班克斯仍然擔任著輿論領

袖、潮流引領者，以及品味仲裁人的角色。拋開索爾特建議價格這種純粹的不當舉止不談，他的要價也實在太高了。與班克斯相比，威廉．理查．漢密爾頓在評判文物方面更為擅長一些，他把班克斯的信轉給索爾特，並附上了一個忠告：「我只能與約瑟夫爵士一樣建議你，不要在尋找埃及雕塑的祕藏裡陷得過深，因為當前的經濟形勢很容易導致約翰牛按緊荷包，就算要冒著風險失去你所發現的獨特紀念物也在所不惜。」[77]

可憐的索爾特大為震驚。他在給班克斯的信裡回覆道：「我對我自己的意思……被全然誤解而感到極度受傷和痛苦。」他立即收回了那份「愚蠢的清單」，並把「我的**全部**收藏獻給大英博物館……沒有任何條件，並且將在今後對保持該收藏的完整而感到無比自豪。」[78]他還給在倫敦的各位贊助人和保護人都寫了很長的道歉信。但在給蒙特諾伊斯的信中則發洩了最絕望的情感：

> 您終將發現，我既非販子，也非猶太人。如果朋友因此而以我必定認為來自敵方而詆毀我……如果閣下願意如此，我可以犧牲一切，但請讓我安靜地生活——如果我怎樣都無法獲得自己尋求的東西，我將立即停止除了公文之外的一切通信，從此不再與人往來。[79]

他的道歉奏效了。「索爾特的解釋很讓人滿意，」漢密爾頓致信蒙特諾伊斯說，「我們在城裡會面時，我無疑該為他做點什麼。」[80]大英博物館同意接收索爾特的收藏（除了塞提一世的那口石棺，共有人貝爾佐尼堅持要對其單獨估價出售）並支付了從亞歷山卓港運來的運輸費用。畢竟也要考慮國家榮譽。索爾特的一位支持者寫信給約瑟夫・班克斯爵士說，「如果這些藏品……得到准許進入任何外國的博物館，將會是令人無法忘懷的恥辱……當然絕對不能如此；就算事實證明下議院就是如此缺乏品味、得過且過，我相信攝政王也絕不會容忍國家榮譽落上這樣大的汙點。」[81]一八二〇年，約瑟夫・班克斯爵士（和瘋狂的老國王喬治三世一樣）在這起事件後不久便去世了，索爾特令人不快的清單適時被人遺忘。

儘管恢復了名譽，索爾特的補償卻來得既慢又少。他聽命把文物運去亞歷山卓港，在那裡等候「政府承諾的輪船……但博物館或約瑟夫爵士都沒有直接給我任何指示，眾人會認為我在要求而不是在商討自己的義務。」[82]他的一百多件文物在亞歷山卓港過了一年後才被一艘海軍運輸艦帶去英國；又等了一年才開始正式討論大英博物館實際該為它們付多少錢。「為您能盡全力談定我與博物館的事宜而祈禱，」一八二二年五月，索爾特在信中對蒙特諾伊斯無奈地說道。「這是我有朝一日能離開埃及的唯一希望。」[83]一八二三年，通過索爾特的代理人賓厄姆・理查茲曠日廢時的談判，博物館終於為索爾特的藏品報出了區區二千英鎊的總價，只及他搜羅費用的一半。又過了一年，索爾特和貝爾佐尼才將共同擁有的塞提一世石棺以另外二千英鎊賣給了建築師和收藏家約翰・索恩爵士。[84]

從開始到結束，索爾特的文物一共花了六年的時間才總算賣掉。「我曾希望能有人在我經歷這一切之前，在我面臨的風險和眾人對我喪失了興趣之前，對我的努力略表謝意，」他在此期間對賓厄姆・理查茲抱怨道。「但他們在英格蘭的做法與其他國家不同，抱怨終歸無用。」[85]他開始時滿懷這樣的激情，熱中於在埃及代表他的國家；並透過埃及的文物，在自己的國家代表埃及。如今，亨利・索爾特對埃及、對大英博物館，對英國政府都充滿了厭惡。但他尚未膩煩收藏，一段時間後，他會再次嘗試以此獲利。

就在索爾特的文物被迫滯留亞歷山卓港的碼頭之時，《泰晤士報》卻提到一八二〇年三月回到倫敦的「著名旅行家貝爾佐尼先生」剛從吉薩、底比斯等地凱旋歸來，並帶著他自己的埃及戰利品。他離開英國時籍籍無名，只是個巡迴演出的外國演員；歸來時卻成為街談巷議的話題人物。「貝爾佐尼是一個偉大的旅行家，他的英語蹩腳得可愛，」拜倫勛爵如此說。[86]伯爵夫人們邀他赴晚宴；沃爾特・史考特爵士滿面紅光地提及將見到「這位知名人士，在各個方面都名副其實……是我平生所見最英挺之人（對於一個巨人而言）」；他正式加入了一個特選的共濟會分會。出版商約翰・默里公司的客戶包羅萬象，從浪漫派詩人到異國風情的旅行家應有盡有，該公司立即與貝爾佐尼簽約了一本關於他的冒險的書籍。一八二〇年末，《挖掘行動與近來發現大事記》出版了，甫一問世便大受歡迎：初版一千冊，緊接著就在一八二二年又添上了兩版，另有法語和義大利語的譯本。[87]

貝爾佐尼享受著聲名的喧囂，他有一本書即將出版，而「年輕的門農」也安坐在大英博物館。這個老牌藝人往日的戲劇經驗如今又派上了用場。他在埃及時便已醞釀了一個方案。既然英國人鮮有能造訪埃及的，何不在倫敦複製一個讓他們看看？貝爾佐尼計畫複製一個塞提一世的陵

皮卡迪利街上的埃及會堂。

墓，在裡面展覽他發現的所有文物。他選擇的場地是皮卡迪利街*上的埃及會堂，這個地方再恰當不過了。這座會堂是一八一二年部分根據《埃及記述》和德農的《遊記》中的插圖建造的，是「埃及熱」建築的一個奇妙樣本，並佐以蓮花造型的石柱、拱形的入口，以及外立面兩側巨大的伊西斯†和歐西里斯神像。

它是由愛出風頭的威廉．布洛克‡建造的，此人把自己的「自然歷史博物館」開在此處，並展出五花八門的古董，他還在此地舉辦各種特展，比如取得了巨大成功的拿破崙相關物品展覽，其中有這位皇帝在滑鐵盧時乘坐過的四輪馬車。埃及會堂吸引了大量觀眾並且舉辦了「廣受歡迎的」展覽，與大英博物館的門可羅雀和枯燥無味的收藏簡直是天壤之別。一八二〇年，貝爾佐尼從布洛克手裡租下了這座會堂，著手在倫敦的心臟地帶再造一小片埃及。[88]他和莎拉在帝王谷炎熱的天氣裡不眠不休地工作了數月，複製了塞提一世陵墓中的雕像，並製作了那裡浮雕的蠟模。貝爾佐尼利用這些模子和圖樣，精心地原樣重建了這座偉大陵墓的兩個房間，還製作了其餘部分的縮尺模型。他把自己的文物陳列在色彩華麗的房間裡：護身符、珠寶、小雕像，當然還有木乃伊，開幕前不久，貝爾佐尼還以天生表演者的稟賦，當眾拆開了其中的一具。一八二一年五月，單是開幕第一天，就有將近二千人支付半克朗（相當於如今知名景點的票價）前來參觀。[89]

貝爾佐尼埃及展覽的巨大成功適逢大英博物館對是否買下索爾特的收藏猶豫不決之時，這表明英國對古埃及的看法和引介出現了分歧。身為一個自稱的紳士收藏家，索爾特的目標是讓古埃及融入鑑賞家的世界：一個基於大英博物館和皇家藝術研究院、由收藏家、貴族、古文物家和藝術家所支配的世界。事實證明那是不可能的。對他們而言，埃及永遠不過是希臘和羅馬可憐的鄉

*皮卡迪利街（Piccadilly），倫敦的一條主要街道，西到海德公園角，東到皮卡迪利廣場。

†伊西斯（Isis），古埃及宗教信仰中的一位女神，對她的崇拜傳遍了整個希臘－羅馬世界。她被敬奉為理想的母親和妻子、自然和魔法的守護神。

‡威廉・布洛克（William Bullock，約一七七三至一八四九），英格蘭旅行家、博物學家和古文物家。他起初在伯明罕以金匠和珠寶商起家，後來在利物浦開設了一家天然珍品博物館。一八〇九年，他搬去倫敦，展覽取得了巨大成功。他還是倫敦林奈學會、皇家園藝學會、倫敦地理學會、維也納學會等學術組織的成員。

下親戚；顯然不是英國的社會菁英會出大錢購買的東西。貝爾佐尼則向全然不同的觀眾推銷埃及。訪客在埃及會堂參觀的東西並不像大英博物館展出的那種說教性的藝術品。他們純粹是奔著**壯觀場面**來的：規模、新奇、神祕，以及這種遙遠文化的大量文物。在這裡，在貝爾佐尼仿造的埃及，他們得以一窺古埃及的模樣和感覺，以及埃及人的生與死。貝爾佐尼的主顧們前來參觀的理由，如今也在繼續吸引著全世界屢創紀錄的人數前去觀賞埃及展覽。而這正是貝爾佐尼成功的祕訣。他發現博物館外的埃及比被鑑賞家壓縮進審美範疇的館內的埃及更加活躍、熱烈、受人喜愛，而索爾特卻沒有發現這一點。

索爾特向大英博物館的要價幾乎毀掉了他如此苦心營建的紳士風度。與之相反，貝爾佐尼廣受歡迎的展出卻有助於讓他的自我重塑得到認可，並成為英國廣為接受和喜歡的名人與公眾人物。他為大英博物館搜羅文物的愛國夢想或許只實現了一部分，但他卻獲得了夢寐以求的全部讚譽。

但表演的效果轉瞬即逝。一八二二年，貝爾佐尼的展覽盡顯陳舊。社交邀請日漸稀落，他有幾次在受到輕視和被人暗示他的平凡過往時大發雷霆。如果貝爾佐尼想要保持自己新得到的名望，就不得不改變做法。因此在一八二二年六月，展覽開幕的整整一年之後，貝爾佐尼把它賣了。從仿建陵墓的巨大鑲板到展示櫃本身的一切都拍賣殆盡。從當時佳士得拍賣行經手的埃及文物相對稀缺來判斷（這是它們在菁英收藏文化中的邊緣地位的另一個標誌），貝爾佐尼的拍賣一定是英國到那時為止舉行過的最大的一場埃及文物銷售。留存至今的某些價格紀錄表明，那是一場利潤相當豐厚的盛事：比方說，陵墓兩間主室的複製品賣了四百九十英鎊。拍賣圖錄中吹噓說是「埃及最佳工藝」的兩尊略有破損的塞赫邁特雕像，以及「貝爾佐尼先生發現的……如今存放在大英博物館」的兩尊類似的雕像賣了三百八十英鎊（人們也許會注意到，這個價格與索爾特在其惡名昭彰的清單裡開列的四百英鎊大致相當）。[90]總之，這次拍賣一定讓貝爾佐尼撈到了不止二千英鎊，這正是索爾特傾注了多得多的時間和努力最終從大英博物館獲得的金額。

貝爾佐尼落袋為安，又準備動身進行另一次冒險了。他炮製了一個計畫，當成是向其好友和恩人約翰·路易斯·布爾克哈特的某種悼念，後者在一八一八年死於開羅，年僅三十三歲。布爾克哈特的死讓貝爾佐尼、索爾特，以及其他很多人大感震驚，他們不但喜愛並深深地景仰著他，而且還期待他像曾經在麥加、佩特拉和阿布辛拜勒等處一樣，成就更多的發現。布爾克哈特去世前曾計畫隨阿拉伯商隊前往非洲中部，希望造訪廷巴克圖*這座妙不可言的城市。如今，貝爾佐尼替他接受了這個挑戰。

此前從未有過歐洲人拜訪過這座非洲城市並活著回來講述它的故事，傳說它是黃金打造的。非洲協會已經贊助過幾次深入西非的探險，目的是在尼日河航行並找到廷巴克圖。他們最成功的探險家是蘇格蘭外科醫生蒙哥·帕克[†]，他在一七九六年和一七九七年冒險溯尼日河遠上，卻在一八〇六年殖民地部贊助的第二次探險中消失了。一八一五年，貝爾佐尼的出版商約翰·默里公

---

*廷巴克圖（Timbuktu），西非馬里共和國的一個城市，位於撒哈拉沙漠南緣，尼日爾河北岸，歷史上曾是伊斯蘭文化中心之一。

司出版了派克時運不濟的第二次航行的日誌。翌年，約翰．默里公司又出版了一個叫羅伯特．亞當斯的美國年輕水手關於廷巴克圖的故事，一八一〇年，他在茅利塔尼亞海岸遭遇海難，被「黑人」俘虜並帶去一座城市，捉住他的人說那裡就是廷巴克圖。據亞當斯說，這座名城是泥巴造的，絕非黃金。亞當斯的敘述在英國廣受質疑，但貝爾佐尼顯然讀過（甚至約翰．默里公司可能還把他介紹給了亞當斯）並被說服了，他準備前往摩洛哥，隨撒哈拉商隊南下廷巴克圖。[91]

一八二三年春，莎拉．貝爾佐尼勇敢地陪同丈夫遠至非斯‡，並在留存至今的一封致其友人、小說家簡．波特§的珍貴信件裡描述了他們的進展：

> 回到巴黎後，從那裡趕往馬賽，上船去直布羅陀，從那裡去坦吉爾◎，再前往摩洛哥北部的非斯。穿過一個花園後就到了我們的住處，那是個迷人的天堂，空氣裡彌漫著橘子園的香氣，在桃金娘的蔭蔽下，其他很多芳香的植物競相加入這場輕快的甜美旋律的競賽中。[92]

但貝爾佐尼發現，從摩洛哥南下的沙漠路線被阻斷了。回到直布羅陀（莎拉從那裡回到了倫敦）後，他轉道加那利群島，搭乘英國海軍的一艘運輸船去了西非海岸。莎拉從倫敦給他寫信說：「我親愛的喬瓦尼，我在七月二十四日星期四到了這裡……滿腦子想的都是你，我們分開得太突然了，都沒有說聲再見……不要太冒險了，想想可憐的蒙哥．帕克……願上帝祝福你，保護你，你要相信上帝，我親愛的喬瓦尼，還要開心地回英格蘭來。」[93]

「喬瓦尼」很可能並沒有收到她的信。一八二三年十月中旬，他到達了迦納海岸的英國要塞，並繼續前往貝南河畔的英國商館。他從那裡向內陸的貝南城進發，那是個精美的青銅浮雕環繞著王宮的壯觀首府。（一八九七年，英軍掠奪走了那些長幅雕飾，它們最終落腳在大英博物館，至今仍在那裡。[94]）但詹巴蒂斯塔·貝爾佐尼不再想繼續前進了。他患上了痢疾，感到自己傳說中的力量和意志都在一點點地流走。一八二三年十二月三日，他死在貝南的加托鎮。他的英

---

†蒙哥·帕克（Mungo Park，一七七一至一八〇六），英國探險家，被認為是第一個考察尼日河的西方人。生於蘇格蘭，一七八八年進入愛丁堡大學學習醫學和植物學。一七九三年經博物學家約瑟夫·班克斯的推薦，他在一艘前往蘇門答臘明古魯的商船擔任助理外科醫生，前往明古魯進行考察。一七九五至一七九七年受英國非洲協會委託經甘比亞河，尋找尼日河河源，東行至尼日河上游的塞古，斷定尼日河是由西向東流注。一八〇五至一八〇六年受英國政府的派遣，再次考察尼日河，後在布薩（Bussa）附近遇襲溺亡。

‡非斯（Fez），摩洛哥王國第四大城市。

§簡·波特（Jane Porter，一七七六至一八五〇），歷史小說家、戲劇家。她的作品《蘇格蘭酋長》（*The Scottish Chiefs*，一八一〇）被看作是最早的歷史小說之一，迄今仍廣受蘇格蘭兒童的喜愛。

◎坦吉爾（Tangier），北非國家摩洛哥北部的一個濱海城市，在直布羅陀海峽西面的入口，大西洋及地中海的交界處。

國同伴把他葬在一棵枝繁葉茂的巨樹之下，並為躺在地下的「勇敢的著名旅行家」立了一塊墓碑。[95]

說到底，或許正是自我塑造的壓力殺死了貝爾佐尼：為了加強他新的公共形象，一個備受讚譽的冒險家，並在此過程中再次讓荷包鼓起來。廷巴克圖是一趟太過遙遠的旅程。「我最後死得像個乞丐，」貝爾佐尼在非洲最後的日子裡如此寫道。他的遺孀莎拉除了丈夫在發現方面的聲望之外，別無其他的遺產。她一度想重開埃及文物展覽，然而收效甚微，於是便全心投入到對丈夫的回憶中去了。莎拉的貧困變成了一個廣受爭議的問題：大西洋兩岸的報紙都以她的名義發起了慈善呼籲；從一八五一年到一八七〇年去世，她每年都從王室年俸中領取一百英鎊的年金。[96]但貝爾佐尼的確被奉為天神。莎拉在他去世後不久委託製作的一幅版畫中對此進行了圖解說明。這幅版畫與貝爾佐尼在其《大事記》的卷首插圖中的形象截然不同，《大事記》中的他身穿全套的東方服飾，柔滑的長鬚卷垂於胸前。版畫中的貝爾佐尼則是相當拜倫式的外表，身穿高領外衣，高雅的白色闊領帶，還留著時髦的卷鬈。他的形象高懸雲中，身後環繞的雲朵形成了一種光環。在地上，他帶來英國的重要文物清晰可辨。

然而，對貝爾佐尼最長久的頌揚或許是以不太可能的形式出現在一本童書中的。貝爾佐尼在英國大獲成功的巔峰時期，一位作家以莎拉．阿特金斯之名出版了他的《大事記》的改編本，名為《貝爾佐尼在埃及和努比亞旅行所體現的進取的果實：一位母親給孩子們的點評》。這本童書將《大事記》一書中偏執而戒心重重的貝爾佐尼改寫成一個堅持不懈、精力過人、自我激勵、不達目的絕不甘休的典範。「耐心可以戰勝困難，讓我們所有的努力都戴上成功的王冠，」當貝爾佐尼的一個令人振奮的故事講述完畢後，一個孩子如此說道。[97]這個貝爾佐尼體現了一種白手起家的英國新英雄的勇氣和美德。《進取的果實》大受歡迎，他去世二十年後仍在出第九版。《進取的果實》的少年觀眾被敦促要仿效貝爾佐尼的耐心和獻身精神，年長一些的讀者也可以從《自學成才者傳》（一八三二）中描述的貝爾佐尼身上汲取教訓，在這本書裡，這位旅行家與伊萊．惠特尼*、漢弗里．大衛†，以及亨利．克萊‡等人並列。[98]貝爾佐尼是個自我引導、積極進取，並在財務上取得成功之人，他充分符合維多利亞時代英國和美國的價值觀，他的遊記在這兩地擁有廣泛的讀者。（例如，拉爾夫．沃爾多．愛默生就在好幾篇文章裡提到過貝爾佐尼；一八三二

---

*伊萊．惠特尼（Eli Whitney，一七六五至一八二五），活躍於美國十八世紀末至十九世紀初的一位發明家、機械工程師和機械製造商。他發明了軋棉機，聯合發明了銑床，並提出了可互換零件的概念，為人類工業的發展做出了重要貢獻。

†漢弗里．大衛（Humphry Davy，一七七八至一八二九），英國化學家。是發現化學元素最多的人，被譽為「無機化學之父」。一般認為大衛是燈泡和第一代礦工燈的發明者。

‡亨利．克萊（Henry Clay，一七七七至一八五二），美國參眾兩院歷史上最重要的政治家與演說家之一。輝格黨的創立者和領導人。美國經濟現代化的宣導者。他曾經任美國國務卿，並五次參加美國總統競選。儘管均告失敗，但他仍然因善於調解衝突的兩方，並數次解決南北方關於奴隸制的矛盾維護了聯邦的穩定而被稱為「偉大的調解者」，並在一九五七年被評選為美國歷史上最偉大的五位參議員之一。

年，一位名叫阿爾瓦雷斯・菲斯克的富裕密西西比農園主被這個探險家深深打動，隨即把自己的農園命名為貝爾佐尼。如今，這個名字依然存在，密西西比州的貝爾佐尼小鎮是「三角洲地區之心」和「世界鯰魚之都」。）[99]

然而，以《進取的果實》展望維多利亞時代後期價值觀，還有另一個不那麼光彩的方式，就在於它對埃及的刻畫上。貝爾佐尼本人在《大事記》中把英法衝突當成敘事核心，但《進取的果實》卻把他的故事變成了與埃及的一場戰役。貝爾佐尼對法國人的很多具體的抱怨都被刪去；遭人唾罵的索爾特只在談到搬運「年輕的門農」時被提及了一次。相反，「東方人」的刻板形象卻比貝爾佐尼本人書中的更加粗魯和普遍。讀者得知，「埃及人與生俱來地有一種娘娘腔的懶惰，這種惰性隨著他的成長而發展，一直隨著他走進墳墓」；「鄂圖曼人以其怠惰而聞名」；「只有關乎阿拉伯人自己的利益的事，才能影響他的看法，」如此等等。[100]另一個明顯表現歐洲禮儀的是全部插圖中的貝爾佐尼都沒有東方化的洛腮鬍子。貝爾佐尼的故事從他本人呈現的一場英法衝突變成了歐洲對抗東方的故事。這才是最重要的改寫。

英法兩國在埃及的持久對抗一直延續了數年，實際上還愈演愈烈。但正如歐洲接受埃及文物和收藏家的態度所示，在一八二〇年代逐漸建立起來的另一種敘事，將在歐洲對埃及的反應中占有長期的優勢。現代埃及被闡述為一個墮落、腐敗和蕭條之地。與之相反，古埃及卻是個與奇蹟、神祕和古典（更不用說關乎聖經了）相關的所在，而那裡需要歐洲人的拯救。

至於索爾特和貝爾佐尼之間的個人較量，今天仍可以在拉美西姆祭廟看到一個悲壯的遺跡。

索爾特和貝爾佐尼在底比斯的拉美西姆祭廟牆上的塗鴉。

在一個多柱的院落中的一面牆上，淺淺地刻著幾個小字母，拼出了「索爾特」之名。這是個謹慎的標記，作為塗鴉，它是對子孫後代最溫柔的眨眼。但在它的上方，是用強勁清晰的字跡深深刻在石頭上的名字「貝爾佐尼」。此事沒有什麼可謙虛的：貝爾佐尼也去了那裡，並希望未來的遊客知道此事。在這裡找到他的宣言尤其貼切。貝爾佐尼正是在這座神殿策劃將「年輕的門農」運走的，如今它仍安坐在大英博物館裡，標籤上卻只有其捐贈者亨利・索爾特和約翰・路易斯・布爾克哈特的大名。因此，索爾特在大英博物館如其所願地贏得了不朽。儘管貝爾佐尼成為廣受讚譽的「英國」冒險家的自我再造或許導致了他的死亡，但在這裡，在他刻下名字的地方，他的大名依然清晰可辨。

第九章 復甦

兩個埃及

一八二二年九月中旬的一個上午，巴黎電閃雷鳴。三十二歲的學者讓－弗朗索瓦・商博良坐在自己三樓的書房裡，凝視著象形文字碑文的花框，身旁放著他的筆記。他辛苦工作，想拼出他猜測這些字母所代表的聲音。音節從他眼前這些難懂的形象中浮現出來，隨後是名字：拉美西斯，阿蒙*的寵兒：圖特摩斯†。為了這一刻的頓悟，他已經苦心研究了數年。如今，在早上的電光石火中，商博良終於能夠證明他發明的翻譯「眾神言語之聖書」的語音理論，因為羅塞塔石碑對埃及象形文字的稱呼翻譯成希臘語就是「聖書」。失傳的埃及語言在逾千年來頭一次又能解

*阿蒙（Amon），一位埃及主神的希臘化名字，他是古埃及的八元神之一。起初，他僅是底比斯的地方神祇。直到第十八王朝的統治者們把他們勝利的軍隊從各個方向開往邊境的時候，阿蒙才開始成為埃及普遍承認的神，排擠著埃及的其他神祇，甚至走出埃及成為宇宙之神。

†圖特摩斯（Thutmoses），古埃及第十八王朝法老之名，該王朝以圖特摩斯為名的法老一共有四位。

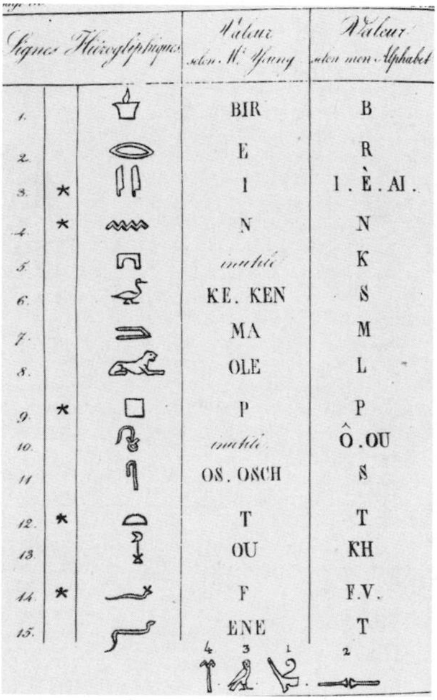

商博良取得重大突破的《象形文字體系概論……》中的象形文字表，他把自己的結論與英國對手湯瑪斯．揚*的猜測並列。

讀了。他衝過大街去告訴哥哥，隨後便癱倒在地神志不清，五天說不出話來。[1]

人們後來認為，商博良的成就是命中注定。據說這個天才小子九歲的時候就在一份《埃及信使報》上讀到了發現羅塞塔石碑的消息。幾年後，這位格勒諾布爾的早熟學生就在一位學者的膝頭直接了解埃及了，那位學者就是為《埃及記述》撰寫歷史序言的讓－巴普蒂斯．約瑟夫．傅立葉，正是他用莎草紙和碑文讓這個小夥子神魂顛倒的。如果說破譯文字看來就是商博良的個人命運，也有很多人將其看作是法國的國家命運，這是「法語文字的永恆榮譽」。[2]一七九八年，法國人讓埃及向西方開放；如今又是法國人讓現代人看到了古埃及文化。正如商博良本人所說：「戰無不勝的法國（*la France guerrière*）

讓現代埃及得到深入的了解……也正是法國……搜集了鐫刻在這些〔古代〕豐碑上的回憶，成為原始文明的見證者……」[3]用另一位同時代人物發人深省的話來說：

對於法國來說，埃及考古學是一種版權，就像印度考古學是英格蘭的版權一樣：透過兩國旅行家的千辛萬苦、學者們的熱情，以及兩國政府的保護，這兩個人類學問的重要分支在這兩個王國歸化〔為公民〕了。[4]

鑑於法國在埃及完全沒有扮演過什麼正式的角色，將其與英國在印度的統治進行類比十分出人意料，但在文化和歷史領域，彷彿埃及理所當然地屬於法國，而法國也相應地對其負有責任。象形文字的破譯是埃及與西方之間（以及收藏與帝國之間）的關係，將在一八二〇年代和一八三〇年代得到重新認定的兩種重要方式之一，並預測了延續到十九世紀後期及其後的趨勢。破譯為正式的埃及學和古埃及研究的發展開闢了道路。（**埃及學**一詞在一八七〇年代才被廣泛使使

＊湯瑪斯·揚（Thomas Young，一七七三至一八二九），英國科學家、醫生、通才，曾被譽為「世上最後一個無所不知之人」。在語言和文字方面，他曾對四百種語言做了比較，並在一八一三年提出「印歐語系」。此語系曾在一六四七年由荷蘭語言學家馬庫斯·祖依斯·凡·博克斯霍恩首次提出。他同時也是最先嘗試翻譯埃及象形文的歐洲人之一（另外兩人分別是法國人安托萬·德薩西和瑞典人約翰·大衛·阿克布拉德）。

用，但這一領域的基礎在此之前便已奠定了。）[5]商博良反覆申明法國的智慧財產權，他的發現也為英法在埃及土地上展開文物和影響力的競爭注入了新的生命。這種對抗也受到了另一個轉型事件的影響。希臘因謀求從鄂圖曼帝國獨立而爆發的戰爭對歐洲與埃及的關係產生了始料未及的影響。英法兩國暗自支持希臘人，素壇則要求屬臣穆罕默德・阿里鞏固鄂圖曼的勢力。事態發展進入了一個弔詭的局面，英法兩國竟聯手控制穆罕默德・阿里，以防其勢力蔓延到埃及之外，同時，各自又力圖連同帕夏一起，鞏固本國在埃及的地位。象形文字的破譯與希臘獨立戰爭合力加深了古代埃及與現代埃及之間感性的鴻溝，對於古埃及，如今西方可以看清並以新的活力大肆搜集；而現代埃及則日益捲入歐洲政治和英法干涉內政的安排。這種分割對埃及和西方之間的關係，對埃及與自身古老歷史的關係，以及英法對古代和現代埃及的控制，都有著長久的影響。

索爾特和德羅韋蒂均以各自國家之名採取行動，但他們的搜羅手法大同小異。然而從一八二〇年代起，英法兩國人對收藏的看法開始發生明顯的差異。當索爾特和貝爾佐尼以個人企業家之姿把埃及呈現給倫敦人，而另一方面，儘管復辟後的政治和文化環境發生了變化，法國的埃及研究卻繼續得到國家的支持。的確，正是拿破崙的取代者、波旁王朝的國王路易十八，支付了《埃及記述》龐大出版費用的大部分。大約在同一時間，大英博物館心不甘情不願地為亨利・索爾特的收藏支付了兩千英鎊，而比利時皇家圖書館和羅浮宮卻共同出資三倍的價格（十五萬法郎，大致相當於六千英鎊），買下了來自丹德拉神廟的黃道十二宮巨型石雕，那是兩個法國人在一八二一年拆下來的。[6]

但儘管貝爾納迪諾・德羅韋蒂極力推進，法國的文物收藏仍然落後於其他國家。一八一九年，德羅韋蒂把他的龐大收藏用船運回歐洲，並提出希望法國政府收購。然而，他四十萬法郎的要價（比索爾特賣掉文物所收取的金額高八倍）讓當局躑躅不前。[7] 一八二一年，德羅韋蒂轉而將其收藏賣給薩丁島的國王（他統治著德羅韋蒂的故鄉皮埃蒙特），換來了現金、一筆年金、價值四十五萬法郎的土地，甚至還有額外增補的一套騎士裝飾。[8] 一八二四年，也就是商博良出版他關於象形文字的權威著作的那一年，倫敦和杜林的埃及文物收藏都比巴黎的強。考慮到「成群的外國人被法國探險隊的聲望吸引到巴黎」，以及法國人在埃及研究上的突出表現，《埃及記述》的編輯埃德姆・弗朗索瓦・若瑪律抱怨說，事態的發展令人非常尷尬。[9]

一八二四年，路易十八去世，他的保守派弟弟查理十世*繼位。查理登基引起了廣泛的緊張、厭惡和憤恨。但對於埃及愛好者來說，新國王卻是個出色的贊助人。一八二六年，他被說服在羅浮宮裡開設了一家重要的埃及美術館：查理十世博物館。商博良被任命為館長，並擁有採購文物的國家基金。埃及美術館沿著羅浮宮的卡雷庭院延伸開去，此格局一直保留至今，那裡裝飾著一圈壁畫（部分仍然完好），慶祝古埃及與法國波旁王朝的聯合。[10] 惡名昭彰的保守派查理十

*查理十世（Charles X，一八二四至一八三〇年在位），本名查理・菲力浦（Charles Philippe，一七五七至一八三六），他在歷經路易十六、路易十七、路易十八三位短暫的法國波旁復辟王之後，六十七歲時才繼承王位。由於他對天主教的強烈熱情和貴族政治的厭惡，引起人民的強烈不滿，引發一八三〇年七月革命，查理被迫遜位，流亡英國。

世居然會接受由他十分痛恨的革命派和前波拿巴派宣傳的象徵，進一步令人信服地證明了埃及已經成為法國國家認同的一部分。歡迎埃及進入王室收藏就像是一種政治大赦，也是對拿破崙遺產的一種心照不宣的接納。[11]

法國人對埃及收藏的新一波興趣加劇了與英國人在尼羅河谷的競爭，商博良後來在裡頭很多方面都有親身體驗。更令人意外的是，羅浮宮首批埃及收藏的來源不是旁人，正是亨利·索爾特。索爾特的第一批收藏蒙受了重大損失，又陷入困境，左右為難。遺產花盡，也不能確定是否能指望得上政府的年金，他比以往更加依賴文物所得的利潤了。在某種程度上，他只想離開埃及。他在那裡心情沮喪，感覺如同流放，被他心愛的倫敦社會拒之門外。「像這樣遠離一切科學、文學、藝術、知識、精緻或品味，停滯不前，」他哀怨地致信蒙特諾伊斯說，「這種懲罰足以讓人發瘋。」[12]與此同時，他被困在那裡的部分原因是他自己的野心。只有在埃及，他才會擁有總領事的身分、地位和特權，承擔得起優雅的生活方式，並帶著紳士的財富回到英國。與克勞德·馬丁為了維持他紳士鑑賞家的生活而必須留在勒克瑙一樣，亨利·索爾特也被禁錮住了，像寄生蟲一樣地依賴在這片讓他成為有錢人的東方土地上。

待在埃及倒也並不總是如此可怕。令人痛苦的價目表事件剛過去幾個月，索爾特就發了一筆意外之財。「我敢說，得知我即將與一位年輕而非常和藹的女士結婚的消息，你一定會大吃一驚，」一八一九年九月，他對一位朋友滔滔不絕地說道。[13]這位「女士」是個年僅十六歲的女孩，一個名叫彭薩的托斯卡納商人之女，她父親把她帶來埃及，顯然期望她能嫁給一個奧地利熟人。關於索爾特太太的情況所知甚少，甚至連她的名字也不得而知，這真是諷刺，因為紀錄裡倒是保留著一個奴隸女孩馬赫布的名字，索爾特與馬赫布還在不到一年前生了一個兒子。[14]

三十八歲的索爾特年紀比他的新娘大了不止一倍，而且還病入膏肓。「輕微的腹瀉在婚禮當天」迅速惡化，把他帶到了死亡邊緣。[15]從那時起，他就遭受「腸道頻頻鬆弛便血的病根」康復與復發不斷迴圈的痛苦，實際上他最終是死在了前列腺病上。[16]但他卻在妻子身上找到了前所未有的慰藉：「這些不幸的病症對我年輕的妻子來說實在是難以對付，閣下也可想而知，但感謝上帝，這只能讓我確定我以前對她性格的良好印象是正確的。我可以自豪地說，她確實是個非常和藹可親的好女孩，讓我非常高興。」[17]或許這對佳偶看起來難以置信，但熟悉索爾特的人卻說「從來沒見過更幸福的婚姻，也沒見過更一往情深的夫妻。」[18]一八二一年，他們有了一個女兒，並以索爾特的好友和贊助人蒙特諾伊斯勛爵的名字*，給她取名喬治娜・海莉耶塔・安斯利。一八二四年四月，索爾特太太再次臨盆，索爾特對女嬰的到來非常高興（但這個女兒茱莉亞由於早產而在出生兩星期後夭折了）。

但隨後他的家庭就猝然解體了，像它的組成一樣突然。五天後，腺鼠疫肆虐亞歷山卓港，索爾特的少女新娘死於產褥熱。他們的嬰兒也在幾個星期後夭折了。索爾特因為悲傷而哭紅了雙眼。甚至在他寫給外交部的信件中都能聽到他的長嚎：「上帝想用最大的災難給我帶來折磨。」[19]他

---

*蒙特諾伊斯勛爵名字是喬治・安斯利・瓦倫西亞。

決定把小喬治娜和她的義大利外祖母送回托斯卡尼去，她們在那裡至少可以擺脫沉重籠罩在領事館家之上的埃及瘟疫。一八二四年七月，喬治娜和年邁的彭薩太太從亞歷山卓港啟程，索爾特再也沒見過女兒一面。

她們走後，他埋首於領事館的工作，企圖從中找到慰藉。他全神貫注地寫下長詩〈埃及，一首敘事詩〉。詞句極其笨拙，南方盧克索的一個名叫羅伯特．海伊*的年輕紳士旅行家給朋友們大聲朗讀「索爾特先生所作的關於尼羅河極其諸多奇蹟的**好詩**片段」，引來一陣訕笑。[20]但索爾特的每一行詩句都是他一本正經地寫下的，「作者遭受了巨大的折磨，此舉全然是為了分散注意力。」[21]他還傾盡全力破譯象形文字，並就該主題撰寫了一篇長文，卻得知商博良此前已在很多問題上領先於他了。[22]

悲劇降臨的隔年，索爾特的第二個收藏也待價而沽了。這批收藏和他的小女兒一樣，都在利弗諾由他妻子的姊夫、銀行家彼得羅．聖托尼監管。那些文物「會讓〔大英〕博物館的收藏成為**世上最佳**的埃及藏品，」索爾特如此說道，並且很高興以它們為自己換得六百英鎊的年金。[23]然而這一次他沒有耐心討價還價了：「它如果可以去英格蘭的話，那將會是我的榮幸；但不要再與大英博物館**交涉**了，**索恩**家族才是最合適的對象。」[24]索爾特在這裡引用了德羅韋蒂著作的一頁內容：他首先會把自己的收藏獻給自己的國家，但如果他們的行動不夠迅速的話，他很樂意把收藏賣給出價最高的人，無論那人是誰。

讓－弗朗索瓦・商博良聽說索爾特的收藏在利弗諾出售時，碰巧就在附近杜林新成立的埃及博物館†研究德羅韋蒂的收藏呢。他親自奔赴利弗諾一探究竟，並對看到的一切十分欣喜：「這批收藏絕對比德羅韋蒂的強……，」他報告說。「金銀雕像和物件的數量相當龐大；很多青銅物品的高度超過六十公分並飾以金銀線，怎樣讚美都不過分，歐洲此前從未出現過類似的東西。」商博良為了講明自己的看法，繼續寫道：「法國失去了德羅韋蒂的收藏，但收購索爾特先生的收藏，藉之安慰自己的時機來了。要價……金額如此之小，以至於我不得不反覆詢價了好幾次；只需花上最多十五萬法郎便可擁有大致相當於薩丁島國王付了四十五萬法郎才獲得的東西。」[25] 參觀過索爾特的收藏後，商博良在三個月之內便獲得了法國政府的批准，開始和聖托尼議價；一八二六年二月，法國以二十五萬法郎買下了索爾特的收藏（當時約合一萬英鎊，如今則輕鬆超過五十萬英鎊）。[26]「獲得了其他任何博物館都無與倫比的如此美麗的收藏，我與陛下同喜……，」彼得羅・聖托尼致信國王的管家時寫道。「物主是我的好友，……〔他〕得知收藏〔將要〕安置在適合它的地方後，非常高興能得償所願。」[27]

---

*羅伯特・海伊（Robert Hay，一七九九至一八六三），蘇格蘭旅行家、古文物家、早期的埃及學家。一八二四年，他與藝術家約瑟夫・博諾米結伴訪問埃及，在那裡記錄當地遺跡和碑文，並製作了大量的建築平面圖。他的手稿如今主要存放於大英圖書館，很多石膏模型則存放於大英博物館。

†埃及博物館（Museo Egizio），義大利杜林的一座埃及考古學和人類學專業博物館，是世界上除了開羅國家博物館以外，專門收藏埃及文物規模最大的博物館。

亨利・索爾特最終正是以這種方式得到了他的退休金，這筆錢不是來自他服務十年的英國政府，而是他始終與之為敵的法國人。但他就連安然返回英國的願望也將無法實現。希臘的緊張局勢正是緊要關頭，英國干預的壓力與日俱增，看來必要跟在那裡打仗的埃及軍隊對抗了，索爾特為了堅守崗位，不得不推遲動身的時間。「我對埃及徹底厭倦了，」他在一八二七年五月悲嘆道，「我有大量的速寫和筆記，足以讓我消遣餘生了，經歷了這麼多的變故，我想自己來日無多了。」[28]那年夏天的晚些時候，他「舊病復發」。索爾特在十月「仍非常虛弱」：「在種種考慮之下，這最終讓我決定到明年四月就不再拖延了……我已為政府做了足夠的自我犧牲。」在同一封信裡，他告訴彼得羅・聖托尼，自己在當天寄出了第三批文物收藏，「這是一批精選的收藏，其中有趣的物件很多。」[29]

三個星期後，亨利・索爾特去世了。氣候、疾病、壓力，以及悲痛：看來說到底還是埃及殺死了他。他在最後的日子裡飽受精神錯亂的強烈發作以及超自然幻覺的折磨。「哦！醫生，這是弗蘭肯斯坦*！」他在最後有意識的時刻如此驚叫道。[30]他就這樣告別了埃及和他的人生，死時還被另一個人關於發現和重塑的致命實驗的幻象苦苦折磨。

法國復興

索爾特的一百一十七箱文物抵達法國後，埃及收藏的平衡顯然傾向於巴黎一方。它預示著法國在埃及的形象，甚至法國在整個北非的影響等未來事件的走向。英國在文物上的優勢地位這次轉入法國之手，似乎也凸顯了外交事務方面的趨勢。一八二一年，貝爾納迪諾・德羅韋蒂在埃及從事了六年自己的個人生意後，又被重新任命為法國領事。「律師、軍人、副領事、情人、丈夫、農場主、生意人、古文物家，一切都無法讓德羅韋蒂先生滿足，他不安分的野心就是他失敗的原因，」他的上一任領事、一位厭惡他的壞脾氣老人如此抱怨道。但實際上，德羅韋蒂在這些行當裡大都幹得相當不錯。他的復職（外加獲頒法國榮譽軍團勳章†）證明，這位老波拿巴派人士是法國，甚至波旁王朝在埃及多麼不可或缺的代表。德羅韋蒂大概是穆罕默德・阿里最親密的歐洲顧問了。任命他為領事有助於確保法國成為埃及最親密的歐洲友國。

就算在滑鐵盧戰役後的這些歲月裡，法國似乎仍在埃及四處插手。它指導了在長期看來或許是穆罕默德・阿里最重要的「現代化」計畫：栽培長纖維的朱梅爾棉花。里昂人路易・朱梅爾本人負責管理穆罕默德・阿里在布拉格區的紡織廠。另一個引人注目的法國干涉領域就是埃及的軍事，從一八二〇年起，這個領域就按照歐洲的標準得到了徹底重建，也讓英國人十分恐慌。[31] 一

*弗蘭肯斯坦（Frankenstein），一八一八年瑪麗・雪萊同名科幻小說中的人物。弗蘭肯斯坦是一位科學家，他通過實驗創造了一個怪物。怪物本來心地善良，樂於助人，但因為相貌醜陋，不為人類社會所容，他請求科學家再給他造一個同類，卻遭到了拒絕。他的一生悲慘勝過快樂。他不顧一切地向人類復仇，最後與他的創造者一起同歸於盡。

†法國榮譽軍團勳章（Legion cf Honor），法國政府頒授的最高榮譽勛位勳章，以表彰對法國做出特殊貢獻的軍人和其他各界人士。一八〇二年由拿破崙設立，勳章綬帶為紅色，分六個等級。

八二二年，英國旅行家詹姆斯．伯頓看見「駐紮在法爾基奧的一個阿拉伯軍團如今在以歐洲的方式受訓……他們有歐式滑膛槍和刺刀，軍鼓也是法式風格的敲法，軍鼓隊的少校是個法籍馬木路克人。軍官們也都是法國人和義大利人。」[32] 帕夏的頂級軍事顧問名叫約瑟夫．塞夫，是個拿破崙時代的老兵，索爾特形容他是「一個真正的波拿巴派繼承人」。據索爾特說，其他「為帕夏服務的法國軍官……當然做了很多工作，但無人能與塞夫上校相比，」他在一八二三年皈依伊斯蘭教，藉此鞏固了他與埃及的關係。「在變成鄂圖曼人以後，」他：

被提拔到貝伊（蘇萊曼貝伊）的等級……我不覺得鄂圖曼人是特意如此的……（但他在耶誕節上午收到皮上衣，並得到了晉升，就像特地要激怒他宣布與之決裂的宗教一樣。他費了這麼多努力，畢竟還是個傻瓜）他出賣了自己與生俱來的權利，來換取升遷的機會，而帕夏如今可以隨心所欲地砍掉他的頭顱。[33]

法國人在埃及軍隊中的影響如此顯著，以至於法國報紙授予「在（希臘）邁索隆吉＊城牆下戰鬥的士兵以高盧－埃及人的稱號。」這是一份野蠻的控訴，因為關於埃及人在那裡實施暴行的報導引起了西歐近乎一致的憤怒。[34]

實際上，就像德羅韋蒂急於表明的那樣，一八二六年，穆罕默德．阿里的軍隊裡只有十四名法國軍官（還有十六名皮埃蒙特人，四名西班牙人，以及五名那不勒斯人），但數目無關緊要。[35]穆罕默德・阿里起初求助的正是法國，他希望法國能提供一切，從「五十六名樂手以供組建兩支法式軍樂隊，並教導本地的學生，」到接待四十四名埃及青年在巴黎學習，這是中東派往歐洲的第一批這類交換學生。[36]巴黎與開羅之間禮尚往來，比如送給穆罕默德・阿里的一輛馬車和戈布蘭壁毯，以及送給法國的文物和挖掘許可等。[37]在索爾特看來，「帕夏殿下與法國宮廷之間的這種稱得上是聯盟的關係把兩國拉得愈來愈近，法國政府的計畫也不斷獲得成功。」[38]

索爾特在一八二六年寫下這份急件時，那些「法國政府的計畫」中包括鼓勵穆罕默德・阿里宣布獨立於素壇。法國歡迎埃及取得自治權，將其視為是潛在的盟友以及英國和俄羅斯在該地區利益的制衡力量。但法國和英國各自與穆罕默德・阿里的關係，也開始超越兩國之間長期以來在埃及的對立。在希臘迅速展開的各種事件，也對這些關係產生了持久的影響。

自從一四五三年拜占庭的君士坦丁堡落入鄂圖曼人之手後，希臘就成為鄂圖曼帝國的一個行省。十八世紀末，在盛行於歐洲的激進潮流的部分支援下，希臘開始形成了一個愛國主義運動。一八二一年初，革命在大陸全面爆發，目標在於從素壇手中贏得獨立。歐洲各國不願介入。畢竟這是一起殖民地的叛亂，而英國雖然曾支持南美反抗其舊日的帝國對手西班牙的殖民地起義，但維持鄂圖曼帝國似乎對於維護歐洲和平至關重要。但從俄羅斯到英國，再到美國，公眾都強烈同情希臘人。親希臘人士衝向那裡志願提供支援，最著名的就是拜倫勛爵，一八二四年，他在邁索

* 邁索隆吉（Missolonghi）又譯為邁索隆吉翁，位於埃托利亞—阿卡納尼亞州南部，派特雷灣北岸。

隆吉死於熱病。一八二七年，希臘人向英國尋求專業的協助，他們聘用了一個英國將軍來指揮希臘軍隊，並僱來了勇猛的海軍上將湯瑪斯．科克倫*勛爵，後者以前曾幫助智利、祕魯和巴西贏得了各自的獨立。與此同時，素壇馬哈茂德二世請求他最強大的下屬的幫助。穆罕默德．阿里已為素壇打敗了漢志的瓦哈比派，並在一八一八年得到了回報：素壇任命穆罕默德．阿里聰明好戰的長子易卜拉欣為該省的帕夏。穆罕默德．阿里希望能得到素壇賞賜的更多領土和頭銜，做為在希臘參戰的回報，無論是希臘，還是最讓他垂涎的獎品：敘利亞。

在經驗豐富的易卜拉欣的指揮下，埃及軍隊攻入克里特和賽普勒斯，輕而易舉地維護了鄂圖曼的統治地位。一八二五年，易卜拉欣利用其父新組建的一支逾五十艘軍艦的海軍，發動了對伯羅奔尼撒半島的侵略。他一路展開了血腥屠殺。在邁索隆吉的科林斯灣†，為期一年的圍攻在一八二六年終於變成一場大屠殺，易卜拉欣的手下殘殺了大約四千名四下逃散的希臘人。這起事件在西歐激發了一片狂怒。歐仁．德拉克羅瓦曾在一八二四年巴黎沙龍上用他描繪鄂圖曼人在希臘的另一次暴行的油畫〈希俄斯島的屠殺〉讓觀者震驚不已，他隨即就在其畫作〈邁索隆吉廢墟上的希臘〉中諷喻了這一場景，這幅畫「為了希臘人的利益」而在巴黎展出。[39]（三年後，德拉克羅瓦將會在讚美一八三〇年法國革命的〈自由引導人民〉中，把全身女性形象「希臘」畫成裸胸的自由象徵。）在邁索隆吉面前，歐洲列強紛紛卻步，不再向希臘人公開提供援助，而選擇與鄂圖曼人維持一種微妙的現狀。如今，易卜拉欣的暴行迫使他們邁過邊界，正式與希臘結盟。

就在索爾特給白廳寫信、警告法國支持埃及獨立的一八二六年，見證了穆罕默德．阿里有了樹立自己威望的絕佳機會。他的陸軍占領了希臘，而海軍（與法國顧問在布拉克區的船塢建造，並自誇有五艘法國造的戰艦）則分布在伯羅奔尼撒半島周圍的海上。這一年還見證了英法兩國陷入困境。這兩個國家長期以來爭相幫助穆罕默德・阿里發展和維護自己的勢力；如今也各自公開幫助希臘的獨立事業，因而也就公然與埃及的陸軍和海軍為敵。此外，如果希臘和埃及兩國都獲得了獨立，鄂圖曼帝國的整體穩定性就會大打折扣。身陷西方各利益方的交叉火力之中，穆罕默德・阿里將會發現正是他的實力加速了他的垮臺。因為當身在埃及的索爾特和德羅韋蒂還在為促進各自國家的利益而相互爭鬥時，在埃及境外，法國和英國已經在聯手粉碎帕夏的勢力了。

東西方的碰撞發生在伯羅奔尼撒半島東岸（原文如此，應為西岸。——譯者注）的納瓦里諾[‡]灣。穆罕默德・阿里洋洋得意地對其子易卜拉欣說，一八二七年九月初集結在那裡的鄂圖曼–埃及聯合艦隊「絕非你此前見過的那種艦隊。它現在是一支現代化的傑出艦隊，是穆斯林世界前所未見的。」[40]帕夏知道與親希臘的歐洲聯盟對峙在所難免，但他充滿自信地認為自己只會損失幾條戰艦而已。歐洲聯盟海軍在灣口盤桓，希望能威嚇埃及人撤軍。

＊湯瑪斯・科克倫（Thomas Cochrane，一七七五至一八六〇），第十代鄧唐納德伯爵，英國海軍將官、僱傭兵、激進的政治家。他在拿破崙戰爭期間是個勇敢並成功的船長，導致拿破崙為他起了「海狼」的綽號。他幾乎在參加的每一場海戰中都取得了勝利。

†科林斯灣（Gulf of Corinth），伯羅奔尼撒與希臘西部大陸之間愛奧尼亞海的深水灣，其東部為科林斯地峽。

‡納瓦里諾（Navarino），伯羅奔尼撒半島西南部愛奧尼亞海的一個小海灣。

但易卜拉欣絕不讓步。一八二七年十月十五日，指揮親希臘聯盟的法國海軍上將向在敵方埃及人的軍隊中服役的全體法國人發布了一封公開信。他建議他們現在就離開埃及海軍，否則法國人將會被迫向同胞開槍。五天後，盟軍艦隊駛入海灣，在停泊後的近距離內，兩支海軍交火長達四個小時。傍晚，因盟軍的火力優勢，埃及和鄂圖曼一方損失了六十條戰艦和六千人的性命：這是一場毀滅性的破壞，損失至少是尼羅河河口海戰的兩倍。就這樣，穆罕默德・阿里的希望被曾經幫助振興這支海軍的歐洲國家暫時打碎了。最後，索爾特和德羅韋蒂兩人都未騰出手來處理英埃和法埃關係的危機：索爾特在戰敗的新聞到達埃及的前一天下葬；而德羅韋蒂當時正在法國休病假。[41]

希臘戰爭迫使法國縮減了對穆罕默德・阿里爭取獨立的援助，至少目前如此。但帕夏並未被自己的戰敗所動搖，他很快就開始重建海軍，這次還是仰仗法國的支援（這進一步證明了歐洲列強的兩面手法）。納瓦里諾海戰後不久（據說穆罕默德・阿里在回顧那場戰爭時譴責更多的是英國而不是他的法國盟友，他認為後者是為壓力所迫）德羅韋蒂促使他的朋友，也就是法國的盟友，執行了新的擴張計畫。他提議法國設法控制最靠近的北非國家阿爾及利亞，不能直接入侵並占領這一地區，而應當「利用並協助總督征服那個國家；總督閣下此前已經戰勝了另外兩個擋住他去路的攝政區（的黎波里和突尼斯）了！」如此便可以讓法國盡享殖民占領的好處，而無須付出代價；而穆罕默德・阿里則可以為埃及帝國進一步開疆拓土。這是個大膽的建議，但德羅韋蒂確信這絕非不可能。「儘管在我們英國人看來，這個計畫極其龐大，甚至荒誕不經，」索爾特的繼任者約翰．巴克報告說，「但當法國總領事詳述執行細節時，一切障礙都消失了。」[42]（德羅韋蒂為何選擇把他的計畫與其英國對手分享，至今仍是個不解之謎。）也許德羅韋蒂知道，拿破崙在幾十年前就曾考慮過入侵阿爾及利亞，那份草案計畫當時仍然保存在巴黎各政府部門的檔案中。不管怎麼說，在這個拿破崙時期的老兵看來，就法蘭西帝國在東方的擴張而言，埃及顯然至少跟拿破崙本人三十年前認為的同樣重要。

最終，埃及在法國一八三〇年春入侵阿爾及利亞的過程中沒有發揮任何作用。法軍斷斷續續地經過將近二十年的戰爭，才建立起威權並打敗了埃米爾阿卜杜．卡迪爾*所領導的抵抗運動；但阿爾及利亞很快便完全接受了法國的統治，先是成為一個殖民地，後來成為法國的一個羽翼豐滿的**省分**（*département*）。阿爾及利亞之於現代法蘭西帝國，有點像印度之於英國：是與法國聯繫最緊密的東方殖民地；是它首先贏得也是最後失去的領土。占領阿爾及利亞後，法國再次開始追求在海外的領土擴張。在接下來的幾十年裡，法國再次成為一個橫貫大陸的帝國，領土從摩洛哥到馬達加斯加、從塞內加爾到西貢，幅員堪與英國媲美；它也成為在中東地區領先的歐洲帝國

*阿卜杜．卡迪爾（Abd el-Kader，一八〇八至一八八三），阿爾及利亞英雄。生於穆阿斯凱爾。在法國人征服阿爾及爾後，奧蘭省的各阿拉伯部族選舉他為埃米爾。他在一八三二至一八四七年與法國人長期抗爭，一八三五年在馬克塔擊敗法軍。最終因寡不敵眾而遭失敗，前往摩洛哥避難，並開始組織一支反擊伊斯蘭之敵的軍隊。他最終於一八四七年投降並被送往法國。後來居住在布爾薩和大馬士革，一八八三年死於大馬士革。

力量。

然而，儘管一八三〇年後成形的法蘭西帝國在很多方面與舊制度的殖民事業有所不同（最明顯的原因是「文明使命」的原則日趨詳盡），但正如德羅韋蒂的計畫所表明的那樣，新帝國也有著歷史悠久的先例。轉向北非是法國插手該地區（特別是埃及）的漫長歷史上的立足點。可以說，如果法國沒有在某種意義上在埃及站穩了腳跟，也就不會轉而征服阿爾及利亞了。入侵阿爾及利亞在某種程度上類似於拿破崙入侵埃及：兩次侵略都不是全新的計畫，而是某種過往計畫的延伸。這生動地證明了法蘭西帝國的東方野心有多麼強烈和持久，這種野心甚至跨越了表面上數十年的靜默期，可以一直追溯到「七年戰爭」時期。

一八二九年六月，當德羅韋蒂離開埃及時，他關於法埃征服力量的那個「龐大甚至荒誕不經」的計畫尚未實現。但在他離開一個月後，法國的新領事讓－弗朗索瓦・米莫描述了「一個引發尖銳思考的……奇異場景，」可以證明法國與埃及之間歷久彌新的紐帶。那是個晴朗的夏日，身為「法蘭西國王領事」的米莫「在亞歷山卓港古代遺跡的斷垣殘壁上，坐在總督和他兒子的中間。」他們身後就是亞歷山卓港少數依然矗立的古代紀念物之一：龐培柱*。面前是如今消失了的法羅斯島燈塔†的原址，那是古代世界的七大奇蹟之一，如今，穆罕默德・阿里在那裡建造了一座新的宮殿。他們聚在那裡「觀看從〔希臘的〕摩里亞‡歸來的軍隊遊行。」米莫看著士兵從面前走過，滿心歡喜，他顯然百感交集，「在四面白旗（法國波旁王朝的旗幟）下列隊行進，耳邊充斥著『亨利四世§萬歲』的呼喊聲。」[43]

德羅韋蒂出發前往歐洲之時，面對英國在鄂圖曼和整個亞洲世界的老大地位，法國和埃及之間卻長期維繫著一種「特殊的關係」。儘管英國和法國或許在共同關心的國際問題（比如希臘的獨立）上同心協力，在埃及，他們的政治和文化對抗卻愈演愈烈。法國徹底殖民埃及在政治上或許不大可能（實際上也無須如此）。但它仍然渴望能奪取古埃及。這正是讓－弗朗索瓦・商博良個人準備去做的事情，這是自學者們以降在埃及發生的最大規模的法國收藏文物之戰。

保護者與破壞者

一八二八年八月，商博良「抵達……埃及這片土地，我盼望已久的地方。」納瓦里諾海戰九個月之後，其影響依然清晰可見：商博良看到亞歷山卓港有歐洲艦船巡邏，其中的一些正準備把

---

*龐培柱（Pompey's Pillar），埃及亞歷山卓港的一根羅馬凱旋柱，也是當時羅馬帝國首都羅馬和君士坦丁堡以外最大的一根凱旋柱，使用整塊紅色阿斯旺花崗岩建造，採用科林斯柱式。

†法羅斯島燈塔（Tower of Pharos），即亞歷山大燈塔，位於埃及的亞歷山卓港對面的法羅斯島上，是古代世界七大奇跡之一。

‡摩里亞（Morea），中世紀和近代初期希臘伯羅奔尼撒半島的名稱。

§亨利四世（Henri IV，一五五三至一六一〇），法國波旁王朝的創建者，一五八九至一六一〇年在位。人民讚譽他是「賢明王亨利」，並追稱他為「亨利大帝」。

埃及士兵從伯羅奔尼撒撤回來；港口上擠滿了埃及艦隊殘留的船隻，都盡其所能地做了修補。（「這種各國船隻不分敵友共聚一堂的大雜燴是一個非常怪異的景象，有可能是史無前例的，」商博良如此評說。）[44]他這次帶領一個學術使團「法國－托斯卡尼代表團」（這麼叫是因為托斯卡尼大公爵也派了幾位學者參與），其性質與拿破崙的學者使團相似，從而把另一個國家也帶到埃及來搜羅文物。這個團體花了十二個月來研究埃及，在開羅和尼羅河谷的現場努力工作（單在底比斯和盧克索就花掉了他們半數的時間），一絲不苟地製作圖紙，複製象形文字。商博良不厭其煩地指出《埃及記述》充滿錯訛；他的目標是取而代之。

但代表團的主要目標是搜羅文物。商博良得到授權（儘管預算不如他希望的那麼多），可以用他的查理十世博物館的名義進行挖掘和購買文物；德羅韋蒂也為他從帕夏那裡取得了挖掘所需的**敕令**。商博良受到國家資助的旅行，標誌著德羅韋蒂以企業家方法進行文物收集的終止。（兩人之間似乎還有些敵意，這很可能是因為儘管兩人是同胞，卻也是收藏上的對手。）[45]領事們彼此競爭的時代就要結束了。亨利・索爾特死了（商博良很遺憾自己沒見過他），德羅韋蒂的健康狀況也穩步衰落，他在商博良到來幾個月後便永遠離開了埃及。[46]一種圍繞著新制度和目標的不同的收藏文化正在埃及逐漸成形，歐洲（特別是歐陸）的博物館、大學和學術團體透過贊助考古探險，在收藏上發揮愈來愈積極的作用，時至今日依然如此。但更大的變化是，歐洲人頭一次開始討論保護、保存和登記文物，而不僅僅是把它們像被屠殺的大獵物一般拖走。「希望……浪費不是此次訪問埃及壯麗遺跡的目標，」《亞洲學報》在報導商博良的探險時如此狡黠地評論道。[47]

這種挖苦的話會出現在英國的報紙上並不奇怪，因為當商博良受法國國家的委託搜羅文物的時候，可想而知，最大的反對之聲自然來自英國人。正如商博良學者式的方法取代了德羅韋蒂的收藏風格，在埃及的一群移居海外的英國人獲取文物的手段也與亨利·索爾特截然不同。這些人物浸淫在現代和古代的埃及文化中，開始提倡保護事業，而非收藏。他們公開反對商博良和法國人的做法，表明自己的觀點。在國家出資和私人收藏活動之間，在回家和入鄉隨俗之間，以及最為持久的，在拿走和就地保護之間，新的二分法圍繞著舊時的英法對抗，合而為一。

如果說商博良的探險表明了一八二〇年代法國收藏界的民族主義刀鋒如何變得銳利，那麼這些英國人就與上一代生活在帝國邊疆的各種收藏家形成了鮮明的對比。在戰前，富有冒險精神的歐洲人來埃及休閒旅行的屈指可數，到了一八二〇年代，埃及成為很多人旅程中添加的異國情調。愈來愈多的英國軍官在往來印度的旅程中途經這個國家，這條路線在一八三〇年代後期輪船面世後變成了常規航線。貝爾莫爾伯爵及其家族，以及夏洛特·克萊武的小叔子普拉德霍勛爵（後來成為諾森伯蘭公爵）阿爾傑農·珀西*等紳士古文物家和貴族，都循著十五年前瓦倫西亞

*阿爾傑農·珀西（Algernon Percy，一七九二至一八六五），英國海軍指揮官、探險家和保守黨政治家。他在十二歲時加入皇家海軍，並參加過拿破崙戰役。一八一六年因戰功而獲封普拉德霍子爵（Baron Prudhoe），一八四七年繼承了無後的兄長的諾森伯蘭公爵（Duke of Northumberland）爵位。

子爵的足跡展開遊歷。為《埃及記述》中壯麗的彩色插圖和新埃及設計的時尚所吸引的藝術家和建築師，紛紛來到上埃及繪畫，其中便有索恩博物館的未來的館長約瑟夫．博諾米*；以及後來因有關猶加敦†馬雅遺跡繪畫而出名的弗雷德里克．卡瑟伍德‡。（卡瑟伍德在拉丁美洲的合作者暨雇主約翰．勞埃德．斯蒂芬斯§在去墨西哥之前，也曾訪問過中東。）總之，英國人來了，人數遠勝以往。儘管法國把埃及的一切都奉若神明，從一七九八年到一八五〇年，英國人卻出版了比法國人多一倍的埃及遊記，遠遠超過了一百種。[48]

其中的一些旅行家來時計畫待上幾個月就走，但最終卻滯留了數年。「我本該……在一八二三年六月或七月時抵達英格蘭的。但那年匆匆而過，直到一八三五年耶誕節前兩天，我才踏上了多佛◎的碼頭，」埃及最著名的英國僑民之一詹姆斯．伯頓如此寫道。[49]伯頓是一個富有的房地產商之子（詹姆斯的弟弟就是著名的建築師德西默斯．伯頓◇），從劍橋畢業後他想找件更刺激的事情來做，而不是聽從父親的勸說受訓成為律師。英國的現實生活限制重重、單調乏味，而開羅是個誘人的出口。[50]另一位待了比預期更久的旅行家是伯頓的朋友、哈羅公學和牛津畢業生約翰．加德納．威爾金森&。威爾金森在古文物家威廉．蓋爾爵士的煽動下去了埃及，因為那裡是古代世界裡相對陌生的部分，值得一位富有進取精神的紳士學者去探索一番。他於一八二一年到達那裡，十二年以後才回國。

這些年輕、富有、有教養，而且一般來說出身良好的英國僑民，與那些外交官、商人，或身為帕夏的全職雇員而在埃及生活的歐洲人相當不同，並顯然和他們保持距離。伯頓、威爾金森和朋友們避開自給自足的開羅「法國區」，居住在城市曲曲折折的中世紀小巷裡，在裝飾著迂迴的**馬什拉比亞**⊙風格木製陽台的高大的灰泥房子裡。他們學習阿拉伯語，穿突厥衣服，還學會了用手抓飯吃。他們在開羅惡名昭彰的奴隸市場買女人，這些人往往會成為他們的情婦，有的則成了妻子，當時正是英國廢奴情緒高漲的時期。他們請索爾特的譯員奧斯曼·埃芬迪替他們處理一切

---

*約瑟夫·博諾米（Joseph Bonomi，一七九六至一八七八），英格蘭雕塑家、藝術家、埃及學家和博物館館長。

†猶加敦（Yucatán），墨西哥的一個州，位於猶加敦半島北部，北臨墨西哥灣。

‡弗雷德里克·卡瑟伍德（Frederick Catherwood，一七九九至一八五四），英格蘭藝術家、建築師和探險家，以其對馬雅文明廢墟細緻入微的描畫而聞名。

§約翰·勞埃德·斯蒂芬斯（John Lloyd Stephens，一八〇五至一八五二），美國探險家、作家和外交官。斯蒂芬斯是在中美洲重新發現馬雅文明的關鍵人物，也在巴拿馬鐵路的規劃中發揮了核心的作用。

◎多佛（Dover），英格蘭東南部肯特郡的一個海港。

◇德西默斯·伯頓（Decimus Burton，一八〇〇至一八八一），十九世紀最傑出的英格蘭建築師之一。他是希臘復興式、喬治亞式和攝政式建築的宣導者，代表作有倫敦海德公園和英國皇家植物園等。

&約翰·加德納·威爾金森（John Gardner Wilkinson，一七九七至一八七五），英格蘭旅行家、作家，十九世紀的埃及學先驅。他常常被稱作是「英國埃及學之父」。

⊙馬什拉比亞（*mashrabiyya*），阿拉伯住宅的一種獨特的建築風格。它是一種以木雕格子架包圍起來的二樓飄窗，往往襯以彩色玻璃花窗。這種阿拉伯傳統建築元素自中世紀沿用至今。英語中將這種風格非正式地稱為「後宮窗戶」。

羅伯特·海伊所繪的僑民在陵墓裡的生活。

雜務。奧斯曼是個理想的中間人。他出生在珀斯*，本名威廉·湯姆森，一八〇七年隨英國侵略軍來到埃及。他是哈米德戰役的四百名戰俘之一，後來皈依伊斯蘭教，並在埃及永久定居下來。（在為索爾特服務之前，奧斯曼曾是布林克哈特忠實的隨從；後來他還照看過索爾特那位有一半英格蘭血統的私生子。）

略晚一些，一八四〇年代住在開羅的約翰·弗雷德里克·路易斯†在他細節完美的畫作中記錄了當時的社會環境。但對於英國人在一八二〇年代如何適應了這種東方生活方式的精采敘述，卻是由另一位著名的僑民羅伯特．海伊所留下的。海伊來自一個擁有悠久傳統和廣闊土地的蘇格蘭家族。一八一二年，他年僅十三歲便加入海軍（一八一八年首次隨海軍巡航遊歷了地中海東部）但兩位兄長的死亡（其中的一個在滑鐵盧陣亡）讓他意外獲得了遺產和莊園。海伊是個才華橫溢的藝術家，他決定重返東方，為埃及編纂一份視覺紀錄。[51]

一八二四年十一月，海伊頭一次在開羅度過了完整的一天，他寫道：「今天上午，我的第一個行動是試圖剃掉一部分頭髮，因為我有意觀察這個國家的裝束。」他隨後拜訪了亨利．索爾特，在那裡遇到躲在角落裡的索爾特的一個代理人，那人穿著一件領子拉到下巴的骯髒長袍，這「幾乎讓我以為那是一頭裹著布林努斯袍‡的豬玀，而不是一個英格蘭人。送上來的咖啡是鄂圖曼式的，」在這以後，海伊在奧斯曼的陪同下拜訪了詹姆斯．伯頓。「在伯頓先生宅邸附近，我看見他家的一位女士正往窗外看，他在這方面活得像個鄂圖曼人」（讓女性親屬遠離公眾的視

＊珀斯（Perth），蘇格蘭中部一城市，位於泰河河畔。

†約翰．弗雷德里克．路易斯（John Frederick Lewis，一八〇四至一八七六），英國東方通、畫家。他擅長以精細的水彩或油畫來描繪東方和地中海的景色。一八五一年返回英格蘭後，他專門繪製極其精細的作品，展示中東生活中真實的風俗場景，以及埃及上流社會更加理想化的室內情境，幾乎沒受到明顯的西方影響。

‡布林努斯袍（bournoose），據《柏柏爾人百科全書》說是一種粗毛織物的帶風帽長斗篷，通常為白色、米色或深棕色，起初是阿爾及利亞的柏柏爾人服裝，後傳播到馬格里布地區的其他地方。

野）「但他絕非是獨一無二的。」當時護送海伊回家的奧斯曼，「舉止全然是鄂圖曼人，」「他對我的建議的回答讓我覺得，如果他能回愛丁堡去，也就不會遺憾。」[52]

然而，海伊卻在埃及非常快樂地又生活了十年，在自己的希臘新娘卡利察的陪伴下，生活在開羅和底比斯兩地。到一八二六年，他發覺開羅的歐洲人區就像他起初認為的阿拉伯人區一樣陌生，鄙視地說：「我進入法蘭克人區的感覺就像進了新門監獄*一樣，與他們保有聯繫令人羞恥。實際上，就連看到他們穿的外衣和帽子都讓我不快，如果有人穿著那樣品味低俗的服裝來我家，我會覺得很難過。」[53]後來有一次去開羅時，海伊與或許是最知名的「東方通」愛德華．威廉．萊恩†同住。萊恩的朋友們都稱呼他為曼蘇爾‡，他在一八二五年至一八四九年期間斷斷續續地生活在埃及，阿拉伯語非常精通，他買了一個名叫內費瑟的奴隸女孩，後來娶她為妻，還為幾本關於埃及的著作積累了大量資料。其中就有經典之作《現代埃及人的風俗習慣》（一八三六），萊恩用自己的大量版畫做書中的插圖。[54]

這一切在某種程度上都是亨利．索爾特從未夢想過的（用維多利亞時代後期的話來說）「入鄉隨俗」，而且他對此也並不完全贊同。一八二四年十月，索爾特在開羅發布了一個通知，按照詹姆斯．伯頓的解讀，是「聲明他將不會保護那些身穿突厥服裝，或服裝效果大致如此的英國臣民。」[55]伯頓的總結略有誇張：實際上，發布這份通知是為了回應近來要求英國保護的各種馬爾他人的要求的，他們本是大英帝國的臣民，現在卻為穆罕默德．阿里工作。「他們一旦為帕夏服務，」外交部指示索爾特說，「就自然取消了由自己的政府提供即時保護的權利。」[56]然而，伯頓和威爾金森在中世紀開羅的中心地帶同住一幢房子裡，還特意穿著突厥式（*à la Turque*）的服裝，他們把索爾特的聲明看作是對個人的冒犯。他們向領事表示抗議，而後者則粗魯地回答：「只要你們還待在埃及，我就忍不住要強烈建議你們穿歐洲服裝，否則你們就要自行承擔由於穿著東方服裝所引發的任何不愉快的後果。」[57]伯頓和威爾金森憤怒地回了信。他們穿著突厥衣服，就像數世紀以來的歐洲旅行家在埃及所做的那樣，「為了我們即使在開羅工作時也不致遭遇阻礙。」他們爭辯說，穿著歐洲服裝招搖過市就是在惹麻煩，這也是帕夏「向他的雇員們提供突厥服裝」的原因。總之，他們「像以往任何時候一樣完全堅信」無論他們穿什麼樣的衣服，也無論他們選擇什麼樣的生活方式，都「有權利作為英國人而受到英王陛下領事的保護」。[58]

這次交流中必定有勢利的成分：威爾金森和（隨身帶著錄有威廉．蓋爾爵士〈鹽水詩篇〉的筆記本的）伯頓都對社會地位低於他們的索爾特不屑一顧，伯頓尤其如此，也都明顯樂於挑戰他的權威和帶著恩賜態度對待他。但當這些年輕人享受炫耀其新奇的生活習慣時，這起事件也表現出他們對自己所採用的埃及姿態的認同自有其局限，或者說無論如何都暴露出他們說到底還是英

---

* 新門監獄（New Gate Prison），倫敦的一所監獄，重建於十二世紀，一九〇四年拆除。

† 愛德華．威廉．萊恩（Edward William Lane，一八〇一至一八七六），英國東方通、翻譯家和辭典編纂者。他以翻譯《一千零一夜》而聞名。

‡ 曼蘇爾（Mansoor），阿拉伯人名，意為「勝利者」。

古老陵墓內外的古爾納村。

國人。這一切對於他們來說就是演戲。在戲服之下，他們仍是生來自由的英國人，能在他們選擇的兩種形象之間忽去忽還。從這個意義上來說，伯頓、威爾金森、萊恩及其同輩都是老練的文化偷窺者，他們在偽裝之下觀察埃及，這與十八世紀末期身處勒克瑙的波利爾及其友人頗為不同。

然而，這種東方通的生活方式只是他們在埃及生活的一個方面。其中有很多人像他們生活在現代埃及一樣，徹底地沉浸在古埃及中。他們長期生活在眾法老的墓場底比斯，這座古城鑲嵌在尼羅河畔的一條岩脊上，河對面就是盧克索。從遠處看，底比斯就是一條光彩奪目的金紅色石帶，鬱鬱蔥蔥的農田平原將其與河水隔開，其上點綴著椰棗樹和泥牆的房屋。靠近一些，就開始注意到石頭上的一些小黑點。每一個都是通往一個陵墓的入口：這座山嶺被古代亡靈的葬身之地掏成了蜂窩。山脊的另一邊就是神奇的帝王谷，法老們被深深地葬在地下的迷宮裡，身邊堆滿了他們在陰世聊以自慰所需的所有財寶和符咒。近側面對尼羅河的普通墳墓裡葬著埃及的貴族，墓室裡畫著日常生活的場景。沒有哪裡保留下來的古埃及比這裡更加驚人了；也沒有哪裡得到過更加詳盡的研究和挖掘。

亨利．索爾特正是在這裡，在貴族的墳墓中間，面對河景建造了一幢房子（這是底比斯山脊上多個世紀以來建造的第一幢房子）坐落在一個叫作古爾納的村子裡。他自己來底比斯時就住在這裡，而他的主要代理人、出生於希臘的揚尼．阿薩納西在那裡監督挖掘，一直住到一八三〇年代。但羅伯特．海伊和約翰．加德納．威爾金森比索爾特更進一步。與古爾納的阿拉伯村民**古爾納人**一樣，他們也在陵墓裡面安營紮寨。羅伯特．海伊住在拉美西斯四世的陵墓裡；他的藝術家朋友們把營地設在附近的拉美西斯五世和六世的陵墓中。威爾金森在半山腰的一處大陵墓裡安置下來，他添加了圍牆和大門，把這個地方變成了一座大房子。他們在這裡投身於研究和記錄遺跡，成為無名的埃及學家。一八三一年造訪埃及的班傑明．迪斯雷利*「在底比斯花了一個星期，聽取威爾金森先生等人的進展情況，〔威爾金森〕是個博學的英國人……他可以為你解讀方尖碑側面或是塔門正面的碑文，其純熟程度就像我們閱讀最新一期的《季刊》一樣。」[59]詹姆斯．伯頓關於帝王谷的筆記是他在一八二五年的一次長期逗留期間所寫的，這份筆記在一九九〇

＊班傑明．迪斯雷利（Benjamin Disraeli，一八〇四至一八八一），英國保守黨政治家、作家和貴族。他曾兩次擔任首相，並在保守黨的現代化過程之中扮演了中心的角色。

年代被用來重新發現了拉美西斯二世兒子們的陵墓——那是帝王谷中最大的一座。[60]

一八二九年三月，讓－弗朗索瓦．商博良和他的**法國－托斯卡尼**代表團在尼羅河盧克索一側的一個古代碼頭停泊下來。他們將在此地待上半年，主要是描畫和複製帝王谷和古爾納的碑文。商博良正是在盧克索的這幾個月裡構想出到目前為止最宏大的法國收藏計畫。盧克索神廟前矗立著兩座方尖碑，它們是迄今依然屹立不倒的方尖碑中最壯觀的，或許也是最精美的。商博良決定把其中的一座帶去法國。一八二八年十月，穆罕默德．阿里在亞歷山卓港分別向英法兩國提供了兩座小型的方尖碑：「克麗奧佩特拉方尖碑」*。但「如果政府希望在巴黎擁有一座方尖碑，」商博良堅稱，「就該擁有盧克索的某一座，這事關國家榮譽。」[61]在法國人執著的遊說之下，穆罕默德．阿里同意調換。一八三一年，法國政府派遣由伊西多爾．朱斯坦．塞弗蘭．泰勒†男爵（此人的名字有些不可思議）率領的特別代表團，用名喚盧克索號的一條特別設計的船運走了一座盧克索的方尖碑。一八三三年，這座方尖碑豎立在協和廣場（如今仍立在那裡），部分是為了紀念商博良，後者在此前一年便英年早逝，年僅四十二歲。[62]

法國自豪地慶祝了這一事件，但英國人則對這種據為己有的行為冷嘲熱諷。正當法國人威風凜凜地載著紀念碑去巴黎時，英國僑民們開始圍繞就地保護文物這個概念形成自己的觀點。英法文物競賽不再是簡單地掠奪戰利品了。這種競賽還包含著兩種不同的國家身分之間的競爭，表現為相反的意識形態和收藏方法。盧克索號還在路上的時候，威爾金森在底比斯致信海伊說：「我們每天都等待著法國人到來，這已經讓我肝火大發了。」[63]英國僑民們對此十分反感，這種反感不止是德羅韋蒂的手下擊敗貝爾佐尼而竊取了重要發現時，後者所感受到的那種失敗的怒火。他們的盛怒至少部分源於對一個古代遺址的永久毀損。造訪巴黎的遊客在看到協和廣場的方尖碑時，或許認為它雄偉壯麗，而看到盧克索神廟前只剩下一座傾斜的方尖碑時，就像一個人微笑時卻看到他缺了一顆門牙一樣。不過奪走方尖碑在威爾金森等人看來並不新鮮。他們早就見過商博良採取行動了，也知道他會有多冷酷無情。

一八二九年春夏，商博良和他的團隊都待在尼羅河的西岸。四月二日，他為祝賀小女兒左拉伊德的五歲生日，舉辦了一次聚會。（主菜是「辣醬小鱷魚」，但遺憾的是「它在晚上變質了，鱷魚肉腐爛變綠了。」）[64] 聚會的場地是如今仍被稱作是貝爾佐尼之陵的塞提一世陵墓的一間墓室。兩個月後，這座陵墓裡發生了另一起不那麼快樂的事件。詹姆斯．伯頓的朋友、住在古爾納，與羅伯特．海伊一起畫圖的藝術家約瑟夫．博諾米向伯頓完整地報導了那次事件。

---

* 克麗奧佩特拉方尖碑（Cleopatra's Needles），三座古埃及方尖碑的總稱，它們在十九世紀分別重新豎立在倫敦、巴黎與紐約。倫敦和紐約的方尖碑是一對方尖碑，而巴黎的方尖碑則來自不同的地區（盧克索）。雖然方尖碑是真正的古埃及方尖碑，但是有些名不副實，因為與埃及女王克麗奧派佩特拉七世沒有存在特定的聯結，其歷史比她的時代還要古老一千多年。

† 伊西多爾．朱斯坦．塞弗蘭．泰勒（Isidore Justin Séverin Taylor，一七八九至一八七九），法國著名旅行家、作家和慈善家。父親是英國出生的法國人，母親是奧屬尼德蘭（比利時）人。他與法蘭西劇院的建造密切相關。

六月的一天，一位為英國工作的挖掘者來找博諾米，告訴他說「鋸木工們已從開羅前來到達此地，準備在貝爾佐尼之陵切走各種圖畫，他要求我和他一起阻止商博良切割並拿走他（挖掘者）認為屬於英國的東西。」博諾米立即致信商博良：

古爾納，一八二九年六月十三日

先生，

我得知在您的命令下，某些人已經抵達古爾納此地，來到由已故英國領事索爾特先生出資、貝爾佐尼打開的〔帝王谷的〕陵墓切下某些圖畫。如果此事確為閣下的意圖，我身為英國人和文物愛好者，覺得自己有責任用一切理由勸阻您野蠻行事，至少要等到您得到現任總領事或穆罕默德·阿里的批准方可如此。

您最忠實的僕人
約瑟夫·博諾米

商博良翌日（以法語）回信：

先生，

我也履行法國人的職責告訴您，在埃及，除了帕夏之外，我並不認可任何其他的權

> 威，我不必請求任何人的批准，更不會請求英國領事的同意……
>
> 毫無疑問，先生，有朝一日您將有幸在法國博物館裡看到塞提一世陵的某些半浮雕，這是拯救它們免於即將來臨的毀滅的唯一方式（陵墓容易受到滲水的破壞），而我只是作為文物真正的朋友才將此計畫付諸實施的，因為我是把這些紀念物拿去保存，而不是售賣。
>
> 我深感榮幸，餘不贅言
>
> 小J．商博良

這可不是他想要的答覆。博諾米勃然大怒，卻也無能為力。隨後，一位托斯卡尼學者提出了一個妥協的建議：鋸木工繼續為羅浮宮切割浮雕，但也為大英博物館切下了一塊。這讓博諾米心滿意足，不再提及此事。[65]

但得知這一切的詹姆斯．伯頓對此很不以為然。他與商博良曾經因為開羅一座清真寺裡發現的一塊三語石碑發生過口角。伯頓是在幾個月前發現這塊石碑的，並以發現權為由將其視為己有；但商博良直截了當地無視這一傳統，從清真寺裡切走了石碑。伯頓對英國領事約翰．巴克憤怒地說道：「他擅自侵吞這座陵墓……就像他在三語碑文事件的所作所為一樣，如果這不是純粹的法國式做法，那無論如何就得說，商博良先生是在拿破崙派學校裡受的教育了，」至於他聲稱「把這些紀念物拿去保存，」伯頓繼續道，「商博良先生或許保存了紀念碑起初的狀態，而那座紀念碑早已經受了三十或四十個世紀的考驗，他可以在全世界的面前為自己爭得更多的榮譽。」[66]伯頓已致信博諾米，讓他聲明放棄大英博物館對切割下來的浮雕的權利；巴克「完全同意」他「認為博諾米先生代表大英博物館提議或接受帝王陵墓褻瀆神靈的戰利品，都近乎不義。」[67]但骯髒的交易業已達成：陵墓已遭切割。在商博良帶回自己的博物館的「各種規格的全部紀念物」中，他認為來自陵墓的浮雕是「送往歐洲的」兩件最「美麗的埃及物事」之一，「這一定要立即送往巴黎，並像是我探險所獲的獎盃一樣跟隨著我：我希望（它）能留在羅浮宮裡，當做是對我的**永久紀念**。」[68]

事實證明，爭論雙方所用的語言遠比陵墓本身更有彈性。善意的解讀或許是，商博良和伯頓兩人都很真誠地表現出對文物保護的明顯關注。的確，商博良在一八二九年離開埃及時，向穆罕默德·阿里提交了一份研究報告，敦促他保護幾座搖搖欲墜、瀕臨毀滅的神廟，並停止「挖掘者或其雇員出於無知和貪婪」而對遺址進行的「野蠻破壞」和掠奪（特別是在古爾納和帝王谷）：也就是文物販子和埃及農夫的所作所為。[69]如果大眾接受伯頓和商博良兩人呼籲保護文物的字面意義，那麼英法兩國人在陵墓上的爭論就引出了一場至今仍在進行的論戰。是應該像商博良堅持的那樣，將文物搬離有風險的原址來保護它呢，還是像伯頓認為的那樣，找到一種方法在原地保護文物？換一種說法，把物品從其原本的位置搬走，其本身是否構成了一種破壞行為？這些當然恰是如今人們圍繞大英博物館的埃爾金石雕，以及世界各地其他有爭議的物品所爭論的問題。

在埃及的脈絡之下，這種爭論在當時是全新的。但在伯頓與商博良之間的敵意中，有往日的因素在發揮作用，這種因素可以追溯到伯頓對「商博良先生從我手裡搶走的」三語碑文而發生的憤怒。（在伯頓及其朋友們看來，商博良有把一切功勞都歸為己有的傾向。）「我認為，這裡的少數旅行家最好能把他們的研究以字母表的順序開列清單……否則，他們的勞動成果便都會變成『我的美麗發現』（*belles découvertes que j'ai fait*），」伯頓在致威廉·蓋爾爵士的信中如此寫道。）[70]這種文物保護的爭論為我們熟悉的英法長期衝突穿上了新衣。伯頓畢竟不是無條件地反對**所有的**收藏。實際上，貝爾佐尼之陵事件讓他確信，「商博良有第二次機會自行占有另一項財產的這種非常情況，將促成對帕夏提出申請，把兩座盧克索方尖碑中的一座或全部都留給英國政府」，那正是數年後威爾金森等人憤怒地看著法國搬走的那座方尖碑。伯頓判斷，在索要這座方尖碑一事上，「我並不認為我們會有充分的理由被控犯下了與我們譴責的對手們同樣的罪行。」在他看來，切割陵墓（因為貝爾佐尼的發現，這無疑是屬於「英國人」的）是一種肆意破壞之舉，與拿走立在露天的紀念碑截然不同。[71]

新興的文物保護論調中有最後一個相當麻煩的面向。商博良論調中的優劣十分清楚。在他看來，埃及人對自己的文化遺產並不負責，因此，歐洲人需要介入此事。他在某種程度上是對的。在一本一八四一年出版的充滿激情地討論文物保護的小冊子裡，美國駐埃及領事喬治·格利登列舉了自從法國入侵以來被毀滅或嚴重破壞的十幾處知名的遺址，那裡的石頭被拿去燒製石灰，或是運去建造穆罕默德·阿里製造硝石和靛青的新工廠。[72]和商博良一樣，格利登也敦促西方國家採取行動，制止這種破壞行為。然而，雖然看起來和呼籲文物保護一樣高尚，它們卻與支持法蘭西帝國的整個**文明使命**的家長式言辭一模一樣；因此也和當時的英國管理者在印度的政策不分軒輊。對現代埃及一知半解的「埃及人」商博良會採納這種立場，也就絕非意外了。

那種指控落不到海伊和伯頓等提倡文物保護的英國人頭上，但他們所提出的問題在某些方面來講更令人困惑。該怎樣調和這樣的事實：正是這些最「了解東方」的英國人（他們與現代埃及的關係似乎恰好體現了如今遭到廣泛批評的那種居高臨下的觀點）同時又是最同情文物保護的宣導者？以羅伯特．海伊為例，他經常在底比斯的陵墓家園裡穿著全套的突厥服裝四處閒逛，孜孜不倦地反對「破壞埃及的古代紀念碑！」[73]他悲嘆阿拉伯人和歐洲人同樣都在破壞神廟和陵墓。說到索爾特的代理人揚尼，海伊批評「他在索爾特先生關於保護陵墓的錯誤看法下獲得的對毀滅它們的熱愛，企圖把繪畫從牆上割下來。」海伊預見到現代考古學的方法，還敦促挖掘者把「每一件東西都登記下來……因為我很清楚，外表平凡但在其他層面其實非常有趣的東西常常會被扔到一旁；最終因為擁有者的無知而完全不知去向。」[74]

最善意的答案是，伯頓、海伊和威爾金森等人在本質上都是浪漫的，他們完全是出於對埃及的純粹的愛，無論是現代還是古代的埃及。人們會說，無論他們的理解有多不完整或不完美，他們的意圖基本上都是好的。最惡意的答案是，他們說到底還是帝國主義者，用一種傲慢的特權意識將現代和古代的埃及都據為己有。但第三種解讀似乎最有說服力。他們或許不是以珍品為主的收藏家，但他們仍算是收藏家：是記錄考古學資料和文化體驗的原始埃及學家和原始人類學家。而且他們身為這種新式的收藏家，也會進行一種自我塑造，過著叛教者那樣自我流放的生活，故意藐視英國社會的種種限制。他們是邊緣人物嗎？在英國的時候不是，至少沒有到索爾特或貝爾佐尼曾經有過的程度。但從某種意義上來說，他們利用埃及來假扮邊緣人物，甚至反常地把自己塑造成邊緣人物。一八三六年元旦那天，詹姆斯・伯頓在他位於「海邊的聖倫納德」（他父親開發的城鎮）的新家致信羅伯特・海伊，帶著十八世紀從印度歸來的帝國回歸者的那種悲壯寫道：

我自從歸來後仍在沉悶地左思右想。我還無法克服這裡令人沮喪的氣候，缺乏陽光，陰鬱的天空，讓人咳得面紅耳赤、撕心裂肺的濃霧，這裡的傘，還有需要穿雙層法蘭絨印度橡膠厚大衣的天氣。此外，我發覺自己靠波爾多紅葡萄酒和松露為生的日子太久了，而你們英格蘭的波爾圖葡萄酒、雪利酒和汙糟糟的麥芽啤酒會引發胃病，我認為，這大大加重了我沮喪的心緒，並放大了社會的惱人程度。[75]

對他來說，回到英格蘭顯然是個令人不快的退卻：一個情願逃離之人回歸了「正常」的生活。

在歐洲勢力的擴張下，這樣一個位於帝國邊緣的邊境地帶，變成了特權人士以成為邊緣人物來尋求慰藉，而不是邊緣人物尋求特權之地，又該如何解讀？這種東方的探險在很大程度上比前一兩代人更方便也更容易。英國的審美家和古文物家在埃及度過的時光，在某些方面就像美國的大學生如今利用暑期時間在中美洲挖井一樣：是非正式帝國裡人性化的一面。與此同時，他們透過適應文化差異來尋求個人的再造，其做法與十八世紀印度的更加邊緣化的某些前輩差不多。他們紳士風度的自我塑造實驗，既表明了英國派頭和帝國力量的穩定性，也體現了置身於東方社會的歐洲人的一種持續的動能和能力。

一八三五年，威爾金森、海伊和伯頓都回到了英國；商博良去世了；德羅韋蒂退休去了皮埃蒙特；而貝爾佐尼和索爾特則被葬在非洲的不同地方。但他們合力改變了埃及的收藏文化和帝國。自從一八〇一年英法為了埃及而公然為敵以來，出現了一場文物的戰爭，隨之而來的還有歐洲人對待古代和現代埃及的態度的矛盾。西方對管理古埃及的新主張實際上把一切兜了個大圈又帶回到原地：從帝國到搜羅文物，再返回帝國。保護並未終結文物收藏。相反，它在歐洲人對埃及的主張中注入了家長式的正當理由。那些思潮是如何聚合一處的，將在一八三〇年代後期，在穆罕默德．阿里最終與英法兩國的終極對峙中顯現出來。

收回

時代不同了，一個明顯的標誌就是亨利．索爾特的領事繼任者約翰．巴克發現他的收藏品根本賣不動，「大量……珍貴的文物……，因為不知道它們的價值而無人甘願犯險購買它們。對於埃及文物的嗜好（品味）似乎已經過去了！市場好像存貨過多。」[76]一八三一年，他的兒子愛德華如此悲嘆道。從某個層面上來講，愛德華．巴克大錯特錯了：對文物的「嗜好」影響了愈來愈多的歐洲和美國博物館參觀者、古文物家和遊客，從一八四〇年代開始，他們定期乘坐半島東方公司的輪船前往印度。[77]但創業式的高利潤高姿態的收藏已屬於過去。如今，西方的興趣愈來愈轉向那些無法收藏的文物：埃及的神廟和陵墓。帕夏過去屢屢接到申請挖掘的敕令，如今卻收到了西方人請求他阻止破壞和掠奪遺址的請願書。

穆罕默德．阿里如何回應文物保護的呼籲，又如何應對西方人對他們所代表的收藏態度的轉變？他的做法既有創意又有新意。一八三五年八月十五日，帕夏頒令禁止一切文物的出口，並提議在開羅建立一個博物館。埃茲貝基亞王宮的一個大廳被清理出來為新的收藏騰出空間，知識分子後起之秀埃及人里法．塔哈塔維*被任命為負責人。塔哈塔維是埃及與歐洲之間的第一批交換學生，在前學者埃德姆－弗朗索瓦．若瑪律的保護下度過了五年的巴黎生活，最近剛剛回國。塔哈塔維在羅浮宮的美術館裡見過埃及的文物；他在一八三四年出版於開羅的那本流傳甚廣的旅居法國回憶錄裡說，埃及人應該「保護祖先留給他們的飾物和作品。」塔哈塔維後來撰寫了一部伊斯蘭教之前的埃及史，並與他人齊心協力激發同胞對法老時代的興趣。[78]

該法令是世上第一個由國家通過的保護文化遺產的立法，也是帝國收藏史上的一個關鍵時刻。法令頒布後，埃及實際上在文物領域宣布獨立於歐洲干涉，並接手了自己遙遠的過去。[79]法

*里法．塔哈塔維（Rifa'a al-Tahtawi，一八〇一至一八七三），埃及近代啟蒙思想家、作家、教師、翻譯家、埃及學家和文藝復興式的知識分子。他是著述西方文化，試圖讓伊斯蘭和基督教文明取得和解的第一批埃及學者之一。

令還對大多數國家認同的一個重要方面提出了主張：對於國家歷史包裝和控制的能力。但與很多前瞻性的提案一樣，這個法令也遇到了懷疑，並最終失敗了。在美國領事喬治．格利登看來，它像是個「新的壟斷行為，」他相信帕夏批准該法令，只是為了自行控制利潤豐厚的挖掘生意。事實證明，約翰．加德納．威爾金森爵士發表的意見在當時是正確的，「在埃及建立博物館純屬烏托邦式的幻想。」[80]「歲月消逝，**博物館蹤影皆無**，開羅空餘同樣杳無人煙的廊道……！文物出口直到此時仍是**壟斷！**」一八四一年，格利登如是說。[81]一八四二年，穆罕默德．阿里批准普魯士埃及學家卡爾．理查．萊普修斯*主持自從法國學者四十年前橫掃埃及以來最大的國家資助的研究和收藏探險。穆罕默德．阿里的繼任者把埃茲貝基亞博物館的小股權利拱手讓與前來參觀的達官要人。直到一八五八年，埃及才建立了埃及博物館和埃及文物處，總算開始規管文物貿易了，而這兩個機構都是由法國埃及學家奧古斯特．馬里耶特†所主持的。[82]

然而，儘管格利登等人都理所當然地把一八三五年法令的失敗歸咎於穆罕默德．阿里的反覆無常，更深層次的原因卻不在此處。事實上，埃及文物的主要消費者始終仍是西方人，而非埃及人。在很多穆斯林看來，紀念碑是先知時代之前的偶像崇拜遺跡，說好聽一點是不值一提，說得難聽一點就是冒犯了。穆罕默德．阿里提議成立的埃及博物館顯然意在吸引「造訪這個國家的旅行者」，而不是埃及遊客。[83]「我必須告訴你，此話只在我們之間講講，」一八三八年，一個英國古文物家對另一個同好如此說道，「帕夏陛下和博戈．貝兩人都遠遠不如歐洲人想像的那般關心埃及文物和科學。問問威爾金森先生就知道了，順便代我問候他。」[84]在帕夏及其繼任者看來，文物之所以重要，主要是因為西方人想要它們：它們可以被售賣或交換（或者保存）來換取埃及統治者想要的東西。

一般很容易把一八三五年法令解讀成埃及企圖收回自己的古老歷史：一個逐步收回的過程。從某種程度上說當然是這樣。但該法令最終在三個層面上清晰地表明，收藏在埃及變得有多麼政治化。歐洲國家競相為聲望和影響而爭奪的不止是文物。它們也是歐洲與埃及本身，對於誰有權利和責任擁有和保護文物的戰役中的抵押物。關於古埃及的衝突，最終成為控制現代埃及的替代品，愈來愈被用來當成是該控制合法性的證明。宣稱埃及人無力欣賞、理解或照管他們的文物（因而需要西方人的干預）如同在說埃及人無力照管自己的領土和文化，因而需要西方干預一樣。（為保護事宜而遊說的很多歐洲人也參與了埃及的廢除奴隸貿易運動，這絕非巧合。[85]兩個事業形成了西方更宏大文明使命的一部分。）保護是占領領土等更公開形式的替代品：它代表的是收藏古埃及遺址和地標，將其置於西方控制之下的努力。因此，就在呼籲文物保護達到高潮的時候，歐洲人又竭力宣稱現代埃及歸它們所有，就不僅僅是巧合了。

＊卡爾．理查．萊普修斯（Karl Richard Lepsius，一八一〇至一八八四），開拓性的普魯士埃及學家、語言學家，現代考古學先驅。

†奧古斯特．馬里耶特（Auguste Mariette，一八二一至一八八一），法國學者、考古學家和埃及學家。他是埃及文物部（後來的古文物最高委員會）的創辦人。

儘管英法兩國聯手遏制其發展，納瓦里諾海戰後，穆罕默德．阿里還是很快便挽回了頹勢，繼續奉行其擴張主義的征服，並取得了相當大的成功。到一八三〇年代末，他統治的帝國北至安納托利亞，東臨葉門，南抵蘇丹。一八三八年五月，帕夏召來法英兩國的領事，宣布他意圖為埃及和其子易卜拉欣自一八三三年起便統治的敘利亞謀求正式獨立。易卜拉欣在一八三九年六月的納齊布*戰役中對鄂圖曼打了一場大勝仗，以此來支持其父的要求；鄂圖曼海軍立即叛逃到埃及人一方。埃及再次把鄂圖曼帝國的命運掌握在自己手中。

這次新的「東方危機」，讓這一時期代表著英國國際政策的外交大臣、第三代帕默斯頓子爵亨利．約翰．坦普爾大感頭痛。帕默斯頓全心全意地致力於保留鄂圖曼帝國，他對穆罕默德．阿里的厭惡和懷疑，幾乎與他對英國在該地區的新對手俄羅斯的恐懼一樣嚴重。「我恨穆罕默德．阿里，」他寫道，「我認為他不過是個無知的野蠻人……我把他吹噓的埃及文明當作是徹頭徹尾的謊言；而且我認為他是有史以來讓人民落入悲慘境地的最大的暴君和壓迫者。」[86]讓情況變得更糟的是，帕夏成了大英帝國的一個風險因素。如果他繼續快速擴張下去，很快就會控制中東通往印度的兩條主要陸上路線，自從蒸汽動力的船運面世以來，這兩條陸路對於英國尤其重要。對埃及人占領紅海的憂慮，已導致英國在一八三九年從埃及占領者手中奪取了葉門的港口亞丁。[87]最後，還有法國干預這個始終存在的幽靈。「法國公眾整日想著埃及要變成殖民地了，」一位英國專家聲稱，他堅持認為法國仍在尋求「永久占領……埃及，無論是通過外交策略還是戰爭。」[88]帕默斯頓面對著法國的反對，與其他歐洲列強協商出一個協議，徹底逆轉了穆罕默德・阿里的征服。「我把這個問題看成是決定英格蘭是做為一股實質性的力量繼續存在，還是宣布自己是法國附屬國的問題，」他宣稱。一八四〇年七月十五日，英國、俄羅斯、普魯士和奧地利共同簽署了《倫敦協定書》，要求埃及軍隊撤離敘利亞，並概述了他們為了迫使穆罕默德・阿里服從而將會採取的措施。[89]

穆罕默德・阿里堅持了幾個月，希望法國施以援手，這倒不是異想天開。「法國的政策是激勵那位統治著這個國家的可憐老人抵制英格蘭為其制定的所有建議，這一點日趨明顯，」一位當時在埃及的英國人評論道。[90]圍繞著埃及，整個夏末，英法兩國都處在一觸即發的戰爭邊緣。但法蘭西國王路易－菲力浦對此表示反對，他的士兵已在阿爾及利亞苦戰阿卜杜・卡迪爾了；而帕默斯頓則派遣戰艦，迫使穆罕默德・阿里就範。九月，英國和鄂圖曼聯軍在貝魯特†附近登陸，開始向敘利亞的埃及人進攻，並奪取了阿卡。一八四〇年十一月十五日，英國軍隊出現在亞歷山卓港的海灘。月底，穆罕默德・阿里簽署了協定，同意放棄其（除了蘇丹之外的）殖民地，以換取承認他為埃及的世襲帕夏。六天後產下長女的維多利亞女王開玩笑說，或許她該給新生女兒起名叫「突厥・埃及」。[91]危機過去了。

埃及永遠不會成為一個帝國了。它在十九世紀餘下的時間裡也始終沒有真正地獨立。不但帕

＊納齊布（Nezib），土耳其南部的一個城鎮，現名尼濟普（Nizip）。

†貝魯特（Beirut），黎巴嫩的首都。

夏仍是鄂圖曼素壇的屬臣，需要年年納貢，新的歐洲規則對埃及的經濟也限制重重，並把埃及的軍隊從十萬大軍削減到一萬八千人。一八四九年，穆罕默德・阿里在計畫前往英國訪問前不久去世。他為繼承者留下了技術官僚制度、西方化的軍事、現代工廠，以及可觀的農業產能；但他也留給後代一個深受歐洲外交和經濟束縛的國家。埃及被困在英國的非正式帝國之中，被宣判處於從屬地位，建造蘇伊士運河，以及對英法債權人背上了沉重債務，只會加深這種從屬地位。一八八二年，埃及對英國的經濟和政治依賴將以社會動盪、革命，乃至被英軍占領而告終。[92]

隨著一八四〇年「東方危機」的解決，英國鞏固了在中東的帝國影響，這在區區四十年之前都是難以想像的，展示了英國在歐洲的外交和軍事的卓越地位，以及英國人採取行動捍衛帝國利益的意願，就算犯險涉入新的糾紛也在所不惜。它揭示了英國對法國持續存在的焦慮，以及對俄羅斯的日益擔心，這都成為帝國行動的催化因素。帕默斯頓個人對穆罕默德・阿里的敵意也反映了根植在很多英國自由派心中的天然優越感。而穆罕默德・阿里既沒有成功收藏自己的帝國，也未能「收回」古埃及的聲望。他的雙重失敗（確立埃及對文物的權威，以及宣布成立埃及帝國）反映了埃及在兩個方面受縛於西方。收藏文物在某種程度上形成了一種文化姿態，這不僅正當化並且更加促進了歐洲勢力的主張。

總之，倫敦和巴黎的博物館與公共空間裡的埃及遺跡（「年輕的門農」、塞提一世的石棺、盧克索方尖碑）講述了一個在歐洲擴張的東方邊界上，關於收藏和建立帝國令人沮喪而又多層面的故事。它們談到了購買它們的人，其中很多都是邊緣人物，遠離如今這些物件本身所在的文化

古爾納村民在挖掘文物。

和權力的堡壘。它們還談到了國家間的對立，以及把它們帶到歐洲各國首都來的長期緊張局勢。它們還證明了自己以某種方式促成了在西方塑造埃及的形象並培育了西方對埃及的渴望。如果說它們在埃及未來的正式帝國的歷史上有所鋪墊的話，那麼對於未來的後殖民時代，也有幽靈般的凶兆：在這種未來裡，埃及將努力與其自身被殖民的歷史過往達成和解。

這些古代珍寶的原產地情況如何？歐洲人對古埃及的態度，如何在當時社會留下印記，如今仍可在索爾特、德羅韋蒂和貝爾佐尼曾經最活躍的某個地方看到它們的浮光掠影。在古爾納的一條底比斯山脊上，索爾特建造的房子依然存在。他在一八一〇年代建造這幢房子時，這個地區沒有其他任何現代建築。但不久以後，木梁和泥磚在四周紛紛出現：索爾特的房子周圍，一個新的古爾納村莊開始在古代陵墓的頂上成形。現代的**古爾納**無論是在經濟上還是在建築材料上，都是歐洲和古代過往的交集。現代的古爾納村民以挖掘和搜尋文物為生。一八二六年十一月，羅伯特・海伊在古爾納裝置了一台相機暗箱，為底比斯和盧克索繪製了一幅全景圖。圖像表現的是繁忙的居住區建設場景，農夫們努力挖掘、清理和篩選文物，就像農民照料土地一樣。[93]索爾特的房子留存至今，但如今那裡是一座廢墟，來訪的山羊多過人類。儘管破敗的房子體現了一種收藏願景的失敗，卻也引起眾人對另一種願景的關注。古爾納已經變成一個興旺的現代村落，致力於保護和（向西方遊客）展示古埃及的陵墓。

歐洲帝國的利益，力圖將古代與現代埃及分割開來。後殖民地時期的埃及，就面臨了把兩者合併到一個共同國家框架內的挑戰。這絕非易事。例如，後殖民地埃及的開國元勛賈邁勒·阿卜杜·納賽爾把阿拉伯人的身分認同當做是埃及國家意識的核心內容，而對埃及在伊斯蘭教之前的歷史關注甚少。實際上，他以現代性和進步的名義興建於一九六〇年代的亞斯文高壩，就曾威脅要把幾十個古代神廟一舉沉沒在納賽爾湖中。近年來，隨著那些宗教活動家的興起，企圖把埃及的世俗政府替換成伊斯蘭政權，現代埃及身分與埃及古代遺產之間的鴻溝日益加深。「我殺死了法老！」一九八一年，穆斯林恐怖主義伊斯蘭組織的一個成員在射殺了與以色列及西方講和的總統安瓦爾·沙達特*之後喊道。[94]一九八〇年代和一九九〇年代在法老遺址接連發生的對西方遊客的襲擊，直接挑戰了西方與古埃及之間的文化紐帶，並威脅要毀滅做為埃及經濟支柱的旅遊業。這種挑戰的源頭一目了然：就是那段尋求透過收藏埃及文物而將其變成殖民地的歐洲干預的歷史。

對最後一件被收藏文物的一瞥，為埃及的帝國和自治、收藏和保護的歷史放上具有啟發意義的總結。擬議中的亞斯文高壩曾危及兩座最重要的神廟，而阿布辛貝神廟和菲萊神廟因著聯合國教科文組織的專案拯救，免去了滅頂之災，其資金大部分來自美國，這個專案計畫把每塊石頭辛苦地搬到更高的地方。為了感謝美國的幫助，納賽爾把另一座注定毀滅的建築丹鐸神廟送給了美國，如今，它安坐在紐約大都會美術館裡。彷彿自從穆罕默德・阿里那段過往以來，一切沒有絲毫改變：文物還是可以用來交換現代技術和西方的發展援助。就這樣，丹鐸神廟安置在大都會博物館，成為框裡的框。在它狹小密室的牆上，在星星點點的古代雕刻的塗鴉中間，有一個早期帝國時代的奇特遺跡。西牆上注明為「一八一六年」的一處銘文，寫著「DROVETI」（德羅韋蒂）曾來過此地。但貝爾納迪諾・德羅韋蒂當然知道該怎麼拼寫自己的名字（有兩個字母t），也就是說，這是旁人替他寫的。就這樣，這位歐洲收藏家還是在埃及留下了自己的印記，但可惜寫錯了。

＊安瓦爾・沙達特（Anwar Sadat，一九一八至一九八一），前埃及總統。一九七〇年，納賽爾逝世，沙達特繼任總統。一九七三年十月，埃及和敘利亞一起發動了第四次中東戰爭（又稱十月戰爭），摧毀了以色列的巴列夫防線。一九七八年九月，在美國參與下，沙達特與以色列總理貝京在華盛頓特區簽署《大衛營協定》，因而獲得諾貝爾和平獎。一九八一年十月六日，沙達特在開羅舉行慶祝贖罪日戰爭勝利八周年的閱兵儀式上遇刺身亡。

傲慢還是偏見？前往帝王谷途中的路旁標牌。

結論 收藏一個帝國

一八三九年的炎熱季節，一個名叫艾蜜莉・伊登的英國中年婦女陪伴其兄喬治去了或許是印度最典型的英式景點。沒有什麼地方比錫姆拉*更配得上關於大英帝國的陳詞濫調了：喜馬拉雅山地區氣候涼爽的避暑小鎮，帝國員工及其家屬在此地安坐在如同出自高地田園詩的牧人小屋和鄉間木舍裡度過悶熱的夏季。「二十年前，這裡連一個歐洲人都沒有，」伊登寫信給他們的姊姊說，

> 我們在樂隊演奏〈清教徒〉和〈馬薩涅洛〉的樂聲中，吃著來自蘇格蘭的鮭魚和來自地中海的沙丁魚……而這一切都發生在那些高山的面前，有一些山自創世以來從未有過人跡，而我們這一〇五個歐洲人被至少三千個山民簇擁著，他們裹在山地毛毯裡，旁觀著我們所謂禮貌的打趣。……有時我會納悶，他們為什麼不把我們的頭都割下來，然後就

＊錫姆拉（Simla），印度北部喜馬拉雅山地區的一個城市，在英屬印度時期此地曾為夏都。

不敢再提此事了。[1]

這樣一個意象頗有先知性質。不到二十年後，一八五七年的譁變叛亂就會把這種想像（大批被統治者聚集起來突擊英國統治者小集團）變成印度的英國社區的殘酷現實，以及故國公眾的可怕讀物。的確，不知不覺間，到一八三九年底，艾蜜莉·伊登的想像就距離現實更接近了一步。

她的話反映出很關鍵的一點，那就是到維多利亞時代早期，在印度及其他地方，大英帝國已經非同以往，再也不是十八世紀熟悉的那個四海歸一的帝國社會了。五十年前，伊莉莎白·普洛登曾在勒克瑙日記中寫到跨文化家庭、收藏、社交聚會和權力關係。如今，伊登大概會呈現一個英國人的封閉的微觀世界，（最近剛剛）不合時宜地困在印度環境中。關鍵在於她呈現給我們一種悍然對立的場面，那是普洛登很難表達的，白人統治者和非白人被統治者像動物園的動物和飼養員一樣，各據一方，虎視眈眈。然而雙方是否完全清楚各自的立場呢？這樣粗略地看一下維多利亞時代早期的英屬印度，就能提出兩個關於帝國征服和收藏的關鍵問題，它們將在整個十九世紀及其後一直籠罩在帝國上空。英國人將以何種身分出現在他們聲稱要統治的大量臣民面前，又將如何保護自己？而被統治者又將如何回應或是抵抗在他們之間這些吃鮭魚和沙丁魚的奇怪男女？

維多利亞女王在一八三七年登基後，英國終於在東方擁有了一個領土遼闊的帝國，帝國形象也開始表現出等級森嚴、種族化和性別化嚴重的帝國文化，也就是提起十九世紀末的大英帝國，大眾普遍聯想的那種文化。與她的祖父喬治三世相比，維多利亞女王的帝國將變得更龐大、更強硬、更傲慢，也更下流。帝國在海外的代表人物是恃強凌弱的塞西爾．羅茲*和查爾斯．戈登†將軍等人；在讀者群中的代表則是魯德亞德．吉卜林和亨利．萊特．哈葛德充滿異國情調的小說；而維多利亞女王在加銜印度女皇時所舉辦的誇張正式接見等典禮，則是活生生的代表。與一個世紀以前相比，英國再也不容法國或各東方帝國勢力小覷。英國也在多個方面重塑了自身。在拿破崙戰爭期間，英國的帝國使命感開始融合：一種尚武的、國家主義的、家長制的、道學的，維護種族純潔的帝國使命感。那種使命感促使大英帝國在一八三三年廢除了奴隸制，但它也轉而開始「教化」印度和世界的其他地區。[2]（例如，著名的廢奴主義者威廉．威爾伯福斯‡就是個惡毒的反印度偏執狂。）在帝國的整個疆域之內，民族與種族融合既不常見也不被寬容，主要原因是英國勢力的鞏固意味著歐洲邊緣人物在當地社會背景中尋求名望和財富的機會少了；可以向

*塞西爾．羅茲（Cecil Rhodes，一八五三至一九〇二），英裔南非商人，礦業大亨與政治家。

†查爾斯．戈登（Charles Gordon，一八三三至一八八五），英國陸軍少將。因在中國指揮僱傭「常勝軍」協助李鴻章及劉銘傳淮軍與太平軍作戰，被兩宮太后封為提督、賞穿黃馬褂而得到「中國人戈登」（Chinese Gordon）之綽號。英國賜之「巴斯勛章」，後將其調至蘇丹任總督，人稱「戈登帕夏」，最後於任內爆發的馬赫迪戰爭中陣亡。

‡威廉．威爾伯福斯（William Wilberforce，一七五九至一八三三），英國國會下議院議員（一七八〇至一八二五年）、慈善家、廢奴主義者。

他們提供這些機會的競爭舞臺也少了。

然而，帝國的自我塑造依然故我：在某種程度上掩飾了一種混亂得多的社會現實。英國的海外勢力依舊充滿矛盾，有時也不完整。儘管與法國展開全球戰爭的生存危險已經消失，英國仍要面對帝國的異議、抵抗和可能的失敗。滑鐵盧之後，就像在「七年戰爭」之後一樣，英國的領土大大擴張了，又增加了很多需要保護和捍衛的利益。從一八一五年到一九一四年的這個世紀，常被描繪成英國的和平時期，而一旦把海外的帝國衝突考慮在內，和平景象就迅速消失了。這些衝突讀來就像一份帝國地名索引一樣：中國的鴉片戰爭（一八三九年至一八四二年及一八五九年至一八六〇年）；阿富汗戰爭（一八三八年至一八四二年及一八七八年至一八八〇年）；錫克戰爭（一八四二年至一八四九年）；毛利人戰爭（一八六〇年至一八六六年）；與南非的祖魯人[*]、巴蘇陀人[†]和馬塔貝萊人[‡]的戰爭（一八七九年至一八九三年）；馬赫迪起義[§]與征服蘇丹國（一八八一年至一八九八年）；以及最嚴重的，一八五七年至一八五八年的譁變叛亂和一八九九年至一九〇二年的第二次波耳戰爭[◎]。由於它們過於分散，持續時間往往也很短暫，參與的英軍白人數量相對較少，這些衝突有時從表面看來不過是孤立的小型衝突而已。但整體看來就很明顯的點出：在維多利亞時代帝國必勝信念的花言巧語下，流動著持續的焦慮、不安、較量和失敗。

因此，對於那些生活在新的帝國核心地帶和帝國邊境的人來說，他們的文化身分也可以跨越東西方的邊界。例如，在印度，一個名叫查爾斯·斯圖亞特的愛爾蘭裔軍官，透過打造出歐洲第一個重要的印度雕塑收藏，而躋身於一長串跨界收藏家的行列（如今他的大部分收藏都存於大英博物館）。用一個訃告執筆者的話來說，還與「這個國家的原住民」建立了非常「親密的關係」，以至於「他容忍且相當明顯地順從他們的看法和偏見，使他獲得了『印度人**斯圖亞特**』之名。」[3]一八二八年，斯圖亞特去世，他的墳墓在加爾各答公園路公墓的樹蔭深處，外觀不同尋常地模仿了一座印度北方的神廟，成為生活於不同文化之間的確鑿證據。[4]一八四〇年代在英國人感興趣的景點環遊，或許會讓旅人結識納塔爾的費恩家族◇成員，該家族的成員都像酋長一樣

---

*祖魯族（Zulu），非洲的一個民族，主要居住於南非的夸祖魯—納塔爾省。祖魯王國是十九世紀南非歷史中的一個重要角色。在種族隔離下，祖魯人被列為二等公民。

†巴蘇陀人（Basuto），非洲南部的一個民族。他們是班圖人的一支，主要生活在賴索托、史瓦濟蘭、波札那和南非。

‡馬塔貝萊人（Matabele），屬於班圖人中的一支恩古尼族，現代南非東北部的原住民。

§馬赫迪起義（Mahdist uprisings），蘇丹宗教改革家穆罕默德・艾哈邁德・本・阿卜杜拉（Muhammad Ahmad bin Abd Allah，一八四四至一八八五）率領信徒擊敗英國和埃及聯軍，創建獨立的蘇丹國。他於一八八一年自稱馬赫迪，其國家也改稱馬赫迪國。這場戰爭起初是在馬赫迪素壇與埃及之間進行。後來，英國加入埃及一方，與蘇丹作戰。

◎第二次波耳戰爭（Boer War o，一八九九至一九〇二），波耳人是居住於南非境內荷蘭、法國與德國白人移民的後裔所形成的混合民族。這場戰爭是英國與德蘭士瓦共和國和奧蘭治自由邦之間的戰爭。

◇費恩家族（Fynn family），指英格蘭旅行家和貿易商亨利・法蘭西斯・費恩（Henry Francis Fynn，一八〇三至一八六一）家族。他的日記講述了在一八二四至一八三六年期間，身為第一位白人殖民者，在非洲東南部的納塔爾與祖魯王國達成協議，並獲得了如今的德班（Durban）地區的故事。

「印度人」斯圖亞特在加爾各答南公園路公墓的祠堂暨墳墓。

生活在祖魯人中間；見識到紐西蘭的白種毛利人，他們臉上刺著毛利的紋身；以及砂勞越的「白人拉者」詹姆斯・布魯克*；當然，還有諸如畫家約翰・弗雷德里克・路易斯等逗留於埃及的僑民。[5]與此同時，體系中也還有可以繼續跨越文化界線的方式。例如，大英帝國在印度的擴張，意味著需要愈來愈多的印度士兵來維護治安，還需要愈來愈多的印度士兵為帝國出征海外，就像一八〇一年他們曾遠征埃及那樣。到十九世紀末，印度人將會駐軍埃及和新加坡，在千里達和斐濟砍甘蔗，在東非營運鐵路。[6]

這些絕不僅僅是本質上屬於前滑鐵盧世界的最後苟延殘喘，也不僅僅是日趨僵化的帝國統治中一點豐富多彩的例外。它們還預示著大英帝國的未來。因為即使當帝國在文化、話語、行政管理和領土範圍等方面成為單一的統一體之時，裂縫、反對和雜糅似乎已經開始從內部挑戰它的權威了。不光是十八世紀的種種痕跡延續到了十九世紀。眾人大概早就能看到蛛絲馬跡，殖民後期和後殖民時期的緊張局勢還將會延伸到二十世紀及更遠的未來。

艾蜜莉・伊登本人距離維多利亞時代早期的一次征服與收藏行動只有一步之遙，那次行動明確體現了早期的模式和未來的反對跡象。她的哥哥、奧克蘭勛爵喬治是印度總督。在外交大臣帕默斯頓努力遏制埃及並保護英屬印度免受中東攻擊的同時，就在那些俯視著他妹妹輕鬆愉快的娛樂活動的「高山」後面，印度西北部的挑戰正向奧克蘭逼近。俄羅斯與波斯結盟了；波斯正與阿

＊詹姆斯・布魯克（James Brooke，一八〇三至一八六八），英國探險家。他把砂勞越發展為以自己為「拉者」的殖民地。

富汗交戰；而阿富汗與印度的東印度公司領土、以及強大而獨立的錫克人蘭吉特・辛格統治下的旁遮普接壤。奧克蘭聽說，俄羅斯人已經與阿富汗統治者埃米爾多斯特・穆罕默德汗*直接接洽了。

對於英國擴張到被認為是印度西部的天然邊界薩特萊傑河†之外，儘管國會和東印度公司的某些人持反對立場，奧克蘭卻認為需要對於俄羅斯在阿富汗的威脅採取行動。他決定廢黜多斯特・穆罕默德汗，並以年長的前埃米爾，沙阿・舒賈‡取而代之，後者一直在印度生活，領取公司發放的年金。一八三八年十二月，一支逾一萬五千人、名叫「印度河軍」的大軍跨過薩特萊傑河，為沙阿・舒賈奪回王位。政權更迭看似輕而易舉：多斯特・穆罕默德汗逃向布哈拉§，一八三九年八月，沙阿・舒賈勝利挺進喀布爾◎。但正當英國軍隊準備在親切友好的氣氛中安心過冬，又是滑冰又是業餘戲劇演出，還在塵土飛揚的平地上舉行板球比賽之時，麻煩卻愈來愈近：多斯特・穆罕默德汗回來了。一八四一年十一月，一群人突襲了英國居民亞歷山大・伯恩斯◇的住宅並將其刺死。多斯特・穆罕默德之子阿赫巴爾汗請來伯恩斯的高級同僚商討和解事宜，隨後又馬上將他處死。英國指揮官驚恐萬分，精神受創，急於尋找最快速的解決之道。一八四二年一月六日，印度河軍同意無條件投降，並在獲得對方可安全通過的承諾後，就撤離了喀布爾前往英屬印度。

在一月份穿越興都庫什山脈本身就是嚴峻的考驗了，而阿赫巴爾汗還背信棄義地襲擊撤退的部隊，真是雪上加霜。成千上萬的英國人和印度人戰死沙場；數千人死於嚴寒。還有的被周圍山上手持長筒傑撒伊步槍的神槍手一個接一個地瞄準射殺。三月中，一百二十名英國婦孺被當作俘虜護送回喀布爾。他們算是走運。在蜿蜒穿過峻嶺山口的四千五百名軍人和一萬二千個隨軍人員中，只有一人生還：一八四二年一月十三日，軍醫威廉·布賴登&蹣跚走進賈拉拉巴德⊙的英國軍營，講述了自己可怕的遭遇。[7] 十個月後，英國和印度軍人徒步穿過同樣的山口，發現道路

＊多斯特·穆罕默德汗（Dost Muhammad Khan，一七九三至一八六三），巴拉克宰王朝創始人，第一次英阿戰爭期間阿富汗傑出的統治者。

†薩特萊傑河（River Sutlej），印度河中游的主要支流之一，上游位於中國境內，稱朗欽藏布（象泉河）。

‡沙阿·舒賈（Shah Shujah，一七八五至一八四二），一八〇三至一八〇九年間杜蘭尼帝國的統治者。他在一八三九年至其去世的一八四二年間再次統治該帝國。他是阿富汗的第五任埃米爾。

§布哈拉（Bokhara），烏茲別克斯坦西南部一城市。

◎喀布爾（Kabul），阿富汗的首都。

◇亞歷山大·伯恩斯（Alexander Burnes，一八〇五至一八四一），「大博弈」時期的英國探險家和外交官。

&威廉·布賴登（William Brydon，一八一一至一八七三），第一次英國－阿富汗戰爭期間英屬東印度公司軍的助理外科醫生，以其是長距離撤離喀布爾的四千五百人軍隊和一萬兩千名隨軍平民中唯一一個安全抵達賈拉拉巴德之人而聞名。

⊙賈拉拉巴德（Jalalabad），阿富汗東部的一個城市，靠近巴基斯坦邊境，位於喀布爾河與庫納爾河匯合處。

「簡直被恐怖的遺體蓋滿了，不能稱其為骷髏，因為很多屍體的面孔都完好得可怕，以至於辨識……生前的熟人毫不費力。」砲車碾過遺體時，「車輪壓碎了曝屍的骨頭，令人痛苦的刺耳聲響悲傷悽慘地敲打著心臟。」[8]這是英國的東方帝國史上最慘重的失敗。

大約在布賴登醫生委靡在馬上的可憐身影出現在賈拉拉巴德的同時，新任印度總督埃倫伯勒勛爵*抵達印度，決心（他對東印度公司的董事會說）要「亞洲恢復和平」。[9]他到達當天便得知了喀布爾慘案，立即制定最佳方案，將餘下的部隊和英軍俘虜營救出阿富汗。一支軍隊受命解放賈拉拉巴德；另一支由將軍威廉．諾特†爵士指揮，取道加茲尼‡，進軍喀布爾。英國人此舉的部分目的在於奪回在三月份陷落的城市。[10]還有部分目的是放任明目張膽的搜羅文物行動以挽回顏面。

加茲尼郊外的戰役之後，一八四二年九月五日，英國人進入城市。在埃倫伯勒勛爵的命令下，他們在那裡停留了足夠的時間，運走了加茲尼的傳奇人物、十一世紀素壇馬哈穆德§陵墓的檀香木雕大門。傳統上認為，這兩扇大門起初屬於古吉拉特的索姆納特神廟◎，馬哈穆德曾在一次毀滅性地入侵印度時將其掠走。（威爾基．柯林斯的月亮寶石據說在來到塞林伽巴丹、並從那裡去英國之前，也是被馬哈穆德的一個手下從索姆納特搶走的。）當地的毛拉確認，「紀念碑周圍的地毯、檀香木的大門，還有大理石的動物雕像，都被當成來自索姆納特神廟的戰利品，用大象馱去加茲尼了。」[11]如今，它們成了英國的戰利品。九月九日，隨軍工程師從支座上卸下大門。「大量托缽僧來到陵墓，為大門被搬走而哭泣，因為他們把這兩扇大門看作是他們最寶貴的財富，」諾特軍團的一名英國文書寫道。「你可以想像他們與米迦一起大聲疾呼，『你們將我們的神像都帶了去，我還有所剩的嗎？』◇」[12]阿富汗人哭泣之時，英國軍人看到這些「證明我們勝利的驕傲而難忘的戰利品」被運走，不禁發出一陣歡呼，「每扇門都裝載在可承重四到二十磅的車上，由一群半飢半困的水牛費力地拉走。」[13]將軍一聲令下，加茲尼的要塞被完全摧毀；九月十日，軍隊繼續向喀布爾進發。

單從政治宣傳和演技來看，奪走大門就是驚人之舉。英軍剛剛遭受了他們在東方最慘重的失敗，但埃倫伯勒勛爵掠奪這些做為英國「勝利進軍」「應得的獎盃」，幫助英國擦亮了業已黯淡的桂冠。索姆納特大門反轉了征服與收藏之間常見的關係，是恢復帝國權威、而不是主張帝國權

＊埃倫伯勒勛爵（Lord Ellenborough），本名愛德華．勞（Edward Law，一七九〇至一八七一），英國托利黨政治家。一八四二年至一八四四年任印度總督。一八四四年獲封第一代埃倫伯勒伯爵。

†威廉．諾特（William Nott，一七八二至一八四五），英屬印度的英國軍事領導人。

‡加茲尼（Ghazni），阿富汗東部一城市，位於海拔兩千兩百一十九公尺的高原上，接近巴基斯坦邊界。

§馬哈穆德（Mahmud，九七一至一九三〇），又稱「加茲尼的馬哈穆德」，加茲尼王國最英明的統治者，在位期間領土涵蓋阿富汗、伊朗東部、印度西北。

◎索姆納特神廟（Temple of Somnath），供奉溼婆神，是古拉加特重要朝聖景點，曾七次遭入侵者催毀。

◇《舊約聖經．士師記一八：二四》米迦說：「你們將我所做的神像和祭司都帶了去，我還有所剩的嗎？怎麼還問我說做什麼呢？」"You took the gods I had made, and my priest, and went away. What else do I have? How can you say to me, 'What is the matter with you?'"

阿格拉紅堡*的「索姆納特大門」。

威的標誌。正如拿破崙在埃及的所作所為一樣，拿走戰利品掩蓋了帝國力量的**不足**。

但帝國自我塑造更具戲劇性的姿態隨之而來。埃倫伯勒勛爵向「印度所有的王公、酋長和人民」發布公告，宣稱他會把這兩扇大門勝利帶回索姆納特，物歸原主。因此，他宣布，在落入穆斯林異教徒之手數個世紀後，「八百年的恥辱終得一雪。」[14]這份瞄準印度利益的呼籲書反映了英國統治的一個重要轉變：東印度公司從蒙兀兒帝國治下與之並列的邦國，演變成代替它並直接與印度的多數教眾建立聯繫的國家。五十年前，東印度公司的公務員還混跡於印度－波斯的宮廷裡，像蒙兀兒貴族一樣生活和收藏。如今，儘管蒙兀兒帝國的空殼仍在，並會延續到一八五八年，但東印度公司已經成為印度最為重要的統治者，統治著（像它的軍隊一樣）主要由印度教教徒組成的龐大人口。埃倫伯勒勛爵特別宣稱英國是印度教徒的印度保護者，實際上也宣布了英國人的至高地位。

但他博取印度教教徒支持的表演卻遭到很多人的強烈厭惡。例如，諾特軍團的隨軍牧師看到軍隊凱旋菲羅茲布林†後「孩子氣地帶著索姆納特的破舊大門的遊行」很不高興，批評說「埃倫伯勒勛爵的政策，……既愚蠢，又與基督教國家代表的身分不相稱，……並且非常不符合通常應該在爵爺的聲明中體現的對上帝之天意和仁慈的虔誠認知。」[15]更重要的是，埃倫伯勒勛爵以這種方式與印度教教徒直接對話，看來也冒犯了穆斯林，後者如今愈發遭人畏懼並被打上了「狂熱分子」的烙印。事實證明，埃倫伯勒勛爵的姿態充滿爭議，以至於在國會觸發了譴責的動議。歷史學家、自由黨議員湯瑪斯．巴賓頓．麥考利‡嚴厲批評印度總督干預「東方各邪教之間的紛爭」，

* 紅堡（Red Fort），又名阿格拉紅堡，是印度三大紅堡之一，距離泰姬陵二點五公里。紅堡建成於一五七三年，結合了印度和中亞的建築風格。一九八三年被列入世界遺產。

† 菲羅茲布林（Ferozepore），印度旁遮普邦的一座城鎮。

‡ 湯瑪斯．巴賓頓．麥考利（Thomas Babington Macaulay，一八〇〇至一八五九），英國詩人，歷史學家，輝格黨政治家。他經常發表散文、評論和有關英國歷史的文章。他也曾經擔任陸軍大臣（一八三九至一八四一年）和財政部主計長（一八四六年至一八四八年）。

並大言不慚地支持印度教這種「所有崇拜中最墮落最敗德的一種」，而不是在他看來更可取的一神論伊斯蘭教。麥考利提倡的英國統治是實行廉政，保護財產、公民權利，以及某些人所希望的「正教」，給（按照另一位著名的自由黨人約翰·羅素*勛爵的說法）「組成這個廣闊帝國的數百萬原住民」帶來一種「在他們被征服之前從未體驗過的」生活。在自由黨人的想像中，英國人應該扮演教化者的角色，公正地站在印度各種文化之上，並向他們所有人推行英國的方式。[16]

埃倫伯勒勛爵卻選擇以跨文化的風格改造自己和英國的帝國政府，以期從內部吸引宗教選民。在一個極具畫面感的段落中，麥考利暗示埃倫伯勒勛爵偽裝人格如同換衣服：「他的成功治理計畫看來就是盡可能快地把自己變成印度人、拉者、穆斯林，以及無所不能的總督等角色，單憑這一條理由就足以召回他了。」（在此過程中，埃倫伯勒勛爵也表現得如同令人厭惡的拿破崙一樣：麥考利認為那份公告「既不英國也不東方，」而是「對督政府時期法國總督的……那些蹩腳大話的模仿。」）這種思想將會在世紀末被出色的家長式總督寇松勛爵†採納，他努力把英國塑造成印度「國民」過往的絕對中立的保護者，既包括印度教教徒也包括穆斯林。[17]但當然埃倫伯勒勛爵還明確表達了一層意思，那就是這種區別的確存在：印度教教徒和穆斯林必然對抗，他們的利益需要彼此平衡，並從高處加以管理。[18]那種族群分裂感將會滲透於英國在印度的統治（很多人認為它也使得英國統治合法化），並引發了後殖民時期南亞的政治偏見和反覆爆發的暴力事件。

如此說來，英國人之中對於大門的爭論，反映了關於大英帝國統治能夠或應該代表什麼的兩種願景。但無論是好是壞，大門在印度各地巡展並未引起某些人期待的注意。「參觀我們戰利品的印度人普遍是出於好奇心，而不是宗教的情緒……，」護送大門的埃倫伯勒勛爵的副官如是說。「穆斯林看來一點都不關心它們，感覺被我們的遊行所冒犯的只有加爾各答的傳教士們。」當時他們已經到了阿格拉，那裡的「氣候如今炎熱起來，以至於埃倫伯勒勛爵決定把大門放在阿格拉堡，直到下一個寒季開始，再繼續前往古吉拉特。」[19]但國會不准埃倫伯勒勛爵繼續帶著大門巡遊了。有人建議把它們送去「大英博物館或是其他的地方，它們在那裡或許會被看作是珍奇的文物，而不會對其聖潔性有什麼驚人的敬意。」[20]還有人提議把它們送去「我們帝國的大都會」加爾各答的印度博物館，在那裡「成為我們戰勝曾經如此低估我們的阿富汗人的戰利品」，大家將會讚賞它們的「政治意義」。[21]但它們將留在阿格拉。它們始終存疑的真實性被明確否定了。如今，它們立在紅堡一個小房間破舊的玻璃門後，現代印度考古研究所的一塊標牌解釋說，它們立在那裡是「**做為一八四二年英國戰役的戰利品，或是做為東印度公司歷史性謊言的提**

＊約翰．羅素（John Russell，一七九二至一八七八），活躍於十九世紀中期的英國輝格黨及自由黨政治家，曾任英國首相。

†喬治．納旦尼爾．寇松（George Nathaniel Curzon，一八五九至一九二五），第一代凱德爾斯頓的寇松侯爵，英國保守黨政治家，一八九八年至一九〇五年曾任印度總督，晚年自一九一九至一九二四年任外相，曾在決定英國的政策方面發揮主要的作用。

醒」。兩扇大門布滿灰塵，看似與這一切毫不相干，卻表明大英帝國本身已經變成博物館展品和歷史遺跡了。

物件有種巨大的能力，那就是獲得彼此相左的含義，且隨時間流逝而獲得不同的解讀。如果英國利用外國的物件來凸顯（有時是定義）其帝國的形象，那麼帝國的臣民又會如何利用物件來回應外國的統治呢？本書開始的地方，也就是北加爾各答的小巷或許可以給出答案。一八三五年，在焦爾拜贊區狹窄的小巷裡，一個年輕的孟加拉上等人拉金德羅·穆利克的新房動土開工了。五年後，憑藉著五千名勞工的辛苦工作，房子終於完工：上下三層，正面是科林斯柱式*的迴廊，頂部冠以帕拉底歐式沉重的三角楣飾。鑲嵌在宴會廳牆上的安特衛普大鏡子在房間完工前便安置在那裡了，因為它們體積過大，無法移進任何大門。據說地板上有九十種不同的大理石嵌花，這也是這座宅邸名字的由來：大理石宮。[22]

這絕非普通的房子，它建造目的也不一般。穆利克還是個嬰兒時，父親就去世了，給他留下了一大筆遺產，以及企圖染指這筆財富的一群爭執不休的親戚。監護法院把這個男孩委託給英裔愛爾蘭監護人詹姆斯·韋爾·霍格爵士。（霍格自己的兒子斯圖爾特設計了加爾各答的新市場，就在喬林基街上，是一座精采的維多利亞時代紅磚哥特式建築，配有鐘塔。）霍格讓穆利克學習英格蘭年輕紳士的課程：希臘語、拉丁語，以及英語的語法。他還給自己的受監護人灌輸了有教養的紳士應該收藏藝術的思想。穆利克年滿十六歲時，就決定把所受的教育付諸行動了。部分由歐洲建築師繪圖的大理石宮本是當成拉金德羅收藏的陳列室，很快便開始展示一系列非凡的藝術品，從魯本斯、雷諾茲[†]和提香的畫作，到「以利亞・英庇[‡]爵士送給穆利克家族的一座全尺寸的英格蘭奶牛青銅塑像」。用一位二十世紀初的印度導遊的話說，「代表古典、神話和皇家最佳風格的青銅和大理石雕像雲集一堂，裝點著走廊和壁龕」；一個房間裡還有身披厚重禮袍的女皇本人的橡木雕像。[23]

作為印度的西方藝術收藏，大理石宮本身並無新奇之處。穆利克在某種意義上是阿薩夫・烏德－達烏拉的傳人，後者曾經把王室收藏的印度－穆斯林傳統與歐洲鑑賞家的癖好合為一體；他也算是蒂普素壇的承襲者，後者也曾四處搜尋歐洲物事，特別是機械藏品。與穆利克更相近的是坦焦爾年輕的土邦主賽佛吉二世[§]，一八一〇年代，他在自己的歐洲監護人、德國虔信派傳教士

---

*科林斯柱式（Corinthian），源於古希臘的一種古典建築柱式。雅典的宙斯神廟採用的正是科林斯柱式。

†約書亞・雷諾茲（Joshua Reynolds，一七二三至一七九二），十八世紀英國著名畫家，皇家學會及皇家文藝學會成員，皇家藝術學院創始人之一及第一任院長。以其肖像畫和「雄偉風格」藝術聞名，英王喬治三世很欣賞他，並在一七六九年封他為爵士。

‡以利亞・英庇（Elijah Impey，一七三二至一八〇九），英國法官，孟加拉威廉堡最高法院的第一位首席法官。

§賽佛吉二世（Serfoji II，一七七七至一八三二），馬拉塔帝國坦焦爾親王國的末代統治者。他在其領土上享有絕對的王權，但時至今日，其後代卻只能在坦焦爾謀求保留名義上的摩訶羅闍。

克利斯蒂安・弗里德里希・施瓦茨*的影響下，打造了一個歐式百寶格。[24] 若干年後，穆利克以從阿瓦德末代納瓦卜沃吉德・阿里國王†那裡直接收購藏品，從而將自己與王公的傳統聯繫在一起，阿里國王是在一八五七年的譁變叛亂後亡命加爾各答的。

但大理石宮在一個重要方面不同於王公的收藏，而這絕不僅是因為穆利克不是個統治者。它的形成不是為了彰顯穆利克家族自身的富麗堂皇。穆利克邀請公眾走進鐵藝大門參觀他的藝術品並了解歐洲的品味，自覺地著手教育公眾（或者說至少是部分公眾）。在這種意義上，大理石宮是一個光榮的偽裝者：是一座歐洲紳士住宅的實體模型，建造的目的，是以生活在印度公眾中間，並治理後者之人的古怪方式來教導印度公眾。由於其使命廣泛，大理石宮算是印度的「第一家西方藝術博物館」，是為公眾欣賞和教育而專門設計的。它還代表了另一種收回的過程，堪比同時代的埃及人企圖收回他們自己的遺產：這是一種以「師夷長技」來學習藝術和文化的方法。[25]

拉金德羅・穆利克符合在帝國支持下進行收藏和自我塑造的個人傳統。歷史並不總是青睞他們。在查爾斯・「印度人」・斯圖亞特等歐洲跨界者加入「入鄉隨俗」的無名行列之地，穆利克等西化的印度人卻往往被指責為「合作」或「同化」，或因為缺乏真正的大師品味，變成愚蠢的模仿者。乍看之下，穆利克似乎是T・B・麥考利（又是他）在其《印度教育備忘錄》中想像的殖民地印度菁英的典型，這篇文章是在大理石宮開建的同一年寫就的。文中（還有他臭名遠播的說法，什麼「一座體面的歐洲圖書館內的一個書架就抵得上印度和阿拉伯全部的本土文學」），麥考利提出了英國應該著手培養「印度血統和膚色，但具有英格蘭人的品味、信仰、道德和智力的一班人」的觀點。這位殖民地菁英將會成為對廣大印度公眾解釋英國統治的「解讀者」，一種在「我們和在我們治理下的數百萬人」之間的緩衝階層。[26]

但儘管穆利克專注於「英格蘭人的品味」，甚至力圖向自己的同胞「解釋」那些品味，他卻遠不止是「血統和膚色」上的印度人。雖然他有一位歐洲的監護人，但也有一位難對付的母親，她十分積極地規劃兒子的教育，確保他不會忘本。（為保持賢淑端莊，這位虔誠的遺孀是隔著竹屏與霍格交談的。）穆利克一定是他那個時代唯一一個除了荷馬史詩之外還要學習《吠陀》‡的學童了。他一生都是個十分虔誠的人。比方說，他從未去歐洲旅行的一個原因，是印度教禁止橫渡大洋。他的遺願是死後每年在這座房子裡舉辦不少於八十六次的法會，在一個堆滿了希臘和羅馬諸神塑像的禮拜堂裡。穆利克還保留了始於其父並延續下來的一個習慣，每天在這座房子裡向

＊克利斯蒂安·弗里德里希·施瓦茨（Christian Friedrich Schwartz，一七二六至一七九八），德國路德宗傳教士。他以通曉拉丁語、希臘語、希伯來語、梵語、泰米爾語、烏爾都語、波斯語、馬拉塔語、泰盧固語的語言才能而聞名。他在印度南部建立基督教新教派的過程中頗有影響力。

†沃吉德·阿里國王（Wajid Ali Shah，一八二二至一八八七），阿瓦德的第十任納瓦卜，一八四七至一八五六年間在位。他的王國長期得到英國人的保護，最終在一八五六年被兵不血刃地吞併了。納瓦卜被流放到加爾各答的郊區，在那裡靠一筆優渥的年金度過餘生。

‡《吠陀》（Vedas），婆羅門教和現代的印度教最重要和最根本的經典。「吠陀」意思是「知識」、「啟示」。

六百名乞丐捨飯。儘管這座「宮殿」向公眾開放的主體部分窮奢極欲，樓上的住家部分卻很樸素：鋪的是木地板而不是大理石。對於主人來說，樸素也是生活原則：穆利克衣著儉樸，不佩戴珠寶，嚴格食素，並遠離奢華的娛樂活動。錦衣玉食和西方生活方式只是大眾的消費項目。

當然，從某個層面上來說，大理石宮是在讚美英國勢力在印度的支配地位：穆利克求助於歐洲文化的原因，與曾經的安托萬．波利爾及其同輩接近蒙兀兒王朝一樣。但大理石宮也向麥考利發出了敏銳的回擊。這不是空洞的模仿。這幢房子代表了一種汲取兩個世界之精華的努力。穆利克可以表現出符合霍格所教導的歐洲紳士傳統的公共形象，與此同時，背地裡卻維持著他印度祖先的宗教正統性。在這裡，優雅品味與實用政治再度迎頭遭遇。穆利克認為他的同胞應該熟悉其歐洲統治者的文化，熟悉他津津樂道的審美傳統；而這不必以犧牲印度文化為代價。這樣的中庸之道裡或許會有更多他不願承認的自我吹噓或自相矛盾成分。但這幢房子見證了一個歷久彌新的教訓：文化交流是一條雙向道，文化認同也不是一個非此即彼的命題。

關於這些一直持續到十九世紀、帝國收藏事件的預期趨勢，或許能在魯德亞德．吉卜林的作品中找到最佳的解讀，他寫過許多有關大英帝國的故事、詩歌和格言，廣受讀者喜愛。吉卜林的小說《基姆》出版於一九〇一年，也就是女王駕崩的那一年，講述的是與小說同名的男孩基姆的冒險故事，他捲入了英俄兩國在印度西北邊境控制權的爭奪。《基姆》無疑是關於英屬印度乃至整個大英帝國最著名的小說，開篇就精采地重現了收藏和帝國：

他無視市政府的三令五申，跨坐在參參瑪大砲上。這尊大砲立在一個磚砌的平臺上，對面是歷史悠久的阿傑布格爾（珍奇館的意思）當地人都這麼叫拉合爾博物館。誰占有參參瑪這條「噴火龍」，誰就占有旁遮普；因為這尊青黃銅大砲總是征服者獲取的第一件戰利品。*[27]

雖然基姆有著褐色的皮膚、光腳，說一口流利的印度斯坦語髒話，他實際上卻是個白人；他先後推走一個穆斯林男孩和一個印度男孩，自己穩坐在砲筒上，「這麼做自有他的道理……因為英國人占領了旁遮普，而基姆正是英國人」。在隨後展開的敘述中，基姆成為英俄「大博弈」的一名間諜，把他內心對印度的認識變成為帝國效力。他還發生了徹底的轉變，發現了潛伏在印度化的暗淡皮膚下的一個「洋大人」的原我（金博爾・奧哈拉）。《基姆》這個反土著化的故事，正是由那位寫下「白人的負擔」和「東方就是東方，西方就是西方」這類帝國時代警句的吉卜林所創作的，故事似乎也正體現了十九世紀末巔峰時期的大英帝國的自信和民族自大。在吉卜林的敘述中，基姆坐在大砲上，正如英國坐鎮旁遮普：一物定乾坤；征服與收藏攜手前行。

但這種表面上的無縫呼應卻掩蓋了一種更模糊的現實。與帝國邊緣的眾多「帝國主義者」一樣，基姆也來自白人社會的邊緣。他根本不是英格蘭人，而是貧窮的酒鬼愛爾蘭軍人的兒子，被

*譯文引自黃若容、周恆譯：《基姆》第一頁，吉卜林著，遼寧教育出版社，一九九八年。

「歐亞混血」的大煙鬼撫養成人，說英語還有外國口音。基姆（引用書中一章的引言）有「兩個不同的側面」，同樣，小說中的物事也都有著雙重含義。[28] 阿傑布格爾既是印度的「珍奇館」，也是英國人運營的博物館。在書中的下一個場景裡，後來指引基姆穿過北印度小路的西藏喇嘛，在他們的英國館長的陪伴下參觀了博物館的陳列室。兩人一起對犍陀羅佛像藏品大加讚歎，驚異於佛像體現的兩個方面：於喇嘛而言是神聖的遺物，對館長來說則是美麗的工藝品。這尊深受希臘影響的藝術品本身就見證了一樁東西方交融事件或許並非偶然：亞歷山大大帝進軍印度。物件和人一樣，都可以超越文化邊界。

如今已經沒有多少人讀《基姆》了，而閱讀此書的人或許會認為這部小說的各方面略顯陳舊。但吉卜林敏銳捕捉到的那些文化接觸的細微差別，會讓這部小說在其他諸多方面顯得出人意料地新奇。小說開篇的主題（征服、收藏和文化跨界）正是該書透過早期歐洲人遭遇東方故事所追溯的主題；它們表明，即使在吉卜林所處的帝國巔峰時刻，各種相關的碰撞、跨界和焦慮也仍然存在。考察明顯的權力象徵（如索姆納特大門）背後的故事，或是探索被殖民者如何挪用並重新詮釋了殖民者的象徵符號（如大理石宮），就能夠揭示出這樣一個帝國，即使在全盛時期，它在文化流動性也比以往認為的更強，而它也沒有通常大家所想的那樣充滿安全感。英國在十八世紀和十九世紀初向東擴張，打造了一個在全球各地擁有領土的帝國，直接統治著數百萬明顯是外國人的臣民。隨著英國收藏出一個帝國，它也把帝國的臣民（以及物件）按照種族、宗教和社會階層分出了等級。但至關重要的是，這也是一個兼收並蓄的帝國，其間處在權力分界兩側的帝國臣民都找到了各自顛覆或操縱那些等級的長效方法。

英國的帝國史從來都不是簡單的殖民者與被殖民者的雙面傳奇，而這不僅是因為那些等級依然在帝國本身的邊界以內彼此競爭。各個帝國都是在彼此對抗之中建立起來的。在本書講述的數代人期間，英國與法國之間的對抗，對於一度並列世上兩個最大的海外帝國的形成產生了持續的重大影響。到一八五〇年代，英法兩國以一致的帝國風格，各自控制著大量的東方領土；它們的帝國既反映也有助於構成英法兩國人獨特的國民身分。在某些方面，二者之間的差別極大，正如它們各自的核心殖民地，法屬阿爾及利亞和英屬印度，距離遙遠且截然不同。阿爾及利亞是透過直接入侵征服，並以完整的省（*département*）的地位加入法國，直到二十世紀最血腥的殖民地獨立戰爭之後才重獲自由。印度是在數十年的蠶食鯨吞下逐漸獲得的，被一系列特設機構治理，並因匆匆撤離，為其甩在身後的印度和巴基斯坦兩國留下了暴力的後果，但英國本身卻只留下了間接的傷口。把英法兩國的帝國史放在一起看，有助於抗拒看待帝國非黑即白的誘惑。考慮到它們的起源及後續的軌跡實際上是如何相互關聯交纏的，就會出現一幅更加灰暗的畫面。

帝國也是建立在彼此之上的。俄羅斯和美國很快便會向英國這個世界強國發出最嚴肅的挑戰；而法國當然也會發現鄰國德國成為最大的對手。與英法各自在蒙兀兒和鄂圖曼這兩個早先帝國的基礎上發展各自的東方勢力一樣，美國和蘇聯也將在二戰後填補英法兩國殖民地獨立後留下的帝國空白。說法在變，但後殖民時期的世界顯然依舊是一個充滿帝國野心的世界。認清近來的帝國從其前輩那裡繼承了怎樣的世界觀、問題和政策，會大大有助於理解在一個變化的時代，這一切到底會不會、又到底是不是應該有效。

每一個帝國，每一批收藏，都含有導致自身解體的要素。英國的帝國收藏至少預示了後殖民時期餘波的三個特徵。其一是留在印度和埃及的帝國收藏令人擔憂的遺產。帝國以皇家、國家和社群身分的名義把遺址和物件綁在一起。於是，無論是在尼羅河谷對西方遊客的恐怖襲擊，還是印度暴徒拆毀阿約提亞*的巴布里清真寺†，這類後殖民時期的暴力以物質遺產為焦點也就絕非巧合了。第二個預兆涉及後殖民時期英國本身的破碎，以及英國併入其他更大的整體。殖民地獨立與分權（近來這種自治權又延伸到了英國的組成地區蘇格蘭和威爾斯）有關，也和歐洲其他各國進一步整合的呼聲有關，還與倫敦及英國其他城市不斷發展的種族多樣性有關。但它也帶來了對移民和形形色色的「他者」日漸高漲的敵意，以仇外心態反對歐洲整合，以及關於英美關係的激烈爭論。法國也有類似的辯論，這提醒我們這些影響絕非獨一無二，即使它們有著特定的國家共鳴。

本書追溯的第三個，也是最後一個帝國史和收藏史的遺產既是最有跡可循，也是最能引發富有想像力的詮釋。它存在於西方藝術畫廊和大宅邸的迴廊裡；在諸如印度王公和商人「自願」捐款所建的「大理石婚禮蛋糕」博物館，加爾各答維多利亞紀念堂的石頭裡；在開羅賽義達．宰納卜清真寺‡附近的後巷，法國學者們曾經住過的一幢半毀的豪宅裡；或是在被贈予穆罕默德．阿里以換取盧克索方尖碑的開羅要塞那個（破損的）座鐘裡。它存在於物件之中，也存在於人們看待它們的方式之中。當然，所有的視角都是受限的，一個人的財寶或許會成為另一個人的贓物。

但收藏就像建設帝國一樣，代表了人類對保護與組合、秩序與掌控的持久意願。我們只能希望接受和包容式的收集藏品，最終能夠戰勝收藏帝國時的暴力。

＊阿約提亞（Ayodhya），印度古城，位於北方邦法紮巴德縣境內。據說是印度教神祇羅摩的出生地。阿約提亞的字面意譯是「不可奪取、不可戰勝」的意思。

†巴布里清真寺（Babri Masjid），阿約提亞的一座清真寺。它是印度北方邦最大的清真寺之一，一五二八至一五二九年在蒙兀兒皇帝巴布林命令下建成，並因此而得名。

‡賽義達．宰納卜清真寺（Sayyida Zeinab Mosque），埃及開羅的一座歷史悠久的清真寺，它建成於一五四七年，是埃及歷史上最重要和最大的清真寺之一。寺名是紀念第四位遜尼派哈里發及第一代什葉派伊瑪目阿里．賓．阿布．塔利卜的女兒賽義達．宰納卜．賓特．阿里的。

致謝

本書的研究和寫作橫跨了四個大洲，因此有很多人需要感謝。這個主題最初是一篇申請文章的一個段落，是在我大學四年級時匆忙寫就的。我首先要感謝的是那些從中看出些端倪，並給了我一筆助學金，讓我就讀劍橋大學的人。在那裡，我在克里斯·貝利的指導下首次嘗試這個課題，並在這個過程中變成了一個有志於帝國史的歷史學家。從那時起，他一直都是一位極其寬厚慷慨的導師。

這個研究計畫在耶魯大學演變成一篇博士論文，我有幸在那個重視敘事寫作的學術環境裡研究歷史。保羅·甘迺迪協助我在各個方面取得進展；在英國，博聞廣識的彼得·馬歇爾寬容地細查了我沒有把握的草稿，還有更加無法肯定的想法。我要特別感謝約翰·梅里曼，他與我分享了自己對法國熱情洋溢的摯愛，教會了我如何思考法國的歷史，並由衷地鼓勵和信任我。我最感激的是琳達·科利，不止是因為她的智慧、幽默和耐心。她大大影響了我思考和寫作歷史的方式，她給予我極大的自由讓我找到自己的聲音，同時她本人的研究工作也為我樹立了榜樣，那是我所知的歷史研究與寫作的最佳典範之一。

我是在密西根大學研究員學會的兩年期間寫作本書的，在那裡受到了詹姆斯・博伊德・懷特和歷史系的熱情歡迎。密西根大學充滿活力的學術圈為我修改本計畫提供了一個極好的環境，我從傑夫・埃利、德娜・古德曼、大衛・漢考克、凱莉・伊斯雷爾、芭芭拉・梅特卡夫、湯姆・梅特卡夫、法里納・米爾、索尼婭・羅斯、戴蒙・薩萊薩，以及湯姆・特勞特曼等人的談話中汲取了很多洞見和樂趣。但我最感謝的是所有的研究員同事，他們是我學術上的同行者，社交上的陪伴者，讓我在安娜堡度過了一段無與倫比的美好時光。我還要感謝查克・麥柯迪和維吉尼亞大學歷史系同仁持續不斷的支持。

寫一本書會耗費其他人的大量時間、耐心和金錢。我求學期間得到的每一份研究補助都是雪中送炭，特別是安德魯・W・梅隆和雅各・K・賈維茨的研究生獎學金，這筆錢資助我讀完了研究所。我對每一位為我解答問題的圖書館員和檔案館員都銘記在心，特別是倫敦佳士得拍賣行的傑瑞米・雷克斯・帕克斯和埃絲特爾・吉廷斯，以及大英圖書館東方與印度事務圖書館那些非常樂於助人的員工們。羅茜・盧埃林－瓊斯和安妮・巴德爾各自與我分享了她們關於勒克瑙和塞林伽巴丹的專業知識。肯特和蘇珊・威克斯的熱情好客和真知灼見徹底改變了我對的埃及體驗。最重要的是，如果沒有一群夥伴、同事和朋友，我根本無法寫成此書，從編輯建議和檔案館裡的陪伴，到我急需的分散注意力的一切，都拜他們慷慨所賜。在此謹向提姆・巴林傑、安娜・戴爾、邁克爾・多德森、吉萬・德爾、道格拉斯・福德姆、杜爾瓦・高希、托拜西・耶爾薩克、洛倫茨・呂蒂、埃莉莎・米爾克斯、約翰・門羅、阿拉貝拉・派克、莫瑞杜・拉伊、瑪律科・羅思、尼爾・薩菲耶、溫蒂・施奈德、蕾切爾・斯特曼、蕾切爾・圖克爾斯基、羅伯特・特拉弗斯、斯蒂芬·韋拉、派翠克·沃爾什，以及傑伊·溫特致以最衷心的感謝。

有些人情債必須一一致謝。首先是安娜·莫珀戈·大衛斯，我在英國研究的一年裡，她把自己在牛津的房子借給我，總是讓我感到在英格蘭如同在家裡一樣。我在印度的研究訪問也像回家一般，這多虧了我那裡的親戚們。威廉·達爾林普爾讓我查詢德布瓦涅一家的蹤跡，及時為這個專案注入了一絲生氣，他也是我尊重的朋友和榜樣。還有少數人為了給我打氣、鼓勵我振作起來，付出了很多超出分內的辛勞，實在算不得走運：鄧肯·切斯尼對我的鼓舞遍及五大洲；喬賽亞·奧斯古德的陪伴大約有二十年了；納賽爾·札卡里亞勇敢地閱讀了全書的草稿；還有朱莉·齊克赫曼，她知道我何時需要幫助。梅根·威廉斯在關鍵階段閱讀並精煉了手稿，她敏銳的邏輯、才思和從安娜堡寄到阿根廷的馬丁尼酒，都使我受益匪淺。傑西·斯科特在一九九七年夏天坐火車穿越托斯卡尼群山時，第一次聽說了詹巴蒂斯塔·貝爾佐尼其人。從那時起，她便耐心地聽取和改善我的大多數想法，無論是在貨輪、咖啡館、長途徒步，還是印象最深刻的網路空間。柯克·斯溫哈特是我志趣相投的親密戰友，他從我在研究所的頭幾個星期就與我共同經歷了這一切。如果沒有我們的友誼，我簡直不敢想像這本書會是什麼樣子，也不知道寫作的字裡行間會失去多少快樂。

但我的確知道，如果沒有睿智的安德魯·懷利，本書就不能付梓，他在未諳世事的青年學者身上冒了一次險；莎拉·查爾方特和米夏爾·沙維特也是一樣，他們引導我走出了出版的迷宮。

向諾夫書局（Knopf）的卡蘿爾·詹韋致敬，感謝她溫暖和充滿智慧的建議。第四階級出版社的米基·安傑爾提供了很棒的精神支持和學術批評，我很感謝她和卡洛琳·蜜雪兒對本項目投入的熱情。我還要感謝克萊武·普里德爾在關鍵時刻的協助。

但我最後也是最由衷的感謝是留給家人的：祖輩的故事吸引我進入了歷史；哥哥艾倫為我勘察了前方的道路；我的父母謝拉和傑伊是我最初也是最佳的榜樣。這不僅僅是因為他們總是給我鼓勵，並頻繁提供食宿，以及極其重要的編輯意見。他們還灌輸給我對旅行、藝術、讀書和給他們寫信的永不滿足的熱愛。本書就是他們培養的結果，我以欽佩和摯愛，將此書獻給他們。

資料說明

因為注釋中提供了全面的參考文獻清單，我沒有列出正式的參考書目。每一章首次提到某個資料來源時，均給出了完整的出處。

本書的基本研究主要依靠的是兩種檔案資料：外交和行政公文，以及私人檔案。我在研究印度時使用的是官方檔案，主要是為了在已經足夠詳細的二手文獻中填充未經探索的角落，並詳細考察由國家和東印度公司資助的收藏。儘管我的印度研究更多的是借鑑大英圖書館的東方與印度事務圖書館，而不是其他任何檔案，但對於研究十八世紀和十九世紀南亞的歷史學家而言，在巴黎的國家檔案館的確藏有很多出人意料的財寶。在埃及方面，因為二手文獻比印度的要少得多，我使用了一七五〇年到一八四〇年期間英國和法國外交官所發的快信（如今藏於英國公共檔案館、法國國家檔案館，以及法國外交部）作為我論述的基礎。對於歐洲在該地區的政策形塑，這些信件是至關重要的資料來源。對於我的目的同樣重要的是，它們呈現了很多迷人的細節，也是關於非正式帝國領域迄今沒有得到充分利用的生活記事。

我深入使用的第二組資料（大英圖書館、法國國家圖書館，以及英法某些地區博物館的私人檔案收藏）在性質上更加散亂。出國旅行的歐洲人的日記和個人信件為文化、人群和物件的遭遇提供了豐富的證據；留存至今的帳簿和庫存清單當然對再現具體收藏的細節至關重要。在某些例子中，諸如大英圖書館裡羅伯特・海伊和詹姆斯・伯頓的文件包含了有關收藏的具體而詳細的資訊。在其他的例子中，特別是關於勒克瑙的，我使用了私人檔案，讓收藏家經營與生活於其中的廣闊世界變得有血有肉，否則那些人在紙上或許會了無痕跡。

人們難免會問本書中採樣的這些帝國收藏家的「代表性」如何，以及這種做法到底有多普遍。對十八世紀末孟加拉人的遺囑和財產清單的一項研究表明，每二十個歐洲人當中，便有一人在去世時擁有印度藝術品和工藝品的小型「收藏」，也許是一些武器，或是一組「印度斯坦」繪畫。那些返回歐洲的人裡想必也至少有同樣比例的人帶走了某些工藝品，其比例可能會更高。去埃及的歐洲人數要少得多；而且因為這個時期的收藏與挖掘有關，並往往是以巨大的規模進行的，所以獲得尼羅河谷搜羅文物的相當完整的全景圖並不太難。索爾特、德羅韋蒂和貝爾佐尼正是其中的關鍵人物。難以衡量的是側重於旅行者的小型文物市場的規模，那些市場在十九世紀初期遍布埃及；但當然必須要在我所討論的人物長年進行的紀念品購買和收藏之間加以區分。

為了評估英國來自印度和埃及的收藏品的程度和範圍，我決定查看當時英國藝術市場最好的現存紀錄：倫敦佳士得拍賣行的檔案。佳士得成立於一七六六年（與蘇富比不同，蘇富比的歷史更加悠久），保存了完整的拍賣目錄，上面詳細標注了價格、買主，往往還有賣主的姓名。透過研究時至一八三五年的佳士得全部拍賣紀錄，我找到了一些印度和埃及的藏品以及某些著名或長期買家的姓名。但材料的相對缺失遠比現有的材料更有啟發性：倫敦的印度和埃及藏品「市場」非常有限，與古代大師的油畫、版畫、圖書、歐洲文物，甚至紅酒相比都顯然微不足道，在那個時代，單是紅酒一項的銷售額便輕鬆超過了異國情調的藏品。這些發現幫助我明確做出了關注於海外個人收藏家的決定，他們顯然在把藏品輸入歐洲的過程中發揮了關鍵作用。（自十八世紀初期以來，法國並沒有與佳士得和蘇富比相似的歷史紀錄，拍賣是由單獨獲得國家許可的所謂的**拍賣人**所執行的。由於歐盟的監管，這種制度如今已經廢除了。）

我較為詳細地調查了另外兩種收藏，並決定對其不予關注。國家資助的調查（特別是法蘭西斯·布坎南和科林·麥肯齊在印度進行，以及法國專家們在埃及的調查）它們無疑形成了一種帝國收藏。尤其是《麥肯齊紀錄》，通過麥肯齊在現場的「原住民代理人」寄給他的數十份報告，產生了豐富且多層次的印度收藏紀錄。但儘管這些官方收藏的目標和結果都支援我對於收藏和帝國自我塑造之間關係的更廣泛的討論，但這些國營機構在其他方面卻與本書呈現的個人故事大不相同。與本書有關的另一個領域（但最終只是略微談及的）是手稿收藏與學術性的「東方學」的主題。印度和埃及的錢幣、獎章、碑文和文本的重要收藏在這個時期逐漸開始形成。然而，對於這些收藏門類的研究讓我遠離了個人史，並走向歐洲學術圈以及《亞洲研究》（*Asiatic Researches*）和《亞洲學報》（*Journal Asiatique*）等當時的知識分子期刊這個更為人所熟悉的領域。總之，兩次調查和東方學收藏提出的問題超出了本研究的範圍，這些問題已由別人在其他著作中有過很好的探討。

最後，儘管本書關注的是個人，而不是機構和博物館，但後者本身就是重要的資料來源。我在英國、法國、印度和埃及參觀的公共和私人收藏的參訪更扮演了重要的角色，幫助我重建帝國收藏家們的物質世界，以及他們生活於其中的更廣闊的公共領域。如果沒有它們，我起初就不會想到這個主題。它們強有力地證明了我試圖在本書中追溯的這些主題的直觀性和即時性。

注釋

以下為注釋中使用的縮寫

Add. MSS 其他手稿，大英圖書館，倫敦。
ADS 薩沃伊省檔案館，尚貝里。
AE 外交部系列，國家檔案館，巴黎。
AN 國家檔案館，巴黎。
BL 大英圖書館，倫敦。
BNF 法國國家圖書館，巴黎。
CCC 領事和商業信函系列，外交部，巴黎。
DNB 《國家人物傳記大辭典》，L．斯蒂芬（L. Stephen）和S．李（S. Lee）編輯，六十六卷本，（倫敦，一八八五至一九〇一年）
FO 外交部檔案，公共檔案館，基尤。
MAE 外交部，巴黎。
MAR 海事部系列，國家檔案館，巴黎。
NAF 法國新獲物品，西方手稿部，國家圖書館，巴黎。
NAS 蘇格蘭國家檔案館，愛丁堡。
NLW 威爾斯國家圖書館，阿伯里斯特威斯。

OIOC	東方與印度事務收集品部，大英圖書館，倫敦。
PRO	公共檔案館，基尤。
SHAT	陸軍史編纂部，萬塞訥。
SRO	蘇格蘭檔案署，愛丁堡。
WO	陸軍部檔案，公共檔案館，基尤。

前言：帝國的世界，世界的帝國

1 Linda Colley, *Captives: Britain, Empire and the World 1600-1850* (London: Jonathan Cape, 2002), pp. 4-10。人口焦慮直到一八〇一年進行的英國第一次人口普查之後才得到緩解。

2 這裡，我受到 Pierre Bourdieu, *Distinction: A Social Critique of the Judgment of Taste,* trans. Richard Nice (Cambridge, Mass.: Harvard University Press, 1984) 的影響。收藏與上流階層之間的關係已得到早期現代歐洲很多學者的詳細研究：Lisa Jardine, *Worldly Goods: A New History of the Renaissance* (New York: W. W. Norton, 1996); Paula Findlen, *Possessing Nature: Museums, Collecting, and Scientific Culture in Early Modern Italy* (Berkeley: University of California Press, 1994); Thomas DaCosta Kaufmann, *The Mastery of Nature: Aspects of Art, Science, and Humanism in the Renaissance* (Princeton, N.J.: Princeton University Press, 1993)。

3 很多學者對 *Orientalism* (New York: Pantheon, 1978) 一書提出的二元關係作出了修改，其中包括薩依德本人，見 *Culture and Imperialism* (New York: Alfred A. Knopf, 1993), pp. xxiv-xxvi。參見 Ann Laura Stoler 和 Frederick Cooper，〈大都會與殖民地之間：反思研究日程〉（Between Metropole and Colony: Rethinking a Research Agenda），見 Frederick Cooper 和 Ann Laura Stoler 編輯，*Tensions of Empire: Colonial Cultures in a Bourgeois World* (Berkeley: University of California Press, 1997), pp. 1-37; Catherine Hall, *Civilising Subjects: Metropole and Colony in the English Imagination, 1830-1867* (Chicago: University of Chicago Press, 2002), pp. 15-18; Kathleen Wilson, *The Island Race: Englishness, Empire and Gender in the Eighteenth Century* (London: Routledge, 2002), pp. 4-5; Antoinette Burton, *At*

the Heart of the Empire: Indians and the Colonial Encounter in Late Victorian Britain (Berkeley: University of California Press, 1998), pp. 20-23。

4 此處，我無意非難 Jan Morris 的《不列顛治世》三部曲（第一卷：*Heaven's Command*），該書呈現了大概是大英帝國全盛時期最生動詳細的歷史紀錄。

5 例如，想想 Angus Calder 在其他方面都很出色的 *Revolutionary Empire: The Rise of the English-Speaking Empires from the Fifteenth Century to the 1780s* (London: Phoenix, 1998) 一書的結束語，無疑是對大英帝國主義堅定的馬克思主義控訴：「在庫克之後，英國人似乎無遠弗屆。……小皮特及其同僚就像他們動員的各階層一樣，認為一定要占領全球的市場，這一目標也能夠達成。儘管失去了北美殖民地，英國卻比以往更強大了。在勇敢的探險家和誠實但不無愚蠢的傳教士身後不遠處，曼徹斯特的棉花將會隨着伯明罕的槍砲而來」(p. 535)。

6 我當然會遭到 Nicholas Dirks 的批評，見 *Castes of Mind: Colonialism and the Making of Modern India* (Princeton, N.J.: Princeton University Press, 2001), pp. 309-13。

7 Linda Colley, *Britons: Forging the Nation, 1707-1837* (New Haven: Yale University Press, 1992); John Brewer, *The Sinews of Power: War, Money and the English State, 1688–1783* (New York: Vintage, 1989); Kathleen Wilson, *The Sense of the People: Politics, Culture, and Imperialism in England, 1715-1785* (Cambridge, UK: Cambridge University Press, 1995); Jeremy Black, *Natural and Necessary Enemies: Anglo-French Relations in the Eighteenth Century* (London: Duckworth, 1986); Clive Emsley, *British Society and the French Wars, 1793-1815* (London: Macmillan, 1979).

8 J. R. Seeley, *The Expansion of England* (Chicago: University of Chicago Press, 1971), p. 12.

9 David Armitage, *The Ideological Origins of the British Empire* (Cambridge, UK: Cambridge University Press, 2001).

10 Anthony Pagden, *Lords of All the World: Ideologies of Empire in Spain, Britain and France c.1500-c.1800* (New Haven: Yale University Press, 1995), pp. 126-29。法國很多理論家同樣懷疑西班牙風格的征服帝國，並出於同樣的原因懷疑他們自己的國家：Montesquieu 出版於一七二一年的 *Lettres Persanes* 虛構了兩個波斯使節來訪巴

黎，藉此批評法國專制主義的專制制度。

11 Colley, *Britons,* pp. 321-24; Benedict Anderson, *Imagined Communities,* 2nd ed. (London: Verso, 1993), pp. 109-11.

12 但參見 Cooper 和 Stoler 編輯，*Tensions of Empire* 中的 Uday Mehta〈自由黨的排外策略〉（Liberal Strategies of Exclusion）一文，特別是 pp. 59-62，他在洛克身上發現了排除異己的跡象，並表明維多利亞時代的自由黨人認為，一個社會的「文明」水平可以成為兼收並蓄的先決條件。另見 Bernard Semmel, *The Liberal Ideal and the Demons of Empire: Theories of Imperialism from Adam Smith to Lenin* (Baltimore: Johns Hopkins University Press, 1993); Eric Stokes, *The English Utilitarians and India* (Oxford: Oxford University Press, 1909); Thomas R. Metcalf, *Ideologies of the Raj* (Cambridge, UK: Cambridge University Press, 1995), pp. ix-x, 28-42.

13 引文見 Muriel E. Chamberlain, *Lord Palmerston* (Cardiff: GPC, 1987), p. 74.

14 這正是 Partha Chatterjee 頗有影響地稱之為「殖民地差異統治」的情況。Partha Chatterjee, *The Nation and Its Fragments* (Princeton, N.J.: Princeton University Press, 1993). 兼收並蓄當然會銳化基於種族或階級的等級差別；參見 Catherine Hall，〈國家的裡裡外外〉（The Nation Within and Without），見 Catherine Hall, Keith McClelland 和 Jane Rendall, *Defining the Victorian Nation: Class, Race, Gender, and the British Reform Act of 1867* (Cambridge, UK: Cambridge University Press, 2000), pp. 179-233.

15 此語來自魯德亞德・吉卜林，他寫於一八九九年的詩〈白人的負擔〉實際上針對的是美國人，該詩主題是美國人占領菲律賓。

第一章：征服

1 我的敘述主要來自 Francis Parkman 權威性的 *Montcalm and Wolfe* (New York: Modern Library, 1999), pp. 398-414；以及 Fred Anderson, *Crucible of War: The Seven Years' War and the Fate of the Empire in British North America, 1754-1766* (London: Faber and Faber, 2000), pp. 344-62。參見 Simon Schama, *Dead Certainties (Unwarranted Speculations)* (New York: Vintage, 1992), pp. 3-39, 66-70。關於沃爾夫之死的另一種說法在 A. Doughty 和 G. W. Parmelee, *The*

Siege of Quebec and the Battle of the Plains of Abraham, 六卷本 (Quebec: Dussault and Proulx, 1901), III, pp. 201-37 中有頗有見地的總結。據 Bruce Lenman 說，Parkman（和班傑明・韋斯特一樣）過分渲染了這場戰役的重要性，這是他對「七年戰爭」大體上屬於勝利主義的愛國式解讀的一部分——這種解讀延續至今。(Bruce Lenman, *Britain's Colonial Wars 1688-1783* [New York: Longman, 2001], pp. 153-55.)

2 這絕非英國初次因為一場廣泛的「帝國」勝利而爆發愛國主義的歡慶：一七三九年，海軍上將弗農在波托貝洛敗於西班牙人，引發了大規模的公眾宣洩情緒。（弗農在大西洋的彼岸也是一位名人，華盛頓家族的莊園就叫作弗農山莊〔Mount Vernon〕。）但沃爾夫的勝利可能更扣人心弦，因為參與者不是由心愛的海軍，是由千瘡百孔的陸軍執行。Stephen Brumwell, *Redcoats: The British Soldier and War in the Americas, 1755-63* (Cambridge, UK: Cambridge University Press, 2002), pp. 54-57; Kathleen Wilson, *The Sense of the People: Politics, Culture and Imperialism in England, 1715-1785* (Cambridge, UK: Cambridge University Press, 1998), pp. 140-65.

3 儘管 Edward Penny 畫於一七六三年的同一場景也使用了現代服裝，且與韋斯特的作品在畫面構成上還有幾處相似。Schama, pp. 21-39.

4 例如，一九二九年版的 *Cambridge History of the British Empire* 就是以這些標準來細分其主題的：「第一」和「第二」仍常常用來作為美國革命之前和之後大英帝國的縮寫標籤。關於這種分期的重新評價，參見 P. J. Marshall，〈第一大英帝國〉（The First British Empire）和 C. A. Bayly，〈第二大英帝國〉（The Second British Empire），見 Robin Winks 編輯，*Oxford History of the British Empire, Vol. V: Historiography* (Oxford: Oxford University Press, 1999), pp. 43-72.

5 這一時期的重要事件概述可見 Jean Meyer 等人，*Histoire de la France coloniale: Des origines à 1914* (Paris: Armand Colin, 1991) 以及 Jean Martin, *L'Empire renaissant 1789-1871* (Paris: Denoël, 1987).

6 參見 Todd Porterfield, *The Allure of Empire: Art in the Service of French Imperialism 1798-1836* (Princeton, N.J.: Princeton University Press, 1998) 對這個主題以及特別是埃及在政權更迭之中地位的精采全面的闡述。

7 Samuel Purchas, *Hakluytus Posthumus or Purchas His Pilgrimes, Contayning a History of the World...*, 20 vols.

(Glasgow: James MacLehose and Sons, 1905), Part I, IV, pp. 334-39.

8 William Foster, ed., *The English Factories in India 1618-21* (Oxford: Clarendon Press, 1906), pp. viii, 38-40.

9 Philip Lawson, *The East India Company* (London: Longman, 1993), p. 20.

10 Alexander Hamilton, *A New Account of the East Indies...*, 2 vols. (Edinburgh, 1727), 引文見 P. T. Nair, ed., *Calcutta in the Eighteenth Century* (Calcutta: Firma KLM, 1984), p. 4.

11 〈一七六一年加爾各答之旅〉（A Voyage to Calcutta in 1761），引文見 Nair, ed., p. 134. 這位作者報告說，「在我們連隊抵達時有八十四名普通士兵，三個月後只剩下三十四人。」十八世紀頭十年裡來過加爾各答的 Hamilton 上尉說，四個月內便埋葬了一千兩百個歐洲人裡的四百六十人。

12 譯員艾蒂安・羅博利（Étienne Roboly）辛酸的悲劇故事可以在法國領事通信檔案中找到，AN: AE B/I/109。羅博利實際上是個亞美尼亞人，且未經素壇允許便為法國人服務，這些指控看來的確事出有因；但他所受到的對待並不公正，並實際上成為後來法國遊說者用來爭取入侵埃及的理由之一。這位譯員——邊緣地帶的典範人物——也是個收藏家，並絕望地把一件件古典雕塑送給路易十五（以證明自己的忠誠？），也就不足為奇了。

13 特別是在喬賽亞・柴爾德（Josiah Child）爵士的促進，以及英王詹姆斯二世支持之下的東印度公司在十七世紀末的擴張，在「從貿易到征服」這種把普拉西戰役當作公司歷史上一個新的好戰時代的起點的敘事中，大都被抹殺了。關於這些早期策略的詳細敘述，參見 Philip J. Stern，《一體化與政治活動：英屬東印度公司——國家在十七世紀後期的發展》（*One Body Corporate and Politick': The Growth of the English East India Company-State in the Later Seventeenth Century*）（博士學位論文，Columbia University, 2004).

14 Robert Harms, *The Diligent: A Voyage Through the Worlds of the Slave Trade* (New York: Basic Books, 2002).

15 Alan Taylor, *American Colonies* (New York: Penguin, 2001), p. 132.

16 J. F. Richards, *The Mughal Empire* (Cambridge, UK: Cambridge University Press, 1993), pp. 253-81; Muzaffar Alam, *The Crisis of Empire in Mughal North India: Awadh and the Punjab 1707-1748* (New Delhi: Oxford University Press, 1986). 這一時期曾經被定性為「衰落」期；近來的解讀強調它是舊帝國體制非常成功地推行，導致帝國自身解

體的地區自治非常成功的時期。

17 Robert Orme, *A History of the Military Transactions of the British Nation in Hindoostan*，2 vols. (London, 1763-1778), II, p. 47.

18 Michael Edwardes, *Plassey: The Founding of an Empire* (London: Hamish Hamilton, 1969), p. 65; Linda Colley, *Captives: Britain, Empire, and the World 1600-1850* (London: Jonathan Cape, 2002), pp. 255-56。這種聳人聽聞始於該事件的一位倖存者，John Zephaniah Holwell, *A Genuine Narrativeof the deplorable deaths of the English gentlemen, and others, who were suffocatedin the Black-Hole in Fort-William, at Calcutta...* (London, 1758). 參見 Orme，他給出的數字——無疑是錯誤的——是一百四十六人裡只有二十三人倖存 (II, pp. 74-77)。

19 Orme, II, pp. 127-35.

20 Captain Edmund Maskelyne，〈羅伯特・克萊武中校率兵遠征孟加拉會議紀錄〉（Journal of the Proceedings of the Troops Commanded by Lieutenant Colonel Robert Clive on the Expedition to Bengal），OIOC: MSS Eur Orme 20, p. 35.

21 〈沃茨先生致信其父講述自與西拉傑・烏德－達烏拉簽訂條約以來，從「一七五七年」二月六日至八月十三日的孟加拉諸事件，包括金登訥格爾和普拉西戰役等等〉（Letter from Mr. Watts to his father giving an account of events in Bengal from the treaty concluded with Seerajah Doulet on the 6th of February to August 13 [1757], including Changernagore, the battle of Plassey, etc.），OIOC: MSS Eur Orme 20, p. 109. Orme 在其 History, II, p. 173 中給出了更高的數字。

22 關於該陰謀，參見 Edwardes, pp. 111-29；以及 Mark Bence-Jones, *Clive of India* (London: Constable, 1974), pp. 119-32.

23 信件來自 Watts，p. 111.

24 Orme, II, pp. 179-84.

25 法國人在印度宮廷活動的最後繁榮時期是在旁遮普邦：Jean-Marie Lafont, *La Présence française dans le royaume*

sikh du Penjab, 1822-1849 (Paris: École Française de l'Extrême Orient, 1992); Jean-Marie Lafont, *French Administrators of Maharaja Ranjit Singh* (New Delhi: National Book Shop, 1986).

26 C. A. Bayly, *Indian Society and the Making of the British Empire* (Cambridge, UK: Cambridge University Press, 1988), pp. 47-52.

27 John Splinter Stavorinus, 引文見 Nair, ed., p. 163.

28 Percival Spear, The Nabobs: *A Study of the Social Life of the English in Eighteenth-Century India* (New Delhi: Oxford University Press, 1998; 1st pub. 1932), p. 30.

29 Mrs. Nathaniel Kindersley，引文見 Nair, ed., p. 145.

30 Suresh Chandra Ghosh, *The British in Bengal: A Study of the British Society and Life in the Late Eighteenth Century* (New Delhi: Munshiram Manoharlal, 1998), pp. 96-109.

31 T. B. Macaulay, *Macaulay's Essays on Clive and Hastings*, ed. Charles Robert Gaston, (Boston: Ginn and Co., 1910), pp. 89-90。這篇文章是約翰・瑪律科姆爵士應克萊武之子愛德華之請所寫的三卷本聖徒傳的一篇書評，Macaulay 在此轉述了瑪律科姆的原文。

32 Philip Lawson 和 Jim Phillips，〈「我們可惡的匪徒」：對十八世紀中期英國納勃卜的認識〉（'Our Execrable Banditti': Perceptions of Nabobs in Mid-Eighteenth-Century Britain），見 Philip Lawson, A Taste for Empire and Glory: Studies in British Overseas Expansion (Aldershot: Variorum Collected Studies Series, 1997), XII, pp. 225-41.

33 P. J. Marshall, *Bengal the British Bridgehead* (Cambridge, UK: Cambridge University Press, 1987), p. 18; Macaulay, p. 78.

34 引文見 Lawson 和 Phillips, p. 238.

35 關於沃波爾的引述以及這次壯觀登陸的再現，參見 A. Mervyn Davies, *Clive of Plassey* (New York: Scribners, 1939), pp. 326-27，以及 Bence-Jones, pp. 188-89.

36 瑪格麗特・克萊武致約翰・卡納克（John Carnac），一七六一年五月六日，OIOC: MSS Eur F 128/27.

37 參見克萊武從一七六三年到一七七四年的財務日誌，見 NLW: 羅伯特・克萊武文件，F2/1-14. 關於十八世紀英鎊換算為現代對應金額，我使用的是 Roy Porter, *English Society in the Eighteenth Century*, 第二版 (London: Penguin, 1990), p. xv 中所建議的八十這個倍增係數。

38 羅伯特．克萊武致亨利．范西塔特（Henry Vansittart），一七六二年二月三日，引文見 Lucy S. Sutherland, *The East India Company in Eighteenth-Century Politics* (Oxford: Clarendon Press, 1952), p. 86n.

39 亨利．斯特雷奇致羅伯特．克萊武，一七七四年二月八日，引文見 Bence-Jones, p. 298.

40 克萊武在英國的所有活動中，只有政治生涯得到了歷史學家的詳細記錄。參見 Sutherland, pp. 81-137; H. V. Bowen, *Revenue and Reform: The Indian Problem in British Politics, 1757-1773* (Cambridge, UK: Cambridge University Press, 1991), pp. 169-86.

41 他在投票結果上險勝，但在上訴中落敗了——參選總共花費了他三千英鎊。分區列表見 Linda Colley，〈米切爾市選區，一七五五年三月二十四日〉（The Mitchell election division, 24 March 1755），*Bulletin of the Institute of Historical Research* XLIX (1976): 80-107.

42 L. B. Namier, *The Structure of Politics at the Accession of George III*, 2 vols. (New York: Macmillan, 1957), II, pp. 320-32, 352-63. Namier 抱怨說「克萊武的傳記作者跟隨他踏上了亞洲帝國的征服之路，卻沒有詳談他在故鄉爭得國會選區之事」(p. 352n)。這個疏忽被 Philip Lawson 和 Bruce Lenman，〈羅伯特．克萊武，「黑封地」與英國政治〉（Robert Clive, The 'Black Jagir', and British Politics）一文大大矯正了，見 Lawson, *A Taste for Empire and Glory*, XI. 關於納勃卜政治派系的崩潰，參見 James M. Holzman，《英格蘭的納勃卜：歸國英裔印度人研究，一七六〇至一七八五年》（*The Nabobs in England: A Study of the Returned Anglo-Indian, 1760-1785*）(博士學位論文，Columbia University, 1926), pp. 103-16.

43 P. J. Cain 和 A. G. Hopkins, *British Imperialism, 1688-2000* (New York: Longman, 2002), pp. 22-37.

44 Bence-Jones, pp. 189, 203, 257, 265.

45 Namier, II, pp. 293-97. 甚至在這個自治市鎮腐敗的時代，主教城堡也「腐敗得臭名昭著」(p. 304)。

46 NLW: 羅伯特．克萊武文件，EC2/1.

47 Andrew Wilton 和 Ilaria Bignamini, ed., *The Grand Tour: The Lure of Italy in the Eighteenth Century* (London: Tate Gallery Publishing, 1996). 關於這種做法的規模收錄於 John Ingamells, *A Dictionary of British and Irish Travellers in Italy 1701-1800* (New Haven, Conn.: Yale University Press, 1997).

48 Iain Pears, *The Discovery of Painting: The Growth of Interest in the Arts in England,1680-1768* (New Haven, Conn.: Yale University Press, 1988), pp. 207-9.

49 Pears, pp. 101-2; 佳士得的統計數字基於我自己的表格。

50 RC 致亨利．斯特雷奇，一七七一年五月十五日，OIOC: MSS Eur F 128/93。

51 RC 致亨利．斯特雷奇，一七七一年五月十五日，OIOC: MSS Eur F 128/93。在克萊武當天寫給斯特雷奇的幾封信中，他想知道「查爾斯．克萊武是否可以幫忙確定詹姆斯．賴特油畫的價值和狀況。」

52 關於衣櫃：Malcolm, II, pp. 181-83.

53 根據佳士得拍賣人的紀錄，克萊武在二月十五至十六日投機商羅伯特．安塞爾（Robert Ansel）大張旗鼓的收藏拍賣會上，以三百六十二英鎊四先令六便士買了九幅油畫。但克萊武會計的收支總帳上顯示，他在二月十八日又多花了一千零八十六英鎊十五先令，向「克利斯蒂（佳士得）先生購買油畫」，這就是說，克萊武的絕大部分購置都是他人代表他買下的。韋斯特和帕頓也出現在拍賣會上。（佳士得拍賣行：拍賣人紀錄，一七七一年一月至三月。NLW: 羅伯特．克萊武文件，F 12/11.)

54 RC 致亨利．斯特雷奇，一七七一年五月十五日，OIOC: MSS Eur F 128/93。

55 RC 致亨利．斯特雷奇，一七七一年五月十六日，OIOC: MSS Eur F 128/93。

56 「義大利、佛蘭德及荷蘭油畫、精美青銅器等等一流的珍貴藏品，由一位以其知識和雅趣而十分了解古董的紳士（即彼得．德馬松〔Peter Demasso〕）所收藏」，佳士得拍賣行，一七七一年三月八日至九日。據 Pears 說，一七六〇年之前，只有不到百分之五的油畫能賣到四十英鎊以上 (p. 216)。

57 克萊武的帳目顯示在一七七三年六月十六日有一筆該金額的錢付給了「H. Hoare 閣下，韋爾內兩幅油畫的成本和費用」。NLW: 羅伯特．克萊武文件，H9/7。

58 Bence-Jones, pp. 295-96. 這些購於佳士得和其他地方的油畫中，有一些可以在克萊武的會計愛德華・克里斯普（Edward Crisp）的現金帳簿中查到。最後一本中列出了「兩幅油畫和四箱人像及大理石雕像的關稅和費用」，是一七七四年克萊武去義大利旅行期間購得的（NLW: 羅伯特・克萊武文件，H9/9）。同年在佛羅倫斯，克萊武遇到約翰・佐法尼，他說克萊武想要「一幅和我現在正在畫的講道台類似的油畫，但可憐的人啊，他破費不起」(Ingamells, p. 221)。

59 引文見 Bence-Jones, p. 266. 他提到克萊武為購買克勞德的油畫花了五百零七英鎊三先令，「考慮到克勞德當時是英格蘭市場上價格最高的畫家，那個價錢不算過分，」這或許是真的，但顯然讓那幅畫成為十年內倫敦藝術品市場上最昂貴的油畫之一。

60 J. H. Plumb, *Sir Robert Walpole*, 2 vols. (London: Cresset Press, 1956-60), II, pp. 85-87.

61 雖然他曾在一個難得的擁有審美判斷的時刻，說韋爾內是「我平生所見的最宜人的風景畫家。」R C 致亨利・斯特雷奇，一七七一年十月六日，OIOC: MSS Eur F 128/93。

62 R C 致亨利・斯特雷奇的信，一七七一年五月二十六日，OIOC: MSS Eur F 128/93。行家們關於其某些油畫的價值意見並不一致；參見 Bence-Jones, pp. 265-66。

63 一九二九年，波伊斯伯爵把這幅肖像畫送給什魯斯伯里市政委員會，在此之前，這幅肖像一直留存在克萊武家族；它如今陳列在波伊斯城堡。我很感激國家名勝古跡信託的 Margaret Gray 告訴我這個消息。

64 「如果這是在我的掌控之下，我甚至會送給米爾・賈法爾一幅精心繪製的克萊武勛爵畫像。……我無法在倫敦找到能畫得像勛爵的畫師，但巴斯有人能畫得惟妙惟肖，勛爵早就答應我給他畫像了，只要他下回得閒。……我們出自感激之情，想把這幅畫送給老納勃卜，作為我們永遠銘記他的厚愛的標誌。」瑪格麗特・克萊武致約翰・卡納克，一七六四年二月二十七日（OIOC: MSS Eur F128/27）。

65 Samuel Foote, *The Works, with Remarks and an Essay by Jon Bee* (1830), 3 vols. (New York: Georg Olms Verlag, 1974), III, pp. 215-17, 222-26, 236. 克萊武生涯中與此有關的最佳例子就要數克萊武勛爵基金的設立了，這是一個旨在幫助東印度公司殘廢軍人和遺孀的慈善組織。克萊武以米爾・賈法爾留給他的一筆靠不住的七萬英鎊遺產成立了這個信託基金。

66 Bence-Jones, pp. 285, 287.

67 關於克萊武之死，以及認為他或許是被謀殺的一個離奇的說法，參見 Robert Harvey, *Clive: The Life and Death of a British Emperor* (London: Hodder & Stoughton, 1998), pp. 367-76.

68 克萊武的遺囑明確說明某些物品是留給愛德華的。我是從 NLW: 克萊武檔，T4/1 的庫存清單中得出這一結論和後續推論的。「印度的寶物」在一七七五年三月十七日入庫，估價為一千一百五十四英鎊。

69 羅伯特・克萊武的某些印度物事一定能在波伊斯城堡收藏中找到。參見 Mildred Archer, Christopher Rowell 和 Robert Skelton, *Treasures from India: The Clive Collection at Powis Castle* (New York: Meredith Press, 1990).

70 Bence-Jones, p. 243; RC 致喬治・葛蘭維爾（George Grenville），一七六七年七月二十一日，NLW: 羅伯特・克萊武文件，CR4/1。

第二章：跨越

1 John Prinsep, 引文見 J. P. Losty, *Calcutta City of Palaces: A Survey of the City in the Days of the East India Company, 1690-1858* (London: British Library, 1990), p. 36.

2 *William Hodges, Travels in India during the years 1780, 1781, 1782, and 1783* (London, 1794), p. 14.

3「一七七六年四月一日至六月底，奧德省的一些交易紀錄」，OIOC: MSS Eur Orme Vol. 91。

4 Matthew Edney, *Mapping an Empire: The Geographical Construction of British India, 1765–1843* (Chicago: University of Chicago Press, 1997), p. 9.

5 這些統計數字出自〈一七六六年十二月三十一日柯洛曼德爾海岸軍事匯總登記簿〉（General Register of the Military on the Coast of Coromandel 31 December 1766），OIOC: L/Mil/11/109；〈一八〇〇年十二月三十一日柯洛曼德爾海岸尊敬的東印度公司現役歐洲軍隊登記簿〉（Register of the Honorable Company's Effective European Troops on the Coast of Coromandel as they stood on the 31st December 1800），OIOC: L/Mil/11/120。宗教情況未列

入，但有出生國家：大部分愛爾蘭軍人來自南部各郡。

6 甚至在普拉西戰役之前，估計數字就達十萬人到四十萬人：P. J. Marshall, *Bengal the British Bridgehead* (Cambridge, UK: Cambridge University Press, 1987), p. 24; Geoffrey Moorhouse, *Calcutta: The City Revealed* (London: Phoenix, 1998), p. 40.

7 〈一七五六年七月一日，加爾各答圍城時隨身攜帶武器的死傷居民人等的名單〉（List of Inhabitants etc. who bore arms at the seige of Calcutta, with their fate, whether killed or wounded July 1,1756），OIOC: MSS Eur Orme 19, pp. 61-64。

8 OIOC: 克萊武藏品，MSS Eur G37/18，第九件。這是一份罕見的檔案，因為英國人直到那個世紀末才開始編纂加爾各答的英國平民和學徒的常規名單。Marshall 認為這裡的人名都是男性戶主 (p. 23)。

9 很多清單也給出了地產出售的完整紀錄，附有買主的姓名和價格。似乎只有亞美尼亞人的買賣沒有外人插足。關於一七六一年至一七七〇年的情況，參見 OIOC: P/154/62-69。

10 Michael H. Fisher, *Indirect Rule in India: Residents and the Residency System, 1764-1858* (New Delhi: Oxford University Press, 1998), pp. 43-69.

11 OIOC: L/Mil/9/103, 登船名單，一七七八年至一七八四年。東印度公司當時在愛爾蘭有三個招募站，其中兩個在阿爾斯特省南部。C. A. Bayly, *Imperial Meridian: The British Empire and the World, 1780-1830* (London: Longman, 1989), p. 127.

12 R. M. Bird, *Dacoitee in Excelsis; or, the Spoliation of Oude, by the East India Company...* (London, 1857), p. 21.

13 C. U. A. Aitchison, ed., *A Collection of Treaties, Engagements, and Sunnuds Relating to India and Neighbouring Countries, Vol. II: Northwestern Provinces, Oudh, Nipal, Bundelcund and Baghelcund* (Calcutta, 1876), pp. 74-78; Purnendu Basu, *Oudh and the East India Company, 1785-1801* (Lucknow: Maxwell Co., 1943), pp. 101-2.

14 引文見 Desmond Young, *Fountain of the Elephants* (London: Collins, 1959), p. 101.

15 Jean Deloche, ed., *Voyage en Inde du Comte de Modave, 1773-76* (Paris: École Française d'Extrême Orient, 1971), p. 170.

16 Abdul Halim Sharar 認為，「隨著任何社群或國家的進步，飲食是其改善的最顯著的標誌，」這在食物上尤其有說服力：Abdul Halim Sharar, *Lucknow: The Last Phase of an Oriental Culture*, trans. E. S. Harcourt 和 Fakhir Hussain, (New Delhi: Oxford University Press, 1975), pp. 155-68.

17 Thomas Twining, *Travels in India a Hundred Years Ago* (London, 1893), p. 312.

18 Muhammad Faiz Bakhsh, *Tarikh-i-Farahbakhsh,* trans. William Hoey, *Memoirs of Delhi and Faizabad* (Allahabad, 1889), p. 24.

19 哈斯汀致約翰・麥克弗森（John Macpherson），一七八一年十二月十二日，引文見 Richard B. Barnett, *North India Between Empires: Awadh, the Mughals, and the British, 1720-1801* (Berkeley: University of California Press, 1980), pp. 204-5.

20 關於阿薩夫・烏德－達烏拉某些開銷的詳細說明，參見《納勃卜大臣在一七八三年至一七八四年間的花費估算》（*Estimate of the Expences of the Nabob Vizier for the Fussellee Year 1192 [1783-84]*），BL: 哈斯汀文件，Add. MSS 29,093。關於更偏向於軼事趣聞的說法，參見 William Blane, *An Account of the Hunting Excursions of Asoph ul Doulah, Visier of the Mogul Empire, and Nabob of Oude* (London, 1788); Captain Charles Madan, *Two Private Letters to a Gentleman in England, from His Son who Accompanied Earl Cornwallis on his Expedition to Lucknow in the Year 1787* (Peterborough, 1788); 以及《勒克瑙紀事》（*Account of Lucknow*），見 *Asiatic Annual Register,* 第二卷 (London, 1800),〈雜項〉（Miscellaneous Tracts），pp. 97-101。

21 Abu Talib Khan, *Tahzih ul-ghafilin,* trans. William Hoey, *History of Asafu'd Daulah Nawab Wazir of Oudh* (Allahabad, 1885; repr. Lucknow: Pustak Kendra, 1974), pp. 73-74.

22 Twining, pp. 309-10.

23 養鴿子和放風箏均是塔利班在一九九六年禁止的活動，因為那些都會助長「邪惡的後果」。Asne Seierstad, *The Bookseller of Kabul* (Boston: Little, Brown, 2003), p. 81.

24 Sharar, pp. 198-201, 94. Sharar 還敏銳地觀察到鬥獸在這座閹割的城市如此盛行的一個原因：「在無法表現英勇行為之下，眾人盼望能在鬥獸中看到那些。眾人樂於觀看勇敢的行為，並通過讓他人也觀看鬥獸來尋求讚譽。這正是勒克瑙發生之事」(p. 116)。

25 Mir Taqi Mir, *Zikr-i Mir: the autobiography of the eighteenth-century Mughal poet, Mir Muhammad Taqi 'Mir', 1723-1810*, trans. C. M. Naim, (New Delhi: Oxford University Press, 1999); Carla Petievich, *Assembly of Rivals: Delhi, Lucknow and the Urdu Ghazal* (New Delhi: Manohar, 1992).

26 Juan R. I. Cole, *The Roots of North Indian Shi'ism in Iran and Iraq: Religion and State in Awadh, 1722-1859* (Berkeley: University of California Press, 1988). Sharar 稱之為「印度的巴格達與科爾多瓦，東方的內沙布林與布哈拉」(p. 94)。

27 Amir Hasan, *Palace Culture of Lucknow* (New Delhi: B. R. Publishing, 1983), p. 183.

28 Rosie Llewellyn-Jones, *A Fatal Friendship: The Nawabs, the British, and the City of Lucknow* (New Delhi: Oxford University Press, 1985).

29 L. F. Smith，〈致友人的一封信，內含前奧德的納瓦卜阿薩夫・烏德－達烏拉的一份歷史概述（一七九五年三月一日）〉（A letter to a friend containing a historical sketch of the late Asuf-ud-Dowlah, Nawab of Oude [1 March 1795]），引文見 Mildred Archer, *India and British Portraiture, 1770-1825* (London: Sotheby Parke Bernet, 1979), pp. 142-43.

30 C. A. Bayly, *Rulers, Townsmen, and Bazaars: North Indian Society in the Age of British Expansion, 1770-1870* (Cambridge, UK: Cambridge University Press, 1983), p. 102. 關於建築物本身，參見 Neeta Das, *The Architecture of the Imambaras* (Lucknow: Lucknow Mahotsav Patrika Samiti, 1991), pp. 64-71.

31 Mir Taqi Mir, 引文見 Ishrat Haque, *Glimpses of Mughal Society and Culture* (New Delhi: Concept Publishing, 1992), p. 69.

32 Sharar, p. 48.

33 Sharar 和 Basu 提到了這種做法，這副對句引自 Hasan, p. 181.

34 Rosie Llewellyn-Jones，《歐洲人的幻想與印度人的夢》（*European Fantasies and Indian Dreams*），見 Violette Graff, ed., *Lucknow: Memories of a City* (New Delhi: Oxford University Press, 1997), p. 51.

35 參見 C. A. Bayly, ed., *The Raj: India and the British, 1600-1947* (London: National Portrait Gallery, 1990), p. 116; Mary Webster, *Johan Zoffany* (London: National Portrait Gallery, 1976), pp. 77-78.

36 對於 Beth Fowkes Tobin 的解讀，說這一時期英屬印度肖像畫破壞、駁斥或威脅了大英帝國統治的不斷演變的意識形態，我持含蓄的反對態度。正如這幅畫著重表現的那樣，勒克瑙的政治、社會和文化環境極其複雜；而「英國人」絕非這裡的主人。參見 Beth Fowkes Tobin, *Picturing Imperial Power: Colonial Subjects in Eighteenth-Century British Painting* (Durham, N.C.: Duke University Press, 1999), pp. 110-38.

37 伊莉莎白・普洛登的日記，OIOC: MSS Eur F 127/94, 一七八七年三月四日。

38 普洛登日記，一七八八年四月十七日；一七八七年十一月二十二日。

39 普洛登日記，一七八八年九月十八日。

40 普洛登日記，一七八八年三月二十日；一七八八年十月八日。

41 引文見 Walter F. C. Chicheley Plowden, *Records of the Chicheley Plowdens* (London: Heath, Cranton, & Ouseley, 1914), pp. 173-74.

42 參見〈勒克瑙的奧札厄斯・韓弗理和保羅先生的事例〉（Cases of Ozias Humphry and Mr. Paul at Lucknow），BL: 威爾斯利文件，Add. MSS 13,532；以及 John Brewer, *The Pleasures of the Imagination: English Culture in the Eighteenth Century* (New York: Farrar Straus Giroux, 1997), pp. 316-18.

43 克勞德・馬丁致伊莉莎白・普洛登，一七九六年六月五日，OIOC: MSS Eur C 149。（順便說一句，這是馬丁留存至今的唯一一封寫給女人的信。）

44 一八〇七年，理查・詹森在把收藏賣給東印度公司時，告訴查爾斯・威爾金斯說，「最上等的油畫每幅都『花了我』二十到一百五十盧比」（引文見 Mildred Archer 和 Toby Falk, *Indian Miniatures in the India Office Library* [London: Sotheby Parke Bernet, 1981], p. 27）。至於價格範圍的另一端，伊莉莎白・普洛登說「考珀告訴我，他曾擁有過一本波斯圖書，價值一萬盧比，他去英格蘭時，把這本書獻給國王了。……讓那本書非比尋常的是每一個字母都以漂亮的小號字寫在樹葉花朵等描圖的裡面，字元中間的葉子都是美麗的圖畫，葉子周圍又畫著最雅致的各種花朵邊飾」（普洛登日記，一七八七年十月十日）。

45 Sharar, p. 103.

46 Archer 和 Falk 的 *Indian Miniatures in the India Office Library* 是詹森藏品的一份縝密的目錄。他在勒克瑙委託的畫作編號是 Cats. 346-61; Cat. 431 是在海德拉巴完成的。

47 Rosane Rocher，〈十八世紀的英國東方學：知識與政府的辯證法〉（British Orientalism in the Eighteenth Century: The Dialectics of Knowledge and Government），見 Carol A. Breckenridge 和 Peter Van der Veer, ed., *Orientalism and the Postcolonial Predicament: Perspectives on South Asia* (Philadelphia: University of Pennsylvania Press, 1993), p. 237.

48 普洛登日記，一七八七年十二月十三日。關於波利爾的東方通，另見 Muzaffar Alam 和 Seema Alavi, *A European Experience of the Mughal Orient: The I'jaz-i Arsalani (Persian Letters, 1773-1779) of Antoine-Louis Henri Polier* (New Delhi: Oxford University Press, 2001), pp. 50-56.

49 波利爾，引文見 Georges Dumézil, ed., *Le Mahabarat et le Bhagavat du Colonel de Polier* (Paris: Gallimard, 1986).

50 Raymond Schwab, *The Oriental Renaissance: Europe's Rediscovery of India and the East, 1680-1880,* trans. Gene Patterson-Black 和 Victor Reinking, (New York: Columbia University Press, 1984); Jean-Marie Lafont, *Indika: Essays in Indo-French Relations, 1630-1976* (New Delhi: Manohar, 2000). Schwab 的書或許是對東方智慧成就最雄辯的頌揚，也是對法國印度學的一次罕見的研究。

51 波利爾致哈斯汀，一七八六年七月十五日，BL: 哈斯汀文件，Add. MSS 29, 170。

52 S. Chaudhuri, ed., *Proceedings of the Asiatic Society of Bengal, Vol. 1: 1784-1800* (Calcutta: Asiatic Society, 1980), p. 390.

53 印度畫家筆下的很多十八世紀歐洲人都穿西方服裝，如華倫・哈斯汀坐像的蒙兀兒水粉畫（翻印於 Bayly, ed., *The Raj,* p. 115）。勒克瑙的另一位收藏家約翰・伍姆韋爾也有一幅本地畫家所繪的身穿長袍的畫像；照片翻印在 William Dalrymple, *White Mughals: Love and Betrayal in Eighteenth-Century India* (London: HarperCollins, 2002).

54 原本現存法國國家圖書館，經 Muzaffar Alam 和 Seema Alavi 編譯為《一個歐洲人在莫臥兒東方的經歷》（*A European Experience of the Mughal Orient*）下文引用時簡稱為 *I'jaz*。另見 G. Colas 和 F. Richard，〈法國國家圖書館的波利爾藏品〉（「Le Fonds Polier à la Bibliothèque Nationale」），見 *Bulletin de l'École Française d'Extrême Orient* 73 (1984): 112-17.

55 *I'jaz,* pp. 108-9, 111, 125-26, 149-50.

56 *I'jaz,* pp. 261-62.

57 *I'jaz,* pp. 296-97.

58 *I'jaz,* pp. 164-65; 266-67.

59「晚餐後去他的濟納特那裡看望波利爾上校的家人。」普洛登日記，一七八八年一月二十三日；一七八八年十一月十日。

60 關於這個令人不快的主題的最佳學術探討是 Durba Ghosh 的《殖民地伴侶：北印度英國人的小姐、夫人和侍妾，一七六〇年至一八三〇年》（*Colonial Companions: Bibis, Begums, and Concubines of the British in North India, 1760-1830*）（博士畢業論文, University of California at Berkeley, 2000)。關於當時一位英裔印度人的風流韻事的詳細描述，參見 Dalrymple, *White Mughals.*

61 *I'jaz,* pp. 153-56.

62 *I'jaz,* p. 285. 波利爾的次子巴巴·賈恩顯然年紀太小，還不能給父親寫信。

63 我在此處和後面很多地方都參考了一本出色的馬丁傳記，Rosie Llewellyn-Jones, *A Very Ingenious Man: Claude Martin in Early Colonial India* (New Delhi: Oxford University Press, 1992).

64 Rosie Llewellyn-Jones, *A Very Ingenious Man*, pp. 155-76.

65〈前少將克勞德·馬丁財產清單〉（Inventory of the Effects of the late Major General Claud Martin），OIOC: L/AG/34/27/24, 孟加拉清單，一八〇一年，第一卷。

66《清單》；Deloche, ed., *Voyage en Inde du Comte de Modave...*, p. 106.

67 「護民官」，引文見 Llewellyn-Jones, *A Very Ingenious Man*, pp. 149-50.

68 馬丁致雷克斯律師事務所（Raikes and Company），一七九六年八月十三日；一七九八年五月二十五日。我很感激 Llewellyn-Jones 博士謄寫的這些信件，存於里昂羅納河檔案館。如今，她的 *A Man of the Enlightenment in Eighteenth-Century India: The Letters of Claude Martin 1766-1800* (New Delhi: Permanent Black, 2003) 一書出版了這些信件。

69 Rosie Llewellyn-Jones，〈少將克勞德·馬丁：十八世紀印度的一位法國鑑賞家〉（Major General Claude Martin: A French Connoisseur in Eighteenth-century India），見 *Apollo Magazine*, Vol. 145 (March 1997): 17-22.

70 引文見 Llewellyn-Jones, *A Very Ingenious Man*, p. 87.

71 Twining, p. 311.

72 《勒克瑙紀事》，p. 100.

73 L. F. Smith, 引文見 Archer, *India and British Portraiture, 1770-1825*, pp. 142-43.

74 Clifford Geertz，〈中心、國王與個人魅力：對於權力象徵的反思〉（Centers, Kings and Charisma: Reflections on the Symbolics of Power），見 J. Ben David 和 T. N. Clark, eds., *Culture and Its Creators* (Chicago: University of Chicago Press, 1977), pp. 150-71.

75 《勒克瑙紀事》，p. 101.

76 Milo Cleveland Beach 和 Ebba Koch, *King of the World* (London: Azimuth Editions, 1997).

77 Pramod J. Jethi 和 Christopher W. London，〈光榮的遺產：拉克派特吉大公與艾納·馬哈爾宮〉（A Glorious Heritage: Maharao Lakhpatji and the Aina Mahal），以及 Amin Jaffer，〈艾納·馬哈爾宮：「歐式」的早期範例〉（The Aina Mahal: An Early Example of 'Europeanerie'），*Marg* 51 (2000): 12-39.

78 Daniel Johnson, 引文見 Llewellyn-Jones, *A Very Ingenious Man*, p. 133.

79 George Annesley, Viscount Valentia, *Voyages and Travels in India, Ceylon, the Red Sea, Abyssinia, and Egypt, in the Years 1802, 1803, 1804, 1805, and 1806*, 3 vols. (London, 1809), I, p. 156。弗雷德里克·阿諾特（Frederick Arnott）帶來一

批歐洲槍砲，「是根據納勃卜表達的願望和規定的金額……委託給阿諾特先生的。」他的清單上還包括賣給阿薩夫－烏德－達烏拉或其侍臣的一些珍寶，比如「兩條象牙伊瑪目大船」、「一百九十二件陶瓷玩具和六十二個翻筋斗的男孩」，以及「兩座陶瓷廟宇」。（《勒克瑙的奧札厄斯・韓弗理和保羅先生的事例》，BL: Add. MSS 13,532.）

80 *I'jaz,* p. 326.

81 Basu, p. 4.

82 Twining, pp. 311-12.

83 Valentia, I, pp. 164-65.

第三章：妥協

1 數字出自 Rosie Llewellyn-Jones, *A Very Ingenious Man: Claude Martin in Early Colonial India* (New Delhi: Oxford University Press, 1992), p. 102.

2 波利爾致哈斯汀，一七八六年七月十五日，BL: 哈斯汀文件，Add. MSS 29,170, ff. 129-30。

3 Walter F. C. Chicheley Plowden, *Records of the Chicheley Plowdens* (London: Heath, Cranton, & Ouseley, 1914), p. 160.

4 數字引自 Linda Colley, *Captives: Britain, Empire, and the World 1600-1850* (London: Jonathan Cape, 2002), p. 251.

5 公園路公墓 Eliza Forsyth (1821), Lawrence Gall (1806), Richard Becher (1782), 以及 Harriet Hunt (1801) 等人的墓誌銘；Charlotte Becher 的墓誌銘在聖約翰教堂（一七五九）。

6 華倫・哈斯汀致瑪麗安・哈斯汀，一七八四年十一月二〇日，BL: 哈斯汀文件，Add. MSS 29,197, f. 101。

7 Georges Dumézil, ed., *Le Mahabarat et le Bhagavat du Colonel de Polier* (Paris: Gallimard, 1986), p. 19.

8 克勞德・馬丁致伊莉莎白・普洛登，一七九六年六月五日，OIOC: MSS Eur C 149. 瑪麗・德波利爾說他「帶來了與不同的印度女人所生的孩子，並正式認可了他們」(p. xxxii)。

9 除非另有說明，我對後續事宜的敘述均來自 Marie de Polier, *Mythologie des Indous,* 2 vols. (Paris and Roudolstadt,

1809), I, pp. i-xliii.

10 波利爾致華倫・哈斯汀的信，一七七六年十二月二十一日，BL: 哈斯汀文件，Add. MSS 29,138, f. 43.

11 Richard Cobb, *Reactions to the French Revolution* (Oxford: Oxford University Press, 1972); D. M. G. Sutherland, *France 1789-1815: Revolution and Counter-revolution* (Oxford: Oxford University Press, 1986), pp. 286-92.

12 皮埃爾・波利爾（Pierre Polier）長大後成了和他父親一樣的冒險家：他成為拿破崙手下的一名軍官，獲得法國榮譽軍團勛章，娶了一位俄羅斯公主，還在西伯利亞發現了鑽石礦。Eugène 和 Émile Haag, *La France Protestante*, 9 vols. (Paris, 1846-59), VIII, p. 276。

13 馬丁致伊莉莎白・普洛登，一七九六年六月五日，OIOC: MSS Eur C 149. 他在一七九五年十月聽說了這個悲劇，當時寫信給他在倫敦的代理人說，「我對於波利爾上校之死深感悲痛，他的性格本應得到更好的命運」（克勞德・馬丁致雷克斯律師事務所，一七九六年十月四日）。

14 伯努瓦・德布瓦涅（下文簡寫為ＢＤＢ）致科克雷爾和特雷爾律師事務所（Cockerell and Traill），一七九七年七月二日，ADS: 德布瓦涅藏品，書信發文簿「自從我在英格蘭迪爾登陸以來的信件副本，一七九七年五月三十一日至六月」。我在二〇〇一年四月查閱德布瓦涅文件時，它們正首次得到編目處理。我無法為引用的條目提供參考文獻號碼，但盡可能地提供了日期和發信人。

15 克勞德・馬丁致伊莉莎白・普洛登，一七九六年六月五日，OIOC: MSS Eur C 149。

16 除非另有說明，我關於德布瓦涅的全部傳記資訊均來自 Desmond Young, *Fountain of the Elephants* (London: Collins, 1959) 以及 Marie-Gabrielle de Saint-Venant, *Benoît de Boigne (1751-1830): Du général au particulier*, Mémoires et documents de la Société Savoisienne d'Histoire et d'Archéologie XCVIII (Chambéry: Société Savoisienne d'Histoire et d'Archéologie, 1996). 後一本書是德布瓦涅的一個後代所寫，是自 Young 的著作問世以來第一本直接基於德布瓦涅檔案的著作。

17 *[G. M. Raymond], Mémoire sur la Carrière militaire et politique de M. le Général de Boigne..., Seconde Édition* (Chambéry, 1830), p. 45.

18 德布瓦涅自一七七四年被釋放，到他一七七七年出現在埃及之間的情況無人知曉。有一種說法是，在此期間，他花了部分時間在俄羅斯為凱薩琳二世探尋通往印度的陸路。Herbert Compton, *A Particular Account of the European Military Adventurersof Hindustan, 1784-1803* (Karachi: Oxford University Press, 1976; 1st pub. 1892), pp. 18-19; 參見 Young, pp. 298-304.

19 Seema Alavi, *The Sepoys and the Company: Tradition and Transition in Northern India 1770-1830 (New Delhi: Oxford University Press, 1995), pp. 216-20.*

20 我是在德布瓦涅檔案的一份標注日期為一七九二年七月一日的 Fleury Martin 中尉財產拍賣清單上找到（除博伊德之外的）這些人名的；在列出的二十五位軍官姓名之中，有七人是印度人。文中提到的幾位歐洲人在 Compton 的 *Military Adventurers*... 中均有提及。博伊德在那年晚些時候致信德布瓦涅要求回扣。（約翰．P．博伊德〔John P. Boyd〕致德布瓦涅的信，一七九二年十月十日，ADS: 德布瓦涅藏品。）德布瓦涅從布列塔尼人僱傭兵勒內．馬代克（René Madec）被解散了兵團裡抽調了一些軍官，其中包括能幹的蘇格蘭軍官喬治．桑斯特（George Sangster）。

21 威廉．布蘭致 BDB，一七九〇年一月五日，ADS: 德布瓦涅藏品。

22 Saint-Venant, pp. 36-40.

23 德布瓦涅在加爾各答的代理人漢密爾頓和亞伯丁律師事務所（Hamilton and Aberdein）給他寄來一把小提琴、一對圓號、一支長笛、一支低音單簧管，以及一支「雙簧管」，隨樂器而來的還有一位名叫里安德（Leander）的樂隊指揮：「我們所有招收法國號手的努力都付之東流了。但由於里安德是一位全面的音樂家，還隨身攜帶了數種不同的樂器，他很快便能培訓一支男孩樂隊演奏任何您喜歡的樂器。他說，法國號尤其容易學。」（漢密爾頓和亞伯丁律師事務所致 BDB 的信，一七八九年十月二十六日，ADS: 德布瓦涅藏品。）

24 碰巧，德布瓦涅的一個高度虛擬的化身出沒於 Vikram Chandra 的小說 *Red Earth and Pouring Rain* (London: Faber and Faber, 1995).

25 BDB 致馬戛爾尼勛爵的信，一七八二年四月九日，引文見 Young, pp. 42-43.

26 參見 Saint-Venant，她強調說，在其起伏不定的忠誠外表下，「德布瓦涅首先是個薩沃伊人」(p. 19)。

27 Jean-Marie Lafont, *Indika: Essays in Indo-French Relations, 1630-1976* (New Delhi: Manohar, 2000), pp. 177-204.

28 Saint-Venant, pp. 22, 53.

29 約瑟夫・凱羅斯致 BDB，一七九二年四月五日，ADS: 德布瓦涅藏品。

30 引自 Young, pp. 162-69.

31 威廉・布蘭致 BDB，一七九二年十月十九日，ADS: 德布瓦涅藏品。布蘭是在勒克瑙寫的信，他是阿薩夫・烏德－達烏拉的外科醫生。他在英格蘭曾見過德布瓦涅多次，在那裡顯然在「韋克菲爾德公園過著氣派的生活」(Young, p. 214)；儘管克勞德・馬丁吃驚地聽說「布蘭假裝精通科學，出入於上流社會，實際卻生活在蘇格蘭，而不是倫敦的藝術和科學氛圍中，據說他是去提高專業水準和掙錢的，據我了解，蘇格蘭是個消費便宜的鄉下，而那裡也有一些很有名的醫生」（馬丁致伊莉莎白・普洛登，一七九六年六月五日，OIOC: MSS Eur C 149）。

32 當時情況的敘述引文見 Young, p. 174.

33 清單標題為〈馬克・德布瓦涅的行李箱運往漢堡 W・M・讓・貝倫貝格、戈斯勒和康佩斯銀行〉（Marque D. B. des Malles laissées a Hambourg chez les Banquiers W. M. Jean Beremberg, Gossler et Compes），ADS: 德布瓦涅藏品。

34 Young 輕易便草草下結論說，所有這些都是「印度歸來的居民在抵達歐洲後納悶自己為何費力收拾帶過來的零頭碎腦」(p. 186)。

35 我在二〇〇一年春看到這些信件時，它們被捆在一起，放在一隻相當破舊的黑色小金屬箱子裡。我這裡引用的德布瓦涅檔案中的大量譯文是一八七〇年由「東方語言教授、後來擔任旁遮普事務管理委員會筆譯和口譯」的 Syed Abdoolah 事先完成的，第十二和十七件（發自馬哈傑・辛蒂亞）、第二十件（發自沙・阿拉姆）、第三十件（發自「女皇」）、第八十三件（提到德布瓦涅的波斯頭銜），以及第九十四件（一份一七八九年的授予狀，授予德布瓦涅三十六個村莊）。

36 圖紙和德布瓦涅與約翰・默里出版公司關於修復的通信均翻印在 Jérôme Boyé, ed., *L'Extraordinaire aventure de*

Benoît de Boigne aux Indes (Paris: Éditions C & D, 1996), pp. 123-30.

37 德布瓦涅文件中的一份標題為〈我所擁有之財物的資產和動產的價值及為第一營帶來的利益，一七九八年十一月十三日〉（Effects and Goods my Property as being in my Possession and the value worth or brought for Camp 1 Ablvel 1207 or 13 November 1798）的清單，其中包括「刻有《古蘭經》段落的德里長刀」、「刻有印度諸神的臥榻」，以及各種動物形刀柄的匕首（還有一台顯微鏡和五座鐘）。這份文獻上標注的日期令人困惑並且毫無疑問是錯誤的，因為一七九八年十一月，德布瓦涅生活在倫敦。

38 「印度武器」登記表分條開列了《馬克・德布瓦涅的行李箱運往漢堡W・M・讓・貝倫貝格、戈斯勒和康佩斯銀行》清單上的內容，ADS: 德布瓦涅藏品。其中的某些物品，包括指揮官的官杖，均在Boyé編輯的書中有所說明。

39 BDB致邁耶斯律師事務所（Meyers and Co.）丹茨菲爾特（Duntzfelt）先生，一七九七年七月二日，ADS: 德布瓦涅藏品，「自從我在英格蘭迪爾登陸以來的信件副本，一七九七年五月三十一日至六月」。

40 引自德布瓦涅文件裡威廉・帕爾默致德布瓦涅信中的一個書面承諾，該信是一七九四年三月五日在法蒂古爾簽名並署期的，將每年從帕爾默處借款一百三十六盧比轉給這些姑娘。

41 致約瑟夫・凱羅斯的授權書，標注日期為一七九六年五月二十八日於勒克瑙，ADS: 德布瓦涅藏品。克勞德・馬丁將處理她們的年金支付。

42 BDB致漢密爾頓和亞伯丁律師事務所，一七九八年七月二日，ADS: 德布瓦涅藏品，「自從我在英格蘭迪爾登陸以來的信件副本，一七九七年五月三十一日至六月」。

43 BDB致科克雷爾和特雷爾律師事務所，一七九七年七月二日，ADS: 德布瓦涅藏品，「自從我在英格蘭迪爾登陸以來的信件副本，一七九七年五月三十一日至六月」。

44 BDB致邁耶斯律師事務所丹茨菲爾特，一七九七年七月二日，ADS: 德布瓦涅藏品，「自從我在英格蘭迪爾登陸以來的信件副本，一七九七年五月三十一日至六月」。對於德布瓦涅來說，丹麥不是個幸運的地方：得知一七九五年的哥本哈根大火之後，他說「我在哥本哈根有三萬英鎊，那裡的大火災讓我非常擔心，直到我得到代理人傳來的消息。」BDB 致威廉・帕爾默，一七九六年一月十七日（草稿），ADS: 德布瓦涅藏品。

45 BDB 致邁耶斯律師事務所丹茨菲爾特先生，一七九七年七月二日；BDB 致科克雷爾和特雷爾律師事務所的信，一七九七年七月二日。

46 BDB 致邁耶斯律師事務所丹茨菲爾特，一七九七年七月二日；BDB 致坦南特（Tennent）船長，一七九七年七月十四日；BDB 致漢密爾頓和亞伯丁律師事務所，一七九七年七月二日。

47 這份遺囑包括在「班奈特・德布瓦涅將軍一七九七年八月十五日現有財產聲明」之中，ADS: 德布瓦涅藏品。在這份文件中，孩子們的名字為「阿里・巴克什，施洗後改名為約翰・巴蒂斯特」和「巴努・詹，施洗後為海倫娜。」

48 BDB 致科克雷爾和特雷爾律師事務所，一七九七年十月二十七日。

49 BDB 致費爾利與吉爾莫公司（Fairlie, Guilmore and Co.），一七九八年一月二十六日。

50 Young, pp. 193-94; Saint-Venant, p. 92.

51 克勞德・馬丁致 BDB，一七九八年五月二十八日。

52 Adèle d'Osmond de Boigne, *Mémoires de la Comtesse de Boigne*,... 2 vols. (Paris: Mercure de France, 1999), I, pp 152-53. 愛黛兒在回憶錄中沒有提到介紹他們相識的「詹森先生」的名字，但她顯然指的是德布瓦涅的銀行經理和密友理查・詹森，一七九九年，德布瓦涅安排他做為努爾的託管人，德布瓦涅到倫敦的初期曾頻繁去他家作客。媒人丹尼爾・奧康奈爾（更有名氣的同名愛爾蘭民族主義者的叔叔）是「野鵝」，也是德布瓦涅三十年前在克雷爾軍團時的指揮官。

53 BDB 致愛黛兒的未注明日期的信件草稿，大概是在一七九八年底，引文見 Saint-Venant, p. 85.

54 列於〈德布瓦涅夫人想要的屬於我本人財產的物品〉（Goods wanted from Mde de Boigne being my own property）中，約一八〇〇年，ADS: 德布瓦涅藏品。

55 她可能在婚後不久便知道了他們的存在。一八〇一年，德布瓦涅致信兄弟約瑟夫說，「我的合法妻子……〔對〕這位印度女人有些微妙的情緒，這對我是件好事。」引文見 Saint-Venant, p. 87.

56 D'Osmond de Boigne, I, pp. 155-57.
57 〈一七九八年十月二十日當日我的財富估值……〉（Estimation of my fortune at this day 20 October 1798…），ADS: 德布瓦涅藏品。當時，他每年向奧斯蒙一家支付五百英鎊，並給愛黛兒一筆四百英鎊的年金。
58 這些收據都在德布瓦涅檔案中。
59 Young, p. 232.
60 BDB 致邁耶斯律師事務所丹茨菲爾特，一七九七年七月十七日；一七九七年十一月十三日。
61 馬丁致 BDB，一七九八年九月二十九日。
62 馬丁致 BDB，一七九九年八月二十日。
63 馬丁致 BDB，一七九九年八月二十日。
64 〈克勞德・馬丁的遺囑和遺言，一八〇〇年一月一日〉（Last Will and Testament of Claude Martin, 1 January, 1800），OIOC: L/AG/34/29/12，孟加拉遺囑，一八〇〇年。馬丁實際上不太可能經防腐處理，但很可能用烈酒浸泡過。一九九九年十一月，我參觀康斯坦蒂亞宮（如今的馬蒂尼埃學校）的地下室時，校長竭力向我保證，儘管空氣有很重的黴味，卻相當乾淨健康。
65 Llewellyn-Jones, *A Very Ingenious Man,* pp. 145-47. 馬丁顯然是外國人水準的英語在這裡一目了然，他用法語單詞 *contrée*（地區）和「country」（國家）搞混了，說歐洲是一個「country」。至少他在死後被認可為英國人：他被收入新版的 *DNB*。
66 Rosie Llewellyn-Jones, *A Fatal Friendship: The Nawabs, the British and the City of Lucknow* (New Delhi: Oxford University Press, 1985), pp. 140-46 中，對這幢房子作了詳細的描述。
67 馬丁致伊莉莎白・普洛登，一七九六年六月五日，OIOC: MSS Eur C 149。
68 我是在康斯坦蒂亞宮清單（《前少將克勞德・馬丁財產清單》，OIOC: L/AG/34/27/24，孟加拉清單，一八〇一年，第一卷）以及 Llewellyn-Jones, *A Very Ingenious Man,* pp. 184-85 中得到這些細節的。
69 馬丁致 BDB，一八〇〇年二月十六日。

70 馬丁致伊莉莎白・普洛登，一七九六年六月五日，OIOC: MSS Eur C 149。

71 馬丁致雷克斯律師事務所，一七九五年十月四日。

72「護民官」，引文見 Llewellyn-Jones, *A Very Ingenious Man,* p. 205.

73 Llewellyn-Jones, *A Very Ingenious Man,* p. 220.

74 馬丁致 BDB，一七九八年五月二十八日。引文見 Llewellyn-Jones, ed., *A Man of the Enlightenment,* p. 371. Llewellyn-Jones attributes the quote 'après moi la fin du monde' to Voltaire, p. 315.

75 George Annesley, Viscount Valentia, *Voyages and Travels in India, Ceylon, the Red Sea, Abyssinia, and Egypt, in the years 1802, 1803, 1804, 1805, and 1806,* 3 vols. (London, 1809), I, pp. 143–48; Captain Charles Madan, *Two Private Letters to a Gentleman in England, from His Son who Accompanied Earl Cornwallis on his Expedition to Lucknow in the Year 1787* (Peterborough, 1788), pp. 57-58.

76 Michael Fisher, *A Clash of Cultures: Awadh, the British, and the Mughals* (New Delhi: Oxford University Press, 1987), pp. 114-41. 我當然並不認為文化雜糅在阿瓦德消失了。相反，就像加齊・烏德丁的加冕典禮所表現的那樣（他穿著很可能是英國藝術家羅伯特・霍姆設計的長袍，由什葉派穆智台希德為他加冕，並在《天佑吾王》的伴奏之下，在一座奢華的印度－波斯御座上登基）這在某些方面一如往日那般顯而易見。但在這一階段，蒙兀兒和阿瓦德的統治都不過是象徵性的。這對於印度來說，就像寇松在新蒙兀兒王朝德里光彩奪目的正式接見（一九〇三年和一九一一年），至少不亞於莫當特上校的鬥雞之城一樣。

77 John Pemble, *The Raj, the Indian Mutiny, and the Kingdom of Oudh, 1801-1859* (New Delhi: Oxford University Press, 1979); Veena Talwar Oldenburg, *The Making of Colonial Lucknow* (Princeton, N.J.: Princeton University Press, 1984), pp. 3-61.

78 Lafont, *Indika,* pp. 103-5.

79〈來自尊敬的董事會的標注日期為一七九八年五月十五日的信件摘要〉（Extract from a Letter from the Honourable Court of Directors, dated the 15th of May 1798），見 *Asiatic Annual Register,* vol. 1 (London, 1799),《記錄》（*Chronicle*）， pp. 107-8。

80 Ray Desmond, *The India Museum* (London: HMSO, 1982). 關於這些早期的藏品，參見 OIOC: MSS Eur D 562/17。這些都在大英圖書館自己的東方手稿部的建館藏品之中。因此，大英圖書館東方藏品的來源與法國國家圖書館大相徑庭，後者是在柯爾貝時代透過一系列國家資助的收藏任務而建立起來的。

81 《信件摘要》，*Asiatic Annual Register*, pp. 107-8.

82 〈已故的納旦尼爾・米德爾頓閣下的波斯和其他國家的珍奇手稿及一些書籍的寶貴收藏目錄，十二月……〉（A Catalogue of the Very Valuable Collection of Rare and Curious Persian and other Mss. and a few Books, of the late Nathaniel Middleton, Esq. Dec...），一八〇八年二月九日；《東印度公司前職員、某位紳士的財產，一份最珍貴的東方手稿收藏目錄……》（*A Catalogue of a most Valuable Collection of Oriental Manuscripts, the Property of a Gentleman, Late in the East India Company's Service...*），一八〇九年三月九日；〈阿奇博爾德・斯溫頓閣下多年前在東方精選的波斯以及一些阿拉伯手稿的寶貴收藏目錄〉（A Catalogue of a Very Valuable Collection of Persian, and a few Arabic, Mss. Selected Many Years Ago, in the East, by Archibald Swinton, Esq...），一八一〇年六月六日。一八〇四年，約翰・卡納克爵士手稿收藏的繼承人在菲力浦斯舉辦了一次類似的拍賣。我在倫敦佳士得拍賣行檔案裡拍賣人簿記的注釋中看到了買家資訊。

83 Lucian Harris，〈阿奇博爾德・斯溫頓：威廉・貝克福德收藏中印度小雕像畫冊的一個新的源頭〉（Archibald Swinton: A New Source for Albums of Indian Miniatures in William Beckford' s Collection），*Burlington Magazine* (June 2001): 360-66. 這些畫冊如今存放在柏林的印度藝術博物館。

84 BDB 致威廉・帕爾默，一七九六年一月十七日，ADS: 德布瓦涅藏品。

85 Young, p. 236; Saint-Venant, pp. 94-95. 拿破崙致德布瓦涅的信不復存在，如果說確實有過這樣一封信的話。但眾所周知，拿破崙正籌畫這樣的一次親率，而他當然會徵詢印度軍隊的幾個法國老軍官的意見。

86 Young, pp. 213-14. 關於這筆年金，BDB 致坦普勒律師事務所（Templer and Co.）Edwards 先生，一八〇二年三月三日，ADS: 德布瓦涅藏品。

87 BDB致一位友人，引文見 Saint-Venant, p. 96; Young, pp. 243, 256-57.

88 這些信件的引文見 Young, pp. 241-43.

89 查爾斯的一幅達蓋爾銀版照片翻印在 Boyé 編輯的書中，p. 142.

90 回憶錄出版於一九〇七年，並影響了馬塞爾．普魯斯特，他在《費加羅報》（*Le Figaro*）上以〈勢利與後人〉（Le snobisme et la postérité）為題評論了他們。（編者箚記見 D'Osmond de Boigne, I, p. xv.）

91 Evan Cotton,〈薩塞克斯的「夫人」：德布瓦涅印度妻子的奇談〉（The Begum of Sussex: The Strange Tale of de Boigne' s Indian Wife〉，*Bengal Past & Present* 46 (1933): 91-94; Durba Ghosh，《殖民地伴侶：北印度英國人的小姐、夫人和侍妾，一七六〇至一八三〇年》（博士學位論文，University of California at Berkeley, 2000), pp. 158-59; Young, pp. 292-97; Rosie Llewellyn-Jones, *Engaging Scoundrels: True Tales of Old Lucknow* (New Delhi: Oxford University Press, 2000), p. 93.

92 Llewellyn-Jones, *A Very Ingenious Man,* pp. 216-17.

93 Valentia, I, p. 166.

94 他的確收養了一個名叫佐勒菲卡爾的印度混血男孩，並把他送到加爾各答的學校裡去「學習讀寫英語，以及基督教信仰，以便他在這種信仰以及穆斯林或其他信仰中選擇其一，他選擇了基督教，並以詹姆斯之名在加爾各答教堂受洗。」馬丁為詹姆斯及其印度親戚作好了安排，但沒有讓其成為他的繼承人。（《克勞德．馬丁少將的遺囑和遺言》，第九條。）

95《遺囑和遺言》，第三十二條。第一批學生全是歐洲人和英裔印度人，儘管馬丁並未明確規定如此。一八三七年，艾蜜莉．伊登造訪康斯坦蒂亞宮（「坐落在優美的叢林公園裡，宛如城堡」），說馬丁把它留給公眾，以便「任何希望轉地療養的歐洲人都可以帶上家人在那裡住一個月，除非另一個家庭需要，否則就可以接著住下去。這對於奧德的少數英格蘭人是個巨大的便利，特別是那些貧窮的軍官；因此，三十年來，最高法院一直在懷疑這份遺囑的意思是否就是它所說的那樣，而這幢房子也開始腐朽；但如今決定，大家可以住在那裡，這幢房子也要全面翻修了。」Emily Eden, *Up the Country* (Oxford: Oxford University Press, 1930), pp. 58-59.

96 Linda Colley，〈入鄉隨俗，訴說傳奇：囚禁、合作和帝國〉（Going Native, Telling Tales: Captivity, Collaborations, and Empire）, *Past & Present* 168 (August 2000): 181-82. 這些軍隊裡英國人的存在一直被 Herbert Compton 這樣的作家輕描淡寫，他的 *Particular Account of the European Military Adventurers of Hindustan...* (1892) 一書仍是關於這個主題最全面的資料來源之一。

97 關於東印度公司再次整合湯瑪斯和斯金納，參見 Alavi, pp. 232-50.

98 一七九五年至一八〇七年間，至少有八位法裔印度人把這個主題的建議書提交中央政府。AN: AE B/III/459 和 AF/IV/1686.

第四章：入侵埃及

1 Simon Schama, *Citizens: A Chronicle of the French Revolution* (New York: Vintage, 1990), pp. 668-69.

2 John Aikin, M.D., *Annals of the Reign of King George the Third,* 兩卷本 (London, 1816), I, p. 465.

3 喬治三世致威廉・皮特，一七九三年二月二日，引文見 J. Heneage Jesse, *Memoirs of the Life and Reign of King George the Third,* 3 vols. (London, 1867), III, p. 201.

4 Alan Forrest, *The Soldiers of the French Revolution* (Durham, N.C.: Duke University Press, 1990), pp. 68-83. 在「七年戰爭」中，法國政府招募了二十七萬人；在其全盛時期，有大約三十三萬人在前線部隊服役。Lee B. Kennett, *The French Armies in the Seven Years War* (Durham, N.C.: Duke University Press, 1967), p. 77.

5 J. E. Cookson, *The British Armed Nation, 1793-1815* (Oxford: Clarendon Press, 1997), pp. 66, 95. 同年五月呈交國會的一份報告表明，四十八萬兩千人願意參戰，而十七萬六千人已經加入國民衛隊了。Linda Colley, *Britons: Forging the Nation 1707-1837* (New Haven: Yale University Press, 1992), p. 293. 與此相反，在「七年戰爭」的初始階段，英國軍隊人數大約為三萬五千人，在結束時達到十萬人。Fred Anderson, *Crucible of War* (London: Faber and Faber, 2000), p. 560.

6 Michael Broers，〈歐洲背景下的文化帝國主義？拿破崙時期義大利的政治文化與文化政治〉（Cultural

Imperialism in a European Context? Political Culture and Cultural Politics in Napoleonic Italy〉，*Past & Present* 170(2001): 152-80; Stuart Woolf，〈拿破崙帝國中的法國文明與民族性〉（French Civilization and Ethnicity in the Napoleonic Empire），*Past & Present* 124 (1989): 96-120.

7 Paul Kennedy, *The Rise and Fall of the Great Powers* (New York: Random House, 1989), pp. 115-39.

8 Michael Duffy，〈世界大戰與英國的擴張，一七九三至一八一五年〉（World-Wide War and British Expansion, 1793-1815），見 P. J. Marshall, ed., *Oxford History of the British Empire, Vol. II: The Eighteenth Century* (Oxford: Oxford University Press, 1998), pp. 184-207; Jeremy Black, *Britain as a Military Power, 1688-1815* (London: UCL Press, 1999), pp. 241-66. 當然，在此期間，英國的軍事存在遠勝其在歐陸的規模，歐陸的英軍被限制在直布羅陀的衛戍區內。

9 C. A. Bayly，〈全球帝國主義的第一個時代，約一七六〇至一八二〇年〉（The First Age of Global Imperialism, c. 1760-1820），*Journal of Imperial and Commonwealth History* 26 (1998): 28-48; C. A. Bayly, *Imperial Meridian: The British Empire and the World 1780-1830* (London: Longman, 1989), pp. 100-132; Stuart Woolf，〈大革命——拿破崙年間的歐洲世界觀的建立〉（The Construction of a European World-View in the Revolutionary-Napoleonic Years），*Past & Present* 137 (1992): 72-101.

10 特別參見：Colley, *Britons*, pp. 283-319; Bayly, *Imperial Meridian*, pp. 160-63; Duffy，《世界大戰》（*World-Wide War*）；以及 P. J. Marshall，〈「康沃利斯大捷」：十八世紀末的印度戰爭和英國公眾〉（'Cornwallis Triumphant': War in India and the British Public in the Late 18th Century），見 Lawrence Freedman, Paul Hayes 和 Robert O'Neill, ed., *War, Strategy and International Politics: Essays in Honour of Sir Michael Howard* (Oxford: Clarendon Press, 1992), pp. 57-74.

11 Cookson, pp. 153-81. 在早期的一次徵兵危機中，通過了《一七七八年天主教取締法》，以便從愛爾蘭人和高地蘇格蘭人中徵兵。

12 Duffy, p. 202.

13 Fierro 等人，pp. 376-77.

14〈標注日期為一七七九年七月五日的亞歷山卓港布蘭迪先生信件摘要〉（Extract of a Letter from Signior Brandi, at Alexandria, dated 5th July 1779），附於羅伯特・安斯利爵士致韋茅斯子爵（Viscount Weymouth）的信後，一七七九年八月十七日，OIOC: G/17/5，商館紀錄，埃及和紅海，f. 237。

15〈向埃及政府頒布的一道敕令的譯文〉（Translation of a Hatti Sheriff, addressed to the Government of Egypt），附於理查・斯科特（Richard Scott）致勞倫斯・沙利文（Laurence Sulivan）的信後，一七八〇年七月六日，OIOC: G/17/5, ff. 292-95。

16 題為〈喬治・鮑德溫【對東印度公司董事會的】卑微請求〉（The Humble Petition of George Baldwin [to the East India Company Court of Directors]）的印刷小冊子，一七八三年四月二十三日，OIOC: G/17/5。

17 約翰・奧唐奈（John O'Donnell）致羅伯特・安斯利爵士，一七七九年八月五日，OIOC: G/17/5, ff. 260-66。

18 我的敘述整理自約翰・奧唐奈致羅伯特・安斯利爵士，一七七九年八月五日，OIOC: G/17/5; Eliza Fay, *Original Letters from India* (New York: Harcourt, Brace and Company, 1925), pp. 90-99; 以及〈德聖日爾曼先生及其同伴在埃及沙漠裡的痛苦敘述〉（Narrative of the Sufferings of M. de St Germain and his Companions in the Deserts of Egypt），BL: 哈斯汀文件，Add. MSS 29,232, ff. 305-6。大概指的是同一個插曲（儘管不久後在另一艘商船聖海倫娜號〔*St. Helena*〕發生了一起類似的事件），法國駐亞歷山卓港領事報告說，船員中「很多年輕的印度人」被迫皈依伊斯蘭教，還被強迫行割禮，受到了「嚴重的虐待」。（泰特布特〔Taitbout〕領事致海事部，一七七九年八月三日，AN: AE/BI/112。）

19〈標注日期為一七七九年七月五日的亞歷山卓港布蘭迪先生信件摘要〉，附於羅伯特・安斯利爵士致韋茅斯子爵的信後，一七七九年八月十七日，OIOC: G/17/5, f. 238。

20 羅伯特・安斯利爵士致彼得・蜜雪兒（Peter Michell），一七八〇年十月十七日，OIOC: G/17/5, ff. 305-10。

21 Rosemarie Said Zahlan，〈喬治・鮑德溫：傭傭兵？〉（George Baldwin: Soldier of Fortune?），見 Paul Starkey 和 Janet Starkey, eds., *Travellers in Egypt* (London: Tauris, 2001), p. 24. 途經蘇伊士開啟印度和英國之間交通的進一步計畫可參見 OIOC: G/17/6，其中包括一七七九年夏攜帶快信經埃及前往印度的馬克・伍德上尉的日記。當時在

東方的鮑德溫也遇到了豔光四射的士麥那女郎雅內・馬爾他斯並與她喜結連理，一七八二年，後者身穿東方服裝，請約書亞・雷諾茲爵士為其畫了一幅精采的肖像畫；二〇〇四年七月，這幅肖像在蘇富比售得三百三十六萬英鎊。

22 【喬治・鮑德溫】，〈對埃及的狀況和資源的看法，一七七三至一七八五年〉（Speculations on the Situation and Resources of Egypt, 1773 to 1785），OIOC: G/17/5, ff. 48-50, 57。

23 【喬治・鮑德溫】，〈關於途經蘇伊士至印度的交通的思考。如何破壞它，這為何必要，以及恢復它的可能性如何〉（Reflections concerning the Communication by way of Suez to India. How it came to be overset; and why it is necessary; and how it is possible to restore it），附於理查・斯科特致勞倫斯・沙利文的信後，一七八〇年七月六日，OIOC: G/17/5, ff. 289-91。

24 這條路線上也進行了試驗性的陸路旅行：參見〈Henry Doidge、Edward Ives、John Pye和三個僕人從東印度的孟加拉途經海洋和陸地抵達英格蘭的日誌〉（Journal of a Passage by Sea and Land from Bengal in the East Indies to England undertaken by Henry Doidge, Edward Ives, John Pye and three of their Servants），(1757-1759), NLW: 羅伯特・克萊武文件，SF3/1. 此文後來在Edward Ives, *A Voyage from England to India in the Year MDCCLIV*... (London, 1773)中有所描述。

25 亨利・鄧達斯等人致信卡馬森（Carmarthen），PRO: FO/24/1, f. 3；外交部致鮑德溫，一七八六年六月二十日，PRO: FO/24/1, f. 33。

26 鮑德溫致鄧達斯，一七八八年九月十六日，OIOC: G/17/6, f. 201。

27 鮑德溫致鄧達斯，一七八七年十月二十一日，OIOC: G/17/6, f. 183。

28 例如，在一七七五年的一份「致埃及三地法國居民區的概括聲明」的公告中，法國領事米爾列出了這三個城市的七十名法國男女老少。AN: AE B/III/290, f. 118。

29 馬加隆在一七八六年鄂圖曼重申其對埃及之控制的戰役中失去了相當一部分財產；他後來擔任法國領事。關於馬加隆家族和他們的損失，可參見馬加隆致外交部的信，一七八九年三月二十七日；以及貝特朗（Bertrand）致法國外交部的信，一七九三年一月二日，MAE: CCC Cairo 25。

30 François Charles-Roux, *Les Origines de l'expédition d'Égypte* (Paris: Plon-Nourrit, 1910). 另見他的 *Autour d'un route: l'Angleterre, l'isthme de Suez et l'Égypte au XVIIIème siècle* (Paris, 1922); *L'Isthme et le canal de Suez* (Paris: 1901); *Le Projet français de commerce avec l'Inde par Suez sous le règne de Louis XVI* (Paris, 1925). 這些檔案主要是在海事部檔案裡找到的（AN: Mar B/7/433, 440, 452, 462）：另見 SHAT: 1/M/1677 以及 MAE: 埃及回憶錄和檔案一和二十一。考慮到英美學術界對拿破崙的侵略目前最突出的解讀，史學的監督尤為重要，愛德華·薩依德的《東方學》把遠征背後的動機主要歸因於哲人旅行家康斯坦丁·沃爾內的著作。

31 薩爾坦（Sartine）致德托特，一七八一年四月十四日，AN: Mar B7/440。信中強調了謹慎的重要性，因為德托特素有「關於自己的任務說得太多」的名聲。

32〈德托特男爵祕密使命的報告〉（Compte rendu de la mission secrète du Baron de Tott），一七七九年，AN: Mar B7/440; Charles-Roux, *Les Origines,* pp. 70-82.

33 可參見〈致德布瓦涅先生的短信〉（Note pour M. de Boynes），一七七四年五月，AN: Mar B7/433。

34 Baron de Tott，〈鄂圖曼帝國國力與政治狀況調查及其所採取的對待法國的態度〉（Examen de l'État Phisique et Politique de l'Empire Ottoman, et des vues qu'il détermine relativement à la France）（未標注日期），AN: Mar B7/440。

35〈德聖迪迪埃先生對埃及的看法〉（Observations de M. de St. Didier sur l'Égypte），AN: Mar B7/440。

36 葛蘭維爾致鄧達斯，一七九三年二月八日，引文見 Zahlan, pp. 34-35。

37 George Baldwin，〈關於瘟疫〉（Essay on the Plague），一七九一年七月十二日，OIOC: G/17/6, f. 246。

38 喬治·鮑德溫致伯努瓦·德布瓦涅，一八二三年六月十四日，ADS：德布瓦涅藏品。

39 George Baldwin, *Mr. Baldwin's Legacy to His Daughter,* 2 vols. (London, 1811), II, p. i.

40 George Baldwin, *La Prima Musa Clio* (London, 1802).

41 鮑德溫致鄧達斯，一七九九年十月九日，OIOC: G/17/6, ff. 268-69。

42 Charles Magallon，〈呈送法蘭西共和國外交部長的埃及簡報〉（Mémoire sur l'Égypte presenté au Ministre des Relations Extérieures de la République Française），一七九八年二月九日，MAE: 埃及回憶錄與檔案 21。

43 Henry Laurens, *L'expédition d'Égypte 1708-1801* (Paris: Éditions du Seuil, 1997), pp. 34-36, 42.

44 但多少有些虎頭蛇尾的是，除了聖瑪律谷之馬以外的全部藝術品都留在他們的木箱子裡。Andrew McClellan, *Inventing the Louvre* (Cambridge, UK: Cambridge University Press, 1994), pp. 117-23.

45 Duffy, p. 190.

46 參見〈波拿巴將軍關於對抗英格蘭的計畫，並談及他對埃及的看法〉（Projets contre l'Angleterre, dans les quels le Gal. Bonaparte laisse parler ses vues sur l'Egypte），AN: AF/IV/1687, Dossier II, Pièces 18-19.

47 Alain Blondy, *L'Ordre de Malte au XVIIIème siècle: des dernières splendeurs à la ruine* (Paris: Bouchene, 2002), pp. 372-73.

48 *Correspondance de Napoléon I,* 32 vols. (Paris, 1858-69), IV, p. 256.

49 Dominique Vivant Denon, *Voyage dans la basse et la haute Égypte* (Paris: Gallimard, 1998), p. 71. 後來的浪漫版本通常引述為：「四十個世紀的歷史在看著你們！」

50 Laurens, p. 126. 戰役甫一結束，布里耶納便到達這裡：「我們看到尼羅河兩岸布滿成堆的屍體，河浪一刻不停地把他們沖向大海。這種可怕的場面……讓我們相當確定地推測這場戰役對於馬木路克人的打擊是致命的。」引文見 Shmuel Moreh, trans. and ed., *Napoleon in Egypt: Al-Jabarti's Chronicle of the French Occupation, 1798* (Princeton, N.J., and New York: Markus Wiener, 1993), p. 142.（以下引用時簡稱為 Al-Jabarti。）

51 Laurens, p. 128.

52 Al-Jabarti, p. 38.

53 納爾遜致聖文森特（St. Vincent），一七九八年六月十七日，BL: 納爾遜文件，Add. MSS 34,907, f. 32. 關於日期：這場戰役各種事件的準確日期相當不一致，鑑於使用了穆斯林曆、大革命曆和格里曆三種不同的日曆，這或許也就不足為奇了。我遵循 Laurens 著作中使用的年表。

54 納爾遜致聖文森特，一七九八年七月十二日。

55 Jean-Joel Brégeon, *L'Égypte française au jour le jour 1798-1801* (Paris: Perrin, 1991), pp. 106-7; Laurens, pp. 56-57; Denon, pp. 51-54; C. F. La Jonquière, *L'Expédition d'Égypte*, 5 vols. (Paris, 1899-1907), II, p. 279. 日期各不相同。

56 拿破崙指責布呂埃斯上將把艦隊留在海灣，而沒有安全抵港，還指責維爾納夫上將作戰無能。關於有力的反駁，參見 Alan Schom, *Napoleon Bonaparte* (New York: HarperCollins, 1997), pp. 132-44.

57 Brégeon, p. 109.

58 參見 Lachadenède 在 *La Jonquière*, II, pp. 396-400 中最初的敘述。和很多水手一樣，他也不會游泳，全憑緊緊抓住一根浮木而在後續的戰鬥中倖存下來。

59 La Jonquière, II, p. 419.

60 Schom, p. 142; Napoleon, *Campagnes d'Égypte et de Syrie,* Henry Laurens 作序 (Paris: Imprimerie Nationale, 1998), p. 121.

61 納爾遜致聖文森特，一七九八年六月十七日，BL: 納爾遜文件，Add. MSS 34,907, f. 32.

62 Laurens, pp. 130-32, 200-202.

63 La Jonquière, II, p. 65.

64 Brégeon, pp. 274-75.

65 Saladin Boustany, ed., *The Journals of Bonaparte in Egypt 1798-1801, VIII: Bonaparte's Proclamations as Recorded by Abd al-Rahman al-Jabarti* (Cairo: Dar al-Maaref, 1971), pp. 1-3.

66 〈一位佚名法國軍官的日記，一七九八至一七九九年〉（Diary of an anonymous French officer, 1798-99），BL: 納爾遜文件，Add. MSS 34,942, f. 83.

67 同上。f. 84. 這裡的敘述並非在本質上令人難以置信：羅塞塔是埃及最親法國的城市。根據青年工程師愛德華・德維利耶・杜特雷奇的說法，「我得知羅塞塔的沒落是由於我們在馬爾他解放的（穆斯林）奴隸所帶來的公告。他們來之前，希望殺死所有的歐洲人。但讀過公告後，所有的人都改變了面目。」Édouard Villiers du

Terrage, *Journal et souvenirs sur l'expédition d'Égypte (1798-1801)* (Paris, 1899), p. 51.

68 Laurens, pp. 98-101.

69 Al-Jabarti, pp. 24-33.

70 參見 Albert Hourani 的解讀：「這個政治宣傳中無疑內有乾坤，但也有對穆罕默德成就的崇拜（拿破崙在晚年又回到了這一主題），以及一種『啟蒙理性主義者』的宗教觀點。……」Albert Hourani, *Islam in EuropeanThought* (Cambridge, UK: Cambridge University Press, 1991), p. 15.

71 〈米爾先生對埃及的政治回憶〉（Mémoire politique de Mr. Mure sur l'Égypte），SHAT: 1/M/1677。

72 *Courier de l'Égypte* 第一期（法國共和曆六年果月十二日），翻印於 Saladin Boustany 編輯，*The Journals of Bonaparte in Egypt 1798-1801, IV: Courier de l'Égypte* (Cairo: Dar al-Maaref, 1971); *Campagnes*..., p. 148.

73 Laurens, p. 158; *Campagnes*..., p. 149.

74 Mona Ozouf, *Festivals and the French Revolution,* trans. Alan Sheridan (Cambridge, Mass.: Harvard University Press, 1988).

75 *Courier de l'Égypte* 第八至十期（法國共和曆七年葡月六、十、十五日）；Patrice Bret, *L'Égypte au temps de l'expédition de Bonaparte 1798-1801* (Paris: Hachette, 1998), pp. 167-70.

76 關於鄂圖曼的政治宣傳，參見 Laurens, pp. 195-202.

77 Al-Jabarti, p. 62.

78 Boustany, ed., VIII, p. 19。遺憾的是，大部分聽眾都聽不懂開場講演，al-Jabarti 抱怨說，他們的阿拉伯發言人是貝都因人，而土耳其語發言人則是出身低微的農民。Laurens, p. 204.

79 Laurens, pp. 208-12; André Raymond, *Égyptiens et français au Caire 1798-1801* (Cairo: IFAO, 1998), pp. 110-12, 124-26.

80 *Campagnes*..., p. 163.

81 Al-Jabarti, p. 71.

82 Étienne Geoffroy Saint-Hilaire, *Lettres écrites d'Égypte*... (Paris: Hachette, 1901), p. 113.

83 Laurens, pp. 210-14.

84 *Courier de l'Égypte* 第二十一期（法國共和曆七年霜月二十五日），翻印於 Saladin Boustany, ed., *The Journals of Bonaparte in Egypt 1798-1801, IV: Courier de l'Égypte* (Cairo: Dar al-Maaref, 1971).

85 本段落基於 *Campagnes*..., pp. 144-48 的段落。

86 Laurens, pp. 284-85.

87 Jean Tulard, ed., *Dictionnaire Napoléon* (Paris: Fayard, 1987), p. 451.

88 Boustany, ed., VIII, pp. 32-33.

89 Al-Jabarti, p. 97.

90 Laurens, pp. 246-48.

91 Laurens, pp. 288, 539n. 來自麥加謝里夫的信件，譯文見 Silvestre de Sacy, *Chrestomathie Arabe, ou, Extraits de divers écrivains arabes*..., 3 vols. (Paris, 1826-27), III, pp. 319-27.

第五章：奪取塞林伽巴丹

1 關於塞林伽巴丹雅各賓俱樂部法文會刊原稿，參見 OIOC: MSS Eur K 179。我引自東印度公司當時的譯本 (OIOC: P/345/38, 馬德拉斯軍事會刊，一七九九年六月十一日）和刊於 M. Wood, *A Review of the Origin, Progress, and Result of the Decisive War with the Late Tippoo Sultaun, in Mysore*... (London, 1800) 的翻印件。包括 Mark Wilks, *Historical Sketches of the South Indian History*..., 2 vols. (London, 1817) 在內的幾種材料都把會刊的發行日期錯注為一七九八年。Wilks 說，其會員並非來自模里西斯的志願者。其中一些人是一七八九年到來此地的工人。

2 參見 Lynn Hunt, *Politics, Culture, and Class in the French Revolution* (Berkeley: University of California Press, 1984), pp. 52-86. 鑑於 Hunt 說雅各賓主義在法國周邊地區是最強烈的，調查海外的雅各賓黨人收穫尤多。商船上的很多雅各賓主義輸出人當然都是法國周邊地區的居民。

3 G. B. Malleson, *Final French Struggles in India*... (London, 1878), pp. 158-251; Jean-Marie Lafont, *La Présence française*

dans le royaume Sikh du punjab1822-49 (Paris: École Française d'Extrême Orient, 1992), pp. 77-116.

4 例如可參見 Francis Robson, *Life of Hyder Ally* (London, 1786) 以及看來他查閱過的〈一七八〇至一七八四年邁索爾戰爭的不完整草稿（一七八五年）〉（Incomplete draft (1785) of an account of the Mysore War 1780-84）(OIOC: MSS Eur K 116)。

5 標注日期為一七九九年六月二日的佚名信件，〈加里亞瓜內里紮營〉（Camp at Gariahguanelly），OIOC: MSS Eur B 276, f. 5.

6 〈P. A. 阿格紐中校向錫蘭總醫生尤爾特先生講述的一七九九年邁索爾戰爭，標注日期為一八〇〇年一月〉（Narrative of the Mysore War of 1799 by Lt. Col. P. A. Agnew addressed to Mr. Ewart Physician Genl. on Ceylon and dated January 1800），OIOC: MSS Eur D 313/5, f. 7。

7 Kate Teltscher, *India Inscribed: European and British Writing on India, 1600-1800* (New Delhi: Oxford University Press, 1995), pp. 229-55; Linda Colley, *Captives: Britain, Empire, and the World 1600-1850* (London: Jonathan Cape, 2002), pp. 269-307.

8 Maistre de la Tour, *The History of Nawab Hyder Ali Khan and of His Son Tippoo Sultan* (Jaipur: Printwell, 1991), p. 35.

9 Maistre de la Tour, pp. 37-38.

10 〈印度報告。龍騎兵上尉於高先生在一七六九、一七七〇、一七七一和一七七二年的旅行。一七七五年。第一部分〉（Nottes sur l'Inde. D'après un Voyage fait pendant les années 1769, 1770, 1771 et 1772 par M. Hugau Capitaine de Dragons. Année 1775. Première Partie），AN: AF IV 1686，帝國國務院，對外關係：波斯和印度，一八〇六至一八一〇年，p. 11。

11 法蘭西斯・布坎南在占領塞林伽巴丹一年後的東印度公司一次調查期間到訪這座城市，對於「龐大而未完工、難看並且不明智」的城堡表現出明顯的鄙視，並不公正地聲稱：「蒂普看來對他本人的技術自視過高，以至於沒有諮詢跟他差不多的法國人；並堅持採用印度舊式風格的築城和勞力，用層層疊疊的城牆和箭樓來加強此地的防禦。」Francis Buchanan, *A Journey from Madras Through the Countries of Mysore, Canara, and Malabar*..., 3 vols.

(London, 1807), I, p. 62.

12 Maistre de la Tour, p. 42, pp. *77-79*; Hasan, p. 237.

13 鄂圖曼人自從征服者穆罕默德時代以來便使用歐洲的軍事顧問，在此期間，德托特男爵監管阿卜杜勒－哈米德一世的軍火庫；法國軍官培訓了塞利姆三世的「新秩序」；而馬哈茂德二世改革後的軍隊則身穿法國制服。埃及的穆罕默德・阿里在拿破崙時期的老兵約瑟夫・塞夫上校的說明下，重新組織了他的軍隊。在波斯，英法兩國爭相把顧問送進法特赫・阿里國王的宮廷，這是後來的「大博弈」和冷戰手段的一次早期的嘗試。

14 喬賽亞斯・韋布（Josias Webbe）致哈里斯將軍，一七九八年七月六日，引文見 R. Montgomery Martin, ed., *The Despatches, Minutes, and Correspondence, of the Marquess Wellesley, K. G.*, 5 vols. (London, 1836), I, p. 75（下文引用時簡稱為 *Despatches...*）。

15 拿破崙致督政府，一七九八年四月十四日，*Correspondance de Napoléon I,* 32 vols. (Paris, 1858-69), I, p. 84。

16 引文見 Maurice Besson，《印度的薩沃伊黨人》（*Un Partisan Savoyard aux Indes: De Motz de la Sale de Lallée*），見 *Revue d'histoire des colonies* 22 (1934): 60. Malleson 誤把 Lallée 認作是（臭）名昭著的本地治理指揮官、海德拉巴的雷蒙的先驅 Lally 的侄子。這位 Lallée 是在僧侶生涯失敗後，於一七五八年前後加入法國東印度公司軍的，一七六三年至一七六五年前被囚在倫敦，隨後回到印度，顯然在一七九九年前後去世前一直在本地宮廷服務。一個名叫 Loustaunau 的前傭傭兵在一八〇四年呈交拿破崙的一份計畫中可以找到類似的愛國主張，Loustaunau 被「渴望對國家有用」所感動，表示願意在法國入侵印度時提供幫助。（〈呈送拿破崙的入侵印度計畫〉〔Plan Submitted to Napoleon for an Invasion of India〕，OIOC: MSS Eur D 458。）

17 A. W. C. Lindsay, ed., *Lives of the Lindsays...*, 3 vols. (London, 1849), III, p. 258.

18 引文見 Mohibbul Hasan, *History of Tipu Sultan* (Calcutta: Bibliophile, 1951), p. 15.

19 引文見 Anne Buddle, ed., *The Tiger and the Thistle: Tipu Sultan and the Scots in India* (Edinburgh: National Galleries of Scotland, 1999), p. 16.

20〈一七八〇至一七八四年邁索爾戰爭的不完整草稿（一七八五年）〉，OIOC: MSS Eur K 116, f. 84。

21 一九九九年十二月，我參觀達麗婭・道拉特・巴格宮時，印度考古研究所提供的說明標識本身就是一件工藝品：以下是全文：「這幅畫板的下半部分描繪了伯利魯爾戰役。海德爾・阿里和蒂普素壇在一側，中央部分描繪了貝利上校的戰敗，重點強調了爆炸和英軍方陣對原住民騎兵和法國軍隊的驚恐。貝利上校因傷坐在六個原住民士兵抬著的轎子裡，咬著自己的食指。貝爾德將軍和弗萊徹上校並肩騎馬，表現出對戰敗愈發困惑。方陣的左側頂部是彈藥車大爆炸。頭戴細長的帽子，身穿交叉背帶的紅色外衣、白色馬褲，黑鞋、白色腰帶的英國士兵用毛瑟槍保衛著他們的長官貝利上校，他們是這幅畫的重點。一片混亂，戰士們臉上充滿恐懼，胯下的馬臉上也是如此。英軍方陣受到四面八方的蒂普素壇騎兵和法軍的攻擊。畫面的最右上端站著手持漂亮儀器（望遠鏡？）的拉勒先生。他的制服和卷邊三角帽幾乎就像他的領導力一樣出色。原住民戰士拔刀衝鋒，一些人拿著弓箭。少數士兵被踩踏致死。死人屍首兩分。這幅畫描繪的勇敢、殘暴、困惑和恐懼都非常真實。」

22 Lewin Bentham Bowring, *Haidar Ali and Tipu Sultan, and the Struggle with the Musalman Powers of the South* (New Delhi: Asian Educational Services, 1997; 1st pub. 1899), p. 206. Bowring 形容這是「最有趣的漫畫」。

23 《標注日期為一七九九年六月二日的佚名信件……》，OIOC: MSS Eur B 276, f. 11.

24 Charlotte Florentia Clive, *Journal of a voyage to the East Indies, and during a residence there, a Tour, through the Mysore and Tanjore countries &c. &c. and the Return Voyage to England, OIOC: WD 4235, f. 90.*

25 〈塞林伽巴丹和邁索爾遊記概述〉（Sketch of a Journey to Seringapatam and Mysoor），NAS: 錫福斯契據，GD 46/17/39, f. 8。

26 J. Michaud, *History of Mysore Under Hyder Ali and Tippoo Sultaun*, trans. V. K. Raman Menon (New Delhi: Asian Educational Services, 1985; 1st pub. 1801), pp. 105-6.

27 以這種方式獲得哈里發的認可，讓蒂普在宣布從蒙兀兒皇帝獨立時得到了重要的合法證明。參見 Kate Brittlebank, *Tipu Sultan's Search for Legitimacy: Islam and Kingship in a Hindu Domain* (New Delhi: Oxford University Press, 1995), pp. 57-81. 蒂普的大使吳拉姆・阿里汗（Gholam Ali Khan）起初受命繼續在凡爾賽宮甚至倫敦任大使，但蒂普首先把他從君士坦丁堡召回。吳拉姆・阿里繼而去了亞歷山卓港、開羅和麥加，因病而一路坐在一把銀椅上被人抬去的（Hasan, pp. 128-38; Wilks, II, p. 361）。喬治・鮑德溫警告說「蒂普的大使在逗留此地期間，一直用大筆獎金邀請盡可能多的願意與他同行的歐洲水手，其中有一些是因為船隻在君士坦丁堡被出售而解散的英格蘭水手。」鮑德溫致外交部，一七八八年六月二十一日，PRO: FO 24/1, 外交部收件，埃及一七八六至一七九六年。

28 關於使團和蒂普的指示的詳細敘述，參見 Hasan, pp. 116-27。

29 Hasan, pp. 377-78. 另見 William Kirkpatrick, trans., *Select Letters of Tippoo Sultaun to Various Public Functionaries...* (London, 1811), pp. 369-78 和 454-55。

30 Hasan, pp. 117-18.

31 Michaud, p. 85.

32 Hasan, p. 119；《使節及其隨員漫步於聖克盧公園，一七八八年》水粉畫翻印在 Buddle 編輯之書中，p. 30。

33 Michaud, p. 85.

34 Buddle, ed., p. 29; Marcelle Brunet，〈蒂普－賽義卜使團（一七八八年）對塞夫爾瓷器的影響〉（Incidences de l'ambassade de Tipoo-Saib (1788) sur la porcelaine de Sèvres），*Cahiers de la Céramique* 24 (1961): 281。二〇〇〇年六月，一只印有一位使節形象的鈕扣在佳士得拍賣行售得將近四千英鎊。

35 *Conversation de l'ambassadeur de Tipoo-Saib, avec son interprète* (Paris, 1788); *Lettres de l'un des ambassadeurs de Typoo-Saïb, où il est beaucoup parlé des affaires du royaume de Gogo...* (Paris, 1789). Michaud 還反覆比較了蒂普和路易十六的相似之處，雖然這位忠誠的保皇黨旨在為後者辯護。

36 數字見 Hasan, p. 122.

37 Buddle, ed., pp. 29-31. Wilks 補充說，「使節們本來還對在路易十六授意下收到一些珍貴的禮物而興奮不已，結果卻帶著怨氣歸來。」受到輕視的穆罕默德・奧斯曼汗（Muhammed Osman Khan）指控同事們「很不得體地被異教徒女性的美麗所俘虜，甚至還接受了嚴禁的烈酒禮物」，以此作為報復 (Wilks, II, p. 361)。據 Michaud 說，使節們忍不住熱烈吹捧法國的奇蹟，這讓蒂普震怒不已，就地正法了其中的兩人，「再也沒有人談論法國的富庶了」(Michaud, p. 87)。

38〈蒂普素壇與法蘭西國王及各自屬下的通信〉（Correspondence between Tipu Sultan and the King of France, and their subordinates），OIOC: MSS Eur K 135。

39 Hasan, pp. 182-85. 基爾馬尼說一七九一年蒂普在自私的朝臣的惡意影響下，拒絕了法國提供的一千人的軍隊。Mir Hussain Ali Khan Kirmani, *History of Tipu Sultan: Being a Continuation of the Neshani Hyduri*, trans. W. Miles 上校 (Calcutta: Susil Gupta, 1958; 1st pub. 1864), p. 85.

40 備忘錄，一七九七年三月二十五日；蒂普致督政府，一七九八年八月三十日，OIOC: P/354/38。

41 Mahmud Husain, trans., *The Dreams of Tipu Sultan* (Lahore: Pakistan Historical Society Publications, [n.d.]), pp. 81-82. 這是蒂普在一七八五年至一七九八年記錄三十七個夢境的波斯語手稿的完整譯文。一七九九年，英國人與蒂普圖書室的其他書籍一起得到了這部手稿，如今存放在大英圖書館，OIOC: MSS Ethé 3001。

42 Hasan, p. 287; Wilks, II. pp. 635-36.

43 OIOC: P/354/38. 塞林伽巴丹陷落後，英國人愉快地翻譯了有關這位不光彩的大使的大量文獻。

44「我請求你給我派來一個能替我處理法國通信的公民，公民里波自己表達不清，他不是個文書」，蒂普致馬拉蒂克，An V, OIOC: I/1/12. 里波的一些留存至今的便條能讓我們清楚地看到，以發音來拼寫法語有多離譜。

45 使節們致蒂普，一七九八年四月三十日，OIOC: P/354/38. 他們給他送來七桶丁香和肉豆蔻樹，「在負責照料它們的一名衛兵的守護下，附有一信，內為歐洲人對這些樹名的詳細介紹，我們將其翻譯附上。」

46〈大總督馬拉蒂克派遣致蒂普素壇的法軍指揮官旅長沙皮伊的正式報告〉（Rapport officiel du chef de brigade Chappuis, commandant les forces française envoyées par le gouverneur général Malartic, auprès de Tipoo Sultan），BNF: MSS NAF 9374, f. 32.

47 Wilks, II, p. 645.

48《……正式報告》，f. 33. 沙皮伊對蒂普此時的舉動做了罕見的敘述，我是從此段落中得到其他細節的。

49 蒂普致威爾斯利，一七九八年十二月十八日，*Despatches*..., I, p. 381.

50 Wilks, II, p. 679.

51 當時的英國廣大讀者顯然也很喜歡它們：*Copies of Original Letters from the Army of General Bonaparte in Egypt, Intercepted by the Fleet Under the Command of Admiral Lord Nelson* (London, 1798), 其中有（非常不精確的！）英語譯文，單在一七九八年一年便至少印刷了十版，並啟發詹姆斯．吉爾雷創作了一幅極其精采的諷刺畫：法國人在埃及的八張「截獲的圖紙」。此書以拿破崙《告埃及人宣言》的譯文作為結尾。

52 這些寫於一七九八年至一七九九年間的信件是法國陣亡軍官所書。NAS: 庫爾特奎的馬克斯通．格雷厄姆（Maxtone Graham of Cultoquhey），GD 155/1261，湯瑪斯．格雷厄姆（Thomas Graham）文件。

53 拿破崙致蒂普，法國共和曆七年雨月七日（一七九九年一月二十六日），OIOC: P/354/38。

54 Silvestre de Sacy, *Chrestomathie Arabe, ou, Extraits de divers écrivains arabes*..., 3 vols. (Paris, 1826-27), III, p. 325.

55 Iris Butler, *The Eldest Brother: The Marquess Wellesley, 1760-1842* (London: Hodder & Stoughton, 1973), pp. 100-109.

56 〈印度總督致祕密委員會的備忘錄〉（Minute of the Governor-General to the Secret Committee），一七九八年八月十二日，*Despatches*..., I, p. 185.

57 〈莫甯頓伯爵致海德拉巴居民的信件摘錄，一七九八年十一月九日〉（Extract Letter from the Earl of Mornington to the Resident at Hyderabad dated 9th November 1798），OIOC: I/1/12, p. 674.

58 Wilks, II, p. 689.

59 《備忘錄》，*Despatches*..., I, p. 159.

60 尼羅河戰役後不久便有了報導，但威爾斯利「並不認為以波拿巴不顧一切銳意進取的精神，在面對愈來愈多的新困難的盛怒之下，他會不試圖進軍馬拉巴爾……」（威爾斯利致愛德華．克萊武，一七九八年十一月五日，*Despatches*..., I, p. 322）。畢竟，在地中海失去一支艦隊並不會直接影響拿破崙駛向紅海的能力──當時的一本小冊子也說明了這一點。參見〈答歐文書：舉例說明波拿巴所謂的遠征東方的可行性。東印度公司一現役軍官所作〉（Reply to Irwin: or, the Feasibility of Buonaparte's Supposed Expedition to the East, Exemplified. By an Officer in the Service of the East India Company）(London, 1798)。

61 正如 Edward Ingram 認為的那樣，「威爾斯利治下的英屬印度表現得像一個革命國家，沒有形成回應當地狀況的政策，而是試圖為實現他的目標而創造必要的條件。」Edward Ingram, *Commitment to Empire: Prophecies of the Great Game in Asia 1797-1800* (Oxford: Clarendon Press, 1981), pp. 117-18.

62 威爾斯利致董事會，一七九九年三月二十日，*Despatches...*, I, p. 501.

63 關於威爾斯利與拿破崙相似之處的一種有說服力的闡述，參見 Ingram, 第五章，特別是 pp. 189-91。

64〈法蘭西斯・斯凱利中校的日記（一七九〇至一七九二年）〉（Journal (1790-92) of Lt.-Col. Francis Skelly），OIOC: 斯凱利文件，MSS Eur D 877/2, ff. 23-24。

65 斯凱利致 N. 大衛森（N. Davison），一七九〇年二月八日，OIOC: MSS Eur D 877/4。蒂普後宮的解放是一七九九年發表的湯瑪斯・羅蘭森（Thomas Rowlandson）一幅漫畫的主題（翻印於 Colley, *Captives*, p. 294）。

66 引文見 William Dalrymple, *White Mughals: Love and Betrayal in Eighteenth-Century India* (London: HarperCollins, 2002), p. 180.

67 班傑明・西德納姆中校致威・柯克派翠克的信，一七九九年五月十五日，PRO: 康沃利斯文件，30/11/209, f. 6. 像此信這樣的塞林伽巴丹第一手敘述，關於這場戰役的餘波往往說得比戰鬥本身還多得多。

68 Alexander Beatson, *A View of the Origin and Conduct of the War with Tippoo Sultaun...* (London, 1800), p. civ.

69 Kirmani, p. 125.

70《P. A. 阿格紐中校向錫蘭總醫生尤爾特先生講述的一七九九年邁索爾戰爭，一八〇〇年一月》，OIOC: MSS Eur D 313/5, f. 7。

71 Kirmani, p. 129.

72 Kirmani, p. 124.

73〈……旅長沙皮伊的正式報告〉，BNF: MSS NAF 9374, f. 36。

74〈佚名信件……〉（Anonymous letter...），OIOC: MSS Eur B 276, ff. 6-7.

75 Michaud, p. 57.

76 威·柯克派翠克致威爾斯利，一七九九年七月二十六日，OIOC: MSS Eur E 196, f. 5. 他在一八一一年出版了自己注釋詳盡、大量編輯的樣本。柯克派翠克的兄弟、海德拉巴居民詹姆斯·阿基里斯（James Achilles）寄給他的一封信令人悲哀地提醒世人，歷史紀錄是如何被輕易操縱的。詹姆斯給威廉寄來蒂普的一些波斯語文件，並補充說他因為駐地辦公室過於擁擠而燒掉了其他很多文件。（詹·阿·柯克派翠克致威·柯克派翠克，一八〇一年九月十一日，OIOC: 柯克派翠克文件，MSS Eur F 228/13, f. 158。感謝 William Dalrymple 為我提供這份參考文獻。）

77 參見 OIOC: P/354/38 的原件。它們立即被 Wood 重印，並被 Wilks 和 Beatson 廣泛使用 (Brittlebank, pp. 10-11)。

78 Lachlan Macquarie，〈圍攻塞林伽巴丹的最早敘述〉（Original Account of Siege of Seringapatam），OIOC: 本部雜項 814。

79 班傑明·西德納姆致威廉·柯克派翠克，一七九九年五月十五日，PRO: 康沃利斯文件，30/11/209.

80 David Price, *Memoirs of the Early Life and Service of a Field Officer on the Retired List of the Indian Army* (London, 1839), p. 429.

81 Edward Moor, *A Narrative of the Operations of Captain Little's Detachment* (London, 1794), pp. 24-32.

82 Price, pp. 434-35.

83 Kirmani, p. 128.

84 Kirmani, p. 127.

85 阿瑟·威爾斯利致理查·威爾斯利，一七九九年五月八日，見第二代威靈頓公爵 Arthur Wellesley, ed., *Supplementary Despatches and Memoranda of Field Marshal Arthur Duke of Wellington, K. G.*, 6 vols. (London, 1858), I, p. 212.

86 Edward Moor, *Oriental Fragments* (London, 1834), p. 40.

87 Price, p. 435.

88 這是這個故事最廣為人知的版本，小販的描述各不相同，有人說他是七十四兵團的士兵，也有人說他是鼓手或擲彈兵。(Price, p. 435; Moor, p. 41; *Narrative Sketches of the Conquest of Mysore…* [London, 1800], pp. 105-6.)

89 關於獎品分配表，參見 Wellington, ed., I, pp. 223-24. 數字是星塔金幣的數量，當時一枚星塔幣約合八先令。

90 Philip Guedalla, *The Duke* (London: Wordsworth Editions, 1997), p. 91.

91 Wellington, ed., I, p. 242. 他的確最終接受了用繳獲的珠寶製作並由軍方授予的聖派翠克勛章。

92 就連董事會也對「分配規模嚴重不合比例」非常反感，並把哈里斯的款項挑出來加以批評：他們認為，他的十四萬英鎊應該由全體指揮官（也就是說，東印度公司的全體指揮官）分享（董事會致聖喬治堡的信，一八〇四年八月二十四日，OIOC: 本部雜項 83, ff. 543-44）。獎品的分配是長期激烈爭執的主題，這部分是因為財富要在公司的三支軍隊，公司軍、王室軍和海德拉巴的尼札姆之間分配。最大的醜聞是獎品委員會以兩支分遣隊五月四日距離行動地點過遠為由，企圖把他們排除在獎品分配之外。（參見 OIOC: 委員會合集，F/4/100/2034。副本和相關檔見 OIOC: 本部雜項 83；OIOC: L/Mil/5/159；以及 BL: 威爾斯利文件，Add. MSS 13641。）個人款項在數年內陸續發放：分紅在半島戰爭期間發放，滑鐵盧戰役後，獎品專員仍聲稱 1799 年的獎品拍賣導致債臺高築。有關款項的一連串事件可見 OIOC: 委員會合集，F/4/230/5258 和 5258A; F/4/278/6325（包括獎品名冊）；以及 F/4/355/8377。關於軍官個人的聲明，參見 F/4/292/6615 和 F/4/8953；關於獎品委員會的負債，F/4/11473。

93 然而，魁北克的沃爾夫是個顯而易見的先驅。關於早期其他的慶祝帝國勝利的例子，參見 Kathleen Wilson，〈英國漢諾威王朝中期的帝國、貿易和公眾政治：海軍上將弗農的情況〉（Empire, Trade, and Popular Politics in Mid-Hanoverian Britain: The Case of Admiral Vernon）*Past & Present* 121 (1988): 74-109；以及 P. J. Marshall，《「康沃利斯大捷」：十八世紀末的印度戰爭和英國公眾》，見 Lawrence Freedman, Paul Hayes 和 Robert O'Neill, eds., *War, Strategy and International Politics: Essays in Honour of Sir Michael Howard* (Oxford: Clarendon Press, 1992), pp. 57-74.

94 Pauline Rohatgi，〈從鉛筆到全景：畫報中的蒂普〉（From Pencil to Panorama: Tipu in Pictorial Perspective），見 Buddle, ed., pp. 39-52.

95 在這本小冊子的原始資料中，有標注日期為一七九九年六月二日的佚名信件，《加里亞瓜內里紮營》(OIOC: MSS Eur B 276) 以及班傑明．西德納姆中尉在威爾斯利的命令下寫的〈在塞林伽巴丹王宮裡發現的各種物品，並將其作為禮物呈送王室和董事會的物品描述〉（Description of various Articles found in the Palace of Seringapatam and sent to England as presents to the Royal Family and to the Court of Directors）(OIOC: 本部雜項 255)。

96 Abu Talib Khan, *The Travels of Mirza Abu Taleb Khan, in Asia, Africa, and Europe, during the Years 1799, 1800, 1801, 1802, and 1803*... trans. Charles Stewart, 2 vols. (London, 1810), II, pp. 95-96.

97 C. A. Bayly, *Imperial Meridian: The British Empire and the World 1780-1830* (London: Longman, 1989), p. 114.

98 C. A. Bayly，《愛爾蘭、印度和帝國，一七八〇至一九一四年》（*Ireland, India and the Empire 1780-1914*），*Transactions of the Royal Historical Society* VI (2000): 377-97.

99 邁索爾事務專員致理查・威爾斯利，一七九九年六月二十五日，以及一七九九年六月三十日，OIOC: 本部雜項 255。英國人無情地強調（並部分創建了）瓦迪亞爾王朝作為統治王朝和印度教徒的「合法性」，相形之下，海德爾與蒂普均屬於穆斯林「篡位者」。

100 參見 Nicholas Dirks, *Castes of Mind: Colonialism and the Making of Modern India* (Princeton, N.J.: Princeton University Press, 2001), pp. 81-123; Bernard S. Cohn，〈十九世紀印度物事向工藝品、文物和藝術的轉變〉（The Transformation of Objects into Artifacts, Antiquities and Art in Nineteenth-Century India），見 *Colonialism and Its Forms of Knowledge* (Princeton, N.J.: Princeton University Press, 1996), pp. 76-105; Thomas Metcalf, *Ideologies of the Raj* (Cambridge, UK: Cambridge University Press, 1995), pp. 113-59; Benedict Anderson, *Imagined Communities,* 2nd ed. (London: Verso, 1991), pp. 163-85.

第六章：勝利的收藏品

1 *Narrative Sketches of the Conquest of Mysore*... (London, 1800), p. 99.

2 對於實際公開展示的第一件印度物件卻不能這麼說：一六八五年威廉・赫奇斯（William Hedges）提供給阿什莫林博物館的一尊黑色粉砂岩毗溼奴。Richard Davis, *The Lives of Indian Images* (Princeton, N.J.: Princeton University Press, 1997), p. 143.

3 Ray Desmond, *The India Museum* (London: HMSO, 1982). 關於早期旅遊指南的描述，參見 *Old Humphreys Walks in London and Its Neighborhood* (London, c. 1804) 以及 E. W. Brayley, J. N. Brewer 和 J. Nightingale, *A Topographical and Historical Description of London and Middlesex*, 5 vols. (London, 1814). 它在約翰・濟慈的詩《帽子與鐘聲，一個關於嫉妒的童話故事》（一八一九至一八二〇年）裡被形容為「人－虎－機關」。

4 參見 *Narrative Sketches* 中的誇張演繹：「現代巴雅澤對英國民族強烈仇恨的這種典型象徵」(p. 100)。Mildred Archer 認為，蒂普之虎敘述的是赫克托・芒羅爵士之子休在蘇達班死於虎口之事；當然，有一件與蒂普之虎非常相似的名為《芒羅之死》的塑像作品在斯塔福德郡展出（約一八一五年）。Mildred Archer, *Tippoo's Tiger* (London: HMSO, 1959).

5 Alexander Beatson, *A View of the Origin and Conduct of the War with Tippoo Sultaun...* (London, 1800), pp. 153-54.

6 Kate Brittlebank，〈原力與福祉：蒂普之虎的力量〉（Sakti and Barakat: The Power of Tipu's Tiger），*Modern Asian Studies* 29 (1995): 257-69. 暗文密碼似乎是「以真主的名義」和「穆罕默德」，而不是像很多人所認為的「真主的勝利之獅」。Mohammad Moienuddin, *Sunset at Srirangapatam: After the Death of Tipu Sultan* (New Delhi: Orient Longman, 2000), pp. 140-41.

7 Davis, pp. 173-84; Moienuddin, pp. 42-44. 鑑於當時的英國人認為「印度斯坦原住民無法區分獅子和老虎」，這個口號尤其值得注意。(Beatson, pp. 155-56)。

8 George Annesley, *Viscount Valentia, Voyages and Travels to India, Ceylon, the Red Sea, Abyssinia, and Egypt, in the Years 1802, 1803, 1804, 1805, and 1806*, 3 vols. (London, 1809), I, p. 236.

9 David Price, *Memoirs of the Early Life and Service of a Field Officer on the Retired List of the Indian Army* (London, 1839), pp. 444-45; 威爾斯利致董事會，一七九九年八月十四日，OIOC: 本部雜項 255。在獎品拍賣會上以大約兩千五百英鎊買下胡瑪鳥的金特上校忠誠地以區區一千七百六十英鎊將其讓與東印度公司。

10 Valentia, I, p. 61. 其他獻給王室的禮物包括獻給威爾斯親王和約克公爵的一些蒂普的甲冑兵器；以及獻給喬治三世的「三頭獵豹或獵虎，一輛打獵車，兩頭受過訓練的公牛，以及在英格蘭捕獵獵豹所需的一切物品，與素壇在塞林伽巴丹的皇家狩獵毫無二致。與這些一併奉上的還有六名原住民獵手，其中三人是蒂普的手下。」但獵豹大概與國王一樣，沒有什麼條件去狩獵了。（〈由大衛斯少校掌管、送給尊敬的董事會主席的物品清單〉〔Note of the Articles sent, in charge of Major Davis, to the Chairman of the Honorable Court of Directors〕，OIOC: 本部雜項 255。）

11 Iris Butler, *The Eldest Brother: The Marquess Wellesley, the Duke of Wellington's Eldest Brother* (London: Hodder & Stoughton, 1973), pp. 212, 225.

12 阿瑟・威爾斯利致理查・威爾斯利，一七九九年八月十九日，*Supplementary Despatches...*, I, p. 289.

13 C. A. Bayly，〈英國軍政狀況及本土人的反抗〉（The British Military-Fiscal State and Indigenous Resistance），見 Lawrence Stone, ed., *An Imperial State at War: Britain from 1689 to 1815* (London: Routledge, 1994), p. 348; Davis, p. 156.

14 理查・威爾斯利致阿瑟・威爾斯利，一七九九年六月十九日，見第二代威靈頓公爵 Arthur Wellesley, ed., *Supplementary Despatches and Memoranda of Field Marshal Arthur Duke of Wellington, K. G.*, 6 vols. (London, 1858), I, p. 246.

15 西德納姆致威廉・柯克派翠克，一七九九年五月十五日，PRO: 康沃利斯文件，30/11/209, f. 6.

16 Price, p. 429。將近兩個世紀後，髭鬚重現人間，不列顛哥倫比亞的一位佩珀太太擁有此物，她致信維多利亞和艾伯特博物館，提出要將其出售。

17 *Narrative Sketches...*, pp. 86-87. 這個故事很可能是虛構的，但實際上無人知曉是誰殺死了蒂普素壇，因為蒂普的珠寶「如今十有八九成為那個幸運的士兵的戰利品……因為過於珍貴而不能草草承認。」小說中認領這一稱號的包括 G. A. Henty 的 *The Tiger of Mysore* (1895) 中的小英雄，以及最近的 Bernard Cornwell 系列小說中的探險家 Richard Sharpe (*Sharpe's Tiger,* 1998)。

18 參見〈與塞林伽巴丹獎品拍賣會上購物人應付金額有關的進一步行動〉（Further Proceedings relative to the sums due by Individuals on account of purchases at the Seringapatam Prize Sales），見 OIOC: F/4/476/11,473。

19 關於塞林伽巴丹物事如今的所在，參見 Anne Buddle, ed., *Tigers Round the Throne* (London: Zamana, 1990); Denys Forrest, *Tiger of Mysore: The Life and Death of Tipu Sultan* (London: Chatto and Windus, 1970), pp. 354-61; Moienuddin, *passim* 多處；以及維多利亞和艾伯特博物館印度與東南亞部的蒂普文件夾。關於貝克福德的水煙筒，見 Derek E. Ostergard, ed., *William Beckford 1760-1844: An Eye for the Magnificent* (New Haven: Yale University Press, 2001), pp. 338-39.

20 James Hevia, *English Lessons: The Pedagogy of Imperialism in Nineteenth- Century China* (Durham, N.C.: Duke University Press, 2003), pp. 74-118. 參加戰鬥的英軍裡有三分之一的人來自印度（掠奪時尤其醒目）。高級專員埃爾金伯爵成為印度總督，並於一八六三年死於任上，其父在君士坦丁堡任大使時曾獲取「埃爾金石雕」。

21 *Narrative Sketches...*, pp. 100-101. 這個段落直接取自下文引述的佚名信件，那封信翻印時命名為〈與攻克塞林伽巴丹有關的珍奇物品〉（Curious Particulars Relative to the Capture of Seringapatam），見 *Asiatic Annual Register,* vol. 1 (London, 1799)。

22 Kate Brittlebank, *Tipu Sultan's Search for Legitimacy: Islam and Kingship in a Hindu Domain* (New Delhi: Oxford University Press, 1997), pp. 114-19.

23 *Narrative Sketches...*, p. 98.

24 標注日期為一七九九年六月二日的佚名信件，〈加里亞瓜內里紮營〉，OIOC: MSS Eur B 276, f. 9.

25 *Narrative Sketches...*, pp. 99-100.

26 Price, p. 446. Price 估計圖書室有「三千到四千冊」的規模。為東印度公司編纂蒂普手稿目錄的 Charles Stewart 聲稱，「這些書籍中只有極少數是蒂普或其父購買的。它們是從撒努爾、古德伯和卡那提克等地掠奪而來的戰利品的一部分」(p. iv)。但對蒂普手稿的主人圖章和價格標記的研究表明，它們的出處各種各樣，而蒂普則是個圖書市場上的活躍買家，就像他同時代勒克瑙的那些人一樣。非常感謝 Jeevan Deol 博士在這一點上為我提供的幫助。

27 Charles Stewart, *A Descriptive Catalogue of the Oriental Library of the Late Tippoo Sultan of Mysore...* (Cambridge,

1809). 另有六十一冊圖書通過威廉堡的書院贈予孟加拉亞洲學會。參見〈亞洲學會圖書目錄〉（List of Books for the Asiatic Society）。OIOC: MSS Eur E 196, ff. 67-70; P. Thankappan Nair, ed., *Proceedings of the Asiatic Society, Vol. 2: 1801-1816* (Calcutta: Asiatic Society, 1995), pp. 147-49.

28 後來，兩個女孩如其祖父所願，實現了他的宏大野心：海莉耶塔．克萊武（一七八六至一八三五）嫁給了威爾斯首屈一指的紳士沃特金．威廉斯．溫（Watkin Williams Wynn）爵士；夏洛特（一七八七至一八六六）在一八一七年嫁給了第三代諾森伯蘭公爵休．珀西（Hugh Percy），並在一八三〇年至一八三七年任維多利亞公主的家庭女教師。格雷維爾（Greville）勛爵認為夏洛特的丈夫「正是這樣一種人：理解能力非常狹隘，說話滔滔不絕，非常讓人厭煩，」而她的小叔第四代公爵阿爾傑農卻有學者風範，還是個著名的埃及文物收藏家。格雷維爾的引言見 Mildred Archer 等人，*Treasures from India: The Clive Collection at Powis Castle* (New York: Meredith Press, 1987), p. 137.

29 Charlotte Florentia Clive, *Journal of a voyage to the East Indies, and during a residence there, a Tour, through the Mysore and Tanjore countries &c. &c. and the Return Voyage to England,* OIOC: WD 4235, p. 38.（下文引用時簡稱為克萊武遊記。）出自該遊記的引文時有誤歸為其母的。

30 克萊武遊記，pp. 61-62, 76-77, 90-96.

31 例如瓦倫西亞把它比作赫里福德郡，而胡德夫人認為高韋里河是「一條高貴的河流，水流湍急，河床崎嶇，在閨房的窗下如同富勒姆的泰晤士河一樣寬廣。」

32 海莉耶塔（女兒）致愛德華．克萊武，一八〇〇年三月二十日，NLW: 克萊武檔案，通信 2324。

33 引文見 Richard Altick, *The Shows of London* (Cambridge, Mass.: Harvard University Press, 1978), p. 23.

34 J. C. Beaglehole, ed., *The Endeavour Journal of Joseph Banks 1768-71*, 兩卷本 (Sydney: Angus and Robertson, 1962), I, p. 5；以及 Patrick O'Brian, *Joseph Banks* (Chicago: University of Chicago Press, 1993), pp. 26-27.

35 Richard Drayton, *Nature's Government: Science, Imperial Britain, and the "Improvement" of the World* (New Haven: Yale University Press, 2000), pp. 42-47.

36 海莉耶塔致愛德華・克萊武，一八〇二年一月二十八日，NLW: 克萊武檔案，通信463。

37 海莉耶塔致愛德華・克萊武，一八〇二年二月十八日，NLW: 克萊武檔案，通信466。

38 她得到公司收藏的兩位發起人，加爾各答植物園園長威廉・羅克斯伯勒（William Roxburgh）和（她認為「探礦的本領強於收拾行李」的）班傑明・海涅（Benjamin Heyne）的幫助，這兩人受託完成了邁索爾調查的地質學和植物學部分。

39 海莉耶塔和夏洛特致愛德華・克萊武，一八〇〇年三月至十月，NLW: 克萊武檔案，通信2323-35；克萊武遊記，p. 185。

40 在當時的英國，擁有寵物人體上還是一種上流社會的做法；無論是在動物還是人類，優良血統似乎都物以類聚。一八〇五年，英國舉行了首次動物巡展。Harriet Ritvo, *The Animal Estate: The English and Other Creatures in the Victorian Age* (Cambridge, Mass.: Harvard University Press, 1987), pp. 84-97, 207.

41 N・B・艾德蒙斯通（N. B. Edmonstone）致湯瑪斯・帕托爾（Thomas Pattle）的信，一八〇三年二月二十三日，BL: Add. MSS 19,346, f. 7。Mildred Archer 稱瓦倫西亞是「訪問印度的第一個壯遊者，也是唯一的一個，」儘管我認為這個頭銜值得商榷：Mildred Archer 和 Ronald Lightbown, *India Observed: India as Seen by British Artists, 1760-1860* (London: Victoria and Albert, 1982), p. 87.

42 他在這方面幾乎一切行為都非常粗魯。例如，貝拿勒斯的拉者「乞求我收下一把舊刀，尼夫先生稱他說過這把刀曾屬於（皇帝）菲羅什希爾。……但我對整個交易有點疑心，因為它的安排疑雲密布。……刀身也不像能配得上如此華麗的一位君主使用，刀柄是紫銅鍍金的，刀鞘是綠色的絲絨」(BL: Add. MSS 19,345, f. 38)。

43 引文見 Archer 等人，p. 27.

44 也是我讀到的唯一的一個人。英國女人在印度的收藏活動傾向於按照當時英國收藏文化的傳統；比如像伊莉莎白・普洛登和瑪格麗特・福克在一七八〇年代「收集」印度的歌曲等。與克萊武夫人關係比較近的先驅是瑪麗・英庇夫人，她在一七七〇年代陪同丈夫以利亞爵士到加爾各答，並資助了那裡的印度藝術家和公司學校的畫家。

45 參見詳盡的收藏目錄：Mildred Archer, Christopher Rowell 和 Robert Skelton, *Treasures from India: The Clive Collection at Powis Castle* (London: Herbert Press, 1987).

46 詹姆斯・柯克派翠克致威廉・柯克派翠克，一八〇一年九月十六日，引文見 William Dalrymple, *White Mughals*, p. 281n.

47 Archer 等人，p. 27.

48 Stuart Semmel，〈解讀過去的物質世界：滑鐵盧戰役後的英國旅遊、收藏和記憶〉（Reading the Tangible Past: British Tourism, Collecting, and Memory after Waterloo），*Representations* 69 (2000): 9-37.

49《塞林伽巴丹和邁索爾遊記概述》，NAS: 錫福斯契據，GD 46/17/39, p. 9。

50《遊記概述》，p. 11.

51 引文見 *DNB*, XVIII, p. 1255.

52 克萊武遊記，p. 102.

53 克萊武遊記，f. 26；引文見 Archer 等人，p. 29.

54「克萊武勛爵大人閣下箱內之物的說明」（Note of the Contents of the Case belonging to the Right Honble. Lord Clive），OIOC: 克萊武收藏，MSS Eur G 37/18. 這份清單與羅伯特・克萊武的檔案存放在一處，但其中的各種參考表明，所說的克萊武爵士是愛德華。清單的日期可以確定在一七八八年，因為肖像畫據悉是那年克萊武一家訪問義大利時托人畫的。(*Powis Castle* [London: The National Trust, 2000], p. 26.)

55 引文見 Archer 等人，p. 25。就連愛德華的父母也不時對他表示絕望。正如一七六六年其母坦承的那樣，「我認為就他的年紀來說，他在很多方面上都力不能及。」「但是，」她承認，「他心地善良，」而愛德華的確盡力了，他從伊頓公學給父親寫信（字跡如此吃力，像是在石頭上劃字一樣）「我將盡力以任何有用的東西來提高和培養思想，讓自己配得上您的愛和感情。」（瑪格麗特致羅伯特・克萊武的信，一七六六年十一月十二日；愛德華致羅伯特・克萊武，一七六六年十一月六日，NLW: 羅伯特・克萊武文件，CR 12/3。）

56 引文見 Butler, p. 201。

57 引文見 Archer 等人，p. 25。

58 引文見 Butler, p. 201。

59 愛德華致海莉耶塔・克萊武，一八〇一年十二月二日，BL: 波伊斯文件，Add. MSS 64,105, ff. 31-32。

60 愛德華致海莉耶塔・克萊武，一八〇二年五月二十九日，BL: Add. MSS 64,105, ff. 54-55。

61 愛德華致海莉耶塔・克萊武，一八〇三年五月九日，BL: Add. MSS 64,105, f. 110。

62 克萊武一家選擇了保護者毗溼奴而不是毀滅者溼婆的造像，這「表明了收藏家明確的認識和偏好」（Archer 等人，p. 112）。

63 愛德華致海莉耶塔・克萊武，一八〇二年五月二十九日，BL: Add MSS 64,105, ff. 54-55. 他沒有表明這是哪位「神靈」：甘吉布勒姆有兩座溼婆神的大神廟，但也有一座毗溼奴神廟，鑑於他的收藏品味，克萊武可能去的是後一個。

64 克萊武遊記，p. 111。

65 Archer 等人，p. 95。但關於在克萊武生前，其印度收藏如何以及在何處展覽，我們沒有什麼證據。

66 Valentia, I, p. 165.

67 Duffy, p. 201.

68 Rosemary Said Zahlan，〈喬治・鮑德溫：僱傭兵？〉，見 Paul Starkey 和 Janet Starkey, eds., *Travellers in Egypt* (London: Tauris Parke 2001), pp. 36-37.

69 理查・威爾斯利致大衛・貝爾德，一八〇一年二月十日，見 R. Montgomery Martin, ed., *The Despatches, Minutes, and Correspondence, of the Marquess Wellesley, K. G....* , 5 vols. (London, 1836), II, pp. 451-52. 亞瑟・威爾斯利也被提名加入探險隊，但在孟買的一場病讓他未能成行。他本來該乘坐的船碰巧在途中失蹤了：「再也沒有比這場熱病來得更及時的了，它阻止了拿破崙的未來征服者參加這次探險」(G. B. Malleson, *Final Struggles of the French in India... With an Appendix Containing an Account of the Expedition from India to Egypt in 1801* [London, 1878], p. 271)。

70 Henry Laurens, *L'expédition d'Égypte 1798-1801* (Paris: Éditions du Seuil, 1997), pp. 269-98.

71 引文見 Jean Tulard, *Napoléon: ou le mythe du sauveur,* 2nd ed. (Paris: Fayard, 1987), p. 99.

72 Dominique Vivant Denon, *Voyage dans la basse et la haute Égypte* (Paris: Gallimard, 1998), p. 342.

73 儘管戰役慘敗，他卻為了政治宣傳的目的，巧妙地借鑑了他的「東方」冒險的神祕感：Annie Jourdan, *Napoléon: Héros, empereur, mécène* (Paris: Aubin, 1998); Todd Porterfield, *The Allure of Empire: Art in the Service of French Imperialism* (Princeton, N.J.: Princeton University Press, 1998), pp. 43-79; 參見Darcy Grimaldo Grigsby，〈格羅的『瘟疫蹂躪下的雅法』（一八〇四年）裡的謠言、傳染病和殖民主義〉（Rumor, Contagion, and Colonization in Gros's Plague-Stricken of Jaffa [1804]），*Representations* 51 (1995): 8-10, 24-37.

74 哈欽森將軍致霍巴特勳爵，一八〇一年八月十六日，PRO: WO/ 1/345.

75 Étienne Geoffroy Saint-Hilaire, *Lettres écrites d'Égypte*... (Paris: Hachette, 1901), pp. 92, 152.

76 Édouard de Villiers du Terrage, *Journal et souvenirs sur l'expédition d'Égypte* (*1798-1801*) (Paris, 1899), p. 241.

77 第十六擲彈兵團查爾斯・菲茨莫里斯・希爾上尉的日記，OIOC: MSS Eur D 108, p. 36.

78 悉尼・史密斯爵士致基斯將軍（Admiral Keith），一八〇〇年九月二十八日，PRO: WO/1/344。

79 凱勒（Koehler）致葛蘭維爾，一八〇〇年七月十五日，以及一八〇〇年十一月十七日，PRO: FO/78/27.

80 此處的兩個段落基於 Piers Mackesy 極其詳實的 *British Victory in Egypt, 1801: The End of Napoleon's Conquest* (London: Routledge, 1995) 一書中的細節和討論。

81 James M'Gregor, *Medical Sketches of the Expedition to Egypt, from India* (London, 1804), p. 5. 關於軍隊和登船情況的部分紀錄，參見 OIOC: G/17/7, ff. 296-349。關於戰役結束後軍隊返回的情況，參見貝爾德致霍巴特勳爵的信，一八〇一年九月四日，PRO: WO/1/345。

82 希爾日記，pp. 74-80。

83 Comte Louis de Noé, *Mémoires relatifs à l'expédition anglaise de l'Inde en Égypte* (Paris, 1826), p. 142.

84 希爾日記，pp. 87-88。

85 安東尼・馬克斯通（Anthony Maxtone）致海倫・馬克斯通（Helen Maxtone），一八〇一年九月四日，NAS: 庫爾特奎的馬克斯通・格雷厄姆，GD 155/874/19。

86 貝爾德致哈欽森，一八〇一年九月二十四日，PRO: WO/1/345.

87 Denon, p. 187. 他如果得知現存的建築實際上是異國占領者羅馬人在西元前一世紀建造的，定會大吃一驚。

88 〈第八十四軍團約翰・巴奇上尉閣下的軍事日誌，一七九六年二月七日至一八〇二年二月十四日任大衛・貝爾德將軍副官，駐紮好望角、印度和埃及期間〉（Military Journal of John Budgen Esq. Captain Eighty-fourth Regiment, Aid [sic] de Camp on the Staff of General Sir David Baird during Service at the Cape, India and Egypt from Feb 7th 1796 to Feb 14th 1802），OIOC: MSS Eur A 102, ff. 53-54.

89 巴奇日記，f. 54。

90 Edward Daniel Clarke, *Travels in Various Countries in Europe, Asia and Africa,* 6 vols. (London, 1810), Part 2, vol. II, pp. 57-58.

91 這些旅行是 Brian Dolan, *Exploring European Frontiers: British Travellers in the Age of the Enlightenment* (London: Macmillan, 2000) 一書的主題。

92 Clarke, Part 2, vol. II, pp. 57-58.

第七章：對手

1 Jean-Jacques Fiechter, *La Moisson des dieux* (Paris: Julliard, 1994); Peter France, *The Rape of Egypt: How the Europeans Stripped Egypt of Its Heritage* (London: Barrie and Jenkins, 1991); Brian M. Fagan, *The Rape of the Nile: Tomb Robbers, Tourists, and Archaeologists in Egypt* (London: Macdonald and Jane's, 1975).

2 Edward Daniel Clarke, *The Tomb of Alexander* (London, 1805), pp. 38-39.

3 James Greig, ed., *The Farington Diary: August 28, 1802, to September 13, 1804* (New York: George H. Doran, 1923).

4 Michael Duffy，〈世界大戰與英國的擴張，一七九三至一八一五年〉，見 P. J. Marshall, ed., *Oxford History of the British Empire, Vol. II: The Eighteenth Century* (Oxford: Oxford University Press, 1998), p. 196.

5〈統領現駐亞歷山大港之法軍的阿卜杜拉・雅克・弗朗索瓦・梅努將軍向封鎖了亞歷山大港的英國國王陛下及鄂圖曼帝國海陸軍將軍提出的投降條約條款，法國共和曆九年果月十二日（一八〇一年八月三十日）〉（Articles de la Capitulation proposée par Abdoulahy Jacques François Menou Général en Chef de l'armée française actuellement à Alexandrie. A Messieurs les Generaux des armées de Terre et de mer de sa majesté brittannique et de la Sublime Porte formant le Blocus d'Alexandrie, en date du 12 fructidor an 9 de la Republique française [30 aout 1801]），PRO: WO/1/345, p. 450。

6 Étienne Geoffroy Saint-Hilaire, *Lettres écrites d'Égypte…* (Paris: Hachette, 1901), p. xxiv.

7 Édouard de Villiers du Terrage, *Journal et souvenirs sur l'expédition d'Égypte (1798-1801)* (Paris, 1899), p. 319.

8 Saint-Hilaire, pp. xxiii-xxv.

9 J. Christopher Herold, *Bonaparte in Egypt* (London: Hamish Hamilton, 1962), p. 387.

10 Saint-Hilaire, pp. xxiv-xxv.

11 Clarke, 引文見 *Brian Dolan, Exploring European Frontiers: British Travellers in the Age of Enlightenment* (London: Macmillan, 2000), p. 136.

12 Saint-Hilaire, p. xxv. 學者們與英國人之間的爭執，見 Yves Laissus, *L'Égypte, une aventure savante 1798-1801* (Paris: Fayard, 1998), pp. 396-400；以及 Henry Laurens, *L'Expédition d'Égypte 1798-1801* (Paris: Éditions du Seuil, 1997), p. 465. 參見 Saint-Genis，〈亞歷山大港及其周邊地區的文物說明〉（Description des Antiquités d'Alexandrie et de ses environs），見 *Description de l'Égypte: Antiquités, Descriptions*, 24 vols. (Paris: Panckoucke, 1820-30), V, pp. 181-82.

13〈法國人割讓的物品清單〉（List of objects ceded by the French），BL: Add. MSS 46,839, ff. 12-13. 另見 M. L. Bierbrier，〈大英博物館所獲之法國人侵埃及時發現的文物〉（The Acquisition by the British Museum of Antiquities Discovered During the French Invasion of Egypt），見 W. V. Davies, ed., *Studies in Egyptian Antiquities: A Tribute to T. G. H. James*，大英博物館專題選刊 123 (London: British Museum, 1998), pp. 111-13.

14 參見注釋 2。實際上，這具石棺是托勒密王朝前的法老內克塔內布二世（Nectambo II）的，雖然在破解象形文字前，克拉克無從知曉這一點。更多人認為，亞歷山大陵墓的地點在亞歷山卓港的納比．達尼亞爾清真寺（Mosque of Nabi Danial）。(Anthony Sattin, *The Pharaoh's Shadow* [London: Indigo, 2000], pp. 24-29.)

15 引文見 Laissus, p. 397. 譯文是本人所做。

16 Clarke, p. 38*n*. 威廉．理查．漢密爾頓的 DNB 條目異想天開地說「他得到一隊士兵的護送，冒著熱病的危險，划船駛向法國人的運輸船，並堅持帶走了寶貴的紀念碑」(*DNB*, VIII, p. 1119)。

17 Leslie Greener, *The Discovery of Egypt* (New York: Dorset Press, 1966), pp. 46-81; Anthony Sattin, *Lifting the Veil: British Society in Egypt 1768-1956* (London: J. M. Dent, 1988), pp. 7-19; Donald M. Reid, *Whose Pharaohs?: Archaeology, Museums, and Egyptian National Identity from Napoleon to World War I* (Berkeley: University of California Press, 2002), pp. 27-28; Jean-Marie Carré, *Voyageurs et écrivains français en Égypte, t. 1: des pélerins du Moyen Âge à Méhémet-Ali* (Cairo: IFAO, 1956), pp. 39-78.

18 Greener, pp. 39-41; Max Rodenbeck, *Cairo: The City Victorious* (New York: Vintage, 1998), pp. 33-34.

19 Jean-Marcel Humbert, Michael Pantazzi 和 Christiane Ziegler, ed., *Egyptomania: L'Égypte dans l'art occidental 1730-1930* (Paris: Réunion des musées nationaux, 1994), pp. 220-35.

20 例如，Jean Tulard 在他的經典著作 *Napoléon, ou le mythe du sauveur* (Paris: Fayard, 1987), pp. 95-96 中就是這樣暗示的。戰役與科學成就的關係早在 1830 年代編撰 *Histoire militaire et scientifique de l'expédition d'Égypte,* 10 vols. (Paris, 1830-36) 時就開始了。近來，法國自然歷史博物館舉辦了一場二百周年展藉以紀念那些學者；參見目錄，*Il y a 200 ans, les savants en Égypte* (Paris: Nathan, 1998).

21 Anna Piussi，〈法國遠征軍期間（一七九八至一八〇一年）埃及的形象：一個歷史殖民地的概略〉（Images of Egypt during the French Expedition (1798-1801): Sketches of a historical colony）（博士學位論文，Oxford University, 1992). 參見 Todd Porterfield, *The Allure of Empire: Art in the Service of French Imperialism 1798-1836* (Princeton, N.J.: Princeton University Press, 1998).

22 這篇序言（以及卷首插圖）的最初版本於一八〇九年霧月十八日提交拿破崙審核；他的改動不大，但那些改動微妙地美化了事件，以適應他當時的東方政策。至於一八二一年 Panckoucke 出版社的版本，所有提到拿破崙的地方都刪除了（這個工作量可不小），而該書的摘要讀來像是對法國的愛國讚美詩。(J.-J. Champollion-Figeac, *Fourier et Napoléon: L'Égypte et les Cent Jours, Mémoires et Documents Inédits* [Paris, 1844]；以及 Piussi, p. 177.)

23 參見 Reid, pp. 31-36.

24 Edward Miller, *That Noble Cabinet: A History of the British Museum* (Athens: Ohio University Press, 1974); Arthur MacGregor, ed., *Sir Hans Sloane: Collector, Scientist, Antiquary, Founding Father of the British Museum* (London: British Museum Press, 1994).

25 資料夾「大英博物館早期登記頁，埃及文物部」中的清單，大英博物館：埃及文物部。早年間，博物館擁有四具人類的木乃伊：一具來自斯隆的收藏，兩具是一七五六年勒特勒爾（Letheullier）家族捐贈的，第四具是愛德華．沃特利．蒙塔古（Edward Wortley Montague）獻給喬治三世的。一七九二年，哥廷根大學的一位醫生解剖了其中的一具，很可能是勒特勒爾捐贈的一具。（二〇〇〇年七月八日，M. L. Bierbrier 在倫敦 ASTENE 會議上提交的論文。）

26 確切的歷史見 William St. Clair, *Lord Elgin and the Marbles: The controversial history of the Parthenon sculptures,* 2nd ed. (Oxford: Oxford University Press, 1998).

27 Clarke, pp. 24, 29.

28 我關於德羅韋蒂的傳記資料主要參考了 Ronald T. Ridley, *Napoleon's Proconsul in Egypt: The Life and Times of Bernardino Drovetti* (London: Rubicon, 1998).

29 Afaf Lutfi al-Sayyid Marsot, *Egypt in the Reign of Muhammad Ali* (Cambridge, UK: Cambridge University Press, 1984), pp. 36-50.

30 George Annesley, Viscount Valentia, *Voyages and Travels to India, Ceylon, the Red Sea, Abyssinia, and Egypt, in the Years 1802, 1803, 1804, 1805, and 1806*, 3 vols. (London, 1809), III, p. 466.

31 Greig, ed., *The Farington Diary,* pp. 174-75.「國家的原因讓他不能公開與國王見面，」法靈頓說道，但兩人策劃

了一次在溫莎城堡衛兵室的「偶」遇。

32 米塞特致外交部，一八〇六年九月二十九日，PRO: FO/24/2, f. 134。

33 麥克勞德中校致其父，一八〇七年三月二十七日，NLS: MS 19,302, f. 142。

34 〈囚禁於偉大開羅的一位英國軍官的信件摘要，一八〇七年五月九日〉（Extract of a letter from a British officer a Prisoner in the Citadel of Grand Cairo May 9 1807），NLS: MS 19,304, f. 61.

35 NLS: MS 19,304, ff. 57-59；弗雷澤致德羅韋蒂，一八〇七年五月七日，見 Silvio Curto 和 Laura Donatelli, ed., *Bernardino Drovetti Epistolario (1800-1851)* (Milan: Cisalpino-Goliardica, 1985), p. 15.

36 士兵們被「當作奴隸賣到」埃及各地的說法來自 Mungo Park, *The Journal of a Mission to the Interior of Africa in the Year 1805*... (London, 1815), pp. civ-cv. 同一個資料來源還提到「贖回這些俘虜的贖金差別相當大；價格從每人二十到三十英鎊到逾百英鎊不等。但據說如果比較不同的價格，會發現贖金最高的是那些從名字上一定被認為出生於蘇格蘭的人；以及那些因為比旁人更有條理也更聰明而被認為更值錢的人。」幾乎毋庸贅言，派克本人就是個蘇格蘭人。

37 魯塞爾致外交部的信（下文引用時簡稱為「部裡」），一八一七年七月二十二日，MAE: CCC Aléxandrie（下文引用時簡稱為 Alex），第十九卷。

38 他在「一七七五年法國人在埃及組建的三個居住區的普遍情況下」，表現得像是「國家級麵包師」，AN: AE B/III/290, f. 118。

39 約瑟夫．巴爾塔隆致部裡的信，十二年果月二十九日，MAE: CCC Alex. 17.

40 Fiechter, pp. 23-25. 此次事件（在領事館通信中占據了一百多頁的內容）在 Ridley 的德羅韋蒂傳記中只是一筆帶過 (p. 37)。考慮到該事件的後果對於德羅韋蒂在埃及的生活和職業生涯的必然影響，這種陳述似乎過於簡短了。

41 Ridley 從弗雷澤的話裡推測羅西納「和德羅韋蒂顯然在一八〇七年結婚了」(p. 368)，但一八一八年的婚禮事宜可參見 MAE: CCC Alex. 19。

42 皮拉瓦納（Pillavoine）致部裡的信，一八二〇年三月六日，MAE: CCC Alex. 20。

43 Jean-Marie Carré, *Voyageurs et écrivains français en Égypte, I: Des pèlerins du Moyen Âge à Méhémet-Ali, 2nd ed.* (Cairo: IFAO, 1956), pp. 170-87. 夏多布里昂在 *Itinéraire de Paris à Jérusalem (1811)* 中記述了他的行程。

44 Ridley, p. 43; Fiechter, pp. 27-28.

45 Valentia, III, pp. 394, 432-33.

46 米塞特致外交部的信，一八一二年三月二十五日，PRO: FO/24/4, f. 26。

47 Fiechter, pp. 36-38; Carré, pp. 195-96. 布坦成為德羅韋蒂一家的好友，並依靠貝爾納迪諾為其搜羅情報、新聞和提供建議：參見 Curto 和 Donatelli, eds., *Epistolario*, pp. 35-65 多處他的信件；以及他兄弟致德羅韋蒂的信，pp. 127-28。一八一五年，布坦死於敘利亞土匪之手。

48 Ridley 錯誤地把「德羅韋蒂對文物感興趣的早期證據」的日期確定為一八一二年二月，也就是他安排為 Hester Stanhope 夫人解剖一具木乃伊之時 (p. 57)。

49 米塞特致外交部的信，一八〇六年三月二十二日，PRO: FO/24/2, ff. 113-14。

50 J. J. Halls, *The Life and Correspondence of Henry Salt, Esq. F. R. S....*, 2 vols. (London, 1834), I, pp. 45-47, 58.

51 Halls, I, pp. 136-37.

52 這層關係就是索爾特的舅舅湯瑪斯・西蒙・巴特（Thomas Simon Butt）牧師，他負責照料蒙特諾伊斯在斯塔福德郡的阿利莊園。Halls, I, pp. 65, 129.

53 引文見 Deborah Manley 和 Peta Rée, *Henry Salt: Artist, Traveller, Diplomat, Egyptologist* (London: Libri, 2001), p. 25. 索爾特對其短途旅行的敘述可見瓦倫西亞的 *Voyages...*。

54 《一七九六年王座法院喬治・瓦倫西亞子爵單方的訴訟紀錄》（Proceedings in the Court of King's Bench, *ex parte* George Viscount Valentia, 1796）(Kidderminster, 1799), pp. 6-7.

55 引文見 Nigel Leask, *Curiosity and the Aesthetics of Travel Writing, 1770-1840: "From an Antique Land"* (Oxford: Oxford University Press, 2002), p. 182.

56 〈通姦審判。關於約翰・貝倫格（原文如此）・高勒閣下與瓦倫西亞夫人通姦案，在王座法院凱尼恩勛爵面前的訴訟全程紀錄〉（Trial for Adultery. The Whole Proceedings on the Trial of John Bellenger [sic] Gawler, Esquire, for Criminal Conversation with Lady Valentia, in the Court of King's Bench, before Lord Kenyon）(London, 1799), p. 51.

57 引文見 Manley 和 Rée, p. 64.

58 索爾特致瓦倫西亞，一八一五年四月十三日，以及一八一五年五月二日，BL: Add. MSS 19,347, ff. 136-38；索爾特致外交部，一八二五年五月二十一日，PRO: FO/78/135, f. 155。

59 Charles Ronald Middleton, *The Administration of British Foreign Policy 1782-1846* (Durham, N.C.: Duke University Press, 1977), pp. 244-53.

60 班克斯致卡斯爾雷，一八一五年四月十三日，PRO: FO/24/6, f. 83。

61 Halls, I, p. 485.

62 PRO: FO/24/6, f. 66.

63〈購自西奧法努斯．理查茲父子公司的禮物清單〉（List of gifts bought from Theops. Richards and Son），一八一五年七月十七日，PRO: FO/24/6, f. 90. 索爾特未來新娘的全名不得而知；他在一封致賓厄姆．理查茲的信中與其討論了她對他的拒絕和他的失望之情，一八一五年四月二日，BL: Add. MSS 19,347, f. 181。

64 瓦倫西亞致索爾特，一八一五年七月九日，BL: Add. MSS 19,347, f. 141。

65 索爾特致瓦倫西亞，一八一五年七月十九日，BL: Add. MSS 19,347, f. 143。

66 瓦倫西亞致索爾特，一八一五年七月九日，BL: Add. MSS 19,347, f. 141。

67 Andrew McClellan, *Inventing the Louvre* (Cambridge, UK: Cambridge University Press, 1994), pp. 198-200. 此次事件中，實際上只有半數戰利品物歸原主。

68 亨利．索爾特致瓦倫西亞勳爵，一八一五年十月七日，引文見 Halls, I, pp. 425-27. 這封信的原件以及索爾特致瓦倫西亞的其他信件均見於 BL: Add. MSS 19,347. Halls 刪改了索爾特的部分信件；如有那種情況，我會引用原件。

第八章：搬運

1 米塞特致英國外交部，一八一四年六月十八日，PRO: FO/24/5, f. 13.

2 Afaf Lutfi al-Sayyid Marsot, *Egypt in the Reign of Muhammad Ali* (Cambridge, UK: Cambridge University Press, 1984), p. 72.

3 Marsot, pp. 198-203；索爾特致英國外交部，一八一六年六月十五日，PRO: FO/24/6, ff. 110-12。

4 David Landes, *Bankers and Pashas: International Finance and Economic Imperialismin Egypt* (Cambridge, Mass.: Harvard University Press, 1958), p. 75. 關於對穆罕默德．阿里做法的福柯式的批評，參見 Timothy Mitchell, *Colonising Egypt* (Cambridge, UK: Cambridge University Press, 1988), 特別是 pp. 34-62。

5 索爾特致蒙特諾伊斯，一八一六年十二月二十八日，引文見 J. J. Halls, *The Life and Correspondence of Henry Salt, Esq. F. R. S....*, 2 vols. (London, 1834), I, p. 469.

6 索爾特致蒙特諾伊斯，一八一六年十二月二十八日，引文見 Halls, I, p. 469.

7 同上。

8 米塞特致英國外交部，一八一四年八月二十七日，PRO: FO/24/5, f. 27.

9 法國外交部致德羅韋蒂，一八一四年九月二十四日；德羅韋蒂致部裡的信，一八一四年十二月十日，MAE: CCC Alex. 18.

10 在法屬地中海領事館工作過三十年的泰德納是歷經磨難才走進這個行當的。他最初來自朗格多克，在利弗諾和加的斯開始其文員的工作，但陷入了一場與其表兄弟之妻的熱烈情事，後逃往西班牙。在去馬賽的途中，他的船遭到北非海盜的襲擊；他被俘並被馬斯卡拉的貝伊買下。三年半後，泰德納重獲自由，回到歐洲。他正是憑著流利的西班牙語、義大利語和阿拉伯語才進入了領事館。Marcel Emerit, ed., *Les Aventures de Thédenat: Esclave et ministre d'un Bey d'Afrique (XVIIIème siècle)* (Algiers: Société Historique Algérienne, 1948).

11 索爾特致蒙特諾伊斯，一八一六年十二月二十八日，引文見 Halls, I, p. 469.

12 魯塞爾致部裡的信，一八一七年七月二十二日，MAE: CCC Alex. 19.

13 索爾特致蒙特諾伊斯，一八一六年十二月二十八日，BL: Add. MSS 19,347, ff. 176-77.

14 索爾特致蒙特諾伊斯，一八一六年十二月二十八日，BL: Add. MSS 19,347, ff. 176-77.

15 Comte de Forbin, *Voyage dans le Levant en 1817 et 1818* (Paris: 1819), p. 226.

16 魯塞爾致部裡的信，一八一七年七月二十二日，MAE: CCC Alex, 19.

17 魯塞爾致部裡的信，一八一七年十二月十九日，MAE: CCC Cairo 26.

18 貝爾佐尼最全面的英文傳記是 Stanley Mayes, *The Great Belzoni: Archaeologist Extraordinary* (London: Putnam, 1959). 另見 Marco Zatterin, *Il gigante del Nilo: storia e avventure del grande Belzoni, l'uomo che svelò i misteri dell'Egitto dei faraoni* (Milan: Mondadori, 2000)；以及 Maurice Willson Disher, *Pharaoh's Fool* (London: Heinemann, 1957). 抵達馬爾他後，貝爾佐尼的計畫是繼續前往君士坦丁堡，在那裡找工作。

19 伊斯梅爾．直布羅陀幫助領導了一八二五年的鄂圖曼－埃及聯軍入侵伯羅奔尼撒。他還與鑑賞家威廉．蓋爾交好，後者鼓勵英國的數名年輕人去埃及學習和旅行。Jason Thompson, *Sir Gardner Wilkinson and His Circle* (Austin: University of Texas Press, 1992), p. 32-33.

20 大英博物館存有貝爾佐尼當時演出這場戲的一幅圖樣，翻印在 Mayes 和 Disher 的書中。

21 對於莎拉所知不多，她的愛爾蘭人和亞馬遜混血兒背景很少或無人提及。近來的研究表明，她一七八三年出生於布里斯托，出生時名叫莎拉．班納或貝恩；一八七〇年，她死於澤西島 (Zatterin, pp. 30, 267-69)。她以一篇名為〈埃及、努比亞和敘利亞婦女的簡短敘述〉（Short Account of the Women of Egypt, Nubia, and Syria）的文章，為貝爾佐尼的 *Narrative* 作了補充，這篇文章可參見 Billie Melman, *Women's Orients: English Women and the Middle East, 1718-1918* (London: Macmillan, 1992), pp. 180-82.

22 Mayes, p. 72.

23 Giambattista Belzoni, *Narrative of the Operations and Recent Discoveries in the Pyramids, Temples, and Tombs, and Excavations, in Egypt and Nubia...*, 2nd ed. (London, 1821), p. 24.

24 關於布爾克哈特，參見 Katherine Sim, *Desert Traveller: The Life of Jean Louis Burckhardt* (London: Phoenix Press,

2000).

25 Belzoni, p. 96; BL: Add. MSS 19,347, ff. 167-68.

26 Halls, I, pp. 491-92.

27 Belzoni, p. 25.

28 同上，p. vi.

29 貝爾佐尼在抵達埃及後不久，便數次致信德羅韋蒂，請求協助對付帕夏。(*Epistolario,* pp. 76-79, 82-83.)

30 貝爾佐尼把此書的一個副本寄給亞歷山卓港的副領事、他的朋友彼得・李，他寫道，「您會在此書中發現很多錯誤，特別是埃及那個國家的制度，說實話，並不總是合乎政治的，但我是為英格蘭而寫此書的」（貝爾佐尼致彼得・李，一八二一年十二月二十九日，BL: 詹姆斯・伯頓文件，Add. MSS 25,658, ff. 1-2). 有趣的是，在一片反法的氣氛中，此書卻旋即被譯為法語，只有極少修訂；德語和義大利語版本也依次以此版為模本準備 (Mayes, pp. 255-56)。

31 Belzoni, p. 39.

32 同上，pp. 110-11. 貝爾佐尼總是以「雅克」這個名字的各種變體來稱呼里福。

33 同上，p. 126.

34 Donald M. Reid, *Whose Pharaohs?: Archaeology, Museums, and Egyptian National Identity from Napoleon to World War I* (Berkeley: University of California Press, 2002), p. 40.

35 魯塞爾致部裡的信，一八一七年二月二十四日，MAE: CCC Alex. 19.「我會答覆說，」他說道，「法軍散布於整個埃及，還有如此眾多的仇敵，他們沒時間屈尊去考慮想把它運走的學者們的願望；而英軍全部集中於亞歷山卓港，有很多可以任意支配的手段，他們徒勞地試圖把兩座克麗奧佩特拉方尖碑其中之一搬走，卻無法移動它分毫。」

36 Belzoni, p. 135.

37 Halls, II, pp. 32-33.

38 索爾特致英國外交部，一八一七年十月十二日，PRO: FO/78/79, ff. 64-65；海軍少將查理斯・彭羅斯爵士致英國外交部，一八一七年十二月九日，PRO: FO/78/89, f. 82.

39 索爾特致蒙特諾伊斯的信，一八一八年八月七日，引文見 Halls, I, p. 494.

40 G. Belzoni, *Narrative of the Operations and Recent Discoveries in the Pyramids, Temples, and Tombs, and Excavations, in Egypt and Nubia...*, 3rd ed., 2 vols. (London, 1822), I, p. 224.

41 Belzoni, 2nd ed., p. 349.

42 同上，pp. 230-36.

43 Jean-Jacques Fiechter, *La Maisson des dieux* (Paris: Julliard, 1994), pp. 40-41.

44 魯塞爾致部裡的信，一八一七年一月二十二日，MAE: CCC Alex. 19; 魯塞爾致部裡的信，一八一七年十二月十九日，MAE: CCC Cairo 26。

45 皮拉瓦納致部裡的信，一八一九年八月十四日，MAE: CCC Alex. 20。

46 Forbin, p. 267.

47 Belzoni, pp. 248-49.

48 Belzoni, p. 354.

49 方尖碑的競賽並未終結於此。班克斯和德羅韋蒂在一年之後仍在爭論它的歸屬，但他們拒絕將爭議上達穆罕默德・阿里，因為他們「擔心帕夏殿下會將其據為己有，如此便不會得罪任何一方，而這種差別會在將來成為他拒絕批准哪怕最輕微的挖掘的理由。這種恐懼讓德羅韋蒂先生陷入沉默，並讓班克斯先生遂願將方尖碑運回英格蘭」（皮拉瓦納致部裡的信，一八一九年十月二十三日，MAE: CCC Alex. 20）。貝爾佐尼還幾乎完全失去了它：正當他試圖將其裝船時，方尖碑滑進了尼羅河，幸運的是，它又被人從那裡撈起來了。

50 Belzoni, pp. 364-67.

51 Belzoni, p. 436. 法國領事則對引來這種麻煩的「對文物的嫉妒的幽默」抱怨不已。皮拉瓦納致部裡的信，一八一九年八月十四日，MAE: CCC Alex. 20.

52 Belzoni, p. 437.

53 貝爾佐尼致彼得・李，一八二一年十二月二十九日，BL: 詹姆斯・伯頓文件，Add. MSS 25,658, ff. 1-2.

54 索爾特致蒙特諾伊斯，一八一六年十二月二十八日，引文見 Halls, I, pp. 472-73.

55 索爾特致蒙特諾伊斯，一八一七年十二月二十日，BL: Add. MSS 19,347, ff. 194-95.

56 索爾特致蒙特諾伊斯，一八一八年八月七日，BL: Add. MSS 19,347, f. 227.

57 索爾特致蒙特諾伊斯，一八一八年八月七日，BL: Add. MSS 19,347, ff. 225-27.

58 BL: 詹姆斯・伯頓文件，Add. MSS 25,661, f. 33. 索爾特最近的傳記作家對於蓋爾的指控為他進行了勇敢的辯護：Deborah Manley 和 Peta Rée, *Henry Salt: Artist, Traveller, Diplomat, Egyptologist* (London: Libri, 2001), p. 215.

59 Robert Richardson, M.D., *Travels Along the Mediterranean, and Parts Adjacent; in Company with the Earl of Belmore, During the Years 1816-17-18...*, 2 vols. (London, 1822).

60 Manley 和 Rée, pp. 125-32.

61 Dr. Robert Richardson, 引文見 Manley 和 Rée, p. 135.

62 索爾特致蒙特諾伊斯，一八一八年一月十八日，引文見 Halls, II, pp. 51-53.

63 Belzoni, p. 387.

64 Halls, II, pp. 16-17.

65 他們的傳記作者們找到了他們如此行事的原因：Mayes, pp. 190-91; Manley 和 Rée, pp. 137-38.

66 Halls, II, pp. 25, 17.

67 Belzoni, pp. 38-39.

68 Halls, II, pp. 27, 19.

69 貝爾佐尼致約瑟夫・班克斯爵士，一八一八年十一月十四日，BL: Add. MSS 19,347, f. 237.

70 Nigel Leask, *Curiosity and the Aesthetics of Travel Writing, 1770-1840: "From an Antique Land"* (Oxford: Oxford University Press, 2002), pp. 102-110, 123-28.

71 William St. Clair, *Lord Elgin and the Marbles: The Controversial History of the Parthenon Sculptures* (Oxford: Oxford University Press, 1998), p. 181.

72 索爾特致蒙特諾伊斯，一八一八年八月七日，BL: Add. MSS 19,347, f. 227.

73 《亨利・索爾特致約瑟夫・班克斯爵士的檔案副本，有意售給大英博物館的物品清單並附價格》（*Copy of Paper sent by Henry Salt to Sir Joseph Banks being the list of articles offered for sale to the British Museum with the prices*），BL: Add. MSS 19,347, ff. 236-37；索爾特致威廉・理查・漢密爾頓，一八一八年六月十日，引文見 Halls, II, pp. 299-301。

74 Halls, II, pp. 299-300.

75 Halls, II, pp. 301, 302*n*. 身為職業畫家的霍爾斯為埃爾金的辯護表明，在一八三〇年代初期，英國是如何看待此人與石雕兩者的名聲的：「這位貴族有幸將古希臘雕塑的最純淨領域中的最精美的收藏之一帶來英格蘭，並且很可能是從野蠻人的毀滅性破壞中搶救出來的，任何歐洲國家均會對此誇耀不已……首先應該做的是最終接受：主管法官所倚靠的證據，並最終由國會出資，以爵爺收集這些藏品所付出總價的一半金額，即三萬五千英鎊買下這批文物」(pp. 301-2n)。與其友索爾特不同，一八一五年，霍爾斯還反對從羅浮宮遣返藝術品。

76 班克斯致索爾特，一八一九年二月十四日，引文見 Halls, II, pp. 303-4. 在索爾特後來寫的一首笨拙的詩裡，絕不僅僅是一絲苦澀而已，他說文物「對於神經足以忍受吹毛求疵的批評家／急匆匆提出來的譏笑的人／或許可以補充一年的娛樂／把這種卑劣品味的可憐之人一掃而光」(Halls, II, p. 416)。

77 威威・理查・漢密爾頓致索爾特，一八一九年二月十六日，引文見 Halls, II, p. 305.

78 索爾特致班克斯，一八一九年五月二十八日，引文見 Halls, II, pp. 305-6.

79 索爾特致蒙特諾伊斯，一八一九年六月一日，BL: Add. MSS 19,347, ff. 251-54.

80 威・理・漢密爾頓致蒙特諾伊斯，一八一九年九月三十日，BL: Add. MSS 19,347, f. 263.

81 查爾斯・約克閣下（Rt. Hon. Charles Yorke）致約瑟夫・班克斯爵士，一八一九年十一月五日，引文見 Halls, II, p. 318.

82 索爾特致蒙特諾伊斯，一八二〇年六月二十五日，BL: Add. MSS 19,347, f. 315.

83 索爾特致蒙特諾伊斯，一八二二年五月十四日，BL: Add. MSS 19,347, f. 353.

84 Manley 和 Rée, pp. 206-9; Halls, II, pp. 338-86; 賓厄姆．理查茲致蒙特諾伊斯，一八二二年九月五日和二十四日，BL: Add. MSS 19,347, ff. 356-59.

85 索爾特致理查茲，一八二二年五月二十六日，引文見 Halls, II, p. 322.

86 Leask, p. 137.

87 Mayes, pp. 240-44.

88 James Stevens Curl, *The Egyptian Revival: An Introductory Study of a Recurring Theme in the History of Taste* (London: G. Allen & Unwin, 1982), p. 124; Richard Altick, *The Shows of London* (Cambridge, Mass.: Harvard University Press, 1978).

89 Mayes, p. 261.

90 *A Catalogue of the Valuable Collection of Antiquities, of Mr. John Belzoni, in Egypt, Nubia, etc. Which Will be Sold by Mr. Robins, at the Egyptian Hall, Piccadilly, on Saturday, the 8th of June, 1822, at Twelve o'Clock* (London, 1822). 大英圖書館的這份目錄部分注有價格。

91 Dorothy Middleton，《班克斯與非洲探險》（*Banks and African Exploration*），見 R. E. R. Banks et al., eds., *Sir Joseph Banks: A Global Perspective* (Kew: Royal Botanic Gardens, 1994); Mungo Park, *Travels in the Interior Districts of Africa: performed under the direction and patronage of the African Association in the years 1795, 1796 and 1797* (London, 1799); Mungo Park, *The Journal of a Mission into the Interior of Africa, in the year 1805* (London, 1815); *The Narrative of Robert Adams* (London, 1816). 人們如今仍可加入駱駝商隊，從摩洛哥西南的札戈拉（Zagora）出發，大約四十天抵達廷巴克圖。

92 薩拉．貝爾佐尼致簡．波特，一八二三年九月八日，BL: Add. MSS 35,230, f. 71。

93 引文見 Mayes, p. 284。

94 Annie Coombes, *Reinventing Africa: Museums, Material Culture, and Popular Imagination in Late Victorian and*

Edwardian England (New Haven: Yale University Press, 1994), pp. 7-28.

95 Mayes, pp. 285-87.

96 Mayes, pp. 293-95.

97 [Sarah Atkins], *Fruits of Enterprize...,* 2nd ed. (London, 1822), pp. 149-50。

98 Bela Bates Edwards, *Biography of Self-Taught Men* (Boston, 1832).

99 貝爾佐尼市網站，http://www.belzoni.com，二〇〇四年六月訪問。

100 Atkins, pp. 48, 17, 154.

第九章：復甦

1 一九〇六年，德國傳記 Hermine Hartleben, *Jean-François Champollion, sa vie et son oeuvre 1790-1832* (Paris: Éditions Pygmalion/Gérard Watelet, 1983) 一書講述了商博良神話般的破譯。

2 Vicomte de la Rochefoucauld，〈致國王的報告〉（Rapport au Roi），一八二六年五月十五日，AN: Maison du Roi, O/3/1418。

3 J.-F. Champollion, *Lettres écrites d'Égypte et de Nubie en 1828 et 1829* (Paris: 1833), pp. 12-13.

4 有關設立查理十世博物館的佚名備忘錄（1826 年），AN: O/3/1418。

5 Jason Thompson, *Sir Gardner Wilkinson and His Circle* (Austin: University of Texas Press, 1992), pp. 229-30.

6 這是那個時期最糟糕的惡意破壞行為之一。商博良不贊成這種做法，並利用自己的象形文字知識證明，黃道十二宮並不像很多人認為的那樣，出自遙遠的法老時代，實際上是由近得多的埃及的一位羅馬皇帝建起來的，神廟本身也是如此。一旦情況揭曉，博物館總館長福爾班伯爵便請求內務部退還博物館在黃道十二宮雕像上七萬五千法郎的投資。「這裡不是討論這場買賣發生的不假反思的方式的地方。事實是這座紀念碑的適當價格如今不能高於一萬法郎」（福爾班致王宮的信，一八二六年十二月二十二日，AN: O/3/1417)。

7 皮拉瓦納致法國外交部，一八一九年九月二十八日，一八一九年十一月二十九日，以及一八二〇年五月六日，

MAE: CCC Alex. 20. 德羅韋蒂告訴法國領事，他「出售陳列館的唯一目的是償還他欠帕夏的二十萬皮阿斯特。」

8 皮拉瓦納致部裡的信，一八二一年三月七日，MAE: CCC Alex. 21。

9 若瑪律致王宮的信，一八二四年十月三十日，AN: O/3/1414。

10 Todd Porterfield, *The Allure of Empire: Art in the Service of French Imperialism 1798-1836* (Princeton, N.J.: Princeton University Press, 1998), pp. 81-116.

11 這對於徹頭徹尾的波拿巴黨人商博良個人來說也是一次大赦，他曾因自己的政治同情而被迫辭去了早年間的一份工作。一八一五年，他的兄長和監護人讓・雅克・商博良－菲雅克（Jean-Jacques Champollion-Figeac）把他介紹給拿破崙，當時這位被廢黜的皇帝途經格勒諾布爾前往巴黎。皇帝「饒有興致地聽取了他闡述的計畫……，」商博良－菲雅克回憶道，「科普特語詞典特別吸引了他的注意力：『把那些都帶到巴黎來，』他對我說，『我們要把它印出來：那可比中文詞典容易多了。』」J.-J. Champollion-Figeac, *Fourier et Napoléon: L'Égypte et les cent jours, mémoires et documents inédits* (Paris, 1844), p. 232.

12 索爾特致蒙特諾伊斯，一八一八年八月七日，BL: Add. MSS 19,347, f. 233。

13 索爾特致納旦尼爾・皮爾斯（Nathaniel Pearce）的信，一八一九年九月十九日，引文見 J. J. Halls, *The Life and Correspondence of Henry Salt, Esq. F. R. S....*, 2 vols. (London, 1834), II, p. 146. 法國領事皮拉瓦納是見證人之一（皮拉瓦納致法國外交部的信，一八一九年十月二十三日，MAE: CCC Alex. 20）。

14 Deborah Manley 和 Peta Rée, *Henry Salt: Artist, Traveller, Diplomat, Egyptologist* (London: Libri, 2001), pp. 182-86.

15 索爾特致蒙特諾伊斯，一八二〇年六月二十五日，BL: Add. MSS 19,347, f. 313。

16 索爾特致蒙特諾伊斯，一八二三年五月十四日，BL: Add. MSS 19,347, f. 353。

17 索爾特致賓厄姆・理查茲，一八二〇年七月二十五日，BL: Add. MSS 19,347, f. 333。

18 Halls, II, p. 148.

19 索爾特致英國外交部的信，一八二四年四月二十八日，PRO: FO/78/126, f. 236。

20 Robert Hay, 引文見 Jason Thompson, *Sir Gardner Wilkinson and His Circle* (Austin: University of Texas Press, 1992), p.

87.

21 [Henry Salt], *Egypt, A Descriptive Poem, with Notes, by a Traveller* (Alexandria, 1824). 此書是在亞歷山卓港印刷的第一本英語書籍。文本翻印於 Halls, II, pp. 388-420。

22 Henry Salt, *Essay on Dr. Young's and M. Champollion's phonetic system of Hieroglyphics*... (London, 1825).

23 索爾特致理查茲，一八二五年六月十八日，引文見 Halls, II, p. 245。

24 索爾特致理查茲，引文見 Halls, II, p. 250。

25 商博良致布拉卡公爵（Duc de Blacas）的信，一八二五年七月二十四日，AN: O/3/1418。（布拉卡是法國駐那不勒斯大使。）

26 購買索爾特藏品的主要反對意見認為應該買下一個名叫約瑟夫・帕薩拉夸（Joseph Passalacqua）的對手的收藏。我們很難知道帕薩拉夸是如何集聚這個收藏的，因為我看到的英法兩國回憶錄、日記和信件中幾乎沒有人提到他。他在維威恩拱廊街五十二號舉辦展覽，距離國家圖書館的老館只有數步之遙。一八二五年至一八二七年間，他日益絕望地不斷降低價格，從十四萬法郎降到五萬法郎外加一份年金，反復向法國政府施壓，要求購買他的物品。他出版了一份目錄以利出售，並請若弗魯瓦・聖伊萊爾等學者配上博學的論述；一八二六年十一月，若弗魯瓦・聖伊萊爾還在法蘭西皇家科學院朗讀了關於帕薩拉夸藏品的報告。這份目錄清楚地表明，帕薩拉夸的收藏致力於重建古埃及人的生活，這與索爾特和德羅韋蒂的收藏不同，後者特別看重的是龐大而有紀念意義的物事。（*Catalogue raissonné et historique des Antiquités découvertes en Égypte par J. Passalacqua*... [Paris, 1826]. 向政府的提議和聖伊萊爾的報告見 AN: O/3/1417, 1418 和 1419）。收藏最終由普魯士買下，而帕薩拉夸則成為其館長。(Donald Malcom Reid, *Whose Pharaohs?: Archaeology,Museums, and Egyptian Identity from Napoleon to World War I* [Berkeley: University of California Press, 2002], p. 45.)

27 聖托尼致杜多維爾公爵（Duc de Doudeauville），一八二六年三月二十三日，AN: O/3/1418。

28 索爾特致理查茲，一八二七年五月十二日，引文見 Halls, II, pp. 268-9。

29 索爾特致聖托尼，一八二七年十月七日，引文見 Halls, II, pp. 275-6。

30 Manley 和 Rée, p. 269.

31 Khaled Fahmy, *All the Pasha's Men: Mehmed Ali, His Army, and the Making of Modern Egypt* (Cambridge, UK: Cambridge University Press, 1997).

32 詹姆斯・伯頓日記（一八二二至一八二三年），一八二二年十一月二十七日，BL: 伯頓文件，Add. MSS 25,624, ff. 132-33。

33 索爾特致英國外交部，一八二四年二月八日，PRO: FO/78/126, f. 226。

34 德羅韋蒂致部裡的信，一八二六年四月七日，MAE: CCC Alex. 22。

35 他在其一八二六年四月七日的快信中附上了一份清單，該清單翻印於 Ronald T. Ridley, *Napoleon's Proconsul in Egypt: The Life and Times of Bernardino Drovetti* (London: Rubicon, 1998), p. 308。

36 馬利瓦爾（Malivoire）致部裡的信，一八二六年四月四日，MAE: CCC Cairo 26；德羅韋蒂致部裡的信，一八二六年三月四日，MAE: CCC Alex. 22。

37 索爾特致英國外交部，一八二四年十一月十日，PRO: FO/78/126, ff. 265-66；夏多布里昂致穆罕默德・阿里，一八二四年三月九日，MAE: CCC Alex. 21。應當指出的是，穆罕默德・阿里也總是很在意以禮物向英國示好。一八二六年，他同時向查理十世和喬治四世贈送了長頸鹿；而他送給法國一座方尖碑的同時，也向英國贈送了克麗奧佩特拉方尖碑。索爾特致英國外交部，一八二六年十月二十七日，PRO: FO/78/147, f. 137；Michael Allin, *Zarafa: A Giraffe's True Story, from Deep in Africa to the Heart of Paris* (New York: Walker, 1998). 溫莎的長頸鹿比牠送到巴黎的同類更愛鬧病，兩年之後死了 (Manley 和 Rée, p. 253 和 p. 297, 注釋11). 喬治四世「得知……鹿和袋鼠都是埃及沒有的動物，」認為牠們「或許可以作為禮尚往來的禮物，得到（帕夏）殿下的重視」（英國外交部致索爾特，一八二六年十月五日，PRO: FO/78/160, f. 47）。

38 索爾特致英國外交部，一八二六年四月四日，PRO: FO/78/147, f. 72。

39 Hugh Honour, *Romanticism* (London: Icon Editions, 1979), p. 230.

40 引文見 David Brewer, *The Flame of Freedom: The Greek War of Independence, 1821-1833* (London: John Murray, 2001),

p. 321.

41 Brewer, pp. 325-36; Ernle Bradford, *Mediterranean: Portrait of a Sea* (London: Penguin, 2000), pp. 491-94; Manley 和 Rée, p. 273; Ridley, pp. 148-52.

42 巴克致英國外交部，一八二九年八月十八日，PRO: FO/78/184, ff. 205-6。參見 H. H. Dodwell, *The Founder of Modern Egypt: A Study of Muhammad Ali* (Cambridge, UK: Cambridge University Press, 1931), pp. 97-104.

43 米莫致法國外交部，一八二九年七月七日，MAE: CCC Alex. 23。

44 Champollion, p. 20.

45 一八二八年五月，德羅韋蒂致信商博良，鑑於納瓦里諾戰役後法國與埃及關係上的緊張狀態，勸阻他不要來此地。商博良沒有收到這封信就出發了；德羅韋蒂對商博良的到來大吃一驚，但還是熱情地歡迎了他。但商博良後來懷疑政局動盪的說法是被誇大了：「一切基本上無外乎自我利益的算計。文物販子們聽到我到達埃及準備挖掘的新聞都嚇得發抖。在我提交挖掘申請的敕令時，他們形成了一個小集團。……殿下聲稱，除了他的朋友德羅韋蒂和阿納斯塔西（Anastasi）之外，他不想給任何人頒發敕令。」最後，德羅韋蒂把自己的個人特許狀讓給商博良，解決了這個問題。(Champollion, pp. 44-45.)

46 Thompson, pp. 125-26.

47 *The Asiatic Journal and Monthly Register 26* (London, 1828), p. 346.

48 Reid, p. 43; Manley 和 Rée, pp. 213-23; Anthony Sattin, *Lifting the Veil: British Society in Egypt, 1768-1956* (London: J. M. Dent, 1988); Paul Starkey 和 Janet Starkey, eds., *Travellers in Egypt* (London: Tauris Parke, 1998).

49 詹姆斯·伯頓致羅伯特·海伊，一八三六年一月一日，BL: 海伊文件，Add. MSS 38,094, f. 93。

50 Neil Cooke，〈詹姆斯·伯頓：被人遺忘的埃及學家〉（James Burton: The Forgotten Egyptologist），見 Starkey 和 Starkey, eds., pp. 85-94。伯頓後來改名為哈利伯頓（Haliburton），並以此姓氏列入 *DNB*。

51 Selwyn Tillett, *Egypt Itself: The Career of Robert Hay of Linplum and Nunraw, 1799-1863* (London: SD Books, 1984).

52 羅伯特·海伊日記，一八二四年十一月二十三日，BL: 海伊文件，Add. MSS 31,054, ff. 81-83。

53 羅伯特・海伊日記，一八二六年四月，BL: 海伊文件，Add. MSS 31,054, f. 115。

54 Leila Ahmed, *Edward W. Lane: A Study of His Life and Works and of British Ideas of the Middle East in the Nineteenth Century* (London: Longman, 1978), pp. 23-49. 一八二六年，羅伯特・海伊陪同萊恩一起留在開羅，萊恩自我同化的程度給他留下了深刻印象。「他與目前在埃及的大多數旅行家一樣，穿突厥服裝，甚至吃飯也和他們一樣，只有少數人能做到這一點。……我必須承認，我認為所有來東方的旅行者都應該學習像本地人那般行事，比如在本地人陪同之下一起進餐，以免被人認為很難相處，但在沒有真正必要的情況下仍這樣做，在我看來就有點荒謬了，因為只有鄂圖曼人才習慣終生用手指抓飯吃，並將周圍之人同樣如此視作平常，其他地方的人可能偏愛於使用刀叉和勺子 來餵飽自己的那種不那麼笨拙的方式」（羅伯特・海伊日記，一八二六年二月二十二日，BL: 海伊文件，Add. MSS 31,054, ff. 106-7）。

55 伯頓，引文見 Manley 和 Rée, p. 233。

56 英國外交部致索爾特，一八二四年三月二十六日，PRO: FO/78/126, ff. 213-14.

57 索爾特致伯頓和威爾金森，一八二四年十一月八日，BL: 伯頓文件，Add. MSS 25,658, f. 8。

58 伯頓和威爾金森致索爾特，一八二四年十一月十八日，BL: 伯頓文件，Add. MSS 25,658, ff. 11-12; Thompson, pp. 45-47。

59 引文見 Thompson, p. 104. 另一位到訪的要人是拿破崙的典獄長赫德森・洛（Hudson Lowe）爵士，他出現在墓群中間，要求在當他晚些時候離開前帶他去看看風景。「要在一天之內看完所有的底比斯，這人的品味得有多貪得無厭！」羅伯特・海伊說道。毋庸贅言，湯瑪斯・庫克旅行社的時代還遠未到來呢。（羅伯特・海伊日記，一八二六年五月十八日，BL: 海伊文件，Add. MSS 31,054, f. 130。）

60 Kent Weeks, *The Lost Tomb* (New York: William Morrow, 1998).「底比斯繪圖計畫」的網站上有很多關於帝王谷挖掘史的資訊：http://www.thebanmappingproject.com，二〇〇四年六月訪問。

61 Champollion, p. 249.

62 J.-J. Champollion-Figeac, *L'Obélisque de Louqsour transporté à Paris* (Paris, 1833). 關於泰勒的探險，參見 BNF: MSS

NAF 9444。

63 威爾金斯致海伊，一八三一年六月二十六日，BL: 海伊文件，Add. MSS 38,094, f. 21。

64 Champollion, p. 276.

65 譯文和強調均為本人所做。詹姆斯・伯頓致約翰・巴克，一八二九年八月三日，BL: 伯頓文件，Add. MSS 25,658, f. 50。

66 伯頓致約翰・巴克，一八二九年八月三日，BL: 伯頓文件，Add. MSS 25,658, ff. 50-52。

67 巴克致伯頓，一八二九年八月十五日，BL: 伯頓文件，Add. MSS 25,658, f. 56。

68 Champollion, pp. 408-9.

69 Champollion, pp. 443-48. 羅伯特・海伊動人地寫到一座神廟，為了得到它的石頭而在當地貝伊的一聲令下被拆毀了：「聽說埃爾穆波利斯（Hermopolis）神廟遺跡被迅速毀滅了，我決定在它被徹底移出埃及文物清單之前去看看，因為等我回來以後，它的命運必將如此，如今，那裡還剩下三根立著的柱子。於是，我們按照自己的想法帶上投影描繪器，去這座廢墟記錄下最後的景觀，隨後出發了。……我們到達之時，正趕上看到這座神廟的淒涼結局！當我看到曾經期望能留下來給未來的旅行者展示埃爾穆波利斯曾經盛況的柱子匍匐在地時，未免大感失望，我簡直不敢相信自己的眼睛，這裡竟然是我曾經見過並畫下來的十一根巨大的柱子屹立的地點。從我所站之地看去，這塊土地就像是被掃蕩一空一樣！」（羅伯特・海伊日記，一八二六年四月二十四日，BL: 海伊文件，Add. MSS 31,054, ff. 117-8。）

70 伯頓致威廉・蓋爾爵士，一八二九年五月二十三日，BL: Add. MSS 50,135, f. 19。

71 伯頓致巴克，一八二九年八月三日，BL: 伯頓文件，Add. MSS 25,658, ff. 51-52。

72 George R. Gliddon, *An Appeal to the Antiquaries of Egypt on the Destruction of the Monuments of Egypt* (London, 1841).

73 羅伯特・海伊致《阿爾比恩報》（*Albion*）的信，一八三五年六月八日，BL: 海伊文件，Add. MSS 29,859, f. 32。

74 羅伯特・海伊致愛德華・霍金斯（Edward Hawkins），一八三五年八月二十五日，大英博物館：西亞文物部，部門通信，一八二六至一八六七年（新系列），第一卷。

75 伯頓致海伊，一八三六年一月一日，BL: 海伊文件，Add. MSS 38,094, f. 93。

76 愛德華·巴克致約翰·菲奧特·李（John Ffiott Lee），一八三一年十二月十七日，BL: Add. MSS 47,490, f. 120。

77 陸上路線在湯瑪斯·韋格霍恩（Thomas Waghorn）中尉身上找到了它新一代的喬治·鮑德溫，韋格霍恩不知疲倦地工作（並在官方的反對之下）建立了途經紅海抵達印度的輪船航線。一八四一年，他的努力終獲回報，當時穆罕默德·阿里授予英國人在蘇伊士停泊的特許權（Afaf Lutfi al-Sayyid Marsot, *Egypt in the Reign of Muhammad Ali* [Cambridge, UK: Cambridge University Press, 1984], p. 252）。

78 Reid, pp. 52-54, 108-12.

79 Reid, pp. 54-58. 希臘考古局成立於一八三三年，一八三四年通過了第一部出口和控制文物的法律。Maria Avgouli，《第一座希臘博物館和國家認同》（*The First Greek Museums and National Identity*），見 Flora E. S. Kaplan, ed., *Museums and the Making of 'Ourselves': The Role of Objects in National Identity* (London: Leicester University Press, 1994), pp. 246-65.

80 引文見 Reid, p. 58.

81 Gliddon, *An Appeal to the Antiquaries*, pp. 130-31.

82 Reid, p. 58；關於馬里耶特，pp. 99-108。

83 Reid, p. 56. 時至今日，開羅埃及博物館以及考古現場的外國遊客人數仍大大超過埃及人。

84 羅伯特·科斯特（Robert Coster）致約翰·菲奧特·李，一八三八年一月二十四日，BL: Add. MSS 47,490, f. 190。

85 R. R. Madden, *Egypt and Mohammed Ali, Illustrative of the Condition of His Slaves and Subjects, etc.* (London, 1841), pp. 110-98.

86 引文見 Kenneth Bourne, *Palmerston: The Early Years 1784-1841* (New York: Macmillan, 1982), p. 576.

87 Marsot, pp. 240-45.

88 引文見 Madden, p. 102.

89 Dodwell, pp. 183-91; Bourne, pp. 577-94, 引文見 p. 593。

90 Madden, p. 9.

91 Marsot, pp. 245-46; Bourne, pp. 595-620, 引文見 p. 616。

92 Marsot, *pp. 249-56; Juan R. I. Cole, Colonialism and Revolution in the Middle East: Social and Cultural Origins of Egypt's 'Urabi Movement* (Princeton, N.J.: Princeton University Press, 1993).

93 原圖存放於大英圖書館的海伊檔案中，但古爾納村最近在海伊當時製作它的不遠處立起了一件複製品。感謝 Caroline Simpson 向我提供的有關海伊全景圖的資訊。

94 Reid, p. 295.

結論：收藏一個帝國

1 Emily Eden, *Up the Country* (Oxford: Oxford University Press, 1930), pp. 293-94.

2 關於維多利亞時代帝國主義心態的一個經典的總結，見 Ronald Robinson 和 John Gallagher, *Africa and the Victorians: The Official Mind of Imperialism,* 2nd ed. (London: Macmillan, 1981), pp. 1-5。

3 *Asiatic Journal and Monthly Register,* vol. 26（一八二八年七至十二月），倫敦，pp. 606-7。

4 關於斯圖爾特和他那個時期的其他白人跨界者，參見 William Dalrymple, *White Mughals: Love and Betrayal in Eighteenth-Century India* (New York: Viking, 2002), pp. 23-43, 391-92；以及我的〈帝國收藏家：物品、征服與帝國的自我塑造〉（Collectors of Empire: Objects, Conquests and Imperial Self-Fashioning），*Past & Present* 184 (2004): 130-33。

5 Jan Morris, *Heaven's Command: An Imperial Progress* (London: Faber and Faber, 1973), pp. 64, 142, 175.

6 Thomas R. Metcalf，*Empire Recentered: India in the Indian Ocean Arena*，即將出版。

7 Sir John Kaye, *History of the War in Afghanistan...,* 2 vols. (London, 1851), II, pp. 218-50。

8 Captain J. Martin Bladen Neill, *Recollections of Four Years' Service in the East with H. M. Fortieth Regiment...* (London, 1845), pp. 272-73.

9〈埃倫伯勒勛爵啟程前往印度前，在可敬的東印度公司董事會對其表示敬意的晚餐會上的演講，一八四一年十一月三日〉（Lord Ellenborough's Speech, Before Departing for India, at the dinner given in his honour by the Court of Directors of the Honourable East India Company, November 3, 1841），見第三代科爾賈斯特男爵 R. C. E. Abbott, 3rd Baron Colchester, ed., *History of the Indian Administration of Lord Ellenborough* (London, 1874), p. 169。

10 J. A. Norris, *The First Afghan War 1838-42* (Cambridge, UK: Cambridge University Press, 1967), pp. 391-416.

11 Lt. James Rattray, *Scenery, Inhabitants, and Costumes of Afghaunistan…* (London, 1847), 第十八幅整頁插圖。

12 Rev. I. N. Allen, *Diary of a March through Sinde and Affghanistan, with the troops under the command of General Sir William Nott, K. C. B., and sermons delivered on various occasions during the campaign of 1842* (London, 1843), p. 277.

13 Neill, p. 244; Rattray, 第十八幅整頁插圖。

14 J. H. Stocqueler, *Memoirs and Correspondence of Major-General Sir William Nott, G. C. B.*, 兩卷本 (London, 1854), II, pp. 111-12; Albert H. Imlah, Lord *Ellenborough* (Cambridge, Mass.: Harvard University Press, 1939), pp. 79-119.

15 Allen, p. 371.

16 一八四三年三月九日的辯論，Hansard, *Parliamentary Debates,* 3rd ser., vol. LXVII, pp. 513-706。

17 Mridu Rai，〈競爭之地：喀什米爾穆斯林抗議活動的宗教聖地與考古地圖，約一九〇〇至一九四七年〉（Contested Sites: Religious Shrines and the Archaeological Mapping of Kashmiri Muslim Protest, c. 1900-47），*Past & Present*，即將出版。

18 Romila Thapar，《索姆納特：一段歷史的敘事》（*Somanatha: Narratives of a History*），見 *Narratives and the Making of History: Two Lectures* (New Delhi: Oxford University Press, 2000), pp. 24-50.

19 威廉・赫里斯（William Herries）致約翰・赫里斯（John Herries）的信，一八四三年二月十八日，OIOC: MSS Eur C 149。

20〈印度事務。私人通信〉（The Affairs of India. Private Correspondence），*The Times,* 一八四三年三月十四日。

21〈報紙雜項摘要〉（Miscellaneous Extracts from the Papers），*The Times,* 一八四三年十月二十四日。

22 我很感激 Hirendro Mullick 提供的有關拉金德羅的教育資訊，以及對收藏的全面介紹。令人失望的是，大英圖書館的霍格文件中沒有包含有關霍格的孟加拉學生的任何資訊 (OIOC: 霍格收藏，MSS Eur E/342)。

23 Dinabandhu Chatterjee, *A Short Sketch of Rajah Rajendro Mullick Bahadur and His Family* (Calcutta: G. C. Day, 1917), pp. 61-63。關於當時孟加拉菁英人士的藝術贊助，參見 Tapati Guha-Thakurta, *The Making of a New 'Indian' Art: Artists, Aesthetics and Nationalism in Bengal, c. 1850-1920* (Cambridge, UK: Cambridge University Press, 1992)；以及 Partha Mitter, *Art and Nationalism in Colonial India, 1850-1922: Occidental Orientations* (Oxford: Oxford University Press, 1994).

24 Indira Vishwanathan Peterson，〈坦焦爾國王賽佛吉的陳列櫃：十九世紀初期印度的歐洲收藏〉，（The Cabinet of King Serfoji of Tanjore: A European Collection in Early Nineteenth-Century India），*Journal of the Historyof Collections* xi (1999): 71-93。

25 這裡，我不同意 Geoffrey Moorhouse 的說法，他說「這不是一座博物館。這是一個家，儘管這裡非常歡迎人們在十點到五點之間隨意四處遊蕩，所費不外乎留言簿上的一個簽名而已。」除此處之外，他對大理石宮的描述都非常精采。Geoffrey Moorhouse, *Calcutta* (London: Phoenix, 1998), p. 23。

26 T. B. Macaulay，〈印度教育備忘錄〉（Minute on Indian Education），見 T. B. Macaulay, *Poetry and Prose* (Cambridge, Mass.: Harvard University Press, 1967), pp. 722, 729。

27 Rudyard Kipling, *Kim*，愛德華・薩依德作序 (London: Penguin, 1989), p. 49。

28 Kipling, *Kim*, p. 179.

圖片來源

頁三六 Yale Center for British Art, Paul Mellon Collection

頁七四 Courtesy of Shrewsbury Museums Service, U.K.

頁八四 By permission of the British Library, WD 4148

頁九八 Author's collection

頁一〇六 Yale Center for British Art, Paul Mellon Collection

頁一一七 Courtesy of Victoria Memorial, Kolkata

頁一二〇 Private collection

頁一二六 Author's collection

頁一四七 By permission of the British Library, OMS OR 4761

頁一五四 Author's collection

頁一七五 Author's photograph

頁一八四 Author's collection

頁二〇二 Yale Center for British Art, Paul Mellon Collection
頁二二四 Réunion des Musées Nationaux/Art Resource N.Y.
頁二三四 By permission of the British Library, Add. MSS 34,942
頁二四四 Cliché Bibliothèque Nationale de France, Paris
頁二四八 V&A Images/Victoria and Albert Museum
頁二五四 Yale Center for British Art, Paul Mellon Fund
頁二六〇 © Otto Money (photography by AIC Photographic Services)
頁二七八 By permission of the British Library, P430
頁二八六 By permission of the British Library, P779
頁二九二 V&A Images/Victoria and Albert Museum
頁二九四 National Trust Photo Library/Erik Pelham
頁三〇三 By permission of the British Library, OMS I.O. Islamic 3565
頁三〇八 By permission of the British Library, WD 4235
頁三一二 National Trust Photo Library/Erik Pelham
頁三三〇 Yale Center for British Art, Paul Mellon Collection
頁三三二 Courtesy of Harvard College Library
頁三五六 Author's collection

頁三五八 By permission of the British Library, Add. MSS 46,839

頁三六〇 Courtesy of Special Collections, University of Michigan Library

頁三六四 DT46.F8 1809, Special Collections, University of Virginia Library

頁三六六 © Copyright the Trustees of The British Museum

頁三七一 Bibliothèque du College de France, Paris, France/Bridgeman Art Library

頁三八〇 Courtesy of Harvard College Library

頁三九八 Private Collection/Bridgeman Art Library, The Stapleton Collection

頁四〇二 DT60.B45 1821, Special Collections, University of Virginia Library

頁四〇八 Yale Center for British Art, Paul Mellon Collection

頁四一五 © Copyright the Trustees of The British Museum

頁四二六 © Copyright the Trustees of The British Museum

頁四三四 Author's collection

頁四四三 Author's photograph

頁四四六 PJ1095.C44 1824, Special Collections, University of Virginia Library

頁四六八 By permission of the British Library, Add. MSS 29,818

頁四七二 Author's photograph

頁四八九 By permission of the British Library, Add. MSS 29,818

頁四九二 Author's photograph

頁四九八 Author's photograph

頁五〇四 Illustration Credits

索引

人名

J・R　Sève, Joseph　456, 566

三至五畫

大衛・貝爾德　Baird, David　258, 276, 278, 326, 581, 583
大衛・威爾基爵士　Wilkie, Sir David　278
大衛・普萊斯　Price, David　281, 298, 302
切薩雷・阿韋納・德瓦爾迪耶里　Valdieri, Cesare Avena de　219
巴胡夫人　Bahu Begum　96-97
加齊・烏德丁・海德爾　Ghazi ud-Din Haidar, nawab of Awadh　180-181
卡爾・理查・萊普修斯　Lepsius, Richard　484-485
布干維爾元帥　Bougainville, Admiral　42-43
布呂埃斯　Brueys, Admiral　228, 562
弗朗索瓦・里波　Ripaud, François　248-249, 267
弗朗索瓦・迪普萊　Dupleix, François　52-53
弗朗索瓦・勒內・德・夏多布里昂　Chateaubriand, François-René de　375
弗朗索瓦・德托特男爵　Tott, François de, Baron　218
弗雷德里克・卡約　Cailliaud, Frédéric　408-409
弗雷德里克・卡瑟伍德　Catherwood, Frederick　466-467
弗雷德里克・諾登　Norden, Frederick　359-360
瓦齊爾・阿里（阿瓦德納瓦卜）　Wazir Ali, nawab of Awadh　179

六畫

伊西多爾・朱斯坦・賽弗蘭・泰勒男爵　Taylor, Baron Isidore Justin Séverin　474
伊莉莎白・普洛登　Plowden, Elizabeth　108-110, 112, 118, 121-122, 153, 494, 542, 546-547, 549, 552-553, 579
伊莉莎白一世（英國女王）　Elizabeth I, queen of England　44
伊斯梅爾・貝格　Beg, Ismail　156, 160, 163
伊斯梅爾・直布羅陀　Gibraltar, Ismael　401, 591
多斯特・穆罕默德汗　Dost Muhammad Khan　500-501
安・伊莉莎白・班奈特　Bennett, Ann Elizabeth　167, 170

七畫

八畫

九畫

十畫

十一畫

十二畫

十四畫

十五畫

十六畫

地點與建築

三至五畫

六至八畫

九至十一畫

十二畫以上

文獻

其他

一至五畫

六至九畫

十畫以上

貓頭鷹書房 461

帝國的東方歲月（1750-1850）：蒐藏與征服，英法殖民競賽下的印度與埃及

作　　者　瑪雅・加薩諾夫（Maya Jasanoff）
譯　　者　朱邦芊
選書責編　張瑞芳
編輯協力　林穎鈺、曾時君
專業校對　林昌榮
版面構成　張靜怡
封面設計　徐睿紳
行銷統籌　張瑞芳
行銷專員　何郁庭
總 編 輯　謝宜英
出 版 者　貓頭鷹出版

發 行 人　涂玉雲
發　　行　英屬蓋曼群島商家庭傳媒股份有限公司城邦分公司
104 台北市中山區民生東路二段 141 號 11 樓
劃撥帳號：19863813；戶名：書虫股份有限公司
城邦讀書花園：www.cite.com.tw　購書服務信箱：service@readingclub.com.tw
購書服務專線：02-2500-7718~9（周一至周五上午 09:30-12:00；下午 13:30-17:00）
24 小時傳真專線：02-2500-1990；2500-1991
香港發行所　城邦（香港）出版集團／電話：852-2877-8606 ／傳真：852-2578-9337
馬新發行所　城邦（馬新）出版集團／電話：603-9056-3833 ／傳真：603-9057-6622
印 製 廠　中原造像股份有限公司
初　　版　2020 年 11 月
定　　價　新台幣 855 元／港幣 285 元
I S B N　978-986-262-444-9

讀者意見信箱　owl@cph.com.tw
投稿信箱　owl.book@gmail.com
貓頭鷹臉書　facebook.com/owlpublishing

國家圖書館出版品預行編目資料

帝國的東方歲月（1750-1850）：蒐藏與征服，英法殖民競賽下的印度與埃及／瑪雅・加薩諾夫（Maya Jasanoff）著；朱邦芊譯 . -- 初版 . -- 臺北市：貓頭鷹出版：家庭傳媒城邦分公司發行 , 2020.11
面；　公分 . --（貓頭鷹書房；461）
譯自：Edge of empire: lives, culture, and conquest in the East, 1750-1850.
ISBN 978-986-262-444-9（平裝）

1. 英國史

741.25　　109016041